Geschäftsprozessgestaltung von E-Maintenance-Lösungen
von Unternehmen

Iris Hausladen

Geschäftsprozessgestaltung von E-Maintenance-Lösungen von Unternehmen

PETER LANG
Frankfurt am Main · Berlin · Bern · Bruxelles · New York · Oxford · Wien

Bibliografische Information der Deutschen Nationalbibliothek
Die Deutsche Nationalbibliothek verzeichnet diese Publikation in der Deutschen Nationalbibliografie; detaillierte bibliografische Daten sind im Internet über <http://www.d-nb.de> abrufbar.

ISBN 3-631-55851-1

www.peterlang.de

Vorwort

E-Technologien stellen Unternehmen heutzutage immer stärker vor veränderte Herausforderungen. Sie ermöglichen den Aufbau neuer Geschäftsmodelle, wirken als Prozessbeschleuniger, integrieren Geschäftsprozesse, reduzieren Transaktionskosten, tragen zum Abbau von Informationsasymmetrien bei und fördern somit die Erschließung von Wettbewerbsvorteilen. Während die Anwendungen in Zeiten des E-Business-Hypes noch beinahe wie Pilze aus dem Boden schossen und häufig nur kurze Lebenszyklen aufwiesen, bilden entsprechende Technologien heutzutage ein Grundfundament unternehmerischer Tätigkeit und finden in den letzten Jahren auch immer stärker Eingang in den Instandhaltungsbereich. Die erwarteten Potenziale konnten in der Praxis allerdings häufig nicht umfassend erschlossen werden. Für diesen Tatbestand sind verschiedene Gründe ursächlich. Zum einen erfolgt die Gestaltung der elektronisch gestützten Geschäftsprozesse oftmals ungeachtet der technischen Komponente nach traditionellen Prinzipien des Geschäftsprozessmanagements. Zum anderen lassen sich die mangelnde Integration der involvierten Parteien, ihrer Kontexte, Wissenspotenziale sowie die mangelnden Berücksichtigung der auf- und ablauforganisatorischen Einbettung sowie Vernetzung von Geschäftsprozessen, einschließlich ihrer spezifischen Rahmenbedingungen als Gründe für dieses Defizit anführen.

Im Rahmen dieses Buches wird deshalb ein ganzheitlich orientierter E-Geschäftsprozessmanagementansatz erarbeitet, der die informations- und kommunikationstechnische mit der betriebswirtschaftlichen Komponente im prozessualen Kontext durchgängig verknüpft. Leitlinien der ganzheitlichen Geschäftsprozessgestaltung zeigen Wege zur kontextvernetzten und wissensbasierten Modellierung von Geschäftsprozessen auf. Nach Konzeption eines ganzheitlich orientierten Prozessmodells und dessen Konkretisierung für die E-Maintenance, erfolgt, aufbauend auf den Ergebnissen einer umfassenden Fallstudienanalyse die Entwicklung eines paradigmenspezifischen Vorgehensmodells. Es werden für die unterschiedlichen Geschäftsprozessgestaltungssegmente konkrete Handlungsempfehlungen und Methoden - differenziert nach den Stadien Entwicklung sowie Einsatz von E-Maintenance-Lösungen von Unternehmen - erarbeitet. Der Geschäftsprozessmanagementansatz für die elektronische Instandhaltung umfasst die Phasen Planung, Durchführung, Steuerung und Kontrolle der Ablaufgestaltungsaktivitäten.

Bedanken möchte ich mich bei allen, die mich bei der Entstehung dieses Buches unterstützt haben. Zunächst danke ich meinem akademischen Lehrer, Herrn Univ.-Prof. Dr. Dr. h.c. mult. Horst Wildemann für die Betreuung der Habilitation sowie für die Möglichkeiten zur intensiven Zusammenarbeit mit Unternehmen und Forschungspartnern, aus denen ich vielfältige Anregungen sowohl für die theoretische Untersuchung als auch für die praxisorientierte Gestaltung der Konzepte sowie Methoden erhielt. Mein herzlicher Dank gilt auch Herrn Univ.-Prof. Dr. Rolf Bühner sowie Herrn Univ.-Prof. Dr. Prof. h.c. Dr. h.c. Ralf Reichwald für die Übernahme der Koreferate sowie Frau Univ.-Prof. Dr. Dr. Ann-Kristin Achleitner für die Übernahme des Prüfungsvorsitzes.

Ich widme dieses Buch meiner lieben Mutter, der ich für die Unterstützung meines Vorhabens in allen Lebenslagen sehr herzlich danke und meinem lieben Vater (1941-2001), der meinen weiteren wissenschaftlichen und persönlichen Lebensweg leider nicht mehr begleiten kann.

München, im August 2006 Iris Hausladen

Inhaltsverzeichnis

Abbildungsverzeichnis

Abkürzungsverzeichnis

Anm. d. Verf.	Anmerkung des Verfassers
Bd.	Band
ca.	circa
CM-Tools	Condition Monitoring Tools
CMMS	Computerized Maintenance Management System
E-	Electronic / Elektronisch
et al.	et alii
ebd.	Ebenda
etc.	et cetera
f.	folgende
ff.	fortfolgende
Hrsg.	Herausgeber
hrsg. v.	herausgegeben von
HTTP (http)	HyperText Transfer Protocol
i.e.S.	im engeren Sinne
insb.	insbesondere
I&K-Technologien	Informations- und Kommunikations-technologien
IPS	Instandhaltungsplanungs- und -steuerungssystem
IT	Informationstechnologien
Jg.	Jahrgang
m. E.	meines Erachtens
Nr.	Nummer
o. V.	ohne Verfasserangabe

o. J.	ohne Jahresangabe
o. S.	ohne Seitenangabe
PDA	Personnel Digital Assistant
PC	Personal Computer
RFID	Radio frequency identification
S.	Seite
SCADA	Supervisory Control And Data Acquisition
sog.	so genannte/r
Sp.	Spalte
u.a.	und andere
URL	Uniform Resource Locator
Vgl.	Vergleiche
Vol.	Volume
WWW (www)	World Wide Web
z.B.	zum Beispiel

1 Einführung

„Der Fortschritt geschieht heute so schnell, dass, während jemand eine Sache für gänzlich undurchführbar erklärt, er von einem anderen unterbrochen wird, der sie schon realisiert hat."[1]

Dieses Zitat von Albert Einstein, einem berühmten Physiker und Schöpfer der Relativitätstheorie, stammt aus einer Zeit, die wir aus unserem heutigen Kenntnisstand und hermeneutischen Verständnis heraus, nur bedingt als stark dynamisch charakterisieren würden. Dieses Zitat beschreibt jedoch genau die ausgeprägte Entwicklungsdynamik, die das heutige und vor allem zukünftige wissenschaftliche, wirtschaftliche sowie private Leben prägen wird. Waren E-Technologien Ende der 80er/zu Beginn der 90er Jahre noch ein weitaus unerforschtes Feld, so gehören Begriffe wie „E-Business" und „E-Commerce" sowie die Beschreibung der Interaktionsbeziehungen mit den Termini „B2B: Business to Business", „B2C: Business to Consumer", „B2A: Business to Administration", „M2M: Marketplace to Marketplace", „C2C: Consumer to Consumer" oder „C2B: Consumer to Business"[2] inzwischen zum alltäglichen Fachjargon des global orientierten Business Managements. In den Anfangsjahren der E-Technologien „... schossen die Anwendungen fast wie Pilze aus dem Boden", allerdings zeigte sich sehr schnell, dass nur die besten Anbieter am volatilen Markt überleben konnten. Dangelmaier beschreibt dieses Faktum für das Anwendungsfeld E-Business sehr prägnant mit der folgenden Aussage: „Sobald die Träume geplatzt sind und die anschließende Ernüchterung langsam gewichen ist, stellt man fest, dass ...

- es keinen Weg zurück gibt und die Entwicklung unumkehrbar ist
- eigentlich überraschend viel erreicht wurde und
- die notwendigen weiteren Entwicklungen jetzt zügig vorangehen können und auch vorangehen."[3]

---

1 Fichtl, G. (2001), S. 105

2 Vgl. z.B. Koch, M./Meng, C./Baier, D. (2002), S. 662 sowie die Ausführungen von Stahuber, A. (2000), S. 492

3 Dangelmaier, W. (2002), S. 10

Inzwischen hat sich die erste Anfangseuphorie beruhigt, entsprechende Konzepte, gerade im B2B-Bereich müssen immer stärker in die Unternehmensstrategie eingebunden und an den Prozessstrukturen der Kunden ausgerichtet werden, um gewinnbringend einsetzbar zu sein. Die erfolgreiche und dauerhafte Marktpräsenz ist jedoch nicht unmittelbar mit der Größe des Anbieters positiv korreliert, sondern mitunter abhängig vom Spezialisierungsgrad der Applikation. So existieren beispielsweise für kleinere E-Business-Anwendungen „... genügend Nischen, die auch mittelständisch orientierten Marktplätzen das Auskommen sichern".[4]

Die Erfindung des Internets/World-Wide-Webs, Basis oder Medium fast aller heute am Markt verfügbaren E-Business- und E-Commerce-Lösungen[5], revolutionierte die Unternehmenswelt nachhaltig.[6] Welches Veränderungs- und Gestaltungspotenzial dieser Innovation inhärent ist, zeigt der folgende Ausspruch von Andy Grove (Compaq) nur zu deutlich: „All companies will be Internet companies or they won't be companies."[7] Es stellt sich die Frage, ob ein ähnlich gewagter Ausspruch auch für das E-Business zutreffend ist. Zum einen spricht die starke Durchdringung der gesamten Unternehmenslandschaft mit E-Business-Lösungen für die hohe Relevanz innovativer Technologien und Anwendungen, zum anderen wirken E-Technologien aufgrund ihrer spezifischen Eigenschaften als Enabler für die Neuausrichtung von Geschäftsmodellen sowie für die Entwicklung respektive Professionalisierung neuer Kernkompetenzen.[8]

Folgende Charakteristika von E-Technologien stellen die Unternehmen vor völlig neue Herausforderungen: „...

- Abbau von Informationsasymmetrien,
- Geschwindigkeit,

---

4 Dangelmaier, W. (2002), S. 10

5 Vgl. hierzu z.B. Hecker, R. (2000), S. 215; Wildemann, H. (2000), S. 27

6 Vgl. Stahuber, A. (2000), S. 491

7 Grove, A. (1999): Economic Strategy Institute Conference, April 1999, WDC; entnommen aus: Droste, P.M. (2000), S. 223

8 Vgl. Wildemann, H. (2000), S.21f.

- Komplexitätsbeherrschung,
- Unterwerfung unter einen schnellen technologischen Wandel,
- Abbau von Markteintrittsbarrieren,
- Steigerung der Wettbewerbsintensität durch Aufhebung des Imitationsschutzes und
- Erbringung kundenindividueller Lösungen."[9]

Zwangsläufig müssen sich Unternehmen mit dem Phänomen E-Business auseinandersetzen, auch wenn sie nicht als „Pionier-Nachfrager" am E-Technologie-Markt auftreten. Die Konsequenzen aus dem Abbau von Informationsasymmetrien beispielsweise sind bis heute noch nicht vollumfänglich zu quantifizieren. Deutlich zutage tritt jedoch die Tatsache, dass eine nachhaltige Differenzierung von Unternehmen am Markt immer schwieriger wird.[10] Eine solche Differenzierung gelingt also nur dann, wenn die Potenziale von E-Business-Lösungen sowie von E-Technologien deutlich herausgestellt und soweit wie möglich quantifiziert werden.

Eine erste Annäherung gelingt in diesem Falle durch die Spezifikation der Ursachen, die die Entwicklung von E-Business und E-Commerce mit initiiert und zur Weiterentwicklung derselben beigetragen haben.

Primär handelt es sich um mikro- und makroökonomische Veränderungen, die sich in der sukzessiven Internationalisierung und Globalisierung der Märkte widerspiegeln. Nicht nur Großkonzerne sind inzwischen zum Global Player geworden, sondern klein- und mittelständische Unternehmen agieren gleichermaßen im weltweiten Wettbewerb. Dabei impliziert der Terminus Globalisierung die Rückbesinnung auf die eigenen Kernkompetenzen und die Verlagerung von Forschung/Entwicklung, Einkauf, Produktion, Vertrieb, Logistik oder Instandhaltung auf Wertschöpfungspartner in unterschiedlichen Ländern und Kontinenten. Als Wertschöpfungspartner fungieren dabei nicht ausschließlich eigene Produktionsstätten und Organisationseinheiten, sondern Unternehmen, die auf Basis von Kooperations- und

9 Wildemann, H. (2000), S. 22f.

10 Vgl. zur angesprochenen Problematik z.B. Wildemann, H. (2000), S. 21

Beteiligungsverhältnissen vertraglich miteinander verbunden sind. Die Institutionalisierung von Netzwerken und Partnerschaften entlang der gesamten Wertschöpfungskette resultiert aus den explizierten Entwicklungen. Waren die Netzwerkstrukturen in der Anfangsphase der Globalisierung noch relativ statisch, so zeichnet sich immer mehr die Entstehung von dynamischen Netzwerken ab. Der Terminus dynamisch bezieht sich dabei sowohl auf die (mitunter relativ kurze) wirtschaftlich-rechtliche Bestandsdauer der organisatorischen und informationstechnischen Verknüpfung der partizipierenden Unternehmen als auch auf die Ausprägung der Konstanz entsprechender aufbau- und ablauforganisatorischen Strukturen. Die Entwicklung neuer Kommunikationstechnologien leistet der Globalisierung weiter Vorschub.[11] Parallel zu den diagnostizierten Veränderungen in der Praxis von Industrie-, Handels- und Dienstleistungsunternehmen vollzog sich eine Weiterentwicklung der unterstützenden Management- sowie Theoriekonzepte. Beispielhaft seien an dieser Stelle das Konzept der Unternehmung ohne Grenzen, der Begriff der Virtuellen Organisation sowie die Termini fraktal und holistisch im Zusammenhang mit der Betrachtungsweise von Unternehmen erwähnt. Vom logistischen Standpunkt aus bedarf es der verstärkten materialfluss- und informationsflussoptimalen Verknüpfung der an den Wertschöpfungspartnerschaften oder Netzwerken partizipierenden Organisationseinheiten. Das Konzept des Supply Chain Managements widmet sich insbesondere der schnittstellenoptimierenden Ausgestaltung der Aufbau- und Ablauforganisation des resultierenden unternehmensbezogenen Beziehungsgeflechtes.

In sekundärer Hinsicht vollziehen sich Entwicklungen innerhalb von Unternehmen, die mit der sukzessiven Neuausrichtung der Geschäftsprozesse einhergehen. Die Schaffung von modularen Strukturen im Sinne von kleinen, flexiblen und sich selbst steuernden Einheiten erlaubt eine weitgehende Dezentralisierung von Kompetenz und Verantwortung. Fertigungssegmente, Auftragsabwicklungssegmente, Cost- und Profit-Center, um nur einige Beispiele zu nennen, spielen im Zusammenhang mit E-Business zwar eine untergeordnete Initiatoren-

11 Vgl. hierzu Felcht, U. (2000), S. 94

rolle, sollten jedoch in diesem geschilderten Zusammenhang nicht unerwähnt bleiben, da sie Konsequenzen der explizierten primären Veränderungsmanifeste repräsentieren und gleichermaßen adäquate IT-Lösungen erfordern. Die Institutionalisierung von Betreibermodellen, das Outsourcing einzelner logistischer Leistungen beispielsweise oder der Fremdbezug von Instandhaltungsdiensten im Rahmen von Make-or-Buy Überlegungen repräsentieren das lokale, nationale Pendant zu den bereits geschilderten mikro- und makroökonomischen Veränderungstendenzen.

Aus den genannten Entwicklungen resultieren verschiedene Anforderungen an E-Technologien. Das Internet/World-Wide-Web muss in diesem Zusammenhang zunächst als Basisenabler für das Funktionieren weltweiter Wertschöpfungspartnerschaften gesehen werden. Ohne diese Innovation wäre das globale Agieren am Markt rein informationstechnisch nicht oder nur ansatzweise möglich gewesen. Darüber hinaus jedoch erhofft man sich durch die Entwicklung und den Einsatz von E-Busines- und E-Commerce-Lösungen einen zusätzlichen „Potenzialhub" zur positiven Ergebniswirkung der weltweiten Neustrukturierung sowie Schaffung von Kernkompetenzen. Als Potenzialquellen können in diesem Zusammenhang beispielhaft die verbesserte Integration von Geschäftsprozessen, die Automatisierung, Parallelisierung und in Konsequenz die Beschleunigung von Prozessen, die Reduzierung von Prozess- sowie Transaktionskosten, die Verbesserung der Informationstransparenz und –effizienz, die Steigerung der Kooperationseffizienz sowie eine deutliche Produktivitätssteigerung angeführt werden.

Die zum Teil euphorische Einschätzung der Potenziale durch den Einsatz von E-Technologien führte mitunter dazu, dass die bereits einleitend geschilderten wettbewerbsverschärfenden und Differenzierungsmöglichkeiten beeinflussenden Wirkungen des E-Business und E-Commerce nur am Rande realisiert und in die gesamthafte Strategiekonzeption der Unternehmen nur bedingt einbezogen wurden.

Diesen Veränderungen gegenüber zu stellen ist der Entwicklungspfad des E-Business/E-Commerce. Die Bedeutung dieses Wirtschaftszweigs für das Markt- und Unternehmensgeschehen wird angesichts der Schätzung der International Data Corporation (IDC) sehr schnell deutlich, die für das Jahr 2003 einen Anstieg der Internet-Benutzer auf 500 Millionen – 1998 waren es noch 142 Millionen – und einen pro Jahr mit B2B-Transaktionen erzielten Umsatz von 1,3 Billionen US-Dollar voraussagte.[12]

Lag in den ersten Jahren des E-Business/E-Commerce der Fokus auf dem B2C-Markt, so liegt der Schwerpunkt heute vor allem in der Entwicklung von E-Lösungen im Bereich der Business to Business-Relations (B2B). Business to Consumer-Applikationen revolutionierten den Absatzmarkt, da es durch den Einsatz der Tools gelangt, neue Vertriebskanäle zu etablieren und zwischengeschaltete Handelsstufen zu umgehen. Die Unternehmen Dell und Amazon beschritten diesen Weg als erste und bearbeiteten den Markt mit folgenden Charakteristika: „Konzentration auf homogene Güter mit klarer Spezifizierung (Bücher, Hardware, Flug-Tickets), Geschäftsanbahnung, ausgehend vom Angebot (Vertriebsorientierung), Statik von Preisen ohne Verhandlungssituation (Shop-Lösung) und direkte Informationsbeziehung zwischen Anbieter und Nachfrager.“[13] Der B2C-Bereich vollzog eine Weiterentwicklung vom primären Frondend-Prozessbezug (Online-Absatz) hin zur verstärkten Backend-Prozessorientierung (beispielsweise Auftragsabwicklung, Kundenbetreuung).[14] Dagegen lag im Geschäftsbereich in der Anfangsphase der Hauptfokus auf der Unterstützung der Einkaufsseite zur Optimierung der Beschaffung(sprozesse). Die gewandelten Anforderungen im B2B-Applikationsfeld induzierten die Entwicklung von Anwendungen und Tools, die eine marktliche Koordination von polypolistischen Strukturen über virtuelle Marktplätze zulassen, die die Notwendigkeit homogener Güter sukzessive aufheben und variable Preise über Auktionsmodelle ermöglichen.[15] Im Laufe der letzten Jahre fand eine immer stärkere Durchdringung der Unternehmenslandschaft mit E-Business-Lösungen statt, die sich auf unterschiedlichste Funktions-

---

12 Vgl. Stahuber, A. (2000), S. 491
13 Wildemann, H. (2000), S. 28
14 Vgl. Stahuber, A. (2000), S. 492
15 Vgl. ebd., S. 29f.

bereiche und Geschäftsprozesse beziehen. E-Procurement, E-Auction, E-Production, E-Sourcing, E-Logistics, E-Distribution, E-Kanban, E-Maintenance seien an dieser Stelle nur beispielhaft erwähnt.[16]

Im Bereich des E-Business werden bedeutende Potenziale, wie eine Studie von KPMG/BDA exemplarisch zeigt, erwartet.[17] Mit der Implementierung von E-Business-Anwendungen sollen nach Ansicht der befragten Unternehmen die folgenden Ergebnisse erreicht werden:

- „Steigerung der Prozesseffizienz (68% der befragten Unternehmen),
- Imagegewinn (57% der befragten Unternehmen),
- Beschaffungsmarktausweitung (56% der befragten Unternehmen),
- Senkung von Transaktionskosten (51% der befragten Unternehmen),
- Erhöhung der Kundenbindung (50% der befragten Unternehmen) und
- Wettbewerbsdifferenzierung (42% der befragten Unternehmen).“[18]

Aus Sicht des Unternehmens COMPAQ lassen sich die Wertvorteile des E-Business wie folgt spezifizieren:

- „Materialwirtschaft on-line (Umfassende informationstechnische Einbindung der Materialwirtschaftssysteme, „Virtuelle Fertigungsstätte“),
- Fertigungsdaten on-line (Virtueller Verbund der Fertigungsstätten, Wirkliche auftragsbezogene Fertigung, Informationsfähigkeit zu Configure-to-Order, Informationsverfügbarkeit von einer Quelle),
- Qualitätskontrolle on-line (Globaler Zugriff auf Qualitätsdaten des Zulieferers, Global gültige Qualitätsmetriken, Globale Garantiefähigkeit),
- Produktionsplanung on-line (Entwicklung „following-the-sun“, Stücklisten-Aktualität aus der Entwicklung, Materialverfügbarkeit direkt vom Hersteller) und

---

16 Vgl. hierzu Wildemann, H. (2004), (2004a), (2004b); PROTEUS (2002), TUM (2002)

17 Zum „E-Nutzen“ vgl. beispielsweise Mocker, H. (2002)

18 Zitiert nach: Wannenwetsch (2002), S. 23; Primärquelle: KPMG/BDA (2000), S. 9

- Managebarkeit des Zulieferer-Kanals (Automatisierter Abruf, Verfügbarkeitskontrolle, Preisaktualität)."[19]

Allerdings müssen bei der Einführung von E-Business-Lösungen auch Risiken berücksichtigt und durch geeignete Maßnahmen beherrscht werden. Analog der aufgeführten Studie von KPMG/BDA lassen sich folgende Risiken anführen:

- „Kosten der Implementierung (48% der befragten Unternehmen),
- Sicherheit der Transaktionen (45% der befragten Unternehmen),
- Integration in Systemlandschaft (41% der befragten Unternehmen),
- Sachbearbeiter-Qualifikation (40% der befragten Unternehmen) und
- Management-Qualifikation (36% der befragten Unternehmen)."[20]

Gesamthaft betrachtet steht der Prozessfokus im Vordergrund der Potenzialerschließung durch E-Business. Die Enabler-Funktion der E-Technologien tritt damit deutlich zutage und bildet den zukünftigen Entwicklungspfad der E-Lösungen ab. Dabei steht nicht nur die Schaffung kleiner, kundenspezifischer Insellösungen im Vordergrund, sondern gleichermaßen die verstärkte Nutzung respektive der Aufbau von branchenübergreifend einsetzbaren Internet-Plattformen in generischer/nicht generischer Form.[21]

Aus der Tatsache heraus, dass der Trend der E-Business Weiterentwicklung schwerpunktmäßig im Bereich der B2B-Relationship liegen wird und die größten Potenziale in der Optimierung respektive Effizienzsteigerung von Geschäftsprozessen zu erwarten sind, konzentriert sich die vorliegende Arbeit auf dieses Applikationssegment.

---

19 Nach: Droste, P.M. (2000), S. 234

20 Nach: Wannenwetsch (2002), S. 24; Primärquelle: KPMG/BDA (2000), S. 10

21 Vgl. hierzu z.B. die E-Logistik-Plattform von Häring (vgl. BUSINESS GATEWAY (o.J.a) sowie das Forschungsprojekt PROTEUS, das die Entwicklung einer generischen E-Maintenance-Plattform beinhaltet (vgl. PROTEUS (2002)); Zum Begriff „generisch" im IT-Zusammenhang vgl. folgende Definition: „Hard- oder Software, die noch nicht an konkrete Bedingungen angepasst ist." (http://www.at-mix.de/generisch.htm).

Die theoretische wie praktische Relevanz der bearbeiteten Themenstellung Geschäftsprozessgestaltung von E-Lösungen von Unternehmen – speziell betrachtet aus der Sicht der Instandhaltung (E-Maintenance) – verdeutlicht abschließend die folgende Aussage: „Die besondere Herausforderung und Chance besteht darin, zu erkennen, dass es sich bei Electronic Business nicht ausschließlich um die informationstechnologische Modernisierung von Geschäftsprozessen handelt. Vielmehr bietet Electronic Business die Möglichkeit, traditionelle Unternehmensprozesse mit Hilfe der modernen Informations- und Kommunikationstechnologie im Allgemeinen und des Internets im Besonderen zu reorganisieren und optimieren."[22] E-Business setzt jedoch innovative, den gewandelten Anforderungen entsprechende Geschäftsmodelle voraus.[23] Diese sind in adäquate E-Business-Strategien sowie in E-Business unterstützende Prozessmodelle sowohl ziel- als auch potenzialorientiert zu überführen, soll eine umfassende Erschließung der Ergebniswirkungen erzielt sowie die vorhandenen Risiken reduziert und beherrscht werden.

1.1 Problemstellung und Motivation

Die Umsetzung der geschilderten elementaren Anforderungen gelang in der unternehmerischen Praxis bisher nicht immer in vollem Umfange. Ursächlich für diesen Tatbestand sind verschiedene Faktoren, die sich beispielsweise in der mangelnden Identifikation und Ausschöpfung der geschäftsprozessrelationalen Optimierungspotenziale manifestieren. Die Brisanz, Projekte zur Entwicklung von E-Business-Lösungen sowie zu deren effizienten Einsatz aus einer veränderten Perspektive, insbesondere aus der Geschäftsprozesssicht heraus zu betrachten, zeigt das folgenden Zitat: „Wenn irgendein Glied der Wertekette damit beginnt, Geschäfte elektronisch abzuwickeln,

22 Wannenwetsch, H. (2002), S. 25

23 Vgl. hierzu beispielsweise Stahuber, A. (2000), S. 494; Hecker, R. (2000), S. 213ff.; Scheer, Ch./Loos, P. (2002), S. 27ff.

müssen alle Firmen entlang der Wertkette nachziehen, oder es riskieren, abgelöst zu werden.“[24]

Gleichermaßen fehlen adäquate theoretische Konzepte, Gestaltungsempfehlungen sowie Methoden, die sich speziell auf die Geschäftsprozessgestaltung sowohl im Rahmen der Entwicklung als auch in der Phase des Einsatzes – bei bestehenden Kunden sowie bei potenziellen Neukunden – von E-Business-Lösungen beziehen. Die vorhandene Problemstellung mit der sich die vorliegende Arbeit auseinandersetzt, lässt sich durch die folgenden Aspekte konkretisieren.

Die Potenzialrealisierung durch den Einsatz von E-Business-Lösungen ist abhängig von der Prozessgüte und Prozesssicherheit des schwächsten Glieds in der gesamten abgedeckten Wertschöpfungskette. Analog zum Engpassmanagement im Unternehmen muss sich der Optimierungsansatz primär auf die Identifikation und die effiziente Ausgestaltung der Engpässe konzentrieren. Alle Vorteile, die an Nicht-Engpassstellen erzielt werden, können das Gesamtoptimum nicht garantieren. E-Business-Lösungen schließen in der Praxis mindestens zwei respektive in der Entwicklungs- und Betreuungsphase drei Akteure ein, den Auftraggeber der E-Business-Solution, den Provider der Anwendung sowie die schnittstellenübergreifenden Nutzer/Partner der Applikation. Beim Einsatz von länder-/kontinentumspannenden E-Business-Plattformen mit generischem/nicht generischem Charakter multipliziert sich die Zahl der partizipierenden Parteien entlang der Supply Chain in rasantem Maße. Eine ganzheitlich orientierte Geschäftsprozessgestaltung muss sich angesichts dieser Tatsache mit den Prozessstrukturen und –spezifika aller Beteiligten – zumindest ihrer repräsentativen Vertreter – auseinandersetzen, um die Hauptschwachstellen in den Prozessen zu identifizieren und im Sinne eines effizienten Managements der Wertschöpfungskette zu beseitigen.[25] Betrachtungsfokus kann in diesem Fall nur die gesamte Wertschöpfungskette respektive, die durch die zu entwickelte

---

24 Kalakota, R. (Director of the Center for Digital Commerce, Chair Professor of Information Systems at Georgia State University); entnommen aus Droste, P.M. (2000), S. 228

25 Vgl. hierzu ausführlich Wildemann, H. (2004c)

E-Business-Lösung erfassten Stufen – einschließlich der zugehörigen Geschäftsprozesse – sein.[26]

Transferiert man dieses beschriebene Phänomen auf das einzelne beteiligte Unternehmen sowie auf die spezifischen Haupt- und Teilprozesse, so kann folgende analoge Schlussfolgerung gezogen werden: Wenn die zugrunde liegenden Geschäftsprozesse, die im Rahmen der E-Business-Lösung abgebildet werden, nicht klar definiert und nicht optimiert sind, so ist durch die Entwicklung und den Einsatz der E-Business-Lösung nur bedingt die Realisierung der angestrebten Potenziale möglich. Eindrucksvoll verdeutlicht diesen Aspekt das Zitat von Mike Hammer: „Putting a Website in front of lousy processes merely advertises how lousy they are.“[27]

In Konsequenz bedeutet die Implementierung von E-Business-Lösungen deshalb nicht, bestehende Prozesse lediglich informationstechnisch abzubilden und in ein System/in eine Plattform zu integrieren, sondern setzt ex ante die Durchführung einer Prozessoptimierung, die Gestaltung/das Engineering neuer Geschäftsprozesse, die Identifikation von nicht kerngeschäftsrelevanten/-unterstützenden Prozessen und, wie bereits angeführt, die Entwicklung von neuen Geschäftsmodellen voraus.[28]

Diese Geschäftsmodelle sind nachfolgend in schlüssige Geschäftsprozessmodelle zu überführen, die sowohl die Voraussetzungen für die zukunftsorientierte Optimierung schaffen als auch den Anforderungen der E-Applikation entsprechen. Folgendes Zitat beschreibt den Bedarf nach geeigneten Modellstrukturen: „Angeboten werden ausschließlich punktuelle Lösungen – es gibt kein Prozessmodell, mit dem das gesamte erweiterte und oft virtuelle Unternehmen erfasst

---

26 Zu neuen Geschäftspotenzialen und Wertschöpfungsketten durch E-Business vgl. Weidl, P. (2002), S. 115ff.; Auf den Aspekt des Einbezugs aller Partner in ein „elektronisches Netzwerk“ verweist beispielsweise Hecker, vgl. Hecker, R. (2000), S. 216

27 Hammer, M. (1999); entnommen aus Rudnick, H.-J. (2000), S. 480

28 Vgl. zu dieser Problematik beispielsweise Stahuber, A. (2000), S. 494

wird."[29] Die Bedeutung von Geschäfts- und Prozessmodellen für die „E-Zukunft" wird umso deutlicher, je mehr inzwischen von E-Collaboration[30] oder E-Factory[31] gesprochen wird. E-Business-Applikationen und Geschäftsprozesse unterliegen einer unterschiedlichen Veränderungsdynamik. Auf Unternehmensprozesse wirken beispielsweise marktliche, kundenbezogene, strategierelationale Einflussgrößen. Den veränderten Bedingungen müssen die Geschäftsprozesse regelmäßig angepasst werden, um die nachhaltige Sicherung der Wettbewerbsfähigkeit zu gewährleisten. Demgegenüber steht die Dynamik auf IT-Seite, die sich in der Entwicklung neuer Medien, Kommunikationstechniken sowie Hard- und Software widerspiegelt. In diesem Zusammenhang stellt sich die Frage, ob beide Veränderungsgeschwindigkeiten harmonisiert werden müssen und wenn ja, ob und in welchem Umfang dies überhaupt realisierbar ist. Zusätzlich gilt es Antworten auf die Frage zu finden, ob die Dynamik auf dem Sektor der Informations- und Kommunikationstechnologien in gleicher Stärke auf die zu entwickelnden und aktuell eingesetzten E-Business-Lösungen – hier, wie noch zu begründen sein wird, speziell bezogen auf das Anwendungsfeld der E-Maintenance – übergreift. Der Begriff der nachhaltigen IT-Architektur zeigt die Relevanz des geschilderten Sachverhaltes auf.[32]

In der Praxis lässt sich häufig eine Lücke zwischen der Organisationsentwicklung einerseits und der IT-Entwicklung andererseits identifizieren.[33] Die Geschäftsprozessgestaltung sollte im Zusammenhang mit der Entwicklung sowie dem Einsatz von E-Business-Lösungen innerhalb der unternehmens- und anwendungsspezifischen Grenzen simultan erfolgen, um die auftretende Lücke so gering wie möglich sowie ohne großen Produktivitätsverlust handhabbar zu machen. Analogieschlüsse können in diesem Fall aus den bei Neuanläufen resultierenden Problemen der Anlauflogistik gezogen werden, da die Länge der Anlaufphase sowie die Komplexität der

29 Stahuber, A. (2000), S. 493
30 Vgl. beispielsweise Kersten, W. (2003), Stoller-Schai, D. (2003)
31 Vgl. hierzu Waurzyniak, P. (2001)
32 Zu nachhaltigen IT-Architekturen vgl. Gronau, N. (2003)
33 Vgl. hierzu Wildemann, H. (2002/2003), S. 52; S. 544

auftretenden Probleme eine verlangsamende Wirkung auf die Potenzialrealisierung haben. In Konsequenz können beide Gestaltungsfelder, unabhängig vom Grad der Harmonisierbarkeit der den Paradigmen inhärenten Veränderungsdynamiken nicht losgelöst voneinander betrachtet werden. Synchronisation von Organisations- und IT-Entwicklung, hier speziell bezogen auf die ablauforganisatorische Perspektive (im Sinne der Prozessgestaltung), impliziert dabei nicht nur die Vernetzung von Strategien, Zielen, Maßnahmen und angewandten Methoden, sondern gleichermaßen die Integration der Wissenschafts- und Praxisbereiche Informatik/Informations- und Kommunikationstechnologie einerseits sowie Betriebswirtschafts-/(Prozess)Managementlehre andererseits. Interdisziplinäre Projektaktivitäten im Rahmen der Entwicklung und der Einsatzplanung von E-Business-Lösungen repräsentieren einen ersten Ansatzpunkt zur Erfüllung der genannten Anforderungen.

Die vorliegende Arbeit untersucht im Weiteren speziell E-Business-Lösungen im Anwendungsfeld der Instandhaltung. Es handelt sich hierbei um eine „Quasi-Querschnittsfunktion“, die unterschiedlichste organisatorische Einheiten tangiert und über die Instandhaltungslogistik mit der Unternehmenslogistik verknüpft ist.[34] Gerade bei diesen spezifischen Geschäftsprozessbündeln, die aufgabeninhärent schnittstellenkoordinierend wirken, erweist sich die optimale Gestaltung der Prozesse sowie die Güte der „Interface-Connection“ in wirtschaftlicher wie technischer Hinsicht als Enabler für eine hohe Prozesssicherheit, kurze Durchlaufzeiten, niedrige Bestände sowie für eine hohe Produktivität. Durch die strategie- und zielorientierte Entwicklung sowie Applikation von E-Business-Lösungen im Rahmen der E-Maintenance lässt sich ein zusätzlicher Potenzialhub erzielen, wenn die geeigneten Voraussetzungen identifiziert werden und die erfolgreiche Umsetzung durch einen adäquaten Methodeneinsatz gelingt.

---

34 Zur Instandhaltungslogistik und deren Einordnung vgl. Matyas, K. (1999), S. 112

E-Business-Lösungen greifen auf bestehende Systeme, beispielsweise PPS- und ERP-Systeme informations- und datentechnisch zurück oder werden mit weiteren betrieblichen Umsystemen verknüpft. Diese vorhandenen Applikationen sind potenzialerschließend über geeignete Schnittstellen und Adapter zu integrieren, ohne jedoch die Leistungsfähigkeit einzelner Systemkomponenten in negativer Weise (exemplarisch sei hier die Schnelligkeit oder die Sicherheit von Anwendungssystemen genannt) zu beeinträchtigen. Gerade bei der Entwicklung und beim Einsatz von E-Plattformen spielt dieser Aspekt eine bedeutende Rolle. Hierzu existieren unterschiedliche Konzepte und Modelle,[35] die anwendungsbezogen und situationsspezifisch zu bewerten sind. Die mangelnde Systemkompatibilität wirkt neben des häufig vorhandenen zu gering ausgeprägten Integrationsgrades und der unzureichenden Prozessoptimierung als Barriere für die vollständige Realisierung ausgewiesener oder erwarteter Potenziale im E-Business.

Die Entwicklung sowie der Einsatz von E-Business-Lösungen können, wie bereits kurz skizziert, nicht unabhängig von der Organisations- und Unternehmensentwicklung betrachtet werden. Dabei wirken Unternehmensvision, -strategie und -ziele als „Quality Gates"[36] im Rahmen des Entwicklungs- und Institutionalisierungsprozesses von E-Business-Applikationen. Zusätzlich müssen entsprechende Anwendungen und Systeme frühzeitig in die zukünftig geplante sowie in die aktuell vorhandene inner- und überbetriebliche Systemlandschaft integriert werden. Unterstützend wirkt in diesem Zusammenhang die Formulierung einer IT-/E-Business-Strategie, die den exakten Handlungs- und Entscheidungsrahmen vorgibt und mit der Gesamtstrategie nachfolgend oder iterativ zu harmonisieren ist. Nur die wenigsten Unternehmen verfügen allerdings über eine den genannten Anforderungen entsprechende Strategie sowie über geeignete Orientierungshilfen und Entscheidungsgrundlagen im speziellen E-Business-Bezug.

---

35 Vgl. hierzu beispielsweise Albrecht, H./Meyer, D./Uecker, F. (o.J.)

36 Zum Quality Gate Konzept vgl. z.B. Wildemann (2004d), S. 335ff.

Gerade bei der Entwicklung und Vermarktung (Erschließung neuer Kundensegmente sowie Identifikation weiterer Kunden in bestehenden Anwendungsfeldern) von E-Business-Lösungen kommt es auf die Einbindung vorhandender Kunden sowie potenzieller Kunden an, so dass eine anwendungsnahe Programmierung, eine prozessstandardisierende Entwicklung sowie ein anforderungsgerechtes Customizing ermöglicht werden. In diesem Zusammenhang sind die anwendungsspezifischen, prozessbezogenen, wirtschaftlichen sowie IT-Anforderungen der Kunden – einzubeziehen sind alle involvierten Partner entlang der Wertschöpfungskette – zu identifizieren, adäquat zu standardisieren und zu integrieren. Zusätzlich bedarf es der Überprüfung, inwieweit diese Anforderungen für beide Seiten (Provider - Kunde(n)) zu angemessenen Kosten realisiert werden können.

Die Wirtschaftlichkeitsbetrachtung von E-Business-Projekten tritt häufig gegenüber der vermeintlichen Notwendigkeit zur vollumfänglichen, zum Teil sogar zur Übererfüllung von Kundenspezifikationen in den Hintergrund. Die Bedeutung des genannten Tatbestandes zeigt folgende Aussage: „Wird die Durchführung von Projekten in der IT-Branche betrachtet, so kann festgestellt werden, dass 40 Prozent aller IT-Projekte und 75 Prozent aller E-Business-Projekte scheitern.“[37] Ursächlich dafür sind die sehr hohen und ex ante nur sehr schwer abschätzbaren Kostenvolumina, die mangelnde Durchdringung der Praxis mit Methoden zur Wirtschaftlichkeitsrechnung bei IT-/E-Business-Projekten sowie die erst zu einem späten Entwicklungsstadium gewonnene Einsicht, dass die Erwartungen an den Nutzen des Projektes/der Applikation nicht realisierbar sind.[38]

Konzentrierte sich in der Vergangenheit die Geschäftsprozessgestaltung sowie –optimierung primär auf physische Abläufe, einschließlich der zugehörigen Informations- und Kommunikationsflüsse, so bildet das Gestalten und Steuern digitaler/virtueller Wertschöpfungsketten heutzutage einen weiteren relevanten Schwerpunkt

---

37 Fuchs, Th./Scholz, M. (2002), S. 627; ecommerce-trends (2001)

38 Vgl. Fuchs, Th./Scholz, M. (2002), 627

des E-Business-Managements.[39] Ansätze zur Geschäftsprozessgestaltung bei der Entwicklung und beim Einsatz von E-Business-Lösungen, müssen sich – unabhängig von dem betrachteten E-Business-Feld (z.B. Instandhaltung) - dem gesamten Spektrum an Prozessparametern widmen.

Aus den geschilderten Aspekten sowie Gestaltungs- und Entscheidungsfeldern resultieren spezifische Frage- und Problemstellungen, der im Rahmen der vorliegenden Arbeit behandelten Thematik.

Die Beseitigung von Integrationsmängeln bei den Geschäftsprozessen erweist sich als bedeutendes Anliegen von Unternehmen im Zusammenhang mit der Forcierung des E-Business; das ist die Erkenntnis eines Vorstandes der BUSINESS GATEWAY AG, die eine eLogistik-Plattform entwickelt hat und am Markt erfolgreich einsetzt.[40] Aus diesem Tatbestand heraus resultiert primär die Frage, wie gestaltet sich der optimale prozessbezogenen Integrationsgrad, soweit ein Optimum überhaupt erzielt werden kann? Wie ist eine strategie- und zielführende Auswahl an abzubildenden sowie zu gestaltenden Geschäftsprozessen bei der Entwicklung einer E-Business-Applikation zu treffen? Was verbirgt sich hinter dem Paradigma der Geschäftsprozessintegration im Zusammenhang mit E-Business/E-Commerce?

Zusätzlich gilt es zu klären, wie, wann und in welchem Umfang der potenzielle Kunde/der Testkunde oder Entwicklungspartner in den Entwicklungs-/Customizingprozess der E-Business-Lösung integriert werden kann und soll. Die Beurteilung hat in diesem Fall nicht nur aus der Perspektive der Anforderungsspezifikation, wie dies bei klassischen Customer Relationship Aktivitäten und Entwicklungsprojekten üblich ist, zu erfolgen, sondern speziell im Hinblick auf die zukunftsbezogene, potenzialerschließende Gestaltung und Optimierung der „E-basalen" Geschäftsprozesse.

---

39 Zur virtuellen Wertschöpfungskette vgl. Scheer, Ch./Loos, P. (2002), S. 30ff.

40 BUSINESS GATEWAY (2001), o.S.

Nach Auswahl der zu gestaltenden und zu integrierenden Geschäftsprozesse ist zu definieren, wie und in welchem Umfang diese bei den geplanten sowie zukünftigen Anwendern analysiert, optimiert/reengineert und anschließend modelliert werden können. Des Weiteren sind die Möglichkeiten des Engineerings neuer Geschäftsprozesse zu überprüfen, soweit durch die E-Business-Lösung neue Dienstleistungen angeboten oder neue Kernkompetenzen geschaffen werden. Dabei ist zu differenzieren zwischen der Entwicklungsphase einerseits und der Einsatz- sowie Akquisitionsphase der E-Business-Applikation andererseits, da die Potenziale und Vorgehensweisen der Geschäftsprozessgestaltung zeit- und situationsspezifisch variieren dürften.

Es bleibt zu klären, inwieweit die explizierten Anforderungen der Kunden aus den verschiedenen Anwendungsfeldern und die zugrunde liegenden respektive tangierten Geschäftsprozesse über die Applikationsbandbreite hinweg standardisiert werden können und sollen. Hierbei ist zu diskutieren, ob es einen optimalen oder satisfizierenden Standardisierungsgrad gibt, und wenn ja, wie sich dieser bei isolierten kundenspezifischen E-Business-Lösungen sowie bei generischen E-Business-Plattformen beispielsweise konkretisieren lässt.

Die Gestaltung und Modellierung schnittstellen- und sogar länder-/kontinentübergreifender Geschäftsprozesse allein reicht für die vollständige Erschließung der erwarteten Potenziale durch den Einsatz von E-Business-Applikationen nicht aus. Zusätzlich zur technischen Perspektive im Sinne der Analyse, Optimierung, Gestaltung und IT-bezogenen Modellierung von Geschäftsprozessen bedarf es situationsspezifischer Koordinationsmechanismen zur nachhaltigen Abstimmung der beteiligten Schnittstellen entlang der gesamten Wertschöpfungskette. Diese Mechanismen können dabei sowohl betriebswirtschaftlicher, volkswirtschaftlicher, prozessualer sowie anreizbezogener und emotionaler Natur sein.

Der interessierte potenzielle Kunde sowie die am Entwicklungsprojekt der E-Business-Lösung partizipierende Unternehmen/Kunden benötigen eine ausreichende Informationsbasis sowie ein adäquates methodisches Vorgehen zur Entscheidungsfindung, ob überhaupt und wenn ja, welche Geschäftsprozesse über ein E-Business-Tool zukünftig abgewickelt werden sollen. Je nach Entscheidungsphase (Entwicklung, Einsatz) liegen beispielsweise unterschiedliche Informationsstände hinsichtlich vorhandener Potenziale aus Geschäftsprozessautomatisierung und –optimierung sowie über anfallende Kosten der Entwicklung, der Software, der Einführung und des Einsatzes der E-Business-Lösung sowie hinsichtlich der Wartung derselben vor. Mitunter muss bei bestimmten Systemen das Komplettpaket eingekauft werden, eine Auswahl der präferierten Prozessverknüpfung ist entweder nicht vorgesehen, technisch nicht möglich oder nur zu extrem hohen Kosten realisierbar.

Das Prinzip der Wirtschaftlichkeit stellt einerseits die Entwickler, Provider und Betreiber sowie andererseits die Anwender und Kunden vor einen offenkundigen Interessenkonflikt. Die Potenzialrealisierung aus dem Einsatz von E-Business-Applikationen sowie aus der zugrunde liegenden Geschäftsprozessgestaltung/-optimierung ist beim Kunden abhängig von dem Grad, in dem seine Anforderungen erfüllt werden können (Abbildung, Modellierung und Optimierung der Geschäftsprozesse). Der Entwickler/Betreiber kann diese jedoch nicht immer in vollem Umfange aus technischer sowie betriebswirtschaftlicher Sicht erfüllen. Der vorhandene anforderungsrelationale Zielkonflikt ist konsensorientiert aufzulösen und durch eine geeignete methodische Basis zu unterstützen.

Die Geschäftsprozessgestaltung ist elementar mit der ihr zugrunde liegenden Aufbau- und Ablauforganisation verknüpft. Während sich erstere auf den organisatorischen Rahmen, beispielsweise durch Zuordnung von Prozessen zu Stellen und Abteilungen sowie Organisationseinheiten bezieht und die Prozessstruktur prädeterminiert, bestimmt letztere die Spezifika der Detailprozesse und somit die Möglichkeiten der Geschäftsprozessgestaltung und –optimierung. Es stellt sich folglich die Frage, wie sich fraktale Organisationen, Netzwerkstrukturen oder global orientierte Wertschöpfungsketten, die das heutige Unternehmensbild nachhaltig prägen, geschäftsprozessgestaltend im Rahmen der Entwicklung und des Einsatzes von E-Business-Lösungen abbilden und modellieren lassen.

Die Erhöhung der Einsatz- und Verkaufsrate von E-Business-Anwendungen seitens des Anbieters ist davon abhängig - wie bereits dargestellt - in welchem Umfang er auf die Anforderungen des Kunden eingehen kann und wie es ihm gelingt, den potenziellen Kunden/Anwender zur Prozessreorganisation und –optimierung zu bewegen. Beide Seiten sind als Partner zu betrachten, die gleichermaßen eine Optimierung aus wirtschaftlichen und strategischen Gründen heraus anstreben. Um die gewünschte Anreizwirkung auf den interessierten Kunden zu erzielen, muss dieser zunächst die vorhandenen Optimierungspotenziale erkennen, erst dann ist eine auf eigenen spezifischen Präferenzen basierende Beurteilung möglich. Jedoch legen beide Parteien häufig nur bedingt, sei es aus wettbewerbsrelevanten, risikobezogenen oder auch aus emotionalen, nicht näher zu spezifizierenden Gründen ihre Prozess-, System- und Programmstrukturen offen. Zur Überwindung der genannten Problematik sind ein Erklärungsansatz sowie eine Vorgehensweise zu entwickeln, die die zielführende Beurteilung der Kooperationspotenziale zumindest in Ansätzen zulassen und ein Anreizkonzept zu identifizieren, das die unterschiedlichen Präferenzstrukturen der beteiligten Akteure zu harmonisieren versucht.

Es gilt zusammenfassend für alle Beteiligten einen allgemein akzeptablen Rahmen für die Gestaltung der Geschäftsprozesse auf Basis von E-Technologien zu finden, der durch Leitlinien, Handlungs- und Gestaltungsempfehlungen sowie durch einen konsistenten Methodeneinsatz die explizierten Problemfelder aufarbeitet und sie zu einer konsensorientierten Lösung führt. Hierzu muss ein auf die möglichst ganzheitliche Geschäftsprozessgestaltung bei der Entwicklung und beim Einsatz von E-Lösungen von Unternehmen im Allgemeinen und E-Maintenance-Lösungen im Speziellen ausgerichtetes Geschäftsprozessmodell vorliegen.

Die aufgeführten spezifischen Problemstellungen - bezogen auf die im Rahmen der vorliegenden Arbeit behandelten Thematik - zeigen vielfältige Handlungsfelder auf, die nicht nur jeweils speziell in der Informatik/Wirtschaftsinformatik, in der Betriebswirtschaftslehre oder in der Psychologie beheimatet sind, sondern wissenschaftsdisziplinär übergreifend gehandhabt werden müssen. Herauszustellen gilt es an dieser Stelle, dass E-Business-Lösungen und E-Technologien als Enabler für die Gestaltung, insbesondere für die Optimierung von Geschäftsprozessen fungieren und damit eine Schlüsselfunktion zur Erschließung von Potenzialen und zur nachhaltigen Sicherung/ Steigerung der Wettbewerbsfähigkeit ausüben. Die Rolle der Informationstechnologie für das Reengineering stellt beispielsweise Bill Gates in seinem Buch „Digitales Business“[41] spezifisch heraus und charakterisiert diese Unterstützungsfunktion m. E. in realistischer und zugleich herausfordernder Art und Weise mit folgendem Zitat von Paul O'Neill, der zu diesem Zeitpunkt Vorstandsvorsitzender von Alcoa war: „Ich betrachte die Informationstechnologie nicht als eigenständiges System. Ich betrachte sie als ein großes Hilfsmittel. Vielleicht am wichtigsten ist aber, dass sie die Ursache dafür ist, sich immer weiter die Frage zu stellen – warum, warum, warum.“[42]

Wie diese Enabler-Rolle zielführend identifiziert und vor allem genutzt werden kann, soll im Rahmen der Habilitationsschrift erarbeitet und beispielhaft für das Anwendungsfeld der E-Maintenance expliziert werden. Es stellt sich die Frage, worin die spezielle Motivation, sich ausschließlich auf das „Prozessfeld“ der Instandhaltung zu konzentrieren, begründet ist. Die Argumente für die vorgenommene inhaltliche Fokussierung der vorliegenden Arbeit sind einerseits sachlogischer und andererseits forschungstechnisch motivierter Natur.

Die vollständige Erschließung der Potenziale durch die Entwicklung und den Einsatz von E-Business-Lösungen bedarf in einem ersten Schritt der Konzentration auf ausgewählte, durch E-Technologien unterstützte Funktions- und Prozessbereiche. Für diese Anwendungsfelder ist die Erarbeitung eines weitgehend standardisierten Vorgehens möglich, das in einem nächsten Schritt, unter Durchführung angemessener Modifikationen auf artverwandte und sogar auf artfremde Prozessbereiche transferiert werden kann. Es wäre geradezu „tollkühn“ anzunehmen, dass alle entlang der Wertschöpfungskette invol-

41 Vgl. Gates, B. (2000), S. 301ff.

42 Ebd., S. 301

vierten Funktionen sowie kooperierenden Organisationseinheiten in einem einzigen Arbeitsgang sowohl aus IT- als auch aus prozessualer Sicht optimal gestaltbar sind. Es bedarf in diesem Fall also der unbedingten Komplexitätsreduktion, um auf effizientem Wege ein optimales wirtschaftliches Ergebnis zu erreichen. Vergessen werden darf allerdings nicht, dass die Vornahme der bedarfsgerechten Geschäftsprozessgestaltung von E-Business-Lösungen für die einzelnen Funktionsbereiche an einer ganzheitlichen Unternehmensstrategie auszurichten ist, die einerseits die zukünftig geplante E-Business-/IT-Landschaft des Unternehmens vorzeichnet und andererseits die organisatorischen Rahmenbedingungen für die Ablaufmodellierung skizziert (z.B. Leistungstiefengestaltung, Globalisierung, Netzwerkbildung).

Die spezielle Wahl des Prozessgestaltungsbereiches E-Maintenance als konzeptionelles Pilotvalidierungsfeld fiel aufgrund der Tatsache, dass die Instandhaltung in den letzten Jahren immer stärker in das Blickfeld der Betriebswirtschaftslehre rückt und zunehmend an Bedeutung gewinnt. Es ist modernen Instandhaltungskonzepten zu verdanken, dass beispielsweise die Zahl von Anlagenstillständen sowie die dadurch induzierten, mitunter sehr hohen Stillstandskosten deutlich und nachhaltig reduziert werden konnten. Die Instandhaltung leistet einen eigenen Wertbeitrag zum Unternehmenserfolg und ist als wichtige interne Dienstleistung zu würdigen. Ursächlich für diesen Tatbestand sind vielfältige Entwicklungen im Instandhaltungssystem selbst sowie in dessen Mikro- und Makroumwelt. Durch die fortschreitende Technologisierung und Automatisierung der Fertigungsbereiche entsteht zum einen ein verstärkter Bedarf an hochqualifizierter Instandhaltung, zum anderen resultiert aus der zunehmenden Verkettung von High-Tech-Anlagen die Notwendigkeit, die traditionelle ausfallorientierte Instandhaltung durch eine präventive Strategie abzulösen.[43] Der Durchdringungsgrad der Produktion sowie angrenzender Bereiche mit E- und I&K-Technologien initiiert gleichermaßen den sukzessiven Einsatz innovativer Systeme des Instandhaltungsmanagements, wie sie E-Maintenance-Lösungen

43 Vgl. hierzu Sihn, W. (1999), S. 6

widerspiegeln.[44] Parallel zu dieser technologischen Entwicklung wurden auf betriebswirtschaftlicher Seite Konzepte des Anlagenmanagements sowie der Strategischen Investitionsplanung den gewandelten Anforderungen entsprechend angepasst.[45] Die stärkere Orientierung an den Life-Cycle-Costs oder an der Erhaltung des durch extrem hohe Anschaffungskosten geprägten Anlagennutzungspotenzials zeigen beispielhaft die gewandelten Aufgabenfelder der Instandhaltung auf. In der Praxis bilden sich immer stärker so genannte Betreibermodelle[46] oder Leasing-Varianten für hochtechnische und kapitalintensive Anlagen heraus. Moderne Organisationsformen wie beispielsweise die Institutionalisierung modularer Strukturen in Form von Fertigungs- oder Auftragsabwicklungssegmenten, Leistungs- und Service-Centern sowie von Cost- oder Profit-Centern führen zu einer Dezentralisierung der Aufgabenwahrnehmung sowie zur Integration von Aufgabe, Kompetenz und Verantwortung auf Mitarbeiterseite, häufig in Form von selbständig agierenden Teams.[47] Diese Entwicklungen haben Auswirkung auf den Instandhaltungsbereich und stellen die Frage nach einem angemessenen Grad an Zentralisation oder Dezentralisation von Instandhaltungsfunktionen zur Diskussion. Die Implementierung von Konzepten wie KVP (Kontinuierlicher Verbesserungsprozess), Kaizen[48] oder Business Process Reengineering erfordern den Transfer der konzeptinhärenten Prinzipien gleichermaßen auf das Instandhaltungsfeld. Die neueste Version der DIN 31051 sieht entsprechende Maßnahmen für die Funktion der Schwachstellenbeseitigung bereits vor. Mit der Dezentralisierung von Aufgaben geht in der Regel ein erhöhter Qualifikationsbedarf herbei, der durch geeignete Trainingsmaßnahmen und –methoden wie beispielsweise das web-based learning/e-learning[49] nicht nur im Bereich der Produktion oder der Auftragsabwicklung zu befriedigen ist, sondern analog in der Instandhaltung. In Abhängigkeit von der Ausgestaltung der Supply

44 Vgl. Matyas, K. (1999), S. 11

45 Vgl. dazu z.B. Krüger, H.-G. (1995)

46 Vgl. Wildemann, H. (2004p)

47 Vgl. Wildemann, H. (1998); Wildemann, H. (1999a)

48 Vgl. Imai, M. (2001)

49 Vgl. hierzu z.B. Seamon, M.P./Levitt, E.J. (2001); Dittler, U. (2002); Niegemann, H.M. (2004)

Chain angesichts des zunehmenden Wettbewerbs- und Kostendrucks im globalen Markt, sind die Geschäftsprozesse innerhalb der Unternehmen sowie zwischen den beteiligten Wertschöpfungspartnern optimal auszugestalten. Die Erzielung einer Effizienzsteigerung in der Produktion ist mit der Effizienzverbesserung in der Instandhaltung verknüpft. Gesetzliche Vorschriften wie Neuerungen im Produkthaftungsgesetz, Arbeitssicherheitsvorschriften und die Veränderung von Umweltschutzauflagen induzieren die Modifikation bestehender Geschäftsprozesse oder führen sogar zum Entstehen neuer betrieblicher/zwischenbetrieblicher Abläufe.[50] Hieraus resultieren gewandelte Anforderungen an die Instandhaltungsfunktion, die es im Unternehmensalltag zu erfüllen gilt.

Im Bereich der Instandhaltung ist der Einzug innovativer Instandhaltungstechnologien sowie moderner Organisationskonzepte zu verzeichnen (vgl. Abb. 1-1).

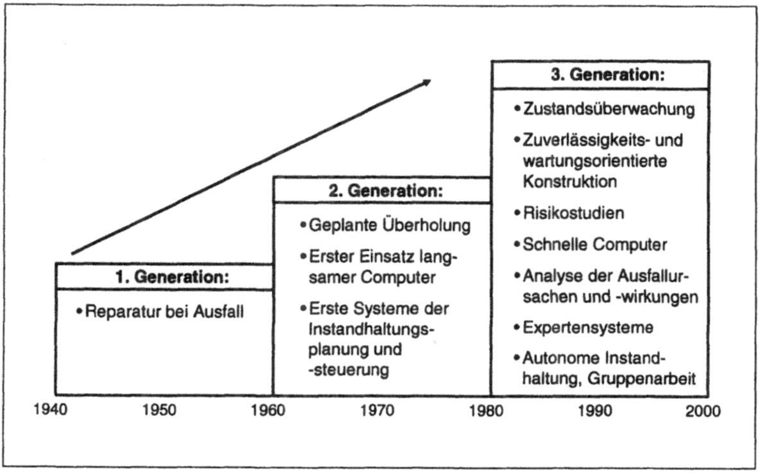

Abb. 1-1: Entwicklung der Instandhaltungstechniken[51]

[50] Vgl. Liebstückel, K. (2002), o.S.
[51] Quelle: Matyas, K. (1999), S. 11

Die vierte Generation der Instandhaltung hat jedoch bereits begonnen und kann durch die folgenden Aspekte charakterisiert werden:[52]

- Einsatz neuester Computerized Maintenance Management Systeme (CMMS) sowie von Instandhaltungsplanungs- und Steuerungssystemen (IPS),
- Einsatz moderner Diagnosesysteme (Fern- oder Telediagnose) mit Schnittstelle zum CMMS,
- Integration von Wissensmanagement- oder Expertensystemen,
- Einsatz von so genannten Pervasive Computing (z.B. Barcodesysteme, Mobiltelefone, Laptops, Scanner, Handhelds),
- Integration von unterstützenden Tools wie z.B. Routenplanungssysteme in das CMMS,
- Verknüpfung CAD-System mit CMMS,
- Schnittstelle zu Systemen des Condition-Monitoring (z.B. SCADA-Systeme),
- Verknüpfung von CMMS mit GIS (Graphical Information System),
- Zugang zu externen Katalogen via CMMS,
- Unterstützung einer E-Collaboration innerhalb des Asset Managements sowie
- Entwicklung von innovativen E-Maintenance-Lösungen.

Als Orientierungsgrößen für die zukünftige technologische Entwicklung der Instandhaltung lassen sich m. E. die nachfolgenden Aspekte identifizieren:

- Zunehmende Integration von Instandhaltungsfunktionen und Serviceleistungen,
- fortschreitende Automatisierung von operativen Instandhaltungsprozessen,
- Entwicklung und Ausbau von Plattformen und E-Technologien, die die flexible Nutzung von instandhaltungsbezogenen Leistungen unterstützten,

52 Vgl. hierzu Liebstückel, K. (2001), o.S.

- zunehmender Bedarf an generischen Funktionalitäten von E-Maintenance-Lösungen,
- durchgängige Nutzung von Internet/Intranet sowie
- die fortschreitende Professionalisierung und Weiterentwicklung mobiler I&K-Technologien.

Die Kernkompetenzdiskussion löste in vielen Unternehmen nicht nur die Erörterung eines potenziellen Outsourcings von Fertigungsprozessen oder von logistischen Leistungen aus, sondern übertrug sich gleichermaßen auf den Instandhaltungsbereich.[53] In diesem Zusammenhang gilt es die Frage zu beantworten, inwieweit durch die vollständige oder teilweise Übertragung von Instandhaltungsaufgaben auf einen externen Instandhaltungsdienstleister die Profitabilität und Effizienz dieses Bereiches gesteigert werden können. Ferner stellt die Instandhaltung von geleasten Anlagen ein neues Entscheidungsfeld dar, da es die dezidierte Definition der Instandhaltungsverantwortlichkeiten im Leasing-Vertrag bedingt.

„Der Instandhaltungsbereich im 21. Jahrhundert ...
- ist eine „Maintenance GmbH“
- erbringt kundenorientierte technische Leistungen
- hat eine klar strukturierte Produktpalette
- bietet zusätzliche Leistungen über Kooperationen an
  - Produktionsbegleitende Leistungen
  - Montage & Demontage
  - Ersatzteilversorgungen
  - Facility Management
  - Modernisierungskonzepte
  - Technische Beratung
  - ...
- unterstützt den ganzen Lebenszyklus („Full-Service“)
- verkauft Anlagenverfügbarkeit
- lässt sich zertifizieren“[54]

---

53 Vgl. z.B. Matyas, K. (1999), S. 38ff.

54 Liebstückel, K. (2002), o.S.

Die forschungstechnische Motivation für die Konzentration der Habilitationsschrift auf den Geschäftsprozessgestaltungsbereich der E-Maintenance liegt in dem Forschungsprojekt PROTEUS begründet. PROTEUS[55] ist eine europäische Gemeinschaftsinitiative deutscher und französischer Universitäten, außeruniversitärer Forschungseinrichtungen, kleiner und mittelständischer Unternehmen (KMU's) sowie großer, international agierender Firmen mit dem Ziel der Entwicklung einer generischen E-Maintenance-Plattform. Das Forschungsprojekt wurde vom Französischen Ministerium für Wirtschaft, Finanzen und Industrie sowie dem deutschen Bundesministerium für Bildung und Forschung gefördert und trägt das Label der ITEA (Information Technology for European Advancement). Die ITEA Organisation ist eine Einrichtung der Europäischen Kommission, das PROTEUS Projekt ist dem Forschungsschwerpunkt Cyber Enterprise zugeordnet. Die Projektteams rekrutierten sich aus Vertretern der Länder Frankreich, Belgien und Deutschland, diese wiederum lassen sich als Instandhaltungs-, Logistik- sowie Softwareexperten aus Wissenschaft und Praxis bezeichnen. Durch die Entwicklung und den Einsatz der E-Maintenance-Plattform soll die Steigerung der Effektivität von Instandhaltungsprozessen erreicht werden. Potenzialhebel sind in diesem Fall der Einsatz der Internettechnologie, die Nutzung von de facto Standards, wie beispielsweise von XML (Extensible Markup Language) sowie die Bestimmung einheitlicher API's (Application Programming Interfaces). In ökonomischer Hinsicht sollen sowohl die Kosten für die Instandhaltungsprozesse durch die Reduzierung von Diagnose- und Ausfallzeiten gesenkt als auch Ausfälle durch die permanente Überwachung der gesamten Ausrüstung verhindert werden. Erste Einsatzfelder der generischen Plattform waren die Bereiche Transport und die Prozessindustrie. Zusätzlich zur Optimierung und Integration aktuell vorhandener Instandhaltungswerkzeuge und –tools wird die Unterstützung moderner Instandhaltungsstrategien, wie der vorbeugenden (präventiven), der zustandsorientierten (condition based) oder der zuverlässigkeitsorientierten (reliability centered), aber auch der konventionellen ausfallbedingten (korrektiven) Strategie gewährleistet. Der generische Charakter der E-

55 Vgl. hierzu URL: http://www.proteus-iteaproject.com

Maintenance-Plattform manifestiert sich in der späteren Erweiterbarkeit auf zusätzliche Anwendungsfelder (Branchen) sowie in der Integrierbarkeit weiterer Funktionalitäten sowie Prozessunterstützungsbereiche (vgl. Abb. 1-2). Starttermin für das Forschungsprojekt war Oktober 2002 in Frankreich und Januar 2003 in Deutschland. Die prototypische Realisierung der PROTEUS-Plattform wurde für Februar 2005 terminiert.

Das Konsortium setzte sich aus den Partnern AKN Eisenbahn AG, ARC Informatique, Bikit vzw, Cegelec SA (französischer Koordinator und Gesamtkoordinator), Cegelec AT GmbH, Fraunhofer IML Cottbus, IFAK (deutscher Koordinator), LAB-LIFC, LIP6 Université Pierre et Marie Curie-Paris, LORIA, Pertinence Data Intelligence, TIL Technologies, TU München und Vartec SA zusammen.

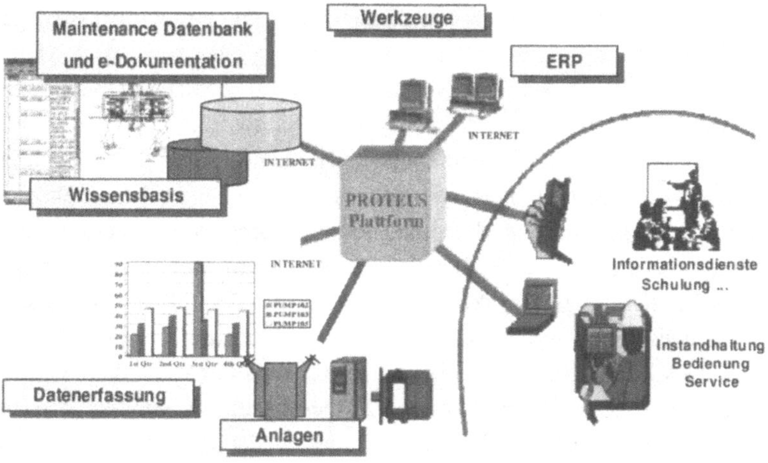

Abb. 1-2: Basisarchitektur der PROTEUS-Plattform[56]

[56] Quelle: PROTEUS (2002), S. 3

Die im Laufe des Forschungsprojektes erzielten Ergebnisse sowie die gewonnenen Erfahrungen der Verfasserin im Zusammenhang mit der Geschäftsprozessgestaltung in der E-Maintenance fließen konzeptfundierend und -gestaltend in die vorliegende Habilitationsschrift ein.

Gegenstand des nachfolgenden Kapitels ist die Untersuchung, inwieweit Ansätze zur Modellierung von Abläufen bei der Entwicklung und beim Einsatz von E-Business-/E-Maintenance-Lösungen in der Literatur bereits vorliegen, die Identifikation von Defiziten in konzeptioneller und methodischer Hinsicht sowie von theoretischen wie praktischen Handlungsbedarfen und Gestaltungsfeldern.

1.2 Behandlung des Themas in der Literatur

Die vorhandene Literatur zum Themenfeld der Geschäftsprozessgestaltung sowie –optimierung ist mannigfaltig. Vor dem Hintergrund der Beschreibung des State of the art sowie zur Identifikation aktueller Ansatzpunkte und Defizite als Motivation für die im Rahmen der vorliegenden Arbeit zu bearbeitenden Themenstellung der „Geschäftsprozessgestaltung von E-Maintenance-Lösungen von Unternehmen“ bedarf es primär der Systematisierung vorhandener themenspezifischen Publikationen. In diesem Zusammenhang stellt sich die Frage, welche Klassifizierungskriterien angesichts der Fülle an wissenschaftsdisziplinär-spezifischen und –übergreifenden Aufarbeitungen der Geschäftsprozessthematik und des E-Business vor dem Hintergrund der betrachteten Paradigmen herangezogen werden können. Neben der chronologischen Segmentierung der Literatur, bietet sich die Typologisierung nach inhaltlichen oder fachdisziplinären Kriterien an. Da jedoch keine überschneidungsfreie Abgrenzung der Literatur in diesem Zusammenhang erzielt werden kann, soll die Systematisierung der Publikationen nach den einzelnen betrachteten Paradigmen der vorliegenden Arbeit erfolgen. Es ergibt sich in Konsequenz die folgende Struktur:

Konzepte zur Geschäftsprozessgestaltung und -optimierung (I),

- Geschäftsprozessgestaltung aus der Perspektive verschiedener Wissenschaftsdisziplinen und spezifischer Anwendungsfelder (II),
- Publikationen zum Themenfeld E-Business, insbesondere zur E-Maintenance (III) und
- Vorhandene Literatur zur Verknüpfung der Themenfelder Geschäftsprozessgestaltung und E-Business (IV).

I. Die Literatur zu Konzepten/Ansätzen und Methoden der Geschäftsprozessgestaltung und -optimierung lässt sich nochmals in verschiedene Teilrubriken untergliedern. So kann zwischen den US-amerikanisch geprägten Konzepten Business Reengineering, Business Process Reengineering, Business Improvement[57] sowie Business Innovation[58] differenziert werden. Häufig erfolgt in Theorie und Praxis eine Gleichstellung der Konzepttermini Business Reengineering einerseits und der Geschäftsprozessoptimierung andererseits.[59] Beiden liegen jedoch unterschiedliche Philosophien und Denkhaltungen zugrunde, die sich in spezifischen konzeptinhärenten Vorgehensweisen und Methodenbausteinen widerspiegeln. Weiterhin werden im Rahmen der Geschäftsprozessgestaltung Managementansätze wie beispielsweise Lean Organization und Lean Production als Ausprägungsformen des Lean Managements,[60] das TQM (Total Quality Management)[61] sowie das inzwischen populär gewordene Six Sigma-Konzept[62] erwähnt.[63]

Das Konzept des Business Reengineerings, verstanden im ursprünglichen Sinne, unterscheidet sich von der Geschäftsprozessoptimierung primär durch die Zeitdimension und den ausgeübten Handlungsdruck.

---

57 Zur vorgenommenen Systematisierung vgl. Kuhn. A./Kaesler, J. (1996), S. 105

58 Vgl. Hess, Th./Brecht, L. (1995), S. XV

59 Vgl. ebd., S. 105; vgl. Harendza, H.B./Charton-Brockmann, J. (1992)

60 Zum Lean Management vgl. exemplarisch Wildemann, H. (1996)

61 Vgl. Wildemann, H. (2004d)

62 Vgl. hierzu Wildemann, H. (2004e)

63 Auf die Bedeutung von Managementkonzepten für die Geschäftsprozessgestaltung verweisen beispielsweise Kuhn und Kaesler; vgl. hierzu Kuhn, A./Kaesler, J. (1996), S. 103

„Während Hammer und Champy unter „Business Reengineering“ das revolutionäre Überwinden von veralteten Unternehmensstrukturen verstehen, impliziert der Begriff „Geschäftsprozeßoptimierung“ einen eher evolutionären Ansatz, nämlich die Optimierung von Bestehendem.“[64] Zur Beschreibung der unternehmensspezifisch vorhandenen Entwicklungspotenziale dient beispielsweise ein sog. Gesetzestrichter.[65] Die Größe des Trichters wird durch die Kriterien Zeit, Kosten sowie Bereitschaft der Mitarbeiter zur Unterstützung des Wandels determiniert. Unabhängig, ob ein Business Reengineering Prozess angestrebt oder ein Programm zur Prozessoptimierung initiiert wird, müssen die einzelnen Faktoren bewertet und in Relation zueinander gesetzt werden. Nur so lassen sich die Erfolgswahrscheinlichkeiten der geplanten Vorhaben einschätzen und adäquate Maßnahmen einleiten. Dieses Beurteilungsverfahren repräsentiert bereits einen ersten Schritt in Richtung einer mehrfaktoriellen Beurteilung von Verbesserungsprogrammen auf Basis monetärer und nicht monetärer Bewertungskriterien. Eine weiterführende Vernetzung verschiedener wissenschaftsdisziplinärer Perspektiven gelingt durch das genannte Konzept jedoch noch nicht.

Der Terminus Business Process Reengineering hebt im Vergleich zum Begriff des Business Reengineering die Prozessperspektive noch deutlicher heraus, da die Prozesscharakteristika Einflussgrößen für die Gestaltung der Ablauf- und damit auch in Konsequenz der Aufbauorganisation darstellen. Das Business Improvement charakterisiert einen langfristig angelegten Veränderungsprozess evolutionärer Natur. Bekannt wurde in diesem Zusammenhang das japanische Konzept Kaizen,[66] das einen unternehmensweiten kontinuierlichen Verbesserungsprozess im Rahmen einer Lean Management Philosophie

---

64 Kuhn, A./Kaesler, J. (1996), S. 105; Servatius grenzt die beiden Vorgehensweisen des Revolutionären Wandels einerseits und des Evolutionären Wandels andererseits auf Basis spezifischer Merkmale voneinander ab; vgl. hierzu Servatius, H.G. (1994)

65 Vgl. hierzu Kuhn, A./Kaesler, J. (1996), S. 106f.; Die Vorlage für den Gesetzestrichter entstammt der Physik, die auf Basis des sog. Gesetzeskegels die Explikation der Entwicklungspotenziale von komplexen Systemen vornimmt; vgl. Ebeling, W./Feistel, R. (1994)

66 Vgl. beispielsweise Imai, M. (2001)

institutionalisiert. Der Terminus Business Innovation impliziert das Engineering von Geschäftsprozessen im Sinne einer strategie- und zielorientierten Entwicklung von neuen Prozessstrukturen. Die Abgrenzung der einzelnen Begriffe und Konzepte gelingt in Theorie und Praxis nicht immer überschneidungsfrei,[67] so dass in Folge bei der Darstellung des Standes der Literatur zur bearbeiteten Thematik auf eine weitergehende Definitions- und Positionsbestimmung zugunsten der inhaltlichen Bewertung verzichtet wird.

Pionierarbeit auf dem Gebiet der Explikation und des Vergleichs bestehender Konzepte zum Business Process Redesign leisteten HESS und BRECHT mit ihrer Studie zum „State of the Art des Business Process Redesign".[68] Als Beschreibungsbasis werden die Aspekte Zielsetzung, Metamodell, Vorgehen und Ergebnisse, Techniken, Rollen, Einbettung in ein Gesamtkonzept, Anwendungsgebiet sowie vorhandene Toolunterstützung herangezogen.[69] Die am Ende der Studie erstellte Vergleichsmatrix basiert auf folgenden Charakteristika: Gestaltungsfelder, Orientierungspunkt Prozessabgrenzung, Umfang Prozessarchitektur, Enabler, Berücksichtigung des Change Managements, Rolle der Geschäftsstrategie, Dokumentation Ist, Dokumentation Soll, Generelles Vorgehen, Teamzusammensetzung, Modellierung/Ablauf, Darstellung Ablauf, Kundenanalyse, Spezifikation Informationssystem, Prozessidentifikation und –abgrenzung, Ideengenerierung sowie Methodenkomponenten.[70] Die Studie fungiert als Referenzbasis für die Aufarbeitung des Themenfeldes des Business Process Redesign im Rahmen der vorliegenden Arbeit.[71] Die einzelnen Konzepte werden im Folgenden kurz skizziert, wobei die Beschreibung der Ansätze auf die wesentlichen Merkmale begrenzt

67 Auf diesen Aspekt verweisen beispielsweise auch Kuhn, A./Kaesler, J. (1996), S. 105

68 Vgl. Hess, Th./Brecht, L. (1995)

69 Vgl. ebd., S. 4

70 Vgl. ebd., Übersichtsmatrix als Anhang der Publikation

71 Die Begründung für diesen Schritt liegt in der Zusammensetzung der betrachteten Konzepte. Diese rekrutieren sich zum einen aus der Managementlehre, der Organisationstheorie und der Wirtschaftsinformatik, zum anderen sind sie von Forschungsinstituten oder Beratungsunternehmen in Europa und USA entwickelt worden (vgl. Hess, Th./Brecht, L. (1995), S. 2).

bleibt. Zur weiterführenden Analyse der Modelle sei auf die Studie sowie auf die dort angegebene Literatur verwiesen.

Der Ansatz der ACTION INC. (Action Methodology)[72] orientiert sich primär an denjenigen Prozessen, die unternehmensübergreifende Leistungsaustauschbeziehungen abbilden (können). Jeder Workflow lässt sich durch ein vierphasiges Schema (Vorbereitung, Verhandlung, Leistungsvollzug und Akzeptanz) charakterisieren, setzt sich aus so genannten Acts zusammen, die durch Informationen unterstützt und mittels Links verbunden werden. Das resultierende Beziehungsgefüge wird mittels einer Process Map in Ellipsenform dargestellt, wobei ein Geschäftsprozess aus einer Fülle von Interaktionsbeziehungen bestehen kann. Die Process Map kann um Zykluszeiten und bei Bedarf um Verzweigungsspezifika ergänzt werden. Material Processes, Information Processes sowie Business Processes (interpersonelle Koordination) repräsentieren die relevanten Prozesstypen, die jedoch nicht durchgängig parallel betrachtet werden. Das Vorgehensmodell besteht aus folgenden Schritten: Separation des relevanten Workflows und Anforderungsdefinition, Schwachstellenidentifikation durch den Einsatz von Interviews, grobe Soll-Prozess-Modellierung, Spezifikationsdetaillierung, kritische Reflexion der Modellierung und Commitment sowie abschließend Integration des Informationsflusses. Softwareentwickler werden erst in die letzte Phase einbezogen. Das Konzept liefert keine spezifische Aussage zum ablaufbezogenen Applikationsradius des Prozessmodells. Basis für die Spezifikation im Informationssystem ist der identifizierte Datenfluss, die Ist-Dokumentation erfolgt relativ grob, die Soll-Dokumentation dagegen in detaillierter Form.

Das Konzept der BOSTON CONSULTING GROUP (Reengineering)[73] zielt speziell auf das wirtschaftliche Redesign derjenigen Prozessen ab, die entscheidende Bedeutung für die Wettbewerbsposition des Unternehmens haben. Das Prozessmodell

72 Vgl. hierzu ausführlich Hess, Th./Brecht, L. (1995), S. 7ff.; Action Inc. (1993)/Action Inc. (1994)

73 Vgl. hierzu ausführlich Hess, Th./Brecht, L. (1995), S. 13ff.; BCG (1993)

differenziert zwischen folgenden Prozesstypen: Hauptleistungsprozesse, Unterstützungsprozesse und Managementprozesse. Die Effizienz der Geschäftsprozesse wird anhand von monetären und nicht monetären Größen gemessen und an Zielen ausgerichtet. Diese Messgrößen fließen in periodisch zu erstellende Berichte ein. Jeder Prozess kann speziellen Organisationseinheiten zugeordnet werden, die die charakteristischen Aufgaben ausführen, dabei vom DV-System unterstützt und durch adäquate Anreizsysteme gesteuert werden. Die Unternehmenskultur wirkt als Einflussfaktor auf die involvierten organisatorischen Einheiten. Das Vorgehensmodell der Boston Consulting Group gliedert sich in die Phasen Richtung vorgeben, Strategische Prozesse umgestalten, Übergang steuern sowie Vorteile verankern. Die Prozessanalyse umfasst die Aspekte Leistungen, Aufgaben und Ablauffolgen, unterstützende Informationssysteme sowie die Organisationsstrukur und –kultur. Sowohl die Ist- als auch die Soll-Dokumentation erfolgen in einer relativ aggregierten Form. Als Methoden werden Checklisten zur Schwachstellenidentifikation, Kundenbeziehungsanalysen sowie Benchmarking eingesetzt. Die Prozessarchitektur bezieht sich auf wenige Kernprozesse, als Enabler werden Informationstechnik und Organisationskultur betrachtet. Hinsichtlich der Spezifikation des Informationssystems wird eine Beschreibung der Funktionalität der Anwendungen auf höherem Aggregationsniveau erzielt. Das Business Process Redesign unterstützt die Komplementierung der Business Strategy.

DAVENPORT (Process Innovation)[74] definiert den Prozess als eine Sequenz von Aktivitäten mit eindeutig definiertem Input und Output. Je nach Aggregationsgrad resultieren Prozesse, Subprozesse oder einzelne Aktivitäten. Analog zum vorhergehenden Konzept führen spezifische Organisationseinheiten Prozesse aus. Die Unternehmenskultur wirkt wiederum als Einflussfaktor, ebenso sind den Prozessen quantifizierbare Ziele übergeordnet. Innovatives Merkmal dieses Ansatzes sind die sog. Change Levers, die als „... noch nicht realisierte Ansatzpunkte (Hebel) zur grundlegenden Neugestaltung eines

---

74 Vgl. hierzu ausführlich Hess, Th./Brecht, L. (1995), S. 20ff.; Davenport, Th. (1993); Davenport, Th./Short, J.E. (1990)

Prozesses verstanden werden."[75] Diese rekrutieren sich nach dem Ansatz von Davenport aus den Feldern der Informationstechnik und Teamorganisation. Dagegen beziehen sich Attribute auf „... grundlegende Prinzipien bei der Gestaltung eines Prozesses, ..."[76]. Das Vorgehensmodell lässt sich durch die Schritte Identifying Process for Innovation, Identifying Change Levers, Developing a Process Vision, Understanding and Improving Existing Processes sowie Designing and Prototyping the New Process charakterisieren. Je nach Aggregationsgrad des betrachteten Prozesses variiert auch der Detailliertheitsgrad der Soll-Prozessdefinition. Erweist sich die Ist-Analyse noch als relativ grob, so enthält eine Prozessbeschreibung auf Ebene der Subprozesse etwas genauere Angaben über Aufgabenträger, Informationsflüsse sowie Enabler von IT-Seite. Die Identifikation innovativer Ansätze zur Prozessgestaltung wird durch zwei Beispielsammlungen aktiv unterstützt. Als Enabler fungieren in diesem Fall Informationstechnik, Teamorganisation und Organisationskultur. Das Modell konzentriert sich auf wenige Kernprozesse und sowohl Ist- als auch Soll-Dokumentation bewegen sich auf einem aggregierten Niveau. Im Verlauf des Redesigns der Geschäftsprozesse soll eine Überprüfung der Strategie geleistet werden.

Das Konzept der DIEBOLD DEUTSCHLAND GMBH (Geschäftsprozessoptimierung)[77] zielt auf die Institutionalisierung einer Lean Organization ab. Unterschieden werden die Geschäftsprozesstypen Operative Prozesse (Primär-, Sekundär- und Innovationsprozesse) sowie Management-Prozesse (Strategisches und Operatives Management). Die Business Processes können jeweils einem spezifischen Geschäftsfeld, als Ausprägungsform einer Produkt-/Marktkombination zugeordnet werden und lassen sich in Teilprozesse weiter untergliedern. Sowohl für den Geschäftsprozess als auch für die Teilprozesse existieren monetäre und nicht monetäre Ziele. Das Geschäftsfeld wird durch eine adäquate Geschäftsfeldstrategie gesteuert. Organisationseinheiten implementieren die Prozesse und

75 Hess, Th./Brecht, L. (1995), S. 20

76 Ebd., S. 21

77 Vgl. hierzu ausführlich ebd., S. 26ff.; Diebold (1993); Diebold (1993a); Dernbach, W. (1994)

greifen hierzu auf die Unterstützung durch Sachmittel, Informationen und Anwendungen zurück. Das Vorgehensmodell von Diebold gliedert sich in die Steps Voruntersuchung, Situationsanalyse, Konzeption sowie Realisierungsplan. Ist- und Soll-Dokumentation erweisen sich als detailliert, da die Analyse bereits einen quantitative wie qualitative Überprüfung der Leistungen vorsieht, so zum Beispiel die Ermittlung des teilleistungsspezifischen Aufwandes mittels Prozesskosten. Führungs-, Organisations-, Informations- und Sachmittelbezogene Aspekte werden im Rahmen der Analyse erfasst. Innovativ ist das Konzept der Prozessvision, die „... den langfristigen Entwicklungsrahmen eines Prozesses".[78] beschreibt. Als Techniken werden Geschäftsprozessanalyse zur Prozesssegmentierung, die Szenariotechnik zur Visionsdeduktion sowie Potenzial-, Kosten- und Ergebnisanalyse zur Erarbeitung eines sog. Migrationsplanes eingesetzt. Die Informationstechnik erweist sich bei diesem Ansatz als Enabler, das Konzept ist auf alle Prozesse von Unternehmen, auch auf Verwaltungsprozesse anwendbar, soweit ein spezifischer Marktbezug vorliegt.

EVERSHEIM (Prozessanalyse und –gestaltung)[79] hat ein Konzept zur Optimierung der Auftragsabwicklungsprozesse erarbeitet. Der betrachtete Prozess formt sich aus einer Anzahl nachgeordneter Prozesse, die durch Organisationseinheiten ausgeführt werden und sich in der Bearbeitung von Dokumenten niederschlagen. Prozesse lassen sich durch Prozesszeiten sowie durch den aktuell erreichten Status charakterisieren. Das Vorgehensmodell umfasst die Prozessanalyse, die Schwachstellenidentifikation, die Ermittlung von Gestaltungsmaßnahmen sowie die Definition des Umsetzungsplans. Die Visualisierung der Ergebnisse erfolgt mittels eines Prozessplans (direkte/ indirekte Prozesselemente) sowie einer Durchlaufzeit- und Ressourcenverbrauchsübersicht. Aussagen zu vorhandenen Übergangswahrscheinlichkeiten (Verzweigungen) ergänzen die Prozessbeschreibung. Durchlaufzeit- und Kostenanalysen können auf DV-Basis realisiert werden. Die Prozessvisualisierung wird durch das Tool

---

78 Hess, Th./Brecht, L. (1995), S. 28

79 Vgl. hierzu ausführlich ebd., S. 34ff.; o.V. (1993); o.V. (1994)

PROPLAN unterstützt. Das Konzept von Eversheim sieht eine detaillierte Ist- und Soll-Dokumentation vor, die Spezifikation hinsichtlich des Informationssystems manifestiert sich in einer Funktionalitätsübersicht der Anwendungen sowie in dem zugrunde liegenden Datenfluss.

FERSTL/SINZ (Semantisches Objektmodell)[80] entwickelten ein Konzept zur Abstimmung sog. betrieblicher Objekte im Rahmen der Produktion und dem Transfer von Leistungen. Diese Leistungen können sich auf verschiedene Organisationen beziehen und materieller sowie immaterieller Natur sein. Die Koordination erfolgt entweder über Marktmechanismen (server object und client object-Verhältnis) oder über Hierarchie (controlling object und controlled object-Relation). „Ein Geschäftsprozess besteht aus einem server object zur Erstellung von Leistungspaketen bzw. Nachrichten sowie einer Transaktion zu deren Übergabe an ein client object."[81] Hauptprozesse und Serviceprozesse bilden die Geschäftsprozesstypologie des Modells ab. Den an der Transaktion partizipierenden Objekten sind Aufgaben zugeteilt, wodurch spezifische Abhängigkeiten geschaffen werden. Zusätzlich lassen sich weitere Dependenzen über so genannte Ereignisse im Modell abbilden. Charakteristisch für das Konzept von Ferstl/Sinz ist die spezifische Modellierungstechnik mit Interaktionsdiagrammen, Prozessarchitekturen sowie Vorgang-Ereignis-Schemata, die eine Visualisierung der Geschäftsprozesse sowie eine detaillierte Soll-Dokumentation erlauben. Die Geschäftsstrategie bildet den Ausgangspunkt der Überlegungen. Innovativer Bestandteil dieses Ansatzes ist die Spezifikation des Applikationssystems durch Prüfung der partiellen oder vollständigen Automatisierbarkeit von Geschäftsprozessen nach erfolgter Modellierung derselben. Die Gestaltung der Business Processes erfolgt durch den Einsatz des entwickelten SOM-CASE-Tools.

---

80 Vgl. hierzu ausführlich Hess, Th./Brecht, L. (1995), S. 40ff.; Ferstl, O.K./Sinz, E.J. (1993); Ferstl, O.K./Sinz, E.J. (1994)

81 Hess, Th./Brecht, L. (1995), S. 41

Das Modell von HAMMER (Reengineering)[82] behandelt die erfolgsfaktororientierte radikale und innovative Gestaltung von Geschäftsprozessen. Der Geschäftsprozess umfasst Aktivitäten, lässt sich durch Input- und Outputfaktoren erklären, ist zielgerichtet, spielt sich im Rahmen von Kunden-/Lieferantenverhältnissen ab, wird von Organisationseinheiten durchgeführt, die von der Unternehmenskultur beeinflusst werden und ist aus Sicht des Kunden wertschöpfend. Hammer führt folgende innovative Prozesstypologisierung auf: Value-creating processes, Asset-creating processes (z.B. Wartung), Enabling processes sowie Governing processes. Das entsprechende Vorgehensmodell gliedert sich in die parallelen Bereiche Change Management auf der einen Seite und das Phasenschema, mit Mobilization, Diagnosis, Redesign sowie Transition auf der anderen Seite. Interessant ist die Betrachtung von so genannten Stakeholdern als Promoter des Reengineering Projektes, die durch Aktivitäten wie beispielsweise Aufbau von adäquaten Anreizsystemen den Projektverlauf positiv beeinflussen können. Der Umfang der Prozessarchitektur beschränkt sich auf wenige Kernprozesse, Ist- und Soll-Dokumentation verbleiben auf einem aggregierten Niveau.

HARRINGTON (Business Process Improvement)[83] entwickelte ein Modell zur Steigerung der Abwicklungseffektivität und –effizienz von Geschäftsprozessen. Ein Prozess umfasst verschiedene Aktivitäten und transformiert einen Input in einen spezifischen Output. Jeder Geschäftsprozess ist einem Process Owner zugeordnet und wird anhand monetärer und nicht monetärer Zielgrößen gemessen sowie gesteuert. Prozesse können in Teilprozesse, Aktivitäten und Aufgaben segmentiert werden. Das Vorgehensmodell lässt sich in diesem Fall durch die folgenden Schritte charakterisieren: Organizing for Improvement, Understanding the Process, Streamlining the Process, Measurements and Controls und Continuous Improvement. Als interessant erweist sich die Bewertung der Prozesse anhand der Kriterien „Customer Impact“ sowie „Improvement Opportunity“. Zur Modellierung werden

82 Vgl. hierzu ausführlich Hess, Th./Brecht, L. (1995), S. 46ff.; Hammer, M. (1993); Hammer, M./Champy, J. (1993)

83 Vgl. hierzu ausführlich Hess, Th./Brecht, L. (1995), S. 53ff.; Harrington, H.J. (1991)

Ablaufdiagramme, Programmablaufpläne sowie Datenflussdiagramme herangezogen. Zusätzlich erfolgt die Nutzung unterschiedlichster Techniken wie beispielsweise des Benchmarking oder eines Bewertungsschemas zur Gewichtung von Prozessen und deren Prozessführungssystem. Ist- und Soll-Dokumentation erfolgen in diesem Fall detailliert und die Prozessarchitektur umfasst alle Unternehmensprozesse.

Die IBM UNTERNEHMENSBERATUNG GmbH (Continuous Flow Manufacturing)[84] konzipierte ein System zur Effizienz-, Effektivitäts- und Flexibilitätssteigerung von Produktionsprozessen. Jeder Prozess umfasst eine Sequenz von Tätigkeiten, lässt sich durch einen quantifizierbaren Input, Output sowie durch eine messbare Wertschöpfung charakterisieren. Neben der Inanspruchnahme von Sachmitteln seitens der involvierten Organisationseinheiten werden im Rahmen der Prozesse Material sowie Informationen transferiert. Hinsichtlich der detailliert vorgenommenen Prozessmodellierung sowohl in Ist- als auch Soll-Hinsicht werden Prozessfluss-, Materialfluss-, Transport- sowie Informationsflussdiagramme eingesetzt. Das Vorgehensmodell integriert die Phasen Detailanalyse, Prozessflussverbesserung, Tätigkeitsverbesserung, Rüstzeitverkürzung, Fehlervermeidung und Pull-System installieren. Zur Visualisierung werden Programmablaufpläne, Tabellen, Ursache-Wirkungs-Diagramme, Pareto-Auswertungen und farbliche Markierungen für nicht wertschöpfende Tätigkeiten genutzt. Die Spezifikation des Informationssystems bezieht sich auf Funktionalitäten sowie den zugrunde liegenden Datenfluss.

Von JOHANSSON (Break Point Process Reengineering)[85] stammt ein Konzept, das sich speziell der schnellen Generierung von Market Excellence hinsichtlich der Faktoren Kosten, Durchlaufzeit, Qualität und Service widmet. Aktivitäten sowie noch weiter detaillierte Tasks bilden den Gesamtprozess ab, der den an den Anforderungen des Kunden orientierten Transfer von Input zu Output leistet. Das

---

84 Vgl. hierzu ausführlich Hess, Th./Brecht, L. (1995), S. 60ff.; IBM (1990)

85 Vgl. hierzu ausführlich Hess, Th./Brecht, L. (1995), S. 65ff.; Johansson, H.J. et al. (1993)

Informationssystem wirkt als unterstützende Ressource für die den Prozess ausführenden Organisationseinheiten. Jeder Prozess und damit Input-/ Outputtransfer spannt ein Kunden-Lieferantenverhältnis auf. Johansson führt so genannte Value Metrics ein, die eine monetäre sowie nicht monetäre Bewertung der Prozessqualität aus der Perspektive des Kunden ermöglichen. Das Vorgehensmodell konstituiert sich aus den Phasen Discover, Redesign und Realize, die durch weitere Aktivitätenbündel detailliert werden. Die Ist- und Soll-Dokumentation erfolgen auf aggregiertem Niveau, die Prozessarchitektur schließt nur wenige Kernprozesse ein. Interessant aus Sicht der Geschäftsprozessgestaltung ist die Vorgehensweise zur Ermittlung der Break Points. Im ersten Schritt werden die ermittelten Value Metrics einem brancheninternen Benchmarking unterzogen, um die Prozesseffektivität positiv zu beeinflussen. In einem zweiten Schritt, zur Erhöhung der Prozesseffizienz erfolgt eine Evaluierung der Prozesse mittels Kosten, Qualität sowie Liege- und Durchlaufzeit. Die identifizierten Break Points werden nachfolgend bewertet und in eine Rangfolge gebracht, um diese mit der formulierten Prozessmission in eine Prozessvision zu integrieren. Das Vorgehensmodell betrachtet zusätzlich die Überprüfung des fixierten Strategiemodells.

MALONE (Handbook of Organizational Processes)[86] fokussiert sein Konzept zum Business Process Redesign auf die Nutzung eines Referenzprozessmodells. Die Prozesstypologie umfasst sowohl allgemeine Prozesse als auch Koordinationsprozesse, die sich jeweils klassen- oder komplexitätsspezifisch in weitere Teilprozesse separieren lassen. Zwischen den Subprozessen existieren Abhängigkeiten, die im Prozessmodell visualisiert werden. Für die einzelnen Prozesse und Koordinationsprozesse sind in einem Handbuch Referenzprozesse hinterlegt. Prozessziele und -anforderungen konstituieren die so genannten Process Features. Das Vorgehensmodell umfasst die Schritte Prozessfestlegung, Definition der Prozesscharakteristika, Evaluierung der optionalen Koordinationsprozesse mittels einer Trade-Off-Matrix sowie Fixierung der (allgemeinen) Prozesse und

86 Vgl. hierzu ausführlich Hess, Th./Brecht, L. (1995), S. 71ff.; Malone, Th.W. et al. (1993)

Koordinationsprozesse. Die Soll-Prozess-Spezifikation erfolgt in detaillierter Weise, das referenzprozessvisualisierende Handbuch wird sukzessive erstellt (generischer Charakter).

McKINSEY (Core Process Redesign; CPR)[87] entwickelte ein Konzept, das sich entsprechend der terminologischen Fundierung primär der Optimierung von Kernprozessen widmet. Entsprechend der Wertschöpfungskette des Unternehmens werden Kernprozesse sowie die sie konstituierenden Kernaktivitäten identifiziert, der Prozessinput sowie –output beschrieben sowie die prozessunterstützenden IT-Systeme expliziert. Ausgangspunkt für das Business Process Redesign ist die Unternehmens-/Geschäftsbereichsstrategie, die sich in dem Vorgehensmodell von McKinsey niederschlägt. Die fünf Schritte konstituieren sich aus den Phasen Kernprozessidentifikation, Leistungsdefinition, Soll-Ist-Vergleich mit Defizitanalyse, Prozessvisionsgenese sowie Realisation. Neben dem Einbezug quantifizierbarer Bewertungsgrößen wie Kosten und Durchlaufzeiten werden auch Referenzprozesse zur Modellierung herangezogen. Die Dokumentation der spezifischen Ist- und Soll-Kernprozesse verbleibt auf einem stärker aggregierteren Niveau.

Zur Steigerung von Prozesseffektivität, -effizienz und –flexibilität schuf ÖSTERLE (PROMET-BPR)[88] ein spezifisches Konzept zum Business Process Redesign mit paralleler Betrachtung des prozessrelationalen Führungssystems. Die Prozesstypologie konstituiert sich aus den Leistungsprozessen, den Unterstützungs- sowie den Führungsprozessen. Das Phänomen Prozess integriert eine Summe von Aufgaben, die von organisatorischen Einheiten ausgeführt und durch IT-Anwendungen unterstützt oder automatisiert werden. Die Prozesssegmentierung erfolgt nach Österle hierarchisch, wobei sich die Prozesse innerhalb eines Geschäftspartnerverbundes vollziehen können. Kritische Erfolgsfaktoren, Führungsgrößen und Prozessziele sorgen für die proaktive Steuerung der Abläufe. Das Vorgehensmodell lässt

87 Vgl. Hess, Th./Brecht, L. (1995), S. 77ff.; Hagel, J. (1993)

88 Vgl. hierzu ausführlich Hess, Th./Brecht, L. (1995), S. 81ff.; Österle, H. (1995); Österle, H. et al. (1995); Information Management Gesellschaft (1995)

sich durch die Phasen Vorstudie, Makro-Entwurf sowie Mikro-Entwurf charakterisieren, in dessen Rahmen die Ist-Dokumentation eher grob und die Soll-Dokumentation detailliert erfolgt. Kern der Prozessmodellierung ist das Aufgabenkettendiagramm von Österle, das additional die computergestützten Aufgaben farblich markiert. Interessant aus Sicht der Geschäftsprozessgestaltung sind die weiteren konzeptinhärenten Techniken wie beispielsweise die Prozesslandkarte, die Prozesszerlegungsmatrix, das Prozesskontextdiagramm, das Leistungsverzeichnis, das bereits genannte Aufgabenkettendiagramm sowie Kenngrößen für die Prozessführung. Unterstützend werden Methoden wie Benchmarking, IT-Assessment, Checklisten und Monitoring eingesetzt. Im Rahmen der Entwicklung der Prozessvision erfolgt neben der Analyse der value chain eine Identifikation der noch nicht erschlossenen Potenziale der Informationstechnik. „Business Engineering integriert die Entwicklung der Geschäftsstrategie mit der des Informationssystems über den Prozess."[89] Parallel zu diesem Prozess soll die formulierte Unternehmensstrategie bedarfsorientiert adaptiert oder ergänzt werden. Die Spezifikation des Informationssystems bezieht die Darstellung der groben Funktionalitäten sowie des vorhandenen Datenflusses mit ein.

Von der PLOENZKE AG (Geschäftsprozessanalyse)[90] wurde ein Ansatz entwickelt, der auf Basis einer Prozessvisualisierung die optimierende Neugestaltung der Basisprozesse vornimmt. Das Geschäftsprozessmodell orientiert sich am Konzept zum Management von Wertschöpfungsketten und differenziert zwischen primären und sekundären Aktivitäten. Die Prozesse lassen sich hierarchisch segmentieren, wirken sich auf Leistungs- und Informationsobjekte aus, lassen sich durch Potenziale charakterisieren, beeinflussen Ziele, können jeweils spezifischen Geschäftsfeldern zugeordnet werden, nutzen Betriebsmittel, werden durch Organisationseinheiten ausgeführt und stehen in Interaktion zu Datengruppen (Informationsklassen) sowie zu externen Partnern. Geschäftsprozesse weisen mitunter Schwachstellen auf, die durch geeignete Lösungen, unter Berück-

[89] Hess, Th./Brecht, L. (1995), S. 88

[90] Vgl. hierzu ausführlich ebd., S. 89ff.; Ploenzke AG (1994)

sichtigung vorhandener Bedingungen (prozessauslösende und prozessbeendende Größen) zu beseitigen sind. Das Vorgehensmodell umfasst die Schritte Projektdefinition, Ist-Analyse und Soll-Konzeption. Ist- und Soll-Dokumentation erfolgen innerhalb des Konzeptes von Ploenzke in detaillierter Form und werden durch verschiedene Visualisierungs- und Modellierungstechniken unterstützt. Angeführt seien an dieser Stelle beispielsweise das Funktionsnetz, das erweiterte Funktionsnetz sowie die Kommunikationsmatrix. Ploenzke entwickelte ein Gesamtkonzept zur integrierten Softwareentwicklung (ISOTEC)[91], das sich in der Planungsphase mit der Geschäftsprozessanalyse, optional mit der Informationssystem-Planung befasst.

Das Konzept von SCHEER (ARIS[92])[93] zielt auf die Optimierung von Prozessen unter besonderer Nutzung eines Referenzprozessmodells ab. Kern des Ansatzes ist die Funktion, die einerseits durch Ereignisse ausgelöst wird, aber andererseits selbst wiederum Ereignisse induziert. Funktionen lassen sich hierarchisch segmentieren, werden von Organisationseinheiten ausgeführt, unterstützen die Zielerreichung und stehen in Interaktionsbeziehungen zu Informationsobjekten, die untereinander nochmals logisch verknüpft sind. Die Beziehungen zwischen Ereignissen und Funktionen werden durch Verknüpfungsoperatoren charakterisiert. Der Prozess ist eine Kombination von Funktionen, die inhaltlich verknüpft sind und repräsentiert kein autonomes Objekt. Die Prozesstypologie besteht aus Logistik-, Leistungsentwicklungs- sowie Informations- und Koordinationsprozessen. Das Vorgehensmodell setzt sich aus den Schritten Analyse der Unternehmenssituation, Erarbeitung eines Anforderungsmodells, Handlungsbedarfsidentifikation sowie Feststellung der Einführungsreihenfolge zusammen. Die Geschäftsstrategie bildet den Ausgangspunkt des Business Process Redesign, die Prozessarchitektur bezieht sich auf alle Unternehmensprozesse, die Ist-Dokumentation lässt sich als grob, die Soll-Dokumentation dagegen als detailliert beschreiben. Die Spezifikation des Informationssystems umfasst die Funktionalitäten, das Daten-

91 ISOTEC: Integriertes System-, Organisations- und Technik-Konzept

92 ARIS: Architektur integrierter Informationssysteme

93 Vgl. hierzu ausführlich Hess, Th./Brecht, L. (1995), S. 97ff.; Scheer, A.-W. (1990); Scheer, A.-W. (1994); Keller, G./Nüttges, M./Scheer, A.-W. (1992)

modell sowie den Datenfluss. Zur Prozessvisualisierung und –modellierung werden beispielsweise Techniken wie das Vorgangskettendiagramm, die ereignisgesteuerte Prozesskette, der Funktionsbaum, das Organigramm sowie insbesondere ein Referenzmodell eingesetzt. Das ARIS-Konzept manifestiert sich als „... Rahmen für die schrittweise Entwicklung betrieblicher Informationssysteme"[94] und erlaubt über das ARIS-Toolset eine computergestützte Modellierung.

Weiterführende Konzepte zur Geschäftsprozessgestaltung, die nicht in die Studie von HESS und BRECHT integriert sind, aber speziell im Hinblick auf den Ganzheitlichkeitsbezug der Ablaufmodellierung interessante Lösungsansätze und Methoden vorschlagen, sollen im folgenden schematisch dargestellt werden. Insbesondere sind in diesem Zusammenhang das Konzept der Geschäftsprozessoptimierung und Prozessklinik nach WILDEMANN[95] sowie das Konzept der Geschäftsprozessmodellierung und des Prozesskettenmanagements nach KUHN[96] zu nennen.

Der Ansatz von WILDEMANN zur Geschäftsprozessgestaltung sowie -optimierung geht von der durchgängigen prozessorientierten Sichtweise des Unternehmens aus. Theoretischer Bezugsrahmen ist die optimale Koordination aller Material- und Informationsflüsse, und damit der Prozesse, entlang der Wertschöpfungskette durch Instrumente des Supply Chain Managements. Zur Wertgestaltung und zum Benchmarking von Geschäftsprozessen wurde das Konzept der Prozessklinik entwickelt, das durch spezifische Leitlinien, Methodenbausteine sowie durch ein standardisiertes Vorgehensmodell beschrieben werden kann. Der Ansatz stützt sich primär auf ein Referenzprozessmodell, das hierarchisch aufgebaut ist und Geschäftsprozesse

---

94 Hess, Th./Brecht, L. (1995), S. 102

95 Vgl. hierzu Wildemann, H. (1997); Wildemann, H. (1997a); Wildemann, H. (1999); Wildemann, H. (2001); Wildemann, H. (2004f); Wildemann, H. (2004g); Wildemann, H. (2004h); Wildemann, H. (2004i)

96 Vgl. dazu Kuhn, A. (1995); Kuhn, A. (1999); Kuhn, A./Kaesler, J. (1996), S. 99f.; Winz, G./Quint, M. (1997)

in Hauptprozesse, Teilprozesse sowie Tätigkeiten aufgespaltet.[97] Die Erstellung des Referenzprozessmodells erfolgt auf der Ebene der Hauptprozesse, deren Aggregationsgrad sich als ausgeprägt erweist, so dass eine Vergleichbarkeit über verschiedenen Unternehmen realisierbar ist. Das Benchmarking kann zusätzlich auf Ebene der Teilprozesse durchgeführt werden, die unternehmensspezifisch ausgestaltet und im Rahmen der Prozessklinik dokumentiert sowie bewertet werden. Aufgrund der Spezifität der einzelnen Tätigkeiten, ist auf dieser Ebene ein Benchmarking nicht erfolgreich implementierbar.

Das Referenzprozessmodell konstituiert sich aus folgenden Hauptprozessen:

- Auftragsabwicklung,
- Produktionsprozess,
- Beschaffungsprozess,
- Logistikprozess,
- Marketingprozess,
- Innovationsprozess,
- Serviceprozesse und
- Informationstechnologie.

Die Prozesse sind über Material- und Informationsflüsse miteinander verknüpft und weisen spezifische Ablaufsequenzen auf.[98] Der Auftragsabwicklungsprozess lässt sich darüber hinaus entsprechend der Varianten „Lagerfertiger", „Programmfertiger", „Kundenfertiger" sowie „Anlagenfertiger" weiter differenzieren.[99] Durch die Ermittlung und Visualisierung von Leistungslücken hinsichtlich der dem Benchmarking zugeführten Prozesse lassen sich Kostensenkungspotenziale ableiten und durch geeignete Projektaktivitäten sowie Maßnahmen

97 Vgl. hierzu ausführlich Wildemann, H. (2003), S. 2ff.; zur Prozessklinik wurde ein Arbeitskreis unter der Leitung von Univ.-Prof. Dr. Dr. h. c. mult. Horst Wildemann an der TU München mit Industriepartnern aus verschiedenen Branchen durchgeführt.

98 Zum Referenzprozessmodell vgl. Wildemann, H. (2003), S. 6ff.; zur weiteren Hierarchisierung des Referenzprozessmodells vgl. ebd., S. 7ff.

99 Vgl. ebd., S. 9

gewinnbringend erschließen.[100] Das Vorgehensmodell zur Prozessanalyse und –optimierung umfasst die Schritte Prozessanalyse (Ermittlung Grobprozess, Definition Messgrößen und Messpunkte), Benchmarking sowie Ableitung von Optimierungsempfehlungen (Ermittlung Defizite und Verbesserungsansätze, Durchführung der Optimierung mit Potenzialabschätzung).[101] Die Vorgehensweise ist für alle Unternehmensbereiche und Prozesstypen sukzessive zu durchlaufen. Das Benchmarking setzt einen den Grundsätzen der Vergleichbarkeit entsprechenden Standardisierungsgrad voraus.[102] Zur Visualisierung werden deshalb Prozessdokumentationstafeln für die definierten Hauptprozesse sowie Prozessdatenblätter herangezogen. Erstere enthalten Hinweise zu benötigten Informationen und benutzten Dokumenten, Flussdiagramme,[103] Hinweise zur Organisation sowie Anmerkungen zum Prozessverlauf. Input-/Outputdarstellungen zeigen die logischen Verknüpfungen zu anderen Prozessen auf. Leistungs- und Strukturkennzahlen charakterisieren den betrachteten Prozess und sehen eine zusätzliche qualitative Beschreibung desselben vor.[104] Die Leitlinien der Prozessklinik manifestieren sich in einer durchgängigen Kundenorientierung, einer prozessbezogenen Wertorientierung und Qualitätsorientierung, in der Fokussierung auf Prozesszeiten sowie in der Einbindung der Prozessgestaltung und –optimierung in einen durchgängigen organisatorischen Lernprozess.[105] Das Konzept der Prozessklinik umfasst eine Vielzahl von Methoden, wie beispielsweise das Vorgehensmodell zur Prozessidentifikation, das 5-Tage-Audit, das Prozessbenchmarking, die Verschwendungsanalyse mit Genesis, die Leistungsmessung/den Leistungsvergleich, die Prozesswertanalyse, die Funktions- und Leistungsanalyse, die Schnittstellenanalyse, die Prozesskostenrechnung, das Target Costing, das Quality Function Deployment (QFD), die Fehler-Möglichkeits-und-Einfluss-

---

[100] Vgl. Wildemann, H. (2003a), S. 16

[101] Vgl. Wildemann, H. (2003b), S. 4

[102] Vgl. Wildemann, H. (2003c), S. 2

[103] Die Flussdiagramme entspringen in diesem Fall der Notation von Programm- und Datenflussplänen; sie werden jedoch auch in betriebswirtschaftlicher Konnotation mit Durchlaufzeiten, Bearbeitungszeiten, involvierten Schnittstellen etc. visualisiert; vgl. hierzu Wildemann, H. (2004f), S. 288f.

[104] Vgl. hierzu ebd., S. 22ff.

[105] Vgl. hierzu ausführlich Wildemann, H. (2003), S. 21ff.

Analyse (FMEA), die Conjoint Analyse, die Analyse der Kundenzufriedenheit, das Supply Chain Management, das Adavanced Purchasing sowie das Prozesscontrolling und Gateway Management.[106] Der Ansatz von Wildemann zielt auf eine ganzheitliche Beschreibung, Visualisierung sowie Optimierung der Geschäftsprozesse ab und ist grundsätzlich auf alle Prozesstypen anwendbar. Die Prozessbeschreibung ist sowohl im Hinblick auf die Ist-Dokumentation als auch bezogen auf die Soll-Dokumentation detailliert, die Informationstechnologie wird speziell im Rahmen der Prozessklinik als übergreifende Unterstützungsfunktion betrachtet und in Konsequenz gleichermaßen einem Benchmarking unterzogen.

Ausgangspunkt der Philosophie des Prozesskettenmanagements und der Prozesskettenmodulation nach KUHN ist der Wandel von einer funktionsorientierten hin zu einer prozessorientierten Sicht der Unternehmensorganisation. „Innovation und Kaizen bilden im Prozesskettenmanagement einen gemeinsamen dualen Ansatz, der die Verknüpfung der kundenorientierten Neugestaltung von Prozessen sowie deren anschließende kontinuierliche Verbesserung vorsieht und als das konstitutive Merkmal des Konzeptes bezeichnet werden kann.“[107] Das Prozesskettenmodell/-element zeigt die Vernetzung einer Sequenz von Aktivitäten auf, die zum Faktortransfer (Input zu Output) beiträgt. Die Prozesskette verknüpft sämtliche Prozesskettenelemente entlang der Zeitdimension. Jedes Prozesskettenelement-System kann durch die folgenden Aspekte beschrieben werden: Quelle und Senke, Prozesse, Lenkungsebenen, Ressourcen sowie Strukturen. Dieser ganzheitliche Ansatz zur Beschreibung der Prozesskettenelemente und damit auch der Haupt- und Subprozesse führt im Modell von Kuhn zur Ableitung von Potenzialklassen. Sie repräsentieren Gestaltungsfelder zur Adaption der Organisation an dynamische Elemente der organisatorischen Umsysteme sowie zur effizienten Erreichung der Unternehmensziele.

---

106 Vgl. ausführlich Wildemann, H. (2003), S. 88ff.

107 Winz, G./Quint, M. (1997), S. 15

In Konsequenz ergibt sich folgende Struktur des Prozesskettenmodells mit den ihm zugeordneten Potenzialklassen:

- Prozesse: Senken, Prozessstrukturen und Quellen
- Strukturen: Layout, Aufbauorganisation, technische Kommunikationsstruktur
- Ressourcen: Personal, Flächen, Bestand, Arbeitsmittel, Hilfsmittel, Organisationsmittel
- Lenkungsebenen: Normative, Administration, Dispositive, Netzwerk, Steuerung[108]

Der Ansatz des Prozesskettenmanagements von Kuhn ist in einen umfassenden unternehmenskulturell beeinflussten Lernprozess eingebettet, der die Erweiterung der beruflichen Handlungskompetenz aller Organisationsmitglieder zum Ziel hat. Das Vorgehensmodell von Kuhn kann durch die Phasen Vorbereitung, Analyse, Optimierung sowie Institutionalisierung beschrieben werden. Innerhalb der einzelnen Phasen finden unterschiedlichste Methoden zur Analyse und Bewertung der Prozessketten Anwendung. Hervorzuheben sind vor dem Hintergrund der Prozessgestaltung insbesondere ...[109]

- ... die zu Beginn durchgeführte Ermittlung und Bewertung von Kundenanforderungen durch Einsatz von Befragung und Wettbewerbsvergleich,
- ... die Prozessidentifikation durch Auflistung der relevanten Unternehmensprozesse zur Befriedigung von Kundenanforderungen,
- ... die Prozessauswahl durch die Berücksichtigung der Kriterien „Verbesserungspotenzial" sowie „Bedeutung der Unternehmensprozesse", jeweils aus Sicht der Kundenanforderungen; zu diesem Zweck werden zwei Prozessbewertungs-Matrizen sowie ein Prozess-Selektionsdiagramm eingeführt,

---

108 Vgl. hierzu Winz, G./Quint, M. (1997), S. 24ff.; Kuhn, A. (1995), S. 47ff.; Pielok, Th. (1995), S. 43ff.; Kuhn, A./Winz, G. (1996)

109 Vgl. hierzu ausführlich Winz, G./Quint, M. (1997), S. 35ff.

- ... die Festlegung von Primär-Zieldefinitionen auf Basis von Benchmarks,
- ... die Prozessvisualisierung durch verschiedene graphische Modellbausteine,
- ... der Aufbau des Prozesskettenmodells mit Haupt- und Untermodell zur Prozesskettenhierarchisierung,
- ... die Prozessanalyse mit der Ermittlung der Leistungsgrößen Durchlaufzeit, Prozesskosten und Prozessqualität,
- ... die Potenzial-Identifikation durch Einsatz verschiedener Analyse- und Auswertungsdiagramme,
- ... die Prozessoptimierung durch Sekundär-Zieldefinition, Einsatz von Kreativitätstechniken, der Prozessketten-FMEA sowie der Maßnahmenplanung und
- ... die Umsetzung der Maßnahmen sowie die Initialisierung eines kontinuierlichen Verbesserungsprozesses.

Die Dokumentation der Ist- und Sollprozesse erfolgt im Rahmen des Prozesskettenmanagements in detaillierter Form, die Prüfung des potenziellen Einsatzes von innovativen I&K-Technologien wird durch den Einbezug der Potenzialklasse „Technische Kommunikationsstruktur" gewährleistet. Der Ansatz von Kuhn ist grundsätzlich für alle Unternehmensprozesse anwendbar, unabhängig ob sie sich ausschließlich organisationsintern oder unternehmensübergreifend entlang der Wertschöpfungskette vollziehen.

Zusammenfassend lassen sich die beschriebenen Ansätze zum Business Process Redesign vor dem Hintergrund der Themenstellung der Geschäftsprozessgestaltung von E-Maintenance-Lösungen von Unternehmen unter besonderer Berücksichtigung der ganzheitlichen Handlungsorientierung folgendermaßen bewerten:

- Die Optimierung der Prozesse vollzieht sich bei vielen Konzepten primär auf operativer Ebene. Der Einbezug strategischer Aspekte erschließt sich nicht bei allen der dargestellten Konzepte; Welche Rolle dabei einer IT-Strategie zukommt oder zukommen kann, ist nicht offensichtlich.

- Die Ansätze zum Business Process Redesign lassen m. E. keinen Bezug zur parallel oder sequentiell erfolgenden IT-Entwicklung erkennen. Ausnahme hierzu bildet das Konzept von Österle, das die Geschäftsstrategieformulierung mit der IT-Strategie-Entwicklung prozessbezogen verknüpft.

- Hinweise auf den Einsatz der explizierten Vorgehensweisen, Methoden oder Tools zur Entwicklung und zum Einsatz von E-Business-Lösungen konnten nicht identifiziert werden.

- Inwieweit die explizierten Konzepte und Methoden dem Paradigma der ganzheitlichen Geschäftsprozessgestaltung entsprechen, kann und soll an dieser Stelle nicht beantwortet werden, da die Auffassung von Ganzheitlichkeit definitorisch und konzeptionell geprägt ist. Die Integration verschiedener wissenschaftsdisziplinärer Auffassungen wird durch die einzelnen Modelle nicht oder nur ansatzweise geleistet. Eine Ausnahme stellen in diesem Zusammenhang die Konzepte von Wildemann und Kuhn dar, die sich im Hinblick auf die Beschreibung der Prozesse einem ganzheitlichen Ansatz widmen. Die Genese eines ganzheitlichen Geschäftsprozessmodells ist analog abhängig von der Spezifikation des Ganzheitlichkeitsparadigmas. Der Ansatz von Österle repräsentiert im Rahmen der Studie von Hess und Brecht den einzigen konzeptionellen Rahmen, der alle Vergleichskriterien inhaltlich berücksichtigt. Allerdings erfolgt auch in diesem Fall beispielsweise nur eine grobe Dokumentation der Ist-Situation, wogegen die Dokumentation des Soll-Zustandes in detaillierter Weise realisiert wird. Es gilt also in Summe das Paradigma der Ganzheitlichkeit näher zu spezifizieren, soll es als prozessgestaltungsinhärentes Element berücksichtigt werden.

- Im Vordergrund der Konzepte steht die wirtschaftliche Gestaltung der Geschäftsprozesse. Die Vernetzung des betriebswirtschaftlichen Aspektes mit sozialen oder mit so genannten Hygienefaktoren bleibt in der Regel außen vor, da nur wenige Konzepte spezifische Anreizsysteme explizit erwähnen.

- Hervorzuheben ist an dieser Stelle, dass die Konzepte von Österle, Diebold, Malone/Scheer sowie von Davenport die Informationstechnik deutlich als Enabler berücksichtigen und der Umfang der Methodenbeschreibung als hoch einzuschätzen ist.[110] Additional wird das Informationssystem bei den Ansätzen von Diebold, Eversheim, Ferstl/Sinz, Österle, Ploenzke sowie Scheer als Gestaltungsfeld gesehen. Primär gilt es in diesem Zusammenhang, Defizite hinsichtlich der aktuell vorhandenen DV-Unterstützung zu identifizieren und diese im Rahmen des Business Process Redesigns effizienzsteigernd zu beseitigen.[111]

- Die geschilderten Methodiken repräsentieren wichtige Konzeptansätze zum Redesign von Geschäftsprozessen. Sie sind jedoch nicht ohne Modifikation auf das Paradigma der Geschäftsprozessgestaltung im E-Business-Bereich zu übertragen.

- Die den Konzepten zugrunde liegenden Geschäftsprozessmodelle fokussieren zumeist spezifische Anwendungsfelder. Die Entwicklung und der Einsatz von E-Business-Lösungen repräsentieren weitere innovative Applikationsbereiche. Es gilt im Weiteren zu prüfen, ob ein allgemeingültiges ganzheitlich orientiertes Geschäftsprozessmodell entwickelt werden kann, das unabhängig von der E-Einsatzspezifikation angewendet oder durch geringen Anpassungsaufwand adäquat modifiziert werden kann.

- Additional erweisen sich die beschriebenen Vorgehensweisen analog zu den ihnen zugrunde liegenden Modellen teilweise als sehr technisch orientiert. Insbesondere wenn die Informationstechnik als Enabler betrachtet wird oder die Ansätze dem Bereich der Wirtschaftsinformatik entstammen, dominiert tendenziell der IT-Aspekt.

---

110 Vgl. hierzu Hess, Th./Brecht, L. (1995), Abb. 3.1./4, S. 108; Die Enabler müssen in der Methode ausdrücklich – in dem Vorgehensmodell oder durch Techniken – berücksichtigt sein, vgl. ebd., S. 109

111 Vgl. hierzu beispielsweise das Konzept von Scheer: ARIS

- In vielen Fällen wird die Ist-Dokumentation der Geschäftsprozesse nur grob geleistet. Ein hoher Detaillierungsgrad schafft jedoch zusätzliche Potenziale für das Redesign der Prozesse. Detailanalysen sowie profunde Beschreibungen für Soll-Prozesse sind dagegen bei den dargestellten Konzepten weitaus häufiger zu finden.

- Im Konzept von Malone lassen sich Ansätze für ein generisches Vorgehen erkennen. So liefert das Handbuch Vorlagen zur Gestaltung und Modellierung von Prozessen sowie von Koordinationsprozessen, die als generische Basis und als Referenzmodell betrachtet werden können. Inwieweit dieser generische Gedanke, der für E-Business-Anwendungen zum Teil eine bedeutende Rolle spielt, in weiteren Ansätzen zum Business Process Redesign verankert ist, lässt sich durch die Auswertung der zugänglichen Literatur nicht eindeutig beurteilen.

II. Die Literatur zur Geschäftsprozessgestaltung aus der Perspektive verschiedener Wissenschaftsdisziplinen und spezifischer Anwendungsfelder weist auf den aktuellen Entwicklungsstand der unter dem vorherigen Abschnitt aufgearbeiteten Thematik des Business Process Redesign hin. Zum einen greifen diese Ansätze auf bestehende Prozessmodelle sowie Prozessdokumentationsverfahren zurück, zum anderen werden vorhandene Modelle in einen neuen geschlossenen Bezugsrahmen eingebettet. Additional lassen sich Konzepte identifizieren, die innovative Modelle zur Prozessgestaltung und –optimierung beschreiben.

Das Prozesskettenmanagement nach KUHN wurde auf weitere Anwendungsfelder übertragen und methodisch differenziert. RECK betrachtet beispielsweise den Einsatz von Logistik-Referenzprozessketten für die Materialwirtschaft von Energieversorgungsunternehmen,[112] während sich WENDEROTH speziell der organisationsübergreifenden Modellierung logistischer Prozesse widmet.[113] Die Arbeiten von ZANTOW zur prozessorientierten Bewertung von

112 Vgl. Reck, M. (2001)

113 Vgl. Wenderoth, A. (2000)

Produktionsstandorten in Produktionsnetzwerken[114] sowie von BISSEL zur prozessorientierten Planung dynamischer Fabriksysteme stellen den gesamthaften Ansatz des Prozessketten- sowie des Prozessmanagements[115] heraus. Der Methodeneinsatz des Logistic Function Deployment zum Management von Prozessketten wird umfassend von PIELOK aufgearbeitet,[116] während sich DECHANGE mit dem Management multimedialer Informationsprozesse mit Methoden der Logistik[117] im Detail auseinandersetzt. Im Hinblick auf das im Rahmen der vorliegenden Arbeit zu behandelnde Thema erweisen sich insbesondere die Untersuchungen von Dechange als interessant. Er grenzt multimediale Informationsprozesse von industriellen Prozessen ab, adaptiert das Prozesskettenmodell von Kuhn und entwickelt ein Multimedia Function Deployment zum Management dieser spezifischen Prozessart. Eine Schnittstelle zur ganzheitlichen Geschäftsprozessgestaltung bei der Entwicklung und beim Einsatz von E-Business-Lösungen von Unternehmen ist in der Arbeit von Dechange jedoch nicht erkennbar.

Weiterführende Publikationen, die das Paradigma der Prozessgestaltung aufgreifen und detaillieren sind mannigfaltig. Exemplarisch sei hier auf folgende Veröffentlichungen verwiesen:

- HIRSCHMANN betrachtet die kooperative Gestaltung unternehmensübergreifender Geschäftsprozesse und entwickelt einen kosten- und erlösbasierten Ansatz zur Modellierung dieser Prozesse sowie einen Prototypen des Multi-Agenten-Systems PRINCESS zur Konzeptrealisierung. Das Prozessmodell orientiert sich am ARIS-Konzept von SCHEER.[118]
- ROGULIC entwickelt ein gesamthaftes Prozessmodell zur Identifikation von Kernkompetenzen auf Basis des Aktionsforschungsansatzes sowie der ressourcenorientierten Unternehmensführung.[119]

---

114 Vgl. Zantow, D. (1999

115 Vgl. Bissel, D. (1996)

116 Vgl. Pielok, Th. (1994)

117 Vgl. Dechange, A. (1998)

118 Vgl. Hirschmann, P. (1998)

119 Vgl. Rogulic, B. (1999)

- ROGGATZ widmet sich der Entscheidungsunterstützung für die frühen Phasen der integrierten Produkt- und Prozessgestaltung, u.a. unter Rückgriff auf die Modellierung mittels Fuzzy Constraint Netzwerke.[120]
- MÜNDEMANN entwickelt ein Konzept für die Prozessgestaltung des Änderungsmanagements von PKW-Plattformen unter dem Einsatz von Telekooperationstechniken. Der Verfasser greift dabei auf Prozessmodellierungsmethoden wie beispielsweise das Wertschöpfungskettendiagramm, die ereignisgesteuerte Prozesskette oder das Funktionszuordnungsdiagramm zurück, die bei der Volkswagen AG Anwendung finden.[121]
- FUNKE erarbeitet ein Prozessmodell für teamorientierte Unternehmen, das modular aufgebaut und in ein umfassendes Qualitätsmanagementkonzept integriert ist.[122]
- Speziell dem Thema der Prozessgestaltung im Krankenhaus wurde ein Forschungsprojekt gewidmet, dessen Ergebnisse in einer Publikation, herausgegeben von ZAPP beschrieben sind.[123]

Zusammenfassend kann festgestellt werden, dass die Sichtung der Publikationen keine Ausarbeitungen zur Verknüpfung der Thematik (ganzheitliche) Geschäftsprozessgestaltung bei der Entwicklung und beim Einsatz von E-Business-Lösungen erkennen ließ.

Zusätzlich wurde der Stand der Literatur vor dem Hintergrund des untersuchten Paradigmas im Anwendungsfeld der Wirtschaftsinformatik gesichtet. Mit dem Management von Workflows haben sich viele Autoren aus unterschiedlichen Perspektiven auseinandergesetzt. Beispielhaft sei an dieser Stelle auf die Arbeit von BECKER verwiesen, der die Kombination organisatorischer und technischer Maßnahmen zur Produktivitätssteigerung durch Workflow-Management im Bereich der Büroprozesse untersucht.[124] Die Veröffentlichung liefert vielfältige Ansatzpunkte zur Prozessgestaltung in

120 Vgl. Roggatz, A. (1998)
121 Vgl. Mündemann, S.-O. (2000)
122 Vgl. Funke, Th. (1996)
123 Vgl. Zapp, W. (2002)
124 Vgl. Becker, H. (1999)

diesem Anwendungsfeld, betrachtet aber expressis verbis Workflows und nicht E-Business-Anwendungen. Ein Vorgehensmodell zur Workflow-Implementierung beschreibt das Fraunhofer-Institut für Software- und Systemtechnik (ISST), das beispielsweise die Bewertung sowie die Auswahl von Workflow-Managementsystemen methodisch unterstützt.[125] Mit der Beantwortung der Frage, ob das Geschäftsprozessmodell der Unternehmung das unternehmensweite Datenschema ablösen kann, beschäftigt sich eine Publikation von SINZ.[126] Im Vordergrund stehen hierbei speziell Aspekte der objektorientierten Modellierung sowie des Semantischen Objektmodells, mit informationstechnologischer Schwerpunktsetzung. Der Projektplan und –bericht zum Information Engineering, mit dem Ziel der Produktivitätssteigerung bei der Programmierung von FISCHER und KRÄMER zeigt Wege zur Datenmodellierung, zur ereignisorientierten Geschäftsbereichsanalyse sowie zum Einsatz des CASE-Tools auf. Das Daten- und Prozessmodell, einschließlich Anforderungskatalog bezieht sich auf den Bereich der OP-Planung und OP-Dokumentation.[127] Die Prozessgestaltung in der Softwareentwicklung wurde im Rahmen eines Forschungsprojektes an der Technischen Universität München aufgearbeitet, bei dem die interne Gestaltung des Entwicklungsprozesses bei den IT-Dienstleistern/Unternehmen im Vordergrund stand.[128] Der Informationsverknüpfung, Prozessgestaltung, Leistungsmessung und Synchronisation im Bereich Logistik ist eine Publikation von PFOHL gewidmet, in der verschiedene Autoren Ansätze zur informationstechnischen Integration logistischer Aktivitäten vorstellen.[129]

In wissenschaftsdisziplinärer Hinsicht wurden unterschiedliche Schwerpunkte der Geschäftsprozessgestaltung aufgearbeitet. Neben den bereits eingangs beschriebenen Konzepten zum Business Process Redesign existieren Publikationen zur wirtschaftlichen Prozessge-

---

125 Vgl. Löffeler, Th. (2000)

126 Vgl. Sinz, E.J. (1995)

127 Vgl. Fischer, P./Krämer, Th. (1999)

128 Vgl. hierzu beispielsweise Wildemann, H. (2004j) sowie die dort angegebene weiterführende Literatur.

129 Vgl. Pfohl, H.-Chr. (1996)

staltung[130] sowie zum Lean Development.[131] Im Vordergrund der Arbeiten steht jeweils die kostenorientierte Modellierung von Prozessen, also der betriebswirtschaftliche Fokus. Die handlungsorientierte Prozessgestaltung ist Gegenstand der Publikation von DESJARDINS, die sich der Optimierung von Serviceprozessen aus einem arbeitspsychologischen Ansatz heraus widmet.[132] Das ganzheitliche Konzept der verhaltensorientierten Prozessoptimierung wurde von KASTNER erarbeitet, das sich in dem Ansatz der Systemverträglichen Organisationsentwicklung (SOE) widerspiegelt.[133]

Die Analyse der unterschiedlichen wissenschaftsdisziplinären Arbeiten zum Themenfeld der (ganzheitlichen) Geschäftsprozessgestaltung ergab keine Hinweise auf die Betrachtung des Paradigmas im Zusammenhang mit der Entwicklung und dem Einsatz von E-Business-Lösungen von Unternehmen.

III. Die vorhandenen Publikationen zum Themenfeld E-Business sind unzählig und weisen unterschiedliche Bearbeitungsschwerpunkte auf.[134] Im Bereich der Publikationen speziell zur E-Maintenance sind die Schriften derzeit noch überschaubar.

Mit der Planung von E-Business-Lösungen, einschließlich der strategischen Fundierung des Paradigmas befassen sich verschiedene Publikationen.[135] Die Schwerpunkte liegen allerdings vor allem im Bereich der Strategieformulierung sowie des Projektmanagements, dem Aspekt der Geschäftsprozessgestaltung wird in diesem Zusammenhang kaum Beachtung geschenkt. Die Analyse der Auswirkungen von E-Business auf die Unternehmensorganisation sowie die E-Business

---

130 Vgl. Schönheit, M. (1996)

131 Vgl. Holst, J. (1995)

132 Vgl. Desjardins, Ch. (2002)

133 Vgl. Kastner, M. (1998)

134 Zu allgemeinen Schriften zum Thema E-Business vgl. exemplarisch Merz, M. (2002); Brock, A. (2002); Rowley, J.E. (2002); Niggl, M. (2002); Blunck, Ch. (2002); Graf, N. (2003);

135 Vgl. Phillips, P. (2002); Tschanz, N.-N. (2002); Schögel, M. (2002); Ace, C. (2002); Berres, A. (2002); Stoehr, Th. (2002); Zhao, J.J. (2003); Hohenauer, F. (2003)

Organisation selbst, sind ebenfalls Gegenstand diverser Schriften, allerdings stehen hier in der Regel aufbauorganisatorische Aspekte im Vordergrund.[136] Die IT-Seite des E-Business wird von verschiedenen Autoren aufgearbeitet, allerdings tritt in diesem Fall der technische Aspekt in den Vordergrund und nicht primär die Gestaltung oder Optimierung zugrunde liegender Geschäftsprozesse.[137] Neben dem Management von E-Business[138] betrachten weiterführende Publikationen verschiedene Anwendungsfelder von E-Business-Lösungen.[139] Zusätzlich wird in der Literatur speziell die Verknüpfung von E-Business und ERP-Systemen[140] betrachtet, die grundsätzlich eine Gestaltung von Prozessen erfordert; allerdings steht dieser Aspekt nicht im Mittelpunkt entsprechender Schriften. Dem Paradigma des ganzheitlichen E-Business ist eine Publikation von BIETHAHN/ NOMIKOS gewidmet, die jedoch den Terminus ganzheitlich nicht im prozessbezogenen Sinne expliziert.[141] Einzelne Schriften befassen sich mit den Erfolgspotenzialen von E-Business, die Rolle der Geschäftsprozessgestaltung wird hier jedoch nicht speziell heraus gearbeitet.[142] Die praktische Anwendung sowie verschiedene Fallbeispiele zu E-Business-Lösungen fanden Eingang in eine Vielzahl von Schriften, die nur beispielhaft vor dem Hintergrund des in der vorliegenden Arbeit bearbeiteten Themas ausgewertet werden konnten.[143] Die Betrachtung der Geschäftsprozessgestaltung bei der Entwicklung und beim Einsatz von E-Business-Lösungen, speziell im Bereich der E-Maintenance ließ sich in den gesichteten Literaturquellen nicht identifizieren.

---

[136] Vgl. Jackson, P. (2002); Sieber, P. (2002); Brumberg, C. (2002)

[137] Vgl. hierzu exemplarisch Purba, S. (2002); Chaudhury, A. (2002); Esser, M. (2002); Bußler, Ch. (2002); Picot, A. (2002); Keuper, F. (2002)

[138] Vgl. dazu beispielsweise Chaffey, D. (2002); Feridun, M. (2002); Watt, D. (2002)

[139] Vgl. für den Einsatzbereich KMU beispielsweise Altenburg, T. (2002); Kirn, A. (2002); zu verschiedenen Einsatzgebieten vgl. exemplarisch Brandstetter, C. (2002); Kuhlmann, C. (2002); Schubert, P. (2002)

[140] ERP ist die Abkürzung für Enterprise Ressource Planning; vgl. zu dem genannten Aspekt z.B. Shields, M.G. (2002); Loos, P. (2002); Norris, G. (2002)

[141] Vgl. Biethahn, J./Nomikos, M. (2002)

[142] Vgl. z.B. Müller, A./von Thienen, L. (2001); Mocker, H. (2002)

[143] Vgl. hierzu beispielhaft Thommen, D. (2002); Pfitzer, N. (2002); Dangelmaier, W. (2002); Dohmann, H. (2002); Van Slyke, C. (2003)

Eine analoge Aussage lässt sich für Publikationen treffen, die sich speziell dem Anwendungsfeld der E-Maintenance widmen. Der Schwerpunkt der Veröffentlichungen liegt in der Beschreibung von existierenden Ansätzen und Methoden sowie in der Erörterung technischer Spezifikationen und Modelle.[144] Im Gegensatz zur elektronisch gestützten Instandhaltung ist das Applikationsfeld der E-Logistics in der Literatur weitaus fundierter aufgearbeitet.[145] Aber auch in diesem Bereich sind keine adäquaten Ansätze zur (ganzheitlich orientierten) Geschäftsprozessgestaltung von E-Business-Lösungen zu finden.

IV. Die Suche nach vorhandener Literatur zur Verknüpfung der Themenfelder (Geschäfts-)prozessgestaltung und E-Business ergab eine Quelle im Internet, die sich der Schnittstellenthematik aus einer umfassenden Perspektive heraus widmet. Das E-Business-Projekt wird nach dem so genannten E-Business-Prozessmodell durchgeführt.[146] „Das Prozessmodell für E-Business-Projekte betrachtet die Entwicklung von E-Business-Systemen aus einer ganzheitlichen Sicht. Das bedeutet, dass neben der technischen Entwicklung in dem Modell auch die Entwicklung der Unternehmensprozesse und der Unternehmensausrichtung am Markt berücksichtigt wird."[147] Das Vorgehensmodell umfasst die Phasen Vision und Konzeption, Projektierung, Situationsanalyse, Entwurf, Realisierung, Einführung, Betrieb und Systemevaluation. In jeder Phase werden Aufgabenbereiche (Management, Fachabteilung, Technik) definiert, die einzelnen Verantwortlichen zugeordnet werden; im Ergebnis entsteht das E-Business Prozessmodell. Dieses Modell „... bietet Ansatzpunkte für

144 Vgl. z.B. Lee, J. (1999); Lee, J. (o.J.); Lee, J. (o.J); Waurzyniak, P. (2001); Graupner, T.-D. (o.J.); Koc, M./Lee, (o.J.); Wireman, T. (1986); Cato, W.W./Mobley, R.K. (1999)

145 Vgl. Henkel, S. (1996); Isermann, H. (1997); Polzin, D./Lindemann, M. (1999); Baumgarten, H. (2000); Kansky, D. (2000); Nenninger, M./Hillek, T. (2000); Slotta, G. (2001); Baumgarten, H. (2001); Bretzke, W.-R. (2001); Forrester, R. (2001); Reindl, M. (2002); Prenn, C. (2002); Wannenwetsch, H. (2002)

146 Vgl. dazu URL: http://www.software-kompetenz.de

147 URL: http://www.software-kompetenz.de [Verfahren. Projekt nach dem E-Business-Prozessmodell. Durchzuführende Aktivität]

maßgeschneiderte Software Engineering Methoden zur Bewältigung der Aufgaben.“[148] Die Fachabteilung Unternehmensorganisation ist in den Entwicklungsprozess involviert, da jedes E-Business-Vorhaben die Organisation, im Sinne der Aufbau- und Ablauforganisation beeinflusst, im Rahmen der Betriebsphase die Prozesssicherheit zu controllen ist und Prozessoptimierungen vorzunehmen sind. Die Auswahl und Kombination der Aufgaben ist nicht allgemeinverbindlich, sondern kann von Anwendungsfall zu Anwendungsfall variieren. Das Prozessmodell betrachtet primär die Gestaltung des Entwicklungs- sowie des Betriebsprozesses von E-Business-Lösungen aus softwaretechnischer Sicht und definiert den Ganzheitlichkeitsaspekt aus dem Tatbestand heraus, dass die gesamten Phasen sowie involvierten Aufgabenbereiche in der Matrix berücksichtigt werden. Die Methoden, die zur Aufnahme, Dokumentation, Modellierung sowie zur Optimierung von Geschäftsprozessen eingesetzt werden, sind nicht Gegenstand der Beschreibung des E-Business-Prozessmodells. Eine theoretische Fundierung des Konzepts existiert nicht oder ist zumindest nicht zugänglich. Der Terminus des Geschäftsprozessmodells ist in Konsequenz nicht identisch mit der Perzeption des E-Business-Prozessmodells, das sich primär der Gestaltung der Entwicklungsprozesse widmet. Ferner wird nicht expliziert, bei welchen E-Business-Anwendungen das Modell eingesetzt werden kann. Das Phasenschema ist „... letztendlich kein Phasenmodell für ein konkretes E-Business-Projekt ..., wie beispielsweise das Wasserfallmodell, sondern ...“ dient „... nur der chronologischen Einordnung von Aufgaben.“[149]

Die Literaturauswertung belegt, dass im Hinblick auf die Geschäftsprozessgestaltung sowohl bei der Entwicklung als auch beim Einsatz von E-Business-, im Speziellen von E-Maintenance-Lösungen von Unternehmen nur zum Teil adäquate Lösungsansätze entwickelt wurden.

---

148 URL: http://www.software-kompetenz.de [Verfahren. Beschreibung des E-Business-Prozessmodells. Zweck]

149 Vgl. URL: http://www.software-kompetenz.de [Verfahren. Beschreibung des E-Business-Prozessmodells (Forts. 1/5). Anwendung]

Folgende Defizite können deshalb zusammenfassend aufgeführt werden:

- Ein geschlossener sowie ganzheitlich orientierter Ansatz zur Geschäftsprozessgestaltung im Bereich der E-Maintenance als Anwendungsfeld des E-Business fehlt. Ganzheitlichkeit wird in unterschiedlicher Weise definiert, jedoch müssen entsprechende Ansätze primär alle für ein effizientes Geschäftsprozessmanagement und –controlling erforderlichen Dimensionen sowohl im Hinblick auf die Ausprägungsform (phänotypisch) als auch bezogen auf die Gestaltungsform (genotypisch) integrieren.[150] Der Ansatz der Ganzheitlichkeit basiert auf den Mechanismen der Koordination und Kooperation, da es sich bei der Entwicklung und beim Einsatz von E-Business-/E-Maintenance-Lösungen, unabhängig von der technischen Ausgestaltung um schnittstellen- sowie unternehmensübergreifende Themen handelt.

- Der Aspekt der Wirtschaftlichkeit wird bei entsprechenden Entwicklungs- und Einsatzprojekten in den meisten Fällen überbetont. Natürlich repräsentiert er einen Basisaspekt des Geschäftsprozessmanagements und damit implizit der Geschäftsprozessgestaltung, jedoch spielen hier weitere Einflussgrößen eine bedeutende Rolle, ohne deren Berücksichtigung eine effiziente Gestaltung von Geschäftsprozessen nicht möglich ist. Zum Teil handelt es sich hierbei auch um nicht quantifizierbare, weiche Faktoren.

- Es bedarf eines Konzeptes sowie eines entsprechenden Methodeneinsatzes zur Geschäftsprozessgestaltung, das/der sich über den gesamten Lebenszyklus der E-Maintenance-Lösung erstreckt. Nur so kann eine einseitige oder auf frühe Phasen des life cycle be-

---

150 Die Begriffe phänotypisch und genotypisch sind der Medizin, im speziellen der Genetik inhärent: der Phänotyp charakterisiert ein zu beobachtendes Merkmal, also in dem betrachteten Zusammenhang die tatsächlichen Prozessabläufe/-strukturen; der Genotyp bezeichnet die dem Phänotyp entsprechende genetische Information, also die Prozessdokumentationen und -modelle. Vgl. hierzu Faller, A./Schünke, M. (1999), S. 41

zogene (Teil-) Optimierung vermieden werden. Die Literaturauswertung zeigt, dass ein solches Konzept bislang nicht oder nur in sehr sporadischen, praxisinhärenten Ansätzen vorliegt.

- E-Business-Lösungen sind zukünftig aus der unternehmerischen Praxis nicht mehr wegzudenken. Deshalb ist es umso wichtiger, eine geeignete konzeptionelle sowie methodische Plattform für deren Entwicklung und Einsatz zu entwickeln. Schwerpunkt ist hierbei eine durchgängige Theorie-Praxis-Vernetzung. Ein solches (ganzheitlich orientiertes) Konstrukt existiert derzeit nicht.

- Die vorhandenen Ansätze zur Geschäftsprozessgestaltung, wie z.B. zum Business Process Reengineering sind vor dem Paradigma der Ganzheitlichkeit zu verknüpfen und gezielt um Aspekte eines koordinationsorientierten Controllings zu erweitern. Die Entwicklung und der Betrieb von E-Business-Lösungen ähneln einem Prozess der Strategischen Investitionsplanung, mit all ihren Spezifika und betriebswirtschaftlich wie technisch zu lösenden Problemen.[151] Insbesondere dem Koordinationsaspekt wird in der Literatur im Zusammenhang mit dem Entwicklungs- sowie Einsatz-Bereich der E-Maintenance (respektive des E-Business) konzeptionell wie methodisch noch nicht in ausreichendem Umfange Rechnung getragen.

- Die Besonderheiten von E-Business-Lösungen, insbesondere von Internet-Plattformen gegenüber der traditionellen Softwareentwicklung sind konzeptinhärent zu berücksichtigen. Bisher zeigt schwerpunktmäßig das E-Business-Prozessmodell die Projektherausforderungen jener speziellen Applikationen auf. Es gilt dabei, beispielsweise Antworten auf Fragen wie der optimale prozessuale Integrationsgrad auszusehen hat oder in welchem Umfang eine Prozessstandardisierung vorgenommen werden soll und kann, zu finden. Hierzu ließen sich im Rahmen der Literaturauswertung nur sporadisch adäquate Lösungsansätze finden.

151 Zum Konzept der Strategischen Investitionsplanung vgl. Wildemann, H. (1987)

Während bei der Entwicklung von Standardsoftware nach Möglichkeiten zur Nutzung von Produktordnungssystemen[152] geforscht wird, ist dies bei E-Business-/E-Maintenance-Applikationen aufgrund der Spezifität zum aktuellen Zeitpunkt m. E. (noch) nicht realisierbar.

- Die umfassende Erschließung der Potenziale von E-Technologien sowie von E-Business-Lösungen ist unmittelbar an die primäre Optimierung und effiziente Gestaltung der unternehmerischen Prozesse geknüpft. In Theorie und Praxis ist jedoch häufig eine parallele Kopplung von IT-Know-how und Prozess-Know-how nur sporadisch und nicht prozess- sowie lebenszyklusübergreifend gegeben. Ganzheitliche Geschäftsprozessgestaltung impliziert die konsensorientierte Integration aller relevanten Perspektiven während der Entwicklungs- und Einsatzphase. Dies gilt insbesondere für die bereichs- und schnittstellenübergreifende Funktion der Instandhaltung.

- Die unterschiedlichen Kontexte der am Entwicklungsprozess beteiligten Personenkreise, insbesondere aus den Bereichen IT und Betriebswirtschaft führen zu Verständigungs- und Verständnisproblemen. Diese Kontextdifferenzen sind in der Konzept- und Methodenbasis einer ganzheitlichen Geschäftsprozessgestaltung im betrachteten Anwendungsfeld der E-Maintenance aufzulösen oder zumindest durch adäquate Ansätze zu reduzieren.

Mittels Literaturauswertung konnte eine Vielzahl an Defiziten und Handlungsbedarfen im Bereich der Geschäftsprozessgestaltung von E-Business-, speziell von E-Maintenance-Lösungen identifiziert werden. Die Erarbeitung von Lösungsansätzen sowie die Entwicklung eines wissenschaftlichen Interpretations- und Handlungsrahmens bedarf allerdings ex ante der exakten Abgrenzung und Spezifikation des Untersuchungsbereiches, die Gegenstand des nachfolgenden Kapitels sind.

---

[152] Zu Produktordnungssystemen vgl. beispielsweise Wildemann, H. (2002a)

1.3 Abgrenzung und Spezifikation des Untersuchungsgegenstandes

Zur inhaltlichen Konkretisierung des Untersuchungsgegenstandes der vorliegenden Arbeit sind im Folgenden einerseits die Konzepte E-Commerce, E-Business sowie E-Maintenance zu definieren und voneinander abzugrenzen. Andererseits steht die Spezifikation der Besonderheiten der Geschäftsprozessgestaltung von E-Lösungen von Unternehmen, im Vergleich zum traditionellen Process Reengineering im Mittelpunkt dieses Kapitels.

Die terminologische Fundierung der Begriffe E-Commerce und E-Business erfolgt in Theorie und Praxis sehr uneinheitlich. Zur Abgrenzung wird jedoch generell auf den Umfang der durch die betrachtete Anwendung elektronisch unterstützten Prozesse und Aufgabenfelder zurückgegriffen.

In Konsequenz wird E-Commerce verstanden als:

- „Im engeren Sinn versteht man unter *Electronic Commerce* den Verkauf und die Bezahlung von Waren und Dienstleistungen über Telekommunikationsnetze, insbesondere über das Internet. Im weiteren Sinne sind damit alle Aktivitäten gemeint, die der betrieblichen Leistungserstellung dienen und über Telekommunikationsnetze abgewickelt werden (Sieber).“[153]

- „*Electronic Commerce* kann als das Kaufen und Verkaufen von Informationen, Produkten und Dienstleistungen über Computernetzwerke definiert werden, außerdem kann man die Unterstützung für jegliche Art von Geschäftstransaktionen durch eine digitale Infrastruktur darunter verstehen (Schuh).“[154]

- „*Electronic Commerce* steht aus Geschäftsprozesssicht für die Anwendung von Technologien der Informations- und Kommunikationstechnik auf operative Geschäftsprozesse. Das Management

153 Zitiert nach Wildemann, H. (2002/2003), S. 171

154 Ebd., S. 171

von Geschäftsprozessen umfasst die organisatorische Gestaltung bis zur DV-technischen Implementierung sowie die kontinuierliche Adaption und Optimierung von Geschäftsprozessen (Scheer).“[155]

- „In einer weiteren Bedeutung wird unter EC die umfassende, digitale Abwicklung von Geschäftstransaktionen, Geschäftsprozessen sowie der informationellen Beziehungen zwischen Unternehmen und zu deren Kunden über globale öffentliche und private Netze (Internet) verstanden. e-Commerce wird assoziiert mit dem Kaufen und Verkaufen über das Internet (I-Commerce oder Net commerce).“[156]

Interessant ist in diesem Zusammenhang die Abgrenzung von E-Commerce und E-Business:

- „Dieser Begriff (e-Business, Anm. d. Verf.) fasst die kommunikativen Anwendungen (hauptsächlich via Internet) für Transaktionen und Interaktionen zwischen Unternehmen und ihren Geschäftspartnern zusammen. Im Mittelpunkt steht die B-toB Geschäftsbeziehungen. Gelegentlich wird auch von „B-toC e-Business“ gesprochen.“[157]

- „eBusiness (e-Business), derived from such terms as „e-mail“ and „e-commerce“, is the conduct of business on the Internet, not only buying and selling, but also servicing customers and collaborating with business partners. The sign of a good eBusiness is not just being able to sell books, but knowing how many books you've sold, and to whom, and also to answer questions like „what books are they buying next?“[158]

- „E-Business schließt E-Commerce mit ein und integriert mittels neuer Medien sowohl die Austauschverhältnisse zwischen Unter-

155 Wildemann, H. (2002/2003), S. 171
156 URL: http://www.hmc-cp.de/def/def_ecommerce.htm
157 URL: http://www.hmc-cp.de/def/def_ebus.htm
158 URL: http://www.iwaysoftware.com/ebusiness-e-business.html

nehmen und Kunden bzw. Unternehmen und Geschäftspartnern als auch die internen Koordinationsmechanismen."[159]

Die zunehmende Integration weiterer, insbesondere unternehmensinterner Prozesse zur nachhaltigen Erschließung der Potenziale durch den Einsatz von E-Technologien führte zur Generierung des E-Business-Konzeptes. Im e-basierten Leistungsbündel werden beispielsweise die Grundfunktionen Einkauf, Produktion und Vertrieb integriert; eine Tatsache, die zum Aufbau nachhaltiger Partnerschaften bei Kunden und Zulieferern führte. „Ein weiteres Leistungslevel ist die effektive Verbindung von Website und Back-Office, vor allem über das Enterprise Ressource Planning System (ERP). Bestellt ein Kunde online, werden die Informationen direkt und automatisch in das interne Bestellsystem eingesteuert. Alle Prozesse in der Wertschöpfungskette über die verschiedenen Partner hinweg sind integriert und aufeinander abgestimmt."[160] Interessant ist in diesem Zusammenhang die Definition von E-Business als „... die Schaffung von neuen Wertschöpfungsketten und Geschäftsprozessen durch die Anwendung elektronischer Kommunikationstechniken (Internet, WAP etc.)."[161] Hierdurch wird die Verknüpfung von Geschäftsprozessgestaltung einerseits und E-Business andererseits unmittelbar hergestellt. Die vorliegende Arbeit folgt der ganzheitlichen E-Business Definition von Stähler, deren Kernelemente in Abb. 1-3 nochmals zusammenfassend dargestellt sind.

Die Definition von Consumer/Kunde impliziert in diesem Zusammenhang den Endkunden oder Endverbraucher. Bezieht ein Unternehmen im Rahmen des Outsourcings von Diensten beispielsweise Instandhaltungsleistungen, so werden diese Leistungsbündel von Instandhaltungsdienstleistern, also von Unternehmen an Unternehmen erbracht. Trotz des „Verbrauchercharakters" der leistungsbeziehenden Organisationen sollen diese nicht als klassische B2C sondern als B2B-

---

[159] Stähler, P. (2001), S.54

[160] Wildemann, H. (2004), S. 266

[161] Richard, O. (2001), S. 3

Relationen im weiteren Verlauf der Untersuchung interpretiert werden.

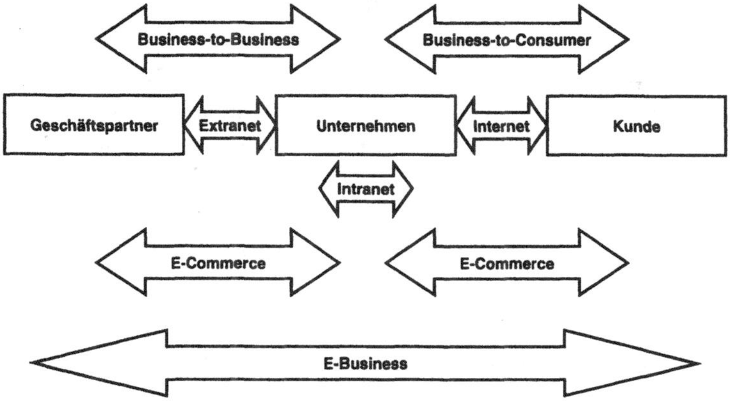

Abb. 1-3: Konzeptionelle und terminologische Fundierung von E-Business[162]

Analog zur Abgrenzung von E-Business und E-Commerce ist die inhaltliche Konkretisierung der E-Maintenance vorzunehmen. Dieses Anwendungsfeld ist in Theorie und Praxis noch nicht in gleichem Umfange wie beispielsweise die E-Logistik aufgearbeitet.[163] Es wird zwar in letzter Zeit viel über Computer Aided Maintenance sowie E-Maintenance gesprochen, eine entsprechend genaue Definition der Termini ist nach Auswertung der vorhandenen Literatur auf den ersten Blick nicht zu finden. Die hohe Bedeutung dieses Forschungs- und Anwendungsfeldes für die Zukunft wird jedoch anhand des folgenden Zitats deutlich: „Internet-based intelligent e-maintenance is key to

162 Bild entnommen aus: Stähler, P. (2001), o.S.

163 Zur E-Logistik vgl. z.B. Borri, A. (2000); Heusler, F. (2001); Slotta, G. (2001); Straube, F. (2001); Wannenwetsch, H. (2002); zum E-Supply-Chain-Management vgl. z.B. Wannenwetsch, H.H./Nicolai, S. (2002)

achieve global leadership in six-sigma product aftermarket service and manufacturing productivity for the 21st century."[164]

Der Terminus Instandhaltung wird nach DIN 31051 definiert als die „Kombination aller technischen und administrativen Maßnahmen sowie Maßnahmen des Managements während des Lebenszyklus einer Betrachtungseinheit zur Erhaltung des funktionsfähigen Zustandes oder der Rückführung in diesen, so dass sie die geforderte Funktion erfüllen kann."[165] Auf Basis dieser Abgrenzung lassen sich die Aktivitäten Wartung, Instandsetzung oder Reparatur sowie Inspektion unterscheiden. Wartung umfasst dabei alle Aktivitäten zur Erhaltung des Sollzustandes eines Instandhaltungsobjektes. Innerhalb der Wartung kann nochmals differenziert werden zwischen den Maßnahmen Reinigung, Schmierung, Konservierung, Austausch von Kleinteilen/ Ergänzen sowie Einstellen/Justieren.[166] Instandsetzung impliziert alle Aktivitäten zur Wiederherstellung des definierten Sollzustandes. Unter der Funktion Inspektion werden alle Aktivitäten subsumiert, die dazu beitragen, den aktuellen Zustand eines Instandhaltungsobjektes zu identifizieren. Die DIN in ihrer neuesten Auflage sieht zusätzlich zu den bestehenden Aufgaben der Instandhaltung als übergreifenden Prozess die Beseitigung von Schwachstellen durch die in die Instandhaltung eingebundenen Personenkreise zur Institutionalisierung eines kontinuierlichen Verbesserungsprozesses vor.

Die Verknüpfung des Terminus Instandhaltung mit dem Konzept des E-Business führt zu folgender Definition:

- BASISDEFINITION:
  - E-Maintenance umfasst die Planung, Steuerung und Überwachung aller Wartungs-, Instandsetzungs-/Reparatur- und Instandhaltungsaufgaben i.e.S. sowie die Unterstützung des kontinuierlichen Verbesserungsprozesses in ihrer Ausgestaltung als

---

164 Lee, J. (o.J.)

165 DIN 31051 (2001), S. 2; vgl. zusätzlich DIN 31051 (1985)

166 Vgl. hierzu ausführlich Krüger, H.-G. (1995), S. 154ff.

E-Business-Lösung/-System (E-Maintenance als Anwendungsfeld des E-Business).

- ERWEITERTE DEFINITION:
  - E-Maintenance umfasst die Transformation von instandhaltungs- und servicebezogenen Geschäftsmodellen und Prozessen durch den Einsatz von Informations- und Kommunikationstechnologien.[167]

  - Diese bilden Kernkompetenzen von Instandhaltungsdienstleistern ab oder haben Instandhaltungsaufgabenbereiche in beliebigen Unternehmen zum Inhalt.

  - Die Aufgabe der E-Maintenance besteht darin, die richtige Menge der richtigen Objekte als Leistungsbündel der Instandhaltung (Personen, Ressourcen, Material, Energie, Informationen) am richtigen Ort zum richtigen Zeitpunkt und zu den richtigen Kosten zur Verfügung zu stellen.

Das im Rahmen der vorliegenden Arbeit speziell betrachtete Anwendungsfeld des E-Business - die E-Maintenance - repräsentiert einen wichtigen Baustein des ganzheitlich orientierten E-Business-Konzeptes, das sich strukturell an den Basisfunktionen innerhalb der Wertschöpfungskette orientiert (vgl. Abb. 1-4).

Die E-Maintenance ist als eigenständiges Forschungsgebiet noch weiter zu differenzieren und manifestiert sich derzeit als innovatives Erkenntnisobjekt der Geschäftsprozessgestaltung. Die Instandhaltungsfunktion erweist sich als Servicefunktion, die ausschließlich innerbetrieblich oder überbetrieblich sowie kombiniert ausgeübt werden kann. Dieser Tatbestand induziert ein komplexes Gefüge an Schnittstellen und Prozessverknüpfungen zwischen den beteiligten Parteien, das vor dem Paradigma der ganzheitlichen Geschäftsprozess-

[167] Die Unterstützung der E-Maintenance bezieht in Konsequenz nicht nur den Einsatz der Internet-Technologie ein.

gestaltung bei der Entwicklung und beim Einsatz von E-Maintenance-Lösungen konstruktiv aufzuarbeiten ist.

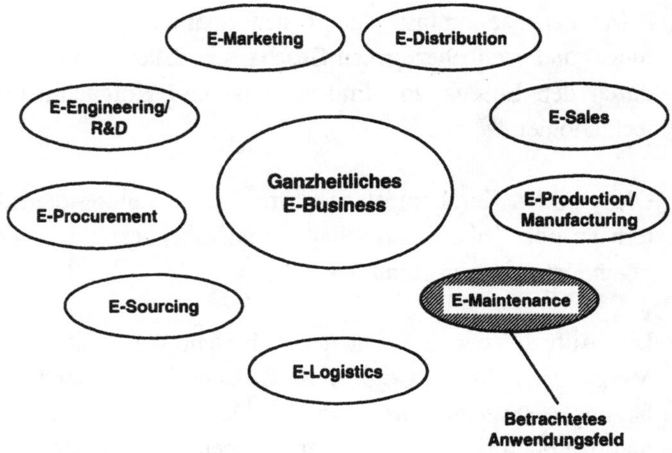

Abb. 1-4: Abgrenzung Untersuchungsbereich[168]

Zusätzlich zur spezifischen Abgrenzung des Untersuchungsbereiches der Habilitationsschrift, sind die Besonderheiten der Geschäftsprozessgestaltung im E-Business-Bereich zu explizieren. Auf den ersten Blick handelt es sich um die gleichen Prozesse, die in ihrer Struktur erfasst, analysiert, gestaltet sowie dokumentiert und eventuell durch elektronische Systeme unterstützt werden.

Auf den zweiten Blick lassen sich allerdings deutliche Unterschiede erkennen, die sich wie folgt darstellen:

- Der Einsatz von I&K-Technologien im E-Commerce- und E-Business-Bereich zielt primär auf die Steigerung der Abwicklungseffizienz von bestehenden Geschäftsprozessen ab. Durch die Automatisierung von Teilprozessen sowie durch die Parallelisierung

168 Vgl. hierzu Wildemann, H. (2004b); Vgl. o.V. (2002)

und Beschleunigung von ausgewählten Prozessschritten sind unmittelbar positive Wirkungen auf Durchlaufzeiten, Bearbeitungszeiten sowie auf die Anzahl involvierter Schnittstellen erzielbar. In diesem Fall rückt ein anderes Gestaltungsparadigma in den Vordergrund als dies bei „traditioneller Geschäftsprozessgestaltung" üblicherweise der Fall ist. Im Zentrum der Prozessveränderung und –formung steht explizit die Informatik, die E-Technologie sowie das E-Business-/E-Maintenance-Konzept, einschließlich der ihr zugrunde liegenden Strategie(n).

- Die Implementierung von E-Business-Lösungen, speziell auch im Bereich der E-Maintenance hat nicht nur die Optimierung von bestehenden Prozessen zum Inhalt, sondern umfasst häufig das Angebot neuer, innovativer Dienstleistungen, die gleichermaßen in ihrer Prozessstruktur abzubilden sowie zielführend in das System/in die Plattform zu integrieren sind. Gerade das Engineering von Prozessen erweist sich aufgrund zumeist fehlender Referenzprozesse und –modelle als weitaus komplexer, als dies bei bestehenden und vor allem erfahrungsgestützten Vorgängen der Fall ist.

- E-Business-Lösungen bieten technische Möglichkeiten an, die eine Vernetzung unterschiedlichster Partner entlang der Wertschöpfungskette ermöglichen. Das Blickfeld der Geschäftsprozessgestaltung ist in Konsequenz mitunter durch eine sehr hohe Schnittstellendichte sowie eine vielschichtige Schnittstellenstruktur in prozess- sowie IT-bezogener Sicht charakterisiert. Die daraus resultierende Komplexität und Variabilität müssen im Rahmen des Projektverlaufes gehandhabt werden. In diesem Fall dürften die Herausforderungen an die „Prozessgestalter" im Vergleich zur traditionellen Geschäftsprozessmodellierung als höher zu einzustufen sein.

- Speziell im Hinblick auf die Geschäftsprozessgestaltung von E-Maintenance-Lösungen von Unternehmen sind in der Regel unterschiedlichste Personenkreise in die Entwicklungs- und Einsatzphase involviert. Die Geschäftsprozess-Gestaltungsumgebung der E-Instandhaltung umfasst das instandhaltende Unternehmen, situationsspezifisch den/die Instandhaltungsdienstleister sowie das Systemhaus in der Funktion als IT-Experte und System- und/oder Service-Provider. Mit der Anzahl involvierter Parteien, einschließlich ihrer spezifischen Prozess- und Systemstrukturen sowie Interessen dürfte die Komplexität der Geschäftsprozessgestaltung überproportional zunehmen. Zum anderen könnten sich fallweise zusätzliche Wirtschaftlichkeitspotenziale durch Größendegressionseffekte erzielen lassen.

- Geschäftsprozessgestaltung bei der Entwicklung und beim Einsatz von E-Business-Lösungen erfordert die komplementäre Berücksichtigung der Organisationsentwicklung (im Sinne der Prozessgestaltung) und der IT-Entwicklung (im Sinne der Ausgestaltung der E-Business Strategie sowie der sie konkretisierenden E-Business-Applikationen). Beide Aspekte der nachhaltigen Unternehmensentwicklung erweisen sich als interdependent und lassen sich durch paradigmenspezifische Lebenszyklen charakterisieren, die in den meisten Fällen nicht identisch sein dürften.

- Die Definition und detaillierte Beschreibung der gewünschten Systemfunktionalitäten für die in die E-Business-Lösung zu integrierenden Geschäftsprozesse rückt neben den rein prozessbezogenen Charakteristika gleichberechtigt in den Mittelpunkt der Analyse und Entwicklung. Dagegen erfolgt bei den klassischen Ansätzen des Prozess(re)engineerings sowie der Prozessoptimierung eine stärkere ex ante Fokussierung der betrachteten Prozessparameter, die Beschreibung der Systemunterstützung erfolgt tendenziell eher zu einem späteren Zeitpunkt oder nicht in dem Maße detailliert, wie es im E-Business Anwendungsfeld unabdingbar ist.

- Die Instandhaltung als Service- und Dienstleistungsfunktion umfasst sowohl gleichgerichtete als auch entgegengesetzte Material- und Informationsflüsse. Diese sind im Rahmen einer ganzheitlichen Geschäftsprozessgestaltung ziel- sowie potenzialorientiert zu reengineeren und zu optimieren. Analog zum traditionellen Geschäftsprozessmanagement gilt diese Maxime gleichermaßen bei der Prozessgestaltung im E-Business-Bereich. Allerdings steigt mit zunehmender Automatisierung und Parallelisierung von Aktivitäten durch den Einsatz von I&K-Technologien die Intransparenz der Informationsflüsse und die Datenübermittlung vollzieht sich im Millisekundenbereich. In Konsequenz rücken Bearbeitungs- und Durchlaufzeiten für einzelne Prozessschritte bei der Geschäftsprozessgestaltung aus E-Business-Sicht tendenziell stärker in den Hintergrund und werden durch Parameter wie beispielsweise Schnittstellen, Adapter, Systemkonfigurationen, Datenformate stärker determiniert. Diesem Aspekt muss bei der ganzheitlichen Geschäftsprozessgestaltung im E-Maintenance-Bereich Rechnung getragen werden.

Der Betrachtungshorizont der vorliegenden Arbeit erstreckt sich auf den Lebenszyklus der E-Business-Lösung und umfasst in Konsequenz die Entwicklung sowie den Einsatz der E-Maintenance-Anwendung. Die Entwicklung aus Prozessgestaltungssicht erstreckt sich von der Phase der Anbahnung des Projektes bis hin zur programmiertechnischen Umsetzung (Prototypischer Realisierung). Die Einsatzphase bezieht sich auf die unternehmensweite Applikation des Tools (Prototypeinsatz oder flächendeckender Einsatz) bei den ursprünglichen Entwicklungspartnern sowie auf die Akquise neuer Kunden, einschließlich der für den Einsatz der Applikation erforderlichen oder angestrebten Prozessgestaltungsaktivitäten.

Die Entwicklung von E-Business-Lösungen sowie im weiteren Sinne auch der Einsatz dieser Tools repräsentiert ein (Entwicklungs)projekt, das nach den Grundsätzen eines effizienten Projektmanagements abzuwickeln ist. Es gilt in diesem Zusammenhang die Frage zu beantworten, ob und inwiefern sich E-Business-Projekte einerseits von klassischen IT-Projekten andererseits unterscheiden.

STOEHR führt in seiner Publikation mit dem Titel „Managing E-Business Projects" sehr anschaulich und detailliert die vorhandenen Unterschiede auf. [169] Aus der Perspektive der Geschäftsprozess-

[169] Vgl. hierzu ausführlich Stoehr, Th. (2002), S. 4ff.

gestaltung erscheint insbesondere die folgende Differenzierung sehr prägnant zu sein:

Traditional IT project: „The outcome of a solution has effects only on the IT environment of the client and does not affect the overall way the client is doing its business. The solution is designed in such a way that the established business processes of the client are reflected."[170]

e-business project: „The outcome of the e-business solution often changes the way the client is doing its business. Business processes must be reengineered, modified, tailored, or created. Sometimes even the organization and the culture of the companies must be restructured."[171]

Speziell der Aufarbeitung dieser Schnittstellenthematik mit all ihren Gestaltungsfeldern und Implikationen ist die vorliegende Habilitationsschrift gewidmet.

---

170 Stoehr, Th. (2002), S. 6
171 Ebd., S. 6

2 Ganzheitliche Geschäftsprozessgestaltung in der E-Maintenance – Konzeptioneller und theoretischer Bezugsrahmen

2.1 Zielsetzung des Forschungsvorhabens und Forschungsdesign

Die Hauptzielsetzung der vorliegenden Arbeit besteht in der Entwicklung eines Konzeptes zur ganzheitlich orientierten Geschäftsprozessgestaltung bei der Entwicklung und beim Einsatz von E-Maintenance-Lösungen von Unternehmen.

Das angestrebte Ergebnis der Forschungstätigkeit manifestiert sich als dual geprägt. Einerseits soll die Erkenntniszielsetzung durch die Entwicklung eines innovativen theoretischen Rahmenkonzepts mit wissenschaftlich interdisziplinärer Prägung erreicht werden. Andererseits steht neben dem wissenschaftlichen Anspruch, die Operationalisierung der Konzeptinhalte im Mittelpunkt des Forschungsinteresses, so dass die Transferierbarkeit der Ergebnisse – beispielsweise der zu entwickelnden Methoden – in die Unternehmenspraxis nicht nur ermöglicht, sondern gleichermaßen erleichtert wird.

Aufgrund der gewählten anspruchsvollen Zielsetzung des Forschungsvorhabens bedarf es der Formulierung differenzierter Teilziele, die sich wie folgt spezifizieren lassen:

- Die erfolgreiche Geschäftsprozessgestaltung basiert, zunächst unabhängig von dem betrachteten Aktivitätsfeld auf einer organisatorisch (objektiv) sowie auf einer personenspezifischen (subjektiv) geprägten Perzeption sowohl des Geschäftsprozesses an sich als auch der vorhandenen Gestaltungs-/Modellierungsmöglichkeiten. Diese Wahrnehmung schlägt sich in Theorie und Praxis in so genannten Geschäftsprozessmodellen nieder. Aus diesem Grund bedarf es neben der Fundierung der Basisterminologie gleichermaßen der Konzeption eines dem betrachteten Paradigma der Geschäftsprozessgestaltung im E-Business-Umfeld adäquaten ganzheitlich orientierten Geschäftsprozessmodells sowie der Spezifikation desselben für den ausgewählten Applikationsbereich der E-Maintenance.

- Aufbauend auf der spezifischen Geschäftsprozesskonzeption ist im nächsten Schritt ein dem Erkenntnisobjekt entsprechendes, ganzheitlich geprägtes Vorgehensmodell zur kooperativen, konsensorientierten und kontextvermittelnden Prozessgestaltung zu erarbeiten. Analog dem Geschäftsprozessmodell soll das Vorgehensmodell durch Leitlinien, Handlungsempfehlungen sowie durch eine generische Methodenplattform für E-Maintenance-Lösungen sukzessive konkretisiert werden. Im Zentrum der Forschungstätigkeit wird jedoch nicht primär die Innovation von Methoden zur Prozessmodellierung, wie sie beispielsweise im ARIS-Tool Anwendung finden, stehen, sondern die Weiterentwicklung und paradigmenspezifische Adaption der Methoden in einem neu zu konzipierenden ganzheitlichen Implikationszusammenhang, der multidisziplinär geprägt ist.

- Aus einem lebenszyklusorientierten Implikationszusammenhang heraus, soll die Entwicklung eines Vorgehensmodells zur ganzheitlich orientierten Geschäftsprozessgestaltung von E-Maintenance-Lösungen von Unternehmen für die Phasen der System-Entwicklung einerseits und des System-Einsatzes andererseits, auf Basis theoretischer wie empirischer Untersuchungen erfolgen. Die ganzheitlich orientierte Perzeption des Forschungsthemas bedingt eine entsprechende Ausweitung des Erkenntnisrahmens, wodurch die ausschließliche Fokussierung eines der beiden „Existenzstadien" von E-Business-/E-Maintenance-Lösungen als Teilzielsetzung der Habilitationsschrift logisch stringent ausgeschlossen wird.

- Ergänzend zu den bereits explizierten Forschungszielsetzungen sollen qualitative Erfolgsfaktoren durch die ganzheitlich orientierte Geschäftsprozessgestaltung im Applikationsfeld der E-Maintenance als Elemente des Prozess- und Vorgehensmodells aufgezeigt werden.

Zur Erreichung dieser Zielsetzungen wird ein paradigmenspezifisches Forschungsdesign gewählt, dessen Elemente logisch stringent aufeinander aufbauen.

Die Wissenschaftstheorie bietet eine Fülle erprobter Methoden des wissenschaftlichen Arbeitens an. Je nach Wissenschaftsdisziplin und gewähltem Forschungsobjekt ist eine zielorientierte Prägung der Methodologie sowie der erkenntnisleitenden Vorgehensweise möglich. Festzustellen ist, dass sich die wissenschaftstheoretische Argumentationskette vor allem in den Naturwissenschaften auf der einen und den Sozialwissenschaften auf der anderen Seite in vielen Fällen deutlich voneinander unterscheidet. Die Geschäftsprozessgestaltung von E-Maintenance-Lösungen von Unternehmen verknüpft Elemente der Informatik, einem tendenziell stärker der technisch-mathematischen Forschungsdisziplin zuordenbaren Wissenschaftsfeld, mit der Betriebswirtschaftslehre als Teilbereich der Geistes-/Sozialwissenschaften. Es lassen sich allerdings beide Bereiche über die Wirtschaftsinformatik, die bei E-Business-Lösungen forschungsbezogen im Vordergrund steht, erkenntnisleitend zusammenführen.

Zum Zweck der Spezifikation des im Rahmen der vorliegenden Arbeit gewählten Forschungsdesigns ist es zunächst erforderlich, die bedeutendsten und für die Habilitationsschrift relevanten wissenschaftstheoretischen Methoden kurz zu skizzieren. Nachfolgend können diese entlang der thematischen Argumentationskette in ihrer paradigmenbezogenen Kombination anschaulich expliziert werden.

Deduktion und Induktion verkörpern die beiden grundsätzlich unterschiedlichen Ableitungsrichtungen wissenschaftlicher Erkenntnisgewinnung.

Der Terminus Deduktion stammt aus dem Lateinischen „deducere" und bedeutet „ableiten", „hinunterführen", „wegführen"[172] und impliziert „... die Methode, aus vorausgesetzten elementaren Sätzen

[172] Vgl. hierzu Seiffert, H. (1991), S. 133

kompliziertere Sätze korrekt abzuleiten ...".[173] Diese grundlegenden Sätze, beispielsweise in der Mathematik als so genannte Axiome bekannt, repräsentieren für den Forscher den „Fixpunkt" für alle weiterführende Forschungstätigkeit. Die Grundphilosophie der Axiomatik stellt folgendes Zitat sehr anschaulich dar: „Das höchste Ziel philosophischer Bemühungen war es von jeher, den *absoluten Anfang* des Denkens zu finden, das heißt, das Denken so aufzubauen, dass es von einem „Nullpunkt" aus durch konsequente Anwendung von Denkregeln zu den kompliziertesten Aussagen gelangen kann."[174] Der Axiomatismus stößt allerdings an seine Grenzen, wenn es um das für die Wissenschaft so elementar wichtige „Verstehen" geht. Die aus den Axiomen vorgenommenen Deduktionen sind dem Verständnis zugänglich, nicht jedoch die Axiome selbst. Der Konstruktivismus überwindet jenen Mangel durch die „Verstehbarmachung" der elementaren Aussagen deduktiver Forschungsansätze, beispielsweise durch den Rückgriff auf Erkenntnisquellen wie dem Alltagsverständnis der Zahlen in der Mathematik.[175] Aus dem Implikationszusammenhang einer Geistes-/Sozialwissenschaft heraus, erscheint die deduktive Vorgehensweise auf Basis des Konstruktivismus als ein möglicher erkenntnisleitender Weg.

Die Methode der Induktion versucht ausgehend von Einzelerfahrungen logisch stringent Schlüsse zu ziehen und im Ergebnis Gesetzmäßigkeiten zu formulieren. Speziell in den so genannten Erfahrungswissenschaften, wie beispielsweise der Physik ist der Induktionsschluss ein generelles und die Wissenschaftsdisziplin prägendes Vorgehen. [176] Zur Erreichung der Forschungsziele wird in diesen Fällen folgendes Forschungsdesign gewählt:[177]

- Beobachtung des Erkenntnisobjektes und Festhalten der Beobachtungen in Form von Protokollaussagen.

[173] Seiffert, H. (1991), S. 133
[174] Ebd., S. 127
[175] Vgl. hierzu ebd., S. 142f.
[176] Vgl. ebd., S. 153ff.
[177] Vgl. ebd., S. 156ff.; Beispiel entstammt der induktiven Forschung in der Astronomie.

- Generierung von Annahmen, Vermutungen über die beobachteten Zusammenhänge, Hypothesenbildung (so genannte Arbeitshypothesen).
- Überprüfung der Hypothesen durch weiterführende Beobachtungen.
- Ableitung einer Gesetzmäßigkeit aus der Hypothese.
- Theoriebildung auf Basis bestätigter Aussagensysteme.

Zu berücksichtigen sind bei der Theoriebildung in diesem Zusammenhang gleichermaßen die so genannten Randbedingungen. „Die Gesetze betreffen den allgemeinen Sachverhalt, die Randbedingungen jedoch die jeweils gegebenen individuellen, einmaligen, von Fall zu Fall wechselnden Sachverhalte.“[178] Aus dem wissenschaftstheoretischen Zusammenhang stellt sich somit die Frage, inwieweit Hypothesen am Ende „verifiziert“ oder lediglich „nicht falsifiziert“ werden können.[179]

Induktive Forschung impliziert in der Regel den Einsatz quantitativer empirischer Forschungsmethoden, die sich in einer spezifischen Versuchsplanung, in der Auswahl adäquater Methoden, in dem Einsatz geeigneter Messinstrumente sowie in der statistischen Auswertung der gewonnenen Erkenntnisse niederschlägt. Experiment, Systematische Beobachtung und Befragung stellen ausgewählte Instrumente in diesem Zusammenhang dar.[180]

In der Sozialwissenschaft treten infolge der Besonderheiten des Erkenntnisobjektes Probleme, beispielsweise hinsichtlich der intersubjektiven Nachprüfbarkeit von Forschungsergebnissen[181] auf. Dieser Tatbestand führt dazu, dass die Methodik des Induktionsschlusses nicht ohne Modifikationen auf die Sozialwissenschaft übertragbar ist. Geschäftsprozessgestaltung von E-Maintenance-Lösungen von Unternehmen spielt sich im sozialen Umfeld ab, so dass den geschilderten methodologischen Problemen Rechnung getragen werden muss.

178 Seiffert, H. (1991), S. 169
179 Vgl. hierzu ebd., S. 182ff.
180 Vgl. Lenzen, D. (1989), S. 617ff.
181 Vgl. Seiffert, H. (1991), S. 203ff.

Deshalb „... haben im sozialen Bereich auch nichtnaturwissenschaftliche Methoden, wie die „phänomenologische“, „die hermeneutische“ (historisch-philologische) und schließlich auch die so genannte „dialektische“ Methode, ihren Platz.“[182]

Die Phänomenologie repräsentiert „... eine Methode, die die Lebenswelt des Menschen unmittelbar durch „ganzheitliche“ Interpretation alltäglicher Situationen versteht.“[183] Der Wissenschaftler selbst partizipiert an dieser Realität durch seine eigenen Erfahrungen und wertet diese im Rahmen seiner wissenschaftlichen Forschung aus. In Konsequenz sind die gewonnenen Erkenntnisse immer unmittelbar mit den personenbezogenen Lebenserfahrungen des Wissenschaftlers verknüpft. Es stellt sich die Frage, inwieweit die auf diese Art und Weise ermittelten Aussagen generalisiert werden können. „Die Instanz für die intersubjektive Überprüfung phänomenologischer Aussagen ist daher nicht ein empiristisches Verfahren, das nach den Regeln der induktiven Methode Erhebungen anstellt und statistisch auswertet, sondern ganz einfach die Zustimmung des selber erfahrenen und sachkundigen Lesers in einem „Ja, so ist es auch“-Eindruck.“[184] Erfahrungen spiegeln somit Beispiele und keine Stichproben wider.

Unter der Hermeneutik wird eine Methode verstanden, die sich mit der verstehenden Erfassung von Existenzsituationen beschäftigt. Ausgehend von der historischen Methode umfasst Hermeneutik die Auslegung beispielsweise von Texten und das Bemühen, diese „... auf ihren Sinn hin zu verstehen“.[185] Hermeneutische Forschung impliziert das „repetitive Durchlaufen“ des so genannten hermeneutischen Zirkels. „Bevor wir etwas systematisch lernen, wissen wir bereits etwas darüber.“[186] Der Erkenntnisvorgang beginnt an einem bestimmten Ausgangspunkt, dem augenblicklichen Forschungsobjekt. Der Forscher erlangt durch das Studium des Paradigmas ein erstes Vorverständnis desselben. Dieses Vorverständnis ermöglicht die Einordnung

[182] Seiffert, H. (1991a), S. 201
[183] Ebd., S. 41
[184] Ebd., S. 48
[185] Lenzen, D. (1989), S. 628
[186] Seiffert, H. (1991a), S. 104

eines neuen, bislang unbekannten Tatbestandes in den bestehenden Sinnzusammenhang. Das hierdurch erweiterte und verbesserte Vorverständnis trägt dazu bei, wiederum neue Tatbestände besser zu verstehen, als dies ohne das gegebene Vorverständnis möglich wäre. Der hermeneutische Zirkel repräsentiert einen kontinuierlichen und - streng genommen - einen unendlichen Prozess. Im Rahmen der Hermeneutik erfolgt die Hypothesengenerierung erst „... am Ende der möglichst vollständigen Ausschöpfung alles bisherigen menschlichen Wissens über ein Problem."[187]

Die Dialektik ergänzt das Portfolio geisteswissenschaftlicher Methoden und manifestiert sich als Forschungsvorgehen, das die „Kunst des Dialogs" in den Mittelpunkt der Aktivitäten stellt. Das Forschungsdesign umfasst ein dreistufiges Vorgehen: erstens, die Formulierung einer These; zweitens, die Explikation einer Antithese; drittens, die Auflösung des dialektischen Konfliktes durch die Entwicklung einer Synthese.[188]

Forschung wird im Rahmen der vorliegenden Arbeit als Handeln und somit in Konsequenz als „... eine bewusste, auf ein bestimmtes Ziel hin orientierte Tätigkeit"[189] verstanden. Das Paradigma der Handlungsorientierung schlägt sich nicht nur in einem entsprechenden Forschungsverständnis nieder, sondern gleichermaßen in dem gewählten Forschungsdesign zur Erreichung der explizierten Zielsetzungen der Habilitationsschrift.

Das Erkenntnisobjekt „Geschäftsprozessgestaltung von E-Maintenance-Lösungen von Unternehmen" integriert sowohl betriebswirtschaftlich als auch informationstechnologisch geprägte Forschungsinhalte. In Konsequenz bedarf es eines Forschungsdesigns, das Elemente der naturwissenschaftlich-technischen Methodologie mit Forschungsmethoden, die der Geistes- und Sozialwissenschaften inhärent sind, zielführend integriert. Prozessmodellierung im E-Business-

187 Seiffert, H. (1991a), S. 130
188 Vgl. hierzu ebd., S. 273ff.
189 Seiffert, H. (1985), S. 16

Umfeld kann aus Forschungssicht deduktiv und induktiv gestaltet werden, wobei ex ante ein reiner Axiomatismus, wie er beispielsweise in der Mathematik angewandt wird, in diesem Fall nicht praktikabel ist. Dieser wird von einem konstruktivistischen Verständnis entlang der ganzheitlich orientierten Argumentationskette der Habilitationsschrift abgelöst. Die Erfahrungsbezogenheit der Forschungsaktivitäten wird somit nicht nur verstärkt, sondern Hermeneutik und Phänomenologie lassen sich in das Forschungsdesign erkenntnisleitend einbeziehen.

Das Forschungsdesign der vorliegenden Arbeit weist eine vierstufige Erkenntnisstruktur auf, die sich im Sinne des hermeneutischen Zirkels als nicht-linearer Forschungsprozess darstellt und sich im Aufbau der Schrift logisch stringent niederschlägt.

Stufe 1:

Kapitel zwei ist im Weiteren der terminologischen Fundierung des Forschungsparadigmas gewidmet. Die Definition wichtiger Basisbegriffe, wie beispielsweise der Termini Geschäftsprozess und Geschäftsprozessgestaltung, die Konkretisierung des Ganzheitlichkeitsverständnisses sowie die Schaffung eines paradigmenspezifischen theoretischen wie konzeptionellen Bezugsrahmens – dem ganzheitlichen E-Geschäftsprozessmanagement - wird auf deduktiver Basis vorgenommen. Deduktion bedeutet in diesem Zusammenhang, dass ausgehend von vorhandenen wissenschaftlichen Ansätzen, dem betrachteten Forschungsobjekt adäquate Kernaussagen abgeleitet und paradigmenspezifisch neu kombiniert werden. Aus einem historischen Implikationszusammenhang heraus, ist dieses deduktive Vorgehen mit einem phänomenlogisch-hermeneutischen Interpretationsvorgang gekoppelt. Zur inhaltlichen Konkretisierung des entwickelten Ansatzes werden nachfolgend Leitlinien der ganzheitlichen Geschäftsprozessgestaltung im Anwendungsfeld der E-Maintenance auf Basis multipler Theorien, die unterschiedlichen Wissenschaftsdisziplinen inhärent sind, in Thesenform formuliert. Die Leitlinien repräsentieren Arbeitshypothesen, die einerseits durch die Ableitung – Deduktion – aus bestehenden Forschungserkenntnissen, z.B. der Principal-Agent-Theorie gewonnen werden, andererseits den Ausgangspunkt für eine spätere Überprüfung in der Praxis – im Sinne eines Induktionsschlusses – bilden. Aus phänomenlogisch-hermeneutischer Sicht erfolgt die Hypothesengenerierung erst in einem Stadium, in dem der hermeneutische Zirkel bereits durchlaufen, also das vorhandene Vorverständnis durch Erfahrung erweitert sowie verbessert wurde.

Stufe 2:

Im Zentrum des Kapitels drei steht die Konstruktion eines ganzheitlichen Geschäftsprozessmodells für das Anwendungsfeld der E-Maintenance. Dieses dient im weiteren Verlauf der vorliegenden Arbeit als Interpretations-, Argumentations- sowie als Dokumentationsbasis zur Realisierung einer zielführenden Geschäftsprozessgestaltung im E-Business-Kontext. In einem ersten Schritt, nach Spezifikation des Geschäftsprozessmodell-Begriffes, erfolgt die Deduktion konzeptbildender Anforderungen an ein ganzheitliches, ablaufbezogenes Prozessschema durch die Vornahme einer kritischen Analyse von Referenzbeispielen. Im zweiten Schritt wird ein paradigmenspezifisches Metageschäftsprozessmodell auf Basis eines metaphorischen Theorietransfers entworfen, in das die identifizierten Anforderungen strukturgenerierend einfließen. Die Konkretisierung des ganzheitlichen Geschäftsprozessmodells für die E-Maintenance umfasst die Spezifikation des relevanten konzeptionellen Bezugsrahmens, die inhaltliche Detaillierung des Metaprozessmodells und die Spezifikation der prozessualen Dimension von E-Maintenance-Anwendungen. Die Modellbildung vollzieht sich auf deduktiver Basis im Sinne eines multidisziplinären Wissenstransfers sowie der Neukombination von anerkannten Forschungserkenntnissen. Die konstruktivistische Fundierung der Forschungsaktivitäten zur Geschäftsprozessmodellbildung, insbesondere auf Metaebene erlaubt neben der eher technisch geprägten Deduktion, die Auslegung historischer Forschungsquellen als Element der hermeneutischen Methodik sowie deren Interpretation aus der individuellen Lebenserfahrung heraus (Phänomenologie). Die beiden zuletzt genannten Methoden nehmen bei der Konkretisierung des Modells für die E-Maintenance eine dominierende Rolle ein, die Deduktion tritt verstärkt in den Hintergrund.

Stufe 3:

Gegenstand des Kapitels vier ist die Durchführung einer empirischen Untersuchung, um zum einen die in Kapitel zwei der vorliegenden Arbeit formulierten Hypothesen (Leitlinien) auf ihre Relevanz hin zu überprüfen und zum anderen, um unterschiedliche Szenarien der Geschäftsprozessgestaltung in methodischer sowie sozial-interaktiver Hinsicht praxisbezogen zu identifizieren. Zur Erfüllung dieser Zielsetzungen werden Fallstudien aus dem Bereich der E-Maintenance sowie Referenzfallstudien aus dem Anwendungsfeld der E-Logistics, dem Themenfeld des traditionellen Geschäftsprozessmanagements sowie der Entwicklung einer E-Projektmanagement-Lösung vor dem Implikationszusammenhang der vorliegenden Arbeit analysiert. Das Forschungsdesign ist in diesem Fall induktiver sowie hermeneutisch-verstehender Natur. Der Induktionsschluss wird nicht auf Basis statistischer Methoden durchgeführt, sondern die Case Studies repräsentieren vielmehr Beispiele der Lebenswelt der Geschäftsprozessgestaltung im E-Business-Umfeld. Da die intersubjektive Überprüfbarkeit in diesem Fall nicht vollständig gewährleistet werden kann, ist die endgültige Verifizierung der Arbeitshypothesen nicht möglich. Die Analyse beschränkt sich deshalb auf die potenzielle Falsifizierbarkeit der Thesen.

Stufe 4:

Aufbauend auf den Ergebnissen der empirischen Untersuchung wird in Kapitel 5 die Konstruktion eines ganzheitlichen Vorgehensmodells vorgenommen, das auf dem Interpretationszusammenhang des (Meta-) geschäftsprozessmodells sowie auf dem konzeptionellen und sequenziellen Schema des E-Geschäftsprozessmanagementansatzes beruht. Die Leitlinien der ganzheitlichen Geschäftsprozessgestaltung spiegeln sich in den zu konzipierenden Methoden sowie in den zu formulierenden Handlungsempfehlungen wider. In einem ersten Schritt erfolgt die prä-prozessgestaltende Segmentierung des Vorgehensmodells in Abhängigkeit von geschäftsprozess- und tool-relevanten Kriterien. Für die resultierenden entwicklungsbezogenen Segmente der generischen und der situationsspezifischen Prozessgestaltung sowie für das lebenszyklusbezogene Segment des Tool-Einsatzes werden segmentbezogene Methoden erarbeitet und Gestaltungsleitlinien beschrieben. Für die im Rahmen der Ablaufmodellierung im Bereich der E-Maintenance anzuwendenden Instrumente erfolgt, entsprechend ihrem thematischen Schwerpunkt eine Klassifizierung in Technisch-prozessuale, Kontext-konsensuale sowie in Professionalisierungsmethoden, um die unterschiedlichen Dimensionen der ganzheitlichen Geschäftsprozessgestaltung strukturiert abzubilden. Das Vorgehensmodell erstreckt sich von der Planungsphase über die Durchführungsphase bis hin zur Steuerungs- und Kontrollphase. Jeder der explizierten Abschnitte des ganzheitlichen E-Geschäftsprozessmanagements umfasst unterschiedliche Handlungsschritte (so genannte Steps), die inhaltlich aufeinander aufbauen und die zur erfolgreichen, effizienten sowie nachhaltigen Geschäftsprozessgestaltung bei der Entwicklung und beim Einsatz von E-Maintenance-Lösungen von Unternehmen führen. Aus wissenschaftstheoretischer Sicht gehen deduktiver und induktiver Ansatz ineinander über. Zum einen wird auf Basis der Erkenntnisse der empirischen Analyse (Induktionsschluss) eine Theoriebildung vorgenommen, zum anderen fließen in die Theoriebildung deduktiv gewonnene Erkenntnisse, als Ausfluss phänomenologischen Interpretierens und hermeneutischen Auslegens, theoriefundierend und –ergänzend ein. Der hermeneutische Zirkel ist mit der Theorie- und Vorgehensmodellexplikation allerdings noch nicht abgeschlossen, sondern wird durch weiterführende Forschungsarbeiten auf dem Gebiet der ganzheitlich orientierten Geschäftsprozessgestaltung im E-Business-/E-Maintenance-Umfeld erkenntnisleitend fortgesetzt.

Der forschungsrelationale Erkenntnispfad der vorliegenden Habilitationsschrift ist in Abb. 2-1 nochmals zusammenfassend dargestellt.

Ergänzend sei noch erwähnt, dass zum Zweck der Komplexitätsreduktion zunächst die Erarbeitung eines ganzheitlichen Ansatzes für die Geschäftsprozessgestaltung, für das Geschäftsprozessmodell sowie für das Vorgehensmodell im E-Business-Umfeld erfolgt. Die beiden zuletzt genannten Konzepte werden nachfolgend für den Bereich der E-Maintenance konkretisiert. Durch dieses Vorgehen lässt sich zum einen auf Metaebene die Entwicklung eines allgemeingültigen, ganzheitlich orientierten Konzeptrahmens gewährleisten, der unter Vornahme erforderlicher, paradigmenspezifischer Modifikationen später auf weitere Applikationsfelder des E-Business übertragen werden kann. Zum anderen erfolgt für die E-Maintenance eine empirisch fundierte Konzeptdetaillierung, die den Besonderheiten dieses sukzessive an Bedeutung gewinnenden Prozessfeldes Rechnung trägt und die forschungsnahe, operative Umsetzung der Methoden sowie der Handlungs- und Gestaltungsempfehlungen in der betriebswirtschaftlichen Praxis ermöglicht.

Forschungsstufen	**Forschungsdesign**
Stufe 1: Ganzheitliche Geschäftsprozessgestaltung in der E-Maintenance	• Deduktion (Paradigmenspezifische Neukombination) • Phänomenologisch-hermeneutischer Interpretationszusammenhang • Leitliniengewinnung durch Deduktion • Hypothesenbildung als Ausgangspunkt für Induktive Methodik
Stufe 2: Konstruktion ganzheitliches Geschäftsprozessmodell für die E-Maintenance	• Deduktiver Ansatz (Multidisziplinärer Wissenstransfer) • Konstruktivismus • Phänomenologische Interpretation • Hermeneutische Auslegung
Stufe 3: Fallstudienanalyse	• Fallstudienanalyse als Methodik der empirischen Sozialforschung • Induktionsschluss durch Hypothesenüberprüfung auf phänomenologisch-hermeneutischer Basis • Induktive Identifikation von unterschiedlichen Szenarien der Geschäftsprozessgestaltung
Stufe 4: Konstruktion ganzheitliches Vorgehensmodell zur Geschäftsprozessgestaltung von E-Maintenance-Lösungen	• Konstruktivismus • Vornahme der Theoriebildung auf Basis der Ergebnisse der empirischen Untersuchung (Induktionsschluss) • Phänomenologische und Hermeneutische Analyse als Deduktionskomponenten der Theoriebildung

Abb. 2-1: Das Forschungsdesign der Habilitationsschrift im Überblick

2.2 Terminologische Fundierung des Forschungsparadigmas

Die vorliegende Arbeit widmet sich dem Paradigma der Geschäftsprozessgestaltung bei der Entwicklung und beim Einsatz von E-Maintenance-Lösungen von Unternehmen. Für die Entwicklung des konzeptionellen sowie theoretischen Bezugsrahmens ist es zunächst erforderlich, die wesentlichen Basisbegriffe terminologisch zu fundieren.

Der Terminus Prozess, insbesondere in der Ausprägung als Geschäftsprozess wird in der Literatur uneinheitlich definiert.[190] Nach WYSSUSEK lassen sich folgende Prozesskonzeptionen unterscheiden:

- Perspektive des Business Process Reengineering: Geschäftsprozesse sind „... Kernprozesse, die das Leistungsprogramm eines Unternehmens darstellen und als Ergebnis einen Wert für den Kunden erzeugen."[191]
- Generelles Prozessverständnis: Bei Geschäftsprozessen handelt es sich um „... betriebliche Prozesse, die zur Erstellung der Unternehmensleistung beitragen, ...".[192]
- Perspektive der Wirtschaftsinformatik: Der Geschäftsprozess manifestiert sich als „... die inhaltlich abgeschlossene, zeitlich-sachlogische Abfolge von Funktionen ..., die zur Bearbeitung eines für die Leistungserbringung des Unternehmens relevanten Objekts erforderlich sind."[193]
- Systemtheoretischer Fokus: Geschäftsprozesse lassen sich als „... Folgen bestimmter diskreter Zustandsänderungen des betrachteten Systems Unternehmen" charakterisieren.

Die im Rahmen der vorliegenden Arbeit angestrebte ganzheitlich orientierte Perzeption der Geschäftsprozessgestaltung und damit auch der zugrunde liegenden Geschäftsprozesse induziert die kombinierte

190 Vgl. hierzu Wyssusek, B. (o.J.), S. 210
191 Ebd., S. 210; vgl. dazu auch Küpper, H.-U. (1997), S. 46
192 Wyssusek, B. (o.J.), S. 210
193 Ebd., S. 210

Verwendung der oben genannten Definitionen, unter Voraussetzung, dass das Unternehmen grundsätzlich als System aufgefasst wird.

In einigen Publikationen werden diverse Prozess- und Geschäftsprozessdefinitionen aus Theorie und Praxis vorgestellt und einem terminologischen wie konzeptionellen Vergleich unterzogen.[194] Auch diese Definitionen entstammen verschiedenen Wissenschaftsdisziplinen und weisen in Konsequenz individuelle Umfänge im Sinne von Detailliertheitsgrad sowie Schwerpunkte auf.

Aus den unterschiedlichen Beschreibungen lassen sich spezifische Merkmale von (Geschäfts-)prozessen herausfiltern:[195]

- Abfolge von Aktivitäten (Zeitbezug, Handlungsbezug),
- Logischer Relationszusammenhang,
- Definierter Prozessanfang, definiertes Prozessende,
- Ergebnis-/Wertschöpfungsbezug des Prozesses (Kundensicht sowie interne Sicht),
- Input-Transformation-Output-Bezug,
- Prozesshierarchie (Haupt-/Kernprozesse und Subprozesse),
- Schnittstellenbezug der Prozesse,
- Charakterisierbarkeit durch Kennzahlen (z.B. Prozesszeiten),
- Spezifikation der Aspekte „auszuführende Funktionen“, „involvierte Stellen“, „erforderliche Daten“ sowie „Prozesssteuerungsinformationen“,
- Differenzierung in Material- und Informationsflüsse,
- Aufspaltung in physische Prozesse und Dienstleistungsprozesse,
- Erfüllung von Unternehmensaufgaben (Strategie- und Zielbezug),

---

194 Vgl. hierzu beispielsweise Delfmann, W. (1997), S. 84 und Zapp, W./ Dorenkamp, A. (2002), S. 24/25. DELFMANN vergleicht die Definitionen von Striening, Morris/Brandon, Harrington, Johansson et al., Davenport, Hammer/Champy, Kremar/Schwarzer, Elgass/Kremar, Scheer sowie Ferstl/Sinz. ZAPP/DORENKAMP stellen Prozessdefinitionen von Kosiol, Gaitanides, Haist/Fromm, Striening, Breinlinger-O'Reilly, Greulich/Thiele, Eichhorn sowie der DIN EN ISO 8402 gegenüber.

195 Anmerkung: Die im Folgenden aufgeführten Merkmale wurden aus den zitierten Quellen deduziert und unterliegen nicht dem Anspruch auf Vollständigkeit.

- Unternehmensspezifität und
- Kombination von Menschen, Einrichtungen, Anlagen, Material, Technologie sowie Methodologie.

WILDEMANN greift die Vielzahl an Gestaltungsparametern auf und fasst diese zu folgenden Geschäftsprozessmerkmalen zusammen:

- „Vorhandensein mindestens zweier organisationsinterner oder -externer Geschäftspartner,
- Auslösung durch ein meist externes Ereignis,
- eindeutige Definition von Prozessbeginn und –ende,
- Verarbeitung eines Input nach bestimmten Transformationsregeln zu einem Output,
- abteilungs- und funktionsübergreifender Ablauf,
- materieller und/oder informationeller Charakter,
- mehrschichtige Struktur (Führungs-, Steuerungs-, operative Ebene),
- Bedienung eines Kunden oder Marktsegments mit definierbarer, möglichst messbarer und nutzenbringender Leistung und
- Möglichkeit der selbständigen Abwicklung des Kerngeschäfts des Prozesses durch entsprechenden Autonomiegrad und Verantwortungsübertragung."[196]

Zur Reduktion der definitorischen Komplexität integriert die Beschreibung des Geschäftsprozesses nach WILDEMANN nur die wesentlichen Komponenten, die im Bedarfsfall weiter detailliert werden können.

Ein Prozess ist somit „... eine Folge von **definierten, wiederholbaren** und **messbaren** Aktivitäten, die zu einem **vorhersehbaren** Ergebnis führen und zur Befriedigung eines internen oder externen **Kundenwunsches** durchgeführt werden."[197]

---

196 Wildemann, H. (1997), S. 19; vgl. zusammenfassend Wildemann, H. (2004f), S. 15

197 Ebd., S. 14

Die Potenzialklassen im Konzept des Prozesskettenmanagements von KUHN repräsentieren einen weiteren Katalog zur Deskription und Konkretisierung der häufig abstrakten terminologischen Fundierung des Geschäftsprozesses.[198]

Beiden Konzepten inhärent ist bereits ein ganzheitliches Begriffsverständnis respektive eine umfassende Prozesskonzeption, die sich in der Definition und Charakterisierung des Geschäftsprozessparadigmas niederschlägt. Für die ganzheitliche Geschäftsprozessgestaltung im Anwendungsfeld von E-Business-Lösungen erscheint jedoch der IT-Aspekt in der Prozessdefinition noch nicht ausreichend berücksichtigt. Deshalb soll der vorliegenden Arbeit eine erweiterte Fassung der Geschäftsprozessdefinition zugrunde gelegt werden:

- Geschäftsprozesse repräsentieren eine strategie- und zielbasierte logische, hierarchische sowie wiederholbare Abfolge von schnittstellenübergreifenden und messbaren Aktivitäten mit definiertem Prozessbeginn und Prozessende, die durch die effiziente Kombination von Inputfaktoren und Nutzung von Potenzialfaktoren einen kundennutzenstiftenden Output erzeugen.

- Dabei repräsentieren Menschen, Material, Einrichtungen und Anlagen, Technologie, Methodologie, Wissen, Kapital, I&K-Systeme, wie beispielsweise Workflow-Systeme und E-Business-Applikationen mögliche Input- sowie Potenzialfaktoren.

- Die die Geschäftsprozesse konstituierenden materiellen wie informationellen Elemente basieren auf adäquaten Daten- und Anwendungssystemmodellen sowie –beschreibungen und umfassen notwendige Prozesssteuerungsinformationen.

- Den Geschäftsprozessen können eindeutige Prozessverantwortliche zugeordnet werden, sie vollziehen sich innerhalb von definierten internen wie externen Kunden-Lieferanten-Verhältnissen entlang der gesamten elektronisch sowie nicht elektronisch unterstützten

[198] Vgl. Winz, G./Quint, M. (1997), S. 24ff.

Wertschöpfungskette, weisen einen spezifischen Automatisierungsgrad auf und sind informationstechnisch modelliert sowie dokumentiert.

Neben der terminologischen Fundierung des Geschäftsprozess-Begriffes, ist es erforderlich auch den Terminus Geschäftsprozessgestaltung zu definieren und im Hinblick auf das im Rahmen der vorliegenden Arbeit untersuchte Paradigma zu spezifizieren.

Der Vorgang der Geschäftsprozessgestaltung widmet sich einerseits der Gestaltung bestehender Prozesse sowie andererseits der Entwicklung und Strukturierung neuer Prozesse. Es kann sich in beiden Fällen sowohl um unternehmensinterne als auch um organisationsübergreifende Prozesse entlang der gesamten Wertschöpfungskette handeln. Im Rahmen einer ganzheitlichen Gestaltung von Geschäftsprozessen bei der Entwicklung und beim Einsatz von E-Maintenance-Lösungen werden insbesondere diejenigen Kern- oder Hauptprozesse, einschließlich ihrer Subprozesse betrachtet, die durch die E-Applikation unterstützt, voll- oder teilautomatisch abgewickelt und folglich in diese integriert werden sollen.

Gestalten heißt im terminologischen Sinne Formen, deshalb wird das Paradigma der Geschäftsprozessgestaltung im Weiteren als kooperativer und konsensorientierter Veränderungs- und Formungsprozess betrachtet. Angesichts der Fülle unterschiedlicher Aspekte der Prozessgestaltung im interdisziplinären Implikationszusammenhang sollen diese deshalb nach den Kriterien Innovations-Bezug – „Verändern“ sowie Methodischer Bezug – „Formen“ klassifiziert werden (vgl. Abb. 2-2).

In die erste Kategorie sind Konzepte wie das Prozessreengineering, die Prozessoptimierung sowie das Prozessengineering aufzunehmen, die zweite Kategorie formt sich aus den Instrumenten zur

Unterstützung der Prozessmodellierung, der Prozessdokumentation sowie der Prozessausführung.[199]

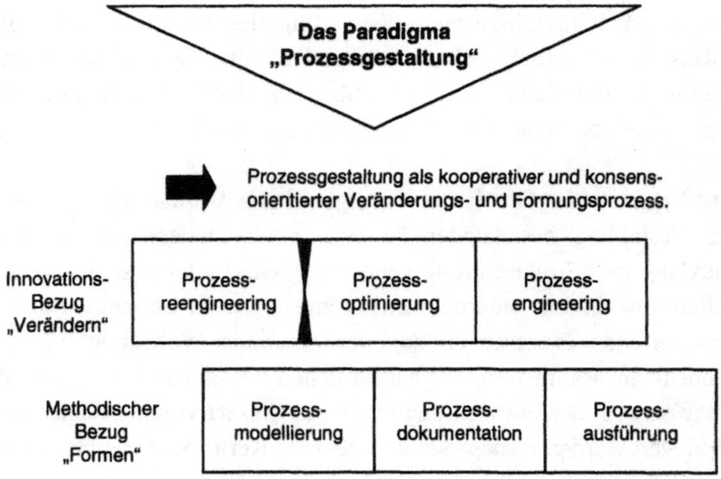

Abb. 2-2: Spezifikation des Paradigmas „Geschäftsprozessgestaltung“

Das Prozessreengineering und die Prozessoptimierung sind nicht überschneidungsfrei voneinander abzugrenzen. Während Vertreter der ersten Richtung stärker die radikale Veränderung der Geschäftsprozesse propagieren, steht bei der Prozessoptimierung die evolutionäre Perspektive stärker im Vordergrund. Losgelöst von diesem „Perspektivenstreit“ sollen beide Konzeptansätze aus dem begrifflichen Verständnis heraus näher spezifiziert werden. Beide fokussieren die Veränderung von Prozessen im Zeitverlauf. Ein Geschäftsprozess

199 KUHN/KAESLER untergliedern die methodischen DV-Tools zur Unterstützung der Geschäftsprozessoptimierung in die Kategorien Unterstützung der Dokumentation, der Planung und Optimierung sowie der Ausführung von Geschäftsprozessen; vgl. hierzu Kuhn, A./Kaesler, J. (1996), S. 115. Diese Klassifizierung wird geringfügig modifiziert und bildet im Rahmen der vorliegenden Arbeit die methodische Seite der Prozessgestaltung ab. Die Instrumente zur Planung und Optimierung werden durch die Ansätze zur Prozessmodellierung ersetzt.

kann reengineert werden, weil sich Veränderungen der Strategie, der Aufbauorganisation, der Unternehmensumwelt etc. ergeben. Die reine Adaption von Geschäftsprozessen im Sinne des Reengineering impliziert jedoch noch nicht automatisch die Optimierung der Prozesse. Dies ist allerdings aus terminologischer Sicht das Ziel aller Maßnahmen zur Geschäftsprozessoptimierung. Im Rahmen der vorliegenden Arbeit sind beide konzeptionellen Ansätze vor dem Paradigma der Geschäftsprozessgestaltung bei der Entwicklung und beim Einsatz von E-Maintenance-Lösungen von Unternehmen zielführend zu verknüpfen. Der Optimierungsaspekt bildet das Gestaltungsfundament, der Designprozess dürfte gerade in einem interaktiven Gestaltungs- und Entwicklungsvorgang stärker evolutionär getrieben sein als revolutionär.

Die Verbesserung und Optimierung vorhandener Prozesse erfolgt durch die situative Überprüfung sowie ausgewählte Realisierung der folgenden Handlungsalternativen:[200]

- Neuordnung der Prozessschritte entsprechend der natürlichen oder durch organisatorische Veränderung induzierten Arbeitsreihenfolge,
- Eliminierung nicht erforderlicher Prozessschritte,[201]
- Änderung der Reihenfolge einzelner Prozessschritte,
- Hinzufügen fehlender Prozessschritte,
- Integration ursprünglich getrennter Einzelschritte im Prozessablauf,
- Automatisierung von Prozessschritten,
- Beschleunigung einzelner Prozessschritte,
- Parallelisierung von Prozessschritten,
- Harmonisierung der Kapazitätsquerschnitte einzelner Arbeitsschritte,
- Ablösung des Bringprinzips durch das Holprinzip und
- Einführung kurzer Feedback-Schleifen.

---

200 Vgl. hierzu Wildemann, H. (1997), S. 30; Wildemann, H. (2004f), S. 83

201 Basis hierfür kann beispielsweise eine Prozesswertanalyse sein; vgl. ebd., S. 154ff.

Durch die Entwicklung und den Einsatz von E-Business-Tools, wie beispielsweise in der Instandhaltung werden die Potenzialquellen häufig primär in der Automatisierung, Beschleunigung, Integration sowie Parallelisierung gesehen. Erst im zweiten Schritt, wenn überhaupt, erfolgt in der Regel die Identifikation von Potenzialen aus den weiteren angeführten Stellhebeln der Geschäftsprozessoptimierung. Ein entsprechend ganzheitlich konzipierter Ansatz zur Geschäftsprozessgestaltung muss folglich alle relevanten Potenziale sowie Handlungsfelder berücksichtigen. In den genannten Fällen handelt es sich um Ausprägungsformen der Prozessvariation oder Prozessmodifikation. Abb. 2-3 zeigt die explizierten Gestaltungsalternativen nochmals im Überblick auf.

Neben der Modellierung bestehender Prozessstrukturen existiert das Anwendungsfeld des Geschäftsprozessengineerings, also der Entwicklung innovativer unternehmensbezogener sowie unternehmensübergreifender Prozesse. Zu klären ist in diesem Zusammenhang, wann ein Geschäftsprozess als „neu" zu deklarieren ist. Induzieren beispielsweise Veränderungen wie der Einsatz neuer Ressourcen oder IT-Systeme (E-Business-Lösungen), wie die Veränderung der Geschäftsbereichsstrategie und der entsprechenden Ziele, wie der Wandel von Organisations- und Führungsstrukturen oder die Etablierung neuer Wertschöpfungspartnerschaften das Prozessengineering? Letztendlich handelt es sich hierbei um einen komplexen Entscheidungstatbestand, der von Seiten der Unternehmensverantwortlichen zu handhaben ist. Eine allgemeinverbindliche Lösung für die korrekte Abgrenzung von „Reengineering" einerseits und „Engineering" andererseits, existiert nicht. Für die effiziente Gestaltung der neuen Abläufe besteht grundsätzlich die Möglichkeit, sich an bisher im Unternehmen vorhandenen und vergleichbaren optimalen Prozessstrukturen zu orientieren. Soweit dies nicht realisierbar ist oder nur begrenzt zielführend erscheint, kann ein so genanntes Prozessbenchmarking[202] durchgeführt werden, das auf Referenzprozesse[203] zurückgreift. Die

202 Zum Prozessbenchmarking vgl. Wildemann, H. (2004g)

203 Zu Referenzmodellen für industrielle Geschäftsprozesse vgl. z.B. Scheer, A.-W. (1996); Reck, M. (2001) zeigt beispielsweise Logistik-Referenzprozessketten für die Materialwirtschaft von Energieversorgungsunternehmen auf.

zweite Säule der Geschäftsprozessgestaltung, das Engineering gewinnt gerade bei der Entwicklung und beim Einsatz von E-Business-Lösungen von Unternehmen an Bedeutung, umfassen diese doch immer stärker neue Dienstleistungen, deren Basisprozesse konzipiert, modelliert und dokumentiert werden müssen.

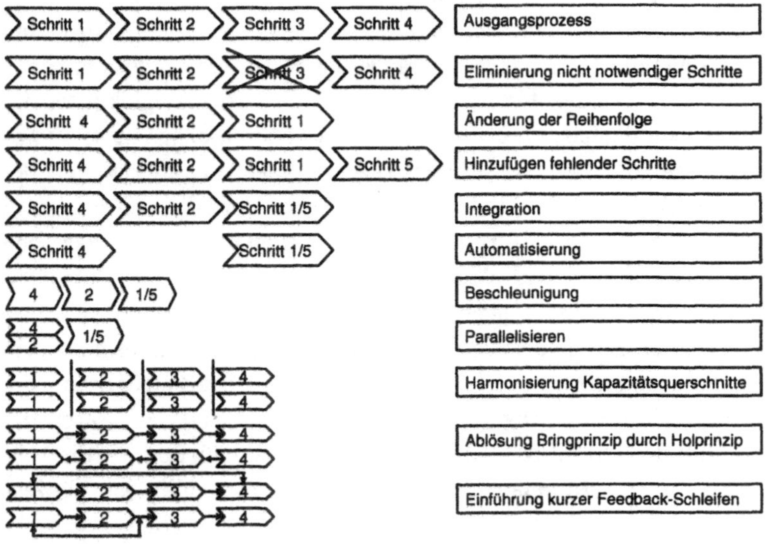

Abb. 2-3: Handlungsoptionen der Geschäftsprozessoptimierung[204]

Die Ansätze zur Prozessmodellierung, Prozessdokumentation sowie zur Unterstützung der Prozessausführung repräsentieren den Formungscharakter der Geschäftsprozessgestaltung, also den primär methodischen Aspekt. Alle Verfahren der Modellierung stellen Werkzeuge zur Entwicklung von Ziel- oder Sollprozessen zur Verfügung, indem jedes einzelne Element verändert und neu kombiniert werden kann, ähnlich dem Entwurf auf einem Reißbrett. Dies erfolgt unter Berücksichtigung relevanter Rahmenbedingungen wie beispielsweise Strategien, Ressourcenknappheit. Die Ansätze zur Prozess-

204 Vgl. Wildemann, H. (2004f), S. 83 und Wildemann, H. (1997), S. 30 (geringfügig modifiziert)

modellierung erlauben die schrittweise Variierung von Prozessabläufen, einschließlich deren Bewertung hinsichtlich der resultierenden Prozesseffizienz. In Konsequenz unterstützen die Verfahren der Prozessmodellierung sowohl die Planung als auch die Optimierung der betrachteten Geschäftsprozesse und Prozessketten.[205] In diesem Zusammenhang findet sich in der Literatur auch das Konzept der Prozessketten-Modulation. Unter „Prozessketten-Modulationen sind crossfunktional erarbeitete Veränderungen an den selbstähnlichen Prozesskettenelementen unter Zuhilfenahme der Strategieklassen im Sinne des dualen Ansatzes des Prozessketten-Managements“[206] zu verstehen. Die angesprochene Dualität manifestiert sich in der Verbesserung der Effektivität sowie Effizienz der zugrunde liegenden Prozessketten. Der Vorgang der Prozessdokumentation hält den Ausgangsstatus sowie den neu geformten Stand der Geschäftsprozessstruktur fest, systematisiert die Prozesse und visualisiert ihre Struktur auf Basis verschiedener Techniken. „Schließlich ermöglichen es die Instrumente zur **Ausführung von Geschäftsprozessen**, die Prozessschritte weitestgehend zu automatisieren und den Mitarbeiter von Routinetätigkeiten zu entlasten.“[207] Ziel ist dabei primär die Verbesserung der Kommunikation und Kooperation aller am Prozess partizipierenden Parteien. Die im Rahmen der Geschäftsprozessgestaltung eingesetzten Werkzeuge sind häufig DV-gestützt.[208]

Der methodische Part der ganzheitlichen Geschäftsprozessgestaltung wird vor dem Hintergrund des betrachteten Paradigmas im weiteren Verlauf der vorliegenden Arbeit sukzessive differenziert und konkretisiert.

Die vorliegende Habilitationsschrift orientiert sich durchgängig am Paradigma der Ganzheitlichkeit, das es im Folgenden zu explizieren

---

205 Zum Konzept des Prozesskettenmanagements vgl. Winz, G./Quint, M. (1997)

206 Pielok, Th. (1995), S. 136

207 Kuhn, A./Kaesler, J. (1996), S. 117

208 Vgl. beispielsweise hierzu die folgenden Softwareprodukte zur Planung und Optimierung von Geschäftsprozessen: AENEIS, ARIS, BONAPART, INCOME MOBIL, LEU, LOGICHAIN, MO^{2}GO, PROPLAN, SPARKS, STRUCTWARE, VAMOS-BE; vgl. Kuhn, A./Kaesler, J. (1996), S. 119

sowie zu konkretisieren gilt. Der Bezug zur Ganzheitlichkeit ist in Theorie und Praxis nicht neu und zieht sich als Erkenntnisobjekt durch unterschiedliche Wissenschaftsdisziplinen.

- Aus Sicht der Betriebswirtschaftslehre, insbesondere der Managementlehre impliziert ganzheitlich vor dem Implikationszusammenhang der Geschäftsprozessgestaltung beispielsweise die Berücksichtigung aller relevanten Einflussfaktoren auf die Prozessstrukturen sowie aller funktions- oder bereichsspezifischen Geschäftsprozesse, den Einbezug aller Organisationsmitglieder in den Gestaltungsprozess sowie die Kooperation aller von der Geschäftsprozessgestaltung betroffenen Partner entlang der Wertschöpfungskette. Additional könnte das Ganzheitlichkeitsparadigma die gesamthafte Betrachtung und methodische Ausgestaltung der Phasen des Prozessmanagements wie die Planung, Steuerung und die Kontrolle, einschließlich der Spezifikation von Teilphasen beinhalten.

- Im informationstechnologischen Zusammenhang ließe sich Ganzheitlichkeit als vollständige Modellierbarkeit und Dokumentation von Prozessen (Prozessketten) beschreiben. Daneben spielt für eine ganzheitliche Betrachtungsweise die Betreuung der E-Business-Lösung über den gesamten Lebenszyklus hinweg, also von der Konzeption und Entwicklung über den Einsatz sowie die Wartung bis hin zum Release oder zur Ablösung der Applikation durch ein neues Softwareprodukt eine bedeutende Rolle. Ganzheitlichkeit aus der IT-Perspektive heraus, impliziert jedoch gleichermaßen die prozessrelationale und durchgängige Verknüpfung sowie Harmonisierung von Prozessmodell und Objekt-/Datenmodell.

- Die Philosophie beschreibt die Ganzheit als „... das die einzelnen Teile Umfassende, die Beziehungs-Einheit von Teilen; man spricht von G. (Ganzheit: Anm. d. Verf.), wenn mehrere Teile so miteinander verbunden sind, dass sie zusammen eine EINHEIT (das Ganze) bilden“.[209] Vor dem Hintergrund der ganzheitlichen

[209] Ulfig, A. (1993), S. 139

Geschäftsprozessgestaltung gewinnt folgende Aussage an Bedeutung: „Der einzelne Teil kann nur aus dem Ganzen heraus verstanden werden; entscheidend ist, was die G. aus den Teilen macht, ihre Ordnung, Gliederung und Einheit; die Teile erhalten ihren Teilcharakter aus dem Ganzen heraus."[210] Jeder Teilprozess würde damit seine Bedeutung und seine Ordnung aus dem hierarchisch übergelagerten Geschäftsprozess erhalten, dieser wiederum aus dem Kerngeschäftsprozess oder ultimativ aus dem Hauptordnungsmerkmal der Geschäftsprozesssegmentierung (z.B. Strategie, Funktion, Bereich).

- Unterstellt man, dass es sich bei der ganzheitlichen Geschäftsprozessgestaltung um einen erfahrungsbasierten sowie erfahrungsgenerierenden Lernprozess handelt, so kann das Ganzheitlichkeitsparadigma zusätzlich aus der Pädagogik, wie beispielsweise aus der Wirtschafts- und Betriebspädagogik heraus interpretiert werden. Der personalistische Ansatz von Baumgardt weist ein anthropologisches Verständnis auf, das den ganzheits-, schichten- und polaritätstheoretischen Ansätzen entlehnt ist.[211] Sie „... versuchen den Menschen als eine mit verschiedenen Seinsschichten und Polaritäten ausgestattete strukturierte Ganzheit zu erfassen."[212] Diese Sichtweise kann beispielsweise nicht nur auf das Paradigma des Managements des Kulturellen Wandels von Unternehmen übertragen werden, sondern gleichermaßen auf das Management von Geschäftsprozessen und damit implizit auf die ganzheitliche Gestaltung derselben. Ausschlaggebender Faktor ist hierbei, dass Träger und Gestaltungsorgane der Prozesse, Menschen in ihrer Funktion als Organisationsmitglieder oder Wertschöpfungspartner sind. Ob die Prozesse IT-gestützt im Rahmen einer E-Business-Lösung ablaufen oder nicht, spielt dabei zunächst eine untergeordnete Rolle.

---

210 Ulfig, A. (1993), S. 139

211 Vgl. hierzu ausführlich Hausladen, I. (2001), S. 68ff.

212 Baumgardt, J. (1986), S. 363

- Eine ähnliche Auffassung vertritt auch die Psychologie, wenn sie von der ganzheitlichen Betrachtung des Menschen spricht. Der Transfer von psychologischen Grundlagen auf die Prozessoptimierung führt zur zielorientierten Kombination von harten und weichen Faktoren der Geschäftsprozessgestaltung. KASTNER beispielsweise spricht in diesem Zusammenhang neben der ökonomischen und informatorischen Logik von einer Psychologik, die sich der verhaltensorientierten Prozessoptimierung widmet und konstituierend für das Konzept der Systemverträglichen Organisationsentwicklung (SOE) ist.[213] Interessant und innovativ ist in diesem Zusammenhang die Untersuchung der Prozessoptimierung durch Gesundheitsverhalten auf Basis der Psychoneuroimmunologie[214], wie das folgende Zitat zeigt: „Humor ist nicht nur für den einzelnen und die Prozessoptimierung gesund, sondern auch ein probates Mittel zur Beanspruchungsoptimierung."[215]

- Die Medizin widmet sich der Erhaltung sowie Wiederherstellung der Gesundheit des ganzen Menschen. Heutzutage fokussiert die Schulmedizin wieder verstärkt den ganzheitlichen Aspekt, der beispielsweise die Basis der chinesischen Medizin darstellt. Sie orientiert sich an der Theorie der fünf Elemente Holz, Feuer, Erde, Metall und Wasser, die seit Jahrhunderten als Leitlinien für die medizinische Behandlung fungieren. Bekannt ist diese ganzheitliche Konzeption auch unter den beiden Denkmodellen Yin und Yang.[216] Die Prüfung einer möglichen Übertragung dieses Verständnisses auf das Ganzeitlichkeitsparadigma der Geschäftsprozessgestaltung repräsentiert einen für die Verfasserin interessanten und alternativen Weg.

[213] Vgl. dazu Kastner, M. (1998), S. 176ff.
[214] Vgl. hierzu ausführlich Vogt, J./Kastner, M. (1998), S. 211ff.
[215] Ebd., S. 211
[216] Vgl. hierzu ausführlich Wagner-Koch, M. (1998), S. 29ff.

Ganzheitlichkeit konstituiert sich im Weiteren durch die folgenden drei Dimensionen, die eine Verknüpfung ausgewählter Aspekte der explizierten Fundierungen des Paradigmas repräsentieren:

- Dimension 1: „Horizontale Dimension“
  - Einbezug aller von der Geschäftsprozessgestaltung betroffenen Zielgruppen und Personenkreise entlang der gesamten Wertschöpfungskette.
  - Personen-, Sach- und Situationsbezogenheit der Geschäftsprozessgestaltung.

- Dimension 2: „Vertikale Dimension“
  - Erfassung aller Unternehmensebenen, die in die Prozessstruktur eingebunden sind.
  - Erfassung der gesamten Prozesshierarchie aus dem betrachteten Bereich (E-Maintenance) und damit aller relevanten Kern-/Hauptprozesse sowie Sub-/Teilprozesse.
  - Sicherung der Koexistenz sowie der Inhalts- und Strukturgleichheit von Prozessmodell einerseits und Objekt- und Datenmodell andererseits.

- Dimension 3: „Diagonale/Pyramidale Dimension“
  - Lebenszyklusübergreifende Betrachtung der Geschäftsprozessgestaltung sowohl aus der Perspektive des Prozesslebenszyklus als auch des Lebenszyklus der E-Business-Lösung (hier speziell im Anwendungsfeld der E-Maintenance).

Die drei Dimensionen der ganzheitlichen Geschäftsprozessgestaltung formen ein komplexes Gebilde und integrieren eine Vielzahl an Einflussgrößen und Gestaltungsfeldern, die je nach Perspektive des Prozessgestalters multiplikativ oder additiv in der Ausformung verknüpft sein dürften (vgl. Abb. 2-4).

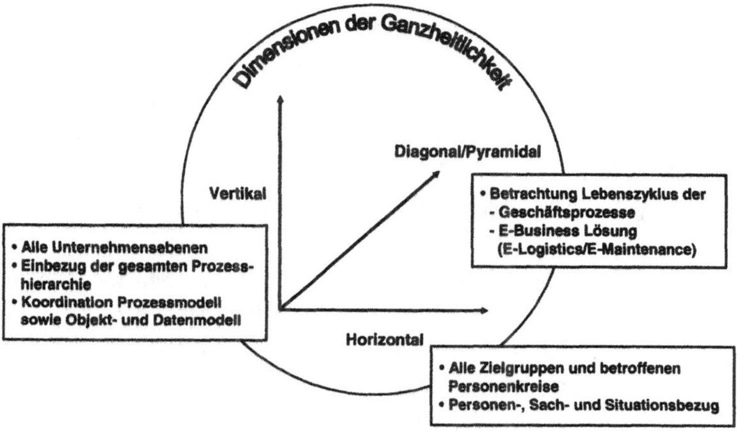

Abb. 2-4: Dimensionen der Ganzheitlichkeit im Kontext der ganzheitlichen Geschäftsprozessgestaltung

2.3 Das Konzept des ganzheitlichen E-Geschäftsprozessmanagements

Die Geschäftsprozessgestaltung ist in Theorie und Praxis häufig Teil eines umfassenden Geschäftsprozessmanagement-Konzeptes, das an die unternehmensspezifischen Besonderheiten zu adaptieren ist.[217] Prozessmanagement kann definiert werden als „... strategieorientierte Analyse, Bewertung, Gestaltung (Verbesserung), Steuerung und Kontrolle von Wertschöpfungsprozessen in und zwischen Unternehmen."[218] Es handelt sich also um eine kontinuierlich auszuführende Managementaufgabe, die sowohl strategisch als auch operativ geprägt ist. Dem Aspekt des Geschäftsprozesscontrollings kommt dabei eine besondere Rolle zu, da es phasenübergreifend die Erreichung der Strategie sowie der Ziele des Geschäftsprozessmanagements sicherstellt. Der im Rahmen der vorliegenden Arbeit verfolgte Controlling-

---

[217] Zum prozessorientierten Management vgl. z.B. Bogaschewsky, R./Rollberg, R. (1998); Nippa, M./Picot, A. (1995)

[218] Delfmann, W. (1997), S. 83

ansatz ist prozessbezogener[219] und koordinationsorientierter[220] Natur. Entscheidender Faktor, den es hierbei zu berücksichtigen gilt, ist die gewinnbringende Koordination der IT-Entwicklung einerseits und der Organisationsentwicklung, im Sinne der Prozessgestaltung und –optimierung andererseits. Dies bezieht sich sowohl auf strategische, inhaltliche als auch auf system- und datenbezogene Aspekte.

Die im Rahmen der vorliegenden Arbeit verfolgte Managementauffassung ist ganzheitlicher Natur und sieht das „Managen" als partizipativen Führungsprozess,[221] der im Hinblick auf die Geschäftsprozessgestaltung bei der Entwicklung und beim Einsatz von E-Maintenance-Lösungen primär evolutionär geprägt ist.

Walter Scott, ein schottischer Dichter hat einmal gesagt, „Wenn ein Mensch keinen Grund hat, etwas zu tun, so hat er einen Grund, es nicht zu tun."[222] Gerade hier setzt die Aufgabe modernen Managements an, denn die Ziele eines Programms zur Geschäftsprozessoptimierung beispielsweise lassen sich nicht allein durch technokratischen Methodeneinsatz erreichen, sondern setzen die Initiierung eines umfassenden Lernprozesses voraus, der bei den Mitarbeitern und Führungskräften ein konstruktives und offenes Prozessverständnis weckt, diese für die rege Partizipation am Veränderungsprozess motiviert und einen aktiven Beitrag jedes Einzelnen entlang der gesamten Wertschöpfungskette konsensorientiert einfordert. Kurz gesagt, die Mitarbeiter und Führungskräfte benötigen einen Grund, um an der Geschäftsprozessgestaltung mitzuwirken.

Speziell an der Schnittstelle zwischen betriebswirtschaftlich motivierter Prozessgestaltung einerseits und der informationstechnischen Gestaltung sowie Umsetzung derselben andererseits, gilt es kontextverbindend zu arbeiten und zu führen. Zusätzlich spielt sich der Entwicklungsprozess von E-Business-Applikationen, insbesondere bei

219 Vgl. hierzu Wildemann, H. (2004k), S. 6 und S. 17

220 Vgl. Küpper, H.-U. (1995), S. 12ff.

221 Vgl. hierzu aus der Perspektive des Kulturmanagements: Hausladen, I. (2001), S. 194ff.

222 Zitat entnommen aus: Fichtl, G. (2001), S. 40

übergreifenden Funktionen wie der Instandhaltung in einem multiplen Kunden-Lieferantenverhältnis ab, dessen individuell geprägte Unternehmenskulturen und Managementkonzepte im Verlauf der ganzheitlichen Geschäftsprozessgestaltung aufeinander treffen. Diese können allerdings von ihrer Basis her nicht grundsätzlich als „verträglich" unterstellt werden. Die Kunden-Lieferantenverhältnisse umfassen den Entwickler und Provider der E-Business-Lösung sowie die von der Prozessgestaltung und -integration erfassten Wertschöpfungspartner. In Konsequenz können von der 1:1 Relation bis zur 1:n Relation alle Kombinationen auftreten. Im speziellen Fall, soweit das Design und die Programmierung von mehreren Software-Unternehmen oder Inhouse-Bereichen übernommen wird, sind sogar n:n Beziehungen denkbar. Ein ganzheitlicher E-Geschäftsprozessmanagementansatz zur Planung, Steuerung und Kontrolle der ganzheitlichen Geschäftsprozessgestaltung bei der Entwicklung und beim Einsatz von E-Maintenance-Lösungen von Unternehmen muss sich zwangsläufig diesen komplexen Herausforderungen stellen. Die für eine zielführende Handhabung der genannten Komplexität erforderliche Reduktion derselben, führt einerseits zur Orientierung der Geschäftsprozessgestaltung an basalen Prozessmodellen sowie andererseits zur Konzeption eines generischen Managementansatzes, der durch Leitlinien, Methoden und Handlungsempfehlungen für die praktische Umsetzung auszugestalten ist.

Das E-Geschäftsprozessmanagement erweist sich als ganzheitlich, da es sich zum einen auf die drei explizierten Dimensionen ganzheitlicher Geschäftsprozessgestaltung bezieht und zum anderem an dem folgenden holistisch und generisch geprägten Phasenmodell orientiert ist. Der Zusatz „E" steht für elektronisch und betont die Gestaltung sowie Abbildung der relevanten Geschäftsprozesse im Rahmen von E-Business-Konzepten.

- Planungsphase des ganzheitlichen E-Geschäftsprozessmanagements:
  - Step 1: Projekt- und Kooperationsanbahnung

- Step 2: Festlegung der Projekt- und Kooperationsstrategie sowie -zielsetzungen
- Step 3: Prozessidentifikation
- Step 4: Anforderungsdefinition und –gewichtung sowie Prozessauswahl

- Durchführungsphase des ganzheitlichen E-Geschäftsprozess-managements:

  - Step 1: Prozessanalyse und Spezifikation Prozessmodell
  - Step 2: Problemsammlung und Identifikation von Optimierungspotenzialen
  - Step 3: Realisierung der Handlungsoptionen zur Geschäfts-prozessoptimierung und -gestaltung
    - Prozessreengineering, Prozessoptimierung, Prozessengineering (Innovationsbezug, „Verändern")
    - Prozessmodellierung, Prozessdokumentation, Prozessausführung (Methodischer Bezug „Formen")
  - Step 4: Umsetzung Prozess- sowie prozessrelationales Daten- und Objektmodell

- Steuerungs- und Kontrollphase (Controlling) des ganzheitlichen E-Geschäftsprozessmanagements:

  - Step 1: Phasen- und Stepübergreifendes Prozessgestaltungs-controlling im E-Kontext
  - Step 2: Post-prozessgestaltendes Controlling im E-Kontext

Der generische Charakter dieses ganzheitlichen Geschäftsprozess-management-Ansatzes erschließt sich durch die Offenheit des Vorgehensmodells im Hinblick auf die konzeptinhärente Adaptivität bei der Applikation in unterschiedlichen E-Business-Bereichen sowie durch die Erweiterungsfähigkeit und die Möglichkeit zur detaillierteren Spezifikation der einzelnen Step-Module. Das holistische

Prinzip kommt in diesem Fall durch das relativ hohe Aggregationsniveau des Phasenschemas zum Tragen.

Alle Aktivitäten im Rahmen des ganzheitlichen Geschäftsprozessmanagements sind in einen umfassenden Lern- sowie Feedback-Prozess integriert und beziehen sich sowohl auf die Entwicklung als auch auf den Einsatz von E-Business-/E-Maintenance-Systeme (vgl. Abb. 2-5).

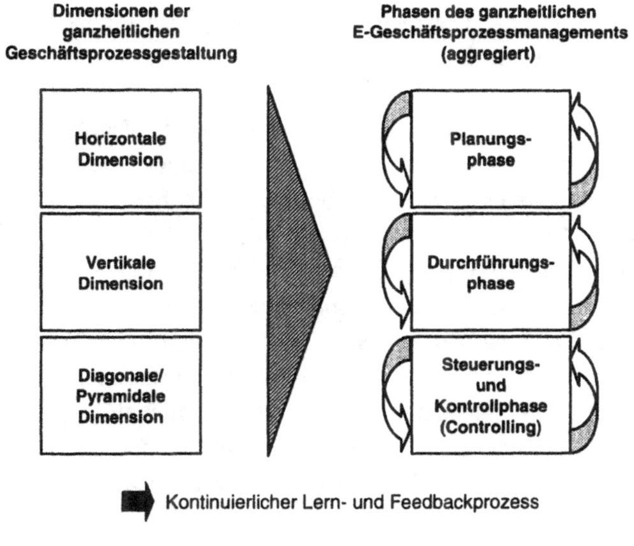

Abb. 2-5: Ganzheitliches E-Geschäftsprozessmanagement

2.4 Leitlinien der ganzheitlichen Geschäftsprozessgestaltung im theoretischen Kontextrahmen

Basierend auf den geschilderten Besonderheiten der Geschäftsprozessgestaltung im E-Business-Bereich sowie den explizierten Begriffsdefinitionen sollen im folgenden die Leitlinien der ganzheitlichen Geschäftsprozessgestaltung einschließlich ihres theoretischen Bezugsrahmens thesenartig formuliert werden. Das ganzheitliche

E-Geschäftsprozessmanagement bildet dabei das konzeptionelle Fundament.

Orientierungsmodelle für die Auswahl und Klassifizierung der folgenden Leitlinien sind das Gedankengut des Scheinwerfermodells der Führungslehre nach KIRSCH,[223] Erfahrungen aus Projekten zur Geschäftsprozessgestaltung und -optimierung sowie aus dem Bereich der E-Maintenance, die Besonderheiten der Geschäftsprozessgestaltung im Anwendungsfeld des E-Business und die vorgenommene Spezifikation des Ganzheitlichkeitsparadigmas im Rahmen der vorliegenden Arbeit.

Die horizontale Dimension der ganzheitlichen Geschäftsprozessgestaltung umfasst neben dem Einbezug aller Zielgruppen und betroffenen Personenkreise gleichermaßen die Berücksichtigung der Personen-, Sach- und Situationsbezogenheit der Geschäftsprozessgestaltung. Diese Systematisierung orientiert sich am personalistischen Ansatz der Wirtschaftspädagogik nach BAUMGARDT.[224] Während die Personendimension die personen- und kooperationsgebundenen Aspekte der Geschäftsprozessgestaltung fokussiert, bezieht sich die Sachdimension auf alle fachlichen Aspekte sowie Charakteristika derselben. Unter der Situationsdimension werden alle Leitlinien der ganzheitlichen Geschäftsprozessgestaltung subsumiert, die die Zeit-, Orts- und Raumkomponente der Modellierung von Prozessen betreffen. Entsprechend diesen Grundsätzen ergibt sich folgende Struktur und Klassifizierung der Leitlinien, die anschließend im theoretischen Kontextrahmen zu beschreiben sowie zu spezifizieren sind:

- Leitlinien der Sachdimension ganzheitlicher Geschäftsprozessgestaltung:

    - *Wirtschaftliche* Prozessgestaltung,
    - *Wertorientierte* Prozessgestaltung,

223 Vgl. hierzu Kirsch, W. (1993), S. 12ff.
224 Vgl. Baumgardt, J. (1986), S. 366ff.

- *Modulare* Prozessgestaltung,
- *Systemische* Prozessgestaltung,
- *Integrative* Prozessgestaltung,
- *Kreative* Prozessgestaltung,
- *Generische* Prozessgestaltung und
- *Visuelle* Prozessgestaltung.

- Leitlinien der Personendimension ganzheitlicher Geschäftsprozessgestaltung:

  - *Kooperative* Prozessgestaltung,
  - *Präferenzorientierte* Prozessgestaltung,
  - *Anreizorientierte* Prozessgestaltung,
  - *Kontextverknüpfende* Prozessgestaltung und
  - *Pädagogische* Prozessgestaltung.

- Leitlinien der Situationsdimension ganzheitlicher Geschäftsprozessgestaltung:

  - *Strategische* Prozessgestaltung,
  - *Nachhaltige* Prozessgestaltung,
  - *Anwendungsorientierte* Prozessgestaltung und
  - *Interkulturelle* Prozessgestaltung.

2.4.1 Sachdimension ganzheitlicher Geschäftsprozessgestaltung

2.4.1.1 Wirtschaftliche Prozessgestaltung

Die Forderung nach der wirtschaftlichen Prozessgestaltung umfasst grundsätzlich zwei Schwerpunkte. Zum einen gilt es, die Kosten des Geschäftsprozessdesigns möglichst niedrig zu halten, zum anderen sollen wirtschaftliche, im Sinne von effizienten Prozessen modelliert werden.

Der erste Aspekt impliziert, dass alle an der Entwicklung und dem Einsatz der E-Business-Lösung beteiligten Akteure durchgängig das Wirtschaftlichkeitsprinzip[225], in der Ausgestaltung des Minimal- oder Maximalprinzips berücksichtigen. Dabei steht nicht die isolierte Optimierung der Kosten durch den Entwickler, Provider oder Anwender im Vordergrund, sondern die integrative Kosteneffizienz im Rahmen der Geschäftsprozessgestaltung. In der bekannten Projektmanagementliteratur[226] wird der Aspekt der Wirtschaftlichkeitsbetrachtung von Entwicklungs- und Kooperationsprojekten durch die konsequente Einhaltung von Budgets[227] oder Zielkosten (Target Costs)[228] berücksichtigt. Dieser Ansatz ist nicht neu, sondern Basisprinzip erfolgreicher Entwicklung und Projektarbeit, das durch eine Vielzahl an Methoden und Tools prozessbegleitend unterstützt wird.[229] Der Transfer genereller Methoden des Kostenmanagements auf das Anwendungsfeld der Softwareentwicklung,[230] im Speziellen der Entwicklung von E-Business-Lösungen[231] ist möglich und zielführend, bedarf je nach Projektgegenstand vereinzelt der parameterspezifischen Adaptation und Modifikation. Für die Einsatzphase gilt analog, dass die Kosten beispielsweise für die Betreuung, für die Versorgung mit den vertraglich vereinbarten Dienstleistungen, für die Wartung und Reparatur der Applikation zu budgetieren und auf ihre Einhaltung hin zu controllen sind.

Der zweite Aspekt bezieht sich unmittelbar auf die Gestaltung effizienter Prozesse und impliziert, dass Geschäftsprozesse so gestaltet und optimiert werden, dass durch die Entwicklung sowie den nachfolgenden Einsatz des E-Maintenance-Tools die ex ante ausgewiesenen Potenziale umfassend realisiert werden können. Dabei lässt

225 Vgl. zum Wirtschaftlichkeitsprinzip oder ökonomischen Prinzip beispielsweise Kirsch, W. (1992), S. 32

226 Vgl. hierzu exemplarisch Burghardt, M. (2002)

227 Vgl. Witt, F.-J. (1997), S. 38; Küpper, H.-U. (1995), S. 294ff.

228 Vgl. Schweitzer, M./Küpper, H.-U. (1995), S. 662ff.

229 Vgl. Burghardt, M. (2002), S. 136ff. (Methoden zur Projektplanung) sowie S. 327ff. (Methoden zur Projektkontrolle)

230 Vgl. hierzu ausführlich Wildemann, H. (2004e)

231 Vgl. Stoehr, Th. (2002), S. 85ff.

sich die Effizienzsteigerung m. E. sowohl durch die Optimierung oder das Redesign der Prozesse vor/während der Einführung der E-Business-Applikation erreichen als auch durch die positiven Wirkungen der E-Technologien auf die Geschäftsprozessstruktur (beispielsweise durch Automatisierung oder Parallelisierung von Tätigkeiten) oder durch das Engineering innovativer Abläufe. Dieser Fokus der wirtschaftlichen Prozessgestaltung im Zusammenhang mit E-Business-Lösungen stellt den Schwerpunkt der vorliegenden Arbeit dar und ist im Vergleich zur erstgenannten Perspektive noch nicht ausreichend theoretisch wie praktisch aufgearbeitet.

Der theoretische Bezugsrahmen für beide Pole der wirtschaftlichen Prozessgestaltung liegt in den Konzepten des Lean Development, Lean Managements, expressis verbis der wirtschaftlichen Prozessgestaltung, des Business Process Redesign, der Prozesskostenrechnung, des Activity-based Costing, der Zielkostenrechnung (Target Costing) sowie der Transaktionskostentheorie begründet.

Das Lean Development[232] zielt auf die kostengünstige Prozessgestaltung im Hinblick auf die Entwicklungsfunktion im Unternehmen. Dieser Ansatz orientiert sich an der prozessbezogenen Wahrnehmung der Organisation und basiert auf dem Konzept der Wertschöpfungskette nach Porter.[233] Sie umfasst alle Prozesse in ihrer logischen Sequenz und Interdependenz, die für die Wertschöpfung in einem spezifischen Betrachtungsbereich erforderlich sind.[234] Die Wertschöpfung „... ist dabei das Ergebnis eines Werte schaffenden Prozesses. [...]. Sie setzt sich folglich aus einer Vielzahl von einzelnen wertschöpfenden Prozessen zusammen, welche jeweils sukzessiv an der erhaltenen Vorleistung einen Wert hinzufügen [...]. Der Wert ist als der Betrag definiert, welchen der Abnehmer für die (zusätzliche) erbrachte Leistung zu zahlen bereit ist [...].[235] Übertragen auf das Anwendungsfeld des E-Business manifestiert sich die Wertschöpfungskette weitaus differenzierter. Die Informationsintegration entlang

---

232 Zum Konzept des Lean Developments vgl. ausführlich Holst, J. (1995)

233 Vgl. hierzu Porter, M.E. (1999), S. 66

234 Vgl. Scheer, Ch./Loos, P. (2002), S. 28

235 Ebd., S. 28

der gesamten Wertschöpfungskette führt zu einer Modifikation der Supply Chain Strukturen und damit zum Wandel der traditionellen Wertschöpfungskette.[236]

Durch die Vernetzung der Partner während der Entwicklung und der Einsatzphase von E-Business-Lösungen, die auf der Anwendung moderner Informations- und Kommunikationstechnologien basieren, entstehen so genannte virtuelle Wertschöpfungsketten.[237] Innerhalb der gesamten, also realen und virtuellen Value Chains werden sowohl physische Leistungen (Produkte und Dienstleistungen) als auch digitale Leistungen (Digitalisierbare Produkte und Dienstleistungen, Informationen sowie Finanztransaktionen) erstellt und ausgetauscht.[238]

Das Lean Development, Ausgangspunkt der Argumentationskette greift auf unterschiedliche Instrumente wie beispielsweise das Activity Based Cost Accounting, das Prozesskostenmanagement, die Strategische Investitionsplanung, die Conjoint Analyse oder auf das Kano-Modell zurück, um die Wirtschaftlichkeit durchgängig im Entwicklungsprozess zu sichern.[239] Da es sich bei dem Forschungsparadigma der vorliegenden Arbeit um eine spezifische Ausprägung eines Entwicklungsprozesses handelt, können die Anforderungen des Lean Developments an die Gestaltung der Entwicklungsprozesse, ergänzt um den multipersonalen, kooperativen Aspekt, auf den E-Maintenance-Bereich grundsätzlich übertragen werden.

Das Konzept des Lean Managements führt den prozess- und wertschöpfungsorientierten Ansatz weiter und zeigt Wege sowie Methoden auf, um einerseits schlanke Unternehmensstrukturen (Aufbauorganisation) sowie andererseits schlanke Geschäftsprozesse (Ablauforganisation) zu implementieren.[240] Reverse Engineering, Benchmarking, Netzwerkbildung oder die Institutionalisierung flacher

---

236 Vgl. Wildemann, H. (2004b), S. 139

237 Vgl. Scheer, Ch./Loos, P. (2002), S. 30 und S. 35

238 Vgl. Systematisierung ebd., S. 32

239 Vgl. hierzu Holst, J. (1995)

240 Zum Lean Management vgl. beispielsweise Bösenberg, D. (1995); Wildemann, H. (1996)

Hierarchien repräsentieren hierfür ausgewählte Beispiele.[241] Übertragen auf den Entwicklungs- und Einsatzbereich von E-Business-Lösungen heißt dies, dass das Leitbild schlanker Organisationen auf die Projektorganisation zu transferieren ist, dass die Entwicklungs- und Betreuungsprozesse schlank auszugestalten sind (1. Schwerpunkt der wirtschaftlichen Prozessgestaltung) und dass die zu gestaltenden, zu optimierenden oder zu entwickelnden Geschäftsprozesse der E-Business-Lösung wirtschaftlich (effizient) sind (2. Schwerpunkt der wirtschaftlichen Prozessgestaltung).

Die Theorie der wirtschaftlichen Prozessgestaltung erweist sich als strukturgleich zu den bereits geschilderten Konzeptrahmen, sie integriert den Begriff der Wirtschaftlichkeit allerdings expressis verbis in den Titel. Der Fokus ist durchgängig prozessorientiert, das Methodenfundament schließt Elemente wie beispielsweise die Prozesswertanalyse, die Prozessfähigkeitsanalyse, das Prozesskostenmanagement oder die Entwicklung von Prozesskennzahlensystemen ein.[242]

Rechensysteme wie die Prozesskostenrechnung, das Activity-based Costing oder die Zielkostenrechnung repräsentieren Ansätze moderner Kosten- und Leistungs-/Erlösrechnung, die eine wirtschaftliche Prozessgestaltung unterstützen. „In der Prozesskostenrechnung ... wird ... durch das Zurückgehen auf einzelne Aktivitäten und Prozesse der Versuch unternommen, trotz Schlüsselung der Fix- und Gemeinkosten zu einer aussagefähigeren Kostenzurechnung zu kommen."[243] Die Kosten werden je Prozess oder Tätigkeit im Gemeinkostenbereich prozessmengenabhängig geplant und gemäß der Inanspruchnahme der Prozesse durch die Kalkulationsobjekte verrechnet. Das Activity-based Costing ist ein „US-amerikanisches Konzept zur prozessorientierten Kostenschlüsselung, nämlich abhängig von einzelnen Aktivitäten (= Inanspruchnahme von → Prozessen)."[244] Zum Teil wird dieses Rechnungssystem mit der Prozesskostenrechnung gleich-

---

241 Vgl. hierzu ausführlich Wildemann, H. (2004m)

242 Vgl. zum Konzept der wirtschaftlichen Prozessgestaltung ausführlich Schönheit, M. (1996)

243 Küpper, H.-U. (1995), S. 250

244 Witt, F.-J. (1997), S. 2

gesetzt, die Abgrenzung erfolgt nicht durchgängig einheitlich. Das Target Costing repräsentiert ein „Zielkostenmanagement im Sinne der marketingnahen ➔ Kalkulation, um ➔ Kostenobergrenzen für die (Markt)leistungen des Unternehmens festzulegen, damit ein Mindesterfolgsziel erreicht wird."[245]

Die Anwendung dieser Methoden für die ganzheitliche Geschäftsprozessgestaltung bei der Entwicklung und beim Einsatz von E-Business-Lösungen von Unternehmen erscheint vor dem Hintergrund der Erfüllung der Leitlinie der wirtschaftlichen Prozessgestaltung grundsätzlich als zielführend.

Das Business Process Redesign als theoretischer wie konzeptioneller Bezugsrahmen für eine an wirtschaftlichen Prinzipien orientierte Geschäftsprozessgestaltung wurde bereits in Abschnitt 1.2 der vorliegenden Habilitationsschrift ausführlich behandelt. An dieser Stelle sei auf die Publikation von NIPPA/PICOT[246] verwiesen, die die Thematik des Prozessmanagements sowie des Reengineerings durch Praxisbeiträge unterschiedlicher Autoren, unter anderem auch speziell das Paradigma der Prozessgestaltung aufarbeitet. Die Handlungsoptionen der Geschäftsprozessoptimierung und des Process (Re-) designs basieren auf dem Wirtschaftlichkeits- und Effizienzbegriff moderner Unternehmensentwicklung. Die grundsätzliche Transferierbarkeit dieser Prinzipien auf das Erkenntnisobjekt E-Business sowie Geschäftsprozessgestaltung erscheint m. E. gegeben; sie fungieren als Leitlinie der weiteren Untersuchung.

Die Transaktionskostentheorie bildet die abschließende konzeptionelle Säule der wirtschaftlichen Prozessgestaltung im kooperativen Verbund der Entwicklungs- und Einsatzpartner der E-Business-Lösung. Gegenstand dieser Theorie sind die Transaktionen, die den Transfer von so genannten Verfügungsrechten zum Gegenstand haben. Bei Transaktionskosten handelt es „... sich um Kosten der Information und Kommunikation, die zur Vorbereitung, Durchführung und Über-

---

245 Witt, F.-J. (1997), S. 362

246 Nippa, M./Picot, A. (1995)

wachung von Arbeitsteilung und Spezialisierung auf der einen sowie Tausch und Abstimmung auf der anderen Seite erforderlich sind."[247] Die Ausprägung der Kosten ist abhängig von den Leistungsspezifika, von den Verhaltenscharakteristika der partizipierenden Personenkreise sowie von der vereinbarten Organisationsform.[248] „Unternehmen als integrierte, in sich arbeitsteilige Gebilde haben nur dann eine Existenzberechtigung, wenn sie in ihrem Binnenbereich die mit jeder arbeitsteiligen Leistungserstellung verbundenen Koordinations- und Motivationsprobleme besser - d.h. mit geringeren Transaktionskosten - lösen können, als dies bei einer Abwicklung mit externen Partnern über den Markt der Fall wäre."[249]

Übertragen auf das Anwendungsfeld der wirtschaftlichen Geschäftsprozessgestaltung von E-Business-Lösungen sind die Transaktionskosten sowohl im Hinblick auf die Ausgestaltung der Aufbauorganisation als auch bezogen auf die Ablauforganisation zu berücksichtigen. Der erste Aspekt bezieht sich auf die organisatorische Ausgestaltung der Kooperation während der Lebenszyklusphasen der Applikation sowie während der Prozessgestaltung, der zweite Aspekt impliziert einerseits die kooperative wirtschaftliche Prozessgestaltung und andererseits die kooperative Gestaltung wirtschaftlicher Geschäftsprozesse. Das Netzwerk aus Softwarehäusern, Kunden und Lieferanten entlang der Wertschöpfungskette sowie aus Serviceprovidern (Instandhaltungsdienstleister, Software-Provider) repräsentieren in diesem Zusammenhang das „arbeitsteilige Gebilde", der Binnenbereich gestaltet sich in Form der durch die E-Business-Lösung zu integrierenden oder bereits integrierten Wertschöpfungskette. Alle nicht einbezogenen Personenkreise bilden den externen Part der Transaktionskostenbetrachtung ab. Das Spezifikum des oben zitierten fairen Leistungsaustausches im Rahmen der Transaktionskostentheorie manifestiert sich als begleitendes Element der ganzheitlichen Prozessgestaltung und wird aufgrund der einleitend

---

[247] Picot, A./Reichwald, R./Wigand, R.T. (2003), S. 27

[248] Vgl. ebd., S. 41

[249] Ebd., S. 50

vorgenommenen Systematisierung der Leitlinien im Bereich der Personendimension genauer untersucht.

Aufbauend auf dem geschilderten theoretischen Bezugsrahmen kann abschließend die folgende Leitlinie in Thesenform expliziert werden:

Leitlinie der wirtschaftlichen Prozessgestaltung (Hypothese):
Die Umsetzung der wirtschaftlichen Prozessgestaltung ist für die erfolgreiche Entwicklung und den Einsatz von E-Business-/E-Maintenance-Lösungen unabdingbar.

Dabei wird der Begriff der wirtschaftlichen Prozessgestaltung bidirektional betrachtet:

- Der Prozess der Prozessgestaltung erweist sich als wirtschaftlich in integrativer Hinsicht.
- Es werden wirtschaftliche Prozesse im Rahmen der E-Maintenance-Lösung gestaltet.

2.4.1.2 Wertorientierte Prozessgestaltung

Der Begriff der Wertorientierung ist eng an den Terminus der Wirtschaftlichkeit gekoppelt und zeigt die Erfolgswirkungen betrieblichen Handelns und damit betrieblicher Prozesse auf den Unternehmenserfolg und letztendlich auf den Unternehmenswert auf. Aktuell wurde die Diskussion der Wertorientierung im Zusammenhang mit der zunehmenden Ausrichtung der Unternehmenstätigkeit am Shareholder sowie am Stakeholder Value. Als theoretischer Konzeptrahmen fungiert die Theorie der wertorientierten Führung, [250] die unterschiedliche Ansätze und Methoden zur Erreichung eines nachhaltigen und profitablen Wachstums[251] strategie- und zielbasiert integriert. Unternehmenswerte manifestieren sich durch Wertbausteine wie Mitarbeiter, Wissen/Know-how, Kompetenzen, Assets (Anlage- und

[250] Wildemann, H. (2004n), S. 241

[251] Zur nachhaltigen profitablen Unternehmensentwicklung vgl. Wildemann, H. (2002b), S. 24ff.

Umlaufvermögen), Kundenstruktur, Patente/Lizenen, Lieferantenstruktur, Kapitalgeber, Kooperationspartner, Marktanteil[252] sowie gleichermaßen durch die Unternehmenskultur oder Corporate Identity. Diese Unternehmenswerte sind durch geeignete Wertindikatoren, wie beispielsweise den Cash-Flow, Economic Value Added (EVA) oder den Discounted Cashflow (DCF) abzubilden. Im Anwendungsfeld der Instandhaltung sind aktuell erste Ansätze zur Wertorientierung erkennbar.[253] Wertorientierte Unternehmensführung muss in Konsequenz eine Verknüpfung des Unternehmenswertes zur Prozessebene sowie zum Kundenwert herstellen.

Die Forderung nach einer wertorientierten Prozessgestaltung ist analog zur Betrachtung des Wirtschaftlichkeitsaspektes dual geprägt. Zum einen gilt es, den Vorgang des Process Reengineerings, der Prozessoptimierung, des Process Engineerings wertorientiert, in einem angemessenen Kosten-/Nutzenverhältnis zu erreichen. Zum anderen sind die Geschäftsprozesse im E-Business-Bereich wertorientiert zu gestalten, es müssen also die innerbetrieblichen sowie überbetrieblichen Geschäftsprozesse wertschöpfend sein. Prozessgestaltung bei der Entwicklung und beim Einsatz von E-Business-Applikationen impliziert die Eliminierung von Verschwendung und Blindleistung entlang der gesamten betrachteten Wertschöpfungskette. Allein der Kunde (interner wie externer Kunde) definiert, was Verschwendung ist und was nicht.[254] Unter dem Terminus Verschwendung werden allgemein Aktivitäten oder Ressourcenverzehre subsumiert, die überflüssig sind.[255] „Blindleistung ist ein Begriff aus der Physik und kennzeichnet eine Leistung, die Ressourcen verbraucht, aber nicht zum Wirkungsgrad beiträgt. Überträgt man diese Überlegungen auf Wertschöpfungsprozesse, dann zeigt sich, dass bei gegebenen Bedingungen ein Teil der Aktivitäten erforderlich sind und Ressourcen verzehren, aber keine Kundenzufriedenheit erzeugen."[256] Bezogen auf das Forschungsparadigma der vorliegenden Arbeit

252 Vgl. hierzu Wildemann, H. (2004n), S. 21
253 Vgl. exemplarisch Petry, M./Mandelartz, J. (2000), S. 627ff.
254 Vgl. Wildemann, H. (1997a), S. 6
255 Vgl. ebd., S. 389
256 Ebd., S. 6

definieren alle Entwicklungs- sowie Einsatzpartner entlang der Wertschöpfungskette, welche Logistik- und Instandhaltungsprozesse, einschließlich ihrer Teilprozesse vollständig oder phasenweise als non value-adding zu klassifizieren und folglich bei der ganzheitlichen Prozessgestaltung zu optimieren und durch E-Technologien abzubilden sind. In Konsequenz ergibt sich die in Abb. 2-6 dargestellte Wertestruktur, die im weiteren Verlauf der Untersuchung als Leitbild der wertorientierten ganzheitlichen Geschäftsprozessgestaltung dienen soll. Der Schwerpunkt der Redesign-, Engineering- sowie Optimierungsaktivitäten liegt bei der Entwicklung und beim Einsatz von E-Maintenance-Lösungen zum einen in der Identifikation der value- und non value-adding Komponenten und zum anderen vor allem in der Beseitigung der aktuell vorhandenen Verschwendung.

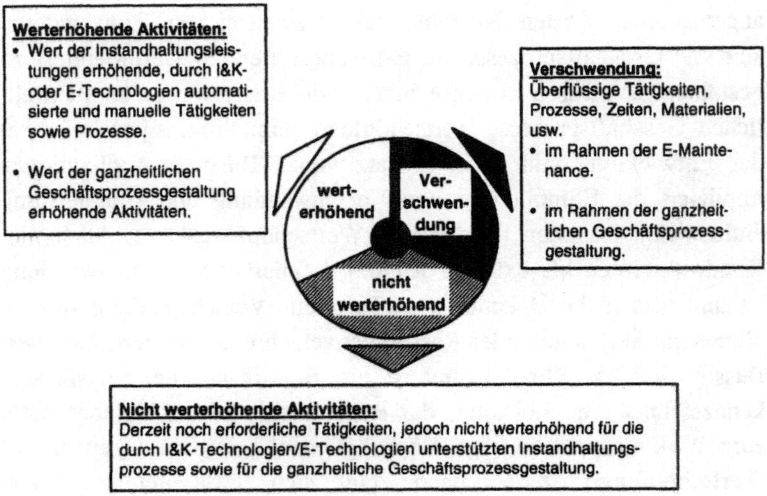

Abb. 2-6: Wertschöpfungs- und Verschwendungsanalyse[257]

[257] Modifiziert nach Wildemann, H. (1997a), S. 389

Zusammenfassend lässt sich folgende Leitlinie thesenartig formulieren:

Leitlinie der wertorientierten Prozessgestaltung (Hypothese):
Wertorientierte Prozessgestaltung sichert die Schaffung von Werten für alle beteiligten Parteien entlang der durch die Entwicklung und den Einsatz von E-Business- oder E-Maintenance-Lösungen erfassten Parteien.

Dabei wird der Begriff der wertorientierten Prozessgestaltung bidirektional betrachtet:
- Der Vorgang der Prozessgestaltung erweist sich als wertorientiert in integrativer Hinsicht.
- Es werden wertschöpfende Prozesse im Rahmen der E-Maintenance-Lösung gestaltet.

2.4.1.3 Modulare Prozessgestaltung

Der Begriff der Modularisierung ist in der betriebswirtschaftlichen Forschung nicht neu. Ursächlich für die Entwicklung innovativer organisatorischer Gestaltungsprinzipien, wie sie die Modularisierung darstellt, ist die Schwerfälligkeit funktionaler und umfassend hierarchisch strukturierter Unternehmen im Zeitalter dynamischer und zunehmend globaler Märkte. „Plakativ wird dabei von einem Ende der „Dinosaurier“ gesprochen, die durch modular aufgebaute, hochflexible „Flotillen“-Organisationen abgelöst werden sollen (...).“[258]

„*Modularisierung* bedeutet eine *Restrukturierung der Unternehmensorganisation* auf der Basis *integrierter, kundenorientierter Prozesse* in relativ *kleine, überschaubare Einheiten (Module)*. Diese zeichnen sich durch *dezentrale Entscheidungskompetenz und Ergebnisverantwor-*

---

[258] Picot, A./Reichwald, R./Wigand, R.T. (2003), S. 230; zu den Charakteristika modularer Organisationsformen vgl. ebd. S. 231ff.

tung aus, wobei die Koordination zwischen den Modulen verstärkt durch *nicht-hierarchische Koordinationsformen* erfolgt."[259]

Die Grundprinzipien der Modularisierung finden Anwendung für unterschiedliche Ebenen im Unternehmen. Übertragen auf die Betrachtung unternehmensübergreifender Wertschöpfungsketten gilt dies analog für die integrierten Abschnitte der Supply Chain. Nach PICOT/ REICHWALD/WIGAND lassen sich folgende drei Applikationsradien unterscheiden: [260]

- Makroebene (Gesamtunternehmung)
  - Institutionalisierung von Profit-Center-Strukturen,
  - Errichtung einer Management-Holding,
  - Bildung von Spartenorganisationsformen,
  - Kernkompetenzfokussierung und
  - Errichtung regionenspezifischer organisatorischer Gebilde.

- Mesoebene (Abteilungen und Prozesse)
  - Einführung einer umfassenden Geschäftsprozessorientierung und
  - Institutionalisierung von Segmenten und Inselkonzepten.

- Mikroebene (Arbeitsplatzgestaltung und Arbeitsorganisation)
  - Bildung vollintegrierter Arbeitsplätze und
  - Errichtung teilautonomer Gruppen.

Die einzelnen Modularisierungselemente sind in aggregierter Hinsicht nicht konfliktfrei[261] und bedürfen der strategie- sowie zielorientierten Koordination.

In der Literatur wurden im Laufe der letzten Jahre unterschiedliche Termini sowie Konzepte zur fortschreitenden modularen Gestaltung von Unternehmen entwickelt und geprägt. Zu erwähnen sind in

[259] Picot, A./Reichwald, R./Wigand, R.T. (2003), S. 230
[260] Vgl. ebd., S. 242ff.
[261] Vgl. ebd., S. 255ff.

diesem Zusammenhang die Ansätze zur Bildung von Modulen, Segmenten sowie von Fraktalen, die auf oberster Unternehmensebene zu den Bezugsrahmen der Modularen und der Fraktalen Fabrik geführt haben.[262]

Speziell die Ausweitung des Betrachtungshorizontes auf unternehmensübergreifende Prozesse sowie Unternehmensnetzwerke entlang der Wertschöpfungskette, verknüpft mit der stärkeren Durchdringung der einzelnen Bereiche mit I&K-Technologien eröffnete neue Möglichkeiten zur Koordination sowie Modularisierung in digitaler Hinsicht. Durch die sukzessive Auflösung von Unternehmensgrenzen entstand das virtuelle Unternehmen.[263] Modularität repräsentiert neben den Aspekten Heterogenität, räumliche und zeitliche Verteiltheit, dem Offen-Geschlossen-Prinzip, dem Komplementaritätsprinzip sowie dem Transparenzprinzip ein Charakteristikum virtueller Organisationen.[264]

Vor dem Hintergrund des Forschungsparadigmas der vorliegenden Arbeit spielt insbesondere die Modularität im Anwendungsfeld der Mesoebene (Abteilungen und Prozesse) die entscheidende Rolle. Im Hinblick auf das Anwendungsfeld des E-Business bedarf es der genaueren Spezifikation des modularen Prinzips.

Zum einen hat die Institutionalisierung virtueller Unternehmen die Struktur der Geschäftsprozesse nachhaltig beeinflusst, zum anderen wirkte gerade der zunehmend flächendeckende Einsatz des Internets prozessverändernd und prozessformend.[265] Ganzheitliche Geschäftsprozessgestaltung erfordert die Berücksichtigung aller Prozesse einschließlich der in die Abläufe involvierten Personenkreise bei der

---

262 Vgl. Picot, A./Reichwald, R./Wigand, R.T. (2003), S. 230; zur modularen Fabrik und Fertigungssegmentierung vgl. Wildemann, H. (1998), insb. S. 1ff. und S. 33ff.; zur Segmentierung in indirekten Bereichen vgl. Wildemann, H. (1999a); zur fraktalen Fabrik vgl. Warnecke, H.-J. (1992); neuere Konzepte sprechen auch von Holonen, vgl. hierzu Krallmann, H./Albayrak, S. (2002)

263 Vgl. Picot, A./Reichwald, R./Wigand, R.T. (2003), S. 422ff.; vgl. Reinhart, G. (2000) sowie Specht, D. (2000)

264 Vgl. Picot, A./Reichwald, R./Wigand, R.T. (2003), S. 422ff.

265 Vgl. Wiethoff, H. (1997), S. 172f.

Entwicklung und beim Einsatz der E-Business-Lösung im Bereich der Instandhaltung. Dies kann mitunter eine sehr hohe Analyse-, Abwicklungs- und Gestaltungskomplexität induzieren, die im Rahmen der Geschäftsprozessmodellierung angemessen zu reduzieren, zumindest aber zu beherrschen ist.[266] Ein Ansatz zur Verringerung der Komplexität liegt in der hierarchischen Zerlegung von Prozessen (vgl. Abb. 2-7), die im Fachterminus auch als segmentbezogene Prozessmodellierung bezeichnet wird und eine Ausprägungsform der Modularisierung darstellt.[267]

Modularisierung im E-Business Anwendungsfeld bezieht sich zum einen auf die Gestaltung von Systemmodulen, zum anderen im Rahmen des Entwicklungsprozesses der Applikationen auf die modulare Struktur des Aufgabenportfolios. Beispielsweise repräsentiert die System TradeMatrix von i2-Technologies GmbH ein Fallbeispiel einer offenen E-Business-Plattform, die modular aufgebaut ist und in Konsequenz eine sehr hohe Flexibilität sowie einen unkomplizierten Austausch der Module ermöglicht.[268] Die Bildung logisch zusammenhängender modularer Einheiten im Sinne von Arbeitspaketen unterstützt die Komplexitätsreduktion entwicklungsseitig und stellt eine Strukturierungsfunktion im Rahmen von entsprechenden Projekten dar.[269]

Ausgehend von den geschilderten Besonderheiten der Geschäftsprozessgestaltung im E-Business Anwendungsfeld lässt sich abschließend die folgende Leitlinie spezifizieren:

Leitlinie der modularen Prozessgestaltung (Hypothese):
Ganzheitliche Geschäftsprozessgestaltung bei der Entwicklung und beim Einsatz von E-Maintenance-Lösungen erfordert die Realisierung

266 Zur Komplexität von Geschäftsprozessen und deren Handhabung vgl. Schiemenz, B. (1997), S. 122; zum Vielfalts- und Komplexitätsmanagement vgl. beispielsweise Kersten, W. (2002)

267 Vgl. hierzu Delfmann, W. (1997), S. 90f. sowie Reuter, B. (1997), S. 133

268 Stahuber, A. (2000), S. 500

269 Vgl. hierzu beispielsweise die Bildung von Arbeitspaketen im Rahmen des Forschungsprojektes PROTEUS: URL: http://www.proteus-iteaproject.com

der modularen Strukturiertheit der Systeme sowie die Berücksichtigung des Modularisierungsprinzips entlang der Gestaltungskette.

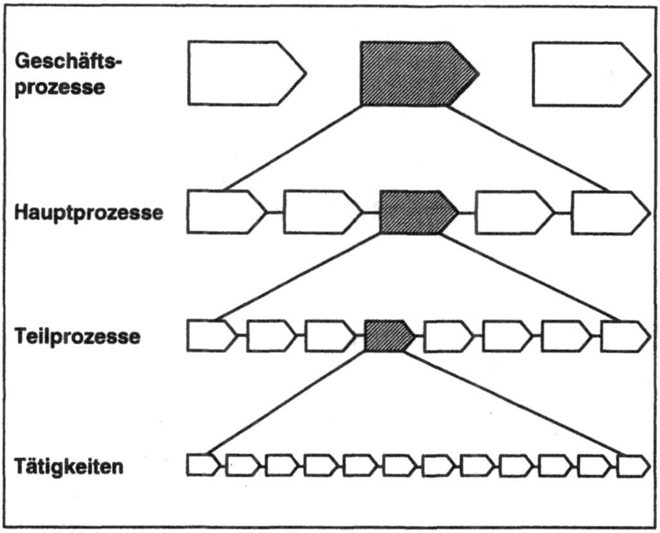

Abb. 2-7: Prozessmodularisierung und –segmentierung [270]

Diese Hypothese impliziert folgende Gestaltungsaspekte:

- Modularisierung des Entwicklungsprojektes im Hinblick auf die Geschäftsprozessgestaltung durch die Bildung von Arbeitspaketen und die Definition von Teilaufgaben mit definiertem Zeitplan sowie Meilensteinen.

- Modularisierung der E-Maintenance-Lösung durch einen modularen Aufbau der Applikation, der den generischen Charakter der Anwendung im Sinne einer späteren Erweiterbarkeit unterstützt.

270 Wildemann, H. (2003), S. 4

- Modularisierung in prozessualer Hinsicht durch die hierarchische Strukturierung respektive Segmentierung der ganzheitlich zu gestaltenden Geschäftsprozesse:
  - aus Sicht der betrachteten Abschnitte der Wertschöpfungskette,
  - aus Sicht der betrachteten Prozesstypen und
  - aus Sicht der betrachteten Teilprozesse.

2.4.1.4 Systemische Prozessgestaltung

Die Systemtheorie dient innerhalb verschiedenster Wissenschaftsdisziplinen als theoretischer Bezugsrahmen und Erklärungsmodell.[271] Ein System lässt sich grundsätzlich als „... ein Zusammenschluss von Teilen zu einem geordneten Ganzen, ...“[272] definieren. Vor dem Implikationszusammenhang der vorliegenden Habilitationsschrift erscheinen vor allem zwei „Strömungen“ der Systemtheorie interessant zu betrachten:

- „Bei Parson bezieht sich der Begriff des S. (Systems; Anm. d. Verf.) auf: 1) ein Komplex von Interdependenzen zwischen Teilen und Prozessen und 2) einen einfachen Typ von Interdependenzen zwischen einem solchen Komplex und seiner Umwelt.
- Luhmann bestimmt S. als faktisches Handlungssystem mit einem Umweltbezug. Seit 1984 (...) entwickelt Luhmann eine Theorie der autopoietischen (geschlossenen) S..“[273]

Angesichts der sehr ausgeprägten Komplexität der Prozesstrukturen infolge der vorhandenen Prozessvarianten im mehrdimensionalen Verbund entlang der (E-)Maintenance-Wertschöpfungskette, sind die Interdependenzen gleichermaßen als komplex zu bezeichnen. Deshalb wird im Folgenden auf den systemtheoretischen Ansatz von Luhmann

---

271 Vgl. beispielsweise Willke, H. (1991), Kirsch, W. (1994), S. 121ff., Lenzen, D. (1989), S. 1480ff.

272 Ulfig, A. (1993), S. 417

273 Ebd., S. 418; zum Ansatz von Parsons vgl. ausführlich Parsons, T. (1968), zum autopoietischen Konzept von Luhmann vgl. Luhmann, N. (1984)

sowie als Konsequenz aus der Berücksichtigung aller an der ganzheitlichen Prozessgestaltung beteiligten Organisationseinheiten insbesondere auf die Theorie sozialer Systeme zurückgegriffen.

Die Systemtheorie unterstützt die Betrachtung komplexer Beziehungsverbände, wie sie beispielsweise inner- und überbetriebliche Prozesse darstellen. Unter dem System- oder vernetzten Denken „... ist ein integrierendes, zusammenfügendes Denken gemeint, das auf einem breiten Horizont beruht, von größeren Zusammenhängen ausgeht, viele Einflussfaktoren berücksichtigt und das weniger isolierend und zerlegend ist als das übliche Vorgehen. Es ist ein umfassenderes, generalistisch orientiertes Denken, das auch eine andere Gestaltungs- und Lenkungsphilosophie verlangt: es wird nicht auf das System eingewirkt, sondern mit dem System gearbeitet (...).“[274]

Die Sichtweise von ganzheitlich zu gestaltenden Geschäftsprozessen als System (vgl. Abb. 2-8) in dem soeben zitierten Sinne impliziert, dass der Vorgang der Prozessmodellierung ein aktives Arbeiten mit dem System aus einem holistischen Verständnis heraus ermöglicht.

In Konsequenz lässt sich auf Basis der Systemtheorie folgende Leitlinie thesenartig explizieren:

Leitlinie der systemischen Prozessgestaltung (Hypothese):
Ganzheitliche Geschäftsprozessgestaltung bei der Entwicklung und beim Einsatz von E-Maintenance-Lösungen von Unternehmen erfasst die Prozesse sowie die Prozessumwelt aus systemtheoretischer Sicht und berücksichtigt die Vernetzung der Systemelemente als Einflussgrößen ihrer Gestaltung (Systemdenken). Dabei können E-Business-Lösungen selbst wieder als Systeme betrachtet werden, in die die Geschäftsprozesse als Subsysteme integriert sind.

274 Picot, A./Reichwald, R./Wigand, R.T. (1998), S. 481f.

Der Gestaltungsprozess vollzieht sich in Form eines kybernetischen Regelkreises, der ...

- ... selbst Bestandteil eines Systems höherer Ordnung sein kann.
- ... vermaschte Regelkreise niedriger oder höherer Ordnung je nach Betrachtungshorizont integriert.[275]

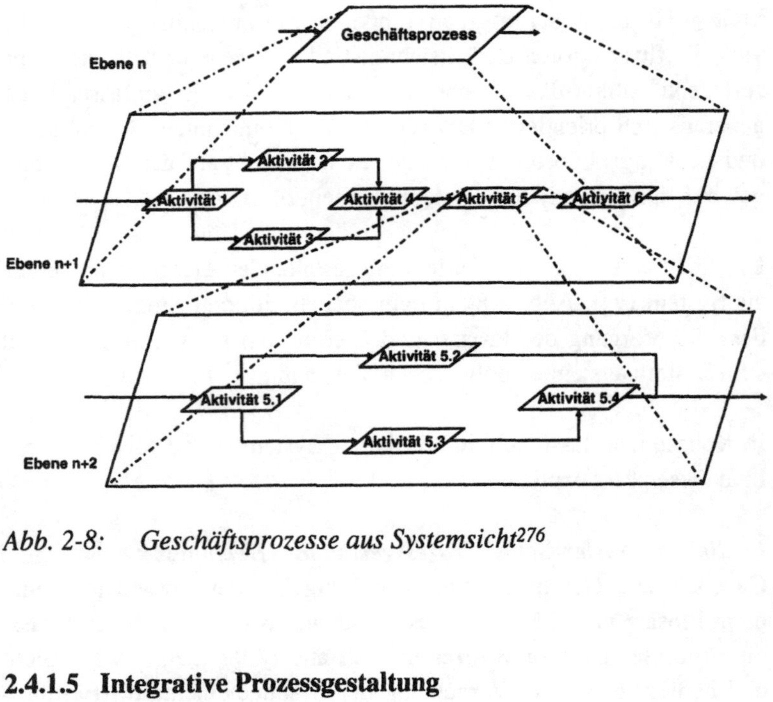

Abb. 2-8: Geschäftsprozesse aus Systemsicht[276]

2.4.1.5 Integrative Prozessgestaltung

Die hohen Potenziale von E-Business-Lösungen liegen primär in der Automatisierung, Beschleunigung sowie Integration von Geschäftsprozessen begründet. Vom theoretischen Standpunkt aus, ließe sich vermuten, dass das zu erzielende Potenzial, beispielsweise in Form der Reduktion von Durchlaufzeiten und von Instandhaltungskosten in Abhängigkeit von der Anzahl abzubildender respektive in die

---

275 Zu vermaschten Regelkreisen vgl. Kirsch, W. (1994), S. 129ff.

276 Modifiziert und in Anlehnung an Schiemenz, B. (1997), S. 108

E-Applikation zu integrierender Geschäftsprozesse proportional oder sogar überproportional steigen müsste. Die positive Wirkung der Integration liegt jedoch nicht speziell in der reinen summarischen Verknüpfung unterschiedlichster Prozesse begründet, sondern impliziert die prozess- sowie schnittstellenlogische Neustrukturierung der entsprechenden Geschäftsabläufe entlang der erfassten Wertschöpfungskette. Gerade bei Unterstützungsfunktionen wie z.B. der Instandhaltung, die in ein komplexes Beziehungs- und Schnittstellengefüge zu unterschiedlichsten internen wie externen Organisationseinheiten eingebunden sind, spielt der Integrationsfaktor eine bedeutende Rolle. Dies gilt dann im Besonderen für die Steuerung von Material- und Informationsflüssen durch den Einsatz von E-Technologien sowie von I&K-Technologien.[277]

Entscheidend ist, im weiteren Verlauf der Untersuchung die Frage zu beantworten, wie der optimale Integrationsgrad von Geschäftsprozessen im Rahmen der ganzheitlichen Geschäftsprozessgestaltung bei der Entwicklung von E-Business-Lösungen im Allgemeinen und E-Maintenance-Lösungen im Speziellen aussehen könnte. Vor allem wenn nicht nur die Integration innerhalb eines Unternehmensverbundes im Mittelpunkt steht, sondern die Integration von stark diversifizierten Geschäftsprozessstrukturen der kooperierenden Supply Chain Partner angestrebt wird, dürfte sich diese Aufgabe als äußerst komplex erweisen. Insbesondere kann vermutet werden, dass nicht jeder von der E-Business-Applikation erfasste Wertschöpfungspartner zu einer vollständigen Restrukturierung der eigenen Geschäftsprozesse in der Lage oder bereit ist. Zusätzlich kann es aus kostentechnischen Gesichtspunkten oder aus Argumenten des Gesamtoptimums heraus sinnvoll sein, nicht alle vorhandenen Geschäftsprozesse in eine E-Business-Lösung zu integrieren. In einem ersten Schritt sind auf jeden Fall die potenziellen Integrationsfelder aus informatorischer Sicht zu identifizieren.[278]

---

277 In Anlehnung an Dangelmaier, W. (2002), S. 12; inkl. der dort angegebenen Primärquelle

278 Vgl. hierzu beispielhaft Wildemann, H. (2003f), S. 36

Folgende Leitlinie soll in Konsequenz bei der Geschäftsprozessmodellierung berücksichtigt werden:

Leitlinie der integrativen Prozessgestaltung (Hypothese):
Ganzheitliche Geschäftsprozessgestaltung bei der Entwicklung und beim Einsatz von E-Maintenance-Lösungen strebt nach dem optimalen respektive nach dem für alle beteiligten Parteien akzeptablen Integrationsgrad in prozessbezogener sowie schnittstellenlogischer Hinsicht.

2.4.1.6 Kreative Prozessgestaltung

Das Verändern von Geschäftsprozessen bevor diese nachfolgend in einer E-Business-Anwendung abgebildet werden, repräsentiert eine wichtige Säule der ganzheitlichen Geschäftsprozessgestaltung bei der Entwicklung und beim Einsatz dieser Systeme. Das Optimieren von Prozessen setzt das Erkennen von Schwachstellen und Problemen sowie die Fähigkeit zur kreativen Lösung derselben voraus. Der Terminus Kreativität dient in der heutigen Zeit nicht mehr allein der Beschreibung „... herausragender schöpferischer ➔ Leistungen, sondern Kreativität offenbart sich auch in alltäglichen Problemlöseprozessen. Die psychologische Kreativitätsforschung geht dementsprechend auch davon aus, dass im Prinzip alle Menschen zu kreativen Leistungen fähig sind.“[279] Das bei den Mitarbeitern sowie bei den am Projekt beteiligten Partnern vorhandene Kreativitätspotenzial muss jedoch durch geeignete Maßnahmen erschlossen und durch die Vermittlung von Kreativitätstechniken[280] gefördert werden. „Nichts beflügelt die Wissenschaft so wie der Schwatz mit Kollegen auf dem Flur.“,[281] ist das Zitat von Arnold Penzias, einem amerikanischen Physiker. Diese Aussage ist um die Kommunikation der an der E-Business-Lösung beteiligten Partner entlang der Wert-

279 Lenzen, D. (1989), S. 894f.
280 Zu Kreativitätstechniken vgl. beispielsweise Hoffmann, H. (1980); Backerra, H. (2002); Nöllke, M. (2002)
281 Fichtl, G. (2001), S. 108

schöpfungskette zu ergänzen. Es müssen Kommunikationsmöglichkeiten und kreativitätsauslösende Momente geschaffen werden, die sowohl institutionalisiert als auch spontan entstehen können.

Zusammenfassend betrachtet, lässt sich die folgende Leitlinie spezifizieren:

Leitlinie der kreativen Prozessgestaltung (Hypothese):
Erfolgreiche ganzheitliche Geschäftsprozessgestaltung bei der Entwicklung und beim Einsatz von E-Maintenance-Lösungen von Unternehmen erfordert den Einsatz von Kreativitäts- und Problemlösungstechniken als Elemente modernen Innovations- und Ideenmanagements.

2.4.1.7 Generische Prozessgestaltung

Der Terminus generisch impliziert im wortgeschichtlichen Sinn „das Geschlecht od. die Gattung betreffen, ...“[282] In der heutigen Verwendung wird die zweite Erklärungsbasis mit dem Aspekt der Entwicklungs- und Erweiterungsfähigkeit verknüpft. Das unter Leitung von Herrn Univ.-Prof. Dr. Dr. h. c. mult. Horst Wildemann an der Technischen Universität München durchgeführte Forschungsprojekt PROTEUS umfasst die Entwicklung einer generischen E-Maintenance-Plattform.[283] Zum einen integriert diese Plattform Geschäftsprozesse der Gattung Instandhaltung, zum anderen soll sie erweiterungsfähig für die Applikation in anderen Branchen sowie für die Einbindung innovativer Abläufe der Instandhaltung sein. Transferiert man diesen Gedanken auf das Anwendungsfeld der Geschäftsprozessgestaltung so ergibt sich die folgende Schlussfolgerung: Ist das Ergebnis der Entwicklung von E-Maintenance-Lösungen teilweise oder vollständig generischer Natur, so kann dieses Modellierungsprinzip gleichermaßen auf den Vorgang der Prozessgestaltung,

282 Duden, Band 5 (1997), S.288
283 Vgl. hierzu URL: http://www.proteus-iteaproject.com

einschließlich der zu ihrem Zweck eingesetzten Methoden übertragen werden.

Als Leitlinie formuliert, ergibt sich folgende Systemstruktur:

Leitlinie der generischen Prozessgestaltung (Hypothese):
Ganzheitliche Geschäftsprozessgestaltung bei der Entwicklung und beim Einsatz von teilweise oder vollständig generisch konzipierten E-Maintenance-Lösungen erfordert ein generisches Vorgehen bei der Geschäftsprozessgestaltung.

Es resultieren hieraus folgende Alternativen:

- Nicht generische Geschäftsprozessgestaltung bei nicht generischer E-Business-Lösung.
- Generische Geschäftsprozessgestaltung bei generischer E-Business-Lösung. (bei vollständiger oder teilweiser generischer Konzeption)
- Mischformen generischer und nicht generischer Gestaltung.

2.4.1.8 Visuelle Prozessgestaltung

Das Sprichwort „Ein Bild sagt mehr als tausend Worte. – One picture is worth a thousand words.“[284] lässt sich uneingeschränkt auf das Anwendungsfeld der ganzheitlichen Geschäftsprozessgestaltung transferieren. So schafft beispielsweise eine technische Zeichnung oder eine graphische Auswertung von Veränderungsdaten einen einheitlichen und weitgehend objektiven Bezugsrahmen, der wenig Raum für Spekulationen oder Missverständnisse gibt.

---

284 Fichtl, G. (2001), S.58

Unter dem Terminus Visualisierung wird grundsätzlich die bildliche Darstellung von Informationen verstanden.[285] In vielen Unternehmen wird das Instrument der Visualisierung beispielsweise in Form von Visualisierungstafeln oder –säulen sehr erfolgreich im Rahmen eines dezentralen Selbstcontrollings von Geschäftsprozessen durch die verantwortlichen Mitarbeiter und Führungskräfte eingesetzt.[286] Dagegen erschwert der Einsatz von Texten zur Beschreibung von betrieblichen sowie prozessbezogenen Sachverhalten die fehler- und interpretationsfreie Darstellung von Informationen.

Speziell im Bereich der ganzheitlichen Geschäftsprozessgestaltung ist die objektive und allgemeinverständliche Darstellung von Prozessdetails außerordentlich wichtig, da die Nichtberücksichtigung von elementaren Prozessmerkmalen oder die Fehlinterpretation von Sachverhalten eventuell zu falschen Modellierungsansätzen sowie –ergebnissen führt und dadurch die Nichtausschöpfung vorhandener Optimierungspotenziale zur Folge hat. Die Fülle an Geschäftsprozessmerkmalen, die im Rahmen der Prozessbeschreibung[287] sowie der ganzheitlichen Gestaltung zu berücksichtigen sind, kann aufgrund der vorhandenen Interdependenz von Faktoren sowie der nicht durchgängig gegebenen Operationalisierbarkeit von Einflussgrößen als komplex eingeschätzt werden. Umso wichtiger erscheint die Ausarbeitung eines Visualisierungskonzeptes für die zielorientierte Unterstützung dieses Gestaltungsprozesses.

Visualisierung kann nur dann ihre positiven Wirkungen[288] entfalten, wenn sie bestimmten Regeln der bildlichen Darstellung gehorcht,[289] die im weiteren Verlauf der Untersuchung für das Applikationsfeld der ganzheitlichen Geschäftsprozessgestaltung im E-Business-Bereich weiter zu konkretisieren sind.

---

285 Vgl. Wildemann, H. (2004o), S. 93/99
286 Vgl. ebd., S. 101ff.
287 Vgl. beispielhaft Wildemann, H. (2004f), S. 164
288 Vgl. hierzu exemplarisch Nöllke, C. (2000), S. 59ff.
289 Vgl. beispielsweise Seifert, J.W. (1997), insb. S. 11ff.

Abschließend kann folgende Leitlinie spezifiziert werden:

Leitlinie der visuellen Prozessgestaltung (Hypothese):
Die effiziente ganzheitliche Geschäftsprozessgestaltung bei der Entwicklung und beim Einsatz von E-Maintenance-Lösungen erfordert die Visualisierung der zu analysierenden sowie der nachfolgend zu modellierenden Geschäftsprozesse, einschließlich ihrer zugehörigen prozessbezogenen Messgrößen zu Zwecken des Controllings.

2.4.2 Personendimension ganzheitlicher Geschäftsprozessgestaltung

2.4.2.1 Kooperative Prozessgestaltung

Der Vorgang der ganzheitlichen Geschäftsprozessgestaltung bei der Entwicklung und beim Einsatz von E-Maintenance-Lösungen erweist sich als schnittstellenübergreifender Ablauf, der sich nicht nur auf Abteilungen im Unternehmen bezieht, sondern speziell auch die Integration verschiedener externer Organisationseinheiten erfordert. Die Geschäftsprozesse der beteiligten Partner sind aufeinander abzustimmen, gleichermaßen sind die involvierten Personenkreise kooperativ an der Prozessgestaltung zu beteiligen.

„Koordination wird als zielorientierte Abstimmung von interdependenten geistigen Prozessen und körperlichem Handeln verstanden (...). Abstimmung besteht aus der Festlegung von Rang und Reihenfolge des Handelns in arbeitsteiligen Organisationen gemäß übergeordneten Zielen. Koordination hat dabei logische und funktionale Zusammenhänge zu berücksichtigen; sie muss sich darüber hinaus auf Theorien und Mittel der Verhaltensbeeinflussung stützen.“[290] Dabei vollzieht sich die Koordination von unternehmensübergreifenden Aktivitäten und Prozessen prinzipiell im Rahmen zwischenbetrieblicher Koopera-

[290] Drumm, H.J. (1983), S. 1; zum Terminus Koordination vgl. Frese, E. (1975), Sp. 2263 – 2273; Hax, H. (1965); Kirsch, W. (1971), S. 61 - 82

tionen, die als „... freiwillige Funktionskoordinierung oder –ausgliederung rechtlich und wirtschaftlich selbständiger Unternehmen (...)[291] zu definiert sind. Für schnittstellenübergreifende Prozesse entlang der gesamten Wertschöpfungskette wie sie sich beispielsweise im Instandhaltungsbereich manifestieren, sind in den meisten Fällen keine klaren Prozesseigner definiert.[292] Dieser Tatbestand induziert einen additionalen Abstimmungsaufwand, der sich speziell durch die Abbildung von Geschäftsprozessen im Rahmen von E-Business-Applikationen noch potenzieren dürfte. Hinzu kommt das Problem, dass neben der Prozessgestaltung an sich auch die bei den Partnern eingesetzten Softwaresysteme kompatibel zu gestalten sind[293] und die neu zu entwickelnden oder einzusetzenden E-Maintenance-Anwendungen sich in die vorhandene Systemlandschaft problemlos einfügen sollten. „Damit Kooperationen flexibel und schnell realisiert werden können, sind standardisierte Prozessschnittstellen erforderlich, um die bei den Partnern stattfindenden Teile des Prozesses zu einem unternehmensübergreifenden Geschäftsprozess problemlos zusammenfügen zu können.“[294] Diese so genannten „steckkompatiblen“ Geschäftsprozesse[295] müssen eventuell bei der Entwicklung von E-Business-Lösungen situationsspezifisch an die veränderten Rahmenbedingungen adaptiert werden oder sind vor dem Einsatz der Applikationen auf vorhandene Optimierungspotenziale hin zu überprüfen.

In der Literatur werden verschiedene theoretische Erklärungsansätze für das Entstehen von unternehmensübergreifenden Kooperationen angeführt.[296] Vor dem Paradigma der kooperativen Prozessgestaltung im E-Business-Bereich dient die Principal-Agent-Theorie im folgenden als theoretischer und konzeptioneller Bezugsrahmen. Dieser Ansatz „... behandelt arbeitsteilige Auftraggeber-Auftragnehmer-Beziehungen, die durch asymmetrisch verteilte Informationen gekennzeichnet sind. In einem Principal-Agent-Verhältnis trifft der Agent

291 Staudt, E./Kriegesmann, B./Behrendt, S. (1996), Sp. 922f.
292 Vgl. Hirschmann, P. (1998), S. 38
293 Vgl. Hirschmann, P. (1998), S. 39
294 Ebd., S. 39
295 Vgl. ebd., S. 39
296 Vgl. Staudt, E./Kriegesmann, B./Behrendt, S. (1996), Sp. 923f.

(Auftragnehmer) Entscheidungen, die nicht nur sein eigenes Wohlergehen, sondern auch das Nutzenniveau des Principals (Auftraggeber) beeinflussen."[297] Es gilt die Frage zu beantworten, wer in den Phasen der ganzheitlichen Geschäftsprozessgestaltung bei der Entwicklung und beim Einsatz von E-Mainenance-Lösungen die Rolle des Principals und die des oder der Agenten übernimmt. Der Auftraggeber übt in der Regel die Funktion des Principals aus, während der Beauftragte die Position des Agenten einnimmt.[298] Die Institution auf die sich die Principal-Agent-Theorie in dem hier betrachteten Fall bezieht, ist die Kooperation der an der Geschäftsprozessgestaltung beteiligten Organisationseinheiten oder Personenkreise. Übertragen auf das Forschungsparadigma der vorliegenden Arbeit ließe sich das Rollenmodell auf Basis des Kriteriums der Machtverteilung zwischen den involvierten Parteien darstellen. Je nach auslösendem Part der Kooperation („Leader" im Kooperationsverhältnis) können die in Abb. 2-9 dargestellten Kooperationsstrukturen unterschieden werden. Das auslösende Unternehmen wie auch die weiteren Wertschöpfungspartner konstituieren sich aus Industrieunternehmen, Instandhaltungs- und eventuell Logistikdienstleistern. In Summe lässt sich die Principle-Agent-Struktur im Minimum als 1:1 Beziehung sowie im Maximum als n:n Relation modellieren. Der Grad der Komplexität hinsichtlich der prozessgestaltenden, der E-Business- sowie der wertschöpfungsbezogenen Koordination dürfte mit der Anzahl involvierter Institutionen überproportional steigen.

Die Principal-Agent-Theorie fragt insbesondere, „... wie das Verhalten des bzw. der Beauftragten durch vertragliche Regelungen zwischen Principal und Agent gestaltet wird oder gestaltet werden kann."[299] Speziell das Auftreten von Verhaltensinterdependenzen zwischen den Vertragsparteien führt zu negativen Auswirkungen wie beispielsweise suboptimalen Ergebnissen, Fehlbeurteilungen oder Manipulation.[300]

---

[297] Picot, A./Reichwald, R./Wigand, R.T. (2003), S. 55

[298] Vgl. hierzu Küpper, H.-U. (1995), S. 45

[299] Ebd., S. 45

[300] Vgl. hierzu ebd., Abb. I-10, S. 45

Im Hinblick auf die ganzheitliche Geschäftsprozessgestaltung von E-Maintenance-Lösungen von Unternehmen können diese, auf unterschiedlichen Zielsetzungen, Motivationen, Informationsdefiziten oder Unternehmenskulturen der beteiligten Partner basierenden Verhaltensinterdependenzen, zu Hindernissen, insbesondere bei der erfolgreichen Umsetzung der Leitlinien der wirtschaftlichen und wertorientierten Prozessgestaltung führen. Es gilt deshalb, die vorhandenen Abhängigkeitsstrukturen sowie Asymmetrien im Informationsverhältnis zu identifizieren und durch den Einsatz geeigneter Instrumente, wie beispielsweise der Vertragsgestaltung zu eliminieren, zu reduzieren oder zumindest beherrschbar zu machen.

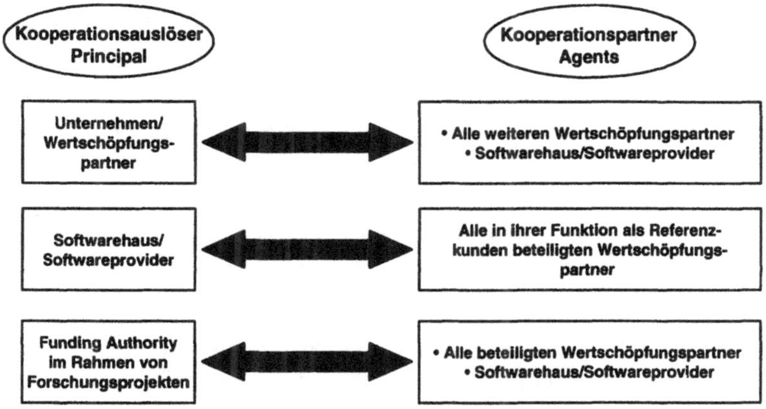

Abb. 2-9: Principal-Agent-Strukturen im Geschäftsprozessgestaltungsfeld E-Business

Die Principal-Agent-Theorie unterscheidet im Rahmen der Informationsasymmetrien, die Formen hidden characteristics, hidden information, hidden action sowie hidden intention,[301] die uneingeschränkt auf das Paradigma der ganzheitlichen Geschäftsprozessgestaltung bei der Entwicklung und beim Einsatz von

301 Vgl. ebd., S. 47f.; vgl. Picot, A./Reichwald, R./Wigand, R.T. (2003), S. 56ff.

E-Business-Applikationen im allgemeinen transferiert werden können. Je nach Principal-Agent-Konstellation ergeben sich unterschiedliche Situationsgefüge der gegenseitigen Kooperation und Koordination. Gerade in der Anbahnungsphase vor Vertragsabschluss streben alle interessierten Parteien danach, ihre Prozesse optimal zu gestalten und einen möglichst hohen Prozessintegrationsgrad hinsichtlich der E-Business-Lösung zu erzielen. Der Softwareprovider hingegen zielt auf die Einhaltung seiner Zielkosten und strebt eine möglichst hohe Gewinnspanne an. Aufgrund der mangelnden Kenntnis der Eigenschaften der potenziellen Partner könnte dies mitunter zu einer nicht adäquaten Auswahl desselben/derselben durch den Agenten führen, die so genannte adverse selection tritt ein.[302]

Die zum Teil komplementären aber vor allem konfliktären Zielgrößen führen dazu, dass im Sinne der hidden information und hidden action die für eine optimale Prozessgestaltung aus gesamthafter Sicht erforderlichen Details von einem beteiligten Unternehmen nur selektiv, entsprechend der eigenen Interessen offen gelegt werden. Speziell im Zusammenhang mit der Entwicklung von E-Business-Lösungen spielt die hidden intention eine bedeutende Rolle, da in diesem Gesamtprozess häufig Vorleistungen, wie beispielsweise die technische Ausstattung seitens des Softwareentwicklers in nicht unbedeutendem Umfange erbracht werden. Die hieraus resultierenden Abhängigkeitsverhältnisse wirken sich nachhaltig auf das Kooperationsverhältnis aus.

Zusammenfassend kann die folgende Leitlinie expliziert werden:

Leitlinie der kooperativen Prozessgestaltung (Hypothese):
Die erfolgreiche Kooperation und Koordination der bei der Entwicklung und beim Einsatz von E-Maintenance-Lösungen beteiligten Wertschöpfungspartner ist Voraussetzung für eine effiziente ganzheitliche Geschäftsprozessgestaltung.

302 Vgl. Picot, A./Reichwald, R./Wigand, R.T. (2003), S. 57

Die Kooperation beginnt mit der Anbahnungsphase des Projektes und endet mit dem Abschluss des Entwicklungsprojektes oder mit dem Einsatz der Applikation bei den involvierten Organisationseinheiten. Grundsätzlich sollte die Kooperation alle Phasen des Prozess- und E-Business-Lösungs-Zyklus umfassen, um dem Prinzip der Ganzheitlichkeit ausreichend Rechnung zu tragen.

2.4.2.2 Präferenzorientierte Prozessgestaltung

Der Terminus Präferenz kann grundsätzlich wie folgt definiert werden: „In der ➔ Wahlhandlungstheorie wird die Rangfolge von subjektiv veranschlagten Nutzen (➔ Nutzenmessung) verschiedener Güterbündel Präferenzordnung genannt. Entsprechend dieser subjektiven Präferenzordnung (Präferenzstruktur) zieht ein Wirtschaftssubjekt ein Güterbündel gegenüber anderen vor, oder es verhält sich indifferent (➔ Indifferenzprinzip) gegenüber ihnen, schätzt mehrere Güterbündel also gleichrangig ein.“[303] Die „... Funktion, die die Präferenzordnung des Haushalts beschreibt, nennt man **Nutzenfunktion** ...“,[304] die abhängige Variable „... wird als **Nutzenindex** oder einfach als **Nutzen** bezeichnet.“[305]

Analoge Strukturen finden sich in der Theorie der Unternehmung wieder, denn auch hier muss eine Entscheidung darüber getroffen werden, welche Faktoren in welcher Form im Wertschöpfungsprozess einzusetzen sind.[306] In einem weiteren Sinne kann das Paradigma der Präferenzordnung nicht nur auf physische Güterbündel bezogen werden, sondern gleichermaßen auf das Gut „Geschäftsprozess“ sowie auf das Gut „E-Maintenance-Lösung“. Die an der Entwicklung und dem Einsatz von E-Business-Lösungen in den betrachteten Anwendungsfeldern beteiligten Parteien wählen die in ein System zu

[303] Geigant, F./Sobotka, D./Westphal, H.M. (1983), S. 522f.

[304] von Böventer (1986), S. 82

[305] Ebd., S. 82

[306] Zur Theorie der Unternehmung vgl. ausführlich von Böventer (1986), S. 139ff.

integrierenden und damit zu gestaltenden Geschäftsprozesse entsprechend ihrer Präferenzordnung sowie Nutzenfunktion aus. Die getroffene Wahl spiegelt die Prozesspräferenz des betrachteten Entscheiders wider, die in einer 1:1 oder n:n Kooperations- und Vertragsbeziehung vollzogen wird. Eine vergleichbare Aussage lässt sich m. E. für die Auswahlentscheidung hinsichtlich der präferierten E-Maintenance-Lösung und damit in Konsequenz für den zugehörigen Anbieter des Systems treffen. Einfluss auf das Entscheidungsverhalten sowie auf das Entscheidungsergebnis dürfte die Risikoeinstellung oder Risikopräferenz des Entscheiders haben. Investitionen im E-Business-Bereich repräsentieren strategische Investitionen in einer nicht unerheblichen monetären Größenordnung und bedürfen vor Vertragsabschluss in der Regel einer Risikoprüfung. Zu unterscheiden ist in diesem Zusammenhang zwischen der Risikofreude, der Risikoscheu/ Risikoaversion und der Risikoindifferenz. Je nach personen- oder unternehmensspezifischer Einstellung variieren die Risikopräferenzfunktionen und damit in Konsequenz die Risikonutzenfunktionen.[307]

Als theoretischer Bezugsrahmen dient neben der Präferenz- und Nutzentheorie gleichermaßen die Spieltheorie, um das Verhalten der an der ganzheitlichen Geschäftsprozessgestaltung im Rahmen der Entwicklung und des Einsatzes von E-Maintenance-Lösungen von Unternehmen beteiligten Partner zu erklären. Die „Spieltheorie beschäftigt sich mit der allgemeinen Analyse strategischer Interaktion."[308] Das bekannteste Spiel, das die wesentliche Problemstellung der Spieltheorie sowie der situativen Entscheidungssituation beschreibt, ist das Gefangenendilemma.[309]

„Die ursprüngliche Diskussion des Spiels betraf eine Situation, in der zwei Gefangene, die gemeinsam ein Verbrechen begangen hatten, in getrennten Räumen verhört wurden. Jeder Gefangene hatte die Möglichkeit, das Verbrechen zuzugeben und damit den anderen hineinzuziehen, oder seine Teilnahme am Verbrechen zu leugnen. Wenn nur

307 Vgl. Perridon, L./Steiner, M. (1995), S. 107ff.
308 Varian, H.R. (1995), S. 455
309 Vgl. hierzu ebd., S. 459f. sowie Holler, M.J./Illing, G. (1991), S. 1ff.

ein Gefangener gestand, würde er entlassen werden, die Behörden würden den anderen anklagen und eine Gefängnisstrafe von 6 Monaten fordern. Wenn beide Gefangenen leugneten, dann würden beide wegen irgendwelcher Kleinigkeiten für 1 Monat festgehalten, wenn beide gestanden, dann würden beide für 3 Monate eingesperrt."[310] Es ergibt sich in Konsequenz die in Abb. 2-10 dargestellte Auszahlungsmatrix:

	Spieler 2	
Spieler 1	**Gestehen (s_{21})**	**Leugnen (s_{22})**
Gestehen (s_{11})	**(-3,-3)**	**(0,-6)**
Leugnen (s_{12})	**(-6,0)**	**(-1,-1)**

Abb. 2-10: Auszahlungsmatrix für das Gefangenendilemma[311]

„Ein **Spiel** $\Gamma = (N,S,u)$ ist also vollständig beschrieben durch:
- die **Menge der Spieler** $N= \{1,...,n\}$
- den **Strategieraum** S, der die Menge aller möglichen Strategiekombinationen $s= (s_1,...,s_i,...,s_n)$ aus den Strategien der einzelnen Spieler angibt.
- die **Nutzenfunktionen** (manchmal auch *Auszahlungsfunktionen* genannt) $u= (u_1,...u_n)$. $u_i(s)$ gibt den Nutzen für Spieler i an, wenn die Strategiekombination s gespielt wird.
- die (implizit in der Matrix angegebenen) **Spielregeln**.

[310] Varian, H.R. (1995), S. 459

[311] In Anlehnung an: ebd., S. 459 und Holler, M.J./Illing, G. (1991), S. 4

Wird in einem Spiel $\Gamma = (N,S,u)$ eine bestimmte Strategiekombination s gespielt, ergibt sich daraus die *Nutzenkombination u(s)*. Die Menge aller zulässigen (möglichen) Nutzenkombinationen bezeichnen wir mit:

$$P = \{u(s) \mid s \in S\} = \{u_1(s), ..., u_n(s)) \text{ für alle } s \in S\}$$“[312]

In dem betrachteten Fall wäre N = 2, die Strategiekombinationen s_{11}, s_{12}, s_{21} sowie s_{22} und die zugehörigen Nutzen (-3,3), (-6,0), (0,-6) sowie (-1,-1). Das Gefangenendilemma repräsentiert die Ausprägungsform eines nicht kooperativen Spieles, da beide Seiten keinen verpflichtenden gegenseitigen Vertrag abschließen können. Für jeden Spieler ist die persönliche rationale Entscheidung die Wahl der Strategie „Gestehen“, da der Einzelne nicht davon ausgehen kann, dass die andere Partei sich für die Alternative „Leugnen“ entscheidet. Die Auszahlungsmatrix zeigt jedoch, dass die Kombination (s_{12}, s_{22}) „Gestehen“ für beide besser wäre. „Unter den beschriebenen Bedingungen wäre „Nicht Gestehen“ jedoch kein individuell rationales Verhalten, weil die beiden keinen bindenden Vertrag abschließen können. Folglich muss die Lösung – wie bei allen nicht kooperativen Spielen – so gestaltet sein, dass keiner der Spieler ein Eigeninteresse daran hat, von ihr abzuweichen (sie muss aus sich selbst heraus durchsetzbar (*self-enforcing*) sein).“[313]

In Konsequenz wählt jeder Spieler seine so genannte dominante Strategie „Gestehen“ und es bildet sich ein Gleichgewicht in dominanten Strategien aus. Würden beide Parteien kooperieren, dann könnten sie sich hinsichtlich des erzielbaren Nutzens besser stellen. Aus diesem Grund erweisen sich die Lösungen eines Großteils der nicht kooperativen Spiele als nicht effizient oder nicht paretooptimal.[314]

Die Erkenntnisse aus dem Gefangenendilemma führten zur Detaillierung vorhandener Modelle sowie zur Weiterentwicklung der

---

312 Holler, M.J./Illing, G. (1991), S. 4

313 Ebd., S. 6

314 Vgl. hierzu ebd., S. 6f.

Spieltheorie an sich. So werden u.a. sequenzielle Spiele, dynamische Spiele beispielsweise in der Ausprägung wiederholter Spiele, kooperative Spiele sowie Verhandlungs- und Koalitionsspiele oder auch die Auswirkung gemischter Strategien (Wahrscheinlichkeiten der Wahl einer Strategie) untersucht.[315]

Übertragen auf das Paradigma der ganzheitlichen Prozessgestaltung bei der Entwicklung und beim Einsatz von E-Maintenance-Lösungen kann es sich, in Abhängigkeit von der Möglichkeit oder dem Zwang einen gegenseitig verpflichtenden Vertrag abzuschließen, sowohl um nicht kooperative Spiele wie um kooperative Spiele handeln. Die Spielsituation entsteht zum einen im Hinblick auf die Auswahl der in eine E-Business-Lösung zu integrierenden Prozesse, zum anderen hinsichtlich der Strategien der ganzheitlichen Geschäftsprozessgestaltung. Jeder Strategiekombination lässt sich ein spezifischer Nutzen im Sinne einer bestimmten Auszahlung zuordnen. Der Abschluss eines Kooperationsvertrages, der die Regeln des Spiels möglichst eindeutig beschreibt und für die Parteien bindend ist, induziert ein kooperatives Spiel. „In kooperativen Spielen ist man häufig nicht daran interessiert, welche konkreten Strategien die einzelnen Spieler wählen, sondern an den daraus resultierenden Nutzenauszahlungen."[316] Unter Nutzenauszahlungen wären in diesem Zusammenhang die Potenziale, die beispielsweise durch die Prozessoptimierung erzielt werden können, zu verstehen.

Die Menge der Spieler kann in beiden Spieltypen grundsätzlich zwischen 2 und rein theoretisch ∞ betragen. Die Spielcharakteristika (z.B. gemischte Strategien, sequenzielle Spiele, wiederholte Spielte) dürften in Abhängigkeit von den situationsspezifisch vorhandenen Principal-Agent-Strukturen im Geschäftsprozessgestaltungsfeld E-Business sowie in Abhängigkeit von den Eigenschaften der beteiligten Partner variieren.

---

315 Vgl. hierzu exemplarisch Holler, M.J./Illing, G. (1991), Kapitel 2ff. und Varian, H.R. (1995), S. 458ff.

316 Holler, M.J./Illing, G. (1991), S. 7

Die vorausgehenden Ausführungen spiegeln sich in der folgenden Leitlinie wider:

Leitlinie der präferenzorientierten Prozessgestaltung (Hypothese):
Die in die ganzheitliche Prozessgestaltung bei der Entwicklung und beim Einsatz von E-Maintenance-Lösungen involvierten Personenkreise werden sich entsprechend ihrer Prozess-, E-Business- sowie Risikopräferenzstruktur an dem gemeinsamen Projekt beteiligen und je nach „Spielsituation" versuchen, ihre individuellen Nutzenfunktionen oder die kooperative Nutzenfunktion zu optimieren.

2.4.2.3 Anreizorientierte Prozessgestaltung

Die Aussage „Motivation ist die durch das Erkennen hindurchgehende Kausalität"[317] ist ein Zitat von Arthur Schopenhauer, dt. Philosoph, das den dynamischen und kognitiven Charakter des Phänomens Motivation ausdrückt. Es stellt sich die Frage, wie die Paradigmen Motivation auf der einen Seite und Anreiz auf der anderen Seite verknüpft sind. Antwort auf diese Frage liefert beispielsweise die folgende Definition des Terminus Motivation: „Motivation bezeichnet ... diejenige intervenierende Variable, die eine gerichtete Reaktion des Individuums auf interne und/oder externe Stimuli einleitet."[318] „Motivation enthält sowohl eine energetische als auch eine kognitive Komponente. Dies erfordert sowohl die Ermittlung von Aktivierungsintensitäten als auch der zielvermittelnden Anreizsysteme."[319] Anreize wirken also motivationsinduzierend, erweisen sich als verhaltensbeeinflussend und sind zielorientiert.

Die Richtung der Verhaltensbeeinflussung sowie der Ziel- und Motivationsbezug im Rahmen der ganzheitlichen Geschäftsprozessgestaltung bei der Entwicklung und beim Einsatz E-Maintenance-Lösungen ist abhängig von der Konzeption des Ganzheitlichkeits-

317 Zitat entnommen aus: Fichtl, G. (2001), S. 38
318 Wiswede, G. (1980), S. 87
319 Ebd., S. 87

paradigmas sowie von der Präferenzstruktur der beteiligten Akteure. Hinsichtlich der erstgenannten Determinante sei auf die entwickelte dreidimensionale Strukturiertheit der Ganzheitlichkeit (horizontale, vertikale und diagonale/pyramidale Dimension) verwiesen, bezogen auf den zweitgenannten Aspekt sind die Nutzenfunktionen der Partner näher zu spezifizieren. Die Präferenzen und damit in Konsequenz die Ziele des Einsatzes von E-Technologien im Instandhaltungsbereich liegen primär in der Prozessoptimierung durch die effizienzsteigernden Wirkungen der E-Lösungen begründet. Sekundär kann ein zusätzlicher Potenzialhub durch die Optimierung der Abläufe entlang der Wertschöpfungskette vor Einsatz der E-Applikation erzielt werden. Beide Aspekte zeigen den adäquaten Aktionsradius für motivationsfördernde Anreizkonzepte vor dem Hintergrund der im Rahmen der vorliegenden Arbeit behandelten Problemstellung auf.

Als Erklärungsansätze zur Fundierung der anreizorientierten Geschäftsprozessgestaltung dienen die zahlreich in Theorie und Praxis vorhandenen und mitunter kontrovers diskutierten Motivationstheorien. Diese können grundsätzlich in so genannte Inhaltstheorien und Prozesstheorien differenziert werden.

„Der Schwerpunkt der Inhaltstheorien ist auf die Motivinhalte und auf die Beschreibung und Erklärung gerichtet, welche Variablen bei Individuen Verhalten auslösen und bewirken. Die Prozesstheorien sagen etwas darüber aus, wie Arbeitsverhalten initiiert, unterhalten und beendet wird.“[320] WISWEDE unterscheidet zwischen monothematischen/reduktionistischen (z.B. Triebtheorie Freuds), polythematischen/klassifikatorischen (z.B. Theorie von Maslow) und athematischen/expansionistischen Konzepten (z.B. Ansatz nach Vroom).[321] Letztere sind stärker an Lerntheorien oder Anreiztheorien orientiert und stehen deshalb im Mittelpunkt der folgenden Ausführungen, da die im Rahmen der Habilitationsschrift verfolgte Konzeption die beiden theoretischen Fundamente mit der

320 Hentze, J. (1991), S. 29

321 Vgl. hierzu Wiswede, G. (1980), S. 97

ganzheitlichen Geschäftsprozessgestaltung bei der Entwicklung und dem Einsatz von E-Business-Lösungen explizit verknüpft.[322]

Eine Auswahl der für die vorliegende Arbeit als Referenzkonzepte fungierenden Inhalts- und Prozesstheorien werden nachfolgend in ihren wesentlichen Merkmalen skizziert, ohne einen Anspruch auf Vollständigkeit zu erheben.

Die wohl bekannteste Inhaltstheorie ist die Bedürfnispyramide nach MASLOW.[323] Das Streben nach höherrangigen Bedürfnissen setzt die Befriedigung der elementaren Bedürfnisse voraus. Ausgangspunkt der Pyramide sind die physiologischen Bedürfnisse, die Sicherheits- und Sozialen Bedürfnisse, gefolgt von dem Bedürfnis nach Anerkennung bis hin zum Streben nach Selbstverwirklichung. Übertragen auf das Forschungsparadigma der vorliegenden Arbeit dürften insbesondere die Ebenen der Anerkennung sowie der Selbstverwirklichung eine vorrangige Rolle spielen. Mitunter könnte die aktive Beteiligung an der ganzheitlichen Geschäftsprozessgestaltung auch das Streben nach Sicherheit oder nach sozialen Bedürfnissen zum Ausdruck bringen. Dies ist vom jeweiligen Entwicklungsstand des am Projekt beteiligten Akteurs abhängig, ebenso von der aktuell vorhandenen unternehmenskulturellen Prägung der partizipierenden Institution.

Eine Erweiterung des Ansatzes von Maslow repräsentiert beispielsweise die ERG-Theorie von ALDERFER,[324] nach der die Bedürfnisse drei so genannten Motivklassen zugeordnet werden: Existence Needs (E), Relatedness Needs (R) sowie Growth Needs (G). Aufbauend auf dieser Klassifizierung leitet Alderfer verschiedene Prinzipien ab; so kann beispielsweise die Nichtbefriedigung eines speziellen Bedürfnisses trotzdem zur Weiterentwicklung des

---

322 Anreiztheorien und Motivationstheorien sind nicht immer eindeutig voneinander abzugrenzen. Nachdem beide Paradigmen ex definitione miteinander verknüpft sind, werden nachfolgend ausgewählte Inhalts- und Prozesstheorien der Motivation in ihren Grundzügen dargestellt und die spezifisch anreiztheoretischen Elemente angesprochen.

323 Vgl. hierzu ausführlich Maslow, A.H. (1970), Wiswede, G. (1980), S. 97ff.

324 Vgl. dazu Alderfer, C.P. (1969), Wiswede, G. (1980), S. 103ff.

Einzelnen beitragen. Transferiert man diesen Aspekt auf die ganzheitliche Geschäftsprozessgestaltung im E-Business-Anwendungsfeld, dann kann ein eventuell eintretender Misserfolg unter Umständen das Streben nach einem noch höheren Bedürfnisniveau seitens eines Partners bewirken.

Bekannt ist neben dem Ansatz von Maslow insbesondere auch die 2-Faktoren-Theorie von HERZBERG.[325] Nach diesem Konzept ist die Arbeitszufriedenheit einerseits durch Motivatoren und andererseits durch so genannte Hygiene-Faktoren bedingt. Die Motivatoren bewirken Arbeitszufriedenheit, das Fehlen derselben hat jedoch keine negativen Folgen und es besteht ein unmittelbarer Zusammenhang zur Aufgabenausführung. Dagegen erweisen sich Hygiene-Faktoren als indifferent im Verhältnis zur Arbeitszufriedenheit, ihr Fehlen trägt zur Unzufriedenheit bei. Die Einflussfaktoren entstammen dem Arbeitsumfeld der zu motivierenden Person und sind nicht auf den Arbeitsgegenstand bezogen. Für das Paradigma der ganzheitlichen Geschäftsprozessgestaltung impliziert dies, dass sowohl geeignete Motivatoren als auch adäquate Hygiene-Faktoren im Umfeld der gemeinsamen Aktivitäten geschaffen werden müssen, um den Erfolg der Kooperation nicht zu gefährden.

Die Anreiz-Beitrags-Theorie wurde zunächst von BARNARD entwickelt und durch SIMON, SMITHBURG sowie THOMPSON inhaltlich weiter differenziert. Der Ansatz lässt sich in seiner Grundform wie folgt skizzieren: „Jeder Teilnehmer und jede Gruppe von Teilnehmern erhält von der Organisation Anreize. Dafür leisten sie an die Organisation Beiträge. Jeder Teilnehmer wird seine Teilnahme an der Organisation nur solange fortsetzen, als die ihm angebotenen Anreize so groß oder größer sind – gemessen in Einheiten seiner Werte und der ihm zur Verfügung stehenden Alternativen – als die von ihm geforderten Beiträge."[326] Übertragen auf die Kooperation bei der ganzheitlichen Geschäftsprozessgestaltung im E-Business-Anwen-

---

[325] Vgl. Hentze, J. (1991), S. 33f.; Wiswede, G. (1980), S. 105ff.

[326] Zitiert nach: Kirsch, W. (1994), S. 140; Simon, H.A./Smithburg, D.W./ Thompson, V.A. (1950), S. 31

dungsfeld impliziert dieses Konzept, dass die Zusammenarbeit sowie das gemeinsame Streben nach der Erreichung der gemeinsamen Prozessgestaltungsziele nur so lange aufrecht erhalten wird, wie die Anreize die Beiträge gerade noch ausgleichen. Anreize können dabei sowohl materiell als auch immateriell sein, wobei der Schwerpunkt im Rahmen der Geschäftsprozessoptimierung durch E-Maintenance-Lösungen sicherlich primär materieller, wenn auch nicht ausschließlich monetärer Natur sein dürfte.

Im Hinblick auf die Prozesstheorien der Motivation sind vor allem die Erwartungs-Valenz-Ansätze, die Theorie der Leistungsmotivation sowie das Attributionstheoretische Modell von Weiner zu nennen.

Nach der Instrumentalitätstheorie von VROOM[327] ist die Leistung einer Person davon abhängig, welchen Nutzen sie mit der Ausübung einer speziellen Aufgabe verknüpft. Der Einzelne erwartet, dass eine ausgeführt Handlung zu einem definierbaren Ergebnis sowie zur Erreichung einer individuellen Zielsetzung führt. Die Valenz drückt den Wert aus, den die Person der Attraktivität des eigenen Handlungsergebnisses zuschreibt (erwarteter Belohnungswert). Hieraus resultiert folgendes Handlungsschemata: Ist die Ausprägung der Valenz > 0, so wird versucht das Ergebnis herbeizuführen; ist die Valenz < 0, so wird versucht das Ergebnis zu meiden; bei einer Valenz = 0 ist die Person in ihrer Haltung indifferent. Determinanten für die Anstrengung sind die Wahrscheinlichkeiten, mit der das Bemühen zu einem persönlichen Resultat führt sowie mit der das Ergebnis einen Beitrag zur Erreichung persönlicher Ziele leistet. „Schließlich wird nach *Vroom* ein Mensch in einer Situation nur dann zur Leistung motiviert, wenn die gute Leistung die höchste E- x V-Stärke in der Situation hat.“[328]

Das Erwartungswertmodell von LAWLER/PORTER[329] verknüpft die Leistung mit der Zufriedenheit, die die Belohnung für ein erzieltes Resultat für die Person zur Folge hat. Die Motivation erfolgt schritt-

327 Vgl. hierzu Hentze, J. (1991), S. 39f.; vgl. Wiswede, G. (1980), S. 129ff.
328 Wiswede, G. (1980), S. 132
329 Vgl. hierzu ebd., S. 133f.

weise über die Einschätzung der Anstrengungserwartung im Hinblick auf die Erfüllung der Leistung, über die Abschätzung der Konsequenzerwartung im Sinne des Erhalts der Belohnung, über die Beurteilung der Belohnung und den dadurch erzielten Grad der Bedürfnisbefriedigung sowie über den Grad intrinsischer Motivation. Abschließend fungieren die erreichte Leistungserfüllung und die daraus resultierende Belohnung als Feedback sowie Regler für zukünftige Erwartungswerte.

Für die ganzheitliche Geschäftsprozessgestaltung bei der Entwicklung und beim Einsatz von E-Maintenance-Lösungen spielt damit insbesondere die Ausprägung der Valenz eine bedeutende Rolle für die Entwicklung von adäquaten Anreizsystemen.

Nach der Theorie der Leistungsmotivation wird das Leistungsmotiv bestimmt „... durch den *intrinsischen Wert der Leistung* (Wertschätzung, soziale Bedeutung und Mitbestimmung bei der Arbeit), der *Leistung als Mittel der sozialen Anerkennung* und der *Leistung als Mittel um andere Belohnungen zu erhalten* (Aufstieg, Einkommen, Einfluss).“[330] Aus den genannten Überlegungen resultieren zwei Kategorien des Leistungsmotivs: der Erfolgssucher (Tendenz zu mittleren Schwierigkeitsniveaus) sowie der Misserfolgsmeider (Tendenz zu leichtem oder hohem Schwierigkeitsgrad mit der Möglichkeit zur Exkulpation im letzteren Fall).[331] Den Aspekt der Ursachenattributierung zur Entstehung von Erfolg oder Misserfolg integriert beispielsweise WEINER.[332] Die Theorien der Leistungsmotivation geben Hinweise auf die Einschätzung des Leistungsmotivs im Zusammenhang mit der ganzheitlichen Geschäftsprozessgestaltung bei der Entwicklung und beim Einsatz von E-Business-Lösungen, insbesondere hinsichtlich der Festlegung von Ziel- und Anspruchsniveaus.

---

330 Böhner, T. (2000), o.S.

331 Vgl. ebd., S. 4f.; zu Leistungsmotivations-Theorien vgl. ausführlich Wiswede, G. (1980), S. 119ff.

332 Vgl. hierzu Wiswede, G. (1980), S. 127f.

Neben Inhalts- und Prozesstheorien der Motivation soll in Anlehnung an die institutionenökonomische Basis der vorliegenden Arbeit ein agency-theoretischer Ansatz im Zusammenhang mit der Gestaltung einer paradigmenspezifischen Anreizsituation skizziert werden.

Das im Folgenden explizierte Modell, das der normativen Theorie entlehnt ist, kann als Referenzmodell für die weitere Untersuchung dienen. „In ihm »geht es um die rationale Auswahl eines optimalen Belohnungs- und Anreizsystems durch den Auftraggeber« in der **hidden action**-Situation."[333] Der Principal versucht den Agenten durch die Wahl eines adäquaten Anreizsystems zu einer höheren Anstrengung zu motivieren.

- Der Nutzen des Principals bestimmt sich durch das erreichte monetäre Ergebnis und wird durch den an den Agenten abzuführenden Anteil vermindert. Unterstellt man grundsätzliche Risikoneutralität oder sogar Risikoaversion, dann resultiert für den

  Principal die folgende Gleichung:

  $G(x\text{-}s(x))$, mit $G'(x\text{-}s(x)) > 0$ und $G''(x\text{-}s(x)) \leq 0$

- Die Nutzenfunktion des Agenten ist einerseits abhängig von dem erhaltenen finanziellen Ergebnis und andererseits von dem „Negativnutzen" durch das verspürte Arbeitsleid (a). Hieraus ergibt sich folgende Gleichung für den risikoneutralen oder risikoaversen Agenten:

  $H(s(x),a) = U(s(x))\text{-}V(a)$

- Der Principal strebt grundsätzlich die Maximierung seines Nutzenerwartungswertes an und berücksichtigt die vermutete Handlungsweise des Agenten.

---

333 Küpper, H.-U. (1997), S. 49; zu dem Modell vgl. ausführlich ebd., S. 49ff.

- Zum einen muss der Erwartungsnutzen des Agenten einem Mindesteinkommen, dem sog. Reservationsnutzen ($\bar{H}$) entsprechen, zum anderen wird der Agent gerade das Anstrengungsniveau a´ wählen, das zur persönlichen Nutzenmaximierung führt. Es ergeben sich die folgenden Gleichungen:

  $$\max_{s(x)} E[G(x-s(x))]$$

  unter den Nebenbedingungen:

  - $E[H(s(x),a)] \geq \bar{H}$
  - $a = \underset{a' \in A}{\operatorname{argmax}} E[H(s(x),a')]$

- Beide Parteien gehen von der gleichen Wahrscheinlichkeit hinsichtlich der Dependenz des erzielbaren Resultats von dem Faktor „a“ aus (Annahme des gleichen Informationsstandes). Der Term f(x | a) repräsentiert die Dichte, die als Basis zur Ermittlung der Erwartungswerte dient. Das Optimierungsproblem lässt sich somit folgendermaßen beschreiben:

-

  $$\max_{s(x)} \int G(x-s(x)) \cdot f(x \mid a)\, dx$$

  unter den Nebenbedingungen:

  - $\int H(s(x),a) \cdot f(x \mid a)\, dx \geq \bar{H}$
  - $a \operatorname{argmax} \int H(s(x),a') \cdot f(x \mid a')\, dx$

- Die so genannte First-Best-Lösung kann über den nachfolgenden Lagrange-Ansatz ermittelt werden:

  - $G'(x-s(x)) = \lambda \cdot U'(s(x))$, λ: Lagrange-Multiplikator

Sie kann nur dann erreicht werden, „... wenn er (Principal; Anm. d. Verf.) die Anstrengung des Agent kostenlos beobachten könnte und damit die zweite Nebenbedingung nicht berücksichtigt werden müßte."[334] Ansonsten erhält man als Lösung die sog. Second-Best-Lösung.

- Es kann festgestellt werden, dass bei vorhandener Riskoaversion bei einem Partner und Riskoneutralität beim anderen Partner, das gesamte Risiko vom risikoneutralen „Spieler" getragen wird. Ist der Agent risikoneutral und der Principal risikoscheu, so wird das optimale Anreizsystem durch die folgende Gleichung beschrieben:

  ➢ $s(x) = x - F$

  Der Principal erwirbt in Konsequenz ein Fixum, der Agent erhält den risikobehafteten Anteil. Vice versa fordert der Agent ein Fixum in Höhe von $\bar{H}$ und der Principal hat Anspruch auf den Mehrwert x-F.

- Sind beide Parteien risikoscheu, so gestaltet sich das Optimierungsproblem folgendermaßen:

  ➢ $G'(x-s(x)) / U'(s(x)) = \lambda + \mu \cdot f'(x \mid a) / f(x \mid a)$,
  λ und μ: Lagrange-Multiplikatoren

  In diesem Fall kann keine ideale Risikoteilung erzielt werden.

Die Risikoneigung wirkt als Haupteinflussfaktor für die Gestaltung des Anreizsystems, da zwischen ergebnis- und verhaltensorientierten Motivatoren situations- und partnerspezifisch differenziert werden muss. Allerdings sind dem agency-theoretischen Ansatz auch Grenzen gesetzt. „Praktisch anwendbare Anreizsysteme, die eine gewisse Komplexität aufweisen und über monetäre Entgelte hinausgehende Komponenten berücksichtigen, sind kaum ableitbar."[335] Das

[334] Küpper, H.-U. (1997), S. 50
[335] Ebd., S. 52

Referenzmodell liefert jedoch einen ersten Erklärungsansatz für das mögliche Handeln der an der ganzheitlichen Geschäftsprozessgestaltung bei der Entwicklung und beim Einsatz von E-Maintenance-Lösungen beteiligten Parteien. Das monetäre Ergebnis wäre in diesem Fall die erzielten Optimierungs- oder Einsparpotenziale entlang der zu integrierenden Wertschöpfungskette. Das Anstrengungsniveau manifestiert sich in dem Beteiligungsgrad an der kooperativen Prozessgestaltung.

Aus den geschilderten motivations- und anreiztheoretischen Modellen lässt sich für das im Rahmen der vorliegenden Arbeit betrachtete Paradigma folgende Leitlinie explizieren:

Leitlinie der anreizorientierten Prozessgestaltung (Hypothese):
Die zielorientierte Koordination der beteiligten Parteien erfordert die Ausgestaltung von spezifischen Anreizkonzepten. Die effiziente Geschäftsprozessgestaltung bei der Entwicklung und beim Einsatz von E-Maintenance-Lösungen von Unternehmen setzt auf beiden Seiten die Schaffung von win-win-Situationen voraus, die durch geeignete materielle oder immaterielle Anreize abzusichern sind.

Dabei bezieht sich die Leitlinie der anreizorientierten Prozessgestaltung sowohl auf die Principal- als auch auf die Agent-Funktion im institutionenökonomischen Erklärungszusammenhang der vorliegenden Arbeit.

2.4.2.4 Kontextverknüpfende Prozessgestaltung

Die Explikation der Verhaltens- und Handlungsmuster aller an der ganzheitlichen Geschäftsprozessgestaltung von E-Maintenance-Lösungen beteiligten Partner erfordert die Berücksichtigung der individuellen Problemspezifikation. „Die subjektive Definition der Situation und des Problems wird unterschiedlich ausfallen, je nachdem, in welchen Kontext der Entscheider Situation bzw. Problem stellt."[336] Dieser Grundgedanke spielt beispielsweise auch eine Rolle im Zusammenhang mit der juristischen Auslegung von Willenserklärungen sowie Verträgen.[337] Es gilt grundsätzlich den so genannten objektivierten Empfängerhorizont zu berücksichtigen: „Inhalt der Willenserklärung ist das, was der Empfänger mit zumutbarer Sorgfalt unter Berücksichtigung aller ihm erkennbaren Umstände verstehen konnte."[338] Sowohl der Kontext als auch der objektivierte Empfängerhorizont sind durch Faktoren wie Sozialisation, individuelle Lehr- und Lernprozesse, berufliche und betriebliche Entwicklung sowie aus organisatorischer Sicht durch die Unternehmenskultur geprägt.[339] Angesprochen wird in diesem Zusammenhang das subjektive innere Modell, das Image nach BOULDING[340] oder die Einstellung (Set) nach MARCH/SIMON.[341]

Es existieren also kognitive Programme, „... die das innere und äußere Verhalten des Menschen steuern."[342] Die Suche des Einzelnen nach Informationen in der Systemumwelt erfolgt auf Basis der bereits im Gedächtnis abgelegten Informationen. Insofern ist jede Informationssuche, unabhängig ob innerhalb des eigenen Gedächtnisses oder außerhalb der einzelnen Person subjektiv geprägt. Die Akteure im Rahmen der ganzheitlichen Geschäftsprozessgestaltung bei der Entwicklung und beim Einsatz von E-Maintenance-Lösungen erfassen Stimuli aus der Systemumwelt und reagieren auf diese Handlungsreize in unterschiedlicher Art und Weise. Die Entscheidungs- sowie Verhaltensmuster sind abhängig von der aktivierten Einstellung (Kurzzeitgedächtnis), der Persönlichkeit des Entscheiders (Langzeitgedächtnis) sowie von der aktuellen Situationsdefinition (spätere Entscheidungsprämissen) und bilden das Image des Einzelnen ab. Aufgrund der begrenzten Informationsverarbeitungskapazität der Person

[336] Kirsch, W. (1994), S. 75
[337] Vgl. hierzu §§133/157 BGB
[338] Römer, H. (1992), S. 68
[339] Zum Unternehmenskulturverständnis vgl. Hausladen, I. (2001), S. 38ff.
[340] Vgl. hierzu Kirsch, W. (1994), S. 12f.
[341] Vgl. ebd., S. 12ff.
[342] Ebd., S. 17

werden nicht alle Informationen aufgenommen, zusätzlich „... ist davon auszugehen, dass sich das Individuum eine stark vereinfachte Definition der Situation bildet, die keineswegs mit den objektiven Gegebenheiten übereinstimmen muss."[343] Ein Ausweg aus dem genannten Dilemma ist beispielsweise die Neuverschlüsselung und Gruppierung von Informationen, ein Vorgang, den MILLER als so genannten Chunk bezeichnet.[344]

„Die Definition der Situation als Inbegriff der mit einer Situation assoziierten Information kann als eine Symbolstruktur (Netzwerk von Symbolen) im Sinne des IV-Ansatzes aufgefasst werden. Der Kontext ist das, was einem solchen Netzwerk Synthese verleiht."[345] Der Strukturierungsgrad, die Reichweite sowie die Reichhaltigkeit sind Eigenschaften eines Kontextes, wobei der Grad der Netzwerksynthese gleichgerichtet mit den drei Faktoren variiert. Durch die Art des Informationsverhaltens kann die Synthese aber auch der Kontext verändert werden. Infolge des assimilierenden Informationsverhaltens bleibt der vorhandene Kontext unangetastet, eine Anpassung desselben an innovative Wissensbausteine erfolgt beim akkomodierenden Verhalten und das fundamentalkritische Informationsverhalten stellt existierende Kontexte generell in Frage. Komplexe Probleme resultierenden mitunter dann, wenn Multi-Kontext-Probleme bei sehr schlecht-strukturierten Entscheidungen, wie sie sich beispielsweise im Rahmen der ganzheitlichen Geschäftsprozessgestaltung zum Teil ergeben, als inkommensurabel zu charakterisieren sind. [346]

Bezogen auf den Implikationszusammenhang der vorliegenden Arbeit bedeutet dies, dass jede beteiligte Person und jede beteiligte Organisationseinheit ein spezielles Profil an Situationsinterpretationen und Erfahrungen aufweist, das die Herangehensweise an die ganzheitliche Geschäftsprozessgestaltung nachhaltig prägt.

---

343 Kirsch, W. (1994), S. 17

344 Vgl. ebd., S. 21 sowie Miller, G. (1967), S. 117

345 Kirsch, W. (1994), S. 80; vgl. zu dem zitierten Kontextverständnis Etzioni, A. (1975), S. 167f.

346 Vgl. hierzu Kirsch, W. (1994), S. 80ff.

Insbesondere die unterschiedlichen Fach- und Bereichskontexte wie die Informatik oder Informations- und Kommunikationstheorie einerseits und die Betriebswirtschaftslehre, speziell aus dem Fokus des Prozessmanagements andererseits, prägen das Problemlösungs-, Entscheidungs-, Verhaltens- und Kooperationsprofil im Rahmen der gemeinsamen prozessrelationalen Aktivitäten. Hier gilt es, die vorhandenen Multi-Kontext-Probleme durch intelligente Übersetzungs- und Vermittlungsmechanismen[347] zielorientiert im Kooperationsverbund zu handhaben.

Voraussetzung für die erfolgreiche Bewältigung dieser „Kontextdifferenzen" ist die Identifikation potenzieller kontextueller Barrieren zur Erfüllung der Ansprüche an eine ganzheitliche Geschäftsprozessgestaltung im Anwendungsfeld der E-Maintenance zu Beginn der Kooperationsphase. Erst aus einem hermeneutischen Verständnis heraus, lassen sich adäquate Lösungsansätze zur Überwindung der Hemmnisse sowie zur Beseitigung von Missverständnissen, wie sie häufig an der Schnittstelle von Technik und Wirtschaftswissenschaften auftreten, entwickeln und zeitnah umsetzen. Kontextanalysen stellen eine Möglichkeit dar, die Strukturiertheit, Reichhaltigkeit sowie Reichweite der eingebrachten Kontexte zu erkennen und das Informationsverhalten der Situation und dem Bedarf angepasst zu kanalisieren.

In Konsequenz kann die folgende Leitlinie formuliert werden:

Leitlinie der kontextverknüpfenden Prozessgestaltung (Hypothese):
Ganzheitliche Geschäftsprozessgestaltung bei der Entwicklung und beim Einsatz von E-Maintenance-Lösungen von Unternehmen erfordert die permanente Integration und Abstimmung aller beteiligten Kontexte, insbesondere der Repräsentanten von IT- und betriebswirtschaftlicher Seite.

---

347 Kirsch spricht in diesem Zusammenhang von „Übersetzungen", vgl. Kirsch, W. (1994), S. 84

2.4.2.5 Pädagogische Prozessgestaltung

Neben der rein „technischen Seite“ der Geschäftsprozessgestaltung, wie sie sich beispielsweise in den vorhandenen Handlungsoptionen der Prozessoptimierung widerspiegelt, erweisen sich Prozessdesign und –redesign als Lernprozesse, die zu einer fortlaufenden Optimierung der Gestaltungsaktivitäten im Prozess- und E-Business-Anwendungsfeld sowie zu einer verbesserten Kooperation und Koordination der beteiligten Partner beitragen. Es handelt sich in diesem Zusammenhang sowohl um individuelle wie kollektive Lernprozesse als auch um primär funktionale sowie intentionale Vorgänge des Lernens und Lehrens.[348]

Das Paradigma „Lernen“ kann wie folgt definiert werden: „Lernen bezieht sich auf eine Veränderung im Verhalten oder Verhaltenspotenzial eines Individuums in einer gegebenen Situation, die sich zurückführen lässt auf wiederholte Erfahrungen dieses Individuums in dieser Situation.“[349] In Konsequenz müssen also entsprechende Möglichkeiten zum Erfahrungsgewinn im Rahmen der ganzheitlichen Geschäftsprozessgestaltung von E-Maintenance-Lösungen geschaffen werden, um dauerhafte Verhaltensänderungen bewirken zu können. Bereits Immanuel Kant, dt. Philosoph hat diesen Aspekt im Zusammenhang mit der Aussage „Erfahrung ist eine verstandene Wahrnehmung“[350] hervorgehoben.

„Lerntheorien beschreiben die Voraussetzungen, die Struktur sowie die Einflussfaktoren menschlicher Lernprozesse und bilden diese in spezifischen Lernmodellen ab.“[351] Es gilt also in Konsequenz ein Lernmodell zu entwickeln, das einerseits das spezifische Bedingungsgefüge sowie die Gestaltungsparameter des Lernens aus dem Implikationszusammenhang der ganzheitlichen Geschäftsprozessgestaltung im E-Business-Anwendungsfeld berücksichtigt und andererseits die

348 Zu den Termini intentionales sowie funktionales Lernen vgl. exemplarisch Decker, F./Maier, R. (1976), S. 26
349 Lenzen, D. (1989), S. 996
350 Fichtl, G. (2001), S. 128
351 Hausladen, I. (2001), S. 121

Rolle der Lernenden sowie Lehrenden in diesem Kontext definiert. Im Folgenden wird deshalb lediglich eine Auswahl der zahlreich vorhandenen Lerntheorien sowie lerntheoretischen Ansätze dargestellt, die grundsätzlich für die Entwicklung einer paradigmenadäquaten Vorstellung prozessgestaltenden Lernens geeignet erscheinen.

Die Erkenntnisse der Entwicklungspsychologie, insbesondere die Forschungsergebnisse von PIAGET zeigen die verschiedenen Stufen kognitiver menschlicher Entwicklung auf und erklären die sich vollziehenden Lernvorgänge auf jeder einzelnen Stufe.[352]

Vor dem Hintergrund des im Rahmen der vorliegenden Arbeit untersuchten Paradigmas sind insbesondere die Grundprinzipien der Assimilation, Akkomodation sowie Adaptation interessant.[353] Der Assimilationsvorgang beschreibt den Prozess der Integration der aus der Person-Gegenstand-Interaktion gewonnenen Erkenntnisse in die bereits vorhandenen kognitiven Denk- und Handlungsschemata. Ein intrapersonaler Konflikt resultiert aus der sog. Subjekt-Objekt-Relation immer dann, wenn sich die vorhandenen Kognitionen zur Lösung des vorhandenen Problems als nicht geeignet erweisen. „In Konsequenz werden die internalisierten Denk- und Handlungsmuster ergänzt, differenziert oder modifiziert; es erfolgt die sog. Akkomodation."[354] Der Einzelne strebt grundsätzlich nach einem für ihn akzeptablen Gleichgewichtszustand aus den beiden genannten dynamischen Momenten (Vorgang der Adaptation).

Übertragen auf das Paradigma der ganzheitlichen Prozessgestaltung bei E-Business-Lösungen von Unternehmen impliziert das theoretische Modell nach Piaget, dass sich in der Auseinandersetzung mit den Objekten „Geschäftsprozess" einerseits und „E-Maintenance-Lösung" andererseits mitunter Defizite vorhandener kognitiver Repräsentanz ergeben, so dass hieraus Bedarf an der Veränderung bestehender Strukturen resultiert. Werden dagegen beispielsweise

---

352 Vgl. Piaget, J. (1984); Benesch, H. (1997), S. 13ff.

353 Vgl. dazu Gmelch, A. (1987), S. 198ff.

354 Hausladen, I. (2001), S. 131

Erkenntnisse aus der Fachdisziplin des Prozessmanagements mit dem Paradigma Entwicklung und Einsatz von E-Business-Lösungen verknüpft, so vollzieht sich ein klassischer Assimilationsprozess. Beiden Lernmomenten ist im Rahmen der ganzheitlichen Geschäftsprozessgestaltung im Anwendungsfeld der E-Maintenance besondere Aufmerksamkeit zu schenken.

Zusätzlich zur Erkenntnis der Veränderbarkeit geistiger Schemata bedarf es jedoch gleichermaßen der spezifischen Beschreibung von kognitiven Strukturen. Dies leisten beispielsweise die bereits im vorangegangenen Abschnitt beschriebenen Modelle von BOULDING oder MARCH/SIMON, die sich im so genannten Set und Image widerspiegeln. Lernprozesse, die das Image verändern brauchen Zeit und vollziehen sich nicht spontan, können also in Folge nicht kurzfristig bewirkt und auch nicht erzwungen werden.[355] Das von RUMMELHART, LINDSAY und NORMAN entwickelte Konzept des semantischen Netzwerkes integriert neben der kontextgebundenen, zumeist hierarchischen Wissens-Struktur gleichermaßen eine sog. Problemlösestruktur.[356] In diesem Fall vollzieht sich die „Begriffsregistrierung" durch die Verknüpfung des Objekts mit dem jeweiligen Anwendungsbezug (Begriffskombinatorik). „Die Ausführung der Tätigkeit ist Voraussetzung für die Bedeutungsgenese und erlaubt die Integration der entstandenen Verknüpfung mit der Handlungskonzeption."[357]

Transferiert man diesen Gedanken auf den Vorgang der Geschäftsprozessgestaltung im E-Business-Bereich, so werden die kognitiven Strukturen (Wissens- wie auch Problemlösestruktur) durch den unmittelbaren Anwendungsbezug während der Entwicklungs- und Einsatzphase der Systeme sukzessive modifiziert und erweitert. Es finden also mehrdimensionale funktionale Lernprozesse in der unmittelbaren Subjekt-Objekt-Interaktion statt.

---

[355] Vgl. hierzu Kirsch, W. (1994), S. 13

[356] Vgl. Koch, J./Selka, R. (1991), S. 38ff.; Aebli, H. (1980); Lenzen, D. (1989), S. 1003f.; Benesch, H. (1997), S. 115ff.

[357] Hausladen, I. (2001), S. 134

Die Theorie der Informationsverarbeitung, insbesondere die Ansätze des „information processing“ transferieren die Struktur sowie die Funktionsfähigkeit eines Computers auf das menschliche Gehirn. Als Elemente werden danach unterschieden: Eingabe-Einheiten (Rezeptoren), Speichermedien (Gedächtnis), ein Hauptprozessor (Denken, Beurteilen) sowie verhaltensbewirkende Einheiten (Motorik).[358] Entsprechend diesem Modell erweisen sich Reize als nicht unmittelbar verhaltensinduzierend, sondern werden selbst in komplexen Vorgängen modifiziert. „Es kommt zu Kodierung, Vergleich mit bereits gespeicherten Informationen, Bedeutungszuweisung, Gruppierung, Abstimmung mit Plänen, Einbau in Strategien und Handlungsentwürfen."[359]

Bezogen auf die ganzheitliche Geschäftsprozessgestaltung bei der Entwicklung und beim Einsatz von E-Maintenance-Lösungen impliziert dieser Tatbestand, dass beispielsweise von den Projektpartnern versucht wird, Erkenntnisse und Erfahrungen aus der Prozessgestaltung im Instandhaltungsbereich auf das entsprechend elektronisch geprägte Handlungsfeld zu übertragen. Die den Lernprozess auslösenden Stimuli spiegeln sich in Faktoren wie beispielsweise identifizierten Prozessineffizienzen, Anreiz oder Verpflichtung zur Abarbeitung von Arbeits- und Projektplänen, Erfüllung von Kooperationsverträgen, Teilnahme an internen E-Business-Projekten usw. wider.

Lernen bedeutet Veränderung im Sinne einer dauerhaften Verhaltensänderung, die unmittelbar mit Erfahrungsgewinn und handelnder Auseinandersetzung mit dem Anwendungs- sowie Lernumfeld verknüpft ist. Speziell die Handlungstheorie[360] setzt sich mit dem zuletzt genannten Aspekt intensiv auseinander und stellt die hierarchisch-sequenzielle Handlungsorganisation in Anlehnung an einen kybernetischen Regelkreislauf, die so genannte TOTE-Einheit (Test-

---

358 Vgl. hierzu Lenzen, D. (1989), S. 1002f.

359 Ebd., S. 1003

360 Vgl. hierzu Hausladen, I. (2001), S. 136ff. sowie die dort angegebene weiterführende Literatur.

Operate-Test-Exit) in den Mittelpunkt des Modells.[361] Das angestrebte Ziel der ganzheitlichen Geschäftsprozessgestaltung im E-Business-Anwendungsfeld löst entsprechende Aktivitäten aus, deren Erfolg durch einen Soll-Ist-Vergleich festgestellt wird. Resultiert aus diesem zyklischen Vergleich eine Abweichung, so erfolgt ein zusätzliches Durchlaufen des Problemlösungs- und Lernprozesses. Das Handeln im Rahmen des E-bezogenen Prozess(re)designs wirkt also lernprozessinduzierend und –gestaltend.

HACKER ergänzt das Grundmodell „... um eine offene Komponente, d.h. die informative Rückkopplung aus der Testphase induziert nicht nur eine Handlungsmodifikation, sondern darüber hinaus auch eine fallspezifische Anpassung der Ziele.“[362] Die Aussagen der Handlungstheorie mündeten in lerntheoretische sowie didaktische Konzepte zum handlungsorientierten Lernen, das mit dem erfahrungsorientierten Lehren und Lernen stark verknüpft ist. Der Erfahrungsbegriff impliziert, dass der Mensch Einsichten über die Handlungsobjekte und das soziale Handlungsumfeld sowie über seine eigene Person erlangt.[363] „Bereits vorhandene Erfahrungen fließen in den aktiv gesteuerten Erkenntnisprozess ein und führen über die beim Handeln gewonnenen Einsichten zum Aufbau neuen und/oder modifizierten Erfahrungswissens.“[364]

Übertragen auf den Vorgang der ganzheitlichen Geschäftsprozessgestaltung im E-Business-Umfeld bedeutet dies, dass aus dem erfahrungsgewinnenden Umgang mit den Lernobjekten „Geschäftsprozesse“ sowie „E-Mainenance-Lösungen“ neue kognitive Strukturen aufgebaut, bestehende erweitert oder modifiziert werden.

Die Identifikation, wer die Rolle des Lehrenden oder des Lernenden im vorliegenden Fall übernimmt, erweist sich zunächst als komplexes Unterfangen. Soweit der Vorgang der ganzheitlichen Prozessgestaltung als intentionaler Lernprozess initiiert wird, erfüllt die auslösende

---

361 Vgl. Söltenfuß, G. (1983), S. 57ff; Aebli, H. (1980), S. 93f.

362 Hausladen, I. (2001), S. 138

363 Vgl. Peters, S. (1991), S. 24; vgl. Holzapfel, G. (1982), S. 32ff.

364 Hausladen, I. (2001), S. 141

Partei grundsätzlich die Funktion des Lehrenden. Diese kann in Personalunion mit der Rolle des Principals ausgeübt werden, muss aber nicht. Im überwiegenden Fall dürfte jedoch das funktionale Lernen vorherrschend sein, so dass alle an der Geschäftsprozessgestaltung im E-Business-Umfeld beteiligten Partner die Rolle der Lernenden übernehmen. Als Lehrende fungieren in dieser Hinsicht die bereits spezifizierten Lernobjekte „Geschäftsprozesse" sowie „E-Maintenance-Lösungen".

Aus den dargestellten lerntheoretischen Konzepten lässt sich die folgende Leitlinie explizieren:

Leitlinie der pädagogischen Prozessgestaltung (Hypothese):
Erfolgreiche ganzheitliche Geschäftsprozessgestaltung im Rahmen der Entwicklung und des Einsatzes von E-Business-Lösungen erfordert handlungsorientiertes sowie erfahrungsorientiertes Lernen, das durch die Identifikation und zielgruppenorientierte Erschließung vorhandener Lernpotenziale zu gewährleisten ist.

2.4.3 Situationsdimension ganzheitlicher Geschäftsprozessgestaltung

2.4.3.1 Strategische Prozessgestaltung

Bei der Entwicklung und dem Einsatz von E-Maintenance-Lösungen handelt es sich grundsätzlich um strategische Investitionen in innovative Technologien. Zwar erweist sich der technische Fortschritt vor allem im Bereich der I&K-Technologien als äußerst dynamisch, die Grundentscheidung für die Implementierung von E-Business-Tools jedoch repräsentiert einen mittel- bis langfristigen Kapitalbindungsvorgang, der kurzfristig nicht rückgängig gemacht werden kann. E-Business-Lösungen, im Rahmen der vorliegenden Arbeit speziell aus dem Fokus der E-Maintenance betrachtet, repräsentieren sowohl strategische Investitionen für die Nachfrager (Käufer) der Systeme als auch für die Entwickler der Software-Lösungen. In beiden Fällen entstehen durch den Investitionsvorgang Ausgaben, die erst durch die zeitlich versetzte Erschließung der mit den E-Business-Tools erwarteten Potenziale oder durch den Verkauf der Systeme amortisiert werden. Die Konsequenz aus diesem Tatbestand ist die Forderung nach einer strategischen Ausrichtung der ganzheitlichen Geschäftsprozessgestaltung. Durch die Optimierung der Prozesse entlang der involvierten Wertschöpfungskette wird sowohl der effiziente Einsatz der E-Business-Lösungen unterstützt – und damit die Realisierung der erwarteten Potenziale - als auch die Voraussetzungen für eine relative Prozesskonstanz und damit eine hohe Prozessfähigkeit geschaffen. Das Risiko spontaner Eingriffe in die Ablaufsequenz der wertschöpfenden Vorgänge in intra- sowie interorganisationaler Hinsicht kann durch die Berücksichtigung der strategischen Komponente auf ein Mindestmaß reduziert werden.

Die strategische Planung[365] hat folglich den Aspekt der E-Maintenance-Systemplanung einerseits mit dem Aspekt der Geschäftsprozessgestaltung andererseits zielführend zu verknüpfen. Die Integration der beiden strategisch geprägten Paradigmen hat sowohl in inhaltlich-konzeptioneller Hinsicht als auch in methodischer Hinsicht zu erfolgen. Als Referenzmodell kann in diesem Zusammenhang das Konzept der Strategischen Investitionsplanung dienen, das die Beurteilung neuer Produktionstechnologien in den Mittelpunkt der Betrachtung rückt.[366] „Das Attribut neu bezieht sich auf eine Veränderung gegenüber bereits bestehenden Technologien unter Beachtung des zeitlichen Aspekts.“[367] Da speziell im Bereich der Fertigung ein historisch gewachsener und inzwischen hoher Durchdringungsgrad mit Computertechnologien identifiziert werden kann, erweist sich gerade dieser Faktor als stark planungs- sowie entscheidungsbeeinflussend. Der Transfer der Erkenntnisse aus der Strategischen Investitionsplanung auf das Anwendungsfeld der E-Business-Applikationen als Erscheinungsform neuer Technologien mit prozess- und funktions-

---

365 Zu Aspekten der strategischen Planung vgl. beispielsweise Witt, F.-J. (1997), Abb. S. 290; S. 352-354

366 Zu den einzelnen Methoden vgl. Wildemann, H. (1987), S. 19ff.

367 Ebd., S. 6

übergreifendem Bezug, erscheint vor dem Hintergrund des im Rahmen der vorliegenden Arbeit behandelten Themas sinnvoll zu sein. Während die Beurteilung der Systeme auf Basis dieses Ansatzes bereits geleistet werden kann, bedarf es zusätzlich der adäquaten Integration der Prozess(gestaltungs)komponente.

In Konsequenz kann die folgende Leitlinie expliziert werden:

Leitlinie der strategischen Prozessgestaltung (Hypothese):
Ganzheitliche Geschäftsprozessgestaltung bei der Entwicklung und beim Einsatz von E-Maintenance-Lösungen von Unternehmen hat dem strategischen Charakter von Investitionen in E-Business-Systeme sowie der Geschäftsprozessgestaltung durch den Einsatz geeigneter Verfahren ausreichend Rechnung zu tragen.

2.4.3.2 Nachhaltige Prozessgestaltung

Der Terminus Nachhaltigkeit impliziert die „harmonische" Verknüpfung des in der Gegenwart sowie des in der Zukunft erzielbaren Nutzens.[368] „Betriebswirtschaftliche Nachhaltigkeit muss daher den Bestand der Unternehmung gegen drohende Risiken absichern (Risikovorsorge), die Zukunft antizipieren (Zukunftsfähigkeit) und bei sich kurzfristig verändernden Situationen handlungsfähig bleiben (Flexibilität)."[369] Übertragen auf den Forschungsgegenstand der vorliegenden Arbeit bedeutet dies, dass ganzheitliche Geschäftsprozessgestaltung im E-Business-Umfeld grundsätzlich das aktuelle Investitionsrisiko sowie das Risiko einer unter Umständen nicht umfassenden Potenzialrealisierung durch geeignete Maßnahmen „abfedern" muss, bei gleichzeitiger Gewährleistung einer durchgängigen Zukunftsfähigkeit und Flexibilität in system- sowie prozessbezogener Hinsicht.

368 Vgl. hierzu Wildemann, H. (2002b), S. 25
369 Ebd., S. 25

Grundsätzlich existieren drei Strategien zur inhaltlichen sowie zeitbezogenen Verbindung von Innovationen in der Prozessstruktur mit technischen Innovationen in der E-Maintenance. Zum einen kann die Prozessgestaltung unabhängig vor der Entwicklung oder dem Einsatz von E-Maintenance-Lösungen erfolgen, mit der Konsequenz, dass zwar Prozessoptimierungspotenziale erschlossen werden, allerdings ohne Berücksichtigung der Verbesserungseffekte von E-Business-Lösungen. Eventuell werden sogar infolge der Nicht-Koordination beider Aspekte kontraproduktive Wirkungen erzielt. Zum anderen führt die ausschließliche Prozessgestaltung nach Einführung der Systeme dazu, dass Geschäftsprozesse in der E-Maintenance-Anwendung mitunter falsch modelliert, nicht optimiert und deshalb die angestrebten E-Business-Potenziale nicht erschlossen werden können. Als dritte Option steht die synchrone Gestaltung von Geschäftsprozessen und E-Maintenance-Anwendungen zur Verfügung. In diesem Fall folgen beide Entwicklungspfade der fachspezifischen Zielsetzung und werden permanent aufeinander abgestimmt. Nur auf diesem Weg lassen sich die Potenziale der ganzheitlichen Geschäftsprozessgestaltung im Anwendungsfeld des E-Business vollständig erschließen. Das Primat der betriebswirtschaftlichen Interpretation von Nachhaltigkeit wird in Konsequenz also nur durch die zuletzt genannte Vorgehensweise umfassend und damit ganzheitlich sichergestellt.

Im Zentrum der nachhaltigen Entwicklungsaktivitäten steht gleichermaßen die Reduzierung einer potenziell auftretenden Lücke zwischen der aktuellen Ausprägung der Organisationsstruktur (Ablauf-/Prozessstruktur und Aufbaustruktur) und der Erfüllung der strukturrelationen Anforderungen durch die vorhandenen oder neu zu applizierenden Informationssysteme. Die vorgeschlagene synchrone Vorgehensweise trägt zu einer Reduzierung dieser Differenz bei, die im optimalen Fall gegen null gehen sollte. Voraussetzung für die erfolgreiche Umsetzung dieser Strategie ist die Kenntnis der prozessbezogenen Anforderungen, die durch die E-Maintenance-Anwendung zu erfüllen sind.

Basierend auf dem vorgeschlagenen Gestaltungs- und Entwicklungspfad kann abschließend die folgende Leitlinie formuliert werden:

Leitlinie der nachhaltigen Prozessgestaltung (Hypothese):
Nachhaltige Prozessgestaltung setzt im Rahmen der ganzheitlichen Geschäftsprozessgestaltung bei der Entwicklung und beim Einsatz von E-Maintenance-Lösungen von Unternehmen eine permanente Verknüpfung von IT- und Prozess-/Organisationsgestaltung zur Erzielung eines dauerhaften Erfolges voraus.

2.4.3.3 Anwendungsorientierte Prozessgestaltung

Lernen im Rahmen der ganzheitlichen Geschäftsprozessgestaltung bei der Entwicklung und beim Einsatz von E-Maintenance-Lösungen vollzieht sich, wie bereits dargestellt primär handlungs- und erfahrungsorientiert in der unmittelbaren Auseinandersetzung mit dem realen Lerngegenstand (Lernobjekt). Die ausschließliche Simulation von prozessbezogenen Aktivitäten fern der Realität prozessualer Existenz kann nicht zu optimalen Ergebnissen führen, da eine Modellierung aller Einflussgrößen auf die Geschäftsprozesse sowie auf die E-Business-Anwendungen ex ante nicht möglich ist. Kreativität im Hinblick auf die Identifikation innovativer Ansätze zum Reengineering oder Design von Abläufen entlang der Wertschöpfungskette, die durch ein E-Maintenance-System abgebildet werden sollen, entfaltet sich am besten in der forschenden Auseinandersetzung mit den Prozess- und E-Business-Spezifika im unmittelbaren Anwendungsbezug. Ohne die genaue Kenntnis beispielsweise von Anwenderanforderungen würde eine Geschäftsprozessgestaltung am Bedarf aktueller oder zukünftiger Nutzer vollständig vorbeilaufen. Die Erschließung der durch den effizienten Einsatz von E-Business-Systemen erhofften Potenziale dürfte sich in diesem Fall als äußerst schwierig erweisen. Anwendungsorientierung manifestiert sich als dualer Aspekt, da ihr Schwerpunkt zum einen die Geschäftsprozesse, zum anderen die E-Maintenance-Systeme sind. Speziell generische Applikationen müssen von einem definierten Anwendungsraum ausgehen, um die dem System zukünftig inhärenten Geschäftsprozesse sowie Funktionalitäten und Schnittstellen ausgestalten zu können.

Basierend auf den entwickelten drei Dimensionen der Ganzheitlichkeit bedarf es des durchgängigen Anwendungsbezuges hinsichtlich ...

- ... der gesamten Prozesshierarchie sowie aller in die ganzheitliche Geschäftsprozessgestaltung involvierten Unternehmensebenen (vertikale Dimension).
- ... der Koordination von Prozess- sowie Objekt- und Datenmodell (vertikale Dimension).
- ... aller involvierten Zielgruppen sowie des Personen-, Sach- und Situationsbezugs ganzheitlicher Geschäftsprozessgestaltung (horizontale Dimension).
- ... der Lebenszyklen der Geschäftsprozesse sowie der E-Maintenance-Lösungen.

Zusammenfassend kann also folgende Leitlinie formuliert werden:

Leitlinie der anwendungsorientierten Prozessgestaltung (Hypothese): Erfolgreiche ganzheitliche Geschäftsprozessgestaltung benötigt den lebenszyklusübergreifenden Anwendungsbezug sowie die anwendungsbezogene Kooperation und Koordination zwischen Entwicklern und (potenziellen) Anwendern sowie weiteren beteiligten Akteuren entlang der Wertschöpfungskette und der durch die zu entwickelnden oder einzusetzenden E-Maintenance-Lösungen erfassten Prozesse.

2.4.3.4 Interkulturelle Prozessgestaltung

Die immer weiter fortschreitende Globalisierung der Märkte[370] sowie die Institutionalisierung länder- und kontinentübergreifender Netzwerke entlang der gesamten Supply Chain induziert die Konzeption

[370] Vgl. Wildemann, H. (1999b)

sowie den Einsatz von E-Business-Lösungen, die sich als „interkulturfähig" erweisen.[371] Gemeint ist in diesem Zusammenhang nicht nur die Zurverfügungstellung verschiedener Benutzersprachen, sondern die Erfüllung kulturell geprägter Anforderungen vorhandener und potenzieller Anwender. Dabei dürften sich diese Anforderungen sowohl auf die vom System zu erfüllenden Funktionen beziehen als auch auf die Integration sowie Struktur der zugrunde liegenden Geschäftsprozesse, die im Rahmen der vorliegenden Arbeit speziell auf das Anwendungsfeld der Instandhaltung bezogen sind.

Zusätzlich erweisen sich interkulturell zusammengesetzte Projektteams, die mit der Entwicklung oder der Einsatzplanung von E-Business-/E-Maintenance-Lösungen betraut sind, als ein aus der Perspektive des interkulturellen Lernens[372] zu berücksichtigendes Phänomen. Ansätze zur Koordination von Partneraktivitäten sowie zur Unterstützung der gegenseitigen Kooperation haben Aspekte wie interkulturelle Sensibilität sowie interkulturelle Handlungskompetenz zu berücksichtigen und zu fördern.

Diese Aspekte münden in die folgende Leitlinie:

Leitlinie der interkulturellen Prozessgestaltung (Hypothese):
Ganzheitliche Geschäftsprozessgestaltung von E-Maintenance-Lösungen erfordert die Berücksichtigung interkultureller Spezifika. Interkulturell orientiertes Prozessmanagement setzt interkulturelles Verständnis sowie die Realisierung interkulturellen Lernens voraus.

[371] Zu kulturellen Implikationen der Globalisierung vgl. beispielsweise Klimecki, R.G./Probst, G. (1992), S. 6ff.

[372] Vgl. hierzu Klimecki, R.G./Probst, G. (1992), S. 26ff.

3 Vornahme der Konstruktion eines ganzheitlichen Geschäftsprozessmodells für das Anwendungsfeld der E-Maintenance

3.1 Terminologische und konzeptionelle Fundierung eines ganzheitlichen Geschäftsprozessmodells

Die Umsetzung der ganzheitlichen Geschäftsprozessgestaltung bei der Entwicklung und beim Einsatz von E-Maintenance-Lösungen orientiert sich zum einen an der spezifischen Konzeption des Paradigmas Geschäftsprozess, zum anderen an einem zielführenden Vorgehensmodell.[373] Das vorliegende Kapitel ist zunächst der Entwicklung eines adäquaten Modellverständnisses von Geschäftsprozessen im E-Business-Implikationszusammenhang gewidmet, die Ausgestaltung des entsprechenden Vorgehensmodells erfolgt im nächsten Schritt.

Im Rahmen des Abschnitts 2.2 wurde der Terminus Geschäftsprozess aus einem ganzheitlichen Verständnis heraus definiert, der die Bedeutungshöfe Betriebswirtschaftslehre einerseits und I&K-Theorie, insbesondere I&K-Technologien andererseits paradigmenspezifisch verknüpft.[374] Diese sehr detaillierte Fundierung des Begriffes lässt die Komplexität und Vielfältigkeit der inhaltlichen sowie konzeptionellen Charakteristika zur Beschreibung von Geschäftsprozessen bereits erahnen. Die prozessrelationale Seite, ergänzt um die mehrdimensionale E-Perspektive des Forschungsgegenstandes „Geschäftsprozess“ trägt ex ante zu einer überproportionalen Komplexitätssteigerung bei, die bei der Gestaltung gehandhabt werden muss.

---

[373] Die Strukturierung der ganzheitlichen Geschäftsprozessgestaltung in Prozessmodell und Vorgehensmodell orientiert sich an der in Theorie und Praxis üblichen Vorgehensweise zur Beschreibung von Ansätzen des Business Process Redesigns (BPR). Die Darstellung des state of the art des BPR umfasst bei Hess/Brecht beispielsweise die Explikation des Metamodells sowie des Vorgehensmodells der einzelnen Konzepte; Vgl. hierzu Hess, Th./Brecht, L. (1995). „Ein Metamodell beschreibt dabei die verschiedenen Informationselemente und deren mögliche Beziehungen in einem Prozessmodell.“ [Deiters, W. (1997), S. 55]

[374] Vgl. S. 61f.

Zur Komplexitätsreduktion sowie Theorieentwicklung finden in Wissenschaft und Praxis häufig Modelle Anwendung. Die Realität erweist sich als so vernetzt und undurchschaubar, dass die Fülle an Informationen hinsichtlich der sie gestaltenden und beeinflussenden Elemente zu einem bestimmten Zeitpunkt nicht vollständig erfasst und verarbeitet werden kann. Im Rahmen der vorliegenden Arbeit soll deshalb nachfolgend ein ganzheitliches Geschäftsprozessmodell entwickelt werden, das auf dem bereits explizierten Geschäftsprozessverständnis sowie der Konzeption von Ganzheitlichkeit basiert.

Der allgemeine Modellbegriff geht auf STACHOWIAK zurück.[375] Modelle repräsentieren vereinfachte Abbildungen der Realität und dienen neben dem Zweck der Komplexitätsreduktion gleichermaßen der Identifikation vorhandener elementbezogener Interdependenzen. „Welche Zusammenhänge hierbei als relevant einbezogen und welche außer Acht gelassen werden, hängt von der Bewertung sowie Entscheidung des Modellformulierers ab und lässt sich nicht an der Wirklichkeit überprüfen. Daher spricht eine Reihe von Argumenten dafür, sie als bewusste Definitionen oder Konstruktionen problematisierter Handlungssituationen zu verstehen."[376] Mittel sukzessiver Detaillierung der Modelle lässt sich im Sinne des hermeneutischen Zirkels eine immer bessere Explikation der Realität erreichen. „Man nennt diese Verfahrensweise die *Methode der abnehmenden Abstraktion.*"[377] Modelle lassen sich nicht verifizieren oder falsifizieren, sie erweisen sich im jeweiligen Kontextzusammenhang als zweckmäßig. Das Auftreten von innovativen Erkenntnissen erfordert die Modifikation oder den Austausch des aktuell applizierten Schemas. Modelle finden heutzutage beispielsweise Eingang in die Wirtschaftswissenschaften, in die Sozialwissenschaften oder Didaktik sowie in die Wirtschaftsinformatik.

Aus dem Anspruch der Ganzheitlichkeit und der Leitlinie der kontextverknüpfenden Prozessgestaltung heraus, wird es erforderlich einen

[375] Vgl. ausführlich Stachowiak, H. (1973)

[376] Küpper, H.-U. (1995), S. 40

[377] Felderer, B./Homburg, (1994), S. 10

Modellbegriff für das weitere Vorgehen zu verwenden, der sowohl den Anforderungen der Wirtschafts- und Sozialwissenschaften als auch dem Interpretationszusammenhang der I&K-Theorie und der Informatik gerecht wird. Zu differenzieren gilt es in diesem Fall zwischen dem klassischen abbildungstheoretischen und dem vor allem in der (Wirtschafts)informatik präferierten konstruktivistischen Modellbegriff. Ersterer praktiziert die isomorphe oder homomorphe Abbildung realer Gebilde unter dem Primat der Existenz einer objektiven Wirklichkeit, wobei die Strukturen des Realitätssystems mit Hilfe von Abbildungsfunktionen in das Modellsystem überführt werden. Die aus dem genannten Tatbestand resultierenden Probleme führten zur Konzeption des zweitgenannten Ansatzes, dem konstruktivistischen Modellbegriff. Dieser basiert auf den Implikationen des Konstruktivismus, nach dem die Existenz und Perzeption der Realität nur subjektgebunden möglich ist, es wird ein so genanntes Realitätskonstrukt gebildet. Einfluss auf die Modellbildung haben Aspekte wie der Kontext und das Ziel der Modellierung, die Interpretation der Wirklichkeit sowie die Vorgehensweise bei der Konstruktion des Modells.[378]

Im Rahmen der vorliegenden Habilitationsschrift wird deshalb vom konstruktivistischen Modellverständnis ausgegangen, das als Referenzbasis für das zu schaffende ganzheitliche Geschäftsprozessmodell dienen soll.

Neben der terminologischen Fundierung des Modellbegriffes, gilt es die Termini Prozessmodell sowie Geschäftsprozessmodell näher zu spezifizieren. „Ein Prozessmodell ist eine abstrakte Beschreibung eines bestimmten Prozesses. Diese Beschreibung kann mehr oder weniger formal sein. Ein **Prozessmodell** stellt aufgrund seiner Abstraktionsstufe immer eine bestimmte Sicht auf den beschriebenen Prozess dar.“[379] Prozessmodelle können grundsätzlich für alle existenten Abläufe in Theorie und Praxis geschaffen werden, somit

378 Zum Konstruktivismus vgl. beispielsweise Lorenzen, P. (2000)

379 URL: http://swt.cs.tu-berlin.de/~pirol/glossar/Prozessmodell.html

also auch speziell für das Paradigma Geschäftsprozess.[380] „Analog zum allgemeinen Begriff ⇑ Modell können Geschäftsprozessmodelle als zweckorientierte, vereinfachte Abbildungen von Geschäftsprozessen aufgefasst werden. Ihre Struktur spiegelt die zeitlich-sachlogische Abfolge der betrachteten Funktionen wider.“[381] Sie unterstützen die Analyse, Dokumentation sowie Gestaltung von business processes und erleichtern die paradigmenspezifische Verständigung.[382]

Nach DEITERS repräsentiert ein Geschäftsprozessmodell das Resultat der Erfassung sowie der Modellierung von organisatorischen Abläufen.[383] „Dabei wird bei der Beschreibung von den individuellen Charakteristika eines einzelnen Geschäftsprozesses (...) im Sinne der Beschreibung einer Klasse von Geschäftsprozessen mit gleichen Eigenschaften (...) abstrahiert.[384] Speziell in diesem Zusammenhang tritt die Komplexitätsreduktion zutage, die durch die Entwicklung von Geschäftsprozessmodellen erreicht werden soll.[385] „Eine prozessorientierte Modellierung ist eine Modellierung, welche die Prozesssicht als primäre Sicht behandelt. Sie führt zum prozessorientierten Modell.“[386] Die Verknüpfung der Modell- mit der Geschäftsprozessmodell-Konzeption und dem Paradigma der Ganzheitlichkeit führt zu

380 Vgl. hierzu exemplarisch das Prozessmodell sozial kompetenten/inkompetenten Verhaltens: URL: http://www.gsk-training.de/gsk/proze.htm oder das sozial-kognitive Prozessmodell gesundheitlichen Handelns: URL: http://userpage.fu-berlin.de/~ahahn/brahms/2_4.html

381 Wyssusek, B. (2001), S. 210

382 Vgl. dazu ebd., S. 211; weitere Anwendungsfelder repräsentieren nach Wyussek das Business Process Reengineering, die Auswahl und das Customizing von Standardsoftware, das Requirements Engineering, das Workflow Management sowie das Wissensmanagement.

383 Vgl. Deiters, W. (1997), S. 52

384 Ebd., S. 52

385 Der Prozess der Modellierung beschreibt den Vorgang der Modellbildung und ist auf das Ziel der Reduzierung von Komplexität sowie auf die Erreichung subjektiver Ziele der Modellierung ausgerichtet; vgl. hierzu Rosemann, M. (1996), S. 17 – 19; zum Themenfeld des Business Modelling vgl. beispielsweise Nilsson, A.G./Tolis, C./Nellborn, C. (1999)

386 Schönsleben, P. (2001), S. 149

folgender Explikation des Konstruktes des ganzheitlichen Geschäftsprozessmodells:

- BASISKONZEPTION:
  - Unter einem ganzheitlichen Geschäftsprozessmodell wird das Ergebnis der ganzheitlichen Beschreibung von intra- sowie interorganisationalen Abläufen auf einem situationsspezifisch gewählten Abstraktionsniveau verstanden. Ziel und Zweck der Beschreibung ist die Integration sowie die ganzheitliche Gestaltung von Geschäftsprozessen bei der Entwicklung und beim Einsatz von E-Business-, speziell von E-Maintenance-Lösungen von Unternehmen.

- ERWEITERTE KONZEPTION:
  - Der Vorgang der ganzheitlichen Beschreibung impliziert die Erfassung aller den Prozess charakterisierenden Elemente (Orientierung an der dreidimensionalen Strukturiertheit des Ganzheitlichkeitsparadigmas).

  - Das Geschäftsprozessmodell vereint alle für eine ganzheitliche Prozessgestaltung im Rahmen der Entwicklung und des Einsatzes von E-Business-, speziell von E-Maintenance-Lösungen von Unternehmen relevanten Perspektiven.

  - Die Beschreibung erfolgt unter Nutzung adäquater Modellierungstechniken.

  - Das ganzheitliche Geschäftsprozessmodell basiert auf einem konstruktivistischen Modellbegriff, mit dem Ziel, die Kontexte der Wirtschafts- und Sozialwissenschaften sowie der Informatik modelltheoretisch zusammen zu führen.

Business Process Models folgen besonderen Bildungsregeln und Strukturierungsprinzipien, die im nachfolgenden Abschnitt, unter Berücksichtigung des Ganzheitlichkeitsaspektes näher spezifiziert werden sollen.

3.2 Grundlegende Strukturierungsprinzipien eines ganzheitlichen Geschäftsprozessmodells

Die Inhalte von Geschäftsprozessmodellen repräsentieren ein Hauptstrukturierungsmerkmal für die Konzeption von Geschäftsprozessmodellen. Nach DEITERS lassen sich die Inhalte und damit in Konsequenz gleichfalls die Modelle wie folgt klassifizieren:[387]

- Ablaufmodell: Deskription der multiplen Aktivitäten als Elemente der aktuell betrachteten Geschäftsprozesse sowie Dokumentation der aktivitätsbezogenen Sequenz.
- Datenmodell: Festlegung der Datenobjekt-Typen/-Spezifika als Basis für den Prozessvollzug.
- Organisationsmodell: Deskription der organisatorischen Gegebenheiten sowie der hieraus resultierenden Verantwortlichkeiten für den Objektzugriff und die Vorgangsabwicklung.

Diese Kategorien können bereits als Leitlinie für die Konstruktion eines ganzheitlichen Geschäftsprozessmodells dienen. ÖSTERLE schlägt zur Erreichung einer möglichst umfassenden Prozessbeschreibung die Entwicklung von Teilmodellen zu den Dimensionen Organisation, Daten und Funktionen vor.[388] Es besteht grundsätzlich die Möglichkeit, noch weitere Deskriptionsmerkmale in ein Geschäftsprozessmodell zu integrieren, mit der Problematik, dass die Komplexität des Modells sukzessive ansteigt. Für die Konstruktion eines ganzheitlichen Geschäftsprozessmodells als Basis für die ganzheitliche Geschäftsprozessgestaltung bei der Entwicklung und beim Einsatz von E-Maintenance-Lösungen gilt es, die Balance zwischen einem gerade noch akzeptablen Detaillierungsgrad und einem gerade noch akzeptablen Mangel an Ganzheitlichkeit zu finden.

Neben der Bildung von Ist-Modellen, die die Beschreibung der tatsächlichen Abläufe in der Prozessrealität leisten, spielt im Zusammenhang mit dem Prozess(re)engineering die Erstellung von Soll-Modellen eine bedeutende Rolle. Das Soll-Modell dient neben der

[387] Vgl. Deiters, W. (1997), S. 55

[388] Vgl. Österle, H. (1995), S. 30

Unterstützung eines kontinuierlichen Verbesserungsprozesses vor allem der „Abbildung (...) möglicher zukünftiger Realitäten“,[389] auch in Verbindung mit gravierenden Veränderungen auf Prozessebene. Ziel eines ganzheitlichen Geschäftsprozessmodells für das Anwendungsfeld der E-Maintenance muss es sein, sowohl die betriebswirtschaftlichen als auch I&K-technologischen Prozessmerkmale im Ist- und Soll-Modell mit gleichem Detailliertheitsgrad zu erfassen und zu gestalten.[390] „Bei der Erstellung von Sollmodellen finden besonders im Umfeld des ⇑ *Customizing* Referenzprozessmodelle Anwendung, die prototypische, generische Prozessstrukturen vorgeben und durch Modifikation an die konkrete Situation angepasst werden (...).“[391] Speziell bei der Geschäftsprozessgestaltung im Bereich generisch ausgerichteter E-Business-Systeme ist diesem Aspekt besondere Aufmerksamkeit zu schenken. Durch die Einführung des „generischen Prinzips“ lässt sich die Komplexität des Geschäftsprozessmodells und der Prozessgestaltung reduzieren, ohne das Primat der ganzheitlichen Systemschau zu vernachlässigen.

Als zusätzlicher Einflussfaktor auf die Geschäftsprozessmodellstruktur wirkt der Dezentralisierungsgrad von Prozessen.[392] Der Komplexitätsgrad (beispielsweise bestimmt durch die Anzahl der in den Prozess involvierten Personen oder durch die Pluralität vorhandener Systeme), die Standortverteiltheit der Prozesspartner sowie die Unabhängigkeit der am Geschäftsprozess Beteiligten hinsichtlich der Prozessgestaltung dürften den Aufbau eines Geschäftsprozessmodells, insbesondere wenn der Kern der späteren Geschäftsprozessgestaltung im Umfeld von E-Business liegt, nachhaltig beeinflussen.

---

389 Krcmar, H./Schwarzer, B. (1994), S. 15; Anm. d. Verf.: Der Abbildungsprozess wird im Rahmen der vorliegenden Arbeit aus einem konstruktivistischen Verständnis heraus interpretiert.

390 Zum Aspekt der erforderlichen Zusammenführung von Business und IT im Rahmen der Anwendungsentwicklung vgl. beispielsweise Maurer, Th./ Esslinger, A./Sydow, Th. (2003), S. 59ff.

391 Wyussek, B. (2001), S. 211

392 Vgl. Deiters, W. (1997), S. 56f.; Deiters untersucht diesen Aspekt aus dem Blickwinkel der eventuellen Erfordernis einer Dezentralisierung von Workflow-Mangement-Systemen sowie von Geschäftsprozessmanagement-Aktivitäten.

Tendenziell besteht die Option so gennante Prozessmodellfragmente einzuführen, die „... eine partielle Beschreibung von Geschäftsprozessen durch eine organisatorische Einheit (sog. Fragmenteigner) ...“[393] darstellen. Den Fragmenteignern, wie beispielsweise Unternehmen, Organisationseinheiten oder Mitarbeitern wird die Verantwortung hinsichtlich des Prozessmanagements zugeordnet. Übertragen auf das Paradigma der ganzheitlichen Geschäftsprozessgestaltung bei der Entwicklung und beim Einsatz von E-Business-, im Speziellen von oder E-Maintenance-Tools bedeutet dies, dass alle am Vorhaben beteiligten Partner, unabhängig von ihrer wahrgenommenen Funktion, die Rolle von Prozessfragmenteignern übernehmen. Die Identifikation und exakte Beschreibung der vorhandenen personellen sowie Systemschnittstellen erscheint m. E. gerade bei der Betrachtung von Geschäftsprozessen, deren Abwicklung durch E-Business-Tools erfolgen soll, als zielführend.

Grundsätzlich dürfte sich eine integrierte Prozessdarstellung für die verschiedenen, zielbasierten Einsatzfelder der Modellierung, wie es beispielsweise die Unterstützung eines geplanten Business Process Reengineerings darstellt, als sinnvoll erweisen, „... da dadurch Transformationen und Methodenbrüche zwischen den Modellen verhindert werden.“[394] Im übertragenen Sinne impliziert dieser Gedanke, dass die einzelnen Prozessmodellfragmente vor Erstellung zu standardisieren und nach Erstellung modellbildend zu integrieren sind.

Prozessmodelle basieren auf einer ex ante vorgenommenen Klassifikation von Geschäftsprozessen, die als eine weitere auf die Struktur des Geschäftsprozessmodells einwirkende Größe zu betrachten ist. In der Literatur finden sich verschiedene Ansätze zur Durchführung einer Prozesssegmentierung oder Prozesstypologisierung. KÜPPER führt beispielsweise eine Systematisierung von Universitätsprozessen auf Basis eines Schichtenmodells durch, das als erste Ebene die die Kategorie der Geschäftsprozesse konstituierenden Lenkungsprozesse

393 Deiters, W. (1997), S. 57; zur Verdeutlichung des Prozessmodellfragment-Gedankens vgl. ebd., Abb. 6, S. 57

394 Ebd., S. 58

(Lenkungssystem) sowie Haupt- und Serviceprozesse (Leistungssystem) umfasst. Ressourcen sowie Potenziale, die Strukturen des Führungssystems, die Strategien und die Ziele repräsentieren die den Geschäftsprozessen übergeordneten Schichten.[395] Eine andere Möglichkeit zur Klassifizierung von Business Processes stellt die Untergliederung nach der Relevanz von Prozessen für die Befriedigung von Kundenanforderungen dar. Unterschieden werden demnach Schlüssel- oder Kernprozesse, Prozesse mit Hebelwirkung, Opportunistische Prozesse sowie Unterstützende Prozesse.[396] Kernprozesse weisen einen Wettbewerbsvorteil gegenüber Mitkonkurrenten auf und sollten sehr effizient abgewickelt werden. „Demgegenüber sind Erfolgskriterien bei den Prozessen mit Hebelwirkung (z.B. Beschaffungsprozesse) genaue Kenntnisse der wesentlichen Kosten-, Zeit- und Qualitätsmerkmale."[397] Der opportunistische Prozessgedanke impliziert die Festlegung der Kunden- und damit in Konsequenz der Prozessgestalt entsprechend der Relevanz des Kunden. Speziell Supportprozesse erfordern die umfassende Erschließung von Rationalisierungspotenzialen. DEITERS schlägt die Klassifizierung von Geschäftsprozessen nach der Planbarkeit der Aspekte Informationsbasis, Kooperationspartner und Lösungsweg vor.[398] „Unter dem Begriff Planbarkeit soll die grundsätzliche Möglichkeit verstanden werden, bestimmte Merkmale eines Prozesses a priori, also vor der Ausführung, festzulegen."[399] Aus der Beurteilung der drei Kategorien hinsichtlich der jeweiligen Ausprägung der Planbarkeit resultieren acht Geschäftsprozessklassen. Sofern die Planbarkeit bei allen drei Aspekten gegeben ist, liegen strukturierte Prozesse vor (Klasse 0), bei vorhandener Nichtplanbarkeit bezogen auf die drei Elemente wird von unstrukturierten Prozessen gesprochen (Klasse 7). Die Geschäftsprozesse aus den Klassen 1 bis 6 erweisen sich als semi-strukturierte Abläufe.[400] Die Konstruktion eines ganzheitlichen Geschäftsprozess-

---

395 Vgl. Küpper, H.-U. (1997), S. 46ff.

396 Aufzählung nach Reuter, B. (1997), S. 131

397 Ebd., S. 131

398 Vgl. hierzu Deiters, W. (1997), S. 57f.

399 Ebd., S. 57

400 Deiters führt die Klassifizierung der Prozesse nach dem Kriterium der Planbarkeit durch, um die Einsatzpotenziale beispielsweise für Workflow-

modells für die Anwendung im Rahmen der ganzheitlichen Geschäftsprozessgestaltung von E-Business-/E-Maintenance-Lösungen erfordert eine dem Paradigma angemessenen Klassifizierung von Geschäftsprozessen, die sich an den Einflussgrößen derselben im E-Business-Umfeld orientieren muss.

Ergänzend dazu, bedarf es der strukturellen Ordnung der im Rahmen der vorliegenden Arbeit zu betrachtenden E-Business-Lösungen aus geschäftsprozessbezogener Sicht. Die elementare Funktion oder Bedeutung von E-Business-Tools für die Geschäftsprozesse, insbesondere für die Geschäftsprozessgestaltung ist im Prozessmodell (Metamodell) konstruktiv zu verankern.

Neben der Segmentierung von Geschäftsprozessen ist eine Hierarchisierung von Prozessen oder Prozessketten bei der Modellgestaltung vorzunehmen. Der Segmentierungs- und damit indirekt der Hierarchisierungsaspekt wurden bereits im Zusammenhang mit der Leitlinie der modularen Prozessgestaltung angesprochen. Geschäftsprozesse lassen sich demnach schrittweise in Hauptprozesse, diese in Teilprozesse und diese wiederum in einzelne Tätigkeiten oder Aktivitäten aufspalten.[401] Ein vergleichbares Bild resultiert aus der systemtheoretischen Konzeption von Prozessen.

Von SIMON stammt das folgende Zitat: „Hierarchy ... is one of the central structural schemes that the architect of complexity uses.“[402] Hierarchisierung wirkt komplexitätsreduzierend und ist in diesem Zusammenhang systemtheoretisch fundiert. „Sie (Hierarchien; Anm. d. Verf.) haben die Eigenschaft einer annähernden Zerlegbarkeit (near decomposability), weil die Verknüpfungen innerhalb der Komponenten in der Regel stärker sind als zwischen den Komponenten (Simon 1962, S. 477).“[403] Hierarchisierung kann folglich als grundlegendes Strukturierungsprinzip für die Entwicklung von Geschäfts-

Management-Systeme im Rahmen eines Geschäftsprozessmanagements aufzuzeigen.

401 Vgl. beispielhaft Delfmann, W. (1997), S. 91

402 Simon, H.A. (1962), S. 468

403 Schiemenz, B. (1997), S. 112

prozessmodellen betrachtet werden. Die hierarchische Produktionsplanung beispielsweise nutzt das Hierarchisierungsprinzip, um auf jeder einzelnen Ebene das vorhandene Problem optimal oder zumindest in zufriedenstellender Weise zu lösen.[404] Ein entsprechendes Vorgehen wäre auch im Rahmen der ganzheitlichen Geschäftsprozessgestaltung bei der Entwicklung und beim Einsatz von E-Maintenance-Lösungen von Unternehmen grundsätzlich denkbar.

Die Konkretisierung der Inhaltsdimension von Geschäftsprozessmodellen erfolgt durch die Entwicklung von Metamodellen (vgl. Abb. 3-1). „Diese legen die in den Modellen verwendeten Basiselemente sowie deren Beziehungen (z.B. Datenfluss, Kontrollfluss) fest."[405] Das für die Geschäftsprozessgestaltung von E-Business-/E-Maintenance-Lösungen zu generierende ganzheitliche Geschäftsprozessmodell wird primär als Metamodell fungieren und ist im Rahmen des Vorgehensmodells noch weiter zu detaillieren. Der Vorgang der Geschäftsprozessmodellierung zur Entwicklung des Geschäftsprozessmodells umfasst alle Aktivitäten zur Beschreibung und Darstellung aller relevanten Aspekte eines Geschäftsprozesses in einer festgelegten Beschreibungssprache. In Anlehnung an SCHEER[406] können in diesem Zusammenhang unterschieden werden:

- der Modelltyp, die Modellierungsmethode sowie die Modellierungssprache: Sie fixieren das Zeichen-/Symbolsystem für die Modellierung der Geschäftsprozesse (z.B. Ereignisgesteuerte Prozessketten).
- die Objekttypen (Klassen): sie lassen sich dem spezifischen Modelltyp zuordnen (z.B. Elemente des Flussdiagramms).
- die Objekte (Instanzen): sie repräsentieren Elemente der realen Welt und können einem spezifischen Objekttyp zugeordnet werden (z.B. Lieferschein prüfen).
- die Objektausprägung oder Referenz: sie bezieht sich auf das wiederholte Auftreten eines Objektes in einem Modell.

---

404 Vgl. hierzu Schiemenz, B. (1997), S. 113; zur hierarchischen Produktionsplanung vgl. Küpper, H.-U./Helber, St. (1995), S. 25f.

405 Deiters, W. (1997), S. 58

406 Zu Modellierungsmethoden vgl. ausführlich Scheer, A.-W. (1998)

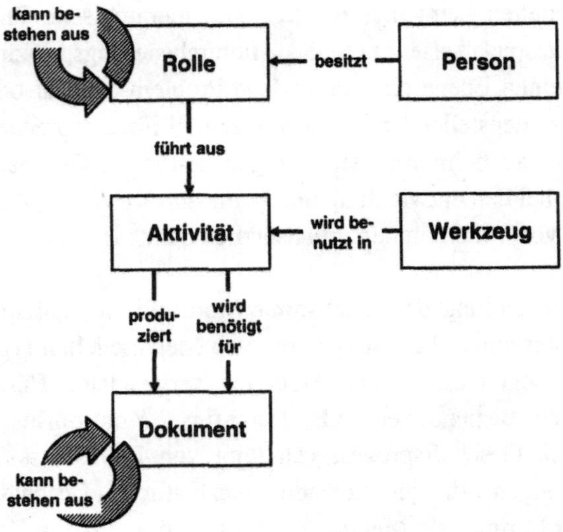

Abb. 3-1: Beispiel für ein(en) Metamodell(ausschnitt)[407]

Modelltypen zur Prozessmodellierung haben unterschiedliche Herkunft. So werden beispielsweise in der Informatik und Softwareentwicklung Flussdiagramme oder Activity Diagrams (UML: Unified Modeling Language), in der Betriebswirtschaft ereignisgesteuerte Prozessketten (EPK) oder in der Mathematik Petri-Netze vorwiegend eingesetzt. Die Wahl des geeigneten Modelltyps ist abhängig vom angestrebten Verwendungszweck, grundsätzlich ist auch die Kombination verschiedener Typen zielführend.

Dem Aspekt der Ganzheitlichkeit ist durch eine Berücksichtigung der dreidimensionalen Strukturiertheit des Paradigmas bei der Gestaltung des Prozessmodells Rechnung zu tragen. Implizit bedeutet dies, die Aspekte der horizontalen, vertikalen und diagonalen/pyramidalen Dimension als Bausteine in das Modell zu integrieren. Eine entsprechende dreidimensionale Strukturiertheit des Geschäftsprozessmodells, das es später für das Anwendungsfeld der E-Maintenance

---

407 In Anlehnung an Deiters, W. (1997), S. 56

noch weiter zu konkretisieren gilt, wird durch den genannten Tatbestand jedoch nicht zwingend vorgeschrieben.

Für die Konstruktion eines ganzheitlichen Geschäftsprozessmodells erweisen sich zusammenfassend die folgenden Strukturierungsprinzipien als gestaltungsleitend:

- Fixierung der Inhalte des zu konstruierenden ganzheitlichen Geschäftsprozessmodells unter Einbezug des Ganzheitlichkeitsparadigmas.

- Konstruktion des Metamodells, unter Berücksichtigung folgender Leitlinien:

    - Wahl des Modellierungsziels, des –typs, der –methode, der -sprache sowie der Objekttypen, Objekte und der Objektausprägung.

    - Festlegung der Modellmodule (Teilmodelle) sowie bedarfsadäquat der Geschäftsprozessmodellfragmente und der Fragmenteigner.

    - Identifikation der Verknüpfungsstruktur von Betriebswirtschaftslehre und I&K-Theorie sowie weiteren Wissenschaftsdisziplinen.

    - Fixierung des generischen Status.

    - Berücksichtigung des Aspektes der integrierten Prozessdarstellung.

    - Fixierung des Modellstatus als Ist- oder Soll-Modell.

- Klassifizierung/Segmentierung der Geschäftsprozesse.

- Festlegung des Hierarchisierungsprinzips.

- Spezifikation der prozessualen[408] Dimension von E-Business-Lösungen.

3.3 Die Konstruktion eines ganzheitlichen Geschäftsprozessmodells im E-Business-Anwendungsfeld

3.3.1 Fixierung der Inhaltsdimension des ganzheitlichen Geschäftsprozessmodells

Zur Identifikation der Haupteinflussgrößen des nachfolgend zu konstruierenden Geschäftsprozessmodells, insbesondere des Metamodells können zwei stärker betriebswirtschaftliche Ansätze aus dem Feld des Business Process Redesigns und der Prozessoptimierung herangezogen werden. Dies ist zum einen das Konzept von WILDEMANN, das sich der durchgängigen Prozessorientierung im Unternehmen widmet sowie das Prozesskettenmanagement, einschließlich des zugrunde liegenden Prozessmodells nach KUHN. Bereits im einleitenden Kapitel der vorliegenden Arbeit wurden die beiden Konzepte als stärker ganzheitlich orientiert eingestuft und sollen aus diesem Grund zunächst zur Ableitung der Inhaltsdimension herangezogen werden. Den beiden Ansätzen ist gemeinsam, dass sie umfassend Eingang in die Praxis des Geschäftsprozessmanagements gefunden haben und damit empirisch fundiert sind.

Aus den Charakteristika von Geschäftsprozessen nach Wildemann[409] können folgende potenzielle Strukturierungselemente des Geschäftsprozessmodells/Metamodells deduziert werden: Input-Output-Bezug, Ereignisbezug, Transformationsregeln, Erfassung unternehmensinterner sowie unternehmensübergreifender Geschäftsprozesse, Kunden-

408 Der Begriff „prozessual" wird im Rahmen der vorliegenden Arbeit etymologisch neu konzipiert. Er impliziert den unmittelbaren Geschäftsprozessbezug und ist in diesem Fall nicht mit der originären Interpretation „auf einen Rechtsstreit bezüglich" identisch.

409 Wildemann, H. (1997), S. 19

bezug, Berücksichtigung von Material- und Informationsflüssen,[410] hierarchieübergreifender Bezug, Führungs- und Steuerungsbezug, Leistungsbezug, Autonomiegrad, Verantwortungsdefinition. Die genannten Aspekte lassen sich zu den in Abb. 3-2 dargestellten Inhaltsfeldern verdichten.

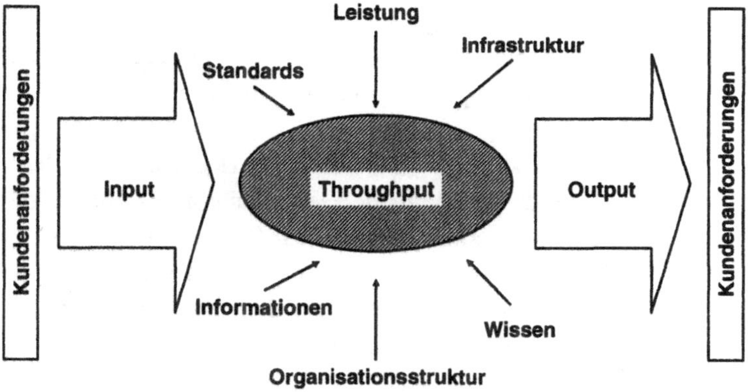

Abb. 3-2: Mögliche Inhaltsfelder des zu entwickelnden Geschäftsprozessmodells[411]

Zusätzlich werden als Einflussfaktoren des einzelnen Prozesses die Elemente Anforderungen/Ziele, Ressourcen sowie Charakteristika des betrachteten Prozesses identifiziert.[412] Ferner lassen sich im Konzept von Wildemann folgende Merkmale des Einzelprozesses aufführen: Prozesseigner/Prozessverantwortung, Prozessbeschreibung, Input/ Output, Schnittstellenspezifikation, Kunden- und Lieferantenbeziehung, Stellenbeschreibung, Arbeitsanweisung, Steuerung sowie

410 Zum Aspekt der gegenseitigen Beeinflussung von Informations- und Materialfluss im Rahmen eines Geschäftsprozessmodells vgl. Wildemann, H. (2004f), S. 18

411 In Anlehnung an Wildemann, H. (2004f), S. 16

412 Vgl. ebd., S. 92

Kenngrößen und Kontrolle.[413] Die Elemente des „Throughputs“ werden durch sog. Prozessgrößen wie Aktivitäten (z.B. Aufgabenanalyse, Anzahl, Dauer der Aktivitäten), Organisation (z.B. Grad der Arbeitsteilung, Schnittstellen zu anderen Abteilungen) sowie durch die Prozessstruktur (z.B. Standardisierung, Planungshorizont) wiedergegeben.[414] Die Prozessgrößen umfassen sowohl Leistungskennzahlen zur „Beschreibung von quantitativen und qualitativen Ergebnisgrößen zur Leistungsmessung“[415] als auch Strukturkennzahlen zur „Beschreibung von Strukturfaktoren, die auf den Prozess variantenbildend oder komplexitätstreibend wirken.“[416]

Als Orientierungsmaßstab zur Deduktion potenzieller Inhaltsfelder für das zu konstruierende ganzheitliche Geschäftsprozessmodell dienen des Weiteren die Potenzialklassen aus dem Prozesskettenmodell von Kuhn (vgl. Abb. 3-3). Die das System überlagernden Aspekte repräsentieren das Prozesskettenelement, die Prozesse, die Lenkungsebenen, die Strukturen sowie die Ressourcen.

Die Potenzialklassen[417] liefern Ansatzfelder für die potenzialorientierte Gestaltung und Optimierung von Prozessketten. Infolgedessen können die einzelnen Klassen als Orientierungspunkte für die inhaltliche Konzeption eines ganzheitlichen Geschäftsprozessmodells dienen. Sie lassen sich wie folgt, aus der Perspektive eines zukünftigen Prozessmodells spezifizieren:[418]

---

[413] Vgl. Wildemann, H. (2004f)., S. 93

[414] Vgl. ebd., S. 262

[415] Wildemann, H. (2003c), S. 6

[416] Ebd., S. 6

[417] Zu den Ansatzpunkten innerhalb der einzelnen Potenzialklassen vgl. Winz, G./Quint, M. (1997), S. 25ff.

[418] Aufbauend auf der grundsätzlichen Inhaltsdefinition der Potenzialklassen nach Kuhn erfolgt im Rahmen der Arbeit eine Übertragung sowie Adaptation derselben auf das Paradigma der Inhaltsdimension des zu konstruierenden ganzheitlichen Geschäftsprozessmodells. Die gewählte Vorgehensweise ist interpretativer sowie hermeneutischer Natur und stützt sich auf umfassende empirische Erfahrungen der Verfasserin im Bereich des praktischen Geschäftsprozessmanagements.

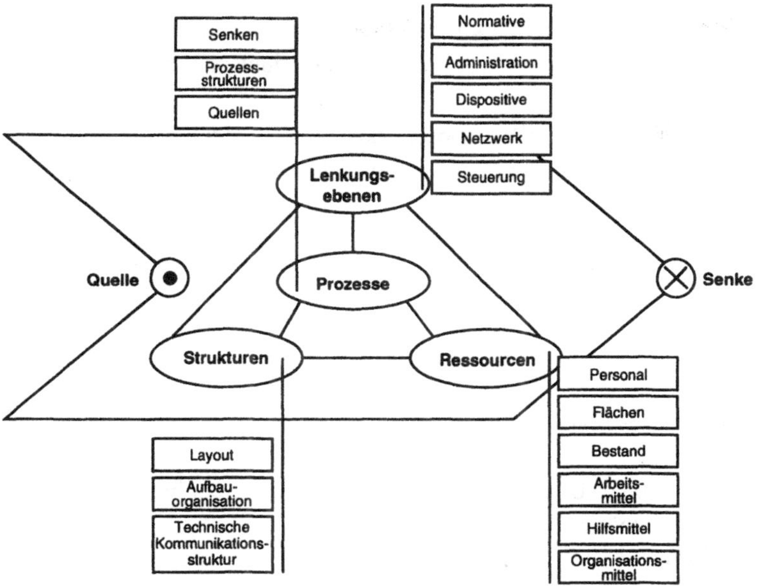

Abb. 3-3: Potenzialklassen nach Kuhn[419]

- Parameter Prozesse:

  - Senken: Spezifikation des/der Kunden im Sinne eines prozessbegleitenden Kundenbezugs sowie einer durchgängigen Kundenorientierung,
  - Prozessstrukturen: Aktuelle Ausgestaltung der Arbeitsstrukturen, aktuelle Ausprägung der Prozessgestaltung, gegebene hierarchische Prozessstruktur, Prozesssegmentierung, aktueller Wertschöpfungsgrad der Prozesse und
  - Quellen: Spezifikation des/der Lieferanten im Sinne der optimalen Gestaltung von Schnittstellen entlang der Supply Chain.

- Parameter Lenkungsebenen:

  - Normative: Unternehmenskultur, Führungsstil,
  - Administrative: Zielstrukturen, Kooperationsstrukturen,

[419] In Anlehnung an Winz, G./Quint, M. (1997), S. 24

- Dispositive: Prozessflexibilität als Handlungsflexibilität im Sinne einer schnellen Reaktion auf gewandelte Kundenanforderungen,
- Netzwerke: Prozessnetzwerke sowie deren Koordination, aktuelle prozessorientierte Entgelt- und Leistungsbewertungsstruktur und
- Steuerung: Verantwortungsübertragung im Sinne der Festlegung von Prozesseignern, Mechanismen der Prozesssteuerung als Ausprägungsform eines prozessorientierten Controllings (personell oder systemgestützt).

- Parameter Ressourcen:

  - Personal: Qualifikation der Prozessbeteiligten, Struktur prozessdeterminierender Arbeitszeitsysteme,
  - Flächen: ev. Kennzahl für die durch die Prozessausübung erforderliche Flächeninanspruchnahme, ev. Zielgröße im Rahmen des Geschäftsprozessmanagements,
  - Bestand: Kennzahl für die durch den Prozess verursachten oder prädeterminierten Bestände auf derselben sowie auf vor- oder nachgelagerten Stufen,
  - Arbeitsmittel: Mensch-Maschine-Schnittstellen, eingesetzte Systeme sowie Technologien,
  - Arbeitshilfsmittel: Vorhandene Arbeitshilfsmittel in direkten wie indirekten Geschäftsprozessen und
  - Organisationsmittel: Grad der Systemkompatibilität und -harmonisierung, ausgedrückt beispielsweise durch die Anzahl aktuell vorhandener Medienbrüche.

- Parameter Strukturen:

  - Layout: Darstellung des aktuellen Prozesslayouts, inklusive der zugehörigen Material- und Informationsflüsse,
  - Aufbauorganisation: Darstellung der die Geschäftsprozesse leitenden aufbauorganisatorischen Strukturen, Hierarchien und
  - Technische Kommunikationsstruktur: Eingesetzte I&K-Technologien/-Techniken (beispielsweise: Video- und Konferenz-

systeme, Internet, Intranet, Groupware, Workflow-Systeme, E-Business-Tools oder EDI, Vernetzungsgrad der Technologien).

Der Aspekt der Technischen Kommunikationsstruktur erweist sich im Hinblick auf das zu gestaltende Prozessmodell als nicht eindeutig überschneidungsfrei mit der Potenzialklasse Arbeitsmittel, insbesondere wenn es sich bei dem Betrachtungsgegenstand um indirekte Geschäftsprozesse handelt. Aus dem Potenzialklassenschema von Kuhn lässt sich also zusammenfassend eine Vielzahl von potenziellen Inhaltsfeldern eines zu konstruierenden Geschäftsprozessmodells ableiten.

Neben der Betrachtung stärker auf eine ganzheitliche Prozesskonzeption ausgerichteter Modelle, bietet es sich an, Managementkonzepte, die auf eine möglichst ganzheitliche Erfassung des Unternehmens bezogen sind, in die vorliegende Untersuchung mit einzubeziehen. Insbesondere das EFQM-Modell[420] erscheint in diesem Zusammenhang als Orientierungsraster zur Ableitung der Inhaltsdimension des ganzheitlich geprägten Geschäftsprozessmodells praktikabel zu sein.

Anfang der 1990er Jahre wurde mit der Einführung des European Quality Award (EQA) die European Foundation for Quality Management (EFQM) gegründet, in der sich Unternehmen unterschiedlicher Herkunft zusammenschlossen. Dieser Qualitätspreis sollte Unternehmen dabei unterstützen, ihre Organisation und damit gleichermaßen ihre Prozesse neu zu strukturieren, um eine permanente Orientierung am internen wie externen Kunden sowie an Größen wie Produkt- oder Prozessqualität zu gewährleisten. Der EQA sollte als europäisches Pendant zu dem bereits seit mehreren Jahren erfolgreichen amerikanischen Malcolm Baldrige National Quality Award (MBNQA) fungieren. Als bedeutendes Merkmal des EFQM-Modells kann die durchgängige Prozessorientierung identifiziert

420 Zum EFQM-Modell und seine Bestandteile vgl. beispielsweise URL: http://www.deming.de

werden, die gleichermaßen den Erkenntnismittelpunkt der vorliegenden Arbeit darstellt. Die drei Basissäulen des Modells konstituieren sich aus den Menschen, den Prozessen sowie den Ergebnissen. Durch die aktive Involvierung aller Mitarbeiter sollen im Rahmen eines kontinuierlichen Verbesserungsprozesses verbesserte Resultate erzielt werden.

Potenzielle Inhaltsfelder des zu generierenden Prozessmodells repräsentieren die in Abb. 3-4 dargestellten Bausteine des EFQM-Modells.

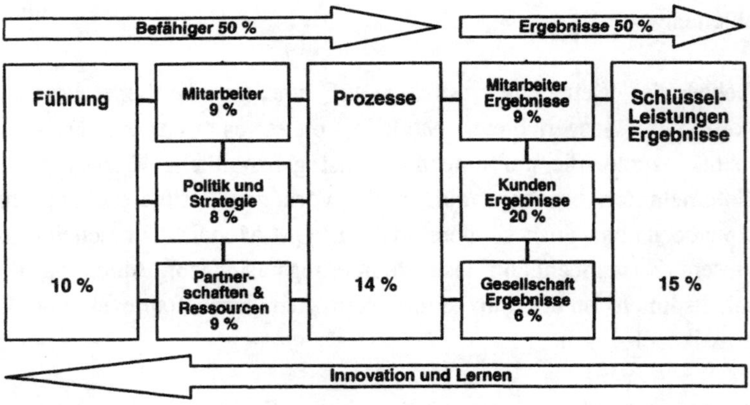

Abb. 3-4: Struktur des EFQM-Modells[421]

- Der Baustein Führung ...[422]
  - umfasst führungsrelevante Aspekte wie beispielsweise Führungsstruktur, Führungsstile sowie Qualifikations-, Anreiz- und Entgeltstruktur.

[421] In Anlehnung an URL: http://www.deming.de

[422] Die an dieser Stelle gewählte Vorgehensweise ist interpretativer, hermeneutischer sowie enumerativer Natur und erhebt deshalb keinen Anspruch auf Vollständigkeit.

- Der Baustein Mitarbeiter …
  - umfasst Aspekte wie beispielsweise Mitarbeiterqualifikation sowie die zugehörigen Anreiz-, Entgelt- oder Arbeitszeitsysteme.

- Der Baustein Politik und Strategie ...
  - umfasst Beschreibungselemente wie beispielsweise Unternehmensvision, Unternehmenspolitik, Unternehmensstrategie sowie Unternehmenskultur als Einflussfaktoren der Geschäftsprozessgestaltung.

- Der Baustein Partnerschaften & Ressourcen ...
  - umfasst Aspekte wie beispielsweise die an der ganzheitlichen Prozessgestaltung bei der Entwicklung und beim Einsatz von E-Maintenance-Lösungen beteiligten Parteien entlang der Wertschöpfungskette sowie die Charakterisierung vorhandener Netzwerke und Partnerschaften (z.B. zu Softwareprovidern als „Lieferanten")

  - umfasst die zur Prozessunterstützung eingesetzten Ressourcen, wie beispielsweise innovative Technologien, I&K-Technologien, spezielle E-Business-Tools, Workflow-Systeme, Arbeitshilfsmittel, Wissen, Infrastruktur, organisatorische Strukturen (z.B. Entscheidungsbefugnisse) und Kapital.

- Der Baustein Prozesse …
  - umfasst alle Aspekte, die die Geschäftsprozesse detailliert beschreiben wie beispielsweise involvierte Schnittstellen, Haupt- und Teilprozesse, Aktivitäten (Prozessschritte), Prozessarten, Prozessverantwortliche, Prozesszeiten und -häufigkeiten, Prozesskosten, weitere Prozesskennzahlen, die Daten- oder Systemstruktur.

Die bisherigen Beschreibungssichten fungieren im Gesamtprozess als Befähiger oder Enabler zur Erzielung der angestrebten Ergebnisse. Aus Sicht der ganzheitlichen Geschäftsprozessgestaltung bei der Entwicklung und beim Einsatz von E-Business-Lösungen steht dabei vor allem die nachhaltige Erschließung der ausgewiesenen Potenziale im Vordergrund. Basierend auf dem EFQM-Modell lassen sich aus Ergebnissicht jedoch noch weitere Inhaltsfelder des nachfolgend zu konstruierenden Geschäftsprozessmodells identifizieren.

- Der Baustein Schlüsselergebnisse ...
  - umfasst Elemente, die die aktuelle Ausprägung von Werttreibern des Unternehmens beschreiben, wie beispielsweise die Erfüllung von Prozesszielen, die Erfassung von Prozesskennzahlen, die vorhandene Prozessqualität sowie darüber hinaus, soweit ein Kausalzusammenhang herstellbar ist, die Auswirkung der Prozesseffizienz auf Messgrößen wie Cash Flow, Gewinn oder Shareholder Value.

- Der Baustein Mitarbeiterergebnisse ...
  - umfasst beispielsweise den Aspekt der Mitarbeiterzufriedenheit, aber gleichermaßen die Zufriedenheit der an der Geschäftsprozessgestaltung im E-Business-Umfeld beteiligten Parteien.

- Der Baustein Kundenergebnisse ...
  - umfasst beispielsweise den Aspekt der Kundenzufriedenheit mit den durch E-Business-Tools unterstützten Geschäftsprozessen.

- Der Baustein Ergebnisse Gesellschaft ...
  - könnte beispielsweise den Aspekt der gesellschaftlichen Akzeptanz von E-Business-Lösungen in den speziellen Anwendungsfeldern B2B oder B2C umfassen.

Die Ergebnisse beeinflussen wiederum die strukturelle Gestalt der Befähiger, d.h. sie können die Neuausrichtung von Prozessen und der sie „leitenden" Aspekte bewirken. Vice versa ist gleichermaßen die innovative Gestaltung der Prozesse oder der Ressourcen, wie es beispielsweise die Einführung einer E-Maintenance-Lösung repräsentiert, ein Initialfaktor für die Erreichung eines veränderten Leistungs- und Ergebnisportfolios.

Zur Berücksichtigung der engen Verzahnung von I&K- sowie von betriebswirtschaftlich relevanten Aspekten wird im Zusammenhang mit der Konstruktion eines ganzheitlichen Geschäftsprozessmodells nochmals auf die Modellkonzeption von ÖSTERLE verwiesen, nach der das Business Engineering „... die Dimensionen Organisation, Daten und Funktionen auf den Ebenen Geschäftsstrategie, Prozess und Informationssystem" gestaltet.[423] Die Architektur integrierter Informationssysteme (ARIS) nach SCHEER basiert auf einem vergleichbaren Verständnis.[424]

Aus der im einleitenden Kapitel entwickelten dreidimensionalen Strukturiertheit des Ganzheitlichkeitsparadigmas im prozessgestaltenden Implikationszusammenhang lassen sich abschließend folgende Inhaltsdimensionen des Geschäftsprozessmodells ableiten:

- Horizontale Dimension:
    - Alle Zielgruppen und von der Geschäftsprozessgestaltung im E-Business-Bereich betroffenen Personenkreise sowie
    - Personen-, Sach- und Situationsbezug der Prozessgestaltung.
- Vertikale Dimension:
    - Berücksichtigung aller Unternehmensebenen,
    - Einbezug der gesamten Prozesshierarchie und
    - Koordination Prozessmodell sowie Objekt- und Datenmodell.
- Diagonale/Pyramidale Dimension:
    - Betrachtung Lebenszyklus der Geschäftsprozesse und E-Business-Lösungen.

---

423 Österle, H. (1995), S. 30; zum Prozessmodell vgl. ebd., S. 48ff.

424 Vgl. Scheer, A.-W./Jost, W. (2002); vgl. dazu auch Scheer, A.-W./Galler, J. (1994), S.110

3.3.2 Konstruktion des ganzheitlichen Geschäftsprozess-Metamodells

Die Konstruktion des ganzheitlichen Metamodells integriert und systematisiert die im vorherigen Abschnitt aufgeführten potenziellen Inhaltsfelder und fügt Spezifika, die aus dem besonderen Betrachtungsgegenstand der ganzheitlichen Geschäftsprozessgestaltung im E-Business-Anwendungsfeld resultieren, konzeptbildend hinzu.

Von SLOAN, Alfred P. jr., (My years with general motors) stammt das folgende Zitat: „Die große Aufgabe bei der Beurteilung von Geschäftsprozessen ist es, alle Gegebenheiten und Umstände, die den Markt, die Technologie und andere sich dauernd verändernde Bereiche betreffen, zu erkennen. Die Schnelligkeit der Veränderungen im Bereich der modernen Technologie macht die Suche nach den Fakten zu einer ständigen Herausforderung.“[425] GATES führt in seiner Publikation „Digitales Business“ das Konzept des Digitalen Nervensystems ein.[426] Dieses steht in Interaktion zu den Erkenntnisobjekten „Strategisches Denken“, „Geschäftliche Operationen“, „Reaktionen“ sowie „Interaktion mit den Kunden“. „Ein digitales Nervensystem verbindet durch digitale Prozesse beinahe sämtliche Planungen und Aktionen eines Unternehmens.“[427] Die Möglichkeit durch die Nutzung digitaler Instrumente elementare sowie entscheidungsrelevante Informationen kurzfristig erhalten zu können, fördert die Handlungsflexibilität von Unternehmen nachhaltig. Überträgt man diesen Gedanken auf die Ebene der Geschäftsprozesse, die durch E-Maintenance-Lösungen unterstützt werden sollen, so kann durch eine zielorientierte Prozessgestaltung eine ähnliche Wirkung auf die Systemflexibilität prognostiziert werden.

Diese Metapher des digitalen Nervensystems leitet über zu folgender Überlegung: Das biologische Nervensystem mit all seinen Systemelementen leistet permanent die ganzheitliche sowie hochflexible Steuerung der menschlichen Existenz. Die Koordination jeder

---

[425] Zitat entnommen aus Gates, B. (2000), S. 21

[426] Ebd., S. 31

[427] Ebd., S. 31

Interaktion mit der Systemumwelt als auch sämtlicher intrapersoneller Abläufe erfolgt durch die Elemente des hochkomplexen Nervensystems. „Bewusste Wahrnehmungen, willkürliche Bewegungen und eine schnelle Informationsverarbeitung sind die wesentlichen Merkmale des animalischen Nervensystems. Das vegetative Nervensystem hingegen ist verantwortlich für die Konstanterhaltung des inneren Milieus (Homöostase) und reguliert eigenständig die Organfunktionen entsprechend den Umwelterfordernissen."[428] Basierend auf diesen Argumenten und den vorhandenen Parallelen zum Paradigma der Geschäftsprozesse, einschließlich deren Gestaltung soll das medizinische Nervensystem im Folgenden als Referenzschema zur Konstruktion des ganzheitlichen Geschäftsprozessmodells respektive Metamodells der vorliegenden Arbeit dienen.[429]

Aus anatomischer, struktureller Sicht können Zentralnervensystem (ZNS) sowie das periphere Nervensystem (PNS) unterschieden werden. Das ZNS konstituiert sich aus dem Gehirn und Rückenmark, „... die verbleibenden, dem Gehirn und Rückenmark entspringenden Nerven(-wurzeln) mit ihrer Fortsetzung in Form einzelner Nerven bilden das PNS."[430] Aus der physiologischen, funktionellen Perspektive sind das senso-motorische sowie das vegetative Nervensystem zu differenzieren.[431] Ersteres wird auch als animalisches Nervensystem bezeichnet, letzteres auch als autonomes Nervensystem. Die Verknüpfungen beider Komplexe erweisen sich als sensorisch, sensibel (afferente Erregung) sowie als motorisch (efferente Erregung). „Von afferenter Leitung sprechen wir, wenn die Impulse von der Peripherie (z.B. Empfindungen von der Haut oder den Eingeweiden) zum Zentrum (Gehirn und Rückenmark) geleitet werden. Um eine efferente

428 Faller, A./Schünke, M./Schünke, G. (1999), S. 536

429 Anmerkung: Derzeit hat sich eine neue Wissenschaftsdisziplin etabliert, die Neuroeconomics, die biomedizinische Methoden zur Erforschung sowie Erklärung des Verhaltens von Menschen bei der Ausübung von wirtschaftlichen Geschäften einsetzt. (vgl. hierzu Kuhn, L. (2003)). Der Konzepttransfer des menschlichen Nervensystems auf einen ökonomischen Tatbestand wie sie der Geschäftsprozess darstellt, erscheint vor diesem Hintergrund als herausforderndes sowie äußerst interessantes Forschungsfeld.

430 Figge, C. (1999), o.S.

431 Vgl. ebd., o.S.

Leitung handelt es sich, wenn die Erregungen vom Zentrum zur Peripherie (z.B. Skelettmuskulatur, glatte Muskulatur, Drüsenzellen) fortgeleitet werden."[432]

Die Aufgaben des Nervensystems lassen sich wie folgt charakterisieren:

„Zentrales und peripheres Nervensystem stimmen die Leistungen der Organsysteme direkt (über Nerven) oder indirekt (über Hormondrüsen) als übergeordnete Instanz aufeinander ab. Sie steuern die Aktivitäten des Bewegungsapparates, des Atmungs-, Kreislauf-, Verdauungs- und Urogenitalsystems sowie des Systems der endokrinen Drüsen. Während im Zentralnervensystem Integration und Auswertung einlaufender Erregungen erfolgen, vermittelt das periphere Nervensystem einerseits die im ZNS entstandenen Erregungen an die Körperperipherie, andererseits leitet es Impulse aus der Peripherie zum ZNS. Darüber hinaus sind so genannte „höhere" Leistungen des Nervensystems (Gedächtnis, Lernfähigkeit, Denkvermögen, Urteilsfähigkeit, Sprache) an die Tätigkeit des zentralen Nervensystems gebunden."[433]

Die Struktur des Nervensystems kann wie in Abb. 3-5 dargestellt, zusammenfassend wiedergegeben werden.

Dieses Systemmodell des menschlichen Nervensystems dient im Rahmen der vorliegenden Arbeit als Strukturierungsprinzip des ganzheitlichen Metamodells von Geschäftsprozessen im E-Business-Entwicklungs- und Einsatzbereich. „Die Steuerung des vegetativen Nervensystems erfolgt hauptsächlich über zwei »Gegenspieler«: das **sympatische** (➪Sympathikus) und das **parasympatische Nervensystem** (➪Parasympathikus), ..."[434] Aus dem E-Business-Implikationszusammenhang der Habilitationsschrift kommt diesen beiden in

432 Faller, A./Schünke, M./Schünke, G. (1999), S. 536

433 Ebd., S. 536

434 Griephan, K. (2000), S. 286

Konkurrenz stehenden Prinzipien im weiteren Verlauf der Untersuchung eine noch genau zu spezifizierende Bedeutung zu.

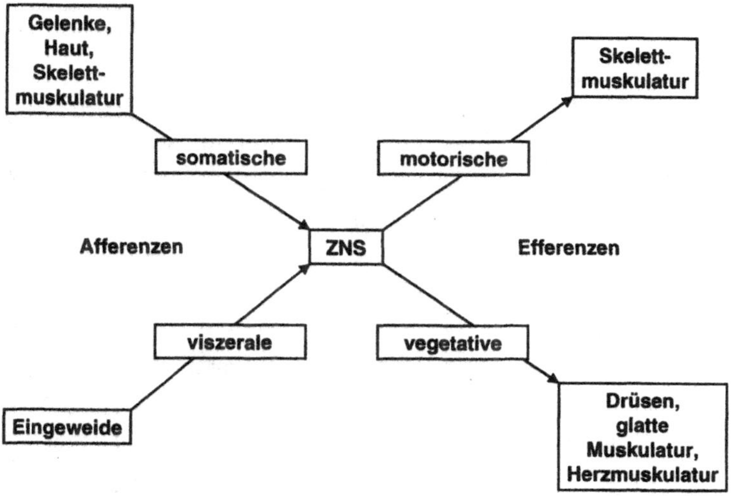

Abb. 3-5: Gliederung des Nervensystems[435]

Ergänzend zum Struktogramm des Nervensystems dient Abb. 3-6 zur weiteren Veranschaulichung dieses komplexen sowie ganzheitlichen Systems. Basierend auf der Struktur des menschlichen Nervensystems lässt sich durch eine metaphorische Transferleistung das Geschäftsprozess-Metamodell konstruieren.

Dem Zentralnervensystem (ZNS), bestehend aus Gehirn und Rückenmark entspricht im prozessualen Sinne das Gehirn, die Wissens-, Erfahrungs- und Wertzentrale, die handlungsleitend sowie gestaltend auf die betrieblichen sowie unternehmensübergreifenden Abläufe wirkt. Es kann mit dem Konzept des „Image“ oder „Set“ aus dem Anwendungsfeld der Informationsverarbeitungstheorie oder beispielsweise der kognitiven Lerntheorie verglichen werden.

---

435 Entnommen aus: Faller, A./Schünke, M./Schünke, G. (1999), S. 537

Sensomotorisches Nervensystem (Interaktion mit der Umwelt)		Vegetatives (autonomes) Nervensystem (inneres Milieu)	
sensorisch	sehen hören riechen schmecken	Sympathikus Parasympathikus	Herzschlag Blutdruck Verdauungstrakt Drüsen
sensibel	Berührung Schmerz Temperatur		
motorisch	pyramidal (bewusst) extrapyramidal (unbewusst)		

Abb. 3-6: Sensomotorisches sowie vegetatives Nervensystem im Überblick[436]

Das periphere Nervensystem (PNS) lässt sich funktionell aufspalten in das sensomotorische System, das die tatsächlichen, also beobachtbaren Geschäftsprozessabläufe sowie die sie charakterisierenden Merkmale umfasst und in das autonome System, das sich aus den im Hintergrund der Prozesse vorhandenen und den sie beeinflussenden Elementen konstituiert. In Konsequenz ist das sensomotorische Nervensystem damit betraut, die sich in permanenter Interaktion mit der Umwelt vollziehenden Geschäftsprozesse auf operativer Ebene zu steuern, während das autonome, vegetative Nervensystem die im Sinne des Organismus optimale oder effiziente Koordination der Organfunktionen, wie sie beispielsweise betriebliche Ressourcen darstellen, übernimmt.

Afferente Bahnen übermitteln dem ZNS innerhalb des somatischen Nervensystems prozesscharakterisierende Signale auf physischem oder digitalem Weg, die Organe als Elemente des viszeralen Nervensystems leiten ebenfalls über verschiedene Schnittstellen Impulse an das ZNS weiter. Es erfolgt die Aufnahme, Bewertung und Transformation dieser Signale im ZNS. Die Ergebnisse der im ZNS ablaufenden Vorgänge werden über efferente Bahnen als Impulse an das motorische Nervensystem, also an die Geschäftsprozesse und

436 Quelle: Figge, C. (1999), o.S.

deren Gestalt sowie an das vegetative Nervensystem, also an die die optimale Organfunktion bewirkenden Elemente weitergeleitet.

Auf diesem Wege lässt sich ein ganzheitliches Metamodell als Baustein eines weiterführenden ganzheitlichen Geschäftsprozessmodells konzipieren. Die detaillierte Ausgestaltung der einzelnen Subsysteme des prozessualen Nervensystems erfolgt im nächsten Schritt, allerdings aufgrund der vorhandenen Datenfülle für jedes einzelne funktionelle Nervensystem getrennt.

Für das prozessuale Zentralnervensystem ergeben sich in Konsequenz, die in Abbildung 3-7 dargestellten Inhaltsfelder.

Das ZNS umfasst sowohl bewusste wie auch unbewusste Vorgänge. Beispielsweise wirkt auch eine nicht „kodifizierte" Unternehmenskultur handlungsleitend, wenn sie internalisiert ist.[437] Die grundsätzliche Ausrichtung des Unternehmens intern sowie am Markt und die bei den Organisationsmitgliedern vorhandenen Denk- und Verhaltensmuster bildet das bidirektional agierende, im Sinne von Impulse empfangende und sendende Zentralnervensystem. Während die angeführten allgemeinen Systemelemente als prozessbeeinflussende Faktoren wirken, erweisen sich die speziell prozessbezogenen Elemente expressis verbis als direkt ablaufwirksam.

Aus dem Fokus der vorliegenden Arbeit heraus, werden gezielt die Aspekte der Prozessgestaltung im E-Business-Anwendungsfeld benannt. Unter den Mechanismen der Prozesssteuerung werden alle Elemente eines prozessorientierten Controllings – personell oder systemgestützt - subsumiert, die für die Koordination aller Module des prozessualen peripheren Nervensystems Sorge tragen.

---

437 Der inhaltliche Konkretisierungsgrad der einzelnen Nerven-Sub-Systeme entspricht der Abwägung zwischen einer ganzheitlichen Beschreibung des Paradigmas Geschäftsprozesse und der Realisierung eines handhabbaren Komplexitätsgrades.

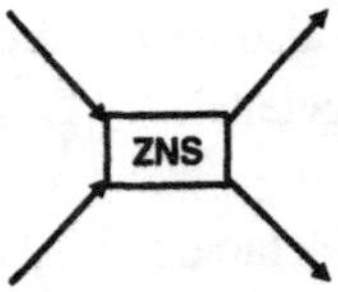

Allgemein:
- **Unternehmens-, Bereichs-, Geschäftsprozess- sowie E-Business-strategie**
- **Unternehmens-, Bereichsziele**
- **Unternehmenskultur**
- **Unternehmensvision**
- **Unternehmenspolitik**
- **Erfahrungsstrukturen**
- **Wissensstrukturen**
- **Lernfähigkeit**
- **Methodenkenntnis**

Speziell prozessbezogen:
- **Prozessgestaltungs-Know-how und -Erfahrungen**
- **Kenntnis der Leitlinien ganzheitlicher Geschäftsprozessgestaltung bei der Entwicklung und beim Einsatz von E-Business-Lösungen**
- **Kenntnisse über Referenzgeschäftsprozessmodelle**
- **Mechanismen der Prozesssteuerung**

Abb. 3-7: Prozessuales Zentralnervensystem

Das somatische Nervensystem sendet über afferente Fasern, auf physischem oder digitalem Weg aktuelle Prozessstatusinformationen an das Zentralnervensystem und löst dort weiterverarbeitende Prozesse aus. Dieser Vorgang kann aus einem metaphorischen Verständnis heraus, sensorisch im unmittelbaren Prozesskontakt also über die Sinne initiiert oder sensibel über emotionale Prozessinterpretationen bewirkt werden. Die Abbildung 3-8 zeigt eine Auswahl wesentlicher Strukturelemente des somatischen Nervensystems auf.

Leistungskennzahlen erweisen sich als Maßstab für den Prozessoutput oder zeigen das Verhältnis verschiedener Messgrößen auf. Strukturkennzahlen geben exemplarisch Aufschluss über die gegenwärtige

Leistungstiefe oder über den Grad der aktuell vorhandenen Prozessunterstützung durch E-Technologien.

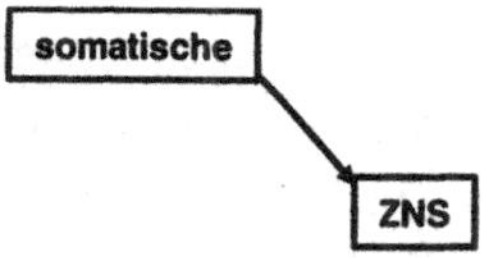

- **Prozesszeiten (BAZ/DLZ)**
- **Prozesskosten**
- **Wertschöpfungsgrad**
- **Autonomiegrad**
- **Standardisierungsgrad**
- **Flexibilitätsgrad**
- **Anzahl involvierter Schnittstellen**
- **Leistungstiefe aus prozessualer Sicht**
- **Grad der Prozessunterstützung durch E-Technologien**
- **Grad der Systemkompatibilität und -harmonisierung**
- **Koordinationsgrad Prozessmodell sowie Objekt- und Datenmodell**
- **Lebenszyklus Geschäftsprozess sowie E-Business-Lösung**
- **Prozessqualität und Prozessfähigkeit**
- **Wert- und Kostentreiber**
- **Zielerreichungsgrade**
- **Problemfelder der Prozessabwicklung**
- **Optimierungspotenziale**
- **Direkte und indirekte Prozessergebnisse**

⇨ Weitere Leistungs- und Strukturkennzahlen

Abb. 3-8: Prozessuales somatisches Nervensystem

In Folge der Daten- und Informationsweitergabe an das Zentralnervensystem werden die be- und verarbeiteten Signale an das motorische Nervensystem weitergeleitet, wo sie zielorientiert, erfahrungsbasiert und methodisch fundiert zu den erforderlichen Anpassungen der „Motorik", also der Geschäftsprozesse führen. Ein ganzheitliches Meta- und Geschäftsprozessmodell als Ausgangspunkt für eine ganzheitliche Prozessgestaltung bei der Entwicklung und beim Einsatz von E-Business-Lösungen muss gleichermaßen Aussagen zu entsprechenden Systemelementen ermöglichen. Durch eine Lebenszyklusbetrachtung der Geschäftsprozesse sowie der zugehörigen E-Business-Lösung(en) lassen sich diese Aspekte beispielsweise berücksichtigen. Der Grad der Systemkompatibilität und –harmonisierung kann mitunter durch die Anzahl vorhandener Medienbrüche operationalisiert werden. Wert- und Kostentreiber repräsentieren ein Konglomerat unterschiedlichster Einflussgrößen mit direktem oder indirektem Prozessbezug. Eine im somatischen Nervensystem identifizierte hohe Mitarbeiter- und Kundenzufriedenheit spiegelt die Zufriedenheit der Prozessbeteiligten mit dem effizienten Ablauf sowie mit der effizienten Unterstützung der Geschäftsprozesse durch E-Business-Tools wider. Dies kann beispielsweise das Resultat einer ganzheitlichen Prozessgestaltungsinitiative sein. Gleichermaßen kann eine verbesserte gesellschaftliche Akzeptanz des Einsatzes von E-Business-Lösungen die Wahrnehmung der Prozessverantwortung gegenüber dem sozialen und kulturellen Umfeld des Unternehmens zum Ausdruck bringen. Die Rezeption und Übermittlung von Zielerreichungsgraden sichert die Existenz sowie die strategie- und zielorientierte Weiterentwicklung der Geschäftsprozess- und E-Business-Struktur im Sinne der Funktionsweise eines autopoietischen und selbstreferenziellen Systems. Komplementär zu diesem Vorgang wirkt die Erfassung von Problemfeldern der Prozessabwicklung sowie der vorhandenen Optimierungspotenziale.

Ganzheitliche Geschäftsprozessgestaltung ist kein einmaliges Event, sondern ein sich kontinuierlich vollziehender Prozess. Das somatische Nervensystem repräsentiert ein generisches, offenes Netzwerk, das problemlos um weitere Kennzahlen oder Messgrößen, je nach eingenommener Perspektive und Schwerpunktsetzung ergänzt werden kann.

Das motorische Nervensystem setzt die über efferente Bahnen gesendeten Impulse in Bewegung, also in die den Geschäftsprozessen inhärente Dynamik um.

Abbildung 3-9 veranschaulicht die Inhaltsdimension des motorischen Prozessnervensystems.

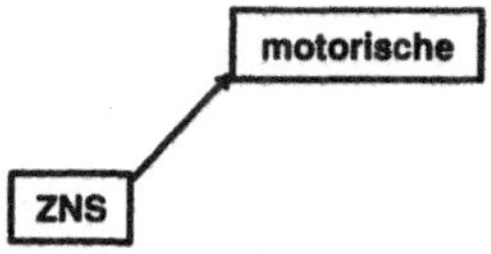

- **Prozesshierarchie**
- **Prozessarten**
- **Prozessstruktur / Prozesssegmentierung**
- **Prozessabläufe: Material- und Informationsflüsse**
- **Prozessschritte und Aktivitäten**
- **Form der Prozessbeschreibung und -analyse**
- **Prozessinput / Prozessoutput**
- **Prozessauslösende Ereignisse**
- **Involvierte Schnittstellen**
- **Kunden- und Lieferantenbeziehungen**
- **Prozesseigner / Prozessverantwortung**
- **Transformationsregeln**
- **Stellenbeschreibungen und Arbeitsanweisungen**
- **Prozesslayout**
- **Prozessrelationale Datenstruktur**
- **Prozessrelationale Systemstruktur**
- **Maßnahmen / Ansatzpunkte zur ganzheitlichen Geschäftsprozessgestaltung bei der Entwicklung und beim Einsatz von E-Business-Lösungen**

Abb. 3-9: Prozessuales motorisches Nervensystem

Die Motorik der Geschäftsprozesse kann im Metamodell durch die möglichst ganzheitliche Erfassung ihrer Beschreibungsmerkmale am besten wiedergegeben werden. Zur näheren Ausgestaltung der Systemelemente lassen sich zu einem späteren Zeitpunkt beispielsweise Verfahren der Prozessanalyse sowie der Geschäftsprozessvisualisierung einsetzen. Die Prozessstruktur sowie die ihr zugrunde liegende Segmentierungsgesetzmäßigkeit, die Prozessarten sowie die Prozesshierarchie repräsentieren Systemelemente, die nachfolgend im Rahmen der näheren Konkretisierung des ganzheitlichen Geschäftsprozessmodells nochmals konzeptbildend aufgegriffen werden. Das die Prozessmotorik nachhaltig beeinflussende Beziehungsgefüge von Lieferanten und Kunden drückt sich insbesondere durch die vorhandene Schnittstellenstruktur aus. Interfaces charakterisieren in Konsequenz sowohl die interpersonelle Prozesskomponente als auch die systembezogene Perspektive der Geschäftsabläufe. Es gilt in diesem Zusammenhang alle in die Prozesse sowie in die Geschäftsprozessgestaltung – beispielsweise bei der Entwicklung und beim Einsatz von E-Maintenance-Lösungen - involvierten Personenkreise entlang der Wertschöpfungskette zu erfassen und zu beschreiben. Die Bewegungsschnelligkeit sowie die den Bewegungsabläufen (Geschäftsprozessen) anhaftenden Eigenschaften wie „Anmut oder Harmonie" werden mitunter durch die Schnittstellenstruktur und die eingesetzten Methoden determiniert. Transformationsregeln stellen das prozessuale Verarbeitungsprinzip dar, auf dessen Basis sich die Verwandlung des Prozessinputs in den gewünschten Prozessoutput vollzieht. Mittels Explikation der prozessrelationalen Daten- und Systemstruktur wird dem Aspekt der elementaren Berücksichtigung von I&K-Technologien im Metamodell – hier speziell aus dem Fokus des motorischen Nervensystems – entsprochen. Maßnahmen und Ansatzpunkte zur ganzheitlichen Geschäftsprozessgestaltung bei der Entwicklung und beim Einsatz von E-Business-Lösungen komplettieren die Beschreibung der motorischen Gestalt von Geschäftsprozessen und sind auf die durch das somatische Nervensystem identifizierten Problemfelder oder Optimierungspotenziale zurück zu führen.

Der Kreis des sensomotorischen Prozessnervensystems schließt sich durch die Institutionalisierung eines permanenten Rückkopplungsprozesses, der über den Konnektor Zentralnervensystem beide Systemkomponenten zielorientiert verbindet.

Das autonome Prozessnervensystem konstituiert sich aus dem visceralen sowie vegetativen Nervensystem. Das vizerale System beinhaltet alle lebenswichtigen Organe der Geschäftsprozesse und steuert die zugehörigen Funktionen. Über die efferenten Bahnen werden Signale an das vegetative System weitergeleitet, um die für die Koordination erforderlichen Aktivitäten von „Drüsen, der glatten Muskulatur oder der Herzmuskulatur“ innerhalb der Organe zu bewirken. Abbildung 3-10 zeigt die Struktur des prozessualen viszeralen Nervensystems auf, dessen Konkretisierung auf Basis der hermeneutischen Interpretation sowie metaphorischen Übertragung des menschlichen Systems auf das Geschäftsprozesssystem erfolgt ist.

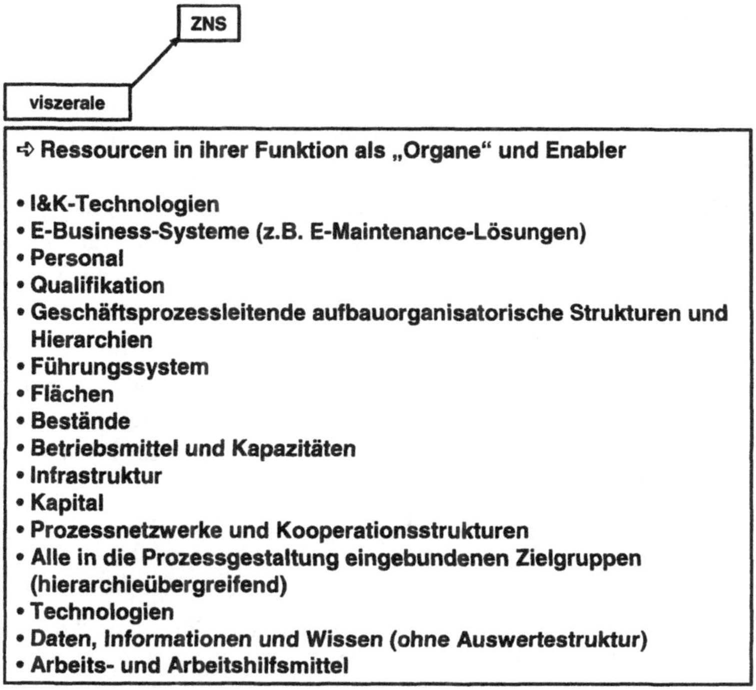

Abb. 3-10: Prozessuales viszerales Nervensystem

Aus geschäftsprozessualer Sicht gilt es, die Organe des Metamodells - die Ressourcen oder Enabler - genauer zu spezifizieren. Die historische Klassifizierung der Produktionsfaktoren in Arbeit, Boden und Kapital reicht für die Betrachtung von Geschäftsprozessen im E-Business-Anwendungsfeld nicht mehr aus. Zwar konstituieren Personal,

Qualifikation, Infrastruktur, Betriebsmittel und Kapital nach wie vor entscheidende, die Prozesse erst ermöglichende Ressourcen, dennoch ist eine effiziente Geschäftsprozessorganisation im 21. Jahrhundert nicht mehr ohne die Elemente Daten, Informationen und Wissen[438] sowie Informations- und Kommunikationstechnologien, wie sie beispielsweise in E-Business-Lösungen Anwendung finden, realisierbar. Speziell I&K-Technologien und E-Technologien wirken im wörtlichen Sinne als Enabler eines modernen Geschäftsprozessmanagements. Aufbauorganisatorische Strukturen (z.B. Abteilungs- und Vorgesetztenstrukturen oder Entscheidungsbefugnisse) sowie Hierarchien, einschließlich des zugrunde liegenden Führungssystems können als immaterielle Ressourcen deklariert werden, zusätzlich gilt es, vorhandene Prozessnetzwerke sowie Kooperationsstrukturen in das viszerale Schema zu integrieren. Die starke prozessuale und systemtechnische Kopplung von Organisationseinheiten entlang der gesamten Wertschöpfungskette im Rahmen eines modernen Supply Chain Managements erfordert eine solche Maßnahme. Aus der prozessgestaltenden Perspektive sind alle in diesen Vorgang involvierten Partner hierarchie- sowie unternehmensübergreifend einzubeziehen (vgl. horizontale und vertikale Dimension der Ganzheitlichkeit). Das Systemelement Technologien steht für die im Bereich der Produktion oder beispielsweise Entwicklung eingesetzten Verfahren, eine strikte Abgrenzung derselben zu I&K-Technologien ist heutzutage allerdings nicht immer durchgängig möglich.

Die Organfunktionen laufen im medizinischen Sinne unwillkürlich und unbewusst ab, im prozessualen Sinne impliziert dies, dass eine prozessfähige Ressource automatisch und instinktiv arbeitet, ohne bei jedem einzelnen Prozessablauf völlig neu „programmiert" und angestoßen werden zu müssen. Allerdings ist die grundsätzliche Entscheidung für den Erwerb einer Ressource sowie die Festlegung der zugehörigen Regeln für deren Einsatz und Nutzung entscheidungsabhängig und damit in Konsequenz willentlich. Deshalb gilt es diesen

---

[438] Das Wissen schließt als Element des viszeralen Nervensystems die Auswertestruktur nicht mit ein; diese ist Element des prozessualen Zentralnervensystems.

medizinischen Aspekt beim prozessualen Nervensystem zu relativieren und zu modifizieren. Im Gegensatz zum menschlichen Organismus können auch die Organe, in ihrer Gestalt als Ressourcen, wie soeben erwähnt, bei Bedarf ausgetauscht werden. Jedoch ist aus ökonomischer und (prozess)organisatorischer Sicht auch dieser Vorgang nicht beliebig oft durchführbar.

Damit die Organe optimal funktionieren und ihre Aufgabe als Enabler für die Prozessexistenz einerseits und für den geordneten Ablauf der Geschäftsprozesse andererseits ausüben können, müssen sie durch geeignete Mechanismen angeregt und überwacht werden.

„In der Regel werden Organe sowohl vom Sympathikus als auch vom Parasymphathikus innerviert (...). Dabei wirken die beiden Systeme als *Gegenspieler (Antagonisten)*. Zum Beispiel führt sympathische Stimulation des Herzens zu einer höheren Schlagfrequenz, wohingegen parasympathische Stimulation die Frequenz erniedrigt. Sympathische Impulse bewirken eine Erweiterung der Pupillen, wohingegen parasympathische zu einer Verengung führen. Dementsprechend ist das *Gleichgewicht von Sympathikus* und *Parasympathikus* Voraussetzung für eine *optimale Organfunktion*."[439] Abbildung 3-11 zeigt die Struktur des autonomen Nervensystems im Überblick.

Als prozessualer Sympathikus und Parasympathikus fungieren die im Unternehmen festgelegten Grundsätze oder Leitlinien des ganzheitlichen Geschäftsprozessmanagements, deren Basisausrichtung vom Zentralnervensystem beeinflusst wird. Diese Leitlinien bewirken die zur optimalen Steuerung erforderlichen Impulse und sichern den permanenten Personen-, Sach- und Situationsbezug der prozessgestaltenden Aktivitäten. Beispielsweise kann die Erhöhung der Systemleistung zur weiteren Beschleunigung von bereits durch E-Technologien unterstützten Geschäftsprozessen erforderlich sein, so dass eine entsprechende sympathische Erregung an die jeweilige Steuerungseinheit der Ressource weitergegeben wird. Im anderen Fall kann es

---

[439] Faller, A./Schünke, M./Schünke, G. (1999), S. 608

durchaus sinnvoll sein, ein bereits „übertouriges System" durch parasympathische Stimulation zu verlangsamen, um einen effizienten Ablauf der unterstützten Geschäftsprozesse dauerhaft aufrecht zu erhalten. Die Prozessgestaltung bei der Entwicklung und beim Einsatz von E-Business-Lösungen, hier speziell bezogen auf das E-Maintenance-Anwendungsfeld repräsentiert einen spezifischen Personen-, Sach- und Situationsbezug des ganzheitlichen Geschäftsprozessmanagements. Dieser ist durch die Integration einer neuen Ressource im Sinne eines neuen Organs in das bestehende prozessuale viszerale Nervensystem charakterisiert.

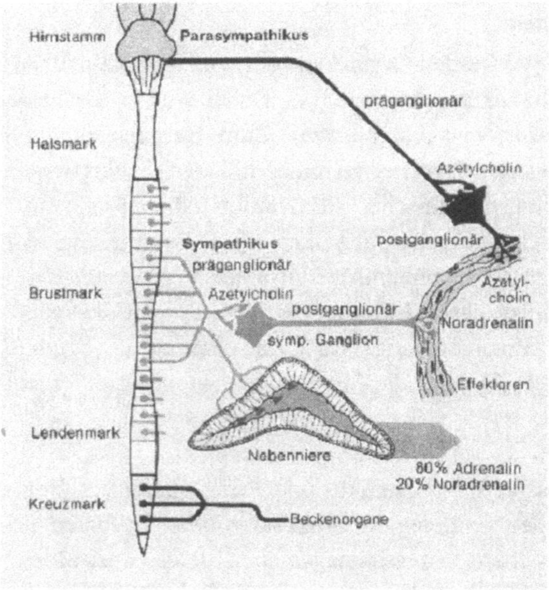

Abb. 3-11: Grundstruktur autonomes Nervensystem[440]

Die Elemente des vegetativen Nervensystems bewirken die zur effizienten Steuerung der Organfunktionen erforderlichen Anspannungen und Entspannungen. Abbildung 3-12 stellt die Elemente des prozessualen vegetativen Nervensystems dar. Insbesondere Motivatoren wie

---

440 Quelle: URL: http://www.neuro.psychologie.uni-oldenburg.de/lehre/WS 2001 /BioPsychologie/autonom.pdf, S. 2

die prozessorientierte Entgelt- und Leistungsbemessungsstruktur, vorhandene Arbeitszeitsysteme sowie Anreizsysteme wirken leistungsbeeinflussend im positiven Sinne, können aber auch infolge einer nicht anforderungsgerechten Ausgestaltung kontra-produktiv die Geschäftsprozesse beeinflussen. Mitarbeiterorientierung, eine durchgängige Kundenorientierung, der vorhandene Führungsstil sowie die zur Erhöhung des Qualifikationsniveaus eingeleiteten Personal- und Führungskräfteentwicklungsmaßnahmen repräsentieren Beispiele der „glatten Muskulatur" des vegetativen Nervensystems.

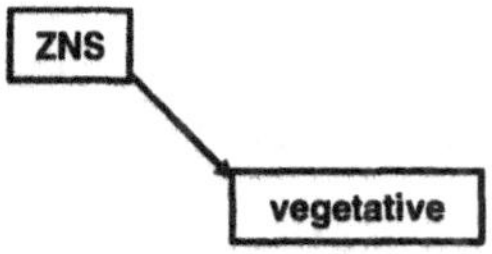

- **Kooperations- und Koordinationsmechanismen**
- **Prozessorientierte Entgelt- und Leistungsbemessungsstruktur**
- **Prozessbeeinflussende Arbeitszeitsysteme**
- **Führungsstil**
- **Personal- und Führungskräfteentwicklungsmaßnahmen**
- **Anreizsysteme**
- **Mitarbeiterorientierung**
- **Kundenorientierung**
- **Optimale Verknüpfung von Prozessgestaltung sowie E-Business- / I&K-Technologie-Entwicklung**
- **Leitlinien ganzheitlicher Geschäftsprozessgestaltung bei der Entwicklung und beim Einsatz von E-Business-Lösungen (Personen-, Sach- und Situationsbezug)**

Abb. 3-12: Prozessuales vegetatives Nervensystem

Speziell bezogen auf den Forschungsgegenstand der vorliegenden Arbeit wirkt zum einen die optimale Verknüpfung des Paradigmas Geschäftsprozessgestaltung mit der Strategie und den Maßnahmen der Systementwicklung als „Drüse" der Organsteuerung, zum anderen kommt den Leitlinien der ganzheitlichen Geschäftsprozessgestaltung bei der Entwicklung und beim Einsatz von E-Business-Lösungen eine entscheidende vegetative Funktion zu. Die aktuell vorhandenen

Kooperations- und Koordinationsmechanismen beziehen sich sowohl auf die Abstimmung aller an der Prozessabwicklung beteiligten Partner entlang der Wertschöpfungskette als auch auf das die Geschäftsprozessgestaltung im E-Business charakterisierende Entwicklungs- und Einsatzumfeld der beteiligten Akteure.

Die einzelnen Module des menschlichen Nervensystems sind nicht vollständig überschneidungsfrei, da sie durch die komplexe Steuerungsstruktur permanent verknüpft und koordiniert werden. Analog verhält es sich mit dem prozessualen Nervensystem, das auf Basis des medizinischen, biologischen Vorbildes konstruiert sowie unter Berücksichtigung der Anforderungen des spezifisch im Rahmen der vorliegenden Arbeit betrachteten Paradigmas entsprechend modifiziert wurde.

Das Ziel des konstruierten Metamodells ist die Schaffung eines konzeptionellen Rahmens zur Fundierung des nachfolgend zu generierenden Vorgehensmodells einer ganzheitlichen Geschäftsprozessgestaltung bei der Entwicklung und beim Einsatz von E-Maintenance-Lösungen von Unternehmen. Bis zu diesem Schritt muss das Metamodell zum ganzheitlichen Geschäftsprozessmodell erweitert und für das Anwendungsfeld der E-Instandhaltung konkretisiert werden. Der Modelltyp ist der Medizin, speziell der Anatomie des menschlichen Nervensystems entlehnt. Er verknüpft sowohl Aspekte der betriebswirtschaftlichen Prozesstheorie, der I&K-Theorie sowie die in Kapitel zwei deduzierten Leitlinien der ganzheitlichen Geschäftsprozessgestaltung. Die Modellierungsmethode und –sprache lässt sich durch die Eigenschaften schematisch, hermeneutisch, interpretativ, metaphorisch sowie in Textform charakterisieren. In welcher Spezifikation die Prozessbeschreibung und –analyse aus der Perspektive des motorischen Nervensystems erfolgt, ist Entscheidungsgegenstand des zu konstruierenden Vorgehensmodells und erfolgt an späterer Stelle. Der Objekttyp konstituiert sich aus den Modellmodulen prozessuales Zentralnervensystem, prozessuales somatisches Nervensystem, prozessuales motorisches Nervensystem, prozessuales viszerales Nervensystem sowie vegetatives Nervensystem, einschließlich der Steuerungsstruktur der Antagonisten Sympathikus und Parasympathikus im prozessualen Interpretationszusammenhang. Jeder Objekttyp und in Konsequenz auch jedes Modellmodul (Teilmodell) ist aus einer Vielzahl von Objekten zusammengesetzt. Beispielsweise repräsentieren Leistungs- und Strukturkennzahlen die Objekte des Objekttyps „prozessuales somatisches Nervensystem". Grundsätzlich kann jedes Objekt mehrmals im Metamodell „Geschäftsprozess" auftreten, wenn verschiedene Teilprozesse untersucht oder Modellfragmente gebildet werden. Es entstehen in Konsequenz die so genannten Objektausprägungen oder Referenzen.

Das konstruierte Metamodell eignet sich für die Abbildung organisationsinterner sowie organisationsübergreifender Geschäftsprozesse, die durch eine E-Business-Lösung unterstützt werden sollen. Die Bildung von Modellfragmenten kann für spezifische Prozessabschnitte entlang der Wertschöpfungskette, die beispielsweise von einem Unternehmen abgewickelt werden erfolgen sowie gleichermaßen für Teilprozesse, die sich innerhalb eines Funktionsbereiches, einer Abteilung etc. vollziehen und durch eine eindeutige Prozessverantwortlichkeit gekennzeichnet sind. Das Konstrukt des Modellfragments ist somit nicht mit dem Weglassen eines Objekttyps oder Teilmodells im Rahmen der Prozessdarstellung gleichzusetzen, sondern impliziert die Applikation des ganzheitlichen Schemas zur Beschreibung von Teilprozessketten, Prozessabschnitten oder von bereichsspezifisch abgegrenzten Geschäftsprozessen, wie sie beispielsweise die Instandhaltung darstellt. Jedem Modellfragment müssen die zugehörigen Fragmenteigner zugeordnet werden können. Sie übernehmen die Verantwortung für die Prozessgestaltung und in Konsequenz für die Geschäftsprozessstruktur über den gesamten Lebenszyklus derselben hinweg. Die Geschäftsprozessgestaltung bei der Entwicklung und beim Einsatz von E-Business-Anwendungen repräsentiert in diesem Zusammenhang lediglich eine spezielle Ausprägung der Prozessgestaltungsverantwortlichkeit.

Das entwickelte ganzheitliche Metamodell integriert alle Aspekte der fixierten Inhaltsfelder und berücksichtigt die Anforderungen an ein ganzheitliches prozessuales Modell. Additional weist es eine multidisziplinäre wissenschaftliche Verknüpfungsstruktur auf, die durch die

Leitlinien der ganzheitlichen Geschäftsprozessgestaltung bereits vorgegeben und im Modell konzeptbildend verankert wurde.

Das Metamodell ist generisch geprägt, da jeder Objekttyp (Modellmodul/Teilmodell) weiter detailliert sowie durch neue Objekte ergänzt werden kann. Der aktuelle Stand des Schemas erlaubt grundsätzlich den Einsatz des Metamodells für die Bearbeitung geschäftsprozessrelevanter, insbesondere gestaltender Aktivitäten, die sich im E-Business-Anwendungsfeld vollziehen. Der Schwerpunkt der vorliegenden Arbeit liegt im Bereich der E-Instandhaltung, deren spezifische Geschäftsprozessstruktur im Rahmen der Konkretisierung des Metamodells aufzuzeigen ist. Eine generische Eigenschaft aus dem Interpretationszusammenhang der Informatik bezeichnet eine „Eigenschaft, die nicht vollständig typisiert ist. Generische Eigenschaften werden erst zur Laufzeit des Programms dynamisch festgelegt.“[441] Aus SAP-Sicht repräsentieren Generic Business Tools „Werkzeuge für Entwickler und Endanwender, die in unterschiedlichen SAP-Anwendungen eingesetzt werden können.“[442] Der Transfer dieser beiden Definitionen auf das Konstrukt des prozessualen Metamodells führt zu folgender Interpretation der generischen Eigenschaft:

- Das prozessuale zentrale sowie periphere Nervensystem, bestehend aus den fünf spezifizierten Objekttypen ist in seiner Grundstruktur vorgegeben und spezifiziert. Die offene Systemstruktur erlaubt die Ergänzung der Teilmodelle um weitere Elemente. Während des Vorganges der ganzheitlichen Geschäftsprozessgestaltung bei der Entwicklung und beim Einsatz der E-Maintenance-Lösungen (≈ Laufzeit des Programms) erfolgt die dynamische Festlegung der Betrachtungsperspektive sowie die exakte Typisierung und Ergänzung der einzelnen Objekte oder Objektausprägungen als Bausteine des prozessualen Metamodells. Zu diesem Zeitpunkt erweisen sich Geschäftsprozessmodell und Vorgehensmodell als interdependente, dynamische sowie offene Systeme.

441 URL: http://help.sap.com/saphelp_glossary/de/index.htm, [generische Eigenschaft]

442 URL: http://help.sap.com/saphelp_glossary/de/0a/6dc24feb6ad411b1360060b03c6bfb/content.htm, [Generic Business Tools]

- Die im Rahmen der vorliegenden Habilitationsschrift eingenommene generische Perspektive erweist sich im Verhältnis zur ganzheitlichen Konzeption der Prozessgestaltung als harmonisch. Das generische Charakteristikum ermöglicht die Realisierung eines holistischen Prozessverständnisses bei gleichzeitigem Einsatz eines Modells als Instrument zur Komplexitätsreduktion und –handhabung.

- Das Metamodell kann, wie bereits erwähnt für verschiedene prozessbeeinflussende Aktionsprogramme im E-Business-Bereich eingesetzt werden, ist also folglich nicht nur auf die E-Maintenance beschränkt. Auch in dieser Hinsicht wirkt der generische Aspekt konzept- sowie handlungsleitend.

Bei dem vorliegenden ganzheitlichen Metamodell handelt es sich um eine integrierte Prozessdarstellung, die alle wesentlichen prozessbeschreibenden Aspekte enthält (Prinzip der Ganzheitlichkeit und Generisches Prinzip). Das prozessuale Nervensystem leistet eine Verknüpfung des von DEITERS spezifizierten Ablauf-, Daten- und Organisationsmodells auf Basis einer innovativen Prozesskonzeption. Die gesamthafte Berücksichtigung aller Objekttypen im Rahmen der Geschäftsprozessgestaltung bei der Entwicklung und beim Einsatz von E-Business-Anwendungen sichert eine integrierte Prozessdarstellung, ferner müssen alle Modellfragmente einheitlich erfasst und sukzessive zu einer ganzheitlichen Geschäftsprozessbeschreibung zusammengeführt werden. Die Prozessdarstellung erfolgt somit, im Vergleich zu den korrespondierenden Modellfragmenten auf einem höheren Aggregationsniveau.

Das entwickelte ganzheitliche Geschäftsprozess- und Metamodell kann sowohl zur Beschreibung der aktuellen Prozessstruktur eingesetzt werden als auch zur Konzeption des zukünftigen, optimierten und durch E-Business-Tools unterstützten Prozessschemas. Zu berücksichtigen gilt es in diesem Zusammenhang, dass sowohl das Ist- als auch das Soll-Modell in standardisierter Form sowie in demselben Detaillierungsgrad zu erstellen sind.

Um dem Status der Ganzheitlichkeit paradigmenspezifisch zu entsprechen, bedarf es zusätzlich der Beantwortung der Frage nach den Grundsätzen der Prozessklassifikation/Prozesssegmentierung sowie der Prozesshierarchisierung und ferner der Explikation der prozessualen Dimension von E-Business-Lösungen im Rahmen des Geschäftsprozess-Metamodells.

3.3.3 Weiterführende strukturbeeinflussende Elemente des ganzheitlichen Geschäftsprozessmodells

Die Durchführung der Prozessklassifizierung oder –segmentierung hat zum einen Auswirkung auf die Struktur des ganzheitlichen Geschäftsprozessmodells, zum anderen enthält das konstruierte Metamodell bereits Ansatzpunkte für mögliche Klassifizierungs- und Segmentierungskriterien. Beispielsweise kann eine Systematisierung von Geschäftsprozessen nach den Elementen des somatischen Nervensystems vorgenommen werden. So erscheint es aus einem e-technologischen Blickwinkel möglich, Prozesse danach zu unterscheiden, ob sie durch I&K-Technologien unterstützt werden oder wie ausgeprägt der Standardisierungsgrad der Geschäftsprozesse ist. Gleichermaßen besteht die Möglichkeit, die Prozesse nach dem Grad ihrer Planbarkeit, wie es in dem Modell von DEITERS vorgenommen wurde, zu klassifizieren. Das konstruierte Metamodell schafft durch die Pluralität der ganzheitlichen Prozesskonzeption sowie infolge des generischen Status die Ausgangsbasis für viele denkbare Alternativen der Segmentierung, deren optimale Wahl an dieser Stelle nicht allgemeingültig zu treffen ist. Für jedes Anwendungsfeld der ganzheitlichen Prozessgestaltung bei der Entwicklung und beim Einsatz von E-Business-Lösungen kann aufgrund des aktuell vorhandenen oder angestrebten Personen-, Sach- und Situationsbezuges des Prozess(re)designs sowie infolge der Elementausprägung des prozessualen Zentralnervensystems ein anderes Segmentierungskriterium zielführend sein. Die Klassifizierung der Prozesse wird folglich für den Bereich der E-Maintenance zu konkretisieren sein.

Als grundsätzliche Orientierung für die Vornahme der Klassifizierung/Segmentierung der Geschäftsprozesse dienen folgende Überlegungen:

- Aus dem E-Business-Anwendungsbezug der Prozessgestaltung dürfte sich die Orientierung der Prozessklassifizierung an E-Business-relevanten Aspekten anbieten.

- In diesem Zusammenhang erweisen sich beispielsweise Kriterien wie Standardisierbarkeit und Automatisierbarkeit von Geschäftsprozessen oder Größen wie Prozessfähigkeit, Grad der aktuellen Systemunterstützung als mögliche Unterscheidungsmerkmale, die bereits generisch im Metamodell angelegt sind.

- Die additionale Segmentierung der Geschäftsprozesse nach ihrer betriebswirtschaftlichen Bewertung als Kerngeschäftsprozesse oder Supportprozesse, die Klassifizierung derselben in Primär- oder Sekundärprozesse im Sinne des Überwiegens operativer oder planerisch-steuernder Strukturelemente kann eventuell zusätzlich erforderlich sein. Insbesondere, wenn die Klassifizierung nach der „E-Business-Fähigkeit" zur Ableitung von Gestaltungs- und Handlungsempfehlungen im Vorgehensmodell noch nicht trennscharf genug ist, bietet sich die weitere Aufspaltung der Geschäftsprozesse an.

- Prozessmodellfragmente, wie sie bereits angesprochen und definiert wurden, stellen gleichfalls eine Segmentierung von Geschäftsprozessen dar. Die Konstruktion jener Fragmentstrukturen ist beispielsweise wiederum abhängig von der Anzahl der in die Prozessgestaltung im E-Business-Anwendungsbereich involvierten Schnittstellen entlang der Wertschöpfungskette. Für die Entwicklung und den Einsatz einer E-Maintenance-Lösung, die lediglich die Prozesse in einem Unternehmensteilbereich oder mit maximaler Involvierung eines externen Partners unterstützt, setzt nicht unbedingt die Bildung eines Modellfragments und die Akzeptanz der aus ihr zwangsläufig resultierenden Komplexitätssteigerung voraus.

Fazit: Die Vornahme einer endgültigen Klassifizierung von Geschäftsprozessen an dieser Stelle würde dem holistischen und generischen Ansatz der vorliegenden Arbeit widersprechen und den Rahmen eines Geschäftsprozessmodells sprengen. Das konstruierte Metamodell leistet eine ganzheitliche, jedoch abstrakte Beschreibung der Strukturelemente von Geschäftsprozessen.

Es dient als Interpretations- und Orientierungsbasis zur ...

- ... Konkretisierung des ganzheitlichen Geschäftsprozessmodells für das Anwendungsfeld E-Maintenance. Auf dieser Ebene kann bereits teilweise eine Segmentierung/Klassifizierung der Geschäftsprozesse vollzogen werden.

- ... theoretisch und empirisch gestützten Konstruktion eines ganzheitlichen Vorgehensmodells, das die ganzheitliche Geschäftsprozessgestaltung bei der Entwicklung und beim Einsatz von E-Maintenance-Lösungen - basierend auf den explizierten Leitlinien – ermöglicht.

Im Rahmen des zu entwickelnden Vorgehensmodells wird es eingangs erforderlich sein, die Auswahl der in eine bestimmte E-Maintenance-Lösung zu integrierenden Prozesse vorzunehmen. Dieser Schritt setzt die Durchführung einer paradigmenspezifischen Segmentierung von Geschäftsprozessen voraus.

Das metamodellprägende Hierarchisierungsprinzip orientiert sich an der im Rahmen der Leitlinie zur modularen Prozessgestaltung vorgenommenen Schichteneinteilung. Grundsätzlich lässt sich der Vorgang der Geschäftsprozesssegmentierung und –modularisierung nicht immer eindeutig von der Prozesshierarchisierung abgrenzen. Werden Prozesse auf horizontaler Ebene, wie es sich beispielsweise bei der Unterscheidung von Kerngeschäftsprozessen und Supportprozessen zeigt, differenziert, so handelt es sich um eine Form der Modularisierung oder Segmentierung. Die Vornahme der Geschäftsprozesssegmentierung nach den Kriterien Hauptprozess, Teilprozess, Tätigkeiten/Aktivitäten führt stufenweise zu einer pyramidalen Struktur und Hierarchie der Prozesse sowie ihrer Bestandteile in logisch stringenter Form. Analog manifestiert sich die Vorgehensweise bei der Bildung von Prozessmodellfragmenten. In Konsequenz können die Segmentierungskriterien hierarchiedeterminierend wirken. Zur Verdeutlichung dieses Aspektes soll das folgende Beispiel dienen: Die mehrdimensionale Deckungsbeitragsrechnung ermittelt ausgehend vom erzielten Erlös, abzüglich der variablen Kosten sowie stufenweise der zurechenbaren Fixkosten die unterschiedlichen Deckungsbeiträge. Je nach Aufbau des Stufenschemas und damit der Hierarchisierung der Zurechnungsobjekte wie z.B. Kundengruppe, Absatzgebiet oder Produktgruppe werden unterschiedliche Bereichs- oder Stufendeckungsbeiträge ausgewiesen. Das Gesamtergebnis muss jedoch für alle Varianten gleich sein, unabhängig von der gewählten Hierarchie der Segmentierungskriterien.[443]

Die Betrachtung von E-Business-Lösungen im Anwendungsfeld der Instandhaltung induziert bereits die horizontale Segmentierung relevanter Geschäftsprozesse, die vertikale Modularisierung und Hierarchisierung wird dem bereits angesprochenen Ebenen- und Systemmodell folgen. Basierend auf dem Tatbestand, dass die Bildung allgemeingültiger Geschäftsprozesssegmente im Metamodell dem holistischen sowie generischen Charakter der Modellkonzeption widersprechen würde, kann lediglich das Grundprinzip der Hierarchisierung als Element des ganzheitlichen Geschäftsprozessmodells – im Sinne einer generischen Plattform - verankert werden. Die Konkretisierung des Prozessmusters für den Bereich E-Maintenance führt zu dem für die ganzheitliche Geschäftsprozessgestaltung bei der Entwicklung und beim Einsatz dieser Tools erforderlichen Detaillierungsgrades.

Analog zur Segmentierung und Hierarchisierung von Geschäftsprozessen erfordert ein E-Business-bezogenes ganzheitliches Prozessmodell die Klassifikation von entsprechenden Systemen und Tools. In der Literatur finden sich unterschiedliche Ansätze zur Charakterisierung sowie Typologisierung von E-Business-Anwendungen.

---

443 Vgl. hierzu Schweitzer, M./Küpper, H.-U. (1995), S. 437ff.

Erkennbar ist beispielsweise die Zuordnung von Instrumenten zu unterschiedlichen Funktionsbereichen oder Prozessbereichen. So gliedert WILDEMANN E-Technologien nach ihren Anwendungsfeldern in der Wertschöpfungskette und unterscheidet die Bereiche E-Procurement, E-Manufacturing/Logistics, E-Distribution sowie E-Research & Development.[444]

WANNENWETSCH diskutiert in seiner Publikation „E-Logistik und E-Business" folgende Tools: Front End Solutions im Rahmen von E-Procurement-Anwendungen, Möglichkeiten des Einsatzes von Mobile Commerce, Elektronische Transaktionsformen und Transaktionsplattformen im Beschaffungsbereich, E-Commerce-Lösungen in Einkauf und Beschaffung, Contentmanagement im Rahmen der e-gestützten Beschaffung von MRO- (Maintenance, Repair and Operation) gütern, Systemunterstützung im Rahmen der Produktion, E-Business zum Support des Lagermanagements, das ECR- (Efficient Consumer Response) Konzept, E-Business in der Verkehrslogistik, E-Supply Chain Management sowie E-Payment.[445] Die Behandlung der E-Business-Spezifika erfolgt auf Basis der Kriterien Funktions- und Einsatzbereich, Technologiebasis sowie konzeptionelle Fundierung/ Zuordnung (z.B. Supply Chain Management).

BIETHAHN/NOMIKOS verknüpfen zur Generierung eines ganzheitlichen E-Business die technische mit der ökonomischen Perspektive des Paradigmas. Angesprochen werden in diesem Zusammenhang seitens unterschiedlicher Autoren beispielsweise technische Standards, Datenaustausch- und Dokumentformate, Sicherheitstechnologien oder der Aspekt des mobile Business sowie Aspekte wie z.B. Geschäftsmodelle des E-Business, E-Procurement, Elektronische Marktplätze, Supply Chain Management und E-Production.[446] Auch in diesem Fall spielen für die Charakterisierung von E-Business technische, funktionale und prozessuale Aspekte eine bedeutende Rolle. Im Instandhaltungsbereich finden sich in der Literatur

---

[444] Vgl. Wildemann, H. (2004b)

[445] Vgl. Wannenwetsch, H. (2002)

[446] Vgl. Biethahn, J./Nomikos, M. (2002)

wenig Hinweise zur Klassifizierung von Systemen, angesichts der Tatsache, dass der Bereich der E-Maintenance[447] nach wie vor eher ein Schattendasein des E-Business führt. Eine Klassifikation der in der elektronischen Instandhaltung eingesetzten Systeme ist allerdings bedingt durch die am Markt verfügbaren CMMS- (Computerized Maintenance Management Systems)[448] sowie IPS- (Instandhaltungsplanungs- und Steuerungssysteme)[449] Anwendungen, die je nach Leistungsspektrum sowie Integrationsgrad einen großen Teil der instandhaltungsrelevanten Prozesse unterstützen, gegeben.

KOSCHATE zeigt zwei Formen der Klassifikation von E-Business-Anwendungsfeldern auf. Zum einen erfolgt eine Differenzierung der Tools auf Basis der involvierten Teilnehmer, zum anderen wird eine Segmentierung nach der Ausprägung der Leistungskoordination vorgenommen.[450] Die Spezifikation der E-Business-Beziehungen, beispielsweise in B2B, B2C oder C2C war bereits Gegenstand der terminologischen und konzeptionellen Fundierung von E-Business-Lösungen in Abschnitt 1.3 der vorliegenden Arbeit. Nach dem Kriterium der Kommunikationsform (Leistungskoordination) lässt sich eine quantitative wie qualitative Differenzierungsperspektive einnehmen. Im ersten Fall unterscheiden sich E-Business-Anwendungen nach der Anzahl der Teilnehmer sowie der Anbieter und Nachfrager. Ausgehend von einer 1:1-Beziehung über eine 1:n Relation kann sich das Kunden-Lieferantenverhältnis im komplexesten Fall hin zu einer n:m Beziehung gestalten (vgl. Abb. 3-13). Im Zusammenhang mit der ganzheitlichen Geschäftsprozessgestaltung bei der Entwicklung und beim Einsatz von E-Maintenance-Lösungen erfolgte bereits eine analoge Segmentierung der Leistungskoordination zwischen Entwicklern (Anbieter) sowie Unternehmen (Nachfrager). Aufgrund der hohen Variabilität potenzieller Kooperationsfelder im Rahmen des Business Process (Re-) designs sollte die Klassifikation entsprechender

447 Zur E-Maintenance vgl. z.B. Lee, J. (o.J.)

448 Vgl. hierzu z.B. Cato, W.W./Mobley, R.K. (1998)

449 Vgl. exemplarisch Marktspiegel (2003)

450 Vgl. dazu Koschate, J. (2002), S. 131ff.

E-Business-Tools nicht isoliert auf Basis dieses Kriteriums vorgenommen werden.[451]

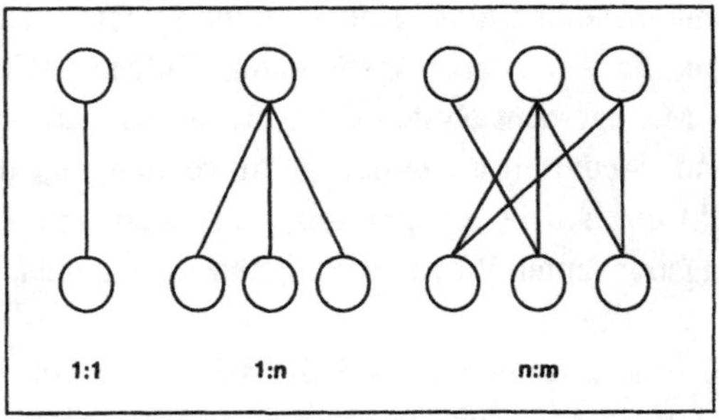

Abb. 3-13: Typologisierung des E-Business - quantitativ[452]

Aus einer qualitativen Perspektive heraus, lassen sich E-Business-Anwendungen ensprechend der Form der Leistungskoordination segmentieren. Hieraus resultieren die Klassen „Hierarchie", „Markt" sowie „Unternehmensnetzwerk" (vgl. Abb. 3-14). „Zwischenbetrieblich sind unter elektronischen Hierarchien elektronisch unterstützte Beziehungen zwischen eigenständigen Unternehmen oder Unternehmensteilen zu verstehen. Beispiele sind Lieferantenabrufsysteme, proprietäre Homebankingsysteme oder Reservationssysteme von Autovermietungen."[453] Auf elektronischen Märkten erfolgt der Güteraustausch zwischen rechtlich unabhängigen Anbietern und Nachfragern, die Preisbildung vollzieht sich nach marktlichen Kriterien. Vor allem zur effizienten Abwicklung operativer Prozesse werden durch E-Business-Anwendungen gestützte Unternehmensnetzwerke eingesetzt. „Die grundsätzliche Funktion ist die Koordination der

451 An dieser Stelle sei nochmals auf die komplexe und variable Struktur der Principle-Agent-Beziehungen, die sich im Laufe der Geschäftsprozessgestaltung bei der Entwicklung und beim Einsatz entsprechender Anwendungen ergeben können, verwiesen. Die Segmentierung anhand des qualitativen Kriteriums erfordert die strikte Trennung zwischen der Anbieter-Nachfrager-Struktur nach Fertigstellung des Tools und der Beziehungsstruktur aus prozessgestaltender Perspektive.

452 Entnommen aus: Koschate, J. (2002), S. 134

453 Ebd., S. 135

Aktivitäten der beteiligten Unternehmen derart, dass gemeinsame strategische Ziele erreicht werden können."[454]

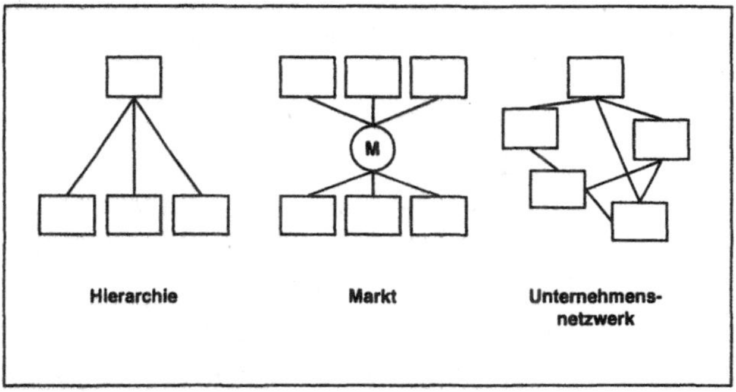

Abb. 3-14: Typologisierung des E-Business - qualitativ[455]

Die Vornahme der Klassifizierung nach dem oben genannten Kriterium erscheint für die E-Maintenance nur bedingt möglich, da der Marktgedanke in diesem Bereich derzeit noch nicht umfassend ausgeprägt ist. In Zukunft wird sich hier jedoch ein deutlicher Wandel vollziehen.

Anhand der ausgewählten Beispiele wird deutlich, dass für die Klassifizierung/Segmentierung von E-Business-Lösungen, speziell für das Anwendungsfeld der E-Maintenance, folgende Aspekte zu berücksichtigen sind:

- E-Business-Lösungen können bestimmten betrieblichen Funktionen zugeordnet werden.
- E-Business-Lösungen beziehen sich auf spezielle Abschnitte der Wertschöpfungskette und integrieren verschiedene unternehmensinterne wie –externe Geschäftsprozesse.

---

[454] Koschate, J. (2002), S. 135

[455] Entnommen aus: Koschate, J, S. 134

- E-Business-Lösungen nutzen moderne Standards, Datenaustausch- und Dokumentenformate sowie stationäre oder mobile I&K-Technologien.
- E-Business-Lösungen lassen sich nach der quantitativen sowie qualitativen Form der Leistungskoordination differenzieren.

Aus einer holistischen Perspektive müssen mit dem Ziel der Konstruktion eines ganzheitlichen Geschäftsprozessmodells funktionale, prozessuale, technologische sowie koordinationsbezogene Kriterien bei der Beschreibung von E-Business-Anwendungen grundsätzlich Berücksichtigung finden. Das handlungsleitende Paradigma der vorliegenden Arbeit ist die ganzheitliche Geschäftsprozessgestaltung bei der Entwicklung und beim Einsatz von E-Maintenance-Lösungen von Unternehmen, so dass als Hauptsegmentierungskriterium die Funktion oder der Prozess herangezogen wird. Analog zur Charakterisierung von Geschäftsprozessen anhand von E-Business-bezogenen Kriterien, muss im umgekehrten Fall im Zusammenhang mit der Typologisierung von E-Business-Anwendungen gleichermaßen eine Berücksichtigung geschäftsprozessualer Kriterien gewährleistet sein. Technische Aspekte sowie Gesichtspunkte, die die Form der Leistungskoordination betreffen, können bei Bedarf als zusätzliche Segmentierungskriterien dienen, primär jedoch erfüllen sie den Part der ergänzenden Beschreibung. Im ganzheitlichen Prozessmetamodell finden diese Aspekte Eingang in das viszerale Nervensystem (E-Business-Lösungen als Organe, Eingeweide oder Enabler) und fungieren partiell als die prozessuale Gestalt prägende Elemente des somatischen oder motorischen prozessualen Nervensystems.

Zusammenfassend implizieren die bisher angeführten Argumente, dass das ganzheitliche Geschäftsprozessmodell eine Systematisierung von E-Business-Lösungen nach der betrachteten Funktion – der Instandhaltung – sowie nach den innerhalb der Funktion unterstützten Geschäftsprozessen oder Geschäftsprozessabschnitten vorsieht. Aufgrund des generischen Modellcharakters kann die weitergehende Typologisierung im Sinne der Zuordnung von E-Business-Anwendungen zu den einzelnen Prozessen erst zum Zeitpunkt der

Konkretisierung des Geschäftsprozessmodells für das Anwendungsfeld der E-Maintenance vorgenommen werden.

Aufgrund der elementaren Bedeutung der E-Business-Lösungen als Enabler für die Optimierung von Geschäftsprozessen sowie für die Reduktion von Transaktionskosten erweisen sich die technischen Spezifikationen dieser Anwendungen als strukturbeeinflussende Aspekte des Geschäftsprozessmodells. Die wichtigsten Charakteristika im Sinne des gewählten generischen Ansatzes sollen nachfolgend kurz beschrieben werden. Sie fließen als E-Technologien, I&K-Technologien, Standards oder Formate sowohl in Systeme der E-Maintenance ein als auch in E-Business-Anwendungen, die Unternehmensfunktionen unterstützen, die nicht Gegenstand der vorliegenden Arbeit sind. Angesichts der Fülle vorhandener Technologien erhebt die nachfolgende Aufzählung keinen Anspruch auf Vollständigkeit, es soll lediglich ein erster Überblick gegeben werden. Einzelne Technologien werden bei Bedarf im Rahmen der Konkretisierung des Geschäftsprozessmodells für das betrachtete Anwendungsfeld detaillierter erörtert.

Technologien zur Datenerfassung[456] repräsentieren vor allem Scanning- und Barcodesysteme, der EAN-Code, die moderne Transpondertechnologie sowie Logfiles. Beim Scannen werden Daten, beispielsweise in Form eines Barcodes auf optischem Wege eingelesen und können nachfolgend gespeichert sowie weiterverarbeitet werden. Barcodes, Strichcodes sowie Balkencodes entstammen der Kategorie der so genannten opto-elektronischen Datenträger und „... sind für verschiedene Anwendungen, wie Lagerdatenerfassung, Artikelidentifizierung oder „Tracking & Tracing“ einsetzbar.“[457] Der EAN-Code (Europäische Artikelnummer) ist das Ergebnis der europaweiten Standardisierung des Strichcodes, der die ursprüngliche Etikettierung von

456 Die Differenzierung der technischen Aspekte in Technologien zur Datenerfassung, Datenformate und Techniken der Datenübertragung, Wege der Datenspeicherung und Analyse sowie in weiterführende Technologien basiert auf der Systematisierung von Wannenwetsch; vgl. hierzu Wannenwetsch, H. (2002), S. 27ff.

457 Ebd., S. 29

Artikeln ersetzt. Mikroelektronische Datenträger wie Transponder weisen eine höhere Speicherkapazität sowie eine flexiblere Einsatzfähigkeit gegenüber Barcodes auf.[458] Sie gehören zur Gruppe der RFID-Technologie (Radio Frequency Identification), verfügen über Mikroprozessoren, elektronische Speichermedien sowie Antennen, die Kommunikation erfolgt über Funksignale. Auf Basis von elektromagnetischen Wechselfeldern, erfolgt das Ein- und Auslesen von Daten berührungslos. Der Chip benötigt keine eigene Energiequelle, sondern wird durch das Radio-Frequenz-Feld des Erfassungsgeräts angeregt und mit Energie versorgt.[459] „Das Zusammenspiel von mobiler Kommunikationstechnik und Informationstechnik vor allem zur Sendungsverfolgung (Tracking & Tracing), Sendungsüberwachung (z.B. Temperatur), Fahrzeugdatenkontrolle, Navigation und kurzfristigen Auftragsübermittlung wird als Telematik bezeichnet.“[460] Als Endgeräte finden WAP-Handies oder Computer Anwendung, für die Datenerfassung selbst, werden Techniken wie das Mobilfunknetz, das GPS (Global Positioning System) sowie das Internet genutzt. Findet die RFID-Technologie immer stärker Eingang in E-Logistik-Anwendungen, wie sie beispielsweise die Auftragsverfolgung durch den Kunden darstellt, so bildet die Instandhaltungslogistik (Ersatzteillogistik) einen ersten möglichen Einsatz in der E-Maintenance ab.

Aufgrund der vorherrschenden Vielfalt an Datenformaten ist eine einfache Datenübertragung in den meisten Fällen nicht möglich. Eingesetzt werden in diesem Fall Konvertierungs- oder Interpretationstechniken, so genannte Middleware, „... die Daten auf ein einheitliches Format bringen oder zumindest den Inhalt beschreiben und diesen somit interpretierbar machen.“[461] Protokolle steuern den Übermittlungsvorgang und bestimmen den Ursprung sowie den Endpunkt der

458 Zum Vergleich von Barcode und Transpondern vgl. Wannenwetsch, H. (2002), S. 31

459 Vgl. Metro-Group (2003); zur Struktur des RFID-Chips vgl. beispielhaft Buchholz, T. (2003), S. 42

460 Ebd., S. 32

461 Wannenwetsch, H. (2002), S. 32

Datenübertragung.[462] Für den Datentransfer im Internet finden die in Abbildung 3-15 dargestellten Protokolle Anwendung. Der Seitenbeschreibungsstand im Internet wird als Hypertext Markup Language (HTML) bezeichnet.[463] Über ihn lassen sich sowohl Texte, Bilder als auch Multimediadateien im Internet darstellen. Zum aktuellen Zeitpunkt ist HTML nicht in der Lage, die Abbildung der Strukturen in den Dokumenten zu leisten. Für den effizienten Einsatz von E-Business-Lösungen ist es jedoch unabdingbar, dass Typen von Dokumenten sowie Inhalte identifiziert und zugeordnet werden können. Als Konsequenz aus diesem Tatbestand hat sich die Extensible Markup Language (XML) als so genannte erweiterbare Sprache entwickelt. Die Tags, die eine Struktur sowie Beschreibung der Daten im Dokument erlauben, sind unabhängig definier- und erweiterbar. „Die Eigendefinierbarkeit macht es allerdings notwendig, so genannte Document Type Definitions (DTD) mitzuschicken, die als Datenentschlüsselung (Metasprache) dienen."[464] Derzeit existiert noch weiterer Handlungsbedarf hinsichtlich der Standardisierung der XML.

Via Electronic Data Interchange (EDI) können Daten sowie Dokumente zwischen zwei Unternehmen transferiert werden. In Folge der Umwandlung der empfangenen Daten in ein durch das eingesetzte Warenwirtschaftssystem verarbeitbares Format, werden die Aktualität und Datenqualität wesentlich erhöht. Die Regeln der Verarbeitung sind je nach Kommunikationsstruktur unterschiedlich und erfordern zum Teil einen hohen Adaptionsaufwand. Als nicht branchengebundener Standard für EDI gilt EDIFACT (Electronic Data Interchange for Administration, Commerce and Transport), ODETTE repräsentiert einen branchenspezifischen EDI-Standard für die Automobil- und Zuliefererindustrie auf europäischer Ebene. WebEDI verknüpft die positiven Aspekte von Internet einerseits und EDI andererseits. In diesem Fall „... übernimmt ein XML/EDI-Server beim

---

[462] Zur Kommunikation in TCP/IP-Netzwerken vgl. exemplarisch Friese, J. (2002), S. 40ff.

[463] Zu HTML, XML und weiteren Datenaustauschformaten vgl. beispielsweise Range, M. (2002), S. 56ff.

[464] Wannenwetsch, H. (2002), S. 34; zu den Vor- und Nachteilen von XML vgl. ebd., S. 35

Datenaustausch die Konvertierung der EDI- oder EDIFACT-Daten in das browserfähige XML-Format und das weitere Routing an den Geschäftspartner."[465] Via Integrated WebEDI lassen sich Dokumente in die Warenwirtschaftssysteme beider Geschäftspartner einbeziehen. Das E-Net von Mosaic ermöglicht die automatische Auslösung des Versandes von Dokumenten über das Internet. Die hieraus resultierende Datenqualität wird verbessert und Geschäftsprozesse beschleunigt. Die Anbindung an das E-Net durch EDI-Anwender ist ohne großen Aufwand realisierbar.

TCP/IP	**Transmission Control Protocol/Internet Protocol:** Das TCP/IP ist die Basis für höhere Protokolle (HTTP, FTP, SMTP). Es zerlegt die Nachricht in kleinere Datenpakete und leitet diese pfadunabhängig zum Bestimmungsort und setzt sie dort wieder zusammen.
HTTP	**Hypertext Transfer Protocol:** Übertragungsprotokoll für HTML-Dokumente
S-HTTP	**Secure-HTTP:** Erweiterung des HTTP-Standards zur sicheren Datenübertragung im Internet (Authentifizierung und Datenverschlüsselung zwischen Web-Server und Browser)
SMTP	**Simple Mail Transfer Protocol:** Protokoll zur Übertragung von E-Mails
FTP	**File Transfer Protocol:** Datenübertragungsprotokoll

Abb. 3-15: Protokolle im Internet[466]

Neben dem Aspekt der Datenerfassung, der Datenformate sowie der Datenübertragung spielt im Zusammenhang mit der Nutzung moderner I&K-Systeme die Datenspeicherung und Datenanalyse eine bedeutende Rolle. Business Intelligence bezeichnet in diesem Zusammenhang alle Instrumente informationstechnischer Natur, die die Erfassung, die Analyse sowie die Auswertung von Informationen unterstützen. Die Extraktion und Speicherung von relevanten Daten in strukturierter Form, die aus internen sowie externen Datenquellen

465 Wannenwetsch, H. (2002), S. 36f.

466 In Anlehnung an Wannenwetsch, H. (2002), S. 33

stammen können, übernimmt eine gesonderte Datenbank, das so genannte Data Warehouse. Es erfolgt die entschiedene Separation von rein operationalen sowie der Entscheidungsunterstützung dienlichen Daten und Systemen. Data Marts repräsentieren kleinere Datenbanken, die dezentral zugänglich und beispielsweise für einzelne Abteilungen angelegt werden. „Meta-Daten zeigen dem Anwender auf, welche Daten vorhanden sind, wo und in welcher Form sich diese befinden, wer für die Pflege verantwortlich ist, oder wie ein Bericht erzeugt werden kann (...):“[467] Es besteht grundsätzlich die Möglichkeit, die Meta-Daten um Funktionen wie z.B. Lexika, Thesaurus oder Data Directorys zu erweitern. Anhand von OLAP-Systemen (Online-Analytical-Processing-Systeme) erfolgt die Verdichtung von Daten, die im Data Warehouse oder in Data Marts erfasst sind auf Basis verschiedener ex ante zu definierender Dimensionen. Per Data Mining wird ein automatisierter Suchprozess in den vorhandenen Datenbeständen initiiert. Die Identifikation von Zusammenhängen und Strukturen erfolgt durch den Einsatz von Algorithmen.

Softwareagenten repräsentieren Softwareprogramme, die in der Lage sind, eigenständig Routineaufgaben auszuführen. Differenziert werden kann in diesem Fall zwischen Informationsagenten/Suchagenten, Transaktionsagenten und Kommunikationsagenten. Die Festlegung des Kompetenz- und Handlungsrahmens erfolgt durch den Anwender oder Provider/Programmierer.

Die Breitbandtechnik eröffnet enorme Potenziale in Bezug auf die schnelle Übertragung vor allem großer Dateien. Mobiles Telefonieren (GSM) erfolgt innerhalb der Bandbreite 9,6 – 14,4 Kbps, Mobiles Web-Surfing (GPRS, EDGE) liegt bei 114 Kbps, Videokonferenzen (UMTS) nutzen die Bandbreite 384 Kbps und Full Motion Video erfolgt in der Bandbreite von 2000 Kbps.[468] Die Erhöhung der Bandbreite trägt in Zukunft zur Weiterentwicklung von I&K-Technologien bei und schafft neue Anwendungsfelder für Multimedia. Übertragungen können sich beispielsweise sowohl in LAN (Local Area

[467] Wannenwetsch, H. (2002), S. 39

[468] Vgl. hierzu Delfmann, W./Neumann, C.-St./Schwegmann, V. (2003), S. 89

Networks) als auch in WAN (Wide Area Networks) vollziehen, die Schwankungen hinsichtlich der genutzten Bandbreiten sind allerdings relativ groß und netzabhängig.[469]

Neben den Technologien zur Datenerfassung, Datenübertragung, Datenspeicherung sowie Datenanalyse spielen im Zusammenhang mit E-Business-Lösungen Technologien eine Rolle, die beispielsweise die dynamische Generierung von Internet-Seiten (Serverseitige Programmlogik) oder das Downloaden von Dateien (Clientseitige Programmlogik) ermöglichen und diese Vorgänge von ablauftechnischer Seite determinieren.[470]

Die Serverseitige Programmlogik lässt sich vor allem durch die Ausgestaltung der Elemente wie Common Gateway Interface (CGI), Server Side Includes (SSI), Skriptsprachen sowie Applikationsserver charakterisieren. Das CGI repräsentiert eine festgelegte Schnittstelle, über die der Web-Server nach Bedarf auf vorhandene Programme zugreifen kann, die für den spezifischen Zweck benötigt werden. „Da die Programme direkt auf dem Server ausgeführt werden, ist deren Programmierung in jeder Programmiersprache denkbar, die auf dem Server lauffähig ist."[471] Das CGI wird zumeist nur noch bei wenig umfangreichen Anwendungen eingesetzt, da es aufgrund seiner Struktur mitunter zu Leistungseinbußen sowie zu einem hohen Änderungsaufwand führt. Server Side Includes sind Interpreter, die in den Web-Server eingebettet sind und Dateien mit einer spezifischen Datenendung nach Keywords der individuellen SSI durchsuchen. Im Rahmen des Adressbereiches des Servers können in Konsequenz alle Programme ausgeführt werden, die in der SSI-individuellen Sprache verfasst sind. In der Praxis erfolgt sehr häufig der Einsatz von ASP (Aktive Server Pages) der Fa. Microsoft. Skriptsprachen bieten durch die Bereitstellung von Befehlen für zahlreiche Anforderungen im Internet Unterstützung an. Die Abgrenzung der Skriptsprachen erfolgt

469 Vgl. Arens, Th. (2002), S. 106; zu den Technologien wie xDSL, TV-Kabel, Powerline, Glasfaseranbindung, Richtfunk, Internet über Satellit sowie Internet-Anbindung durch Mobilfunk vgl. ebd., S. 105ff.

470 Vgl. hierzu Range, M. (2002), S. 60ff.

471 Range, M. (2002), S. 61

durch charakteristische Zeichenfolgen, die unmittelbar in den HTML-Quelltext integriert werden. „Wird eine Seite angefordert, leitet der Web-Server die entsprechend mit Skriptelementen versehene Web-Seite an den Interpreter für diese Skriptsprache weiter, der die Skriptelemente durch ihre Ergebnisse ersetzt und anschließend die fertige HTML-Seite an den Web-Server zurückleitet."[472] Die Verknüpfung der Skriptsprachen mit dem Web-Server kann über zwei mögliche Wege erfolgen. Zum einen bietet sich die Einbettung als CGI-Programm an, unter Inkaufnahme der generellen Nachteile des CGI, zum anderen besteht die Möglichkeit, die Anbindung über ein so genanntes Server-API (Application Programming Interface) zu vollziehen. Letztere führt zu einer höheren Leistungsfähigkeit, da nicht jede einzelne Anfrage die Auslösung eines zusätzlichen Prozesses erfordert. Applikationsserver integrieren eine Skriptsprache und offerieren eine komplette Entwicklungsumgebung. Zusätzlich existieren in den meisten Fällen Vorrichtungen zur Kopplung von Legacy-Systemen, die bereits im Unternehmen vorhandene Anwendungen repräsentieren. „Dadurch sind sie insbesondere geeignet, wenn bestehende Anwendungssysteme über das Internet verfügbar gemacht werden sollen."[473]

Die Clientseitige Programmlogik konstituiert sich beispielsweise aus den Technologien Javascript, Java-Applets sowie Plug-Ins und ActiveX-Controls. Diese werden „... hauptsächlich für interaktive Elemente, die ausschließlich die Prozessorkapazität des lokalen Rechners in Anspruch nehmen"[474] genutzt. Der objektorientierte Javascript-Code lässt sich unmittelbar in HTML-Seiten einbinden und greift dort auf die spezifischen Elemente der HTML-Seite zu. Der Browser von Netscape sowie der Internet Explorer weisen unterschiedliche Objektmodelle auf, so dass beide Modelle in den Anwendungen zu berücksichtigen sind. Dies induziert zusätzlichen Aufwand, insbesondere bei umfangreichen Applikationen, das Document Object Model (DOM) bietet hierfür allerdings die Möglich-

---

[472] Range, M. (2002), S. 62
[473] Ebd., S. 64
[474] Ebd., S. 64

keit zur Vereinheitlichung. Durch Javascript kann beispielsweise ein so genannter Mouse-Over-Effekt erzielt werden, das Dynamic HTML (DHTML) ermöglicht die Gestaltung interaktiver Seiten, wie sie beispielsweise aufklappbare Navigationsmenüs repräsentieren. Java stellt eine objektorientierte Programmiersprache dar, die plattformunabhängig ist und nicht nur für Internet-Anwendungen eingesetzt werden kann. Die Programmausführung ist an eine Virtual Machine gebunden, die einen vorkompilierten Code ausführt. Java-Applets lassen sich in HTML-Seiten integrieren und werden dann unmittelbar in der Seite mittels Virtual Machine implementiert, die in den Browser eingebunden ist. „Dadurch können auch umfangreichere Programme (...) über das Internet verteilt oder besondere Effekte innerhalb von Web-Seiten realisiert werden."[475] Plug-Ins repräsentieren externe Module, die die Fähigkeiten des Browsers erhöhen, von jenem ausgeführt und im Browser-Fenster ausgegeben werden. Diese zusätzlichen Programmteile ermöglichen die Darstellung multimedialer Inhalte wie beispielsweise von Videos, Animationen oder spezieller Grafikformate. ActiveX Controls stellt eine Technologie dar, die von Microsoft entwickelt wurde und auf dem Component Object Model (COM) beruht. Mittels Integration von COM-Modulen in Form der ActiveX Controls in HTML-Seiten kann eine Erweiterung der Fähigkeiten des Browsers erreicht werden. Zusätzlich existieren ActiveX Controls, anhand derer die Nutzung von Aufgaben des Betriebssystems innerhalb des Browsers möglich ist. Ein bekanntes Exempel für Plug-Ins oder ActiveX Controls ist der Flash-Player-Plug-In von Macromedia, der durch eine besondere Skriptsprache gesteuert wird und deshalb die Entwicklung einfacher wie komplizierter Applikationen unterstützt.

E-Business-Anwendungen erfordern ein hohes Maß an Sicherheit, die durch den Einsatz verschiedener Technologien, wie sie beispielsweise die Kryptographie zur Datenverschlüsselung, sichere Protokolle (z.B. S-HTTP oder SSL) oder Firewall-Systeme darstellen, umfassend gewährleistet werden soll.[476] Je mehr Partner in die zu entwickelnde

475 Range, M. (2002), S. 66

476 Vgl. hierzu ausführlich Cvjetkovic, D. (2002), S. 71ff.

und einzusetzende E-Business-Lösung integriert sind, desto höher dürfte das Sicherheitsrisiko einzuschätzen sein. Im Einzelfall ist eine aus Anwendungs- und Situationssicht optimale Kombination von Sicherheitstechnologien zu definieren.

Die diagnonale/pyramidale Dimension der paradigmenspezifisch entwickelten Konzeption der Ganzheitlichkeit umfasst die lebenszyklusübergreifende Betrachtung der Geschäftsprozessgestaltung sowohl aus der Perspektive der Geschäftsprozesse als auch aus Sicht der E-Business-Lösung (E-Maintenance). Im Anschluss an die technologischen Spezifika von E-Business-Lösungen soll deshalb zunächst die E-Anwendung aus Lebenszyklussicht betrachtet werden, bevor auf den geschäftsprozessualen Aspekt näher eingegangen wird. Mit Erörterung dieser beiden Erkenntnisobjekte schließt der allgemeine Teil zur Konstruktion eines ganzheitlichen Geschäftsprozessmodells als konzeptionelle Basis für die ganzheitliche Geschäftsprozessgestaltung bei der Entwicklung und beim Einsatz von E-Maintenance-Lösungen von Unternehmen.

Als Referenzmodell für den Lebenszyklus einer E-Business-Lösungen dient das von der Software AG entwickelte Software Engineering Lifecycle Model (SELC), das die einzelnen Phasen des objektorientierten Projektzyklus beschreibt.[477] Dieses Schema erscheint grundsätzlich, infolge der Berücksichtigung fachlicher sowie prozessualer Anforderungen als Orientierungsmuster für das Paradigma der Geschäftsprozessgestaltung geeignet.

Das neun-stufige Vorgehen kann wie folgt skizziert werden:

- Phase 1: Konzeptphase
  - Sie beinhaltet die Modellierung von Geschäftsprozessen zur Erfassung des Projektvolumens sowie zum Verständnis des Projektinhaltes.

- Phase 2: Anforderungsanalyse

---

[477] Vgl. hierzu ausführlich Daum, B./Scheller, M. (2000), S. 398ff.

  - Die Modellierung der Anforderungen ist Gegenstand dieser Phase und widmet sich der Festlegung der zu erzielenden Ergebnisse aus fachlicher Sicht. Potenzielle in ein Produktionssystem abzubildende Konzepte werden als candidate Use Cases oder candidate Business Concepts festgehalten.[478]

- Phase 3: Erarbeitung des analytischen Modells
  - Die Resultate der Anforderungsanalyse werden in ein objektorientiertes Format transformiert und bilden Use Cases ab. „Jede mögliche Art, in der ein Endbenutzer das System benutzt, definiert einen Use Case.“[479] Als Modellierungssprache wird in diesem Fall UML (Unified Modeling Language) genutzt.

- Phase 4: Entwicklung des Entwurfsmodells
  - Der Transfer der Technischen Architektur auf das in Phase 3 entwickelte analytische Modell ist Gegenstand dieser Entwicklungsstufe und führt zum Entwurfsmodell.

- Phase 5: Gestaltung des Implementierungsmodells
  - In dieser Phase erfolgt die Adressierung der den Einsatz des zu entwickelnden Systems charakterisierenden Aspekte innerhalb der technischen Architektur. Es gilt zu klären, inwieweit bestehende Systeme sowie Anwendungen von externen Anbietern in das Modell zu integrieren sind.

- Phase 6: Kodierung und Zusammenbau
  - Phase 6 umfasst die Erstellung des Programmcodes sowie der weiteren zugehörigen Aktivitäten.

- Phase 7: Qualitätssicherung sowie Test
  - Gegenstand dieses Abschnitts ist die „... Verifikation und Validierung der technischen und fachlichen Funktionalität über alle Phasen des Projektzyklus hinweg.“[480]

---

[478] Vgl. Daum, B./Scheller, M. (2000), S. 399

[479] Ebd., S. 399

[480] Ebd., S. 401

- Phase 8: Einsatz
  - Der Einsatz der Anwendung erfordert parallel die Distribution von Dokumentationen, das Anwendertraining sowie die Bereitstellung von System-Support-Möglichkeiten, die sich insbesondere im Rahmen des Einsatzes von E-Business-Lösungen als wichtig erweisen.

- Phase 9: Wartung
  - „Im Ansatz des SELC wird die Wartung einfach zu einer erneuten Anwendung der Phasen des Projektzyklus – ein neuer Zyklus in einem iterativen Prozess."[481] Es gilt diejenigen Änderungen zu identifizieren, die erneute Entwicklungaktivitäten erfordern und begründen.

Der geschilderte Projektzyklus ist grundsätzlich als Entwicklungsrahmen konzipiert, kann jedoch durch den in Phase 9 induzierten Regelkreislauf als Lebenszyklusmodell betrachtet werden. Aus der Perspektive der ganzheitlichen Geschäftsprozessgestaltung bei der Entwicklung und beim Einsatz von E-Maintenance-Lösungen wird ein spezifisches, eigenständiges Vorgehensmodell zu konstruieren sein, das nicht mit dem oben dargestellten Stufenschema identisch ist.

Als Lebenszyklusphasen von E-Business-Lösungen lassen sich die folgenden Phasen festhalten:

- Konzeptionsphase,
- Phase der Anforderungsdefinition,
- Entwicklungs-, Modellierungs- und Programmierungphase,
- Testphase einschließlich Qualitätssicherung,
- Einsatzphase, einschließlich System-Support,
- Wartungsphase, einschließlich geringfügiger System-Adaption und
- Phase des Reengineerings mit umfangreicheren System-Anpassungen oder:
- Phase der Neuentwicklung mit Austausch, Ergänzung oder Reduktion von Funktionalitäten.

481 Daum, B./Scheller, M. (2000), S. 402

Die Phase der Wartung mit minimaler System-Anpassung sowie die Phase des Reengineerings können den Lebenszyklus der E-Business-Lösung verlängern und damit die erreichbare Produktivität sowie die realisierbaren Optimierungspotenziale sichern. Dagegen induziert die Phase der Neuentwicklung einen neuen Lebenszyklus, der rein theoretisch, gemessen an möglichen Nutzenpotenzialen aus geschäftprozessualer Sicht vom Ausgangsniveau Null oder vom bisherigen positiven Stand beginnen kann. Die Änderung von Geschäftsprozessen, die in einer E-Business-Lösung integriert oder durch sie abgebildet werden, führt zu einer Beeinflussung des Lebenszyklus der E-Business-Anwendung.

Folgende Wirkungen sind denkbar:

- Extern oder intern induzierte Änderungen von Geschäftsprozessen können das Ertragspotenzial der E-Business-Anwendung reduzieren, also den Lebenzyklus abflachen.

- Treten Änderungen der Geschäftsprozesse während der Entwicklung der E-Business-Lösung ein, so verlängert sich eventuell die Entwicklungzeit des Tools. Unter Änderungen werden nicht nur die durch externe Faktoren wie beispielsweise Veränderungen am Markt oder gewandelte Kundenanforderungen induzierten Modifikationen subsumiert, sondern gleichermaßen ein zu später Start der Optimierung von Geschäftsprozessen, bevor sie in einer E-Business-Lösung integriert und somit dort abgebildet werden.

- Die Verlängerung der Amortisationszeit resultiert mitunter aus der Erfordernis kleinerer, aber eventuell aufwendiger Modifikationen der E-Anwendung, sofern die Änderungen nach Beginn des Systemeinsatzes eintreten respektive erforderlich werden. Noch nicht „eingeschwungene" Geschäftsprozesse können ebenfalls zu einer Ausdehnung der Amortisationsdauer beitragen.

- Der Lebenszyklus wird verkürzt, wenn umfangreiche Anpassungen des Systems infolge starker Veränderungen der Geschäftsprozesse erforderlich sind, oder wenn eine fundamentale Änderung der

Geschäftsprozessstruktur eine Neukonzeption/Neuentwicklung unumgänglich macht.

Der Lebenszyklus einer E-Business-Lösung, einschließlich der geschilderten Veränderungpotenziale ist in Abbildung 3-16 nochmals im Überblick dargestellt.

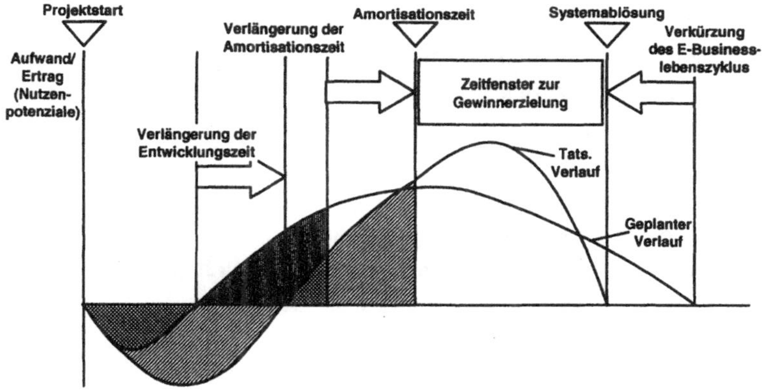

Abb. 3-16: Mögliche Lebenszyklen einer E-Business-Lösung[482]

Analog zum Produktlebenszyklus kann der Zyklusverlauf einer E-Business-Lösung in der Regel erst ex post festgestellt werden. Allerdings liefert die Visualisierung eines geplanten oder idealtypischen Lebenszyklus einen Einblick in das komplexe Beziehungsgefüge zwischen E-Business-Anwendung einerseits und Geschäftsprozessgestaltung andererseits. Die Berücksichtigung vorhandener Interdependenzen im ganzheitlichen Geschäftsprozessmodell sowie in dem zu einem späteren Zeitpunkt zu konstruierenden ganzheitlichen Vorgehensmodell der Geschäftsprozessgestaltung führt zu einer Harmonisierung beider Aspekte sowie zu einem zusätzlichen Potenzialhub. Neben der Gewährleistung des Einbezugs der horizontalen,

[482] Quelle Schema: Wildemann, H. (2002d), S. 17

vertikalen und pyramidalen/diagonalen Dimension des Ganzheitlichkeitsaspektes der vorliegenden Arbeit dürfte die Koordination beider Aktivitäten zu einem schnelleren Durchschreiten der marktlichen Talsohle des E-Business beitragen.[483]

Neben der Betrachtung des Lebenszyklus einer E-Business-Lösung ist es vor dem Implikationszusammenhang der vorliegenden Arbeit notwendig, auch den möglichen Lebenszyklusverlauf eines Geschäftsprozesses zu beschreiben. An dieser Stelle sei auf die Phasen des ganzheitlichen E-Geschäftsprozessmanagementansatzes verwiesen, der in Kapitel 2 entwickelt wurde und als Referenzmodell für die Lebenszyklusphasen eines Geschäftsprozesses dienen soll.

Es lassen sich folgende Lebenszyklusphasen konstruieren:

- Projekt- und Kooperationsanbahnung,
- Festlegung der Projekt- und Kooperationsstrategie sowie –zielsetzungen,
- Prozessidentifikation,
- Anforderungsdefinition und –gewichtung sowie Prozessauswahl,
- Prozessanalyse und Spezifikation Prozessmodell,
- Problemsammlung und Identifikation von Optimierungspotenzialen,
- Realisierung der Handlungsoptionen zur Geschäftsprozessoptimierung und –gestaltung,
- Umsetzung Prozess- sowie prozessrelationales Daten- und Objektmodell,
- Phasen- und Stepübergreifendes Prozessgestaltungscontrolling im E-Kontext und
- Post-prozessgestaltendes Controlling im E-Kontext.

Das Prozessengineering induziert die Entstehung eines neuen Prozesslebenszyklus und hat Einfluss auf das Ausgangsniveau vorhandener

483 Vgl. in diesem Zusammenhang den von der Gartner Group identifizierten und dokumentierten Allgemeinen E-Business-Lebenszyklus; vgl. IKB (2003), S. 11

prozessbezogener Nutzenpotenziale. Die Einführung oder Änderung von E-Business-Lösungen wirkt lebenszyklus-beeinflussend und kann zu folgenden Effekten führen (vgl. Abb. 3-17):

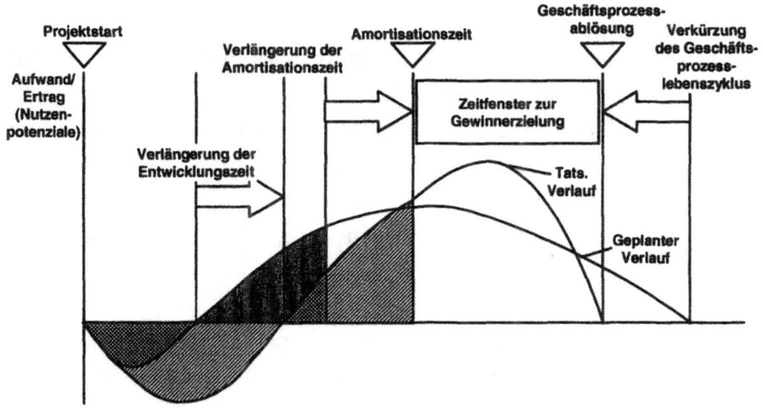

Abb. 3-17: Mögliche Lebenszyklen eines Geschäftsprozesses

- Extern oder intern induzierte Änderungen von E-Business-Lösungen können das Ertragspotenzial des Geschäftsprozesses reduzieren, also den Lebenzyklus abflachen.

- Treten Änderungen der E-Business-Lösungen während der Phase der Geschäftsprozessmodellierung ein, so verlängert sich eventuell die Entwicklungzeit. Eine vergleichbare Wirkung ergibt sich aus der Einführung einer neuen E-Business-Anwendung, z.B. im Instandhaltungsbereich. Änderungsbedarf kann sich gleichermaßen aus einer zu späten Berücksichtigung der Auswirkungen einer E-Business-Lösung auf die Geschäftsprozessstruktur ergeben.

- Die Verlängerung der Amortisationszeit resultiert mitunter aus der Erfordernis kleinerer, aber eventuell aufwendiger Modifikationen des Geschäftsprozesses, bedingt durch die Einführung oder Anpassung einer E-Business-Lösung, sofern die Änderungen nach Test und Implementierung des neuen Geschäftsprozesses eintreten respektive erforderlich werden. Noch nicht „eingeschwungene" E-Maintenance-Systeme können ebenfalls zu einer Ausdehnung der Amortisationsdauer führen.

- Der Lebenszyklus des Geschäftsprozesses wird verkürzt, wenn umfangreiche Anpassungen desselben infolge starker Veränderungen der E-Business-Anwendung erforderlich sind, oder wenn marktliche Erfordernisse die Neueinführung eines E-Business-Tools bedingen und dieses eine grundlegende Änderung der Prozessstruktur erfordert oder neu zu designende Geschäftsprozesse integrieren soll.

Hinsichtlich der ganzheitlichen Geschäftsprozessgestaltung bei der Entwicklung und beim Einsatz von E-Business-Lösungen steht in der Regel nicht nur ein Geschäftsprozess im Zentrum der Betrachtung, sondern mitunter eine Vielzahl verschiedener interner wie externer Prozessketten. Die situationsspezifische Verflechtungs- und Integrationsstruktur von Geschäftsprozessen, die in einer E-Maintenance-Anwendung abzubilden sind, führt zu einer komplexen „Vermaschung" von Lebenszyklen, deren Visualisierung weder zielführend noch ex ante möglich wäre. Für die erfolgreiche Geschäftsprozessgestaltung ist entscheidend, den Lebenszyklusaspekt sowohl für die E-Lösung als auch für die integrierten oder zu integrierenden Geschäftsprozesse im Vorgehensmodell der ganzheitlichen Geschäftsprozessgestaltung zu verankern. Nur unter dieser Voraussetzung erscheint die umfassende Realisierung der mit dem E-Business-Einsatz verknüpften Potenziale möglich.

Das konstruierte ganzheitliche Geschäftsprozessmodell soll im folgenden Abschnitt für das Anwendungsfeld der E-Maintenance präzisiert werden.

3.3.4 Konkretisierung des entwickelten ganzheitlichen Geschäftsprozessmodells für die E-Maintenance

3.3.4.1 Total Productive Maintenance (TPM) als konzeptioneller Bezugsrahmen der E-Maintenance

Die Instandhaltung hat, wie bereits in der Einführung zur vorliegenden Habilitationsschrift geschildert, in den letzten Jahren einen tief greifenden und nachhaltigen Bedeutungs- sowie Funktionswandel vollzogen. Parallel zu diesen identifizierten Veränderungen haben sich im technischen wie betriebswirtschaftlichen Bereich Instandhaltungsstrategien und -konzepte, wie es beispielsweise die Just-in-time-Instandhaltung,[484] der Ansatz der Dezentralen Anlagen- und Prozessverantwortung (DAPV)[485] sowie die Theorie der Total Productive Maintenance (TPM)[486] darstellen, (weiter-)entwickelt. Letztere soll aufgrund ihrer holistischen Basis nachfolgend als konzeptioneller Bezugsrahmen der E-Maintenance dienen.

„TPM kann als *„Produktivitätsorientierte Instandhaltung, die unter aktiver Teilnahme aller Mitarbeiter die Effizienz der Anlagen kontinuierlich verbessert"* oder, kurz als *„Produktive, autonome Instandhaltung"* bezeichnet werden."[487] Die grundlegende Zielsetzung von TPM besteht in der Maximierung der Anlageneffizienz entlang des gesamten Lebenzyklus der zu instandhaltenden Anlage, unter Einbezug aller Mitarbeiter.[488] Der TPM-Ansatz repräsentiert eine Entwicklungsstufe innerhalb der Instandhaltungskonzepte, die der Breakdown, der Preventive sowie der Productive Maintenance nachfolgte und zu einer immer ganzheitlicheren Konzeption erweitert wurde.[489] Ausgehend von der Wahrnehmung des traditionellen und zumeist nicht mehr zeitgemäßen Instandhaltungsmanagements lässt

---

484 Vgl. hierzu Kaluza, B./Rösner, J./Mellenthin, B. (1994)
485 Vgl. Wieland, J. (1999), S. 143ff.
486 Vgl. Wildemann, H. (2004q)
487 Matyas, K. (1999), S. 131
488 Vgl. hierzu ebd., S. 132
489 Zur historischen Entwicklung des TPM-Konzeptes vgl. ebd., S. 132ff. sowie Alcalde, R.A. (2000), S. 187f.

sich die Total Productive Maintenance im ersten Schritt durch die folgenden Aspekte charakterisieren:

- „Produktivitätsorientierter Mix von vorbeugenden und zustandsorientierten Instandhaltungsleistungen ergänzt um einen kontinuierlichen Anlagenverbesserungsprozess.
- Instandhaltungs-/Engineeringpersonal als Initiator, Beschleuniger und Umsetzer des kontinuierlichen Anlagenverbesserungsprozesses.
- Anlagenbedienpersonal als Problemlöser im Sinne der Anlagen- und Prozessoptimierung.
- Optimaler Mix aus Eigen- und Fremdleistungsumfängen auf Basis der Komplexität und der Intensität der Instandhaltungsaufgaben (Lebenszyklusorientierte Produktivitätsoptimierung).
- Nutzungszeitverluste werden als Chance gesehen, deren Bewältigung der Verbesserung der Produktivität und der Rentabilität des Anlagensystems dient.“[490]

Der Begriff „Total“ bezieht sich auf die Erreichung der Totalen Anlageneffizienz, der Totalen Anlagenerhaltung sowie der Totalen Mitarbeiterbeteiligung. Im ersten Fall steht, wie bereits erwähnt die Maximierung der Anlageneffizienz im Vordergrund und somit gleichermaßen die wirtschaftliche Ausrichtung von Instandhaltungsaktivitäten. Im zweiten Fall zielen die Instandhaltungsmaßnahmen auf die Erhaltung des Nutzungsvorrates der Anlage entlang des gesamten Lebenszyklus derselben ab; der präventive Aspekt steht im Zentrum der Aktivitäten. Im dritten Fall werden Mitarbeiter und Führungskräfte aus unterschiedlichen Funktionsbereichen des Unternehmens in TPM-Maßnahmen aktiv einbezogen. Der Terminus autonome Instandhaltung impliziert die dezentrale, eigenverantwortliche Wahrnehmung von instandhaltungsspezifischen Aufgaben durch die involvierten Mitarbeiter vor Ort, in der Ausgestaltung von Kleingruppenaktivitäten. Dieser Tatbestand führt allerdings nicht zur Auflösung zentraler Instandhaltungsaktivitäten oder –bereichen, sondern lediglich die ursprüngliche Separation von Maschinenbediener einerseits und

490 Wildemann, H. (2004q), S. 4

Instandhalter andererseits wird aufgehoben.[491] Aus den geschilderten Spezifika des TPM-Konzeptes resultiert die in Abbildung 3-18 dargestellte Basisstruktur.

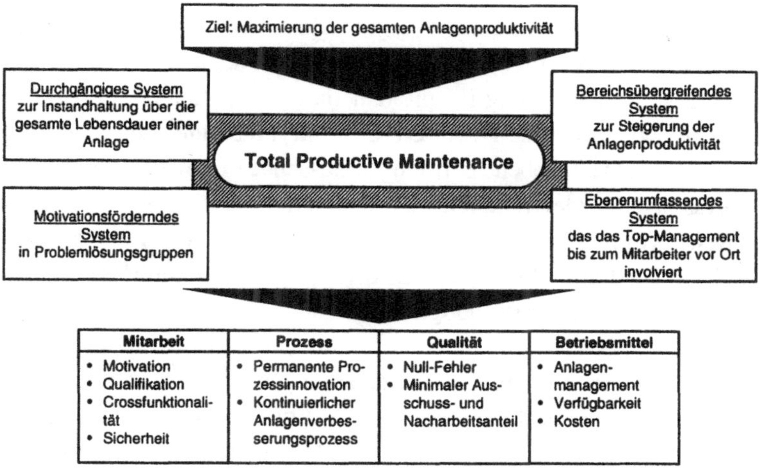

Abb. 3-18: Basisstruktur des TPM-Konzeptes[492]

Die fünf Basissäulen der TPM-Philosophie zur Erreichung der ausgewiesenen Zielsetzung sind:[493]

- Beseitigung von Schwerpunktproblemen,
- Autonome Instandhaltung,
- Geplantes Instandhaltungsprogramm,
- Schulung und Training sowie
- Instandhaltungsprävention.

---

[491] Vgl. Matyas, K. (1999), S. 135f.
[492] Quelle: Wildemann, H. (2004q), S. 29
[493] Vgl. hierzu ebd., S. 28 und S. 34ff.; Alcalde, R.A. (2000), S. 202ff.

Die Eliminierung von Hauptproblemen konzentriert sich auf die Optimierung des Anlagenzustandes im Sinne eines kontinuierlichen Verbesserungsprozesses zur Erzielung des „Zero Breakdown“ und des „Zero Defect“. In einem ersten Schritt erfolgt die Priorisierung der Anlagen nach ihrem Engpasscharakter, im nächsten Schritt wird eine detaillierte Untersuchung der Anlagenverlustquellen in interdisziplinär besetzten Teams durchgeführt. Die Identifikation der Problemursachen ist Voraussetzung für die dauerhafte Beseitigung von Fehlerquellen und wird durch den Einsatz von Problemlösungstechniken ermöglicht. Das sieben Schritte umfassende Entwicklungsschema (Verlustquellen identifizieren, Schwachpunkte bestimmen, Verbesserungsteams bilden, Ursachen analysieren, Maßnahmen erarbeiten, Maßnahmen durchführen sowie Erfolgskontrolle durchführen)[494] dient der sukzessiven Zielerreichung.

Gegenstand der Autonomen Instandhaltung ist die Dezentralisierung von Instandhaltungsaktivitäten. Zur Institutionalisierung dieser Instandhaltungsform mit dem Ziel der Maximierung der Gesamtanlagenproduktivität existiert ein 7-stufiges Schema: Grundreinigung mit erster Überprüfung, Maßnahmen gegen Verschmutzungsquellen, Festlegung von vorläufigen Standards, Inspektion und Wartung der gesamten Produktionsanlage, Beginn der autonomen Instandhaltung, Organisation und Optimierung des Arbeitsplatzes sowie Autonome Instandhaltung.[495]

Das geplante Instandhaltungsprogramm umfasst Aktivitäten, die in der Regel nur sehr selten durchzuführen sind oder spezielle Qualifikationen erfordern, die primär aus wirtschaftlicher Sicht nur zentral vorgehalten werden. „Es handelt sich hierbei in erster Linie um spezialisierte Wartungs- und Inspektionsmaßnahmen, aber auch um komplexere Instandsetzungsmaßnahmen sowie Maßnahmen, bei denen erhebliche Sicherheitsrisiken zu beachten sind.“[496] Die so genannte prozessbezogene Instandhaltung sieht vor allem die Imple-

[494] Vgl. Wildemann, H. (2004q), S. 34
[495] Vgl. Alcalde, R.A. (2000), S. 211
[496] Ebd., S. 213

mentierung regelmäßiger Inspektionen vor, um die Prozesssicherheit der zugrunde liegenden Produktionsabläufe zu gewährleisten. Dagegen zielt die verbessernde Instandhaltung expressis verbis auf die Verbesserung der Anlageneffizienz, „... indem sie eine Erhöhung der Zuverlässigkeit und Leistungsfähigkeit anstrebt.“[497] Zur Einführung des geplanten Instandhaltungsprogramms existiert ebenfalls ein 7-stufiges Schema: Setzen von Instandhaltungsprioritäten, Schaffung einer stabilen Ausgangsbasis, Einführung eines IPS-Systems, Einführen der prozessbezogenen Instandhaltung, Erhöhung der Instandhaltungseffizienz, Einführen der verbessernden Instandhaltung sowie Geplantes Instandhaltungsprogramm.[498]

Die erfolgreiche Institutionalisierung der Total Productive Maintenance ist unmittelbar mit der Schulung der Mitarbeiter verbunden. Zu schulen sind in diesem Zusammenhang vor allem Kenntnisse des TPM-Ansatzes selbst, Instandhaltungskenntnisse als Grundlagenschulung für Produktionsmitarbeiter sowie mit vertiefenden Inhalten für Instandhalter, Fertigungskenntnisse zur Fortbildung des Fachpersonals sowie zur Vermittlung von Basiswissen an das Instandhaltungspersonal und des weiteren Kenntnisse zum Thema Kommunikation im Team.[499] Auch in diesem Fall kann der Baustein Schulung und Training in einem 7-phasigen Stufenkonzept implementiert werden: Bewusstsein und unternehmensspezifische Ausprägung, Grundlagen von TPM, Werkzeuge von TPM, Autonome Instandhaltung, Geplante Instandhaltung, Fertigungskenntnisse sowie Kommunikationskenntnisse.[500]

„Ziel der Instandhaltungs-Prävention ist die kontinuierliche Weiterentwicklung von Produktivität, Prozesssicherheit und Instandhaltbarkeit der Produktionsanlagen über deren gesamten Lebenszyklus.“[501] Da ein großer Anteil der Lebenszykluskosten bereits in den ersten Phasen der Anlagenentwicklung festgelegt wird, setzt dieser TPM-Baustein

---

497 Alcalde, R.A. (2000)., S. 213
498 Vgl. Wildemann, H. (2004q), S. 53
499 Vgl. hierzu Alcalde, R.A. (2000), S. 217f.
500 Vgl. Wildemann, H. (2004q), S. 62
501 Alcalde, R.A. (2000), S. 218

konzeptionell bereits an der dem allgemeinen Life Cycle vorgelagerten Stufe an. Das sieben Schritte integrierende Schema sieht wie folgt aus: Produktentwicklung, Anlagenentwurf, Anlagenkonstruktion, Herstellung, Installation, Anlauf und Betrieb.[502] In methodischer Hinsicht wird die Instandhaltungs-Prävention durch Instrumente wie das Quality Function Deployment (QFD) oder auch durch die Prozess-Fehlermöglichkeits- und -einflussanalyse (Prozess-FMEA) unterstützt.[503]

Das TPM-Konzept eignet sich aus folgenden Gründen als konzeptioneller Bezugsrahmen für die Konkretisierung des Geschäftsprozessmodells der E-Maintenance:

- Die Wahrnehmung der Instandhaltung erfolgt aus einer ganzheitlichen Perspektive heraus.

- Durch die Berücksichtigung des Life Cycles-Gedankens aus anlagentechnischer Sicht, bietet sich die Erweiterung dieser Perspektive auf die Instandhaltungsprozesse sowie auf E-Maintenance-Tools an.

- Im TPM-Konzept werden alle relevanten instandhaltungsbezogenen Geschäftsprozesse konzeptionell berücksichtigt, ohne eine detaillierte Auflistung derselben vorzunehmen. Die Schnittstellen zu anderen Bereichen, wie beispielsweise zur Produktion oder zur Entwicklung finden Berücksichtigung.

- Die hierarchie- und funktionsübergreifende Zusammensetzung der Teams schafft die Ausgangsbasis für eine an ganzheitlichen Prinzipien orientierte Geschäftsprozessgestaltung.

- Die TPM-Philosophie harmoniert mit der holistischen Sichtweise des (E-)Supply Chain Managements.[504] Beide Konzepte lassen

---

502 Vgl. Wildemann, H. (2004q), S. 71

503 Vgl. Alcalde, R.A. (2000), S. 220

504 Zum E-Supply Chain Management vgl. z.B. Wannenwetsch, H.H./Nicolai, S. (2002)

sich vor dem Hintergrund der ganzheitlichen Geschäftsprozessgestaltung bei der Entwicklung und beim Einsatz von E-Maintenance-Lösungen von Unternehmen konzeptbildend integrieren.

Basierend auf dem skizzierten Orientierungsrahmen der TPM-Philosophie erfolgt im nächsten Kapitel die Spezifikation des prozessualen Metamodells, orientiert am Implikationszusammenhang der E-Maintenance.

3.3.4.2 Die Ausgestaltung des Metamodells der E-Maintenance

Hinsichtlich des prozessualen Nervensystems gilt es für das Anwendungsfeld der E-Maintenance innerhalb der einzelnen Teilnervensysteme die folgenden Konkretisierungen vorzunehmen:

- Prozessuales Zentralnervensystem:
  - Instandhaltungs- und E-Maintenance-Strategien,
  - Instandhaltungs- und E-Maintenance-Ziele sowie deren Verknüpfung mit Unternehmenszielen und
  - Mögliche Referenzgeschäftsprozessmodelle im Instandhaltungs- oder E-Maintenance-Umfeld.

- Prozessuales somatisches Nervensystem:
  - Mögliche Leistungs- und Strukturkennzahlen für die E-Maintenance und
  - Potenzielle direkte/indirekte Prozessergebnisse für die E-Maintenance.

- Prozessuales motorisches Nervensystem:
  - Grundlegende Prozessarten im Bereich der Instandhaltung, die in E-Maintenance-Lösungen abgebildet und integriert werden können.

- Prozessuales viszerales Nervensystem:
  - In der Praxis vorhandene E-Maintenance-Lösungen, einschließlich der eingesetzten I&K-Technologien,
  - Prozessnetzwerke in der Instandhaltung oder im E-Maintenance-Bereich,
  - Aufbauorganisatorische Gestaltung der Instandhaltung/E-Maintenance und
  - Potenzielle Zielgruppenstruktur der Prozessgestalter im E-Maintenance-Bereich.

- Prozessuales vegetatives Nervensystem:
  - Vorhandene instandhaltungsspezifische Kooperations- und Koordinationsmechanismen.

Ad Prozessuales Zentralnervensystem – E-Maintenance:

„**Instandhaltungsstrategien** sind Regeln, die angeben, zu welchen Zeitpunkten welche Aktionen an welchen Aggregaten bzw. Bauteilen vorgenommen werden sollen."[505] Im Rahmen der schadens- oder ausfallorientierten Instandhaltung (Breakdown Maintenance)[506] wird der Ausfall einer Anlage in Kauf genommen und fehlerhafte Komponenten erst bei Eintritt dieses Zustandes ausgetauscht. Die grundlegende Philosophie dieser Strategie ist reaktiver Natur, sie findet vor allem dann Anwendung, wenn gezielte Informationen über das Ausfallverhalten oder den Verlauf der Abnutzung nicht oder nur begrenzt zur Verfügung stehen. Vorteilhaft an der ausfallorientierten Instandhaltung ist die Tatsache, dass Ersatzteile nicht vorzeitig verbaut und der Nutzungsvorrat des Instandhaltungsgegenstandes in maximaler Hinsicht ausgereizt werden kann. Als Nachteil erweisen sich die durch einen Anlagenstillstand resultierenden i.d.R. hohen Stillstands- und dessen Folgekosten sowie die geringe Planbarkeit der Instandhaltungsmaßnahmen. Die vorbeugende Instandhaltung (Pre-

---

[505] Matyas, K. (1999), S. 100

[506] Vgl. ebd., S. 101ff.; Alcalde, R.A. (2000), S. 87f.

ventive Maintenance)[507] umfasst die Instandsetzung oder den Austausch von Bauteilen, Komponenten und Teilen zu ex ante festgelegten, periodisch wiederkehrenden Zeitpunkten. Auf Basis von Ausfalldaten sowie den korrespondierenden Kostendaten für die Instandhaltung einerseits und den potenziellen Ausfallfolgekosten andererseits wird die optimale Instandhaltungssequenz ermittelt. Die Kosten für eine präventive Instandhaltung sind prinzipiell höher als bei der Breakdown Maintenance, allerdings resultieren aus der Umsetzung dieser strategischen Option eine geringere Ausfallrate sowie eine bessere Planbarkeit und Harmonisierbarkeit der Instandhaltungstätigkeiten z.B. mit dem Produktionsablauf. Integraler Bestandteil des TPM-Gedankens ist die Instandhaltungsprävention, die angesichts des stark ausgeprägten Verkettungsgrades von High-Tech-Anlagen in der heutigen Zeit nicht mehr wegzudenken ist. Als dritte strategische Säule der Instandhaltung kann die zustandsabhängige Instandhaltung (Inspektions- oder Bereitschaftsstrategie, Condition-based Maintenance) betrachtet werden.[508] Sie zielt auf die optimale Ausschöpfung des Nutzungsvorrates der Anlage ab, berücksichtigt jedoch gleichzeitig den präventiven Gedanken. „Dies wird dadurch erreicht, dass entweder nach bestimmten Intervallen oder aber permanent Inspektionen durchgeführt werden, die dazu dienen, den Zustand des Instandhaltungsobjekts zu erfassen."[509] Zu diesem Zweck werden spezifische Diagnoseverfahren eingesetzt, die mitunter einen hohen Aufwand verursachen, andererseits kann durch die zustandsabhängige Instandhaltung eine höhere Anlagenverfügbarkeit erreicht werden.

Die Wahl der optimalen Instandhaltungsstrategie[510] ist Gegenstand des strategischen Instandhaltungsmanagements. Das TPM-Konzept berücksichtigt primär die präventive Strategie, impliziert jedoch nicht den grundsätzlichen Ausschluss der ausfallbedingten Instandhaltung. Diese kann durchaus für ausgewählte Bauteile, z.B. bei Nicht-Engpass-Maschinen, die sehr selten eingesetzt werden eine wirtschaftlich

507 Vgl. Matyas, K. (1999), S. 103; Alcalde, R.A. (2000), S. 88ff.
508 Vgl. Alcalde, R.A. (2000), S. 90ff.
509 Ebd., S. 91
510 Vgl. ebd., S. 94ff.; Matyas, K. (1999), S. 105ff.

vertretbare Lösung sein. In der Regel resultiert aus dem instandhaltungsstrategischen Entscheidungsprozess ein Portfolio unterschiedlicher Strategien bezogen auf die Fülle an verschiedenen Instandhaltungsobjekten.

Der Terminus Instandhaltungsmanagement kann auf Basis eines allgemeinen Managementverständnisses als „... die Gesamtheit aller Maßnahmen zur Gestaltung, Lenkung, und Entwicklung der Instandhaltung als Teilgebiet der Anlagenwirtschaft“[511] definiert werden. Entsprechend der zeitlichen Dimension instandhaltungsspezifischer Entscheidungen lässt sich eine Differenzierung in das strategische und operative Instandhaltungsmanagement vornehmen. Während ersterem primär die langfristige Position und Grundausrichtung der Instandhaltung, einschließlich der Fixierung von Instandhaltungsstrategien, der Gestaltung des Zielportfolios sowie der Eckpfeiler der Organisationsentwicklung obliegt, umfasst letzteres die Ausführung der Instandhaltungsaktivitäten entsprechend der Rahmenvorgaben.[512]

Die Realisierung des TPM-Konzeptes sowie die Ausrichtung des Bereiches auf die gewandelten Anforderungen der 4. Instandhaltungsgeneration repräsentieren mögliche Zukunftsstrategien der Instandhaltung. Grundsätzlich sind diese Bereichsstrategien mit der strategischen Positionierung des Unternehmens abzustimmen und in ein ganzheitliches Konzept zu integrieren.

Spezielle E-Maintenance-Strategien sind in der Literatur nicht zu finden, allerdings lässt sich der zukünftig geplante Einsatz von E-Technologien in der Instandhaltung als strategisches Entscheidungsfeld des Themenkreises „Schaffung und Weiterentwicklung der Organisation der Instandhaltung“ betrachten. Vor dem Hintergrund der immer stärkeren Durchdringung sämtlicher betrieblicher Bereiche mit I&K-Technologien bedarf es m. E. der Formulierung einer adäquaten E-Maintenance-Strategie. Es wäre in diesem Zusammenhang

---

511 Alcalde, R.A. (2000), S. 70

512 Vgl. ebd., S. 71ff. und S. 131ff.

eine der Logistik vergleichbare Vorgehensweise denkbar,[513] die zur Erstellung eines so gennanten Instandhaltungs-Portfolios führen würde.

Die Ziele der Instandhaltung lassen sich in hierarchischer Form, wie in Abbildung 3-19 dargestellt, unterscheiden. Prinzipiell können diese Ziele den Zielkategorien Sachziele (Leistungsziele), Wertziele (Monetäre Ziele) sowie Sozialziele (Humanziele) zugeordnet werden.[514]

Hauptziele
Zuverlässigkeits- und Sicherheitsmaximierung Kostenminimierung bzw. Gewinnmaximierung

Unterziele	
Technisch-organisatorische Ziele	• Verbesserung des technischen Zustandes der Betriebseinrichtungen • Reduzierung von Folgeschäden • Reduzierung von Maschinenausfällen • Reduzierung des Instandhaltungsumfanges • Vereinheitlichung der Aufbau- und Ablauforganisation • Verbesserung der Kommunikation mit anderen Betriebsteilen
Wirtschaftliche Ziele	• Reduzierung der Personalkosten • Reduzierung der Materialkosten • Reduzierung von Ausfall- und Ausfallfolgekosten • Erhöhung der Maschinenverfügbarkeit • Werterhaltung der Betriebseinrichtungen
Sonstige Ziele	• Erhöhung der Arbeitssicherheit • Verringerung der Personalfluktuation

Abb. 3-19: Ziele der Instandhaltung[515]

---

513 Vgl. hierzu das Logistik-Portfolio nach Weber; Quelle: Weber, J. (1993), S. 55

514 Vgl. hierzu Alcalde, R.A. (2000), S. 73

515 Quelle: Matyas, K. (1999), S. 14 (geringfügig modifiziert)

Die Zielgrößen lassen sich weiter aufspalten und für die Zieldimensionen Kosten, Qualität, Zeit, Flexibilität, Arbeits- und Anlagensicherheit sowie Umweltschutz im einzelnen formulieren.[516] Setzt man die Gesamtanlageneffektivität als primäre Zielgröße so wird die Maximierung derselben durch die multiplikativ verknüpften Größen „Verfügbarkeit", „Leistungsgrad" und „Qualitätsgrad" erreicht. Die Minimierung von geplanten Anlagenstillständen, Produktionsplananpassungen oder von Prozessfehlern erhöht die Verfügbarkeit. Desgleichen tragen die Minimierung von z.B. Geschwindigkeitsverlusten bei Produktionsanlauf, -auslauf und bei Produktwechsel positiv zur Entwicklung des Leistungsgrades und die Minimierung von Ausschuss sowie Nacharbeit zur Steigerung des Qualitätsgrades bei.[517]

Spezielle E-Maintenance-Ziele sind in der Literatur nicht zu identifizieren, allerdings dürfte auch in diesem Fall ein hoher Deckungsgrad der Zielinhalte mit den allgemeinen Zielgrößen der Instandhaltung bestehen, so dass lediglich ein höherer Zielausprägungsgrad hinsichtlich der technisch-organisatorischen, wirtschaftlichen sowie sonstigen Ziele resultieren sollte. Additional besteht die Möglichkeit, E-Maintenance-spezifische Zielinhalte zu definieren. So könnte das Ziel sein, den Anteil, der durch E-Maintenance-Lösungen unterstützten Geschäftsprozesse zu steigern, die Anzahl vorhandener Systemschnittstellen sowie von Medienbrüchen zu reduzieren oder eine verbesserte Harmonisierung eingesetzter Systeme, wie z.B. von ERP-, E-Supply Chain- sowie von CMMS/IPS-Systemen zu erreichen.

Instandhaltungs- wie gleichermaßen E-Maintenance-Ziele sind mit den Unternehmenszielen zu harmonisieren und für alle Mitarbeiter transparent zu gestalten.

Referenzgeschäftsprozessmodelle für das Anwendungsfeld der E-Maintenance konnten mittels Literaturrecherche nicht identifiziert werden, jedoch lassen sich m. E. entsprechende Modelle aus der allgemeinen Instandhaltung, die ansatzweise vorhanden sind, auf diesen

[516] Vgl. Alcalde, R.A. (2000), S.231
[517] Vgl. hierzu ebd., S. 228ff.

Bereich unter Vornahme entsprechender Modifikationen transferieren. Generell ist die sukzessive Entwicklung von Referenzgeschäftsprozessmodellen für betriebliche und überbetriebliche Abläufe, die durch E-Maintenance-Lösungen unterstützt werden, zu fördern. Bestrebungen zur Standardisierung von Geschäftsprozessen tragen zu diesem Vorhaben nachhaltig bei.

Ad Prozessuales somatisches Nervensystem – E-Maintenance:

Mögliche Leistungs- oder Strukturkennzahlen für den Instandhaltungsbereich orientieren sich an den fixierten Zielgrößen und geben „... verdichtete Informationen über technische und betriebswirtschaftliche Tatbestände“[518] wieder. Die Gliederung von Instandhaltungskennzahlen erfolgt häufig mittels folgender Kategorien:[519]

- **Kostenkennzahlen** (z.B. Instandhaltungskostenquote, Fremdleistungsanteil, Lohnkostenanteil, Materialkostenanteil),
- **Kennzahlen zur Beurteilung der dispositiven Qualität** (z.B. Servicegrad, Ausfallzeitanteil, Anlagenverfügbarkeit, Instandhaltungsquote),
- **Kennzahlen der Arbeitsbelastung** (z.B. Arbeitsüberhang, Sofortmaßnahmen),
- **Kennzahlen der Arbeitsproduktivität** (z.B. Zeitgrad, Leistungsgrad, Ausfallgrad) und
- **Strukturierungskennzahlen der Aufbauorganisation** (z.B. Personalanteil, Anlagenvermögensquote, Instandhaltungskostenquote).

Zu den einzelnen Kennzahlen wie beispielsweise „Spezifische Instandhaltungskosten“ können Kennzahlensysteme abgeleitet werden, die hierarchisch für das Werk, den Anlagenbereich und für die Anlage zu analysieren sind.[520] Kennzahlen der Arbeitsproduktivität, wie z.B.

518 Matyas, K. (2000), S. 45
519 Vgl. hierzu ebd., S. 46ff. sowie Alcalde, R.A. (2000), S. 159
520 Vgl. Alcalde, R.A. (2000), S. 164f. sowie Biedermann, H. (1985), S. 82 und ebd. (1991), S. 224

der Zeitgrad, repräsentieren Leistungskennzahlen, während Angaben über die Instandhaltungskostenquote oder über die aktuell vorhandene Instandhaltungstiefe Erscheinungsformen von Strukturkennzahlen darstellen.

Die Bildung eigener E-Maintenance-relevanter Kennzahlen ist mit der Identifikation instandhaltungsbezogener Zielgrößen verknüpft. Sind spezielle E-Maintenance-Ziele definiert, so können diese Messgrößen gleichermaßen als entscheidungsrelevante Kennzahlen eingesetzt werden. Die Zielgröße spiegelt die gewünschte Ausprägung der Kennzahl wider und lässt sich mit der Ist-Ausprägung im Rahmen eines prozessorientierten Controllings vergleichen. Als spezifisch auf den „E"-Aspekt bezogene Kennzahlen in der Instandhaltung können z.B. Größen wie Automatisierungsgrad der Instandhaltungsprozesse infolge ihrer Abwicklung via E-Maintenance-Tool, Anzahl verarbeiteter Datensätze pro Zeiteinheit oder Standardisierungsgrad der in die E-Lösung integrierten Instandhaltungsvorgänge angeführt werden.

Wertorientierte Instandhaltung im Sinne der parallelen Ausrichtung des Instandhaltungsbereiches sowohl auf Kosten- als auch auf Leistungsgrößen unterstützt den Ausweis direkter wie indirekter Prozessergebnisse. Insbesondere Leistungskennzahlen verdeutlichen den Beitrag der Instandhaltung zum Bereichsergebnis. Beispielhaft lassen sich an dieser Stelle Bearbeitungs- und Durchlaufzeiten der Instandhaltungsprozesse, die Anlagenverfügbarkeit, der interne Servicegrad für Ersatzteile, die Instandhaltungsquote, der Leistungsgrad, die erhöhte Prozessstabilität oder die Steigerung der Gesamtanlageneffektivität im Sinne des TPM-Gedankens anführen. Die durch die Umsetzung von Total Productive Maintenance erzielten Leistungssteigerungen bezogen auf die Größen Produktivität, Qualität, Kosten oder Logistikleistung konnten empirisch nachgewiesen werden.[521] Ziel des Einsatzes von E-Maintenance-Lösungen ist die Erreichung einer noch höheren Hebelwirkung auf die instandhaltungsbezogenen Zielgrößen durch Prozessbeschleunigung und Automatisierung.

---

521 Vgl. hierzu Alcalde, R.A. (2000), S. 189

Zum Ausweis indirekter Prozessergebnisse der Instandhaltung und der E-Maintenance ist die Identifikation der Werttreiber in dem genannten Anwendungsfeld erforderlich. Zusätzlich müssen die positiven Leistungsbeiträge gemessen und bewertet werden. Während im Bereich der Logistik beispielsweise dieser Vorgang bereits methodisch fundiert ist, besteht dagegen in der Instandhaltung noch größerer Handlungs- und Forschungsbedarf. Analog zur Logistik[522] lässt sich die Wirkung der Instandhaltung/E-Maintenance auf den Shareholder Value in ihrer Basisstruktur skizzieren. Mittels stärkerer Durchdringung der Instandhaltung mit E-Technologien kann ein weiterer Potenzialbeitrag realisiert werden (vgl. Abb. 3-20).

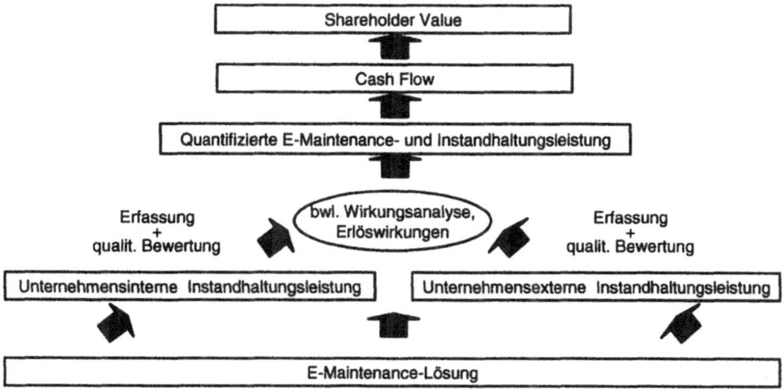

Abb. 3-20: Wertbeitrag Instandhaltung und E-Maintenance (schematisch)

Ad Prozessuales motorisches Nervensystem – E-Maintenance:

Die grundlegenden Prozessarten im Bereich der Instandhaltung, die in E-Maintenance-Lösungen abgebildet und integriert werden können, lassen sich wie folgt definieren:[523]

522 Vgl. Wildemann, H. (2004n), S. 110
523 Vgl. Matyas, K. (1999), S. 65ff.

- Auftragsspezifische Prozessaktivitäten:
  - Verlauf der Störungsmeldung und Disposition,
  - Disposition des Instandhaltungsauftrages,
  - Ersatzteilbereitstellung,
  - Fremdvergabe von Instandhaltungsleistungen bzw. Anbieten der Leistungen an externe Unternehmen nach operativen Überlegungen,
  - Durchführung der Instandhaltung,
  - Dokumentation der Instandhaltungsmaßnahmen und
  - Auswertung der Instandhaltungsmaßnahmen.

- Auftragsneutrale Prozessaktivitäten:
  - Budgetplanung und Verfolgung,
  - Kostenermittlung,
  - Kostenbewertung,
  - Datenpflege und
  - Schwachstellenanalyse von Anlagenausfällen

- Strategische Prozessaktivitäten:
  - Ermittlung der Anlagenverfügbarkeit und Prioritätenliste,
  - Bestimmung von Instandhaltungsstrategien,
  - Entscheidung Eigen-/Fremdinstandhaltung,
  - Instandhaltungsorganisation anpassen,
  - Kennzahlenbildung und
  - Instandhaltungsbilanz erstellen.

Im Hinblick auf die Segmentierung und Hierarchisierung der skizzierten Prozesse sei auf den Abschnitt zur Vornahme der Spezifikation der prozessualen Dimension von E-Maintenance-Lösungen verwiesen, da sich aus der Deskription von E-Anwendungen in diesem Bereich in Kombination mit dem konzeptionellen Bezugsrahmen TPM spezielle Anforderungen an die Geschäftsprozesskonkretisierung ergeben dürften.

Die vorgenommene Auflistung der Instandhaltungsprozesse bildet die Ausgangsbasis für die Durchführung eines prozessorientierten Benchmarkings in der Instandhaltung. Durch die Identifikation von Best Practices lassen sich z.B. Potenziale für einen weiteren EDV-Support der Instandhaltung ableiten.

Ad Prozessuales viszerales Nervensystem – E-Maintenance:

Die Konkretisierung des Metamodells für das Anwendungsfeld der ganzheitlichen Geschäftsprozessgestaltung bei der Entwicklung und beim Einsatz von E-Maintenance-Lösungen erfordert die Beschreibung spezieller Anwendungen in der E-Maintenance, die bereits existieren oder in ihrer Entwicklung/Umsetzung geplant sind. Der Schwerpunkt wird auf das Einsatzfeld der Business-to-Business-Relationship gelegt. Alle weiteren Organe und Enabler des Instandhaltungsbereiches können an diese Stelle nicht näher expliziert werden, da ihre Ausprägung unternehmens- und situationsspezifisch bedingt ist.

Das aktuell existierende Portfolio an E-Lösungen im Bereich der Instandhaltung ist überschaubar. Zu nennen sind vor allem CMMS-/ IPS-Systeme, Instandhaltungsportale, Instandhaltungsplattformen, SCADA-Systeme, Condition-Monitoring-Systeme, Teleservice- und Ferndiagnose-/Fernwartungs-Systeme sowie mobile Einsatzgeräte, die die operative Ausführung der Instandhaltungstätigkeiten vor Ort unterstützen.

CMMS (Computerized Maintenance Management Systems)[524] und IPS-Tools (Instandhaltungsplanungs- und steuerungssysteme) bilden den Nukleus moderner E-Maintenance-Lösungen ab. CMMS-Anwendungen stellen integrierte Lösungen dar, die Softwarebausteine und Datenbanken zur Abwicklung von Instandhaltungsaufträgen, zum Bestandsmanagement von Ersatzteilen sowie zur Administration der zugehörigen Daten umfassen.[525] „IPS-Systeme weisen – was den Bereich der Planung und Steuerung der Instandhaltungsaufträge angeht – eine mit den im Bereich der Produktion zum Einsatz kommenden Produktionsplanungs- und steuerungssystemen (PPS-Systeme) vergleichbare Struktur auf."[526] Hinsichtlich der grundlegenden Funk-

---

524 CMMS ist der gebräuchliche Begriff in englisch-sprachigen Ländern, während IPS den primär in Deutschland verwendeten Terminus für entsprechende Systeme darstellt.

525 Vgl. hierzu Cato, W.W./Mobley, R.K. (1998), S. 13

526 Alcalde, R.A. (2000), S. 169

tionalitäten von CMMS/IPS-Lösungen werden in der Literatur unterschiedliche Abgrenzungen vorgenommen. Dies ist zum einen auf das umfangreiche Angebot entsprechender Systeme am Markt zurückzuführen, zum anderen wird sich das Bild von E-Maintenance-Tools auch in Zukunft, gemessen an den gewandelten Anforderungen der Instandhaltung noch weiter verändern.

So unterscheiden beispielsweise CATO/MOBLEY folgende Aufgabenprofile von CMMS: Equipment/Asset records creation and maintenance, Equipment/Asset bills of material, Equipment/Asset and work order history, Inventory control, Work order creation, scheduling, execution, and completion, Preventive Maintenance Plan development and scheduling, Human Resources Information, Purchasing and Receiving, Invoice Matching and accounts payable, Tables and Reports.[527]

BLISCHKE/MURTHY grenzen die Funktionaliäten wie folgt ab: Tracking components/equipment being maintained, Providing logistic support (especially spare parts inventory management etc.), Keeping maintenance history, Alerting maintenance personnel at the correct time, Performing also analyses of the maintenance history (e.g. regarding the environment of the equipment etc.), Supporting optimal maintenance policies, Combining maintenance activities and schedules, Managing and planning schedules and resources and Measuring effectiveness of maintenance activities.[528]

WIREMAN definiert folgende Hauptfunktionen "Work Order Planning and Scheduling", "Inventory Controls", "Equipment Preventive Maintenance (Entry/ Update)" und "Management Reports".[529]

Nach ALCALDE gestalten sich die Grundstruktur von IPS-Software sowie die Schnittstellenstruktur zu anderen Systemen wie in Abbildung 3-21 dargestellt.

---

527 Vgl. Cato, W.W./Mobley, R.K. (1998), S. 14ff.
528 Blischke, W.R./Murthy, D.N.P. (2000), S. 584
529 Wireman, T. (1986), S. 52ff.

Die geschilderten Grundfunktionalitäten von CMMS-/IPS-Lösungen zeigen die Fülle an unterschiedlichen instandhaltungsspezifischen Geschäftsprozessen auf, die potenziell durch E-Maintenance-Lösungen abbildbar sind. Betrachtet man Anwendungen, die in der Praxis schon seit Jahren erfolgreich eingesetzt werden, so kann ein grundsätzlich modularer Aufbau entsprechender Systeme identifiziert werden.[530]

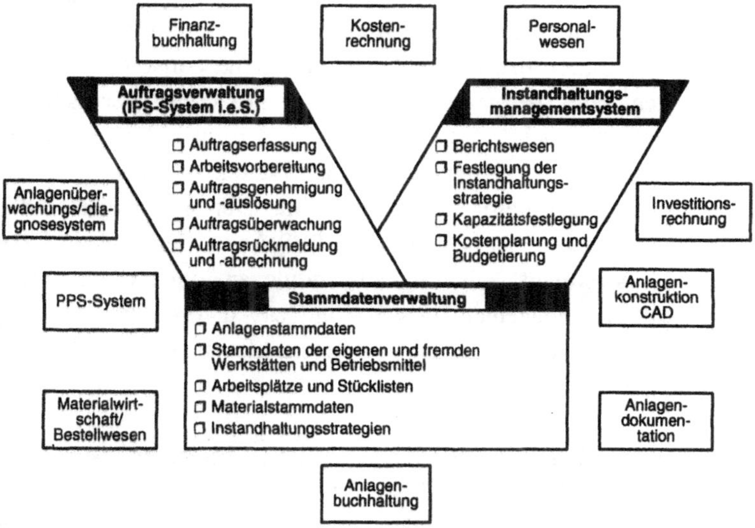

Abb. 3-21: Basisstruktur IPS-System[531]

Die Besonderheiten innovativer CMMS-/IPS-Anwendungen liegen in dem wachsenden Anteil multimedialer Komponenten begründet, wie es beispielsweise digitale Dokumentenmanagementsysteme, die Visualisierung von Workflows, die Integration von Texten, Bildern, Grafiken, Tabellen und Videos oder die Nutzung der Internet-

530 Vgl. hierzu folgende Studien: Hoeck, H. et al. (2002); o.V. (2003): Marktübersicht: IPS-Systeme

531 Quelle: Alcalde, R.A. (2000), S. 170

Technologie repräsentieren. Der Automatisierungsgrad von Geschäftsprozessen gestaltet sich von System zu System unterschiedlich. So wird in einigen Anwendungen z.B. die automatische Generierung von Aufträgen im Rahmen der präventiven Instandhaltung sowie eine automatische Ersatzteilidentifikation unterstützt, in andere Lösungen sind so genannte Leitstände integriert, die eine dezentrale, flexible Wahrnehmung der Instandhaltungsaufgaben durch die Mitarbeiter im Sinne des TPM-Gedankens ermöglichen. Nicht alle CMMS-/IPS-Applikationen bieten einen Support bei der Auswahl der optimalen Instandhaltungsstrategie an, gestatten die Planung umfangreicherer Instandhaltungsaufgaben durch Projektmanagement-Instrumente oder unterstützen eine permanente Budget- und Kostenüberwachung. Analog verhält es sich mit der Planung von Personalkapazitäten (z.B. Schichtplanung, Zuordnung von Qualifikationsanforderungen zu Instandhaltungsaufgaben) oder mit dem Management einzusetzender Werkzeuge/Geräte. Fast alle CMMS-/IPS-Anwendung bieten den Nutzern Auswertungs- oder Statistikmodule an, um ein effizientes Instandhaltungsmanagement nachhaltig zu unterstützen. Häufig fließen die ausgewerteten Daten oder Kennzahlen als Informationen in Reports oder Controlling-Berichte ein.

CMMS- oder IPS-Lösungen basieren auf leistungsfähigen Datenbanksystemen wie z.B. Access, SQL oder ORACLE und sind unter Windows, Windows NT oder UNIX sowie weiteren Betriebssystemen lauffähig. Prinzipiell lassen sich noch weitere Funktionen in diese Anwendungen integrieren, jedoch erweist sich die Harmonisierung der Schnittstellen zu anderen betrieblichen Systemen als äußerst komplex und mitunter aus programmiertechnischer Sicht als sehr aufwändig. „Die vielfältigen Interdependenzen zwischen der Instandhaltung und den übrigen betrieblichen Bereichen führen dazu, dass zu einer wirkungsvollen Unterstützung der Instandhaltungsfunktion durch das IPS-System dieses in das EDV-Konzept des gesamten Unternehmens einzubinden ist.“[532] Zur Identifikation der prozessualen Dimension von CMMS- und IPS-Lösungen bedarf es der Durchführung einer Funktionsanalyse, die Einblick in den Automatisierungs- sowie Unter-

532 Alcalde, R.A. (2000), S. 171

stützungsgrad hinsichtlich der instandhaltungsspezifischen und –bezogenen Geschäftsprozesse gewährt.

Instandhaltungsportale[533] dienen primär der Informationsbeschaffung über vorhandene Anbieter von Instandhaltungsleistungen, so dass eine Abwicklung von Transaktionen generell nicht Gegenstand dieser E-Maintenance-Lösungen ist. Von konzeptioneller Seite lassen sie sich den E-Procurement- oder den E-Logistics-Tools im weiteren Sinne zuordnen. Aus diesem Grund erfolgt keine Berücksichtigung von Instandhaltungsportalen im weiteren Verlauf der vorliegenden Arbeit.

Instandhaltungsplattformen repräsentieren Kommunikationsplattformen, die unter Nutzung modernster technischer Standards wie beispielsweise XML die effiziente Abwicklung von Instandhaltungsaufgaben ermöglichen. Sie verknüpfen über eine geeignete Softwarearchitektur CMMS- oder IPS-Systeme, ermöglichen die Integration von zustandsbezogenen Daten, bieten Schnittstellen zu ERP-Systemen, unterstützen die Ausführung der Instandhaltung durch programmierte Interfaces zu mobilen Einsatzgeräten, integrieren Expertensysteme oder offerieren Schnittstellen zu einem elektronischen Dokumentations- und Datenverwaltungssystem.[534]

SCADA-Systeme (Supervisory Control And Data Acquisition)[535] stellten E-Maintenance-Lösungen zur Prozesskontrolle z.B. in Kraftwerken oder im Telekommunikationsbereich dar. Ein SCADA-System verknüpft sowohl Hardware- als auch Softwarekomponenten. Die Hardware unterstützt die Sammlung von anlagenspezifischen Daten, mit anschließendem Datentransfer an einen PC, auf dem die erforderliche Software installiert ist. Soweit im Rahmen der Datenverarbeitung bedeutende oder gefährliche Abweichungen von Normwerten registriert werden, erfolgt die Auslösung eines Alarms. SCADA-

533 Vgl. z.B. URL: http://www.industrielle-instandhaltung.de/portal.htm

534 Vgl. hierzu die im Rahmen des PROTEUS Forschungsprojektes prototypisch entwickelte generische E-Maintenance-Plattform: URL: http://www. proteus-iteaproject.com

535 Vgl. Liebstückel, K. (2001), S. 13f.

Systeme sind per Schnittstelle mit CMMS-/IPS-Anwendungen verbunden.

Condition-Monitoring-Systeme dienen gleichermaßen wie SCADA-Systeme zur permanenten Überwachung von Anlagen oder deren Komponenten/Bauteile, mit der Zielsetzung der Steigerung der Anlagenverfügbarkeit, der Gewährleistung eines hohen Qualitätsstandards sowie der Garantie, dass Sicherheits- sowie Umweltschutzvorschriften eingehalten werden.[536] Optional lässt sich die Zustandsüberwachung durch den Menschen oder durch den Einsatz von Sensoren und Videos realisieren. Die Maschinendiagnose seitens Produktions- oder Instandhaltungsmitarbeitern erweist sich als schnell umsetzbar und basiert auf der Befähigung geschulten Personals zur Erinnerung typischer Geräuschschemata von Anlagen. Es besteht allerdings die Möglichkeit, dass Fehler zu spät erkannt und ein Anlagenausfall nicht mehr verhindert werden kann. In Konsequenz finden speziell in diesem Bereich E-Maintenance-Lösungen Anwendung. „Systeme der Zustandsüberwachung können als hochempfindliche Version menschlicher Sinne (Sehen, Hören, Tasten, Riechen) verstanden werden. Sie sind dazu entwickelt, charakteristische Symptome festzustellen (Vibration, Temperatur,...).“[537] Das Condition Monitoring via Sensoren unterstützt die Erfassung mechanischer, thermischer sowie elektrischer Messwerte und ermöglicht die Diagnose dynamischer, chemischer, physikalischer, elektrischer Effekte sowie von Temperatur- oder Partialeffekten.[538] Der Realisierungsaufwand und die Kosten erweisen sich zwar als sehr hoch, allerdings „... können z.B. Daten zum Bereich der Geschwindigkeitsprofile, Leistungsprofile, Schwingungsprofile, Schallemissionen, Spannungsprofile, Wirkkräfte, Temperaturprofile, SPC, Füllstände, Qualitätsmessgrenzen, Toleranzzonen etc. mittels Sensoren erfasst werden.“[539] Zur Erfassung, Analyse und Auswertung der zustandsbezogenen Daten existieren vielfältige Softwaremodule, das Processing erweist sich jedoch prinzipiell als vergleichbar. Die Signale werden via Sensoren registriert, an so

[536] Vgl. Matyas, K. (1999), S. 170f.

[537] Ebd., S. 178

[538] Vgl. hierzu ebd., S. 172 und S. 178f.

[539] Stoll, V. (1999), S. 128

genannte Analog/Digital-Wandler transferiert, bei Bedarf zwischengespeichert und abschließend an einen Rechner zur Auswertung übertragen. Nach dem Auswertungsprozess und erfolgter Dokumentation wird das Resultat in der gewünschten Form ausgegeben. Diese Form der Zustandsüberwachung lässt sich grundsätzlich online oder offline realisieren (vgl. Abb. 3-22).[540] Zusätzlich besteht die Möglichkeit ein permanentes Condition Monitoring mittels Videoüberwachung[541] durchzuführen, eine Alternative, die sich zum einen als kostengünstiger im Vergleich zur vollständigen Ausstattung des Anlagenparks mit Sensoren erweist und zum anderen sehr gut für die Fernwartung oder den Teleservice geeignet ist.

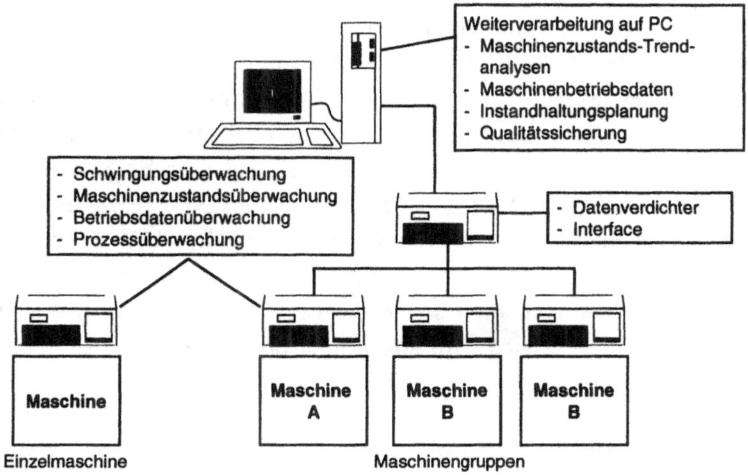

Abb. 3-22: Systemkonfiguration bei zentraler Anlagenüberwachung[542]

---

[540] Vgl. Matyas, K. (1999), S. 173f.
[541] Vgl. ebd., (1999), S. 181f. sowie Stoll, V. (1999), S. 123
[542] Quelle: Matyas, K. (1999), S. 176

Teleservice, Fernwartung und –diagnose repräsentieren weitere E-Maintenance-Lösungen, die speziell für kleinere und mittelständische Unternehmen einen optimalen Service für ihre Anlagen bieten, ohne die Vorhaltung umfangreicher sowie teurer Instandhaltungskapazitäten vor Ort erforderlich zu machen.

„Unter Teleservice im engeren Sinne wird die Zustandsanalyse von Maschinen und Anlagen über größere Distanzen sowie die qualifizierte Unterstützung der Maschinenbetreiber verstanden. Teleservice im weiteren Sinne ist die Fernunterstützung durch Servicedienstleistungen bei Problem-stellungen der Prozess- und Produktoptimierung."[543] Die Erfassung der Daten kann über den Einsatz von Sensoren, Leistungsüberwachungseinheiten sowie durch zustandsbezogene Informationen aus dem Anlagensteuerungssystem erfolgen. Additional lassen sich Informationen aus Videoaufzeichnungen, Standbildübertragungen oder aus mündlichen Berichten in die Beurteilung des Anlagenzustandes integrieren.[544] Unterstützt wird der Teleservice durch neueste Entwicklungen im Bereich der „... Sensorik, Mikrocontroller, Bustechnologie, Steuerungskonzepte, Telekommunikations- und Internet-Technologie ...".[545] Praktische Beispiele für den Teleservice repräsentieren die Technische Diagnose, die Online-Dokumentation sowie die Ersatzteilidentifikation.[546] Der Nutzen von Teleservice wird anhand der optimierten Prozessstruktur deutlich:[547]

- Traditioneller Serviceprozess:
  Anlage steht ➔ Telefonische Störungsmeldung ➔ Service-Hotline versucht, das Problem zu lösen ➔ Rücksprache mit Spezialisten ➔ Spezialist kommt vor Ort ➔ Ersatzteil wird bestellt ➔ Problem wird gemeinsam gelöst ➔ Anlage läuft wieder.

543 Stoll, V. (1999), S. 121

544 Vgl. ebd., S. 132

545 Ebd., S. 124; zu den Funktionen im Teleservice sowie den technischen Besonderheiten vgl. ebd., S. 130ff.

546 Vgl. ebd., S. 134ff.

547 Prozessdokumentation nach Stoll, V. (1999), S. 131

- Optimierter Serviceprozess durch Teleservice:
  Anlage steht ➔ Multimediale Störungsmeldung ➔ Interaktive Problemlösung ➔ Reparatur ➔ Anlage läuft wieder.

Teure und eventuell unnötige Besuche externer Instandhaltungs- und Servicemitarbeiter vor Ort können vermieden oder auf ein wirtschaftlich akzeptables Maß reduziert werden. Ferner lassen sich durch Teleservice Bearbeitungs- und Durchlaufzeiten deutlich reduzieren. Anstelle des Terminus Teleservice werden in Theorie und Praxis auch die Begriffe Ferndiagnose sowie Ferninstandhaltung verwendet. Sie umfassen den Real-Time-Transfer von Anlagendaten via Modem und Internet zum Zweck der Diagnose sowie Reparatur von Maschinen bei Störungen oder Ausfällen.[548]

Mobile Einsatzgeräte stellen E-Maintenance-Lösungen dar, die vorwiegend zur Unterstützung der Instandhaltungstätigkeiten vor Ort Anwendung finden. Die PDA-Technologie trägt nachhaltig zur Reduktion der administrativen Papierflut bei, verringert Informationsbeschaffungszeiten und ermöglicht die multimediale Repräsentation instandhaltungsspezifischer Daten. Digitale Handbücher erleichtern die flexible, dezentrale Ausführung von Instandhaltungsarbeiten.[549] Kabellose Headsets umfassen beispielsweise Spracherkennungssysteme zur Weitergabe von relevanten Informationen sowie Displays mit einer 3-dimensionalen Animation des aktuell betrachteten Anlagenobjektes.[550]

Die im Instandhaltungsbereich oder in der E-Maintenance existierenden Prozessnetzwerke (Partnerschaften) resultieren zumeist aus dem Bezug externer Instandhaltungsdienstleistungen, vor allem wenn der unterstützende Service z.B. im Rahmen von Ferndiagnose oder Fernwartung (Teleservice) erbracht wird. Weitergehende Prozessnetzwerke lassen sich in der Instandhaltung und E-Maintenance bislang auf breiter Ebene nicht identifizieren.

---

548 Vgl. dazu Matyas, K. (1999), S. 180ff.
549 Vgl. z.B. URL: http://www.cybernarium.de/cybernariumdays/index.html
550 Vgl. hierzu beispielsweise PROTEUS D-62, S. 22

Hinsichtlich der aufbauorganisatorischen Gestaltung der Instandhaltung sowie der organisatorischen Eingliederung der E-Maintenance-Funktion existieren verschiedene Gestaltungsalternativen. So kann die Instandhaltung selbst als Linien-, Stab-Linien- oder Matrix-Organisation strukturiert sein[551] und in die entsprechende übergelagerte Organisationsform des Unternehmens eingebettet werden. Die E-Maintenance-Funktion lässt sich zum einen der Instandhaltung zuordnen, zum anderen ist sie in den E-Business-Verantwortungsbereich integrierbar.

Die potenzielle Zielgruppenstruktur der Prozessgestalter im E-Maintenance-Bereich erweist sich als multidisziplinär. Industrieunternehmen, Instandhaltungsdienstleister, Softwarehäuser oder –provider sowie weitere so genannte Funding Authorities können das „Prozessuale Projektteam" konstituieren. Organisationsintern ist es möglich, den Kreis der Geschäftsprozessgestalter zusätzlich nach den Kriterien Hierarchie und Funktion weiter zu differenziert.

Ad Prozessuales vegetatives Nervensystem – E-Maintenance:

Vorhandene instandhaltungsspezifische Kooperations- und Koordinationsmechanismen zielen zum einen auf die Abstimmung der internen wie externen personellen und organisationalen Schnittstellen ab, erfordern jedoch zum anderen die Harmonisierung von externen wie internen Systemschnittstellen im Rahmen der E-Maintenance. In der Logistik wird beispielsweise bei der Schnittstellengestaltung zwischen logistischen Schnittstellen erster Ordnung (Koordination bereichs-, funktionsintern), logistischen Schnittstellen zweiter Ordnung (Koordination bereichs-, funktionsübergreifend) sowie logistischen Schnittstellen dritter Ordnung (Koordination organisations- und unternehmensübergreifend) differenziert. Dieses Strukturierungsschema lässt sich m. E. auf den Bereich der E-Maintenance transferieren, unter besonderer Berücksichtigung des spezifisch ausgeprägten technologischen Schnittstellen-Schematas.

---

551 Vgl. hierzu Matyas, K. (1999), S. 28ff.

Die Koordination und Zielausrichtung instandhaltungsbezogener, interner und durch E-Maintenance-Lösungen unterstützter Organisationseinheiten, kann beispielsweise mittels Institutionalisierung von Center-Strukturen gefördert werden.[552] Es handelt sich in diesem Fall in der Regel nicht um ein Leistungs- sondern um ein so genanntes Service-Center. Die Ausgestaltung als Cost- oder Profit-Center erweist sich wiederum als optional. Gleichermaßen kann die Instandhaltung als zentrale oder dezentrale Funktion organisiert und durch adäquate E-Maintenance-Lösungen unterstützt werden.

Nach Vornahme der Konkretisierung des Metaprozessmodells für die E-Maintenance soll abschließend die Integration der prozessualen Perspektive mit der E-Maintenance-Anwendungssicht vollzogen werden.

3.3.4.3 Die Spezifikation der prozessualen Dimension von E-Maintenance-Lösungen

Die Segmentierung der durch E-Maintenance-Lösungen abgebildeten Geschäftsprozesse orientiert sich zum einen an den Eckpfeilern des ganzheitlichen TPM, zum anderen an der instandhaltungsspezifischen Supply Chain. In Konsequenz müssen operative und strategische Aktivitäten in die Betrachtung einbezogen werden. Die operativen Prozesse lassen sich wiederum in auftragsneutrale und auftragsspezifische Abläufe differenzieren. Als Basis für die Prozessklassifikation dienen sowohl die im Rahmen der Konkretisierung des prozessualen motorischen Nervensystems für die E-Maintenance explizierten instandhaltungstypischen Prozessarten als auch die Kernfunktionalitäten von CMMS-/IPS-Systemen.[553]

Die Verknüpfung beider Aspekte aus geschäftsprozessualer Sicht führt zu folgender Klassifikation:

---

552 Vgl. Matyas, K. (1999), S. 36f.

553 Vgl. ebd., S. 65 und S. 86ff.

- Auftragsneutrale Geschäftsprozesse:
  - Budgetplanung und –kontrolle,
  - Datenverwaltung,
  - Objektverwaltung,
  - Schwachstellenanalyse und
  - Zustandsüberwachung.

- Auftragsspezifische Geschäftsprozesse:
  - Auftragsinitiierung,
  - Arbeitsplanung,
  - Auftragssteuerung,
  - Ersatzteilbewirtschaftung,
  - Auftragsabwicklung (AAW)/Durchführung und
  - Rückmeldungen.

- Strategische Geschäftsprozesse:
  - Berichtswesen,
  - Instandhaltungsstrategiefestlegung und
  - Organisationsentwicklung im Bereich der Instandhaltung.

Aus dem Segmentierungsvorgang resultieren die für die Vornahme der Spezifikation der prozessualen Dimension von E-Maintenance-Lösungen erforderlichen Hauptprozesse. Mittels logisch stringenter Hierarchisierung dieser Kernabläufe können die entsprechenden Teilprozesse deduziert werden. Für die Abläufe Budgetplanung und –kontrolle, Auftragssteuerung, Auftragsabwicklung sowie Ersatzteilbewirtschaftung resultieren die folgenden Subprozesse:[554]

- Budgetplanung und -kontrolle:
  - Erstellung von Planungsgrundlagen,
  - Erstellung von Budgets und deren Verfolgung,
  - Analyse des Instandhaltungsbudgets nach Leistungsarten und Kostenstellen und
  - Abrechnung von Aufträgen.

---

[554] Auflistung nach Matyas, K. (1999), S. 87f. (modifiziert und erweitert)

- Auftragssteuerung:
  - Kapazitätsplanung,
  - Grob- und Feinterminplanung sowie Verfolgung,
  - Auftragsplanung und Auftragssteuerung,
  - Auftragseröffnung und
  - Möglichkeit der automatischen Planung der Wartung und Inspektion.

- Auftragsabwicklung/Durchführung:
  - Auftragsauslösung,
  - Auftrags- und Terminverfolgung,
  - Maßnahmenplanung und
  - Ausführung der Instandhaltungsarbeiten.

- Ersatzteilbewirtschaftung:
  - Bestandsoptimierung im Ersatzteillager,
  - Beschaffung,
  - Entnahme und
  - Information.

Die Reihenfolge der Teilprozessschritte varriert in der Praxis in Abhängigkeit vom Einflussfaktor Instandhaltungsstrategie. So werden Instandhaltungsaufträge im Rahmen der Ausfallbedingten Strategie z.B. durch Mitarbeiter, SCADA-Systeme oder durch Condition-Monitoring-Tools ausgelöst. Dagegen bedarf es bei der Realisierung präventiver Maßnahmen der manuellen Initiierung von Aufträgen, zum Teil unterstützen CMMS-/IPS-Systeme eine automatische Generierung derselben.

Aufgrund der hohen Variabilität der funktionalen Gestalt von E-Maintenance-Lösungen lassen sich diese lediglich den Hauptprozessen entlang der TPM-Supply Chain zuordnen. Über den Vorgang Schwachstellenanalyse wird eine Schnittstelle der E-Maintenance zur Anlagenkonstruktion geschaffen und ein kontinuierlicher Verbesserungsprozess im Rahmen der präventiven und autonomen Instandhaltung initiiert.

Als Basistechnologien erfolgt entlang der E-Maintenance-Wertschöpfungskette der Einsatz von Telekommunikationstechnologien, Internet oder Intranet, der Videotechnologie, von Sensoren sowie von Headsets mit Spracherkennungssystemen.

Die weitergehende Detaillierung der Technologien z.B. hinsichtlich der eingesetzten Protokolle würde die isolierte Betrachtung existenter Anwendungen erfordern und kann deshalb an dieser Stelle nicht geleistet werden.

Die Ausschöpfung der Potenziale integrierter Instandhaltungs-Software, wie sie speziell CMMS-/IPS-Systeme und Instandhaltungsplattformen als E-Maintenance-Lösungen repräsentieren, setzt die Harmonisierung der Schnittstellen zu den Umsystemen voraus.[555]

Beispielhaft liefert die Anlagenbuchhaltung Informationen wie Anlagenhersteller oder Anlagenwert, die Konstruktion versorgt die Instandhaltung mit Anlagen- und Konstruktionsdaten sowie Instandhaltungsplänen und das PPS-System liefert Angaben zur geplanten Maschinenbelegung oder Freigabeinformationen. Ferner existieren Schnittstellen zur Materialwirtschaft/zum Bestellwesen, zur Betriebs- und Maschinendatenerfassung, zur Finanzbuchhaltung und Kostenrechnung sowie zum Personalwesen.

Die Kommunikationswege erweisen sich häufig als bidirektional, da gleichermaßen Daten vom Instandhaltungssystem – und damit von den E-Maintenance-Lösungen – an die betrieblichen Umsysteme zurücktransferiert werden.

Die Spezifikation der prozessualen Dimension von E-Maintenance-Lösungen ist zusammenfassend in Abbildung 3-23 visualisiert.

---

[555] Vgl. hierzu Matyas, K. (1999), S. 84f.

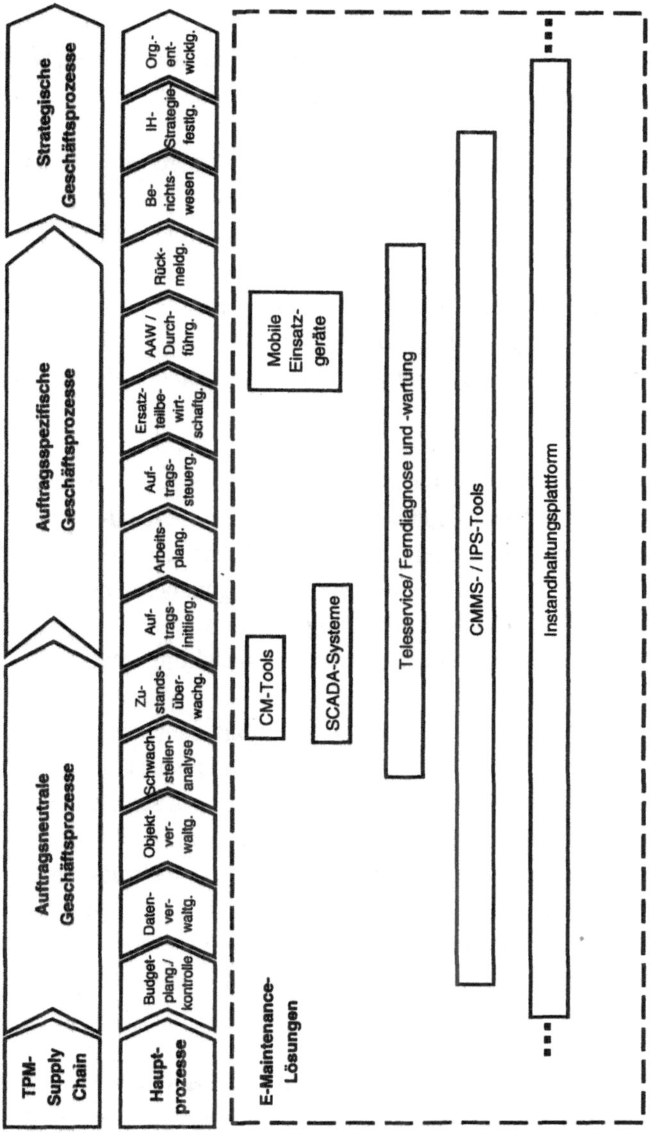

Abb. 3-23: Prozessuale Dimension von E-Maintenance-Lösungen

4 Fallstudienanalyse als Basis für die Ableitung eines Vorgehensmodells zur ganzheitlichen Geschäftsprozessgestaltung in der E-Maintenance

Die Konstruktion des ganzheitlichen Geschäftsprozessmodells für das prozessgestaltende Umfeld der E-Maintenance erfolgte mittels innovativer Kombination sowie phänomenologisch-hermeneutischer Auslegung theoretischen Gedankenguts aus den Bereichen Betriebswirtschaftslehre, Medizin und Biologie auf der einen Seite und Erfahrungen aus der geschäftsprozessualen, praktischen Existenz von Instandhaltungskonzepten sowie von E-Maintenance-Lösungen auf der anderen Seite.

Ganzheitliche Geschäftsprozessgestaltung bei der Entwicklung und beim Einsatz dieser E-Applikationen erfordert neben der Konstruktion eines Prozess(meta)modells, das als Referenzbasis sowie Interpretationskonzept dient, die Entwicklung eines ganzheitlichen Vorgehensmodells, das Handlungsempfehlungen und Methoden für die erfolgreiche Realisierung der Geschäftsprozessgestaltung integriert.

Die Analyse von Fallstudien aus der Praxis zeigt empirisch fundiert geeignete Wege zur Prozessgestaltung im E-Business-Umfeld auf, die nachfolgend durch induktives, phänomenologisch-hermeneutisches Vorgehen mit der konzeptionellen Basis der vorliegenden Arbeit zielorientiert zu verknüpfen sind. Anhand der Fallstudienbetrachtung können zusätzlich die Leitlinien der ganzheitlichen Geschäftsprozessgestaltung bei der Entwicklung und beim Einsatz von E-Business-/ E-Maintenance-Lösungen (Hypothesen) auf ihre empirische Relevanz hin überprüft werden.

Die nachfolgend betrachteten Fallstudien lassen sich in unterschiedliche Analyseklassen einteilen. Im ersten Schritt werden Fallbeispiele aus dem Anwendungsfeld der E-Maintenance im B2B-Umfeld beschrieben und deren prozessgestaltende Komponenten detailliert herausgearbeitet. In einem zweiten Schritt erfolgt die Analyse von Fallstudien aus dem im Vergleich zur E-Maintenance bereits stärker erforschten Anwendungsfeld der E-Logistics, das sich aufgrund des komplexen, schnittstellen- und funktionsübergreifenden Charakters als adäquates theoretisches wie praktisches Referenzobjekt sehr gut eignet. Im dritten Schritt werden Fallstudien untersucht, die sich nur mittelbar auf das untersuchte Forschungsparadigma beziehen, aber konkrete Aussagen zur Geschäftsprozessgestaltung treffen, die erkenntnisfördernd sowie handlungsleitend für die Ablaufmodellierung im E-Maintenance-Umfeld wirken.

4.1 Fallstudien aus dem E-Maintenance-Anwendungsfeld – Forschungsprojekt PROTEUS

Das Forschungsprojekt PROTEUS – generische E-Maintenance-Plattform gliederte sich inhaltlich in sieben Teilprojekte (Work packages), die um das Arbeitspaket 8, das Projektmanagement ergänzt wurden. Gegenstand des Arbeitspaketes 1 war das Technische Datenmanagement und die E-Dokumentation, Arbeitspaket 2 widmete sich dem Wissensmanagement sowie den Entscheidungswerkzeugen für die Instandhaltung. Im Mittelpunkt des Arbeitspaketes 3 stand die Datenerfassung und Anlagenüberwachung, Arbeitspaket 4 war dem Contract Management und Web-Portal gewidmet. Inhalt des Arbeitspaketes 5 war die Operation Guidance und Logistik, Arbeitspaket 6 umfasste die Plattform-Architektur und Integration. Gegenstand des Arbeitspaketes 7 war die prototypische Realisierung der generischen E-Maintenance-Plattform bei den Praxispartnern AKN Eisenbahn AG, Cegelec SA sowie Cegelec AT GmbH (vgl. Abb. 4-1).

Die Partner unterzeichneten zu Beginn des Forschungsprojektes einen Kooperationsvertrag (PCA: Project Co-Operation Agreement), in dem die Ziele und der Umfang der Zusammenarbeit, die Organisation des Forschungsprojektes, die Rechte und Pflichten der Parteien sowie beispielsweise Regelungen zur Verwertung von Forschungsergebnissen, zum Publikationsverfahren und zum Know-how Schutz festgeschrieben wurden. Hinsichtlich der organisatorischen Ausgestaltung der Zusammenarbeit sind zwei Gremien zu unterscheiden. Zum einen existierte das so genannte PCC, Project Co-ordination Committee, in das die einzelnen Partner ihre Vertreter entsandten, zum anderen wurde zu einem späteren Zeitpunkt das TAC, Technical Advisory Committee gegründet.

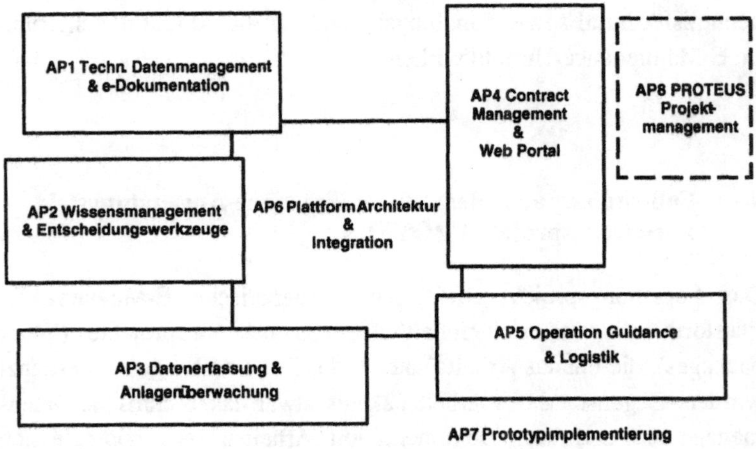

Abb. 4-1: Übersicht Arbeitspakete PROTEUS[556]

"The PCC shall be in charge of:
(a) managing the Project which consists in .....
(b) reviewing and/or amending the Work program of the Project if necessary and always subject to prior approval of the ITEA Board, and
(c) laying down, and reviewing or amending, procedures for publications and press releases with regards to the Project; and
(d) making proposals to the Parties (other than a Defaulting Party) for the service of notices requiring remedy of breach and terminating this Agreement with respect to that Defaulting Party, all in accordance with Article 9.4."[557]

556 Quelle: PROTEUS (2002), S. 10
557 ITEA (2003), Artikel 3.4, S. 4

In der Regel fanden die PCC-Meetings im Rahmen der regelmäßigen Koordinations- und Arbeitspaket-Treffen statt, bei Bedarf konnten jedoch auch weitere Sitzungen einberufen werden.

Das Technical Advisory Committee unterstützte die Koordination der einzelnen Arbeitspakete aus technischer Sicht. Mitglieder des beratenden Boards waren die Leiter der einzelnen Arbeitspakete, der Vorsitzende des TAC sowie bei Bedarf zusätzliche Mitglieder, die zu den jeweiligen Sitzungen eingeladen werden konnten. „The TAC's mission is to advise PCC chairman and the PCC on technical issues, such as :

- Propose technical selection on frontiers of WP.
- Ensure technical coherence of the project, and
- evaluate a follow-up of technical program…
- inform PCC Chairman if a technical issue is detected."[558]

Das TAC wurde erforderlich, da speziell die Harmonisierung I&K-technischer, aber auch prozessualer Schnittstellen, die in die E-Maintenance-Plattform zu integrieren waren, einen wesentlichen Erfolgsfaktor des Forschungsprojektes darstellte.

Beide Gremien sowie der Kooperationsvertrag stellten Gestaltungsparameter für das Principle-Agent-Verhältnis im Rahmen des PROTEUS Projektes dar. Die klare Definition der Aufgaben, die Festschreibung der Rechte und Pflichten trug zu einem ausgeglichenen Beitrags-Leistungs-Verhältnis der Partner bei und schuf damit gleichermaßen die Grundlagen für die kooperative und integrative Geschäftsprozessgestaltung bei der Entwicklung sowie prototypischen Realisierung der E-Maitenance-Plattform. Das Funding, einschließlich der Budgetüberwachung oblag in diesem Fall den jeweiligen Ministerien, respektive dem Forschungsträger DLR in Deutschland. Zusätzlich sicherte die Erarbeitung einer so genannten Driving Strategy eine koordinierte Vorgehensweise, die Harmonisierung der Arbeitspakete und in Konsequenz einen konzeptleitenden Rahmen für die ganzheitliche Gestaltung der Instandhaltungs-

558 PROTEUS (2003), S. 1

prozesse.[559] Konkrete Meilensteine und Zeitpläne für die Ausführung der Tasks innerhalb der einzelnen Arbeitspakete ergänzten das „Koordinationspaket" und waren Gegenstand des PROTEUS-bezogenen Projektmanagements.[560] Zu jedem Meilenstein mussten Berichte (Deliverables pro Arbeitspaket oder Zwischenberichte für das ITEA-Board und das BMBF) erstellt werden. Um die Fülle an Berichten, Präsentationen und Dokumenten für die Partner transparent und zugänglich zu halten, erfolgte die Programmierung einer eigenen PROTEUS-Homepage sowie eines projektbezogenen Intranets, das allen Teilnehmern per Passwort zugänglich war.[561] Ein systematischer Verzeichnisschlüssel sicherte die Einheitlichkeit der Berichte und erleichterte den Erstellungs- sowie Suchprozess.

Der Lehrstuhl für Betriebswirtschaftslehre – Unternehmensführung, Logistik und Produktion, unter Leitung von Univ.-Prof. Dr. Dr. h. c. mult. Horst Wildemann wirkte am Arbeitspaket 5 „Operation Guidance und Logistik" sowie an der prototypischen Realisierung der Plattform (Arbeitspaket 7) mit. Die Gestaltung der instandhaltungslogistischen Prozesse und der Operation Guidance der Instandhaltungsmitarbeiter vor Ort war unmittelbarer Gegenstand des Work packages 5. Zu diesem Zweck wurde eine mehrstufige Vorgehensweise gewählt, die sich in der so genannten Task-Struktur niederschlug. Task 5.1 umfasste die Analyse logistischer Problemstellungen für Instandhaltungsaufgaben, Task 5.2 war der Analyse organisatorischer Abläufe des Instandhaltungsmanagements gewidmet. Im Rahmen der Task 5.3 wurden die Möglichkeit zur Integration zustandsbasierter Informationen untersucht, Task 5.4 widmete sich der prototypischen Integration in die PROTEUS-Plattform.[562]

Bevor mit der Prozessmodellierung begonnen werden konnte, musste allerdings eine einheitliche terminologische Basis für das weitere Vorgehen geschaffen werden. Mit den Projektpartnern erfolgte die Definition der Termini Maintenance-Logistics und E-Maintenance-

559 Vgl. hierzu IFAK (2003), S. 2
560 Vgl. PROTEUS (2002), Anhang Balkenplan
561 Vgl. URL: http://proteus-iteaproject.com
562 Vgl. PROTEUS (2002), S. 25ff.

Logistics sowie der Operation Guidance. „E-maintenance logistics comprises information and material flow management as well as human resource management within the maintenance division supported by information and communication technology.“[563] „Operation Guidance is supported by modern information and communication technologies and helps the operator to fulfill efficiently the maintenance tasks (on-site/off-site).“[564] Auf Basis der vorgenommenen Begriffsklärungen konnte die Prozessidentifikation und –abgrenzung im Rahmen des Arbeitspaketes 5 durchgeführt werden. Als Hauptprozesse wurden die Auftragsabwicklung in der Instandhaltung, die Ersatzteillogistik sowie das Bestandsmanagement der Ersatzteile definiert. In einem ersten Schritt erfolgte die Zuordnung von Teilprozessen zu den Kernabläufen der Instandhaltungslogistik. Es resultierte die folgende Prozessstruktur/-hierarchie:[565]

- Auftragsabwicklung Instandhaltung:
  - Auftragsauslösung,
  - Auftragsdurchführung und
  - Auftragsrückmeldung.
  - Jeder dieser Prozesse wurde nochmals in weitere Subprozesse aufgespalten.

- Ersatzteillogistik:
  - Ersatzteilidentifikation,
  - Verfügbarkeitsprüfung,
  - Lieferantenauswahl und
  - Beschaffungsprozess.

- Bestandsmanagement Ersatzteile - strategisch:
  - Bestimmung Lagerstrategie,
  - Bestimmung Lager-/Bestandsvolumen und
  - Bestimmung Wiederbeschaffungsmenge.

---

563 PROTEUS D-51, S. 74

564 Ebd., S. 63

565 Vgl. PROTEUS (2002), S. 75ff.

- Bestandsmanagement Ersatzteile – operativ:
  - Verfügbarkeitsprüfung,
  - Ersatzteilentnahme,
  - Kommissionierung,
  - Buchung und
  - Transport.

Voraussetzung zur Durchführung der detaillierten Prozessanalyse war die Festlegung einer standardisierten Prozessstruktur, um einen sich der Analyse anschließenden Vergleich der Geschäftsprozesse zu ermöglichen. Dies gestaltete sich als komplexes Vorhaben, da die Prozessgestalt bei den beteiligten Praxispartner zunächst völlig voneinander abzuweichen und vom jeweiligen Instandhaltungsgegenstand oder Vertragsverhältnis abhängig schien. Die zu entwickelnde E-Maintenance-Plattform sollte aufgrund ihres generischen Charakters ferner die Möglichkeit bieten, Unternehmen unterschiedlichster Struktur an dieses Tool anzubinden, so z.B. Eigen- und Fremdinstandhalter. Ergebnis des interaktiven Problemlösungsprozesses war die Schaffung generischer Prozesse, die sich zum einen als Visualisierung der instandhaltungslogistischen Prozessstruktur auf aggregierter Ebene manifestierten und zum anderen den Rahmen für die detaillierte Analyse der Abläufe bei den Partnern vorgaben. Abbildung 4-2 zeigt die generische Struktur für den Hauptprozess Auftragsabwicklung Instandhaltung im Überblick.

Zu unterscheiden gilt es entlang der Prozesskette die Ereignisse (Events) und die Handlungen (Actions). Event 1 repräsentiert in jedem Fall das auslösende Moment des gesamten Auftragsabwicklungsprozesses, unabhängig von welchem Akteur (z.B. Kunde, Instandhalter) oder System (z.B. SCADA) es kommt. In Konsequenz lassen sich die unterschiedlichsten initiierenden Faktoren unter der Rubrik „Ereignis 1" subsumieren. Jeder Event löst eine bestimmte Handlung aus, die wiederum einer Kategorien oder einer „Überschrift" zugeordnet ist. Documentation Access spielt insbesondere bei Fremdinstandhaltern eine Rolle, die zunächst auf die erforderlichen Vertragsdaten zugreifen müssen. Aber auch Eigeninstandhaltung erfordert den Zugriff auf „interne Vertragsdaten" sowie auf die notwendigen

Anlagendaten, Zeichnungen, Zustandsdaten etc. Das Ergebnis der Handlung 1 fließt als Ereignis 2 strukturbildend in die Prozesskette ein und löst Aktivität 2, den gesamten Planungsprozess aus. In gleicher Struktur vollzieht sich die gesamte Abwicklung eines Instandhaltungsauftrages bis zum Event 5 „Report sent".

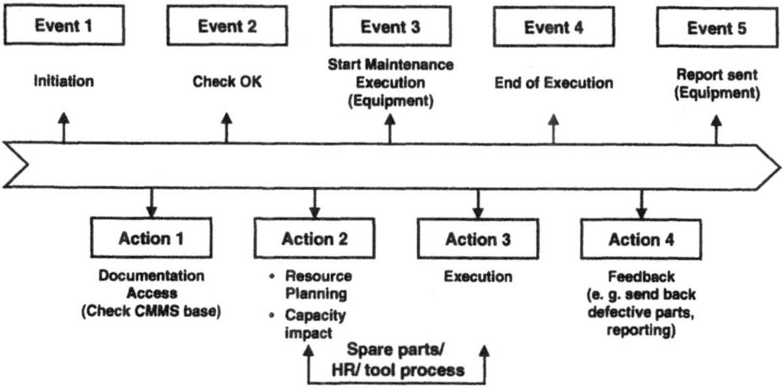

Abb. 4-2: Generischer Auftragsabwicklungsprozess Instandhaltung[566]

Die Besonderheiten dieser generischen Prozesse der Instandhaltungslogistik liegen neben dem expressis verbis ausgeprägten Erweiterungs- und Anpassungscharakter vor allem in der Überschaubarkeit der aggregierten Ablaufstruktur sowie in der annähernden Vergleichbarkeit der in einer späteren Phase zu analysierenden Detailprozesse. Die Prozessschritte innerhalb einer Aktion können in jedem Unternehmen völlig unterschiedlich verlaufen. Zusätzlich besteht die Möglichkeit, dass eine Aktion eventuell bei einem Praxispartner nicht durchgeführt wird, die Felder innerhalb der spezifischen Handlung bleiben deshalb leer. Ergänzend zu den Ereignissen und Aktivitäten zeigen die generischen Geschäftsprozesse die Schnittstellen zu weiteren Kernprozessen der Instandhaltungslogistik auf. In Summe erfolgte die Ableitung der ge-

[566] In Anlehnung an: PROTEUS D-52, S. 77

nerischen Struktur für die Prozesse Auftragsabwicklung Instandhaltung, Human Resources Management, Spare Parts Logistics und Tool Logistics als Subprozesse der Auftragsabwicklung sowie für das Inventory Management von Ersatzteilen.

Die generischen Geschäftsprozesse im instandhaltungslogistischen Bereich mussten in ein gleichermaßen standardisiertes und in gewisser Weise generisches Prozessanalyseschema überführt werden. Durch die Detailanalysen sollten die Prozessspezifika der am Forschungsprojekt beteiligten Praxispartner Berücksichtigung finden und die anforderungsgerechte Integration derselben in die zu entwickelnde E-Maintenance-Plattform gewährleistet sein. Zur Erarbeitung dieses Schemas wurde auf bisher erzielte Ergebnisse aus bestehenden Vorarbeiten konzeptbildend zurückgegriffen. Speziell in der Anfangsphase erfolgte die Beschreibung von so genannten Use cases und Szenarien, um die Anwendungsfälle, die Prozesse und die Aufgabenbereiche moderner Instandhaltung greifbar zu machen. In diesem Zusammenhang wurden Einflussfaktoren, wie die Instandhaltungsstrategie, die Sicherheitsrelevanz eines festgestellten Fehlers oder die zu Instandhaltungszwecken eingesetzten (E-)Technologien identifiziert. So gelang die Visualisierung und Aufzeichnung der Material-, aber insbesondere der Informationsflüsse, einschließlich der Erfassung vorhandener Schnittstellen. Grundsätzlich liefert jede Kombination der Einflussfaktoren ein spezielles Instandhaltungsszenario oder einen betriebswirtschaftlich geprägten Use case.

Im Rahmen des Arbeitspaketes 6 erfolgte die Erstellung des für die PROTEUS-Plattform relevanten Rollenmodells. Folgendes standardisiertes Rollenschema wurde als Ausgangsbasis für alle weiteren Analysen definiert:[567]

- Site Manager,
- Purchase Manager,
- Contract Manager,
- Quality Manager (security, environment),

567 Vgl. hierzu PROTEUS D-11, S. 17; PROTEUS D-62, S. 85ff.

- Project Manager,
- Maintenance Area Manager (workshop manager, call center agent),
- Method Engineer,
- Maintenance operator,
- Internal expert,
- Commercial,
- Storekeeper,
- Customer (level production area manager, level managers),
- Customer – Production Operator,
- Manufacturer (Operator of Production) und
- Sub-contractor.

Die aktuell vorhandenen Informationsflüsse wurden in Form von Pfeildiagrammen dargestellt und um eine Tabelle ergänzt, die die relevanten Angaben zu den Informationsvorgängen zwischen den Akteuren und Systemen erfasst. Die lfd. Nummer des Prozessschritts, das zugehörige Event/die erforderliche Message, die Beschreibung des Ablaufes, die Dokumentation der Parameter, die Informationsfluss-richtung, die Art und Weise des Informationsempfanges und der Antwort sowie das zugehörige Format fanden Eingang in diese Legende (vgl. Abb. 4-3).

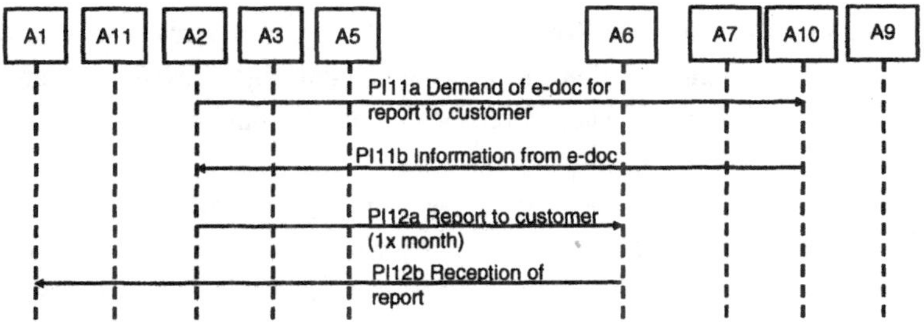

Abb. 4-3: Informationsflussanalyse (Ausschnitt)[568]

[568] Quelle (modifiziert): PROTEUS D-621, S. 24

Ergänzend zu dem entwickelten, standardisierten Rollenschema, erfolgte die Definition der zu berücksichtigenden Subsysteme. Es ergab sich folgende aggregierte, funktionale Systemstruktur:

- „Spare part management (part of CMMS, ERP, ...)
- Tool management (part of CMMS, ERP, ...)
- Staff management (part of CMMS, ERP, ...)
- Intervention demand management (planning, corrective intervention folder for customer) (part of CMMS, ERP, ...)
- Bill management (invoice, costs of maintenance) (part of CMMS, ERP, ...)
- SCADA (error records, equipment indicators)
- Diagnostic – expertise (CBR, neuronal networks, etc., equipment indicators)
- Equipment technical data (e-documentation)
- Knowlege database
- Standards/laws/quality rules (ISO, quality, security, environment, etc.) – also kind of database
- Communication systems (tools – webcamera, microphone, glasses, pager ...)“ [569]

Die Integration aller Ergebnisse führte zur Konzeption eines standardisierten Prozessanalyseschemas, das sowohl betriebswirtschaftliche als auch I&K-technische Komponenten erfasst und in der Lage ist, die vorhandenen Schnittstellen sowie die zugehörigen Material- und Informationsflüsse zu visualisieren (vgl. Abb. 4-4 und 4-5).

Das Schema leitete die Praxispartner durch die detaillierte Analyse ihrer Prozesse und ordnete jedem Prozessschritt zur besseren Verfolgbarkeit eine laufende Nummer zu. Die Spalte Service of PROTEUS war erforderlich, um die zukünftigen Soll-Prozesse eindeutig abbilden zu können und die Schnittstellen zur E-Maintenance-Plattform aufzuzeigen. Im Rahmen des Arbeitspaketes 5 erfolgte die Prozessgestaltung für die instandhaltungslogistischen Abläufe. Nicht alle Informationen wurden jedoch in diesem Work package „generiert“,

569 PROTEUS D-62, S. 14

sondern bestimmte Daten, Informationen oder Signale flossen beispielsweise aus dem Arbeitspaket 2 „Wissensmanagement und Entscheidungswerkzeuge“ in den Auftragsabwicklungsprozess ein.

Phase / Process steps	Service of PROTEUS	Actors - Systems				Nature of data/ parameters	Input	Output	Format
	Info from WP XY	CMMS	ERP	Ope-rator	etc.				
Spare part logistics									
Part identification	Part identifier					Code-No.	Failure code	Item-No.	8 digit text
Part ordering	Web-catalogue					Item-No, amount	Item-No.	Order confirmation	8 digit text

Abb. 4-4: Prozessanalyse – Teil 1 (Beispiel)[570]

Phase / Process steps	Service of PROTEUS	Actors - Systems				Arrival pattern	Response performance	Interface / Terminal	
	Info from WP XY	CMMS	ERP	Ope-rator	etc.			Input	Output
Spare part logistics									
Part identification	Part identifier					systematic	immediate	SCADA	CMMS/ERP
Part ordering	Web-catalogue					sporadic	weekly	ERP	ERP

Abb. 4-5: Prozessanalyse – Teil 2 (Beispiel)[571]

570 Quelle: PROTEUS D-51, S. 78

571 Quelle: Ebd., S. 79

Hinsichtlich der am Prozess beteiligten Schnittstellen sieht das Analyseschema eine Zweiteilung vor. Zum einen finden sich in der Struktur die ex ante definierten Rollen in ihrer Funktion als „Human Interfaces“ wieder, zum anderen wirken „System Interfaces“ prozessgestaltend mit. Die Rubrik Nature of data/parameters zeigt auf, ob es sich in dem betrachteten Fall um eine Mengen- oder Wertgröße handelt. Für die ganzheitliche Erfassung der Geschäftsprozesse und deren nachfolgende Gestaltung waren die Eingabe- und Ausgabedaten, das Datenformat, die Art und Weise der Datenübermittlung (z.B. systematisch, sporadisch) und der Antwort (z.B. sofort, wöchentlich) sowie die Eingabe- und Ausgabemedien (z.B. Terminals) festzuhalten. Anhand des entwickelten Analyseschemas konnten sowohl Ist- als auch Soll-Prozesse (Abbildung durch die E-Maintenance-Plattform) in detaillierter und einheitlicher Form dokumentiert werden. Der Einsatz des Formulars erfolgte bei den Partnern Excel-basiert, so dass die für den aktuell erforderlichen Analyseschwerpunkt erforderlichen Informationen ein- und die nicht benötigten Daten ausblendbar waren.

Speziell die Visualisierung der vorhandenen Schnittstellendichte zeigt Schwachpunkte in den Abläufen auf, die im Rahmen einer Prozessoptimierung zu beseitigen sind. Als Optimierungstreiber wirken in diesem Zusammenhang die klassischen Programme der Prozessverbesserung, vor allem jedoch der Einsatz der generischen E-Maintenance-Plattform.

Die Instandhaltungsstrategie diente als Prozesssegmentierungskriterium, so dass für jeden der definierten Kernprozesse der Instandhaltungslogistik pro Strategievariante eine detaillierte Analyse zu erstellen war. Die generischen Prozessstrukturen wurden auf das Analyseschema übertragen, indem die Events und Actions als „Fixpunkte“ in der Spalte Prozessschritt aufgeführt wurden und seitens der Praxispartner durch die weiterführenden Schritte ergänzt werden mussten. Eine beispielhafte Prozessanalyse ist in Abbildung 4-6 dargestellt.

Die detaillierte Prozessanalyse bei den Praxispartnern auf Basis der generischen Schemata trug nachhaltig zur Identifizierung der in die

E-Maintenance-Plattform zu integrierenden Abläufe bei. Über die Zusammenführung betriebswirtschaftlicher Argumente auf der einen Seite und I&K-technischer Aspekte auf der anderen Seite gelang die Realisierung einer kontextverknüpfenden Prozessdarstellung. Grundsätzlich kann diese Analyse um weitere Parameter aus den beiden Wissenschaftsdisziplinen ergänzt sowie bei der I&K-technischen und organisatorischen Umsetzung situationsspezifisch erweitert werden. Der Einsatz des standardisierten Schemas auf Excel-Basis ermöglicht zusätzlich durch die so genannte Aufklapptechnik die Visualisierung von Haupt- und Nebenprozessen der Instandhaltungslogistik sowie die Zusammenführung aller Hauptprozesse in ein einziges Arbeitsblatt. In Abbildung 4-6 weisen die mit einem „Kasten" hinterlegten Felder auf diese Schnittstellen zu anderen Prozessen hin. Speziell bei der Entwicklung einer E-Maintenance-Plattform, die sich durch einen hochgradig komplexen Prozessverbund auszeichnet, trug das gewählte Verfahren zu einer Komplexitätsreduktion und besseren Handhabung derselben im Rahmen der ganzheitlichen Geschäftsprozessgestaltung bei.

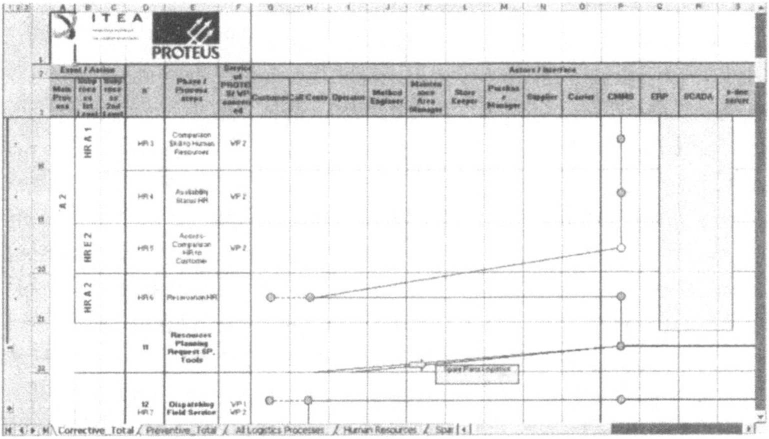

Abb. 4-6: Prozessanalyse – PROTEUS (Ausschnitt)[572]

572 Quelle: Cegelec (2003), Anhang

Ergänzend zur Prozessanalyse wurden die Praxispartner zu ihren Anforderungen an eine durch moderne Informations- und Kommunikationstechnologien unterstützte Instandhaltungslogistik befragt. Über diesen Schritt konnten die Ergebnisse aus der Prozessanalyse einerseits mit den prozessualen sowie I&K-technischen Anforderungen andererseits abgeglichen und harmonisiert werden. Zur Gewährleistung der vollständigen Beschreibung der Geschäftsprozesse im Bereich der Instandhaltungslogistik erfolgte ergänzend zu der Abfrage vorhandener Schnittstellen zu anderen Arbeitspaketen sowie der Unterstützungsleistung von PROTEUS im Rahmen des Analyseschemas eine detaillierte Beschreibung der Schnittstellenstruktur. Aufgelistet wurden die erwarteten Dienstleistungen informationstechnischer Natur von Arbeitspaket 1 bis 5 für das Work package 5, zum anderen der von Arbeitspaket 5 erbrachten Dienste für die Work packages 1-5.

Aufbauend auf der Prozess- sowie Schnittstellenanalyse sollte die prototypische Integration in die PROTEUS-Plattform erfolgen. Neben den Möglichkeiten zur Prozessoptimierung mittels Eliminierung nicht wertschöpfender Aktivitäten sowie der Automatisierung, Integration und Beschleunigung der Abläufe durch die zu generierende E-Maintenance-Plattform wurde die Standardisierung der zu integrierenden instandhaltungslogistischen Prozesse angestrebt. Dies erwies sich als komplexes Unterfangen und erforderte das Durchlaufen eines kreativen sowie interdisziplinären Problemlösungsprozesses der in Arbeitspaket 5 involvierten Partner. Die Vorteile der Standardisierung hinsichtlich der Prozessabbildung im Rahmen einer Instandhaltungsplattform bestehen eindeutig in der Komplexitätsreduktion, die sich mittel- bis langfristig in einer höheren Prozesssicherheit und –stabilität niederschlagen dürfte. Der Standardisierungsgrad birgt sicherlich auch Risiken, die nicht von der Hand zu weisen sind. Es stellt sich in diesem Zusammenhang die Frage, ob jeder zukünftige Industriepartner, der an die Plattform angebunden werden möchte, verpflichtet ist, sich der vorgenommenen Standardisierung prozessualer Natur zu unterwerfen. Im Laufe der Standardisierungsbemühungen stellte sich heraus, dass die Vereinheitlichung zum einen durch die Einführung generischer Prozessstrukturen und zum anderen durch den Einsatz des standardisierten Prozessanalyseschemas bereits teilweise erfolgt ist oder zumindest in ihrer Grundstruktur vorgezeichnet wurde. Basierend auf dem Vergleich der detaillierten Prozessstrukturen aller beteiligten Industriepartner sowie unter Berücksichtigung allgemeiner Grundsätze der Prozessoptimierung und der Wirkungen des E-Technologie-Einsatzes erfolgte die Ableitung eines Standardablaufes der instandhaltungslogistischen Prozesse. Abbildung 4-7 zeigt einen Ausschnitt dieses standardisierten Gesamtprozesses auf.

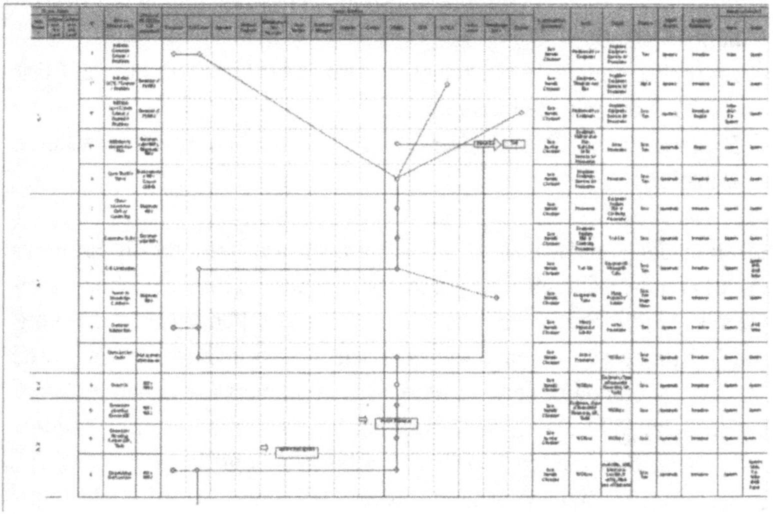

Abb. 4-7: Vorschlag Standardprozess – PROTEUS (Ausschnitt)[573]

Zusätzlich zur regulären Forschungsarbeit wurde ein Projektstudium initiiert, das die Analyse der Instandhaltungs- und Serviceprozesse bei einem PROTEUS-Praxispartner zum Inhalt hatte. Insbesondere sollten zum einen Prozessoptimierungspotenziale allgemeiner Natur aufgezeigt, zum anderen die durch den Einsatz der E-Maintenance-Plattform zu erzielenden Prozesseffekte identifiziert und beurteilt werden.

573 Quelle: Cegelec (2003), Anhang

Folgende Vorgehensweise wurde in diesem Zusammenhang von den Projektstudenten gewählt:

- Identifikation aller relevanten Instandhaltungs- und Serviceprozesse,
- Durchführung einer detaillierten Ist-Analyse, basierend auf den generischen Strukturen sowie auf dem standardisierten Schema,
- Ermittlung der erfolgskritischen Prozesse (Prozessportfolio, Prozesswertanalyse),
- Identifikation von Optimierungspotenzialen entlang der Prozesskette,
- Erarbeitung einer Vorgehensweise zur Potenzialbewertung auf Basis der Prozesskostenrechnung und
- Exemplarische Potenzialermittlung anhand eines ausgewählten Beispiels.

Ergebnis der Standardisierungsbemühungen war mitunter die Erkenntnis, dass neben der speziell prozessbezogenen Vereinheitlichung gleichermaßen die Standardisierung von Schnittstellen zwischen Haupt- und Teilprozessen einen erfolgskritischen Faktor darstellt. Es wurde deshalb ein standardisiertes Datenpaket konzipiert (so genannte Work Order Data: WO Data), das für einen kontinuierlichen Informations- und Datenfluss entlang der instandhaltungslogistischen Wertkette Sorge trägt. Es handelt sich in diesem Fall um eine „digitale Laufkarte", die den Prozess vom Zeitpunkt der Auftragserteilung bis zum Abschluss der Instandhaltungstätigkeiten begleitet und nach Ende jedes Teilprozesses oder logisch zusammengehöriger Prozesssequenzen aktualisiert wird. Der gesamte Vorgang vollzieht sich auf aggregierter Prozessebene unabhängig davon, welches Datum im Einzelfall zu berücksichtigen ist. Parallel zur Dokumentation der Prozessstruktur bedarf es der Spezifikation der anwendungsbezogenen Aktualisierungszeitpunkte und –daten.

Eine Standardisierung in technischer Hinsicht erfolgt im Rahmen von PROTEUS durch die Implementierung des XML-Standards (Extensible Markup Language) sowie durch den Einsatz definierter API's (Application Programming Interfaces).

Die Entwicklung der generischen E-Maintenance-Plattform kann als revolvierender und partiell als autodidaktischer Lernprozess betrachtet werden. So stellte sich während der Bemühungen um die Prozessstandardisierung die Erkenntnis ein, dass die generischen Prozesse zum Teil erweitert oder geringfügig modifiziert werden mussten, um die Standardisierung optimal zu unterstützen. Abbildung 4-8 zeigt den um die Reparatur der Ersatzteile ergänzten Prozess der „Spare Parts Logistics“. Zusätzlich wurde erkannt, dass angesichts der aggregierten Prozessbetrachtung die Fokussierung auf das ursprüngliche Segmentierungskriterium „Instandhaltungsstrategie“ aus rein prozessgestaltender Sicht für die Abbildung in die Plattform nicht mehr relevant ist. Der Standardprozess deckt alle zu berücksichtigenden Strategien gesamthaft ab. Das Rollenmodell bedurfte der Erweiterung um die beteiligte Stelle des „Carrier“, der vor allem bei externen Instandhaltungsdienstleistern einen wesentlichen Beitrag zur Instandhaltungslogistik leistet.

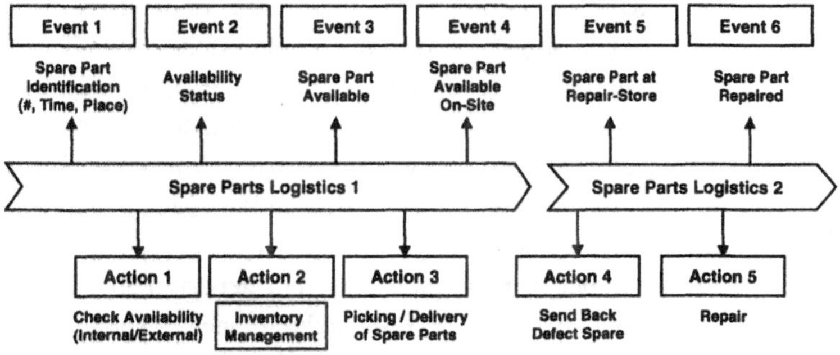

Abb. 4-8: Erweiterter Prozess „Spare Parts Logistics“[574]

Gesamthaft betrachtet, lassen sich aus der Fallstudie des PROTEUS Forschungsprojektes zahlreiche empirische Befunde zur Fundierung der Leitlinien der ganzheitlichen Geschäftsprozessgestaltung bei der

[574] Quelle: Ceglec (2003), S. 37

Entwicklung und beim Einsatz von E-Business-/E-Maintenance-Lösungen ableiten.

Die wirtschaftliche sowie wertorientierte Prozessmodellierung wird durch den Ausweis von Einsparungspotenzialen im Bereich der Prozesskosten zumindest ansatzweise unterstützt. Es handelte sich in diesem Fall um kein generelles Vorgehen im Rahmen des Forschungsprojektes, sondern um ein Element des durchgeführten Projektstudiums bei einem Praxispartner. Die Berücksichtigung des Wirtschaftlichkeitsgedankens hinsichtlich der Prozessgestaltungaktivitäten selbst, obliegt vor allem dem Projektkoordinator. Der Forschungsträger – die Funding Authority – prüft die Einhaltung des Forschungsbudgets. Mittels Segmentierung der instandhaltungslogistischen Prozesse in Hauptprozesse sowie Teilprozesse, einschließlich der Bildung von generischen Prozessstrukturen mit den Elementen Events und Actions wird die Leitlinie der modularen Prozessgestaltung berücksichtigt. Zusätzlich stellt die Aufspaltung des Arbeitspakets 5 „Operation Guidance und Logistik" in die Tasks 1 bis 4 eine weitere Ausprägungsform der modularen Ablaufmodellierung dar. Jeder Teilprozess repräsentiert ein Subsystem des Gesamtsystems instandhaltungslogistische Prozesse, das selbst wiederum aus Elementen zusammengesetzt ist. Es werden somit vermaschte Regelkreise niedriger und höherer Ordnung institutionalisiert. Das Verständnis von Generik ist dem des Systemischen artverwandt, so dass parallel beide Leitlinien der systemischen und generischen Prozessgestaltung erfüllt sind. Speziell die Entwicklung einer E-Mainenance-Plattform impliziert die Integration einer Vielzahl von Geschäftsprozessen. Durch den generischen Charakter besteht für alle beteiligten Projektpartner die Möglichkeit, die Ankopplung an die Plattform – und damit den Grad der Prozessintegration – individuell zu bestimmen. Der Umfang der integrierenden Geschäftsprozessgestaltung ist zusätzlich abhängig von den vorhandenen Kopplungen der Plattform zu weiteren IT-Systemen oder E-Technologien. Die Anforderungsanalyse sowie die Abgrenzung der Arbeitspakete und ihrer Inhalte lieferten erste Anhaltspunkte zur Identifikation von Integrationspotenzialen. Innerhalb der Sachdimension ganzheitlicher Geschäftsprozessgestaltung wurden die Leitlinien der kreativen und visuellen Modellierung berücksichtigt. Das Prozessanalyseschema sowie die generischen Prozessübersichten stellen ausgewählte visuelle Repräsentationen im Rahmen der Ablaufgestaltung dar. Insbesondere die Vornahme der Standardisierung erforderte die Initiierung eines kreativen Problemlösungsprozesses.

Im Zentrum der Leitlinien der Personendimension stehen zunächst die kooperative sowie präferenz- und anreizorientierte Prozessgestaltung. Die Qualität der Zusammenarbeit innerhalb der Arbeitspakete wurde durch den Work package leader maßgeblich gesteuert. Die Beeinflussung erfolgte zum einen im Rahmen der regelmäßig stattfindenden Arbeitspaket-Meetings sowie über den Austausch von Informationen und Arbeitsergebnissen via E-Mail-Kontakt. Innerhalb der arbeitspaketübergreifenden Zusammenkünfte fand jeweils zu Beginn sowie am Ende der Treffen ein so genanntes Common Meeting statt, bei dem Gelegenheit zum Austausch der für die Gesamtkoordination erforderlichen Informationen bestand. Am Ende der in der Regel zweitägigen Veranstaltungen wurden die erzielten Ergebnisse durch die Projektteams aufgearbeitet und durch den Work package leader präsentiert. Eine weitere nachhaltige Koordinationswirkung geht von den beiden Gremien, dem PCC (Project Co-ordination Committee) und dem TAC (Technical Advisory Committee) aus. Die inhaltliche Ausgestaltung der einzelnen Tasks sowie beispielsweise die Formulierung von Anforderungen an eine durch I&K-Technologien unterstützte Instandhaltungslogistik seitens der Praxispartner gab den Mitgliedern die Möglichkeit zur Präferenzorientierung ihrer Beiträge. Aus diesem Tatbestand und der Zielsetzung, bis Februar 2005 eine prototypische Realisierung der E-Maintenance-Plattform für ausgewählte Anwendungsfelder der beteiligten Praxispartner zu erreichen, lässt sich die anreizorientierte Prozessgestaltung begründen. Die Finanzierung des Forschungsprojektes stellte einen nicht zu unterschätzenden Anreizfaktor dar. Zusätzlich regelte der finanzielle Aspekt das Beitrags- und Leistungsverhältnis der am PROTEUS Projekt Partizipierenden. Nicht für alle Partner und in dem ausgewählten Beispiel auch nur exemplarisch konnten die Einsparungspotenziale durch den späteren Einsatz der Plattform ermittelt werden. Die Chance allerdings, neben den potenzialtreibenden

Resultaten der Plattform, zusätzlich die eigenen instandhaltungslogistischen Geschäftsprozesse optimieren zu können, sollte als Anreizaspekt der Prozessgestaltung nicht vernachlässigt werden. Durch die interdisziplinäre Besetzung der Projektteams aus Fachvertretern der Wissenschaft und Praxis einerseits und den Disziplinen Betriebswirtschaftslehre, Instandhaltung im Speziellen sowie der Informatik andererseits, ließ sich eine kontextverknüpfende Prozessgestaltung realisieren. Das standardisierte Analyseschema im Rahmen des Arbeitspaketes 5 stellt einen Ansatz dar, um die zum Teil äußerst unterschiedlich geprägten Denkwelten zur Erreichung eines gemeinsamen Ziels zusammen zu führen. Die interdisziplinären Aktivitäten im Hinblick auf die Definition wesentlicher Basisbegriffe und Konzepte aus den beiden Fachbereichen diente dem gleichen Zweck. Der pädagogische Aspekt der ganzheitlichen Geschäftsprozessgestaltung manifestiert sich in dem angesprochenen permanenten Lernprozess, der z.B. in der Anpassung der generischen Prozesse oder in der Erweiterung des Rollenmodells zu sehen ist. Die Situation, also die Prozessgestaltung bei der Entwicklung der E-Maintenance-Plattform selbst, erwies sich als bester Lehrmeister.

Die Fixierung der Driving Strategy sowie die Durchführung einer Projekt- und Meilensteinplanung für alle Arbeitspakete und somit in Konsequenz gleichermaßen für das Arbeitspaket 5 „Operation Guidance und Logistik" ermöglichte die Umsetzung einer strategischen sowie nachhaltigen Prozessgestaltung bei der Entwicklung der generischen E-Maintenance-Plattform. Der generische Charakter ist unmittelbarer Ausdruck des Nachhaltigkeitsaspekts, der sich insbesondere nach Abschluss der prototypischen Realisierung als erfolgskritisch erweisen dürfte. Die durchgängige Zusammenarbeit mit Vertretern der Praxispartner sicherte den Anwendungsbezug der Prozessgestaltung, der nicht nur allgemeinverbindlicher Natur ist, sondern sich auf die konkreten Einsatzgebiete des Prototypen bezog. Speziell das Forschungsprojekt PROTEUS erforderte die Berücksichtigung der Leitlinie zur interkulturellen Prozessgestaltung. Die erfolgreiche Realisierung des Vorhabens ist mit der Rücksichtnahme auf die kulturell bedingten Verhaltensweisen der Partner aus Frankreich, Belgien und Deutschland verknüpft. Dieser Aspekt betrifft die Art und Weise der Kooperation, die Form des Informationsaustausches sowie die Organisation des gesamten Forschungsprojektes. Abwechselnde Zusammenkünfte in Frankreich und Deutschland für die Arbeitspaket- und Koordinationsmeetings trugen nicht nur in fachlicher Hinsicht zu einem besseren Verständnis bei, sondern durch gemeinsame Abendveranstaltungen und angeregte Diskussionen während der Tagungspausen konnte auch das soziale Klima stabilisiert werden. Für die Veranstaltungen sowie schriftlich zu verfassenden Berichte wurde die englische Sprache gewählt. Auftretende Kommunikationsprobleme konnten aufgrund des sehr guten Arbeitsklimas grundsätzlich konfliktfrei gelöst werden. Die äußerst positive zwischenmenschliche Harmonie ermöglichte die Umsetzung der interkulturellen Prozessgestaltung.

4.2 Referenzfallstudien aus dem Anwendungsfeld der E-Logistics

Die Instandhaltung sowie die Logistik als potenzielle Anwendungsfelder des E-Business sind nicht überschneidungsfrei, da die beiden Prozessgefüge durch die Instandhaltungslogistik konzeptionell sowie funktionsbezogen verknüpft sind. Dies gilt nicht nur im Rahmen der klassischen Abwicklung, sondern gleichermaßen für den E-Applikationsradius. Beiden Betrachtungsfeldern ist eine hohe Schnittstellendichte, ein ausgeprägter Dienstleistungscharakter, eine komplexe Vernetzung von Prozessen und Partnern entlang der integrierten Supply Chain sowie eine vielschichtige Struktur der Material- und Informationsflüsse eigen. Angesichts der Tatsache, dass die vorhandenen und öffentlich zugänglichen Fallstudien zur Geschäftsprozessgestaltung in der E-Maintenance sehr begrenzt sind, wird das der elektronischen Instandhaltung verwandte E-Business-Applikationsfeld der E-Logistics zum Zweck der Fallstudienanalyse nachfolgend genauer betrachtet. Die hoch ausgeprägte Strukturgleichheit ermöglicht zum einen die Identifikation von Gestaltungsfeldern und Methoden der ganzheitlichen Ablaufmodellierung, die auf den E-Maintenance-Bereich transferiert werden können und gestattet zum anderen die empirische Überprüfung der für das E-Business/die E-Maintenance formulierten Leitlinien (Hypothesen).

4.2.1 Arbeitskreis Electronic Logistics

Unter der Gesamtleitung von Univ.-Prof. Dr. Dr. h. c. mult. Horst Wildemann, Lehrstuhl für Betriebswirtschaftslehre – Unternehmensführung, Logistik und Produktion sowie dem debis Systemhaus MEB GmbH (heute: TSystems) wurde ein Arbeitskreis mit dem Titel Electronic Logistics – Optimierung der Logistik mit E-Technologien initiiert und im Kompetenzverbund Electronic Logistics mit Praxispartnern aus den Bereichen Logistikdienstleister sowie Industrie und Handel im Zeitraum 07/2001 – 03/2002 erfolgreich durchgeführt.

Die Zielsetzung des Arbeitskreises bestand in der Untersuchung, Evaluierung sowie Realisierung von E-Lösungen zur Optimierung der innerbetrieblichen und überbetrieblichen Logistikprozesse. Zusätzlich wurde ein permanenter Austausch von Wissen und Erfahrungen sowohl bezogen auf die Konzeptentwicklung als auch auf die I&K-technische Realisierung zwischen den beteiligten Projektpartnern institutionalisiert. Der Arbeitskreis, vor allem die Arbeitskreistreffen schufen einen gemeinsamen Lernort, um „... auf Basis vergleichbarer Vorarbeiten wie Analyse, Strategieableitung, Konzepterstellung und Potenzialabschätzung konkrete Umsetzungsaktivitäten für ausgewählte Pilotbereiche zu realisieren.“[575] Die Zielsetzungen lassen sich noch weiter konkretisieren und vier Kategorien zuordnen:[576]

- **Logistikprozesse**
  - Systematisierung der Logistikprozesse zur Distribution durch:
    - Festlegung von Auswahlkriterien,
    - Anwendung eines Auswahlinstrumentes und
    - Anwendung in Analysen.

[575] Wildemann, H./debis Systemhaus (2001), S. 3
[576] Aufzählung nach ebd. (2001), S. 4

- Ableitung von Handlungsempfehlungen für eine differenzierte Distributionslogistik auf Basis von E-Technologien.

- **E-Technologien in der Logistik**
  - Systematisierung von E-Technologien in der Logistik,
  - Einsatzmöglichkeiten und Nutzenpotenziale,
  - Realisierungswege und
  - Prototypische Anwendung.

- **Gestaltungsfelder**
  - Informations- und Materialflussgestaltung,
  - Dispositionssystematik,
  - Informationstechnologien,
  - Distributionsstufen,
  - Ablauforganisation und
  - Logistik Controlling.

- **Potenziale**
  - Senkung der Logistikkosten,
  - Erhöhung der Logistikleistungen,
  - Verkürzung der Durchlaufzeiten und
  - Sicherstellung der Materialverfügbarkeit sowie –qualität.

Es zeigt sich anhand der Zielsetzungen sowie im Hinblick auf die im Arbeitskreis gewählte Vorgehensweise, dass die beiden Paradigmen Logistikprozesse einerseits und E-Technologien in der Logistik andererseits separat zu analysieren und konzeptionell sowie prozessual im Soll-Konzept zielorientiert zu integrieren sind. Die Gestaltungsfelder wirkten als Hebel zur Realisierung der mit der Prozess- und Systemgestaltung verbundenen Potenziale. Betrachtungsgegenstand der Forschungsaktivitäten waren E-Logistics-Anwendungen im B2B-Bereich, wie Sendungsverfolgungssysteme (Auftragsverfolgung), Behälterkreislauf- und Kontensysteme (E-Kanban) sowie die Online-Auktion. Die Potenziale infolge des Einsatzes von E-Technologien in der Logistik umfassen den Abbau von Informationsasymmetrien in der Logistikkette, die dadurch erzielte Optimierung der Supply Chain sowie die Reduzierung von Logistikkosten als Konsequenz des durchgängigen Einbezugs entscheidungsrelevanter Informationen auf jeder einzelnen Distributionsstufe.[577] Durch die Einführung von E-Logistics konnten bei Unternehmen Bestandssenkungen in Höhe von 30-40%, Durchlaufzeitverkürzungen um 20-30% sowie die Reduzierung von Vertriebskosten um 50-60% realisiert werden.

Aus dem Implikationszusammenhang der ganzheitlichen Geschäftsprozessgestaltung bei der Entwicklung und beim Einsatz von E-Logistics-Lösungen heraus, erscheint die Entwicklung eines Prozessmodells sowie die Konzeption eines Methoden- und Instrumentenmix für die Realisierung von E-Logistics-Anwendungen besonders relevant.[578] Zu Beginn des Arbeitskreises wurden zunächst die Grundlagen sowie Rahmenbedingungen für die Vornahme der prozessgestaltenden Aktivitäten geschaffen. Zum einen erfolgte die Festlegung der Kooperationsform, die durch einen durchgängigen interdisziplinären Dialog von Vertretern aus Wissenschaft und Praxis, mit betriebswirtschaftlichen und IT-Fachkenntnissen charakterisiert ist, zum anderen wurden die Zielsetzungen der beteiligten Partner expliziert.[579]

Die Kooperation der am Arbeitskreis beteiligten Partner war durchgängig anwendungsbezogen und an den aktuellen sowie zukünftigen Anforderungen des Marktes, einschließlich ihrer logistischen Komponente orientiert. Die frühe Ausrichtung der Aktivitäten an den Potenzialen einer effizienten E-Logistics sicherte die wirtschaftliche, nachhaltige und wertorientierte Gestaltung der e-basierten Geschäftsprozesse sowie der zugehörigen E-Technologien. Das Commitment auf die Ziele des Arbeitskreises wirkte parallel zur Ableitung von Potenzialen in quantitativer wie qualitativer Form anreizfördernd, da jeder Partner in Folge seine Beiträge und Aktivitäten präferenz- und zielorientiert ausrichtete. Förderlich war in diesem Zusammenhang sicherlich die Tatsache, dass die beteiligten Unternehmen Lösungsvorschläge für die Optimierung der eigenen E-Logistics, aufbauend

577 Vgl. hierzu Wildemann, H./debis Systemhaus (2001), S. 2f.

578 Vgl. ebd., S. 12; zu den Projektphasen vgl. Wildemann, H./debis Systemhaus (2001a), S. 21

579 Zur Form der Zusammenarbeit vgl. Wildemann, H./debis Systemhaus (2001), S. 7

auf den bereits vorhandenen Ansätzen erhielten. Zum Teil konnten die erarbeiteten Vorschläge bereits während der Laufzeit des Arbeitskreises als Piloten implementiert und erste Potenziale erschlossen werden. Unternehmensindividuelle Leifäden sicherten nach dem offiziellen Abschluss des Arbeitskreises die Fortführung der Aktivitäten im Sinne der flächendeckenden Implementierung bislang prototypischer Lösungen sowie die praktische, I&K-technische Ausgestaltung entwickelter Konzepte. Der geeignete Partner zur Realisierung der Programmierung, das debis Systemhaus (heute: TSystems) war bereits vorhanden und durch die im Arbeitskreis erworbenen Erfahrungen sowie Kenntnisse über das E-logistische Anforderungsprofil der beteiligten Unternehmen in der Lage, die Umsetzung erfolgreich, wirtschaftlich und zeitnah zu gewährleisten. In den regelmäßig stattfindenden Arbeitskreismeetings hatten die Partner Gelegenheit, durch die Übernahme von Referaten sowie in Form von Diskussionsbeiträgen neue Erkenntnisse oder Problemlösungen zu spezifischen Aspekten einzubringen. So konnte ein permanenter Theorie-Praxis-Transfer im interdisziplinären Kompetenzverbund sichergestellt werden. Nicht nur Logistik-Know-how, sondern gleichermaßen umfassendes Prozesswissen und die Entscheidungskompetenz hinsichtlich (e-)logistischer Lösungsansätze charakterisierten die Teilnehmer des Arbeitskreises. Die IT-Kompetenz ist beim beteiligten Software-Provider gebündelt. Durch die permanente Verzahnung des betriebswirtschaftlichen (logistischen) mit dem E-technologischen Paradigma gelang die erfolgreiche Gestaltung e-logistischer Geschäftsprozesse. Basis für die Erschließung der E-Logistics-Potenziale war die Optimierung der in die E-Lösung integrierten Abläufe, unter Berücksichtigung des I&K-technisch Machbaren. Der Terminus „machbar“ impliziert, dass es zum einen technische Grenzen gibt, zum anderen häufig wirtschaftliche Gründe, wie beispielsweise ein hoher Programmieraufwand, der Realisierung widersprechen.

Die Entwicklung einer Electronic Logistics Strategie war Gegenstand der Ist-Analyse des Arbeitskreises. In Kooperation mit den Teilnehmern entwickelten die TU München sowie das debis Systemhaus eine vierstufige Vorgehensweise zur Ableitung des optimalen unternehmensspezifischen Einsatzes von E-Technologie-Applikationen in den Logistikprozessen. Die Electronic Logistics Strategie führt die Prozess- und IT-Sicht für das spezifisch betrachtete Anwendungsfeld sukzessive, unter Nutzung der Portfolio-Technik zusammen. Schritt 1 umfasst die Identifikation der existenten Logistikprozesse, Schritt 2 ist der Erhebung von Kennzahlen, einschließlich der Bewertung der Logistikprozesse gewidmet. Analog zur Prozessseite dient Schritt 3 der Erhebung von Kennzahlen und der Bewertung der aktuell vorhandenen Informationstechnologie. Schritt 4 umfasst die Integration der beiden Bewertungsschemata sowie die Deduktion von adäquaten Handlungsempfehlungen.[580]

Unter Einsatz der Methodik des morphologischen Kastens wurden die Differenzierungsmerkmale der Prozesse herausgearbeitet und damit die Segmentierungskriterien sowie die Einflussfaktoren der logistischen Prozesse identifiziert. Als Kriterien für die Distributionslogistik wurden z.B. der Vertriebskanal mit den Ausprägungen Call-Center, Außendienst und Internet oder die Sortimentsbreite mit den Variablen „Lagerhaltung" sowie „nicht lagerhaltig" identifiziert. Jede einzelne Kombination der kriterienbezogenen Ausprägungen bildet einen spezifischen Prozesstyp ab. Die Auswahl der Kriterien ist unternehmensbezogen zu treffen, da sowohl der betrachtete Logistikbereich (z.B. Beschaffungslogistik, Produktionslogistik) als auch die aufbau- und ablauforganisatorischen Rahmenbedingungen individuell variieren (vgl. Abb. 4-9).

Für die Ableitung der E-Logistik-Strategie erfolgte pro Prozesstyp eine standardisierte Prozessanalyse, um die Vergleichbarkeit der Geschäftsprozesse zu gewährleisten. Zur Beurteilung der Logistik-Kompetenz wurden Kennzahlen eingesetzt, die sich zum einen auf den Beherrschungsgrad der Prozesse (interne Sicht) und zum anderen auf die Beurteilung der relativen Wettbewerbsposition (externe Sicht) beziehen. Die Auswahl der adäquaten Kennzahlen vollzog sich ebenfalls unternehmensspezifisch. Der Beherrschungsgrad spiegelt sich beispielsweise in der Kennzahl Lagerumschlagshäufigkeit, Termin-

580 Vgl. hierzu Wildemann, H./debis Systemhaus (2001b), S. 5ff.

treue sowie anteilige Logistikkosten wider, die relative Wettbewerbsposition exemplarisch durch Kennzahlen wie Lieferzeit, Lieferzuverlässigkeit oder Lieferqualität. Die einzelnen Kriterien wurden unternehmensindividuell gewichtet und auf Basis einer Skala von 1 (schlecht) über 3 (mittel) bis 5 (gut) bewertet.

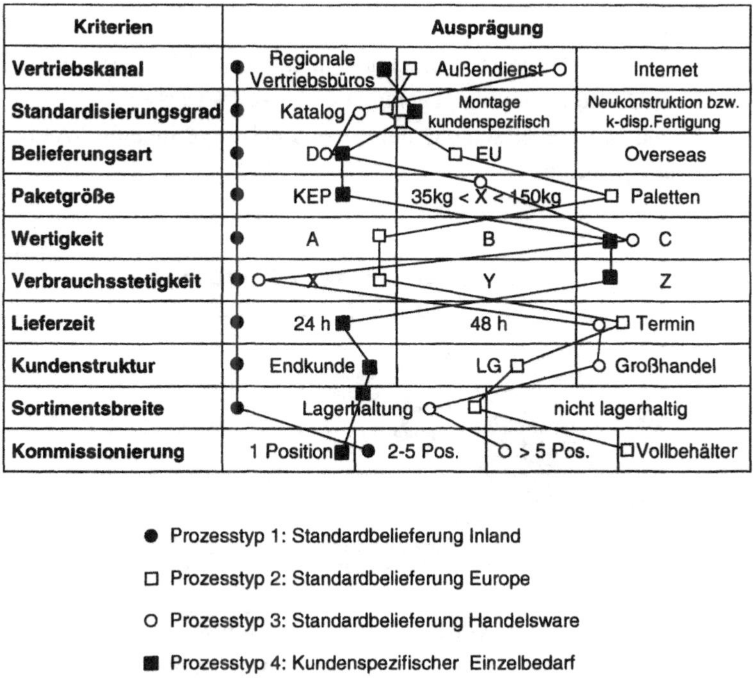

Abb. 4-9: Prozessidentifikation (Beispiel)[581]

Die Zusammenfassung der Ergebnisse der beiden Bewertungen führt zum Logistik-Kompetenz-Portfolio, das für jeden einzelnen Logistikprozess, in der Regel für die Hauptprozesse zu implementieren ist (vgl. Abb. 4-10).

[581] Quelle: Wildemann, H./debis Systemhaus (2001a), S. 20

Die einzelnen Quadranten implizieren die folgenden Aussagen:

„(I): Herausragende Wettbewerbsposition bei einem hohen Beherrschungsgrad der Prozesse; Logistik-Leistung als Differenzierungsmerkmal.

(II): Es wird der Versuch der Differenzierung über Logistik-Leistungen unternommen. Die Logistik-Prozesse sind noch verbesserungsbedürftig.

(III): Eine hohe Prozessbeherrschung in der Logistik führt nicht zu einer Differenzierung gegenüber dem Wettbewerber.

(IV): Schlechte Beherrschung der Prozesse bei geringerer Wettbewerbsposition."[582]

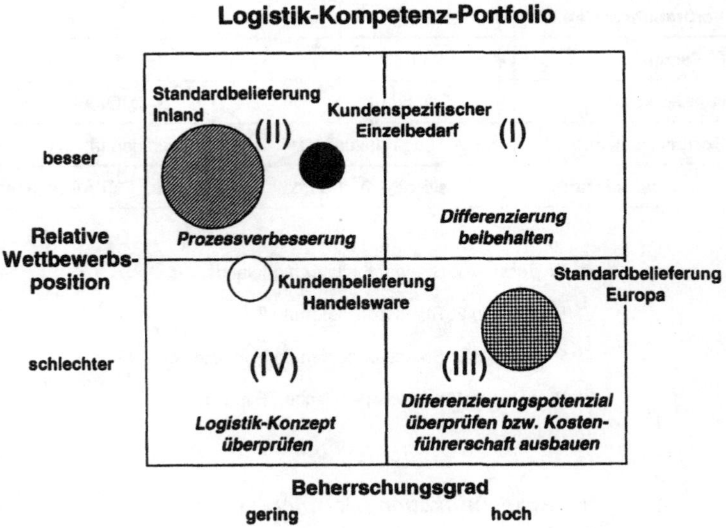

Abb. 4-10: Logistik-Kompetenz-Portfolio (Beispiel)[583]

[582] Wildemann, H./debis Systemhaus (2001c), S. 12

[583] Quelle: Ebd, S. 25

Nach Auswahl der potenziellen E-Logistics-Anwendungen erfolgt für jede einzelne Lösung die Beurteilung des Realisierungsaufwandes sowie des Nutzens.

Die Aufwandsbetrachtung integriert die Aspekte Schnittstellen, Datenbank/Plattformen, das Software Konzept, die Benutzeroberfläche sowie den Integrationsgrad bezüglich der Prozesse und IT-Systeme. In die Bewertung der Informationstechnologie fließen die IT-Strategie, die mittels IT-Einsatz unterstützten Prozesse sowie die organisatorischen Rahmenbedingungen der Informationstechnologien ein.

Die Evaluierung des Nutzens berücksichtigt z.B. Aspekte wie die Reduzierung von Durchlaufzeiten und Beständen oder die Verbesserung der Termintreue. Je nach Branche und Unternehmen können die Beurteilungskriterien erheblich variieren. Die Gewichtung vollzieht sich wiederum ordinal, die Hinterlegung mit quantitativen, monetären Werte erweist sich in der Praxis jedoch als äußerst hilfreich.

Aus der Verknüpfung der Aufwands- mit der Nutzenbetrachtung der potenziellen E-Logistics-Lösungen resultiert das E-Technologie-Portfolio (vgl. Abb. 4-11).

Je nach Position der E-Logistics-Lösung in den vier Quadranten, können folgende Handlungsempfehlungen abgeleitet werden:

„(I): Hoher Nutzen des E-Logistics-Konzeptes mit geringem Realisierungsaufwand. Das Konzept sollte sofort umgesetzt werden.

(II): Einem hohen Nutzen steht ein hoher Realisierungsaufwand gegenüber. Alternative Realisierungsformen sind zu prüfen.

(III): Einem geringen Nutzen steht ein geringer Realisierungsaufwand gegenüber. Durch Verknüpfung mit anderen E-Log-Konzepten ist ein Zusatznutzen herbeizuführen.

(IV): Einem geringen Nutzen des E-Logistics-Konzeptes steht ein hoher Realisierungsaufwand gegenüber. Das Konzept ist in dieser Form nicht umzusetzen."[584]

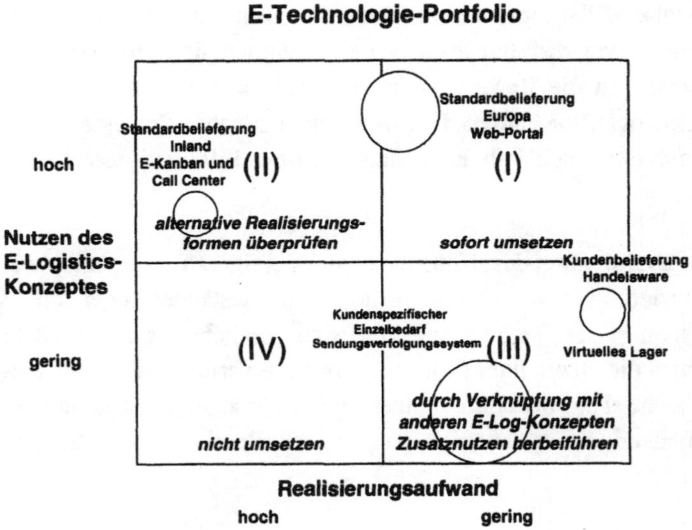

Abb. 4-11: E-Technologie-Portfolio (Beispiel)[585]

Ein durchgängiger Prozessbezug der E-Logistics kann nur durch die Integration von Logistik-Kompetenz-Portfolio einerseits und E-Technologie-Portfolio andererseits erreicht werden (vgl. Abb. 4-12).

Das Gesamtportfolio visualisiert die Potenziale von E-Logistics-Lösungen zur Sicherung der Wettbewerbsfähigkeit im Rahmen einer Strategie der Kosten- oder Leistungsführerschaft und zeigt die Anwendungsfelder der E-Logistics sowie die Stärken und Schwächen der unternehmensspezifischen Logistik prozessbezogen auf.

---

584 Wildemann, H./debis Systemhaus (2001c), S. 31

585 Quelle: Ebd., S. 30

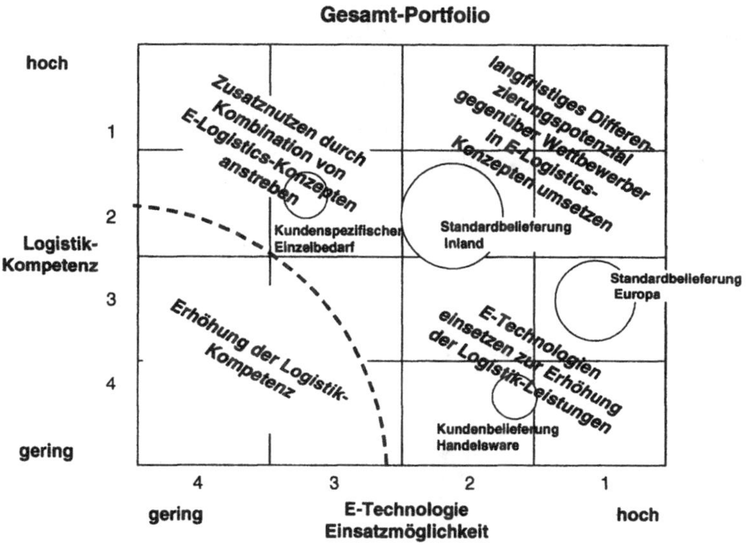

Abb. 4-12: Gesamt-Portfolio (Beispiel)[586]

Die zur Beurteilung eingesetzten Kennzahlen wurden individuell für jedes einzelne Unternehmen ausgewählt, jedoch einheitlich definiert, um die standardisierte Ermittlung derselben zu gewährleisten. Für jeden Analysebereich erfolgte die Festlegung von Verantwortlichen sowie von Terminen, so dass eine zeitnahe Bewertung durchgeführt werden konnte. Die Kennzahlen variieren in Abhängigkeit von der aktuellen Betrachtungsebene sowie den definierten Geschäftsprozessketten im Hinblick auf die Erstellung des Logistik-Kompetenz-Portfolios (vgl. Abb. 4-13).

Entscheidend für die Prozessgestaltung im Rahmen der Entwicklung oder des Einsatzes von E-Business-Lösungen von Unternehmen ist der durchgängige Bezug von Messgrößen und Kennzahlen auf den Untersuchungsgegenstand „Geschäftsprozesse“. Schwerpunkt des Ar-

586 Quelle: Wildemann, H./debis Systemhaus (2001c), S. 30

beitskreises war deshalb die Analyse von Abläufen der Beschaffungs- und Distributionslogistik, der permanente Prozessbezug ist jedoch gleichermaßen für die Einführung von E-Logistics-Tools im Bereich der Produktions- und Entsorgungs-, einschließlich der Instandhaltungslogistik sicher zu stellen.

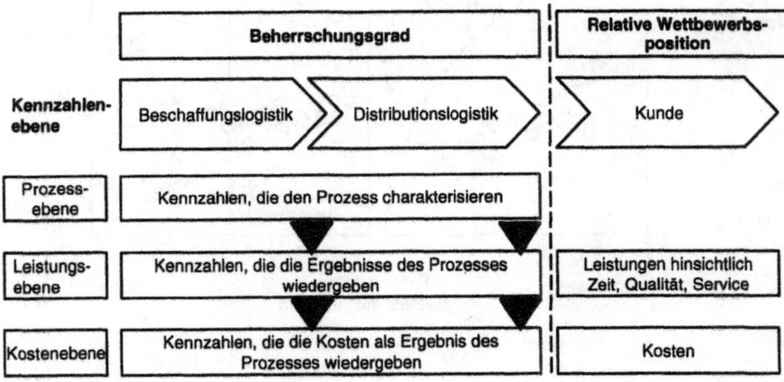

Abb. 4-13: Kennzahlenkategorien zur Prozessbeurteilung[587]

Analog zur Geschäftsprozesssicht erfolgte die Definition von Bewertungskategorien zur Evaluierung von E-Logistik-Konzepten (vgl. Abb. 4-14).

Speziell der Integrationsgrad erweist sich als wichtiger Beurteilungsaspekt, da die Komplexität der Prozessgestaltung abhängig ist von der Anzahl der in die E-Logistics-Lösung eingebundenen Prozesse sowie von der Schnittstellendichte zu weiteren IT-Systemen und involvierten betrieblichen Funktionsbereichen.

Die Evaluierung ist in diesem Zusammenhang auf Basis der Ausprägungen „keine Integration“, „Batch-Schnittstelle“, „Online-

587 Quelle: Wildemann, H./debis Systemhaus (2001c)., S. 33

Schnittstelle", „gemeinsame Datenbasis" sowie „integrierte Lösung" vorgesehen.[588]

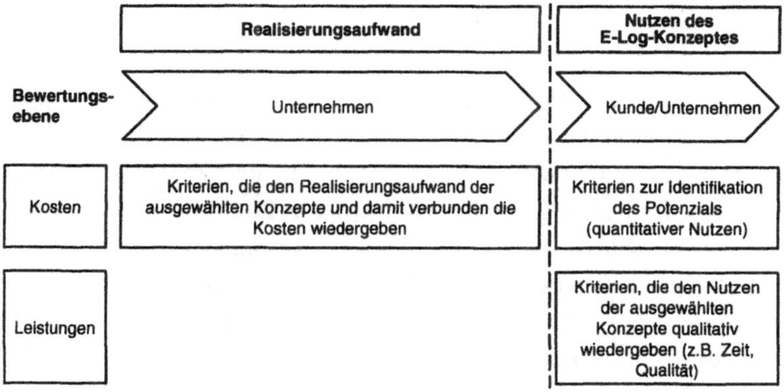

Abb. 4-14: Bewertungskategorien zur E-Logistik-Evaluierung[589]

Als schwierig erweist sich grundsätzlich die Bewertung des Nutzens einer E-Lösung, unabhängig ob sie sich auf den logistischen Bereich oder auf weitere Anwendungsfelder wie die Produktion, den Vertrieb oder die Instandhaltung bezieht. Der Einbezug des Nutzens in die Geschäftsprozessgestaltung bei der Entwicklung und beim Einsatz entsprechender Tools lässt jedoch Rückschlüsse auf die Anzahl der in eine E-Business-Lösung zu integrierenden Geschäftsprozesse sowie auf das Optimierungspotenzial derselben zu. Für die Nutzenkalkulation wurden im Rahmen des Arbeitskreises folgende Aspekte herangezogen:

- „Reduzierung von vorhandenen Kosten einer definierten wahrgenommenen Leistung.
- Erhöhung/Verbesserung von wahrgenommenen Leistungskomponenten aus Kunden- und/oder Unternehmenssicht."[590]

588 Vgl. Wildemann, H./debis Systemhaus (2001c)., S. 57
589 Quelle: Ebd., S. 49

So fließen Komponenten wie beispielsweise Verfügbarkeit, Servicegrad, Termintreue, Kundenbindung, Effizienz betrieblicher Abläufe, Durchlaufzeiten, Logistikkosten, Personalkosten oder eine bessere Erfüllung der Kundenanforderungen in das Evaluierungsschema ein.[591]

Die Erstellung des Gesamt-Portfolios ermöglicht die Ableitung einer konkreten prozessbezogenen E-Logistics-Strategie. Aufbauend auf der unternehmensindividuellen Entscheidung für die Realisierung ausgewählter E-Logistics-Lösungen erfolgten die Prozessgestaltung sowie die Tool-Entwicklung für die definierten Anwendungsfelder. Zu Beginn der detaillierten Ist-Analyse im Rahmen der Konzeption der „Ladungsträgerverfolgung" wurde das aktuell vorhandene Aufgaben- und Verantwortungsprofil der beteiligten Akteure detailliert aufgezeigt. Diese Schemazeichnung (vgl. Abb. 4-15) ermöglichte auf aggregierter Ebene die Darstellung der Beziehungs- und damit der Principle-Agent-Struktur der an der späteren Ladungsträgerverfolgung partizipierenden Supply Chain Partner. Zusätzlich dient das Aufgabenprofil als Orientierungsbasis zur Identifikation der potenziell in die spätere E-Lösung zu integrierenden Logistikprozesse.

Die Beschreibung der Ausgangssituation und die Durchführung einer Problemsammlung sowie -analyse bei den beteiligten Partnern trug zur Beseitigung von Schwachstellen, zur Optimierung von Prozessen sowie zur Identifikation der in das E-Logistics-Tool zu integrierenden Geschäftsprozesse oder neu zu konzipierenden und I&K-technisch abzubildenden Abläufe bei. Zusätzlich wurde das Verbesserungspotenzial der E-Anwendung im Hinblick auf die Problemlösung expliziert.[592] Durch die detaillierte Fixierung der Anforderungen an ein Ladungsträgerverfolgungssystem wurde zum einen die durchgängige Orientierung der zu entwickelnden E-Logistics-Lösung am Kundenbedarf sicher gestellt, zum anderen der konzeptionelle Rahmen der zu gestaltenden Logistikprozesse skizziert.[593] Die Anfor-

590 Wildemann, H./debis Systemhaus (2001c), S. 59
591 Vgl. hierzu ebd., S. 60f.
592 Vgl. Wildemann, H./debis Systemhaus (2001d), S. 3ff.
593 Vgl. ebd., S. 23

derungen wurden nach den Kategorien A, B und C priorisiert, um eine wirtschaftliche und potenzialorientierte Umsetzung der E-Lösung zu realisieren.

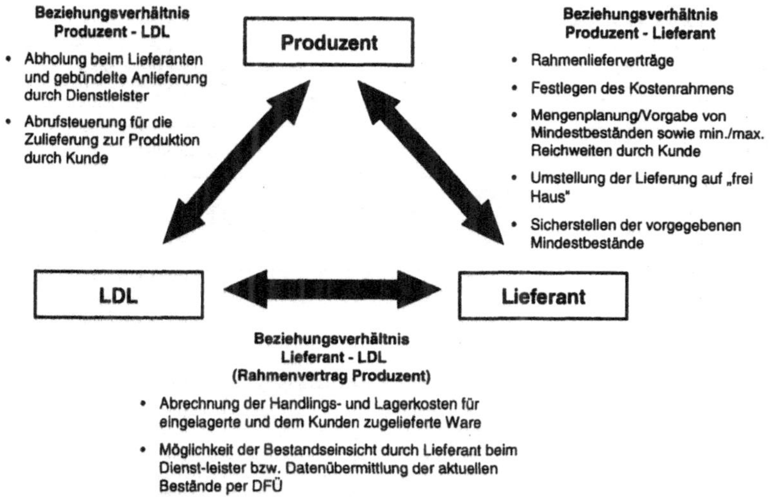

Abb. 4-15: Aufgabenanalyse Projektpartner E-Logistics (Beispiel)[594]

Gegenstand der Ist-Analyse war vor allem die Durchführung der Prozessanalyse sowie die Erfassung der vorhandenen Regelwerke und Mengengerüste. Zu analysieren galt es sowohl die Materialflüsse – in diesem Fall wurden Schemazeichnungen eingesetzt – als auch die zugehörigen Informationsflüsse, die sich im Rahmen der E-Logistics-Lösung als digitale oder digitalisierte Geschäftsprozesse manifestieren. Die in der Regel sehr hohe Komplexität der Wertschöpfungsketten, einschließlich ihres immateriellen, informatorischen Charakters führte zur Erhöhung des Aggregationsgrades der Analyse, der sich vor allem durch den häufigen Einsatz von Schema-

594 Quelle: Wildemann, H./debis Systemhaus (2001d), S. 2

zeichnungen beschreiben lässt.[595] Zusätzlich wurde die Gestalt der Prozesstruktur entlang der gesamten logistischen Wertschöpfungskette im Überblick erfasst (vgl. Abb. 4-16).

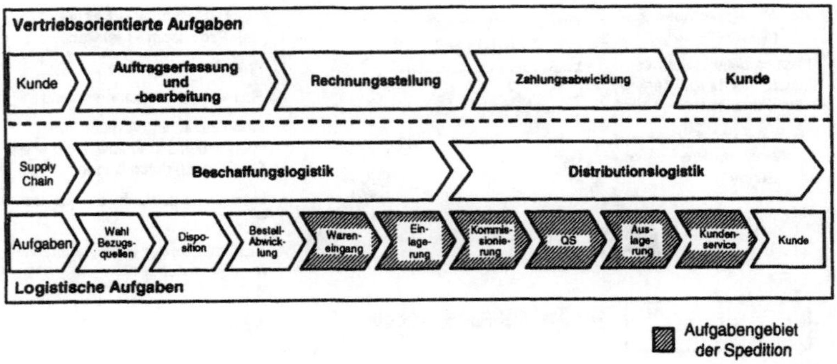

Abb. 4-16: Prozessstruktur entlang der Supply Chain (Beispiel)[596]

Die Prozessanalyse zeigt in tabellarischer Form die sukzessive Abfolge von einzelnen Aktivitäten auf. Pro Prozessschritt werden die beteiligten Stellen (Werke, Abteilungen, Teams, Mitarbeiter) sowie die zugehörigen Bearbeitungs- und Durchlaufzeiten ermittelt. Ergänzend erfolgte die Beschreibung von eingesetzten Medien, Koordinationsmechanismen oder IT-Schnittstellen.[597] Die Komplexität der Darstellung von digitalisierten Logistik (informations)prozessen lässt sich neben dem Einsatz von Schemata zusätzlich mittels exemplarischen Aufzeigens typischer Geschäftsvorfälle handhaben.[598] Das Grobkonzept der internetbasierten Ladungsträgerverfolgung integriert zum einen die Prozesssicht, zum anderen die im E-Technologie-Anwendungsfeld äußerst wichtige IT-Sicht (vgl. Abb. 4-17). Die Erfassung von Datenmodellen im Hinblick auf die Buchung der Ladungsträger zeigt das pro Prozess zu verarbeitenden

[595] Vgl. Wildemann, H./debis Systemhaus (2001d), z.B. S. 7; 8; 12; 27
[596] Quelle: Nisi, H.J. (2001), S. 18
[597] Zum Prozessanalyseschema vgl. Wildemann, H./debis Systemhaus., S. 14ff.
[598] Vgl. ebd., S. 24f.

Informationsvolumen auf und gibt erste Hinweise auf die Strukturierung der der E-Logistics-Lösung zugrunde liegenden Datenbank(en) sowie auf die in die toolspezifischen Masken zu integrierenden Felder.[599] Entsprechend dem der vorliegenden Arbeit inhärenten Ganzheitlichkeitsverständnis müssen Prozess- und Datenmodell für die zu entwickelnde E-Lösung zusammengeführt werden. Zusätzlich erfolgte der Ausweis von Hierarchiestufen der Daten, um die Auswertung derselben auf unterschiedlichen Ebenen zu ermöglichen.[600]

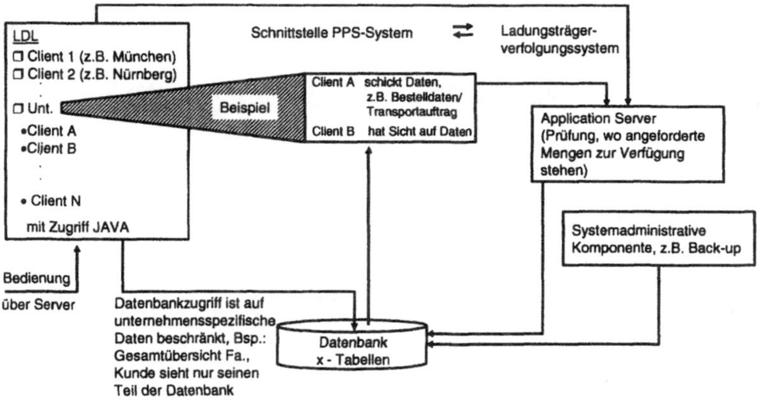

Abb. 4-17: Grobkonzept einer internetbasierten Ladungsträgerverfolgung (Beispiel)[601]

Mit der Geschäftsprozessgestaltung im E-Logistics-Anwendungsfeld – dies gilt gleichermaßen für alle anderen E-Business-Einsatzbereiche – ist unmittelbar die Erarbeitung von Vorschlägen zur technischen Realisierung verknüpft. Beide Paradigmen erweisen sich als interdependent, da die IT-Besonderheiten den Rahmen für die Prozessmodellierung vorgeben, andererseits aber der technische Aufbau von der

599 Vgl. Wildemann, H./debis Systemhaus (2001d), S. 26

600 Vgl. ebd., S. 47

601 Quelle: Ebd., S. 24

Grundstruktur der Abläufe determiniert wird. Auch in diesem Zusammenhang bieten sich Schemazeichnungen auf aggregiertem Niveau an.[602]

Ergänzt wurde das Soll-Konzept zur internetbasierten Ladungsträgerverfolgung um Statusinformationen und Meilensteine, die den logistischen Prozessketten zugeordnet sind. Mittels dieser Messpunkte lassen sich zeitbezogene (z.B. Zeitfenster), qualitätsbezogene (z.B. Ware in Ordnung) und quantitätsbezogene (z.B. Menge in Ordnung) Aspekte verfolgen (vgl. Abb. 4-18). Je nach Geschäftsprozessart oder detaillierter Prozessstruktur werden unterschiedliche Meilensteine relevant. Diese Vorgehensweise sicherte einen generischen Aufbau der E-Logistics-Lösung und ermöglichte die situative Anpassung derselben an die unterschiedlichen Erfordernisse der Supply Chain Partner.

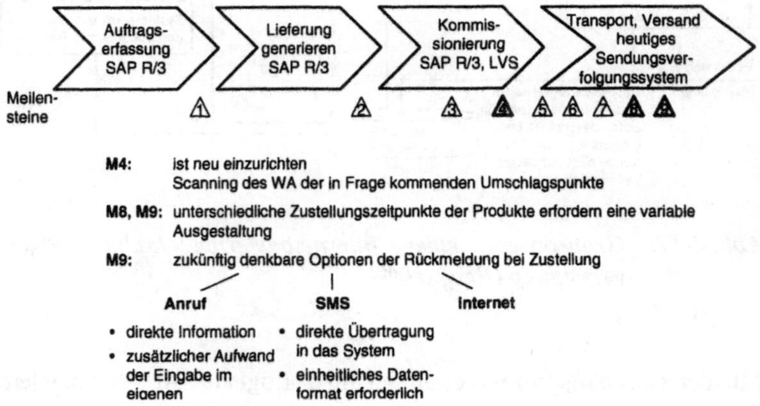

Abb. 4-18: Meilensteine entlang der Prozesse einer pro-aktiven Auftragsverfolgung (Beispiel)[603]

602 Vgl. hierzu beispielhaft Wildemann, H./debis Systemhaus (2001d), S. 58
603 In Anlehnung an Nisi, H.J. (2001), S. 38

Die Soll-Konzept-Erstellung im E-Logistics-Bereich umfasste neben der Prozessmodellierung die detaillierte Beschreibung und Zuordnung von Eingabedaten, Funktionen sowie Ausgabedaten und –medien, um die Prozessverantwortlichkeiten festzuschreiben.[604] Die erfolgreiche Abbildung logistischer Geschäftsprozesse in einer E-Lösung erfordert die Formulierung von Regelwerken, die vor allem Informationspflichten und –rechte spezifizieren.[605] Für die Ausgestaltung des Prototyps ist ein detailliertes User-Konzept zielführend, das die IT-Seite der Geschäftsprozessgestaltung berücksichtigt. Das anwendungsbezogene Rollenmodell bildet die an den Logistikprozessen beteiligten Schnittstellen informationstechnisch ab und schließt die Definition von Zugangsrechten mit ein.[606] Die Festlegung der Fremd- und Umsysteme ist für die Harmonisierung der Prozess- und Systemschnittstellen der beteiligten Partner extrem wichtig. Die notwendigen Systemkopplungen wurden insbesondere für das zu realisierende Auftragsabwicklungssystem im Überblick dargestellt.[607] Ergänzend erfolgte beispielsweise beim Alternativenvergleich zur internetbasierten Sendungsverfolgung die schematische Verknüpfung von Prozessen einerseits und von Systemen andererseits (vgl. Abb. 4-19).

E-Logistics-Lösungen nutzen sehr häufig, speziell wenn es sich um Anwendungen wie beispielsweise Ladungsträgerverfolgungssysteme, internetbasierte Auftragsabwicklungssysteme oder E-Kanban-Konzepte handelt, Bildschirmmasken als Ein- und Ausgabemedien. Die Gestaltung der Masken kann nicht losgelöst von den zugrunde liegenden Geschäftsprozessen und ihrer Gestaltung gesehen werden. Teilprozesse sind gebündelt in einer oder getrennt voneinander in unterschiedlichen Masken zu erfassen. Bevor dieser Schritt für die Prototypenentwicklung ausgeführt werden kann, muss die Geschäftsprozessstruktur feststehen. Die Ausgestaltung von Maskenentwürfen und die detaillierte Beschreibung der zukünftigen Inhalte und Funktionalitäten in Form einer Art Lastenheft erwiesen sich im Rahmen

---

604 Vgl. Fleige, J.-H. (2001), S. 13
605 Vgl. ebd., S. 14
606 Vgl. ebd., S. 21
607 Vgl. ebd., S. 22

des Arbeitskreises E-Logistics als zielführend.[608] Neben der Datenhierarchie galt es in diesem Zusammenhang auch die gewünschten Recherche-Ebenen für das Auftragsverfolgungssystem zu definieren.[609]

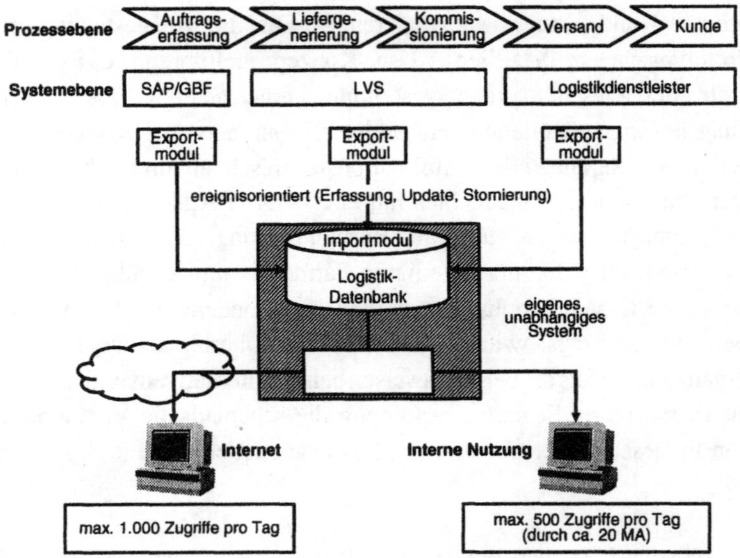

Abb. 4-19: Integration Prozess- und Systemsicht (Beispiel)[610]

Als Rahmenbedingungen oder Einflussfaktoren auf die Geschäftsprozessgestaltung ließen sich zum einen die Erarbeitung des spezifischen Betreiberkonzeptes,[611] einschließlich der zugehörigen Preiskalkulation für die Inanspruchnahme von Leistungen, zum anderen die konzeptionelle Vernetzung der E-Logistics mit angrenzenden E-Business-

608 Vgl. hierzu z.B. Dollak, M. (2001), S. 15ff. sowie Wildemann, H./debis Systemhaus (2001d), S. 10ff.

609 Vgl. Dollak, M. (2001), S. 8

610 Quelle: Ebd., S. 9

611 Vgl. z.B. Simmet-Süß, M. (2001), S. 11

Feldern wie beispielsweise dem E-Procurement identifizieren.[612] Interpretiert man das Betreibermodell aus dem Principle-Agent-Ansatz heraus, so dürften unterschiedliche Ausgestaltungsformen die Bereitschaft zur Preisgabe von Prozessinformationen seitens der beteiligten Partner entlang der Supply Chain beeinflussen. Wirkt ein Software-Provider z.B. als Betreiber, so ist die Neutralität der Geschäftsprozessabwicklung innerhalb der E-Logistics tendenziell besser gewahrt, als wie wenn ein Logistikpartner diese Rolle übernimmt.

Bezogen auf die Leitlinien der ganzheitlichen Geschäftsprozessgestaltung bei der Entwicklung und beim Einsatz von E-Business/E-Maintenance-Lösungen aus Kapitel 2.4 der vorliegenden Arbeit lassen sich folgende Aussagen aus den Fallstudien ableiten.

Innerhalb der Sachdimension sichert der frühe Potenzialausweis sowie die durchgängige Orientierung der Geschäftsprozessgestaltung an den Kriterien Wirtschaftlichkeit und Wertbezug die Realisierung der betriebswirtschaftlich fundierten Leitlinien. Verschiedene Aspekte der Prozessgestaltung zeigen die generischen Komponenten der entwickelten E-Logistics-Lösungen auf, beispielsweise das Meilensteinkonzept oder das Rollenmodell. Das Durchlaufen eines klassischen Problemlösungsprozesses durch die Projektpartner trug zur kreativen Modellierung der Abläufe bei, die Betrachtung der gesamten logistischen Wertschöpfungskette über die vielfältigen Schnittstellen hinweg ermöglichte die integrative Geschäftsprozessgestaltung. Die Vielfalt eingesetzter Schematazeichnungen manifestiert deutlich das Erfordernis der visuellen Modellierung. Als modular lässt sich die gewählte Vorgehensweise bezeichnen, da die internetbasierte Auftrags- oder Sendungsverfolgung, die Ladungsträgerverfolgung, die E-Kanban-Steuerung oder die per Masken zur Verfügung gestellten Recherche- und Auswertungsfunktionen als Systembausteine der E-Logistics-Lösung interpretiert werden können. Die systemische Struktur zeigt sich in der Hierarchisierung von Prozessen und Daten, die das Gesamtsystem (E-)Logistics bilden.

612 Vgl. z.B. Richard, O. (2001a), S. 4

Die permanente Kooperation von Logistikfachkräften aus Theorie und Praxis und Software-Spezialisten sicherte die kooperative sowie kontextverknüpfende Geschäftsprozessgestaltung im Rahmen der Personendimension. Mittels Durchführung detaillierter Anforderungsanalysen gelang die Umsetzung der Präferenzorientierung, die Anreizorientierung für die ganzheitliche Prozessgestaltung kann vor allem in dem Streben nach vollständiger Realisierung der ausgewiesenen Potenziale gesehen werden. Der gesamte Arbeitskreis E-Logistics erweist sich aus der ex post Betrachtung als revolvierender Lernprozess, dem nicht primär intentionale, sondern vor allem funktionale Aspekte inhärent waren. Das gegenseitige Lernen, die kritische Auseinandersetzung mit theoretischen wie praktischen Konzepten, die Erfahrungen aus den Erfolgen, aber auch Rückschlägen oder Problemen im Zusammenhang mit der Geschäftsprozessgestaltung erwiesen sich als enormes Lernpotenzial.

Die Ableitung der E-Logistics-Strategie, basierend auf der Evaluation der Prozess- sowie der Technologiekomponente und die Ableitung adäquater Normstrategien ist Ausdruck der strategischen Geschäftsprozessgestaltung im Rahmen der Situationsdimension. Durch die Strategie- und in Konsequenz gleichermaßen durch die Zielfestlegung wurde eine an dem Kriterium der Nachhaltigkeit orientierte Modellierung erreicht. Die vollständige Erfüllung des zuletzt genannten Aspektes zeigt sich jedoch erst in der vollständigen Realisierung der E-Logistics-Lösung, also innerhalb des dauerhaften Einsatzes derselben. Die permanente Ausrichtung der Prozessgestaltung an den Erfordernissen der Praxis, sicherte den durchgängigen Anwendungsbezug der Geschäftsprozessmodellierung einerseits und der Tool-Entwicklung andererseits. Der Aspekt der interkulturellen Prozessgestaltung kann bezogen auf den Arbeitskreis E-Logistics nicht beurteilt werden, da sich die Teilnehmer allein aus Deutschland rekrutierten.

Die Leitlinien der ganzheitlichen Geschäftsprozessgestaltung bei der Entwicklung und beim Einsatz von E-Business-/E-Maintenance-Lösungen von Unternehmen können anhand der Fallstudien aus dem Arbeitskreis E-Logistics durchgängig empirisch fundiert werden.

4.2.2 Arbeitskreis Virtuelle Märkte und E-Sourcing

Gegenstand und Zielsetzung des Arbeitskreises Virtuelle Märkte, der unter Leitung von Herrn Univ.-Prof. Dr. Dr. h. c. mult. Horst Wildemann an der TU München zusammen mit Praxisvertretern aus dem Bereich Einkauf durchgeführt wurde, war die Entwicklung einer Methodik zur Erreichung bedeutender Wettbewerbsvorteile infolge der Inanspruchnahme virtueller Märkte. Im Mittelpunkt der Aktivitäten stand die Ableitung eines Maßnahmenkataloges, „... der einen effizienten Weg zur strategiegerechten Auswahl, Einführung und Umsetzung von internetbasierten Einkaufskonzepten aufzeigt."[613] Eine vierphasige Vorgehensweise sollte die sukzessive Zielerreichung sichern. Phase 1 umfasste die „Erarbeitung einer strategischen Orientierung und Positionierung von Einkaufsaktivitäten im WWW zur Unterstützung der Unternehmensziele und Wettbewerbsstrategie."[614] Gegenstand der Phase 2 war die methodengestützte Identifikation geeigneter Einkaufsaktivitäten im Internet, mit dem Ergebnis eines definierten Prioritätenplans bezüglich von Prozessen und Bedarfen. „Ausgehend von Zielen, Potenzialen und Anforderungen wird festgelegt, welche Teilprozesse innerhalb des Einkaufs und welche Warengruppen/Services die größten Erfolgsbeiträge für eine kurzfristige Umsetzung bieten."[615] Zum Ende der Phase 2 respektive zu Beginn von Phase 3 erfolgte die Entwicklung eines Prozessmodells für den Einkauf via Internet. Parallel dazu wurden die Beschaffungsvorgänge einem Prozess-Reengineering unterzogen. Für ausgewählte Commodities fanden virtuelle Auktionen mit Lieferanten statt. Im Mittelpunkt der Phase 4 standen die Zusammenfassung der Ergebnisse in einem Leitfaden sowie die Entwicklung einer geeigneten Diffusionsstrategie. [616]

Die Relevanz der gewählten Vorgehensweise für den Aspekt der Prozessgestaltung liegt vor allem in der Notwendigkeit einer der weiterführenden Prozessbetrachtung vorgeschalteten Analyse der Waren-

[613] Wildemann, H. (1999c), S. 6
[614] Ebd., S. 9
[615] Ebd., S. 10
[616] Zur Vorgehensweise vgl. Wildemann, H. (1999d), S. 32

gruppen. Es existiert somit eine prä-prozessgestaltende Analysestruktur. Im Rahmen des Arbeitskreises galt es zunächst die für eine elektronisch gestützte Beschaffung, insbesondere die für eine Online-Auktion geeigneten Materialgruppen zu identifizieren. Im Hinblick auf die Auswahl der Pilot-Commodities wurde folgende Vorgehensweise gewählt: Durchführung einer ABC-Analyse der Materialgruppen, Fixierung von Kriterien zur Auswahl der Commodities pro betrachtetem Unternehmen, Zusammenführung, Charakterisierung sowie Bündelung der Bedarfe (Common Commodities).[617] Durch die Harmonisierung der Materialgruppen gelang eine prozessorientierte Segmentierung derselben und die Ableitung strategischer Beschaffungseinheiten.[618] Die Erfassung der zugrunde liegenden Geschäftsprozesse erfolgte im Rahmen einer Gruppenarbeit mit den beteiligten Arbeitskreispartnern. Unterschieden wurde in diesem Zusammenhang zwischen strategischen und operativen Beschaffungsprozessen, die in unterschiedlichem Maße beispielsweise von einer Online-Auktion unterstützt werden. Die Materialgruppenanalyse führte zu einem Gesamtportfolio, das die Ergebnisse der Bewertung der Commodities einerseits und der zugehörigen Beschaffungsmärkte andererseits integriert.[619] Die effiziente Gestaltung der beschaffungslogistischen Prozesse kann in Konsequenz erst dann erfolgen, wenn das konzeptionelle Fundament hierfür geschaffen wurde.

Mittels Rückgriff auf die erzielten Resultate erfolgte die Entwicklung eines Online-Auktions-Tools, das für die Pilot-Commodities erstmals eingesetzt werden sollte. Neben den klassischen Maßnahmen des Prozess-Reengineerings fand der Aspekt der Geschäftsprozessgestaltung Eingang in den Projektleitfaden zur Entwicklung einer „Auktionssoftware".[620] So wurde beispielsweise den Teilprozessen und Aufgaben des Beschaffungsvorganges das Konzept der Online-Auktion aus prozessualer Sicht zugeordnet.[621]

---

617 Vgl. Wildemann, H. (1999e), S. 4

618 Vgl. Wildemann, H. (1999f), S. 6

619 Vgl. hierzu ebd., S. 10

620 Vgl. Broy, M./Wildemann, H. (2000)

621 Vgl. ebd., S. 6

Zusätzlich erfolgte die Visualisierung des Aufgaben- und Verantwortlichkeitsspektrums entlang der Prozesskette der Online-Auktion (vgl. Abb. 4-20). Die Principle-Agent-Struktur beim Einsatz der Auktionssoftware wird in diesem Zusammenhang deutlich.

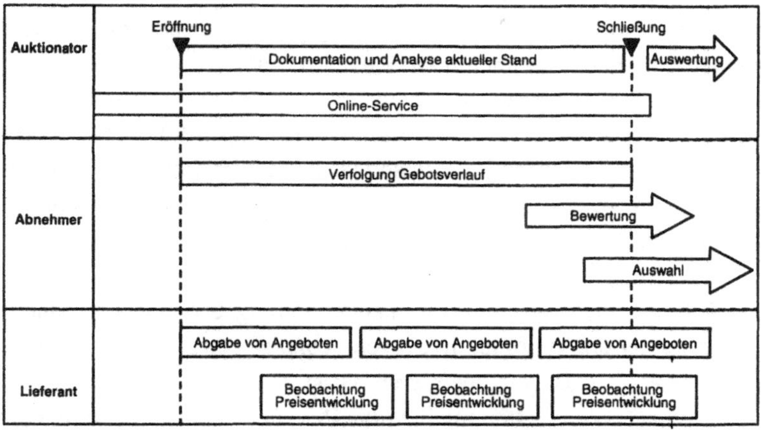

Abb. 4-20: Aufgaben der Online-Auktion-Beteiligten[622]

Zur Verbesserung der prozessualen Koordination der Auktionspartner wurden Spielregeln zur Durchführung der Internet-Versteigerung formuliert.[623] Für die beteiligten Parteien repräsentierte das Aufzeigen von Nutzenpotenzialen, die aus einer Online-Auktion resultieren, eine wichtige weiterführende Aktivität. Eine detaillierte Prozesskostenbetrachtung erfolgte zu diesem Zeitpunkt noch nicht. Für die Entwicklungsphase dieses Tools wurde eine Projektorganisation ins Leben gerufen, die Experten Know-how aus der Betriebswirtschaftslehre sowie Informatik zielorientiert zusammenführt. Der Lenkungsausschuss war für die Gewährleistung der erforderlichen Ressourcen sowie für die Verwertungsplanung der Software zuständig. Das

622 Quelle: Broy, M./Wildemann, H. (2000), S. 7

623 Vgl. ebd., S. 8ff.

Kernteam legte die Eckpfeiler der Programmierung sowie Prozessgestaltung fest und steuerte die Umsetzungsaktivitäten. Dem Entwicklungsteam oblagen die programmiertechnische Realisierung der vorab definierten Spezifikationen sowie die Verantwortlichkeiten für die Testphase und die Dokumentation.[624] Die gewählte Vorgehensweise manifestiert sich als inkrementell, so dass beispielsweise Kundenänderungen während der Entwicklungsphase noch berücksichtigt werden konnten. „In mehreren kurzen Iterationen werden jeweils erweiterte, aufeinander aufbauende Fassungen des Produktes erstellt."[625] Basierend auf den ursprünglichen Kernfunktionen - dies impliziert die Abdeckung der entsprechenden Kernprozesse - wurden nachfolgend weitere Zusatzfunktionen – und somit gleichermaßen die zugehörigen Prozesse – in die Software integriert.[626]

Im Rahmen der Pflichten-/Lastenhefterstellung erfolgte eine starke Fokussierung der zugrunde liegenden Prozesse, speziell der Informationsflüsse.[627] Das dokumentierte Mission Statement sicherte die nachhaltige Prozessgestaltung über die Phase der Erstentwicklung hinweg und übte eine Zielausrichtungsfunktion aus.[628] Die Festschreibung der beteiligten Personenkreise, ein Anbieter, mehrere Lieferanten, ein Auktionator sowie ein Beobachter lieferte das für die Prozessgestaltung erforderliche Rollenmodell.

Zur Darstellung des Informationsflusses während der Auktion wurde in diesem Fall das Sequenzdiagramm ausgewählt (vgl. Abb. 4-21).

Über die Berücksichtigung der erforderlichen Zeitdauern konnte eine Verknüpfung informationstechnischer und betriebswirtschaftlicher Aspekte auf aggregiertem Niveau erzielt werden.

---

624 Vgl. Broy, M./Wildemann, H. (2000), S. 18f.

625 Ebd., S. 21

626 Vgl. ebd., S. 22

627 Vgl. ebd., S. 26ff.

628 Vgl. ebd., S. 27

Aufgrund des potenziellen Risikos des Auftretens von technischen Störungen, flossen in das Pflichtenheft Prozessoptionen zur flexiblen Problemlösung ein.[629]

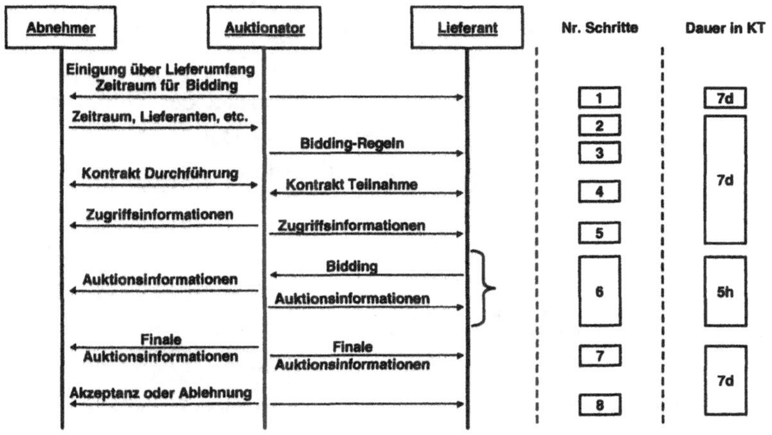

Abb. 4-21: Informationsfluss Online-Auktion[630]

Ergänzend zu den prozessualen Aspekten umfasste das Lastenheft insbesondere die technischen Aspekte, die für die Softwareentwicklung erforderlich waren. So wurden in dieser Dokumentation beispielsweise Sicherheitsanforderungen, Regelung der Freischaltung, Strukturierung der Site-Map, Plausibilitätstests, das zugehörige Datenmodell usw. erfasst.

Die der Online-Auktionssoftware zugrunde liegenden Prozesse sowie Informationen wurden frühzeitig in die Tool-spezifischen Masken transferiert und visualisiert (vgl. Abb. 4-22).

---

629 Vgl. Broy, M./Wildemann, H. (2000), S. 36f.
630 Quelle: Ebd., S. 29

Abschließend erfolgte die Identifikation der prozessualen sowie I&K-technischen Ausbaustufen im Pflichtenheft, so dass der Vorgang der fortgeführten Softwareentwicklung einerseits und der Prozessgestaltung andererseits nachfolgend parallelisiert werden konnten. Beispiele hierfür sind die Integration der Beschaffungsmarkforschung, der Bestellabwicklung oder der Zahlungsabwicklung.[631]

Zur optimalen Prozessunterstützung beim Einsatz des Online-Auktions-Tools sowie zur Forcierung der Prozessgestaltung bei den teilnehmenden Unternehmen wurde abschließend ein Online-Auktions-Leitfaden erstellt.[632]

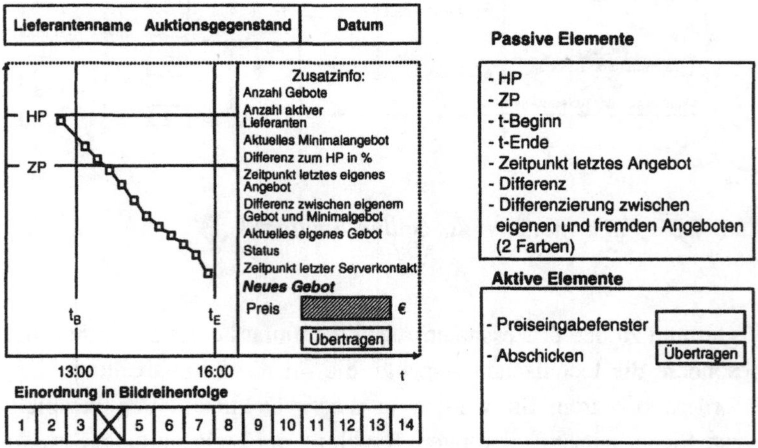

Abb. 4-22: Skizzierung Maske „Lieferant"[633]

Die Arbeitskreise (AK) E-Sourcing sowie Elektronische Marktplätze und Advanced Purchasing repräsentieren Fortsetzungen des AK

631 Vgl. Broy, M./Wildemann, H. (2000), S. 67
632 Vgl. Broy,M./Wildemann, H. (2000a)
633 Quelle: Broy, M./Wildemann, H. (2000), S. 45

Virtuelle Märkte und weisen aus prozessgestaltender Sicht verschiedenen Innovationen auf.

Zu erwähnen gilt es insbesondere die Erweiterung der Prozessbetrachtung um die Prozesskosten. Entscheidender Schritt der Prozessgestaltung im Bereich Beschaffung(slogistik) ist das Herunterbrechen dieser Prozesskosten auf die einzelnen Materialgruppen, für die ein adäquater Einsatz von E-Sourcing-Instrumenten zu entwickeln war. Als Prozesskostentreiber konnten beispielsweise Anzahl Lieferanten und Artikel, Anzahl Bestellungen oder Wareneingänge definiert werden.[634] Die ermittelten Prozesskosten sind Bestandteil der für den Einkauf wichtigen Total Cost of Ownership.[635] Ergänzend zur bisherigen Portfolio-Analyse erfolgte die Erstellung eines Prozesskosten-Portfolios (vgl. Abb. 4-23).

Entsprechend der Position im Prozesskostenportfolio wurden Ansatzpunkte zur Vereinfachung der Prozesse (klassisches Reengineering) entwickelt sowie Instrumente des E-Sourcing zur Reduzierung der entsprechenden Kosten identifiziert.

Das Aufzeigen der geeigneten E-Lösungen erfolgte für die einzelne Materialgruppe entsprechend ihrer Positionierung im Gesamtportfolio.[636] Die Wirkungen der situativ ausgewählten E-Sourcing-Methoden zum einen auf die Prozesskosten und zum anderen auf die Einstandskosten führten zum gewünschten Potenzialausweis.[637] Auch in diesem Fall wurden die möglichen Konzepte des Electronic Sourcing prozessbezogen visualisiert.[638] Je nach Höhe der Potenzialausprägung konnte die Realisierung der zugrunde liegenden E-Sourcing-Ansätze, z.B. Online Auktion erfolgen. Zum einen wurden die entsprechenden Tools neu entwickelt, zum anderen bestand die Möglichkeit auf bestehende Software zurück zu greifen. Die

634 Vgl. Wildemann, H. (2000a), S. 12

635 Vgl. ebd., S. 8

636 Vgl. hierzu ebd., S. 23

637 Vgl. ebd., S. 25f.

638 Vgl. Wildemann, H. (2001b), S. 24

Prozessgestaltung erfolgte aus diesem Grund zunächst losgelöst von der Prozessabbildung in einem spezifischen System.

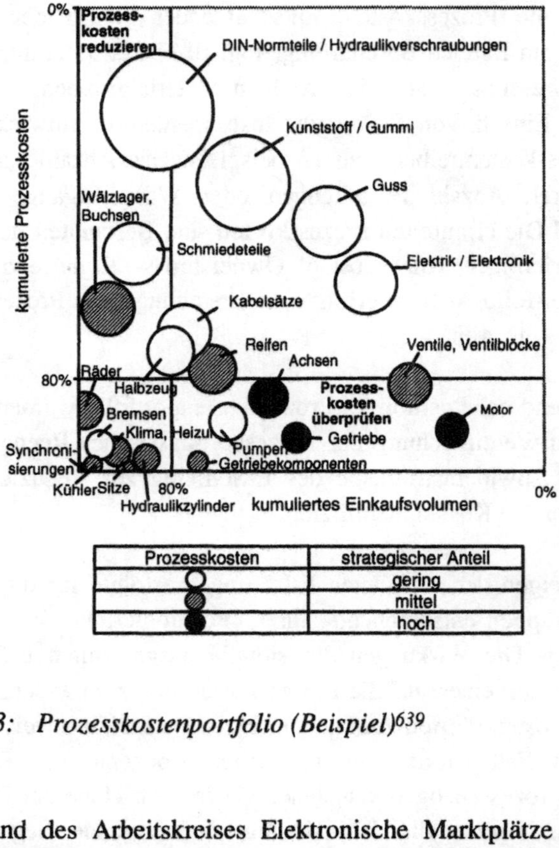

Abb. 4-23: Prozesskostenportfolio (Beispiel)[639]

Gegenstand des Arbeitskreises Elektronische Marktplätze und Advanced Purchasing war neben den speziell betrachteten Einkaufsthemen auch die Untersuchung der Potenziale durch eine E-Beschaffungslogistik. Ansätze wie der E-Kanban, das Virtuelle Lager sowie Tracking and Tracing wurden interdisziplinär diskutiert. In diesem Zusammenhang erfolgte ein Rückgriff auf die bereits im Arbeitskreis Electronic Logistics entwickelte Methode zur Ableitung der E-Logistics-Strategie, so dass ein effizienter Methoden- und Wissenstransfer

639 Quelle: Wildemann, H. (2001a), S. 11

von der originären Logistik hin zur Prozessgestaltung der spezifischen Beschaffungslogistik erfolgreich vollzogen wurde.[640]

Der frühe Potenzialausweis hinsichtlich des Einsatzes von E-Sourcing-Methoden, insbesondere durch den Einbezug von Prozesskosten sicherte eine wirtschaftliche sowie wertorientierte Prozessgestaltung. Die Zuordnung von E-Technologien zu einzelnen Abschnitten der Beschaffungs(logistik)kette und die Visualisierung der Informationsflüsse beispielsweise entlang des Online-Auktions-Prozesspfades unterstützte die integrative, systemische, modulare und visuelle Geschäftsprozessmodellierung. Durch die Integration von möglichen prozessualen Erweiterungsmodulen der Online-Auktions-Software gelang die Verankerung der generischen Leitlinie als Ausdruck der Sachdimension ganzheitlicher Geschäftsprozessformung. Die Entwicklung des Tools erforderte von allen Seiten – der betriebswirtschaftlichen und I&K-technischen – ein hohes Maß an Kreativität nicht nur hinsichtlich der Gestaltung der Oberfläche und der Masken, sondern vor allem bei der Modellierung der zugrunde liegenden Abläufe.

Die Abfrage von Anforderungen an E-Sourcing-Tools und der frühe Potenzialausweis förderten die präferenzorientierte und anreizorientierte Prozessgestaltung. Kooperationsförderlich und kontextverknüpfend wirkte die durchgängige interdisziplinäre Projektarbeit. Die Erfüllung der pädagogischen Leitlinie im Rahmen der Personendimension lässt sich in diesem Fall darin begründen, dass ein gegenseitiger und nachhaltiger Lernprozess sowohl im Hinblick auf die E-Sourcing-Anwendungen als auch bezogen auf die betrachteten Geschäftsprozesse initiiert werden konnte.

Die Situationsdimension manifestierte sich in einem durchgängigen Anwendungsbezug und der Überprüfung der Praxistauglichkeit des Online-Auktions-Tools. Mittels inkrementeller Vorgehensweise und regelmäßigen Tests wurde nicht nur die Funktions- und Leistungsfähigkeit der Software überprüft, sondern gleichermaßen die optimale

640 Vgl. Wildemann, H. (2001a), S. 30

und effiziente Gestalt der abgebildeten Prozesse. Der Rückgriff auf das Verfahren der E-Logistics-Strategieentwicklung einschließlich der Potenzialbetrachtung lässt sich als strategische sowie als eine an Nachhaltigkeitsgesichtspunkten orientierte Prozessgestaltung interpretieren. Die interkulturelle Komponente spielte in dem betrachteten Fall keine Rolle.

Die bisher aufgezeigten E-Logistics-Fallstudien sind dem Bereich der angewandten, industrienahen Forschung zuzuordnen. Zur empirischen Fundierung der formulierten Leitlinien ganzheitlicher Geschäftsprozessgestaltung bei der Entwicklung und beim Einsatz von E-Business- sowie speziell von E-Maintenance-Lösungen und zur Identifikation von Gestaltungspfaden sollen im folgenden Kapitel weiterführende Beispiele aus der industriellen E-Logistics-Praxis betrachtet werden.

4.2.3 Weiterführende Fallstudien aus der E-Logistics

4.2.3.1 Fallstudie zur automatisierten Konsignationslagersteuerung

Das betrachtete Unternehmen ist im Bereich des Präzisionswerkzeugbaus angesiedelt und weist die für Klein- und mittelständischen Unternehmen (KmUs) typischen Strukturen auf. Im Jahre 2002 wurde ein umfassendes Reorganisationsprojekt zur Optimierung der Auftragsabwicklung, der Produktion sowie der Logistik gestartet. Im Zusammenhang mit der Reorganisation der inner- und zwischenbetrieblichen Logistik sollte ein automatisiertes Konsignationslagersteuerungssystem entwickelt und bei einem ersten Pilotkunden erfolgreich eingesetzt werden. Dieses E-Logistics-Konzept orientiert sich an den Grundsätzen eines modernen Supplier Managed Inventory und hat zum Ziel, den Kunden von aufwändigen Bestandskontrollen, umfangreichen Aktivitäten zur Sicherung einer optimalen, bestandsorientierten Nachschubversorgung sowie langen Einlagerungs- und Auslagerungsprozeduren zu befreien. Beim Werkzeughersteller und

Betreiber des Konzeptes sollte das Tool gleichermaßen umfassend zur Optimierung administrativer logistikbezogener Geschäftsprozesse beitragen. Das Unternehmen liefert Bestückungswerkzeuge in großer Menge sowie in unterschiedlichsten Spezifikationen an ihre Abnehmer verschiedener Branchen in Europa, USA und Asien. Die Artikel weisen in Konsequenz ein breites Variantenschema auf und werden bei den Kunden als C-Güter und Betriebsstoffe betrachtet.

Das Projektteam zur Realisierung dieses Vorhabens setzte sich aus Vertretern der Logistik, der Anwendungstechnik, der Auftragsabwicklung und des Vertriebs, des externen Tool-Entwicklers, des externen DV-Betreuers für das hauseigene PPS-System sowie aus zwei Beratern, die die Moderation der Workshops übernahmen zusammen. Bei Bedarf wurden Vertreter der Geschäftsführung in die Teamsitzungen einbezogen.

Das automatisierte Konsignationslagersteuerungssystem besteht aus einer Hardware – Lagersystem beim Kunden – sowie der erforderlichen Steuerungssoftware. Die Struktur des E-Logistics-Tools lässt sich durch die folgenden wesentlichen Aspekte kennzeichnen. Das System dient grundsätzlich der Lagerverwaltung sowie der Deckung des beim Kunden vorhandenen Bedarfs an Werkzeugen. Die Anwendung ist modular aufgebaut und erlaubt die Ein- und Auslagerung einer beliebigen Anzahl von Artikel, ist also nicht auf spezielle Varianten beschränkt. In Folge können Veränderungen in der Struktur des Abnahmeprogramms beim Kunden berücksichtigt und in kürzester Zeit erfüllt werden. Unterstützt wird durch das Konsignationslagersteuerungssystem die Ein- und Auslagerung von Neuwerkzeugen sowie von so genannten nachgeschliffenen Werkzeugen in unterschiedlichen Verpackungsvarianten. Nicht nur die Werkzeuge des Lagerautomaten-Betreibers können aufgenommen werden, sondern gleichermaßen Fremdwerkzeuge. Allerdings ist dies aus wirtschaftlichen Gründen nur begrenzt zielführend und wird deshalb mittels Quote reglementiert. Die Ein- und Auslagerung im Automaten vollzieht sich automatisch, die Sicherung einer optimalen Lagerreichweite wird durch entsprechende Verlaufsprognosen und Berechnungsschemata unterstützt. Ein Barcode-Scanner ermöglicht die Erfassung der erforderlichen Werkzeugcharakteristika, wie beispielsweise Artikel, Durchmesser oder Neuwerkzeug. Die Auslagerung wird durch eine einfache Eingabe der erforderlichen Werkzeugdaten an einem Touch-Screen ausgelöst und erfolgt nach dem Prinzip First-In-First-Out. Mit ca. 3 sec. pro Verpackung ist die Zugriffszeit extrem niedrig ausgeprägt, zusätzlich können Entnahmen von bis zu 250 Werkzeugen flexibel vorkommissioniert werden. Die Entnahme der Ware erfolgt durch den Werker vor Ort aus einer Schublade am Lagerautomaten. Ein- und Auslagerungs- sowie Bestandsinformationen werden vom Lagerautomaten an das kundenspezifische Umsystem übermittelt und an die Vertriebs- und Auftragsabwicklungsabteilung des Betreibers übermittelt. Der Verbindungsaufbau erfolgt eindirektional vom Lagerautomaten beim Kunden an den Server des Werkzeugherstellers. Datenübertragungsmedium ist in diesem Fall das Internet.

Die Entwicklungsaktivitäten des Konsignationslagersteuerungssystems basierten zunächst auf einer Abfrage der Kundenanforderungen an ein entsprechendes System sowie auf dem Vergleich von Konkurrenzprodukten und der Dokumentation ihrer Vor- und Nachteile. Der Prozessgestaltung und in Konsequenz auch der Softwareentwicklung ging die Spezifikation der Hardware sowie deren Realisierung mittels Prototyp-Fertigung voraus. Neben den externen Anforderungen erfolgte im Rahmen eines Workshops die Identifikation der betrieblichen, prozessualen Anforderungen an das geplante E-Logistics-Tool, einschließlich der erforderlichen Anforderungsspezifikation an die firmeneigenen Umsysteme. Aufbauend auf dem fixierten Rahmen ließen sich die Hauptprozesse, die durch das Konsignationslagersteuerungssystem unterstützt und durch dieses abgebildet werden sollten, identifizieren. Im Ergebnis lagen die folgenden Kernprozesse vor:

- Einzeldisposition je Lagerautomat,
- Kundenauftragsgenerierung,
- Batch-Druck/Umbuchung Zentrallager,
- Wareneingang beim Kunden/Einlagerung,
- Eingangskontrolle,
- Auslagerung durch Kunden,
- Abrechnung und permanente Inventur.

Zusätzlich erfolgte die Dokumentation von Sonderfällen, die spezifische Prozessabläufe sowie Regelungen erfordern, aber gleichermaßen in das Steuerungskonzept zu integrieren waren. Die detaillierte Ausgestaltung derselben wurde zugunsten der Hauptprozesse zu einem späteren Zeitpunkt vorgenommen. Bevor die Konkretisierung der Soll-Prozesse durchgeführt wurde, mussten die wesentlichen Funktionen auf ihre technische und wirtschaftlich vertretbare Realisierung hin überprüft werden. Infolge der hohen Entwicklungskosten erfolgte die Spezifikation einer High-End-Lösung, die alle gewünschten Anforderungen enthält sowie einer Lösung, die den Mindestumfang derselben umfasst. Mit Hilfe einer Argumentenbilanz wurden die ausgewiesenen Funktionen in positiver und negativer Hinsicht beurteilt.

Im zweiten Schritt vollzog sich die weitere Aufgliederung der Beurteilungskriterien und soweit als möglich, die quantitative Fundierung der Aussagen (Programmieraufwand, -kosten). Durch die permanente Vernetzung von logistischem und I&K-technischem Fachwissen gelang frühzeitig die Sicherstellung, dass betriebswirtschaftliche Erfolge des Konsignationslagersteuerungssystems – aus der Prozessoptimierung heraus – nicht durch die Übererfüllung technisch sehr teuer zu realisierender Anforderungen überkompensiert wurden. Zusätzlich erfolgte bereits in der Anfangsphase des Projektes eine durchgängige Berücksichtigung der erforderlichen Kopplung zwischen dem Lagerautomaten einerseits und dem betriebsspezifischen PPS-System andererseits, das aufgrund der begrenzten systemtechnischen Auslegung nicht alle Anforderungen der Lagersteuerung zielführend abdecken konnte.

Zur Detaillierung der dem Konsignationslagersteuerungssystem zugrunde liegenden Geschäftsprozesse wurde ein standardisiertes Schema entwickelt, das neben den personellen Schnittstellen insbesondere die systemtechnischen Interfaces sowie Daten- und Informationsflüsse der Soll-Prozesse aufzeigt.[641] Ein Großteil der vom automatisierten Konsignationslagersteuerungssystem abgebildeten oder tangierten

[641] Vgl. hierzu Wildemann, H. (2003e), S. 33

Geschäftsprozesse wurde vor der Durchführung des Teilprojektes optimiert. In Folge der Entwicklung und des Einsatzes des Lagerautomaten konnten zusätzliche Potenziale, etwa mittels Automatisierung und Beschleunigung von Teilprozessen erreicht werden. Zum Teil ließen sich bestimmte Umstellungen aus kapazitativen Gründen nicht sofort realisieren, so dass ein stringenter Zeit- und Maßnahmenplan mit definierten Verantwortlichen erarbeitet wurde.

Komplexe Funktionen wurden mit dem Ziel der besseren Nachvollziehbarkeit hinsichtlich ihrer prozessualen sowie informationstechnischen Konsequenzen exemplarisch „durchgespielt", so z.B. die Abstimmung verschiedener Lieferungen.

Zur Darstellung des Daten- und Informationsflusses, insbesondere bei verbundenen Lagerautomaten wurden Schemazeichnungen eingesetzt. Ein analoges Vorgehen erwies sich im Zusammenhang mit der Ableitung der für das Konsignationslagersteuerungssystem erforderlichen Melde- und Mindestbestandssystematik als zielführend.[642] Die Fixierung des Nachschubsteuerungsreglements repräsentiert einen bei der Prozessgestaltung zu berücksichtigenden Faktor, da hierdurch die Häufigkeit beispielsweise von Bestandskontrollen oder von Auftragsabwicklungsvorgängen determiniert wird. Entsprechende Überlegungen sind folglich vor der Prozessmodellierung vorzunehmen.

Die Nutzenpotenziale der automatisierten Konsignationslagersteuerung wurden prozessorientiert abgeschätzt und bei der Entwicklung des Preismodells berücksichtigt. Zwischen beiden Seiten, dem Werkzeughersteller einerseits und dem Kunden andererseits sollte der Mehrwert verhältnismäßig aufgeteilt werden, um eine geeignete Ausgangsbasis für eine dauerhafte und optimale Kooperation zu schaffen, die sich z.B. auf Preise oder Nachfragevolumina wertschöpfend auswirkt. Der Lagerautomat wird dem Kunden vom Werkzeughersteller zur Verfügung gestellt, der Kunde leistet einen Mietzins, der von der Abnahmemenge und der Anzahl eingesetzter Automaten abhängig ist, laufend überprüft und bei Bedarf angepasst wird.

---

642 Vgl. Wildemann, H. (2003e), S. 32

Auf Basis der dokumentierten Soll-Prozesse erfolgten die weiterführende Programmierung der Lagerverwaltungssoftware, die Schnittstellenprogrammierung sowie die Adaption der involvierten Umsysteme (z.B. PPS).

Ein prozessual orientierter Nutzungsvertrag regelt eindeutig die Rechte und Pflichten der beteiligten Vertragspartner und ermöglicht dadurch die bessere Nachvollziehbarkeit der Funktionalitäten des Lagerautomaten. Im Rahmen der Vorbereitung des Nutzungsvertrages erfolgte die farbige Markierung entsprechender Abschnitte der Soll-Prozessdarstellung, um die Ausformulierung der Passagen zu erleichtern. Die detaillierte Ausgestaltung des Nutzungsvertrages wurde abschließend dem zuständigen Juristen übergeben.

Die vorliegende Fallstudie zum E-Logistics-Anwendungsfeld der automatischen Konsignationslagersteuerung und des Vendor-Managed-Inventory ermöglicht mittels Ausweis des erzielbaren Potenzials die Sicherung der wirtschaftlichen sowie der wertorientierten Prozessgestaltung. Neben der High-End-Lösung erfolgte, unter Berücksichtigung der relevanten Kundenanforderungen die Erarbeitung einer Mindestlösung. Die Entscheidung hinsichtlich des zu realisierenden Funktions- und Prozessumfanges der E-Logistics-Lösung wurde auf Basis einer technischen-betriebswirtschaftlichen Aufwandsabschätzung vorgenommen. Der Vorgang der Geschäftsprozessgestaltung erweist sich als integrativ, da alle an den wertschöpfenden Abläufen beteiligten Parteien in die Entwicklung des Tools einbezogen sowie alle anforderungsadäquaten Prozesse durch die Anwendung abgebildet wurden. Zusätzlich weist die E-Lösung eine modulare Struktur auf, in der jeder einzelne Hauptprozess wiederum in Subprozesse sowie Teilschritte aufgespalten ist. Diese wurden nachfolgend digital in dem Konsignationslagersteuerungssystem modelliert. Das Teilprojekt zur Entwicklung und Einführung der E-Logistics-Lösung umfasste neben der exakten Definition von aufeinander folgenden Arbeitsschritten die Festlegung von Meilensteinen, die durch einen stringenten Zeitplan hinterlegt waren. Schemazeichnungen und detaillierte Prozessanalysen repräsentieren den visuellen Charakter der Prozessgestaltung. Kreativität zur detaillierten

Ausformung der Abläufe war in allen Projektphasen erforderlich. Die Leitlinie der systemischen Geschäftsprozessmodellierung im Rahmen der Sachdimension konnte durch die Berücksichtigung der Vernetzung der Prozessgestaltung im Bereich der Konsignationslagersteuerung mit allen weiteren unternehmensinternen wie –externen logistischen Abläufen berücksichtigt werden. Einige Prozesse, deren Gestaltung während der einzelnen Teamsitzungen erfolgte, ließen sich aus kapazitativen Gründen erst zu einem späteren Zeitpunkt realisieren. Es erfolgte in Konsequenz die Fixierung transitorischer Prozessabläufe, die den generischen Charakter der Geschäftsprozessformung widerspiegeln.

Das interdisziplinäre Projektteam trug zur kontextverknüpfenden Prozessgestaltung bei, die Kooperation aller Beteiligten wurde durch den stringenten Zeitplan sowie mittels Moderation und Projektbegleitung durch externe Berater sichergestellt. Während der Phase der detaillierten Prozessgestaltung erfolgte kein Einbezug der Kunden in den Entwicklungsprozess, so dass die individuellen Präferenzen von technischer und betriebswirtschaftlicher Seite, vertreten durch die Teammitglieder, offen gelegt und harmonisiert werden konnten. Anreize für die Geschäftsprozessmodellierung resultierten aus der Reduzierung von Prozesskosten sowohl auf Seiten des Kunden als auch des Lieferanten. Die Verknüpfung der Beitrags-Leistungs-Situation beider Seiten in dem entwickelten Preismodell ermöglichte die Realisierung der Präferenz- und Anreizorientierung für alle beteiligten Partner. In pädagogischer Hinsicht wirkten die Teamsitzungen als prozessgestaltende Lernsituationen, die bei den Teilnehmern zum Erwerb von Fach- und Methodenwissen hinsichtlich der Geschäftsprozessmodellierung bei der Entwicklung und dem Einsatz einer E-Logistics-Lösung beitrugen.

Die Erstellung eines Prototyps sowie die entwicklungsbegleitende Vorführung des Konzeptes für ausgewählte Kunden, einschließlich einer umfassenden Testphase sicherten den durchgängigen Anwendungsbezug der Prozessgestaltung. Durch die Realisierung der Philosophie eines Vendor-Managed-Inventory wurden Entwicklungspfade auch im Bereich der E-Logistics aufgezeigt, die die strategische sowie nachhaltige Prozessgestaltung zumindest teilweise unterstützen.

4.2.3.2 Fallstudien zur E-Kanban-Einführung

E-Kanban-Anwendungen manifestieren sich als kleinere E-Logistics-Lösungen mit geringerer Komplexität als dies bei der Entwicklung und dem Einsatz beispielsweise einer E-Maintenance-Plattform der Fall ist. Die Prozessgestaltung erweist sich in diesen Fällen als schneller und einfacher realisierbar. Zum Teil war die Konzeptionierung eines E-Kanban-Kreislaufes bereits Bestandteil des Arbeitskreises E-Logistics. Dennoch lassen sich weitere Fallbeispiele aus dem Praxisfeld der E-Logistics, unter der speziellen Berücksichtigung von prozessgestaltenden Elementen anführen. Angesprochen sollen hier nun exemplarisch zwei E-Kanban-Entwicklungen werden, zum einen bei einem Unternehmen, das die Anbindung der Werke an das Zentrallager für C-Teile über den elektronischen Kanban regeln wollte, zum anderen eine Fallstudie bei einem Unternehmen, das plante, Kanban bei der Konfektionierung zum Fertigerzeugnis im Rahmen der Belieferung des Distributionslagers einzusetzen.

Im ersten Anwendungsfall erfolgte die Darstellung des dem E-Kaban-Konzept zugrunde liegenden Material- und Informationsflusses anhand einfacher Schemazeichnungen. Im Gegensatz zur Prozessgestaltung im traditionellen Karten-Kanban wurde eine Verknüpfung der elektronischen Komponente mit den erforderlichen Informationsschritten hergestellt (vgl. Abb. 4-24). Der Vorgang der Prozessidentifikation erweist sich im E-Kanban-Bereich als äußerst einfach, da der jeweilige Hauptprozess, je nachdem ob Kanban in der Beschaffungs-, Produktions- oder Distributionslogistik eingesetzt wird, in der Regel klar abgegrenzt und somit transparent ist. Zusätzlich zur Prozessstruktur erfolgte die Festlegung des Dispositionsrhythmus sowie die Abschätzung der zur Bearbeitung erforderlichen Zeit.[643] Kritisches

[643] Vgl. hierzu Wildemann, H. (2004r), S. 180f.

Element der Geschäftsprozessmodellierung bei der E-Kanban-Entwicklung ist die Festlegung der prozessinitiierenden und –beeinflussenden Parameter, wie beispielsweise Sicherheits-, Melde-, Maximaler sowie Flexibler Bestand. In einem weiteren Schritt galt es, die Ursachen für potenziell auftretende Parameterveränderungen zu identifizieren und mit adäquaten Handlungsanweisungen zu hinterlegen.[644]

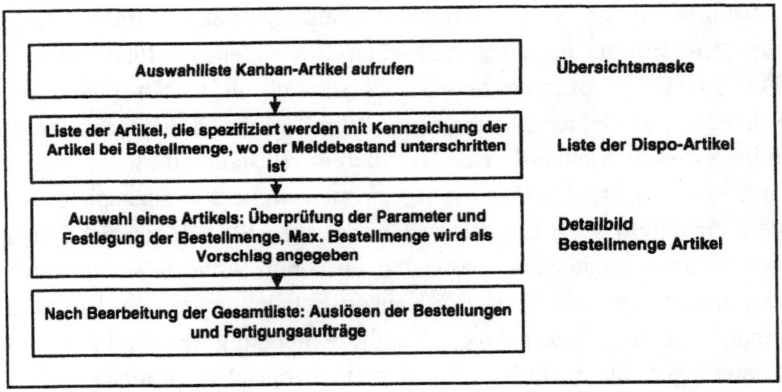

Abb. 4-24: Schemazeichnung „Digitalisierter Informationsfluss“[645]

Die Potenziale für die Umsetzung des E-Kanban-Konzeptes zur Anbindung der Werke wurden anhand der Auswirkungen auf die Größen Bestände (-30%), Verfügbarkeit (+5%) sowie Reduzierung von Aushilfen (-50%) ermittelt und ausgewiesen. Ein unmittelbarer Bezug zu Prozesskosten wurde in diesem Fall nicht hergestellt, mittelbar ließe er sich allerdings durch zusätzliche Auswertungen realisieren.

Im Rahmen der zweiten praktischen Fallstudie zeigte sich, dass für die Prozessgestaltung bei der Entwicklung und Einführung eines E-Kannban-Tools prä-prozessuale Voranalysen unabdingbar sind. Anhand dieser Untersuchung wurden die potenziellen Anwendungsfelder

644 Vgl. Wildemann, H. (2004r), S. 182

645 Quelle: Ebd., S. 180

ermittelt und damit in Konsequenz die im Vorfeld der Vorgangsmodellierung notwendige Prozessidentifikation unterstützt. Nicht jedes Material ist Kanban-geeignet und erfordert spezifische Voraussetzungen beispielsweise hinsichtlich Vorhersagegenauigkeit, Varianten- und Fertigungsstruktur oder Materialfluss.[646] Neben der Fixierung der erforderlichen E-Kanban-Parameter, wie im ersten Fallbeispiel erfolgte die Spezifikation des Soll-Prozesses auf Basis eines einfachen, standardisierten Prozessanalyseschemas (vgl. Abb. 4-25).

Lfd. Nr.	Aktivitäten	Produkt-Support	Disposition/AV	Vorarbeiter	Bemerkung
1	Einstellen der Prognosen für die Artikel	x			
2	Monatliche Überprüfung der Kanban-Parameter, ob Anpassung erfolgen soll	x			Anpassung der Parameter in der Excel-Liste durch Disposition/Produktion
3	Monatliche Erstellung der Fertigungsaufträge für alle Kanban-Artikel (am 1. des Monats in der Fertigung vorh.)		x		
4	Erstellung der Datei für die Steuerung mit Excel		x		Zielsetzung: Automatische Erstellung der Excel-Liste
5	Ausdruck Excel-Datei, Erstellung und Aktualisierung Kanban-Tafel			x	Export der Daten aus SAP nachmittags, um am Folgetag eine aktuelle Kanban-Tafel zu haben
6	Entscheidung über Anstoß der Fertigung			x	
7	Zusammenstellung der Komponenten für den Fertigungsauftrag			x	
8	Fertigung			x	
9	Buchung Fertigungsmenge und Erstellung Palettenkarte - Bereitstellung der Ware für die Einlagerung			x	Notieren der Verbräuche
10	Abrechnung aller bearbeiteten Fertigungsaufträge am Ende des Monats (letzter Arbeitstag im Monat)		x	x	Nicht angefangene Fertigungsaufträge können für den nächsten Monat beibehalten werden

Abb. 4-25: Soll-Prozessvisualisierung E-Kanban[647]

Parallel zu den bereits erwähnten Analysen wurden Realisierungsoptionen zur Verbindung der Kanban-Systematik mit einem geeigneten DV-Konzept auf Basis verschiedener Kriterien, wie beispielsweise Aktualität der Stückliste, Bestandsführung oder Buchungsaufwand durchgeführt.[648] So ließ sich eine optimale Prozessunterstützung und damit gleichermaßen eine zielorientierte Geschäftsprozessgestaltung erfüllen. Das Festhalten von Regeln für den E-Kanban-

646 Vgl. Wildemann, H. (2004r), S. 187

647 Quelle: ebd., S. 189

648 Vgl. ebd., S. 190

Ablauf schuf die Voraussetzungen für eine hohe Prozessfähigkeit, die allein durch die Prozessmodellierung nicht zu einhundert Prozent gewährleistet werden kann.[649] Auch in diesem Fallbeispiel erfolgte der Ausweis von Einsparungspotenzialen, z.B. Bestandsreduzierung in Höhe von 30%. Ein direkter Bezug der Potenziale zur prozessualen E-Basis wurde allerdings nicht hergestellt.

Der soeben angesprochene prozessbezogene Potenzialausweis erscheint für die Erfüllung der wirtschaftlichen und wertorientierten Geschäftsprozessgestaltung in noch stärkerem Maße förderlich, als die Beschränkung auf reine Bestands- oder Kostengrößen. Beide Fallstudien zeigen, dass aufgrund der einfachen Prozessstruktur weder komplexe visuelle Prozessdarstellungen, noch ein ausgeprägtes modulares, systemischen oder integratives Vorgehen bei der Prozessmodellierung erforderlich waren. Kreativität ist durchgängig bei allen Ausprägungsformen der Ablaufgestaltung, unabhängig von deren Komplexität gefragt, da es sich in jedem Fall um einen Problemlösungsprozess handelt. Der generische Charakter spiegelt sich in der potenziellen Übertragbarkeit der Vorgehensweise bei der Geschäftsprozessgestaltung auf weitere E-Kanban-Felder wider.

Fachübergreifende Projektteams, unter situativem Einbezug von IT-Verantwortlichen tragen zur kooperativen, kontextverknüpfenden sowie präferenzorientierten Prozessgestaltung bei. Allerdings sind die Anforderungen an die Koordination der Beteiligten nicht vergleichbar mit der Prozessmodellierung beispielsweise für eine E-Logistics- oder E-Maintenance-Plattform. Die Anreizwirkung für die Entwicklung und Abbildung optimaler Prozessstrukturen resultiert aus dem Potenzialbezug. Interdisziplinäre Geschäftsprozessgestaltung, ob zur Realisierung einer E-Kanban-Lösung oder einer E-Maintenance-Plattform erweist sich als pädagogische Situation, mit charakteristischen Lernpotenzialen.

Durch die der Prozessmodellierung vorgeschalteten Analysen, z.B. hinsichtlich der Kanban-Fähigkeit von Teilen oder Produkten wird ein

---

649 Zu den Regeln vgl. Wildemann, H. (2004r), S. 191

sofortiger Anwendungsbezug sichergestellt. Eine unmittelbare Strategie- und Nachhaltigkeitsorientierung geht aus den beiden praktischen Fallstudien nicht hervor.

4.2.3.3 Fallstudie zum Einsatz einer E-Logistik-Plattform

Die BUSINESS GATEWAY AG ist ein Start-up Unternehmen, das „... eine gleichnamige Kommunikationsplattform für die üblicherweise schwierige Integration der Geschäftsprozesse im elektronischen Handel entwickelt“[650] hat. Das Einsatzgebiet der Plattform erstreckt sich im Grunde auf alle Branchen sowie Unternehmensgrößen, der Schwerpunkt liegt allerdings in den Bereichen Industrie, Handel, Logistik und Versicherungen.[651] Den Handlungsbedarf für die Entwicklung einer integrierten E-Plattform zeigt das folgende Zitat sehr anschaulich auf: „Die digitale Abwicklung von Geschäften via Internet verlangt vor allem eine Integration von Geschäftsprozessen der beteiligten Unternehmen, weil über unterschiedliche Systeme, Technologien, Datenformate, Prozesse und Anforderungen hinweg operiert werden muss.“[652] Durch die Entwicklung der Kommunikationsplattform gelang dem Unternehmen die Initiierung einer branchenübergreifenden Reorganisationswelle unter dem Stichwort der Business Process Integration.[653] Nach einer Umfrage, die BUSINESS GATEWAY bei den 1.000 größten Firmen durchgeführt hat, versprechen sich diese zu 77% Kosteneinsparungen als primären Nutzen aus der elektronisch basierten Geschäftsprozessintegration entlang der Wertschöpfungskette. An zweiter Stelle mit 69% steht die höhere internationale Wettbewerbsfähigkeit.[654]

Die Wirkungen und Spezifika aus der Perspektive der Geschäftsprozessgestaltung beim Einsatz einer integrierten E-Lösung soll im Fol-

---

650 BUSINESS GATEWAY (2000), S. 1
651 Vgl. BUSINESS GATEWAY (2000a), S. 7
652 Kurz, G./Busch, U.F. (2000), S. 2
653 Vgl. BUSINESS GATEWAY (2000b), o. S.
654 Vgl. Kurz, G. (2003), S. 285

genden an einem Anwendungsbeispiel, der eLogistik-Plattform der Häring Service Company aufgezeigt werden.

„Die Häring e-Plattform ist eine virtuelle Kommunikations-Plattform, zur Verknüpfung von

- Geschäftsprozessen zwischen allen Beteiligten entlang der Supply Chain (Hersteller/Produzenten, Lieferanten, Endverbraucher und Dienstleister)
- Unternehmen mit unterschiedlichen Hard- und Softwarestrukturen."[655]

Die Standardplattform, die beispielsweise bei der Häring Service Company im Logistik-Bereich im Einsatz ist, zeigt folgende technische Spezifika auf:

- „Effiziente und sichere Abwicklung der gesamten Unternehmenskommunikation von den kritischen Geschäftsprozessen bis zu E-Mails.
- Unterstützung von mehreren Dutzend Anwendungsprogrammen wie SAP R/3, Baan, Peoplesoft, Lotus Notes, Siebel usw.
- Einbindung herstellerspezifischer (proprietärer) Formate.
- Problemlose Einbindung von kleineren und nur gelegentlich kommunizierenden Geschäftspartnern.
- Erweiterung der Kommunikationsmöglichkeiten für EDI-Anwender.
- Zusammenführung von Geschäftsprozessen intensiv zusammenarbeitender Unternehmen.
- Integration von E-Marktplätzen."[656]

Der Anschluss an die Häring-Plattform ist im Minimalfall über einen Zugang zum Internet herzustellen. Aus Sicherheitsgründen wurden in der Praxis allerdings noch weitere technische Spezifika berücksichtigt. Die Struktur der Plattform ist modular, da noch weitere Dienste, wie

---

655 Wachter, M. (2003), S. 397; vgl. beispielsweise den Einsatz der eLogistik-Plattform im Bereich der Krankenhauslogistik; Quelle: Häring (2003), o. S.

656 Zitiert nach BUSINESS GATEWAY (2000a), S. 3ff.

beispielsweise Shop oder Software on Demand integriert werden können. Jeder Teilnehmer zahlt ein nutzungsbezogenes Entgelt, so dass keine hohen Fixkosten anfallen (Pay-per-click).[657] Die Übersetzung der unterschiedlichen Softwareprogramme erfolgt durch das so genannte Mappingtool. Über die BUSINESS GATEWAY ENGINE lassen sich beliebig viele Ausprägungsformen der Geschäftsprozesslogik (Business Rules) abbilden.[658] „Auf diese Weise können ganze Geschäftsprozesse firmenübergreifend ohne manuellen Eingriff und daher kostengünstig binnen Sekunden und fehlerlos ablaufen."[659]

Von Marc Wachter, früherer E-Business-Produktmanager bei Häring stammt das folgende Zitat, das die Alleinstellungsmerkmale der E-Business-Plattform der Fa. BUSINESS GATEWAY wie folgt zusammenfasst: „Aber man findet keine Plattform von einem Logistikdienstleister, die unterschiedliche Systeme entlang der Supply Chain so verbindet, dass logische Funktionen aufeinander folgen, egal wo sich das System befindet und welche Technologie sich dahinter verbirgt."[660] Primär trägt die eLogistik-Plattform bei Häring zu einer hohen prozentualen Reduktion der Prozesskosten im zweistelligen Bereich bei.[661] Die Plattform erweist sich durch den basalen Prozessintegrationscharakter als originäres Instrument und Enabler für die Prozessoptimierung. In diesem Fall kann die Entwicklung und der Einsatz dieser E-Business-Lösung als Weg und Ziel der Geschäftsprozessgestaltung gesehen werden. Der integrative Charakter der Plattform manifestiert sich sowohl durch die wertschöpfungsbezogene Verknüpfung von Prozessen als auch durch die technische Integration, die sich in der Eliminierung von Medienbrüchen niederschlägt und somit ungehinderte, schnelle sowie qualitativ hochwertige Informationsflüsse ermöglicht.

---

657 Vgl. Wachter, M. (2003), S. 399

658 Zur Struktur und zum technischen Aufbau der Kommunikationsplattform vgl. ausführlich URL: http://bg-ag.com

659 URL: http://bg-ag.com: Zusatz zur BUSINESS GATEWAY ENGINE

660 Quelle des Zitates: BUSINESS GATEWAY (2001), o. S.

661 Vgl. ebd., o. S.

„Voraussetzung für ein effizient funktionierendes System (die Kommunikationsplattform; Anm. d. Verf.) sind klar strukturierte und dokumentierte Geschäftsprozesse.“[662] So wurde bei der Fa. Häring Service Company vor allem Wert auf die exakte Identifikation und Abgrenzung der mittels Plattform integrierten Geschäftsprozesse gelegt. Zur Visualisierung der Informationsflüsse entlang der Supply Chain, mit Häring als involvierten Logistik-Dienstleister, erfolgte der Einsatz von Schemazeichnungen. Diese Vorgehensweise wurde erforderlich, um die stark digitalisierten Abläufe mit den entsprechenden Umsystemen, z.B. SAP in ihrer strukturierten Vernetzung aufzuzeigen.[663]

Zur umfassenden Realisierung der Business Process Integration aus Sicht der effizienten Prozessgestaltung setzte die BUSINESS GATEWAY auf zwei erfolgskritischen Säulen auf. Zum einen wurde mit der Häring Service Company ein Partner gefunden, der die anwendungsbezogene Geschäftsprozessintegration ermöglichte und damit zugleich einen elementaren Business Case sowie Referenzkunden aus dem Bereich der (E-)Logistik darstellt. Die intensive Kooperation beider Parteien führte zu einer zielorientierten Kombination betriebswirtschaftlich-logistischen und informationstechnischen Know-hows. Zum anderen bestand bereits in der Gründungsphase eine finanzielle Verknüpfung des Unternehmens mit einer Beratungsgesellschaft. „Durch die Beteiligung der Agamus Consult Unternehmensberatung als Gesellschafter, ist die BUSINESS GATEWAY AG in der Lage, Geschäftsprozesse aufzunehmen oder zieladäquat zu optimieren.“[664] Diese Grundphilosophie der primären prozessualen Konzeption der E-Plattform führte zur Suche nach weiteren Partnern aus Wissenschaft und Praxis, die umfassende Erfahrungen und Kenntnisse in dem betrachteten Anwendungsbereich mitbringen. Entsprechende Ziele der Zusammenarbeit werden in einem Kooperationsvertrag festgeschrieben, der das Beitrags-Leistungs-Verhältnis der Beteiligten detailliert regelt. Neben der Geschäftsprozessintegration in die Plattform kann

---

662 BUSINESS GATEWAY (2000b), o. S.

663 Vgl. hierzu exemplarisch den Prozess der Auftragsgenerierung in: Wachter, M. (2003), S. 403f.

664 BUSINESS GATEWAY (2000b), o. S.

gleichermaßen eine zeitgleiche grundlegende Optimierung der Geschäftsprozesse vorgenommen werden, deren Abbildung nachfolgend durch die E-Plattform erfolgen soll. Effizienzsteigerungspotenziale in den Abläufen können somit umfassend erschlossen werden.

Der Schwerpunkt der Aktivitäten im Rahmen der Business Process Integration liegt nicht unmittelbar in der Entwicklung neuer Service-Leistungen und folglich innovativer Geschäftsprozesse, sondern in der elektronischen Integration etablierter Abläufe entlang der Wertschöpfungskette.[665]

Der generische Charakter der Kommunikationsplattform zeigt sich anhand des Beispiels der Fa. Häring Service Company bereits aus der beliebigen Erweiterungsfähigkeit der Community, da rein theoretisch unendlich viele Lieferanten und Kunden ihre Geschäftsprozesse über die eLogistik-Plattform abwickeln können.[666] Zusätzlich lassen sich ohne hohen Investitionsaufwand weitere Funktionalitäten implementieren, wie beispielsweise das Tracking & Tracing von Aufträgen.[667] Die in die Plattform integrierten und gestalteten Geschäftsprozesse erweisen sich somit als generischer Natur, gleichermaßen manifestiert sich der Gestaltungsvorgang an sich als generisch.

Die Potenziale der Business Process Integration werden prozessbezogen in ihrer Ausprägung als Beitrag zur Reduzierung von Prozesskosten oder zur Optimierung derselben ausgewiesen.[668] Mittels prozessual orientierten Potenzialausweises wird die wirtschaftliche und wertorientierte Geschäftsprozessgestaltung sichergestellt. Die modulare Plattformstruktur unterstützt eine elementbezogene Ausrichtung der Prozessmodellierung, die gleichermaßen systemisch erfolgt. Durch die branchen- und anwendungsspezifische sowie funktionale Erweiterbarkeit der Kommunikationsplattform ist die generische Struktur der E-Lösung, einschließlich ihrer zugrunde liegenden Abläufe gegeben. Die Visualisierung erweist sich neben dem kreativen

---

665 Vgl. hierzu BUSINESS GATEWAY (2001a), o. S.

666 Vgl. Wachter, M. (2003), S. 402

667 Vgl. ebd., S. 411

668 Quelle: BUSINESS GATEWAY (2001b), S. 4

Aspekt, analog der bislang dargestellten Fallstudien als grundlegender Baustein der Geschäftsprozessgestaltung. Über die Business Process Integration wird der integrative Gedanke der Ablaufmodellierung basal bei der Entwicklung und beim Einsatz der E-Logistics-Plattform verankert.

Der Aspekt der kooperativen, präferenz- sowie anreizorientierten Prozessgestaltung wird im Rahmen des Einsatzes der E-Logistik-Plattform insbesondere durch den Aufbau partnerschaftlicher Beziehungen zwischen der BUSINESS GATEWAY, der Häring Service Company und weiterer Partner wie beispielsweise Unternehmensberatungen berücksichtigt. Die Aushandlung ausgewogener Leistungs- und Beitragsverhältnisse der Partner untereinander sowie deren Verankerung in einem Kooperationsvertrag tragen gleichermaßen zur Umsetzung der genannten Leitlinien bei. Kontextverknüpfung bei der Geschäftsprozessgestaltung konnte durch die einsatzbegleitende Zusammenarbeit von Spezialisten aus unterschiedlichen Fachgebieten erzielt werden. Die Möglichkeiten zur pädagogischen Ablaufmodellierung schuf die Einsatzsituation der Kommunikationsplattform selbst.

Die basale Verankerung des Prozessintegrations-Gedankens im Geschäftskonzept der BUSINESS GATEWAY ermöglichte eine an strategischen und nachhaltigen Aspekten orientierte Geschäftsprozessgestaltung. Über die enge Zusammenarbeit der Partner während der Einsatzphase gelang die durchgängige Anwendungsorientierung der Vorgangsmodellierung.

4.3 Referenzfallstudien aus dem Prozess- und E-Technologieumfeld

Neben den bislang vor dem Hintergrund der ganzheitlichen Geschäftsprozessgestaltung betrachteten Fallstudien aus dem E-Maintenance- und E-Logistics-Bereich sollen zur weiteren Fundierung der Hypothesen (Leitlinien) sowie zum Methodentransfer, Referenzfallstudien aus dem Anwendungsfeld der Prozessoptimierung einerseits und der

Entwicklung eines E-Projektmanagement-Tools andererseits herangezogen werden.

4.3.1 Arbeitskreis Prozessklinik

Die Zielsetzung des industrienahen Arbeitskreises Prozessklinik bestand in der Identifikation und Realisierung von Einsparpotenzialen, die durch Prozessoptimierung erzielt werden können. Gegenstand der Aktivitäten war die Entwicklung eines adäquaten Prozessmodells, das auf Basis des Prozessbenchmarking mit Best-Practice-Unternehmen Ansätze zur Effizienzsteigerung von Geschäftsprozessen aufzeigt. Für die Erreichung der Zielsetzung wurde ein vierphasiges Vorgehen gewählt. Während in Phase 1 vorbereitende Tätigkeiten wie z.B. die Fixierung der Projektorganisation vorgenommen wurden, bildete die Durchführung der Kernprozessanalyse, einschließlich der Messgrößendefinition und Defizitidentifikation den Gegenstand von Phase 2. Im Mittelpunkt der Phase 3 standen die Analyse der Querschnittsprozesse, die Kennzahlendefinition sowie die Schwachstellenermittlung. Zusätzlich bildete die Entwicklung eines Gesamtprozessmodells den Gegenstand dieses Abschnitts. Phase 4 umfasste schließlich die Durchführung der unternehmensindividuellen Wirkungsanalyse.[669]

Als Basis für die Konzeption eines Prozessmodells mussten die zu analysierenden und zu gestaltenden Abläufe zunächst identifiziert werden. Ebene 1 des Modells zeigt die zu berücksichtigenden Geschäftsprozesse auf, die branchenübergreifend Gültigkeit besitzen. Innovations-, Auftragsabwicklungs-, Beschaffungs-, Produktions-, Vertriebs-/Serviceprozesse sowie Logistik-/IT-Prozesse stellen einen ersten Ausgangspunkt für die Segmentierung und Klassifizierung der Abläufe dar. Ebene 2 des Prozessmodells umfasst alle abteilungsübergreifenden Hauptprozesse. Diese werden auf Ebene 3 abteilungsintern durch die Teilprozesse weiter detailliert. Ebene 4 integriert die Plurali-

[669] Vgl. Wildemann, H. (2003d), S.5ff.

tät einzelner Tätigkeiten, die innerhalb einer Abteilung vollzogen werden.[670]

Zunächst erfolgte die Spezifikation der vorhandenen Hauptprozesse durch den Einsatz von Prozessdokumentationstafeln und Prozessdatenblättern (vgl. Abb. 4-26 sowie 4-27). Jeder einzelne Hauptprozess wurde auf aggregiertem Niveau beschrieben, für die einzelnen Teilprozesse wurden so genannte Teilprozesskataloge erarbeitet, die ausgehend von den Kernprozessschritten hierarchisch über die entsprechenden Teilprozesse eine Definition der zugehörigen Schritte enthalten (vgl. Abb. 4-28).

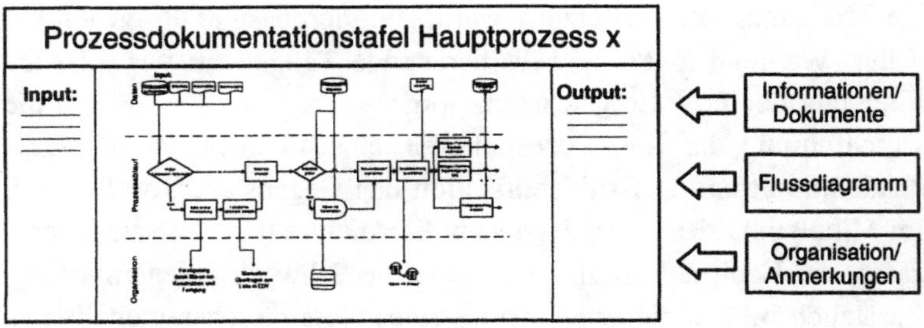

Abb. 4-26: Prozessdokumentationstafel (schematisch)[671]

Durch die detaillierte Erfassung der Ist-Prozesse einschließlich ihrer Schnittstellen zu vor- und nachgelagerten Bereichen gelang eine dem hohen Komplexitätsgrad angemessene Visualisierung, die die Basis für ein sich anschließendes Benchmarking bildete. Das Prozessdatenblatt lieferte die für den quantitativen sowie qualitativen Prozessvergleich erforderlichen Daten und wird parallel zu den mittels VISIO graphisch aufbereiteten Ablaufdokumentationen erstellt und gepflegt.

670 Vgl. Wildemann, H. (2003), S. 4ff.

671 Quelle: Ebd., S. 26

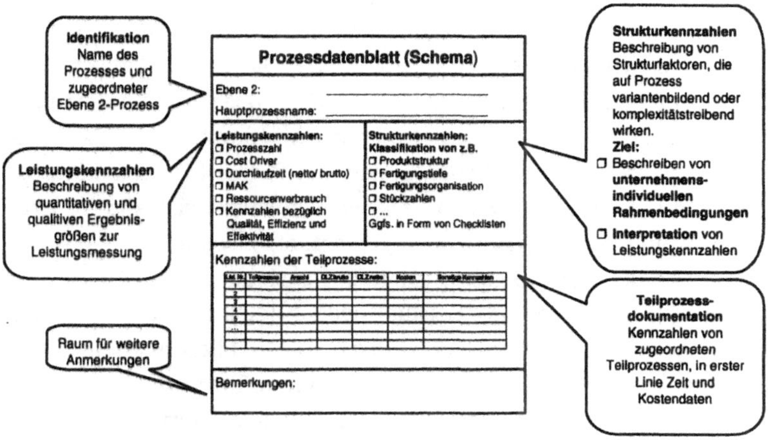

Abb. 4-27: Prozessdatenblatt (schematisch)[672]

Lfd. Nr	Hauptprozess-schritte	Teilprozess-schritte	Definition Teilprozessschritt	Bemerkung
1	Beschaffungslogistik			
1.1		Beschaffungslogistik-steuerung	übergeordnete Steuerungs-aufgaben	
1.2		Auswahl Transportart	wenn Transport nicht vom Lief. organisiert wird: Auswahl Transportart	
1.3		Beauftragung Spedition	Auswahl, Preisverhdlg., Auftrag	
1.4		Durchführung Transport		
1.5		Wareneingang	Warenannahme, Kontrolle, Verbuchung, Lagerort	
1.5.1		Warenannahme	Vergleich phys. Ware	
1.5.2		Einbuchung	Erfassung im IT-System	
1.5.3		Kontrolle	Kontrolle nach Qualität, Menge	
1.5.5		Festlegung Lagerort	Bestimmung Lagerort, Lagertyp (Wareneingangslager, Produktionslager, Direktverbrauch etc.)	
1.5.6		Erstellen Lieferanten-statistik	Führen von Statistiken zur Bewertung von Lieferanten und Logistikdienstleister	

Abb. 4-28: Teilprozesskatalog (Ausschnitt)[673]

---

672 Quelle: Wildemann, H. (2003), S. 28

673 Quelle: Wildemann, H.: Internes Arbeitspapier, Datenblatt Logistik/IT

Für die Hauptprozesse wurde in einem nächsten Schritt ein umfassendes Referenzprozessmodell entwickelt.[674] Da der im Hinblick auf die ausgeprägte Prozesskomplexität gewählte hohe Aggregationsgrad dieses Modells die Vergleichbarkeit der Abläufe aller am Arbeitkreis beteiligten Partner ermöglichte, konnte ein Prozessbenchmarking auf dieser Ebene realisiert werden. Dagegen erweisen sich die Teilprozesse als unternehmensindividuell geprägt, eine Dokumentation sowie Bewertung der Abläufe gelang allerdings auch auf diesem Niveau. So lassen sich gleichermaßen Leistungslücken identifizieren und durch prozessgestaltende Maßnahmen sukzessive schließen. Eine Best-Practice-Analyse auf Tätigkeitsebene konnte infolge der vorhandenen Spezifität und Pluralität der Prozesserscheinungsformen allerdings nicht zielführend realisiert werden.[675]

Die Vergleichsmethodik umfasste zum einen die Gegenüberstellung absoluter sowie relativer Kennzahlen und zum anderen die Implementierung eines qualitativen Vergleichs, um alle Möglichkeiten zur Effizienzsteigerung der Geschäftsprozesse ausschöpfen zu können. Abbildung 4-29 zeigt das Vorgehen beispielhaft auf.

Aus dem Blickwinkel der Sachdimension ganzheitlicher Geschäftsprozessgestaltung lassen sich vor allem die Leitlinien der wirtschaftlichen, wertorientierten, modularen, systemischen, integrativen sowie visuellen Prozessgestaltung anhand der Referenzfallstudie „Arbeitskreis Prozessklinik“ empirisch fundieren. Zwar werden die im Rahmen der Fallstudie zu gestaltenden Geschäftsprozesse nicht in einer E-Logistics- oder E-Maintenance-Lösung abgebildet, dennoch lassen sich zielführend Ansätze zur Vornahme der Ablaufmodellierung für das E-Business-/E-Maintenance-Anwendungsfeld gewinnen. Die Segmentierung und Hierarchisierung von Geschäftsprozessen, deren integrative Betrachtung im Rahmen der detaillierten Prozessanalyse und –dokumentation sind Ausdruck der Modularisierung sowie der systemischen Vorgehensweise. Über visuelle Repräsentationen der Geschäftsprozesse gelangen zum einen die Schaffung von Trans-

674 Vgl. Wildemann, H. (2003), S. 8

675 Vgl. ebd., S. 5

parenz und zum anderen eine dem Paradigma angemessene Komplexitätshandhabung. Die Identifikation von Leistungslücken sowie der Potenzialausweis infolge der Best-Practice-Analyse schufen die erforderliche Basis für eine an wirtschaftlichen und werttreibenden Größen orientierte Prozessgestaltung.

Vergleichssystematik		
1. Vergleich quantitativer Kennzahlen	**2. Vergleich relativer Kennzahlen**	**3. Qualitative Beschreibung**
❐ Aussagen durch Vergleich absoluter Kennzahlen ❐ Anwendung, falls Aussagen auf unmittelbar vergleichbaren Grundlagen beruhen ❐ **Beispiel:** Anteil korrekter Stücklisten Firma A: 3% Firma B: 12%	❐ Erhöhen der Vergleichbarkeit durch in Bezug setzen von Input- und Outputgrößen ❐ **Beispiel:** $\text{Durchlaufwirkungsgrad} = \frac{\text{Bearbeitungszeit}}{\text{Durchlaufzeit}}$	❐ Beschreibung von Prozessabläufen ❐ **Beispiel:** „... bei der Auswertung der Prozessabläufe fällt die Verzögerung im Ablauf verursacht durch die zweimalige Genehmigungspflicht durch die vorgesetzte Stelle und der damit verbundenen Wartezeit auf...."

Abb. 4-29: Vergleichssystematik (exemplarisch)[676]

Im Hinblick auf die Leitlinien der Personen- und Sachdimension kann in diesem Zusammenhang auf die bereits für die Fallstudie „Arbeitskreis E-Logistics" erläuterten Zusammenhänge verwiesen werden. Die Organisations- und Kooperationsstruktur erweist sich als analog geprägt. Der strategische und nachhaltige Charakter der Geschäftsprozessgestaltung wurde im Arbeitskreis Prozessklinik weniger detailliert berücksichtigt als im E-Logistics-Beispiel. Best-Practice-Analysen gewährleisten allerdings, soweit sie regelmäßig durchgeführt werden, gleichermaßen einen Beitrag zur strategischen und nachhaltigen Ausrichtung der Modellierungsaktivitäten.

[676] Quelle: Wildemann, H. (2003), S. 31

4.3.2 Fallstudie zur Entwicklung und zum Einsatz eines elektronisch basierten Projektmanagement-Tools

Das betrachtete Unternehmen fungiert als Netzbetreiber im Bereich des Personen- und Güternahverkehrs sowie Fernverkehrs. Die Optimierung der Prozesse im Rahmen des Managements von Großprojekten sollte durch die Entwicklung und den Einsatz eines auf E-Technologien basierenden Projektleitstandes erreicht werden. Besonderes Augenmerk wurde während der Entwicklungsphase sowohl auf die im Tool abzubildenden Prozesse gelegt als auch auf die einem effizienten Projektmanagement inhärenten Methoden wie Budgetierung, Meilensteinplanung sowie Projektcontrolling. Zusätzlich galt es, bereits vorhandene oder neu konzipierte E-Business-Ansätze bei der Realisierung des Projektleitstandes zu berücksichtigen. Nach der Erarbeitung des Basistools erfolgte die Adaption des Konzeptes an die spezifischen Besonderheiten eines anstehenden Großprojektes. Für die Gewährleistung effizienten Projektmanagements war es erforderlich, über die zu entwickelnde Extranet-Lösung folgende Aspekte elementar zu berücksichtigen:

- „Offenlegung von Schnittstellen, so dass eine spätere Integration von Dritten sichergestellt werden kann
- Aufrechterhaltung eines permanenten Informationsflusses (Mails, Dokumente, etc.) zwischen den Prozessbeteiligten
- Einrichten eines vorbeugenden Informationsflusses bei Verzögerungen
- Anpassen von nachfolgenden, abhängigen Prozessschritten in Abhängigkeit von Veränderungen (Szenarioverwaltung, Scharfschaltung von Szenarien)“[677]

Ausgangsbasis für die zielorientierte Abbildung der Prozesse im Projektleitstand, bildete die Entwicklung von Strukturbäumen für die einzelnen Abschnitte Workflow Management, Projektmanagement und –controlling, Tools und Hilfsmittel sowie Service (vgl. Abb. 4-30).

---

677 Aufzählung nach Wildemann, H. (2002), S. 20

Die Prozessidentifikation erfolgte auf Basis der Erstellung von Prozesslisten, die in Summe 105 einzelne Vorgänge aufzählte. Pro Prozess wurden der zugehörige Prozesseigner, die Vorgangsdauer bezogen auf Quartale, die jeweiligen Meilensteine sowie zeitkritische Prozessschritte visualisiert. Der Schwerpunkt der Workflow Modellierung lag auf der Integration aller schnittstellenübergreifenden Prozesse, dem Eskalationsmanagement sowie dem Controlling beispielsweise hinsichtlich Mehraufwand und Zeiten.

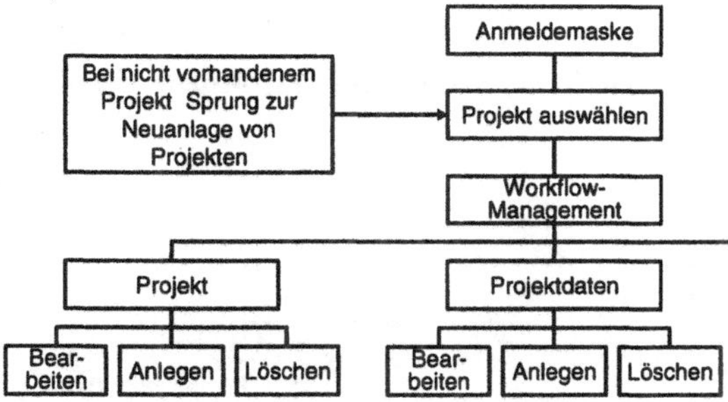

Abb. 4-30: Strukturbaum Workflow Management[678]

Die Prozessgestaltung sollte sich ganzheitlich im Sinne der Abbildung der gesamten Prozesskette vollziehen und die Einhaltung der fixierten Abläufe durch die Projektpartner gewährleisten. Zu diesem Zweck erfolgte die Abfrage des Anforderungsprofils an den Workflow, mit den Realisierungsoptionen „Pflicht", „Soll" oder „Kann". Eine Pflichtanforderung in diesem Zusammenhang spiegelt die zeitnahe Abbildung von Ist-, Soll- und Wird-Daten bezüglich Mehraufwand, Zeit sowie Qualität wider. Weitere Beispiele sind die Unterscheidung zwischen prozessabhängigen und –unabhängigen Schritten sowie die Möglichkeit zur späteren Erweiterung des Workflows. Pro Prozess-

678 Quelle: Wildemann, H. (2002c), S. 24

schritt erfolgte auf Basis des zukünftigen Maskenschemas die Festlegung sowie Detaillierung der zu hinterlegenden Informationen.[679]

Für die exakte Modellierung der Workflows im Rahmen des Projektleitstandes reichte es nicht aus, die Prozessschritte auf aggregierter Ebene zu definieren, sie mussten hierarchisch weiter detailliert werden.

In diesem Zusammenhang wurde ebenfalls festgelegt, welche Projektpartner oder User bis zu welcher Prozessebene auf die Daten zugreifen können (vgl. Abb. 4-31). Die Hierarchisierung veränderte allerdings nicht das grundsätzliche Strukturierungsprinzip der Prozesse.

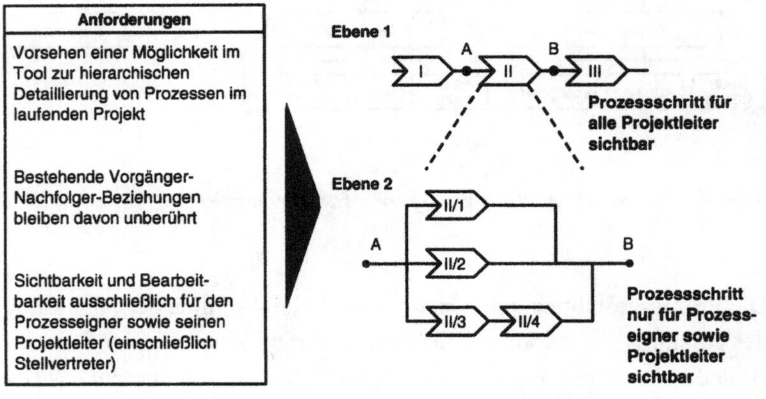

Abb. 4-31: Prozessschritt-Detaillierung (exemplarisch)[680]

Die konsequente Einhaltung der Vorgänger- und Nachfolgerbeziehungen, einschließlich der Berücksichtigung von Freigabemechanismen für den nächsten Prozessschritt und der vordefinierten Kommuni-

679 Vgl. hierzu Wildemann, H. (2002c)., S. 44

680 In Anlehnung an: Ebd., S. 47

kationswege führte zur Abgrenzung sowie ausführlichen Dokumentation von Benachrichtigungstypen im Projektleitstand.

Durch die Nutzung von so genannten Ampelsystemen lassen sich wichtige Meilensteine auf optischem Wege darstellen, die Beschreibung der Elemente „Auslösendes Ereignis", „Inhalt", „Empfänger", „Eingangsampel" sowie „Ausgangsampel" erleichtert die Navigation im Rahmen des Projektmanagement-Tools.[681]

Die gesamte Workflow-Modellierung resultierte in der Dokumentation und Visualisierung von Prozessspinnen, die je nach angefordertem Detaillierungsgrad gezoomt und entsprechend genauer betrachtet werden können.[682] Mittels Beschreibung der verwendeten Symbole in einer Legende gelingt die Komplexitätsreduktion im Rahmen der Prozessdarstellung.

Hinsichtlich des Projektmanagements via Projektleitstand wurde gleichermaßen das Anforderungsprofil entwickelt, insbesondere musste die Schnittstelle zum Workflow definiert werden. So bedarf es beispielsweise der Rückverfolgbarkeit von Prozessänderungen in einer Art „Logbuch" sowie der grafischen Ausgabe von Abläufen in Form von Netzplänen. Die Durchführung von Änderungen im Modul Projektmanagement ist in einer so genannten Rollen- und Rechte-Matrix fixiert. Schemazeichnungen verdeutlichen die vorhandenen Schnittstellen und Interaktionen zwischen Workflow auf der einen Seite und dem Projektmanagement sowie –controlling auf der anderen Seite.

Das Szenario-Management unterstützt die Durchführung von Simulationen und stellt geeignete Auswertungsmöglichkeiten zur Verfügung. Die Möglichkeiten zur Vornahme von Veränderungen an den Prozessen werden textuell und grafisch aufbereitet und können nur von bestimmten Projektmitgliedern genutzt werden (vgl. Abb. 4-32).

---

681 Vgl. Wildemann, H. (2002c), S. 50
682 Vgl. ebd., S. 61

Zusätzlich erfolgt die Definition derjenigen Prozessschritte, deren Bearbeitung grundsätzlich in einem Szenario möglich ist. Änderungen sind im Logbuch festzuhalten, für die Bearbeitung zwischengespeicherter Szenarien wird der Ablauf für die Projektmitglieder schematisch aufgezeigt. Auch im Rahmen des Szenario-Managements sind unterschiedliche Benachrichtigungstypen festzuhalten.

Typ	Beispiel (Schematisch)
Zeitliche Veränderung von Prozessschritten – Verkürzung/Verlängerung von Prozessschritten – Zeitliche Verschiebung von Prozessschritten	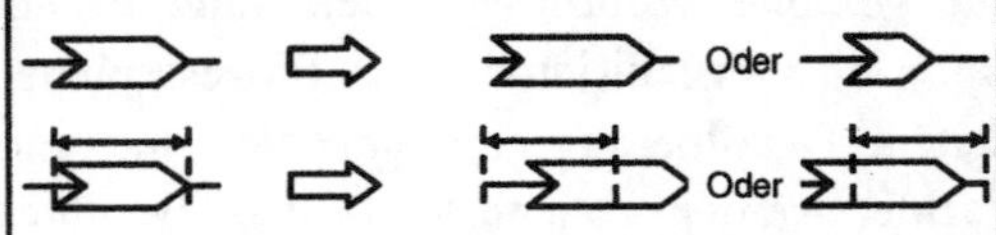

Abb. 4-32: Szenario-Management-Typ (exemplarisch)[683]

Das Instrument der Checkliste unterstützt prozessbegleitend ein phasenübergreifendes Projektcontrolling auf Basis von Ein- und Ausgangsampeln. Diese wirken als Quality Gates und geben jeweils den nächsten Prozessschritt frei oder decken Fehler im Prozess auf.

So genannte UND-Checklisten erfordern, dass alle Punkte vollständig abzuarbeiten und zu bestätigen sind, bevor der nächste Prozessschritt initiiert werden kann. ODER-Checklisten dagegen, lassen den Start des nachfolgenden Prozessschrittes zu, sobald ein spezifischer Punkt der Ausgangscheckliste ausgeführt ist.

Die Checklisten zeigen die Vernetzung der Prozesse untereinander sehr anschaulich auf und erleichtern die Navigation durch den Workflow sowie durch das Projektmanagement (vgl. Abb. 4-33).

Sehr detailliert widmete sich die Entwicklung des Projektleitstandes der Definition von Rollen sowie der Festlegung rollenspezifischer

683 Quelle: Wildemann, H. (2002c), S. 84

Rechte, beispielsweise bezüglich der Veränderbarkeit von Prozessschritten. Diese prozessbezogene Vorgehensweise war erforderlich, um ein effizientes und transparentes Projektmanagement zu ermöglichen. Aus diesem Grund erfolgte die schematische Visualisierung des gesamten Informations- und Kommunikationsflusses entlang der Projektmanagementkette.

Inhalte der Checkliste	Erforderlich für Prozessschritt Nr.				
1. Ist-Analyse ist erfolgt					
2. Ratio-Potenziale liegen vor					
3. Grobe Kostenschätzung ist erfolgt					
4. Projektprämissen (Rahmenbedingungen) sind festgelegt					
5. Risikodarstellung (bezogen auf Rahmenbedingungen) ist					
6. Soll-Betriebsprogramm liegt vor					
7. Aufgabenstellung ist erarbeitet					

Abb. 4-33: Checkliste – Muster[684]

Die dem Projektleitstand zugrunde liegende Systemarchitektur wurde anhand von aggregierten Schemazeichnungen visualisiert. Frühzeitig erfolgte die Konkretisierung der Nutzenpotenziale für die beteiligten Projektpartner, partiell unter Berücksichtigung des Prozessbezugs.

Das vorliegende Fallbeispiel zeigt vor allem Wege zur Prozessgestaltung im Rahmen der Entwicklung und des Einsatzes eines elektronisch gestützten Projektmanagement-Tools auf, die die Aspekte der integrativen, visuellen, systemischen und generischen Leitlinie verdeutlichen.

Der generische Aspekt stützt sich vor allem auf die Möglichkeit der Prozessveränderung im Rahmen des Szenario-Managements. Die Bausteine Workflow, Projektmanagement und -controlling sowie

---

684 Quelle: Wildemann, H. (2002c), S. 179

Szenario-Management sind Ausdruck der modularen Prozessgestaltung. Wirtschaftlichkeits- und Wertorientierung gelang partiell durch den frühzeitigen Potenzialausweis. Durch die Beteiligung aller Projektpartner am Entwicklungsprozess wurde der kontextverknüpfende, kooperative, präferenz- und anreizorientierte Aspekt der Prozessgestaltung verkörpert. Speziell der Mittel- bis Langfristcharakter der im Rahmen von Großprojekten zu bewältigenden Prozessschritte, legt die strategische und nachhaltige Prozessgestaltung nahe. Die Orientierung an historischen Projekten ermöglichte den pädagogischen Bezug der Prozessgestaltung und gewährleistete zusätzlich eine permanente Anwendungsorientierung.

5 Vornahme der Konstruktion eines ganzheitlichen Vorgehensmodells zur Geschäftsprozessgestaltung von E-Maintenance-Lösungen von Unternehmen

5.1 Die Bedeutung des Vorgehensmodells für die ganzheitliche Geschäftsprozessgestaltung im E-Business-Umfeld

Von Lou Gerstner (Fa. IBM) stammt das folgende Zitat: „Wir haben den Begriff »e-business« geprägt, um alle Wege zu beschreiben, auf denen Individuen und Institutionen Nutzen aus dem Net ziehen können – Kaufen und Verkaufen, aber auch wichtige Transaktionen zwischen Lehrern und Schülern, Ärzten und Patienten, Regierungen und Bürgern" (Lou Gerstner, CEO IBM, 1999).[685]

Die Botschaft dieser Business Mission zeigt sehr deutlich die Enabler-Funktion von E-Business-Lösungen, die insbesondere im Rahmen der Konstruktion des Meta- sowie des ganzheitlichen Geschäftsprozessmodells in Kapitel 3 herausgearbeitet wurde, auf. Alle involvierten und durch modernste Informations- und Kommunikationstechnologien vernetzte Personenkreise sowie Organisationen sollen einen Nutzen aus dem „Net" ziehen. Die umfassende Erschließung dieses Nutzens ist, wie bereits im Verlauf der vorliegenden Arbeit mehrfach betont, an die ganzheitliche, optimale Prozessgestaltung sowie an die hieraus resultierende Reduktion von Prozesskosten, Verringerung von Durchlaufzeiten, Vermeidung von Medienbrüchen, Optimierung der interprozessualen sowie –personellen Kommunikation, um nur einige Beispiele zu nennen, gekoppelt. IBM versteht unter E-Business die Gesamtheit aller Wege, die die umfassende Potenzialerschließung ermöglichen. Das zu entwickelnde Vorgehensmodell für die holistische Modellierung der speziell der E-Maintenance zugrunde liegenden Geschäftsprozesse, integriert sowohl Pfade als auch Methoden zur Erreichung dieses kodifizierten Ziels. Per Modell lassen sich Handlungsempfehlungen zu den Prozeduren des Designs und vor allem Redesigns von betrieblichen wie überbetrieblichen Abläufen formu-

[685] Quelle: Daum, B./Scheller, M. (2000), S. 37

lieren. Natürlich sind aufgrund der Komplexitätsreduktion, die einer modellhaften Konstruktion durchgängig inhärent ist, die Möglichkeiten zur Beschreibung aller denkbaren situativen Konstellationen der Prozessgestaltung begrenzt. Vergleichbar der bei der Gesetzgebung aufzulösenden Dialektik zwischen der Einzelfallregelung auf der einen Seite und der generellen Regelung von rechtlichen Tatbeständen und Rechtsfolgen auf der anderen Seite, gilt es auch im Zusammenhang mit der Konstruktion eines ganzheitlichen Vorgehensmodells einen angemessenen Detaillierungsgrad zur Fixierung von Gestaltungs- und Handlungsempfehlungen anzustreben.

Das Vorgehensmodell übt in Konsequenz sowohl eine integrierende als auch spezifizierende Funktion im Hinblick auf die ganzheitliche Gestaltung von Geschäftsprozessen bei der Entwicklung und beim Einsatz von E-Maintenance-Lösungen von Unternehmen aus. Es ermöglicht die Erschließung der ausgewiesenen Potenziale, indem es ausgehend von den im Rahmen der vorliegenden Arbeit geschaffenen terminologischen und konzeptionellen Basissäulen die Brücke zur theorie-praxisgeleiteten, realen Modellierung der elektronisch gestützten Prozesse schlägt. Die Bedeutung dieses normativen Gedanken- und Aussagengebildes lässt sich anhand der folgenden strukturdeterminierenden Aspekte anschaulich darstellen:

- Das zu entwickelnde Vorgehensmodell ist ganzheitlicher Natur, da es sich an den drei Dimensionen der Ganzheitlichkeit, der horizontalen, vertikalen sowie diagonalen/pyramidalen Strukturiertheit dieses Konstruktes orientiert. Es berücksichtigt somit die der Habilitationsschrift elementar inhärente Konzeption der Ganzheitlichkeit und überführt diese in praktisch handhabbare Aktivitätspfade sowie Gestaltungsmethoden.

- Das Vorgehensmodell basiert auf der interpretativen Basis des konstruierten Meta- sowie ganzheitlichen Geschäftsprozessmodells, das ausgehend vom prozessualen Zentralnervensystem, die in permanenter Interaktion stehenden Elemente des prozessualen somatischen, motorischen, viszeralen sowie vegetativen Nervensystems koordiniert. Durch die prozessualen

Gegenspieler Sympathikus und Parasympathikus wird die ausgewogene, optimale Funktionsfähigkeit der Organe, in diesem speziellen Fall sei vor allem auf die E-Business-Systeme verwiesen, gewährleistet. Die Konkretisierung des Modells erfolgte speziell für das Anwendungsfeld der E-Maintenance, so dass die adäquate Ausgangsbasis für die Konstruktion des ganzheitlichen Vorgehensmodells auf diese Weise geschaffen werden konnte.

- Der ganzheitliche E-Geschäftsprozessmanagement-Ansatz mit seiner Phasen- und Step-Struktur dient als konzeptioneller Vorgehensrahmen des zu konstruierenden Modells. Aufbauend auf dieser Management-Perspektive lassen sich die Phasen der Planung, Durchführung, Steuerung und der Kontrolle unterscheiden. Die einzelnen Handlungsschritte (Steps) innerhalb der Phasen konstituieren logisch aufeinander folgende Aktivitätsbündel, die durch verschiedene Methoden auszugestalten sind. Das Lebenszyklusverständnis der Geschäftsprozesse orientiert sich unmittelbar an dem entwickelten E-Geschäftsprozessmanagement.

- Der Ansatz des E-Geschäftsprozessmanagements mündete in die Formulierung von Leitlinien zur ganzheitlichen Geschäftsprozessgestaltung bei der Entwicklung und beim Einsatz von E-Business-Lösungen im Allgemeinen und E-Maintenance-Lösungen im Speziellen. Diese Leitlinien der Sach-, Personen- und Situationsdimension fließen konstitutiv in das zu konstruierende Vorgehensmodell ein und bilden die theoretische wie empirische Basis der entlang der prozessgestaltenden Aktivitäten einzusetzenden Methoden. Dabei können im Rahmen einer Phase, eines Steps oder einer Methode verschiedene Leitlinien kombiniert auftreten, so dass die Gliederung des Vorgehensmodells nach Leitlinien nicht zielführend erscheint. Zur Gewährleistung der Ganzheitlichkeit müssen sie sich jedoch umfassend in den Gestaltungs- und Handlungsempfehlungen wiederfinden.

- Das Vorgehensmodell umfasst speziell die Gestaltungssituationsfelder der Entwicklung und des Einsatzes von E-Maintenance-

Anwendungen. Die Abgrenzung der beiden Stadien Entwicklung und Einsatz wird auf Basis des Lebenszyklus vorgenommen. Allerdings lassen sich beide Phasen nicht immer überschneidungsfrei abgrenzen. Speziell im Zusammenhang mit der Entwicklung von E-Business-Tools erfolgt beispielsweise bereits eine prototypische Realisierung bei einem Referenzkunden, die als Einsatz, wenn auch zu Testzwecken oder in noch nicht vollendeter Form, interpretiert werden kann. Die Auswahl und Implementierung von Methoden sowie Konzepten erfolgt entweder in beiden Phasen in gleicher Weise oder es bedarf besonderer Instrumente, die im Einzelfall genau zu spezifizieren sind. Der Einbezug des gesamten Lebenszyklus der E-Maintenance-Lösung spiegelt neben der Berücksichtigung des prozessualen Lebenszyklus ein Systemelement der Ganzheitlichkeit wider (vgl. diagonale/pyramidale Dimension).

- Das Vorgehensmodell umfasst alle relevanten Gestaltungsobjekte prozessualer Natur und stellt eine homogene Verknüpfung mit den technischen Gestaltungsobjekten sowie –umfeldern der E-Maintenance her. Die so oft geforderte interdisziplinäre Vorgehensweise, die einerseits betriebswirtschaftliche und andererseits IT-relevante Aspekte basal im prozessgestaltenden Interpretationszusammenhang integriert, wird durch das Vorgehensmodell – aufbauend auf dem ganzheitlichen Prozessmodell – zielführend gewährleistet.

- Konstituierende Elemente des Vorgehensmodells sind zum einen die logisch stringenten Schritte, die zur ganzheitlichen Geschäftsprozessgestaltung führen, zum anderen die Methoden als Ausdruck der ablaufformenden Aktivitäten.

- Die in das Vorgehensmodell einfließenden Methoden repräsentieren Vorgehensweisen, Gestaltungsformen, Instrumente sowie Tools, die verschiedenen fachlichen Disziplinen inhärent sein können und zielorientiert sowie handlungsleitend vor dem Implikationszusammenhang der ganzheitlichen Geschäftsprozessgestaltung bei der Entwicklung und beim Einsatz von E-Maintenance-Lösungen von Unternehmen integriert werden.

Zusammenfassend lässt sich also folgende Bedeutung des zu konstruierenden ganzheitlichen Vorgehensmodells explizieren:

Theoriegeleitende Handlungskonzepte (Ansatz des E-Geschäftsprozessmanagements; Leitlinien der ganzheitlichen Geschäftsprozessgestaltung) werden mit empirisch fundierten Gestaltungsempfehlungen (Ergebnisse der Fallstudienanalyse) zur Realisierung der ganzheitlichen Geschäftsprozessgestaltung bei der Entwicklung und beim Einsatz von E-Maintenance-Lösungen von Unternehmen mit dem Ziel der umfassenden Potenzialerschließung auf prozessualer Ebene verknüpft und situativ um weitere innovative Methoden ergänzt.

5.2 Prä-prozessgestaltende Segmentierung des zu konstruierenden Vorgehensmodells auf Basis des E-Prozessgestaltungs-Portfolios

In den Ausführungen des vorhergehenden Kapitels wurde bereits deutlich, dass sich verschiedene Segmentierungsansätze für die Ausgestaltung des Vorgehensmodells herauskristallisieren. Allerdings tritt relativ schnell zutage, welche Begrenztheit die einzelnen Strukturierungsansätze hinsichtlich ihrer praktischen Realisierbarkeit aufweisen. Sowohl für den Praktiker als auch für den Theoretiker, der sich mit der ganzheitlichen Geschäftsprozessgestaltung bei der Entwicklung und beim Einsatz von E-Maintenance-Lösungen intensiv auseinandersetzt, stellt sich die Frage, ob es zielführend ist, das im Detail noch auszuformende Vorgehensmodell grundsätzlich zu segmentieren. Im Umkehrschluss führt die Nicht-Implementierung einer sekundären Strukturiertheit zwangsläufig zu der Aussage, dass unabhängig von den Eigenschaften der in eine E-Lösung zu integrierenden Prozesse auf der einen Seite und losgelöst von der inhaltlichen sowie technischen Konzeption der E-Maintenance-Lösung auf der anderen Seite in jeder Phase und in jedem einzelnen prozessgestaltenden Schritt immer die gleichen Methoden in demselben Detailliertheitsgrad zur Anwendung kommen. Die Fallstudienanalyse zeigt in diesem Fall ein etwas anderes Bild, so dass die

Vornahme einer prä-prozessformenden Segmentierung des Vorgehensmodells zumindest bis zu einem dem Paradigma angemessenen Grade als zielführend erscheint.

5.2.1. Grundstruktur und Bildungsgesetz des E-Prozessgestaltungs-Portfolios

Die Segmentierung des Vorgehensmodells zur ganzheitlichen Geschäftsprozessgestaltung bei der Entwicklung und beim Einsatz von E-Maintenance-Lösungen orientiert sich an den beiden konstitutiven Säulen der im Rahmen der vorliegenden Arbeit behandelten Themenstellung. Zum einen spielt die Spezifikation der Prozesse für die Vorgehensweise bei deren Modellierung eine bedeutende Rolle, zum anderen beeinflusst die Strukturdeterminiertheit der betrachteten E-Lösung die grundsätzliche Vorgehensweise bei der Ablaufgestaltung.

Die Vornahme einer „Metasegmentierung" des nachfolgend zu konstruierenden Vorgehensmodells erweist sich als strategisch geprägtes Vorhaben. Aus diesem Grund soll die Portfolio-Technik als qualitative Methodik zur Anwendung kommen, um im Ergebnis Normstrategien – im Sinne von Gestaltungspfaden - für die ganzheitliche Geschäftsprozessmodellierung abzuleiten. Als empirische Basis zur Konzeption des so genannten E-Prozessgestaltungs-Portfolios dienen die Ergebnisse der in Kapitel 4 durchgeführten Fallstudienanalysen sowie die aus der Beschreibung der E-Maintenance-Lösungen resultierenden Spezifika entsprechender Systeme.

Die erste Dimension des zu erarbeitenden E-Prozessgestaltungs-Portfolios manifestiert sich in den „Tool-bezogenen Aspekten", die Ausdruck der vorhandenen Komplexität der einzelnen E-Business-Lösungen ist. Der Terminus Komplexität verdeutlicht die hohe Anzahl der prozessualen sowie I&K-technischen Elemente und deren ausgeprägte systemische Verknüpfungsstruktur in der situativ betrachteten

E-Business-Anwendung. Als konstitutiv für die vorhandene „Tool-Komplexität" lassen sich die folgenden Systemelemente definieren:

- Anzahl vorhandener Tool-Schnittstellen zu betrieblichen Umsystemen,
- Anzahl potenzieller Anwendungsfelder der E-Business-/E-Maintenance-Lösung und
- Anzahl vorhandener Systemschnittstellen entlang der zu integrierenden „E-Wertschöpfungskette".

Die Bewertung der einzelnen Einflussfaktoren kann durch Gewichtungsfaktoren, die den in diesem Fall stark ausgeprägten hersteller- oder konzeptspezifischen Anforderungen Rechnung tragen, ergänzt werden. Im Endergebnis resultiert die Einstufung der Tool-Komplexität auf einer Ordinalskala als gering, mittel oder hoch. Während des Bewertungsprozesses, insbesondere bei Nutzung von Gewichtungsfaktoren ist es erforderlich, die genannten drei Kategorien vorübergehend in eine Kardinalskala zu überführen. Beispielsweise verkörpert im einfachsten Fall die Zahl 1 die Bewertungsstufe gering, die Zahl 2 das mittlere Ausprägungsniveau und der Wert 3 die hohe Tool-Komplexität.

Die zweite Dimension des E-Prozessgestaltung-Portfolios wird durch die „Prozessbezogenen Aspekte" gebildet, die Spiegelbild der in die E-Maintenance-Tools zu integrierenden Geschäftsprozesse und deren Komplexität ist. Die gesamthafte Geschäftsprozesskomplexität aus Sicht der Prozessgestaltung im E-Business-Kontext lässt sich primär durch die folgenden Systemelemente charakterisieren:

- Anzahl der in eine E-Business-/E-Maintenance-Lösung zu integrierenden Geschäftsprozesse (Prozessbündel),
- Anzahl der Prozessschritte entlang der hierarchischen Prozessstruktur (Hauptprozesse, Subprozesse),
- Anzahl der in die Geschäftsprozesse involvierten personellen Schnittstellen (Werke, Abteilungen, Stellen usw.) und

- Standardisierungsgrad der Prozesse, der sich durch die aktuell vorhandenen Prozessvarianten der in die E-Lösung zu integrierenden Geschäftsprozesse manifestiert.

Die „Prozess-bezogenen Aspekte“ sind unternehmens- sowie anwenderspezifisch geprägt und erfassen die Haupteinflussgrößen der Prozesskomplexität. Dem Anspruch auf Vollständigkeit kann und soll an dieser Stelle nicht entsprochen werden. Es besteht die Möglichkeit, die einzelnen Aspekte gemäß ihrer Ausprägung oder ihrem Grad der Komplexitätsbeeinflussung unterschiedlich zu gewichten. Die Gesamtbewertung führt zur ordinalen Einstufung des in eine spezifische E-Maintenance-Lösung zu integrierenden Prozessbündels in die Komplexitätskategorien gering, mittel oder hoch, analog der Bewertung der Tool-Komplexität. Entscheidend ist also nicht der einzelne Geschäftsprozess, sondern das ganzheitlich betrachtete und bewertete Prozessgefüge. Der Weg zur Ermittlung der gesamthaften Geschäftsprozesskomplexität setzt in der Praxis die Durchführung einer Einzelbewertung der in die E-Lösung zu integrierenden Prozesse durch die Systemelemente zwei bis vier voraus, so dass durch den Vollzug einer singulären, auf kardinaler Basis realisierten Identifikation der Ablaufkomplexität und der – eventuell gewichteten – Summation der Ergebnisse eine weitgehend objektive Bewertung des Prozessbündels erreicht wird.

Im E-Prozessgestaltungs-Portfolio werden die im Rahmen der vorliegenden Arbeit ausführlich beschriebenen E-Maintenance-Lösungen von Unternehmen, unter spezieller Berücksichtigung ihrer prozessualen Komponente positioniert. Der einzelne Prozess tritt an dieser Stelle zugunsten des integrativen Charakters innovativer und zukunftsweisender E-Business-Lösungen, insbesondere im Anwendungsfeld der Instandhaltung in den Hintergrund. Angesichts der begrenzten Visualisierungsmöglichkeiten im zweidimensionalen Portfolio kann eine höhere Bewertungskomplexität nicht bewerkstelligt werden. Zur Erreichung der ausgewiesenen Zielsetzung der Metasegmentierung des nachfolgend zu konstruierenden Vorgehensmodells ist diese zusätzliche Komplexitätssteigerung auch nicht erforderlich.

Das Bildungsgesetz für das E-Prozessgestaltungs-Portfolio erweist sich zum einen als ganzheitlich, da es die beiden konstitutiven Perspektiven - Geschäftsprozesse und E-Maintenance-Lösungen – zielorientiert verknüpft und zum anderen als generisch, da es bei Bedarf Ergänzungen zulässt sowie die Elementausprägungen durch variable Gewichtungsfaktoren berücksichtigt.

Entsprechend der Positionierung der E-Maintenance-Anwendungen im Portfolio lassen sich drei unterschiedliche Normstrategien ableiten, die als Segmentierungsraster für das Vorgehensmodell der ganzheitlichen Geschäftsprozessgestaltung dienen sollen.

Alle E-Maintenance-Lösungen, die sich aufgrund der für sie charakteristischen hohen oder mittleren Prozess-Komplexität bei gleichzeitig vorhandener mittlerer bis hoher Tool-Komplexität im rechten oberen Abschnitt befinden, erfordern ein stark methodisch unterstütztes, kooperatives Vorgehen bei der Geschäftsprozessgestaltung. Die Modellierung der Abläufe erweist sich in der Regel als komplexes Situationsgefüge, das mitunter den Einsatz spezieller Verfahren sowie zu berücksichtigender Erfolgsfaktoren erfordert.

Analog sind alle E-Maintenance-Anwendungen, die sich im linken unteren Bereich des E-Prozessgestaltungs-Portfolios befinden, hinsichtlich der ganzheitlichen Geschäftsprozessmodellierung als weniger komplex einzustufen und lassen sich beispielsweise schneller realisieren oder bedingen den Einsatz einfacherer, weniger detaillierter Methoden. Die Normstrategie in diesen Fällen, bei kombinierter geringerer bis mittlerer Prozess- und Tool-Komplexität lässt sich als situationsspezifische Prozessgestaltung beschreiben.

Alle E-Maintenance-Lösungen, die sich auf der Diagonale des E-Prozessgestaltungs-Portfolios befinden, bedürfen der selektiven Prozessgestaltung als Normstrategie, da ein Komplexitätsfaktor maximal, der andere minimal ausgeprägt ist, oder beide Aspekte als mittel eingestuft werden. Der Terminus selektiv bedeutet in diesem Zusammenhang, dass je nach individueller Einschätzung die mit der ganzheitlichen Geschäftsprozessgestaltung betrauten Personenkreise entweder der generischen Modellierung der Abläufe oder der situationsspezifischen Prozessgestaltung den Vorzug geben. Aufgrund des zum einen ausgeprägten Unternehmens- und Anwendungsbezuges (Prozess-Komplexität) und der zum anderen vorhandenen Hersteller- und Konzeptspezifität (Tool-Komplexität), lassen sich diese Bewertungskonstellationen nicht vermeiden.

Abbildung 5-1 zeigt die Struktur des E-Prozessgestaltungs-Portfolios sowie die aus der Positionierung der E-Maintenance-Tools resultierenden Normstrategien zusammenfassend auf.

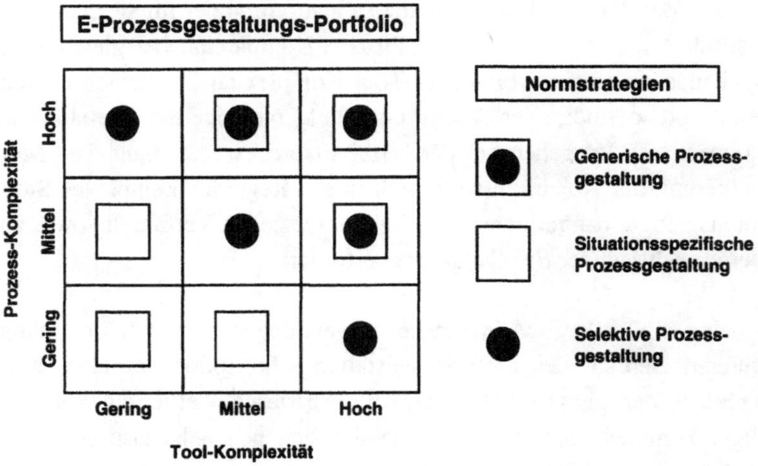

Abb. 5-1: Struktur des E-Prozessgestaltungs-Portfolios (schematisch)

5.2.2. Duale Segmentierung des Vorgehensmodells für das Anwendungsfeld der E-Maintenance

Aufbauend auf den Ergebnissen des E-Prozessgestaltungs-Portfolios kann in Konsequenz die duale Segmentierung des Vorgehensmodells für die ganzheitliche Geschäftsprozessgestaltung bei der Entwicklung und beim Einsatz von E-Maintenance-Lösungen von Unternehmen vollzogen werden. Es resultieren die beiden Modellierungspfade der generischen Prozessgestaltung auf der einen Seite und der situationsspezifischen Prozessgestaltung auf der anderen Seite. Beide Formen, dies sei an dieser Stelle nochmals hervorgehoben, müssen den Anforderungen der ganzheitlichen Ablaufmodellierung entsprechen.

Sie lassen sich in einem ersten Schritt, ohne dem Vorgehensmodell im Detail vorgreifen zu wollen, wie folgt voneinander abgrenzen:

- Generische Prozessgestaltung:

    - Umfangreiche und komplexe Prozessdarstellung,
    - stärker modularisiertes, systemisches und integratives Vorgehen,
    - höhere Anforderungen an die Prozessvisualisierungstechniken,
    - expressis verbis, höhere Ausprägung des generischen Charakters der Prozessgestaltung,
    - höhere Anforderungen an die kontextverknüpfende Prozessgestaltung,
    - höherer Bedarf an kooperativer Prozessgestaltung und
    - stärker strategische Ausrichtung der prozessgestaltenden Aktivitäten infolge des ausgeprägteren generischen Charakters.

- Situationsspezifische Prozessgestaltung:

    - Einsatz einfacherer Formen der Prozesserfassung und der Ablaufdokumentation,
    - geringere Anforderungen an ein systemisch vernetztes sowie integratives Vorgehen bei der Prozessgestaltung,
    - stärkere Berücksichtigung der Besonderheiten und Anforderungen des einzelnen Projektpartners hinsichtlich der Geschäftsprozessgestaltung möglich,
    - tendenziell leichtere Herstellung des permanenten Anwendungsbezuges realisierbar,

- tendenziell höhere Anreizorientierung der Geschäftsprozessgestaltung erreichbar.

Die Unterschiede aus den beiden Gestaltungspfaden des nachfolgend zu detaillierenden Vorgehensmodells liegen vor allem in der unterschiedlichen Gewichtung der Leitlinien, insbesondere derjenigen der Sachdimension begründet. Speziell diese Dimension umfasst Aspekte, wie beispielsweise das integrierende, systemische und generische Element der ganzheitlichen Geschäftsprozessgestaltung, die in das der Metasegmentierung zugrunde liegende E-Prozessgestaltungs-Portfolio einfließen.

Aufbauend auf den im Rahmen der Fallstudienanalyse sowie der näheren Charakterisierung von E-Maintenance-Lösungen von Unternehmen gewonnenen Erkenntnisse, einschließlich der seitens der Autorin vorhandenen umfassenden Erfahrungen aus dem Bereich des (E-)Geschäftsprozessmanagements wurde eine tendenzielle Zuordnung der E-Anwendungen zu dem betrachteten Vorgehenssegment vorgenommen. Die gedankliche Positionierung der E-Lösungen im E-Prozessgestaltungs-Portfolio führte zu der in Abbildung 5-2 für die E-Maintenance vorgenommenen Spezifikation.

Angesichts der Tatsache, dass aufgrund des Unternehmens- und Anwenderbezuges der Prozess-Komplexität auf der einen Seite sowie des Hersteller- und Konzept-Bezuges der Tool-Komplexität auf der anderen Seite, lediglich eine graduelle Einordnung der E-Anwendungen möglich ist, wird an dieser Stelle kein Anspruch auf Allgemeingültigkeit erhoben.

Die auf phänomenologisch-hermeneutischer und empirischer Basis vorgenommene Tool-Positionierung ist als erster Orientierungspunkt für die Vorgehensweise der ganzheitlichen Geschäftsprozessgestaltung zu verstehen. Soweit dies in der Praxis möglich ist, sollte zunächst eine detaillierte Bewertung sowohl der prozessualen Komplexität als auch der tool-spezifischen Komplexität durchgeführt und eine entsprechende Positionierung der E-Lösungen im E-Prozessgestaltungs-Portfolio realisiert werden. Ausgehend von dem ermittelten Ergebnis kann ein Abgleich mit der im Rahmen der vorliegenden Arbeit vorgenommenen Segmentierung erfolgen, so dass die Referenzbasis sukzessive erweitert und bei Bedarf verbessert werden kann.

Als der generischen Prozessgestaltung zugehörige E-Maintenance-Lösungen wurden diejenigen Tools identifiziert, die vor allem durch einen hohen prozessualen Integrationsgrad, durch eine hohe personelle sowie systemtechnische Schnittstellendichte innerhalb des Unternehmens sowie entlang der verknüpften Wertschöpfungskette sowie durch die Abdeckung vielfältiger Anwendungsfelder oder Branchen gekennzeichnet sind. Diese E-Anwendungen spiegeln somit eine integrativ betrachtete mittlere bis hohe Prozess- als auch Tool-Komplexität wider.

E-Maintenance-Lösungen, die sich tendenziell durch einen geringen Prozessintegrationsgrad, durch eine hohe fallspezifische Ausarbeitung oder durch einen begrenzten Rezipientenkreis sowie durch einfachere Prozessabläufe charakterisieren lassen, wurden der situationsspezifischen Prozessgestaltung zugeordnet.

Als der selektiven Prozessgestaltung inhärent erweisen sich E-Maintenance-Tools, deren Zuordnung zur generischen oder situationsspezifischen Prozessgestaltung ohne detaillierte Analyse der Prozess- und Tool-Komplexität unter den situationsspezifischen Gegebenheiten nicht möglich oder aus dem vorhandenen empirischen wie phänomenologisch-hermeneutischen Verständnis heraus nicht zielführend erscheint.

Neben der Metasegmentierung sollen im folgenden Kapitel noch zwei weitere Rahmenkonzepte des zu konstruierenden Vorgehensmodells prä-prozessgestaltend entworfen und detailliert werden, bevor die theorie- und empiriegeleitete Fundierung des Handlungsschemas für die ganzheitliche Geschäftsprozessgestaltung bei der Entwicklung und beim Einsatz von E-Maintenance-Lösungen von Unternehmen erfolgt.

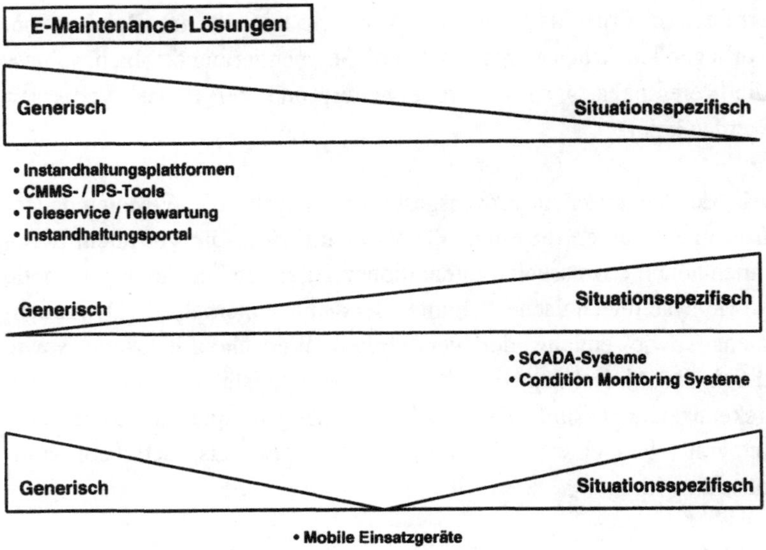

Abb. 5-2: Normstrategische Zuordnung von E-Maintenance-Lösungen (graduell)

5.3 Weiterführende Rahmenkonzepte des Vorgehensmodells

5.3.1. Genetik und Evolution als theoretischer Bezug der prozessgestaltenden Vorgehensweise

Das Metaprozessmodell der vorliegenden Arbeit wurde auf Basis des medizinischen und biologischen Referenzmodells des Zentralnervensystems, einschließlich des somatischen, motorischen, viszeralen sowie vegetativen Nervensystems, das als peripheres Nervensystem in permanenter Interaktion mit dem zentralen Nervensystem steht, spezifiziert. Zur Konstruktion des Vorgehensmodells als methodische Fundierung der ganzheitlichen Prozessgestaltung soll dieser konzeptionelle Rahmen fortgeführt werden.

Jede Zelle des menschlichen Körpers und damit in Konsequenz gleichermaßen die Bausteine – Zellen - des gesamten Nervensystems umfassen verschiedene Zellorganelle. Zu diesen Elementen zählt insbesondere der Zellkern, auch Nucleaus genannt, der die existenzsichernden Erbinformationen enthält. „Chromosomen sind die Träger der Erbanlagen, die als *Gene* bezeichnet werden (...).“[686] Das so genannte Karyogramm zeigt die Chromosomenstruktur in Form von Chromosomengruppen auf, die nach verschiedenen Kriterien wie beispielsweise der Gesamtlänge der Chromosomen gebildet werden.[687] „Jede Chromatide (Bestandteil der Chromosomenarme; Anm. d. Verf.) besteht aus einem einzigen kompliziert gefalteten und aufgewundenen doppelsträngigen Riesenmolekül in Form einer Doppelhelix, der *Desoxyribonukleinsäure (DNS)* oder *DNA* (engl. *desoxyribonucleic acid*).“[688] Der genetische Code ist auf den Basen der Doppelhelix „verbrieft“, die sich als Adenin (A), Thymin (T), Cytosin (C) und Guanin (G) manifestieren. Infolge spezieller chemischer Interaktionen bilden sich jeweils zwei Basenpaare, Adenin-Thymin sowie Guanin-Cytosin. „Jeweils drei Basen bilden in unterschiedlicher Kombination eine definierte Informationseinheit, ein Wort – auch *Triplett* oder *Codon* genannt-, ...“[689] Diese Struktur lässt sich metaphorisch auf die Thematik der Prozessgestaltung übertragen, das Metaprozessmodell als Beschreibungs- und Erklärungsansatz wird hierdurch in keinster Weise tangiert.[690]

---

686 Faller, A. (1999), S. 10

687 Vgl. ebd., S. 10f.

688 Ebd., S. 11

689 Ebd., S. 14

690 Im Rahmen der vorliegenden Arbeit ist zwischen dem medizinisch, biologisch fundierten Metaprozessmodell, das einen Beschreibungs-, Interpretations- sowie Erklärungsansatz bietet und dem der Genetik sowie der Evolutionstheorie entlehnten Ansatz zur Prozessgestaltung als konzeptionelles Element des Vorgehensmodells zu unterscheiden. Der Transfer dieser Theorien auf das Themenfeld der Geschäftsprozesse sowie deren Modellierung erfolgt grundsätzlich metaphorisch. Eine 1:1-Übertragung der Funktionsweise aus der Medizin/Biologie ist zum einen aus technischen Gründen nicht möglich, zum anderen wird dies aus ethischen Argumenten heraus auch nicht angestrebt. Zum Zweck der wissenschaftlichen Theoriebildung erfolgt die Anpassung der naturwissenschaftlichen Konzepte und Regeln an die Paradigmen der vorliegenden Arbeit, an die ganzheitliche Geschäftsprozessgestaltung sowie an die

Jeder Prozess kann hierarchisch in immer kleinere Systemeinheiten aufgespalten werden, bis hin zur kleinsten Einheit, dem Zellkern sowie der ihm inhärenten Erbinformation, der DNA. Das Genom als Gesamtheit aller Chromosomen wäre aus Sicht der Prozessgestaltung die Summe oder Anzahl vorhandener Hauptprozesse, die es genetisch zu verschlüsseln gilt. Jedes Chromosom enthält folglich die spezifische Erbinformation für einen Hauptprozess. Die auf den Chromosomen angeordneten Gene spiegeln die Teilprozesse wieder und lassen sich in so genannte Basenpaare aufspalten. Ein einzelner Prozessschritt sowie dessen Verknüpfung mit den folgenden Prozessschritten wäre in diesem Zusammenhang durch eine spezielle Basenabfolge codiert. Ein Basenpaar kombiniert zum einen die Prozessinformation sowie zum anderen die zugehörige System- und Dateninformation. Aus der charakteristischen Abfolge dieser Basenpaare lässt sich die verschlüsselte Erbinformation ablesen. Das Basentriplett erweist sich als spezifische, logisch verknüpfte Prozesssequenz innerhalb eines Teilprozesses.

Im Hinblick auf die Prozessgestaltung muss zusätzlich zwischen dem Genotyp und dem Phänotyp eines Geschäftsprozesses differenziert werden. „Ein beobachtetes Merkmal, das Erscheinungsbild, wird als *Phänotyp* bezeichnet; ... . Als *Genotyp* bezeichnet man die dem Phänotyp zugrunde liegende genetische Information.“[691] Die dokumentierten und per Metaprozessmodell erfassten Geschäftsprozesse, die in der E-Maintenance-Lösung abgebildet werden sollen (Soll-Prozesse) bilden den Genotyp ab. Die tatsächlich ablaufenden Ist-Prozesse dagegen manifestieren sich als Phänotyp. Identifizierbare Modifikationen als Konglomerat verschiedenster Umwelteinflüsse führen zur partiellen Abweichung zwischen dem prozessualen Geno- und Phänotyp. Diesem Aspekt ist im Zusammenhang mit der ganzheitlichen Geschäftsprozessgestaltung bei der Entwicklung und dem Einsatz von entsprechenden E-Lösungen angemessen Rechnung zu tragen.

Entwicklung und den Einsatz von E-Maintenance-Lösungen von Unternehmen.

691 Faller, A. (1999), S. 41

Die DNA erfüllt folgende Funktionen (zu 1. und 2. vgl. Abb. 5-3, zu 3. vgl. Abb. 5-4):

1. „**Speicherung der genetischen Information** (genetischer Code),
2. **Übertragung der Information für die Biosynthese von Eiweißen** (Proteinbiosynthese),
3. **identische Verdopplung** (Replikation) **der genetischen Information bei der Zellteilung.**“[692]

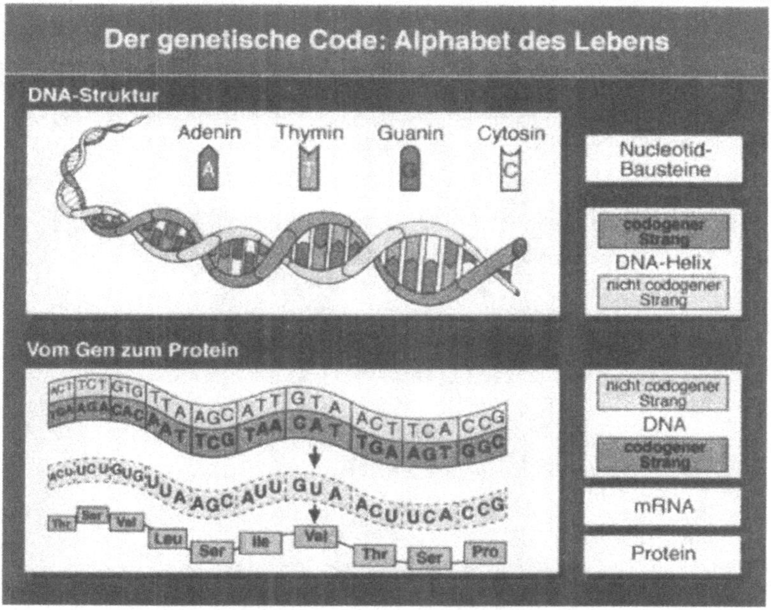

Abb. 5-3: Genetischer Code und Proteinbiosynthese[693]

Proteine erfüllen existenzielle Aufgaben im Organismus. „Einige von ihnen, wie z.B. *Kollagen* in den Binde- und Stützgeweben, übernehmen wichtige Aufgaben beim Aufbau und verleihen dem Organismus seine Struktur.“[694] Übertragen auf das Paradigma der Geschäfts-

---

[692] Faller, A.(1999), S. 13
[693] Quelle: http://www.lifescience.de/multilinks/genet.code.html
[694] Faller, A. (1999), S. 15

prozessgestaltung erfüllen Proteine die lebenswichtige Funktion des „Stützkorsetts" für die in eine E-Maintenance-Lösung zu integrierenden Abläufe. Proteine, beispielsweise in Form von definierten Schnittstellen personeller sowie systemtechnischer Natur oder die Aufgabenlogik eines Prozesses/einer Aktivität tragen zum Zusammenhalt des Prozess- und Datengerüstes bei. Aus Sicht des Metaprozessmodells sind diese Aspekte vor allem im Bereich des prozessualen vegetativen Nervensystems zu finden.

Im Rahmen der identischen Replikation „... trennen sich die Basenpaare der Doppelhelix wie ein Reißverschluss in der Mitte (...) und an jedem Einzelstrang wird ein exakt *komplementärer Strang* synthetisiert."[695] (vgl. Abb. 5-4).

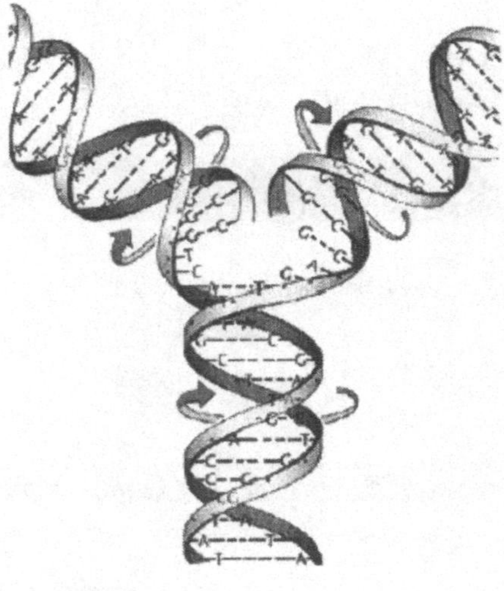

Abb. 5-4: Identische Replikation[696]

Transferiert man diesen Gedanken in angemessen modifizierter Weise auf die Prozessgestaltung, so ermöglicht die identische Replikation die unbegrenzte Wiederholbarkeit dokumentierter Prozesse. Hierdurch

[695] Faller, A. (1999), S. 18

[696] Quelle: http://ntbiouser.unibe.ch/trachsel/teaching/MB%20Atelier/Replikation.pdf

wird die dynamische Komponente der Geschäftsprozesse verdeutlicht, die insbesondere bei der Automatisierung entsprechender Abläufe durch E-Maintenance-Tools eine bedeutende Rolle spielt. An den Strang der sequenziell verschlüsselten Prozessinformation fügt sich ein entsprechender, neu gebildeter Strang mit den codierten System- und Dateninformationen an. Umgekehrt bildet sich ein zu dem System- und Dateninformationsträger passender Strang mit den zugehörigen verschlüsselten Prozessinformationen.

Aus der vergleichenden Perspektive der Evolutionstheorie entwickeln sich die Eigenschaften von Lebewesen nach den Prinzipien der Mutation und Selektion. Im Laufe der Stammesgeschichte überlebten diejenigen Spezies, die zu dem betrachteten Zeitpunkt am besten an ihre Umwelt angepasst waren. Zufällig auftretende Mutationen, die die Gene einzelner Lebewesen verändern, tragen zur Weiterentwicklung der Spezies bei. Insbesondere wenn diese Veränderungen der Erbsubstanz zu einer verbesserten Anpassung an die Umweltbedingungen führen, ermöglicht der von Darwin formulierte „Struggle for life“ die langfristige Überlebensfähigkeit der jeweiligen Gattung.[697] Transferiert man diesen Gedanken auf das Paradigma der Geschäftsprozessgestaltung, so sind Prozesse langfristig nur dann überlebensfähig, wenn sie den Anforderungen des Wettbewerbs und der internen sowie externen Kunden entsprechen. Das Anforderungsprofil kann dabei Aspekte wie Wertschöpfungsgrad, Schnelligkeit, Automatisierungsgrad, prozessualer Integrationsgrad einer E-Maintenance-Lösung, Standardisierungsgrad, Komplexität, Transparenz usw. umfassen. Mutationen treten in der Genetik und Evolution in der Regel zufällig auf. Im Anwendungsfeld der ganzheitlichen Geschäftsprozessmodellierung stellen veränderte Wettbewerbsbedingungen oder technische Innovationen, wie sie beispielsweise moderne Informations- und Kommunikationstechnologien repräsentieren, potenzielle Mutagene dar. Charakteristisch für die Ablaufgestaltung ist allerdings, dass die Mutationen, also die Veränderungen des prozessualen Erbgutes gezielt vorgenommen werden. An dieser Stelle ist deutlich zwischen dem medizinischen und biologischen Referenzmodell und

[697] Vgl. hierzu Faller, A. (1999), S. 55ff.

dem an die Besonderheiten der Forschungsparadigmen der vorliegenden Arbeit adaptierten Handlungsmodell zu differenzieren.

Die Genetik unterscheidet folgende Arten von Mutationen:

1. Genmutationen
2. Chromosomenmutationen (strukturelle Chromosomenaberrationen)
3. Genommutationen (numerische Chromosomenaberrationen)

Ad1:
In diesem Fall entstehen Fehler beim Vorgang der identischen Replikation, wodurch sich die Basenreihenfolge verändert. Aus der Prozessgestaltungsperspektive erweist sich jener Vorgang als ungeplanter und nicht zielführender Eingriff in die Reihenfolge von Prozessschritten. Aus der Änderung des Genotyps kann eine Veränderung des prozessualen Phänotyps resultieren, da Prozessinformationen nicht mehr zur adäquaten System- und Dateninformation der E-Maintenance-Lösung passen. Die beliebige Wiederholbarkeit von Geschäftsprozessen wird hierdurch eingeschränkt. Die Genmutation bezogen auf die Ablaufgestaltung lässt sich als *replikationsbezogene Abschnittsmutation* bezeichnen. Während die Genmutation in der klassischen Genetik die häufigste Variante der Erbgutveränderung darstellt, erweist sie sich für eine ganzheitliche Geschäftsprozessgestaltung bei der Entwicklung und beim Einsatz von E-Maintenance-Lösungen als suboptimal und damit in der Regel als kontraproduktiv.

Ad2:
Chromosomenmutationen stellen strukturelle Veränderungen der Träger des Erbgutes dar. „Sie kommen z.B. durch „crossing-over", d.h. durch den Austausch von Chromosomenstücken (...) zu Stande oder sie entstehen dadurch, dass Chromosomen auseinander brechen und sich in anderer Form wieder vereinigen."[698] Bezogen auf das Prozessgestaltungsparadigma bedeutet der erste Effekt, dass Sequenzen verschiedener Teilprozesse ausgetauscht werden. Dies ist in der Praxis möglich, wenn durch die Entwicklung und den Einsatz von

698 Faller, A. (1999), S. 53

E-Maintenance-Anwendungen die bestehende Teilprozess-[Chromosomen]Struktur verändert wird, also Prozesse in logisch zusammengehörige Sequenzen aufgespalten und neu kombiniert werden. Der zweite Effekt spielt für die Geschäftsprozessmodellierung im E-Business-Umfeld die entscheidende Rolle. Wenn Teilprozesse „auseinanderbrechen" und in veränderter Form wieder synthetisiert werden, bedeutet dies, dass die Struktur innerhalb eines solchen Ablaufes und damit in Konsequenz gleichermaßen die zugehörigen Prozessschritte (Gene) mit verändert werden. Während die Genmutation den sporadisch auftretenden Fehler bei der Replikation umfasst, manifestiert sich die Chromosomenmutation als die Restrukturierung oder als das Redesign von zusammengehörenden Basenpaaren und stellt somit den Kernfokus der Geschäftsprozessgestaltung dar.

Die Genetik unterscheidet folgende Fälle:

- „Deletion (Verlust eines Chromosomenstückes),
- Duplikation (Wiederholung eines Abschnitts auf dem gleichen Chromosom),
- Inversion (umgekehrter Einbau eines Chromosomensegmentes),
- Translokation (Austausch von Segmenten zwischen zwei nicht homologen Chromosomen)."[699]

Übertragen auf das betrachtete Forschungsparadigma impliziert die Deletion das Weglassen nicht notwendiger oder nicht wertschöpfender Prozessschritte. Als negative Deletion ist das Hinzufügen fehlender Schritte zu verstehen. Der Vorgang der Duplikation umfasst das Einfügen von Prozesssequenzwiederholungen. Als Inversion ist das Vertauschen der Reihenfolge von Prozessschritten oder –sequenzen, die Parallelisierung und die Beschleunigung von Abläufen, die Einführung kurzer Feedback-Schleifen sowie die Ablösung des Bring- durch das Holprinzip zu bezeichnen. Im weiteren Sinne ist die Integration von Prozessschritten unter diesen Aspekt zu subsumieren, da die „Umkehrung" auch als Rückwärtsintegration interpretiert werden

699 Faller, A. (1999), S. 53

kann. Die Translokation ist aus der Prozessgestaltungsperspektive weit auszulegen und umfasst die bereits angesprochene Neustrukturierung verschiedener Teilprozesse, sie bedeutet allerdings gleichermaßen die Automatisierung von Prozessabschnitten innerhalb eines Teilprozesses durch den Einsatz von E-Maintenance-Tools. In diesem Fall findet eine Art Ortsverlagerung der Prozessimplementierung statt. Als Translokation im weitesten Sinne soll ergänzend der in Kapitel 2 als Handlungsoption der Geschäftsprozessoptimierung erwähnte Aspekt der Harmonisierung von Kapazitätsquerschnitten aufgefasst werden.

Die in der klassischen Genetik bekannte Chromosomenmutation wird im Prozessmodellierungszusammenhang als *Teilprozessmutation* bezeichnet. Sie umfasst alle möglichen Prozesseingriffsvarianten und zeigt Wege der ganzheitlichen Geschäftsprozessgestaltung auf. Aus den Besonderheiten der im Rahmen der vorliegenden Arbeit betrachteten Forschungsparadigmen, der Geschäftsprozessmodellierung einerseits und der Entwicklung sowie des Einsatzes von E-Maintenance-Anwendungen andererseits, resultiert bezogen auf die Teilprozessmutation ein zusätzlich gestaltender Eingriff in die Gen- oder Basensequenzstruktur. System- und Dateninformationen müssen adäquat mit der zugehörigen Prozessinformation verknüpft werden, ansonsten kann die Ablaufmodellierung nicht optimal erfolgen.

<u>Ad3:</u>
Die Genommutation betrachtet die Veränderung der Chromosomenzahl und damit die numerische Änderung der Hauptprozesse. Prozessinnovationen, die durch die Entwicklung und den Einsatz von E-Maintenance-Lösungen entstehen, führen zur Änderung des Genoms. Entsprechende Mutationen werden im Prozessgestaltungszusammenhang als *Hauptprozessmutationen* benannt.

Die Genetik sowie die Evolution erweisen sich als geeignete theoretisch wie praktisch relevante Interpretations- und Beschreibungsmodelle des Vorgangs der Geschäftsprozessmodellierung, unter Berücksichtigung der paradigmenspezifischen Besonderheiten, die zur situativen Adaptation der Modellannahmen sowie -inhalte führten.

5.3.2. Methodentriade als Fundament des ganzheitlichen Vorgehensmodells

Parallel zu den Eingriffsmöglichkeiten auf die Geschäftsprozessstruktur gilt es, die Methoden der ganzheitlichen Prozessgestaltung bei der Entwicklung und beim Einsatz von E-Maintenance-Lösungen von Unternehmen näher zu spezifizieren und zu klassifizieren. Diese Systematisierung soll an dieser Stelle auf einem aggregierten Niveau stattfinden und erst im Verlauf des zu konstruierenden Vorgehensmodells durch einzelne Methoden konkretisiert und detailliert werden.

Für die Systematisierung der Instrumente bestehen grundsätzlich zwei Möglichkeiten: zum einen lassen sich ausgehend von den der Sach-, Personen- sowie Situationsdimension zugeordneten Leitlinien der ganzheitlichen Geschäftsprozessgestaltung pro Dimension und Leitlinie geeignete Methoden ableiten, zum anderen können aus dem theoretischen wie praktischen Bezugsrahmen Instrumentenklassen deduziert werden, die die Erfüllung spezifischer Leitlinien gewährleisten. Die im Rahmen der vorliegenden Arbeit durchgeführten empirischen Analysen haben bereits gezeigt, dass eine Leitlinie mitunter verschiedene Methoden oder Vorgehensweisen umfasst und dass einzelne Instrumente sogar dimensionsübergreifend wirken. Aus diesem Grund wird eine Metaklassifikation der Methoden für die Konstruktion – im Sinne der Ausgestaltung – des Vorgehensmodells, basierend auf dem zweiten Deduktionspfad vorgenommen.

Folgende Methodentriade lässt sich als Fundament des ganzheitlichen Vorgehensmodells spezifizieren:

1. Technisch-prozessuale Methoden als Basismethoden,
2. Kontext-konsensuale Methoden als Aufbaumethoden und
3. Professionalisierungsmethoden als Rahmenmethoden.

<u>Ad1:</u>
Technisch-prozessuale Methoden betrachten den formenden sowie verändernden Charakter des Paradigmas der Prozessgestaltung und setzen sich somit intensiv mit den Aspekten des Prozess(re)enginee-

rings, der Prozessoptimierung, der Ablaufmodellierung und –dokumentation sowie mit der Prozessausführung, einschließlich der jeweils erforderlichen Analysen, Konzeptentwicklungen sowie Bewertungen auseinander. Betont werden soll durch die gewählte Bezeichnung die unmittelbare und durchgängige Vernetzung der beiden Disziplinen, der betriebswirtschaftlichen Geschäftsprozessgestaltung auf der einen sowie der informationstechnischen Umsetzung der Abläufe in der zu entwickelnden oder einzusetzenden E-Maintenance-Lösung auf der anderen Seite. Technisch-prozessuale Methoden erweisen sich als so genannte Basismethoden, da sie expressis verbis das Fundament der Prozessgestaltung bilden. Ohne sie ist keine zielführende Modellierung möglich, im Umkehrschluss bedeutet dies aber auch, dass die umfassende Potenzialrealisierung an die Kopplung der Basismethoden mit den so genannten Aufbaumethoden gebunden ist.

Technisch-prozessuale Methoden beziehen sich vor allem auf die Realisierung der Leitlinien der Sachdimension. Die wirtschaftliche, wertorientierte, modulare, systemische, integrative, generische, visuelle sowie partiell die kreative Geschäftsprozessgestaltung werden durch den Einsatz diesbezüglicher Instrumente sowie Vorgehensweisen entlang der prozessmodellierenden Wertschöpfungskette unterstützt. Je nach methodischem Fokus variiert die Stärke der Leitlinienausprägung. Die Erfüllung der Anforderungen an eine ganzheitliche Geschäftsprozessgestaltung setzt die Berücksichtigung aller formulierten Leitlinien voraus. Diesen Unbedingtheitsanspruch gilt es zu präzisieren, aber auch zu relativieren, da jede Leitlinie ein Kontinuum darstellt, das fallspezifische Intensitäten der Leitlinienumsetzung beinhaltet. Es ist im Einzelfall zu entscheiden, welche Ausprägung auf dem Kontinuum der augenblicklichen Gestaltungsphase am besten entspricht. Die Metasegmentierung des Vorgehensmodells in den generischen Part auf der einen Seite und in den situationsspezifischen Part auf der anderen Seite impliziert deshalb nicht, dass im Rahmen des zuletzt genannten Entwicklungspfades das generische Element nicht berücksichtigt wird, sondern dass es auf dem Kontinuum der Leitlinie der generischen Prozessgestaltung mit der geringsten Ausprägung zu berücksichtigen ist. Da die Ablaufmodellierung aus dem systemtheoretischen Zusammenhang heraus als offenes System betrachtet wird, ist jede noch so situativ geprägte Modellierungshandlung bis zu einem gewissen Grad als generisch zu interpretieren. Die Basismethoden berücksichtigen zusätzlich die Aspekte der strategischen sowie der anwendungsorientierten Geschäftsprozessgestaltung als Bausteine der Situationsdimension.

Ad2:
Die Kontext-konsensualen Methoden, auch Aufbaumethoden genannt, unterstützen primär die Leitlinien der Personen- sowie der Situationsdimension. Parallel zu den betrachteten „hard facts" der Ablaufmodellierung bei der Entwicklung und beim Einsatz von E-Maintenance-Lösungen von Unternehmen gilt es, die erfolgversprechenden „soft facts" zu identifizieren und durch geeignete Methoden in den Gestaltungsvorgang aktiv zu integrieren. Das technisch-betriebswirtschaftlich geprägte Paradigma der Geschäftsprozesse und deren Gestaltung weist durch die Projektträger einen durchgängigen menschlichen Bezug auf. Die Reduktion des Vorgehensmodells auf die rein sachlichen Aspekte würde zum einen dem Prinzip der Ganzheitlichkeit widersprechen, zum anderen könnten die Projekte dann vermutlich nicht erfolgreich durchgeführt werden, weil beispielsweise der Kontextverknüpfung zu wenig Aufmerksamkeit zukommt.

Die Kontext-konsensualen Methoden fördern vor allem die Leitlinien der kooperativen, präferenz- und anreizorientierten, der kontextverknüpfenden, der pädagogischen und partiell der kreativen Prozessgestaltung. Zusätzlich wirken diese Instrumente auf die Leitlinie der interkulturellen Geschäftsprozessmodellierung als Element der Situationsdimension.

Ad3:
Die Professionalisierungs- oder Rahmenmethoden üben eine Art Klammerfunktion aus, da sie tendenziell phasenübergreifend wirken und zu einer Verbesserung des Vorgehensmodells sowie der zur Prozessgestaltung eingesetzten Methoden beitragen. Zusätzlich gewährleisten sie den Langfristcharakter der prozessgestaltenden Maßnahmen bei der Entwicklung und beim Einsatz von E-Maintenance-Anwen-

dungen entlang des Lebenszyklus des betrachteten Forschungsparadigmas. Die Professionalisierungsmethoden ermöglichen speziell die Erfüllung der Leitlinie der nachhaltigen Geschäftsprozessgestaltung als Baustein der Situationsdimension.

Die Methodentriade bildet das Fundament des ganzheitlichen Vorgehensmodells, das in den folgenden Teilkapiteln konstruiert und entlang der prozessgestaltenden Wertschöpfungskette detailliert wird. Je nach Besonderheiten der einzelnen Wertschöpfungssequenzen stehen Technisch-prozessuale, Kontext-konsensuale oder Professionalisierungsmethoden im Vordergrund und sind Ausdruck der Handlungs- sowie Gestaltungsempfehlungen innerhalb der Vorgehenspfade der generischen und der situationsspezifisch geprägten Tool-Entwicklung sowie im Rahmen der Einsatzphase.

5.4 Die Planungsphase im Rahmen des ganzheitlichen E-Geschäftsprozessmanagements

Die Planungsphase der ganzheitlichen Geschäftsprozessgestaltung bei der Entwicklung und beim Einsatz von E-Maintenance-Lösungen vollzieht sich von der ersten Projekt- und Kooperationsanbahnung über die Prozessidentifikation und –auswahl bis hin zur Anforderungsdefinition und –gewichtung der ausgewählten Geschäftsprozesse, die in eine entsprechende E-Anwendung von Unternehmen zu integrieren sind. In diesem Zusammenhang spielen sowohl im Entwicklungs- als auch im Einsatzfall besonders Kontext-konsensuale wie auch Technisch-prozessuale Methoden eine wichtige Rolle, die nachfolgend näher zu spezifizieren sind.

5.4.1. Projekt- und Kooperationsanbahnung

Die Projekt- und Kooperationsanbahnung zeigt zum einen die präprozessgestaltende Natur dieses Planungssteps auf, zum anderen wird deutlich, dass zwischen dem Situationsgefüge der Entwicklung eines Tools und dem Einsatz desselben sowie im Rahmen des Vorgehensmodells zwischen den Segmenten der generischen und situationsspezifischen Prozessgestaltung zu differenzieren ist. Hervorzuheben gilt es in diesem Zusammenhang, dass bereits vor Vertragabschluss oder Projektbeginn die Möglichkeiten und Grenzen der optimalen Geschäftsprozessgestaltung im E-Maintenance-Umfeld determiniert werden. Fehlen entscheidende Erfahrungen im Zusammenhang mit der Prozessmodellierung, sind die Interessen und Zielsetzungen der beteiligten Partner zu kontrovers oder werden die Aufgabenspektren der Partizipienten nicht eindeutig genug definiert und abgegrenzt, kann mitunter der Projekterfolg nachhaltig gefährdet sein. Unabhängig von den definierten Prozessgestaltungsschwerpunkten ist die Projekt- und Kooperationsphase prozessual auszurichten. Viel zu häufig wird in der Praxis bei entsprechenden Projekten der E-Business-Lösung zu viel Aufmerksamkeit geschenkt, ohne dem basalen Geschäftsprozess die ihm angemessene Bedeutung beizumessen. Die Philosophie der Ablaufmodellierung bei der Entwicklung und beim Einsatz von E-Maintenance-Tools ist bereits in der Anfangsphase in den Köpfen der potenziellen Projektpartner zu verankern. Nur auf diese Art und Weise lassen sich sowohl die technischen als auch die personellen Voraussetzungen für die erfolgreiche Geschäftsprozessgestaltung schaffen.

5.4.1.1 Generische Prozessgestaltung im Rahmen der Tool-Entwicklung

E-Maintenance-Lösungen, die der Kategorie der generischen Geschäftsprozessgestaltung zugehörig sind, lassen sich durch die Aspekte mittlere bis hohe Prozess-Komplexität in Kombination mit einer mittleren bis hohen Tool-Komplexität charakterisieren. Dieser Tatbestand führt zu besonderen Anforderungen an die Gestaltung der Projekt- sowie Kooperationsanbahnungsphase, da zum einen die beiden komplexitätstreibenden Merkmale der Entwicklungssituation eine besondere Zusammensetzung des Projektteams erfordern und zum anderen die Erfolgspotenziale der Ablaufmodellierung bereits durch die Auswahl der Kooperationspartner zu einem hohen Grad determiniert werden. Speziell bei der generischen Prozessgestaltungssituation und dem Situationsgefüge der Neuentwicklung einer E-Maintenance-Lösung stehen vergleichbare Projekte und Tools in der Regel nicht zur Verfügung. Die Vornahme eines „Benchmarkings" zwischen einer erfolgreich abgeschlossenen Tool-Entwicklung beispielsweise im E-Logistics-Bereich und einer innovativ zu gestaltenden E-Maintenance-Anwendung kann aufgrund der unterschiedlichen Prozess- sowie inhaltlichen Toolstruktur nur sehr bedingt erfolgen. Die Projekt- und Kooperationsanbahnungsphase ist jedoch, unter Berücksichtigung der eingeschränkten Aussagefähigkeit auf das prozessgestaltende Paradigma hin auszurichten. Auch wenn die in die E-Lösung zu integrierenden Detailprozesse noch nicht bekannt sind – dies ist Inhalt der nächsten Steps – müssen tendenziell die Hauptprozesse oder zumindest die Kernfunktionen der Anwendung den potenziellen Partnern in aggregierter Form geschildert werden. Auf Basis dieser ersten Aussagen lässt sich eine Positionierung der E-Maintenance-Lösung im E-Prozessgestaltungs-Portfolio, entsprechend der Empfehlungen, die im Rahmen der vorliegenden Arbeit ausgesprochen wurden, erreichen. Somit kann im ersten Schritt eine Zuordnung des Entwicklungsprojektes zur Normstrategie der generischen oder der im nachfolgenden Teilkapitel behandelten situationsspezifischen Prozessgestaltung geleistet werden.

Es stellt sich die Frage, welche Kooperationspartner im Rahmen der Projektanbahnungsphase zu kontaktieren sind. Speziell bei der generischen Prozessgestaltungssituation ist eine größere Anzahl an Partnern erforderlich, die dem prozessualen Komplexitätsgefüge entspricht. Dabei sollten – dies zeigen Erfahrungen aus dem Forschungsprojekt PROTEUS – nicht mehr als fünfzehn Partner in das Entwicklungsprojekt einbezogen werden, da der Koordinationsaufwand mit der Anzahl der Teilnehmer sehr stark zunimmt.

Für die generische Ablaufmodellierung bei der Entwicklung von E-Maintenance-Lösungen sollten folgende Partner für das Projekt akquiriert werden:

a) aus institutioneller Sicht:
Praxispartner (➔ durchgängiger Anwendungsbezug, Kunden- und Umsetzungsorientierung) und Vertreter von Universitäten oder von privaten sowie öffentlichen Forschungseinrichtungen (➔ Einbezug neuester Forschungserkenntnisse).

b) aus fachlicher Sicht:
Experten aus dem Bereich E-Maintenance, IT-Experten, insbesondere im Anwendungsfeld des E-Business – vorzugsweise aus dem betrachteten Bereich, Experten mit Prozessgestaltungs- oder Prozessmanagement-Know-how – vorzugsweise im E-Maintenance-Feld und Vertreter mit Beratungs- und Moderationskompetenz sowie mit Projektmanagement-Know-how. Es besteht durchaus die Möglichkeit, dass ein potenzieller Projektteilnehmer verschiedene Kompetenzschwerpunkte in Personalunion erfüllt.

Das Situationsgefüge der generischen Geschäftsprozessgestaltung setzt voraus, dass die Interdisziplinarität bereits von Beginn des Projektes an, entlang der ablaufmodellierenden Wertschöpfungskette gesichert ist. Der spätere Einbezug von Prozess-Know-how oder von IT-/E-Business-Know-how erschwert die kooperative, integrative, kontextverknüpfende sowie beispielsweise die generische und wirtschaftliche Prozessgestaltung. In der Projekt- und Kooperationsanbahnungsphase spielen vor allem die Kontext-konsensualen Aspekte eine bedeutende Rolle, die jedoch den zielführenden und erfolgreichen Einsatz Technisch-prozessualer Methoden im weiteren Verlauf der Prozessgestaltung vorbereiten.

Als elementare Kontext-konsensuale Methode erweist sich in der Phase der Projekt- und Kooperationsanbahnung die Akquiseform. Grundsätzlich besteht die Möglichkeit, klassische Projektakquisegespräche durchzuführen. Diese greifen allerdings im Rahmen der generischen Prozessgestaltungsstrategie, angesichts der Projektkomplexität zu kurz. Die Ausschreibung erweist sich aus Sicht der Principle-Agent-Theorie als eine den schwierigen Anforderungen in hohem Maße entsprechende Akquisemethode. In Abhängigkeit von den in Kapitel 2 definierten kooperationsauslösenden Situationen lassen sich drei Principal-Varianten unterscheiden:

1) Unternehmen/Wertschöpfungspartner (potenzieller oder tatsächlicher Nutzer der E-Logistics- oder E-Maintenance-Lösung),
2) Softwarehaus/Softwareprovider (Hersteller der E-Maintenance-Lösung) und
3) Funding Authority im Rahmen von Forschungsprojekten.

Entsprechend der "institutionellen Lokalisierung" der Projektidee wird insbesondere beim Typ 3 die öffentliche Ausschreibung der Tool-Entwicklung als Forschungsprojekt erfolgen. Aber auch die Varianten 1 und 2 lassen grundsätzlich die Möglichkeit für die Vornahme der Entwicklung im Rahmen eines von öffentlicher Seite geförderten Forschungsprojektes zu. In Abhängigkeit von dem erforderlichen Entwicklungs- und Investitionsvolumen kann es durchaus zielführend sein, beispielsweise sehr komplexe Plattformen in einem entsprechenden Kooperationsverbund mit all seinen Konsequenzen zu realisieren. Die Ausschreibung von diesbezüglichen Forschungsprojekten über eine Funding Authority sowie die Projektanträge haben spezifischen Formvorschriften und Regularien zu entsprechen, die von allen potenziellen Teilnehmern zu akzeptieren sind. Liegen die Präferenzstrukturen des Principals stärker in der möglichst frühzeitigen wirschaftlichen Verwertung der E-Mainteance-Lösung als Softwarehersteller oder als Wertschöpfungspartner begründet, so lässt sich die Ausschreibung privatwirtschaftlich individuell und bedarfsgerecht gestalten. Durch die Wahl des Ausschreibungstextes treten zum einen die Eigenschaften und Ziele des Principals in Erscheinung, zum anderen soll speziell durch die Angebote der potenziellen Agents, Einsicht in die Kooperations- und Präferenzstruktur gewonnen werden. Über die Wortwahl, den Prozessbezug, den Potenzialbezug, die Wahl der Ausschreibungssprache, z.B. Englisch sowie durch die gewählten Fachtermini wird deutlich, welche Ambitionen der Principal hat und welche Eigenschaften dieser vom potenziellen Kooperationspartner erwartet. Entscheidend aus Sicht der ganzheitlichen Prozessgestaltung ist, dass im Ausschreibungstext die Hauptfunktionalitäten – und damit mehr oder weniger die Kernprozesse, die geforderte interdisziplinäre

Besetzung, die erforderlichen Erfahrungen der Partner, die eigenen Kompetenzen, die Betonung des geschäftsprozessualen Integrationscharakters als Hauptzielsetzung, die Potenziale für die Teilnehmer aus prozessualer Sicht sowie der erforderliche (geschätzte) Zeit-, Aufwands- und Kostenrahmen deutlich zutage treten. Wird der Ausschreibungstext sowohl für IT-Spezialisten als auch für Betriebswirtschaftler und/oder Prozessmanager verständlich formuliert, so dürften die Chancen auf eine ausgeglichene sowie adäquate, interdisziplinäre Projektbesetzung deutlich steigen. Die möglichen Teilnehmer formulieren ihre Angebote (Bewerbungen) entsprechend ihrer eigenen Ziel-, Präferenz- sowie Kompetenzstruktur. Persönliche Gespräche des Principals mit ausgewählten Bewerbern, die beispielsweise eine kurze Präsentation der Partner umfassen, erleichtern das "Matching" sowie die endgültige Auswahl der Kooperationsteilnehmer.

Als Technisch-prozessuale Methode spielt bei der Projekt- und Kooperationsanbahnung im generischen Prozessgestaltungsfeld der prozessbezogene Potenzialausweis eine entscheidende Rolle. Bei Neuentwicklungen sind in der Regel mögliche Einsparungen an Prozesskosten noch nicht bekannt oder nicht quantifizierbar. Die Herleitung von Referenzpotenzialen aus vergleichbaren Projekten ist, wie bereits angesprochen ebenfalls nur schwer möglich. Der Prozessbezug in der Ausschreibungsphase kann somit vor allem durch die Betonung der Potenzialquelle "Prozesskosten" hergestellt werden. Insbesondere gilt es, den prozessualen Integrationscharakter und dessen Wirkung auf die Prozess- und Transaktionskosten sowie vorhandene Standardisierungspotenziale aufzuzeigen. Den potenziellen Agents wird es hierdurch möglich, ihre Aufmerksamkeit auf den Prozessbezug der Projektaktivitäten zu lenken und ihre Präferenzstruktur an den Potenzialquellen auszurichten. Somit lässt sich die gewünschte Anreizwirkung erzielen, ohne ex ante überhöhte Potenziale auszuweisen. Diese sind im Laufe des Projektes und parallel zur Prozessgestaltung näher zu konkretisieren.

Die Projekt- und Kooperationsanbahnung für die Normstrategie der situationsspezifischen Prozessgestaltung erweist sich im Vergleich zur generischen Strategie als weniger komplex und erfordert ein etwas modifiziertes Vorgehen.

5.4.1.2 Situationsspezifische Prozessgestaltung im Rahmen der Tool-Entwicklung

Die Übertragung der Methoden aus dem generischen Prozessgestaltungsfeld auf das situationsspezifisch geprägte Vorgehenssegment ist rein theoretisch möglich, aber wenig zielführend. Es bedarf grundsätzlich der Komplexitätsentsprechung zwischen Prozessgestaltung einerseits und der Projektkooperation andererseits. Auch in diesem Fall gilt der durchgängige Geschäftsprozessbezug entlang der gesamten ablaufmodellierenden Wertschöpfungskette von der Projekt- und Kooperationsanbahnung bis hin zum Einsatz der E-Lösung respektive bis zum Projektabschluss.

Das Projektteam sollte sich in diesem Fall aus den folgenden Partnern rekrutieren:

a) <u>aus institutioneller Sicht:</u>
Praxispartner sowie bei Bedarf Vertreter von Forschungseinrichtungen.

b) <u>aus fachlicher Sicht:</u>
Experten aus den Unternehmensbereichen Instandhaltung und Produktion, Instandhaltungsdienstleister, IT-Fachleute, vorzugsweise mit Erfahrungen im E-Maintenance-Bereich. Vorteilhaft sind zusätzlich Erfahrungen in der Moderation von Problemlösungs-/Projektgruppen.

Die Strategie der situationsspezifischen Prozessgestaltung konstituiert sich aus einer geringen bis mittleren Prozess-Komplexität bei parallel gering bis mittel ausgeprägter Tool-Komplexität. Insbesondere bei zu vermutender geringer Komplexität in beiden Fällen erscheint es möglich, dass Experten aus den Fachbereichen Instandhaltung und Produktion sowie IT-Fachleute nicht permanent interdisziplinär zusammenarbeiten, sondern in regelmäßigen Abständen der Einbezug der komplementären Disziplin erfolgt. Je nachdem, ob der Principal ein Unternehmen/Wertschöpfungspartner oder ein Softwareprovider ist, bestimmt dieser den Zeitpunkt der interdisziplinären Koordination. In allen anderen Fällen sollten die Partner permanent disziplinübergreifend an der Prozessgestaltung beteiligt sein. Die Möglichkeit der Projektanbahnung, mit dem Ziel der Durchführung eines gemeinsamen Forschungsprojektes besteht grundsätzlich auch im Rahmen der situationsspezifischen Prozessgestaltung.

Projektakquisegespräche erweisen sich in diesem Fall als geeignetes Instrumentarium zur Auswahl des/der geeigneten Partner(s). Die Anzahl der Projektteilnehmer ist deutlich geringer als im Bereich des generischen Vorgehenssegments, teilweise partizipieren nur ein Principal und ein Agent entlang der prozessgestaltenden Wertschöpfungskette. Ausschreibungen erscheinen angesichts der geringen Komplexität als nicht notwendig, im Zweifel sogar als kontraproduktiv und zu teuer.

Auch im Zusammenhang mit der situationsspezifischen Geschäftsprozessmodellierung ist bereits in der Projekt- und Kooperationsanbahnungsphase der Versuch zu unternehmen, mögliche Potenziale prozessbezogen aufzuzeigen und die Chancen für eine Prozessoptimierung herauszustellen. Die Entwicklung von kleineren, einfacheren E-Maintenance-Tools erlaubt in einzelnen Fällen die Ableitung von Referenzpotenzialen, so dass die Anreizwirkung auf die zukünftigen Partner als hoch einzuschätzen ist. Hervorzuheben gilt es an dieser Stelle, dass der durchgängige Prozessbezug auch im situationsspezifischen Prozessgestaltungssegment von der Aufnahme der ersten Projektkontakte an zu gewährleisten ist.

5.4.1.3 Prozessgestaltung im Rahmen des Tool-Einsatzes

Für die Phase des Tool-Einsatzes spielt es in erster Linie keine Rolle, ob die Prozessgestaltung während der Entwicklung generisch oder situationsspezifisch vollzogen wurde, die Position der E-Maintenance-Lösung im Portfolio ist fixiert. Der Kooperationspartner ist entweder der Referenzkunde, der am Entwicklungsprojekt bereits beteiligt war und an der Ablaufmodellierung aktiv mitwirkte oder ein neuer Kunde, der die Vorteile der E-Lösung für sich nutzen möchte. In diesem Fall kann entweder der Softwareprovider als Principal auftreten oder der potenzielle Kunde, je nachdem wer die „Marktmacht" aktuell innehat. Für den Nachfrager der E-Maintenance-Lösung gilt es herauszufinden, ob er das Tool käuflich erwerben oder sich an eine Plattform anschließen soll. Diese Entscheidung ist nicht nur abhängig vom Preis und damit vom Betreibermodell einer entsprechenden E-Anwendung, sondern von den möglichen Potenzialen, die der Nutzer durch den Einsatz der E-Lösung für sich erschließen kann. Für den Softwareprovider bildet die möglichst schnelle Amortisation der Entwicklungskosten die fallspezifische Präferenzstruktur ab. Es gilt für beide Seiten in der Projekt- und Kooperationsanbahnungsphase aus prozessgestaltender Sicht folgende Fragen zu beantworten:

- Welche Einsparungspotenziale resultieren durch den Einsatz der E-Maintenance-Lösung aus der erfolgreich durchgeführten Prozessgestaltung in der Entwicklungsphase? Diese sind prozessbezogen, also in Form von Prozesskostenreduzierungen auszuweisen.
- Wie müssen die eigenen Geschäftsprozesse im Instandhaltungsbereich gestaltet sein, um den optimalen generischen oder situationsspezifisch modellierten Abläufen zu entsprechen? Dies ist Voraussetzung für eine vollständige Potenzialerschließung.
- Bestehen für den Nutzer noch Möglichkeiten zur Eigenoptimierung der Abläufe im prozessualen Rahmen der E-Lösung? Dies ist bei generischer Prozessgestaltung in erhöhtem Maße zu vermuten.

Der Softwareprovider ist also gefordert, die Potenziale prozessual auszuweisen. Ist dies während der Entwicklungsphase noch nicht erfolgt, so müssen die Prozesskosteneinsparungen für die bisherigen Referenzkunden ermittelt werden. Nur so kann dem Anreiz- und Präferenzprofil des Neukunden hinsichtlich des Einsatzes der E-Maintenance-Lösung aus Prozessgestaltungsperspektive optimal entsprochen werden.

5.4.2. Festlegung der Projekt- und Kooperationsstrategie sowie der Zielsetzungen

Gegenstand des Steps 2 des ganzheitlichen Vorgehensmodells ist die Festlegung der Projekt- und Kooperationsstrategie und damit der Inhalte des Projektes sowie die Zielvereinbarung. Durch diese Aktivitäten werden die Eckpfeiler der Kooperation und der Geschäftsprozessgestaltung im betrachteten E-Maintenance-Feld definiert. Je nach Dauer des Projektes sowie der Komplexität der Aufgabenstellung erweist sich Step 2 als mehr oder weniger aufwändig und mündet in den Abschluss des Kooperationsvertrages. Zu diesem Zeitpunkt müssen alle für die erfolgreiche Geschäftsprozessgestaltung erforderlichen Voraussetzungen, insbesondere kooperativer, präferenz- und anreizorientierter, aber auch technisch-prozessualer Natur geschaffen sein.

5.4.2.1 Generische Prozessgestaltung im Rahmen der Tool-Entwicklung

E-Maintenance-Plattformen repräsentieren beispielsweise Entwicklungsprojekte im E-Business-Bereich, die nicht nur hoch komplex und damit im Rahmen des generischen Vorgehenssegments der Geschäftsprozessgestaltung abzuwickeln sind, sondern gleichermaßen einen ausgeprägten strategischen sowie Langfristcharakter aufweisen. Dieser Tatbestand hat zur Folge, dass die Projektpartner ein so genanntes Mission Statement in den zu erarbeitenden Kooperationsvertrag aufnehmen sollten, das den Zweck und somit die strategische und inhaltliche Grundausrichtung des Vorhabens umschreibt. Gegenstand des Mission Statements ist die Explikation der Basisfunktionalitäten der zu entwickelnden E-Lösung und kann beispielsweise die Abwicklung von Instandhaltungsaufträgen oder die Steuerung des Ersatzteilwesens beinhalten. Neben dem Mission Statement, das prozessual – orientiert an den zu integrierenden Kernprozessen oder Hauptfunktionalitäten – auszugestalten ist, gilt es, die Driving Strategy zu formulieren, die den Rahmen für die ganzheitliche Geschäftsprozessmodellierung bereits vorzeichnet. Wie anhand des Forschungsprojektes PROTEUS aufgezeigt, umfasst diese Strategie die sukzessive Zusammenführung der Ergebnisse aus den einzelnen, definierten Arbeitspaketen, ausgehend von der Anforderungsdefinition bis hin zur Umsetzung derselben im Rahmen der prototypischen Realisierung der Plattform. Die Festlegung der Driving Strategy bildet den strategischen Orientierungspunkt und kanalisiert alle prozessgestaltenden Aktivitäten zur erfolgreichen Entwicklung sowie zum späteren Einsatz der E-Maintenance-Lösung. Insbesondere im Bereich des generischen Geschäftsprozessgestaltungssegments besteht die Möglichkeit, die stufenweise Integration weiterer Geschäftsprozesse in die zu entwickelnde E-Anwendung für die Zukunft vorzusehen. Auf diese Weise kann dem strategischen Charakter der notwendige Nachhaltigkeitsbezug hinsichtlich der Ablaufmodellierung entlang des prozessualen und tool-bezogenen Lebenszyklus beigemessen werden. Im nächsten Schritt gilt es, die Projektleitstrategie durch Inhalte sowie Zielsetzungen weiter zu konkretisieren und eine modulare Arbeitspaketstrukur, die logischen Prinzipien folgt, zu fixieren.

Auf aggregiertem Niveau sind an dieser Stelle sowohl in informationstechnischer als auch in betriebswirtschaftlicher Sicht die Ziele der Prozessgestaltung zu fixieren und im Konsortium zu vereinbaren. Der unmittelbare Prozessbezug muss dabei immer gewährleistet bleiben, die im Ergebnis zu erschließenden Potenziale, die bereits während der Projekt- und Kooperationsanbahnungsphase qualifiziert wurden, sollten anreizfördernd sowie koordinierend wirken und aus diesem Grund in dem abschließend zu formulierenden Kooperationsvertrag kodifiziert werden. Auch gilt es hervorzuheben, dass die Normstrategie der ganzheitlichen Geschäftsprozessgestaltung in Folge der Charakteristika der zu integrierenden Abläufe sowie der E-Lösung primär generischer Natur, jedoch mit durchgängigem Anwendungsbezug (erste Einsatzfelder) ist. Zusammenfassend bereitet der Step „Festlegung der Projekt- und Kooperationsstrategie sowie der Zielsetzungen“ den nächsten Planungsschritt, die Prozessidentifikation vor.

Die Ergebnisse dieser Planungsaktivitäten fließen in den Kooperationsvertrag ein, der im Rahmen des generischen Vorgehensmodellsegments folgende Inhalte aufweisen sollte:

- Formulierung des Mission Statements sowie der Driving Strategie als strategische Grundausrichtungen.
- Fixierung der grundsätzlichen Prozessgestaltungsstrategie – generische Ablaufmodellierung als Normstrategie.
- Festlegung der Kerninhalte sowie Zielsetzungen der Prozessgestaltung bei der Entwicklung des E-Maintenance-Tools. In diesem Zusammenhang erfolgt die Fixierung der Hauptfunktionalitäten der E-Maintenance-Lösung und damit die vorläufige Definition der in die E-Anwendung zu integrierenden Haupt- oder Kernprozesse.
- Aufzeigen der antizipierten Potenziale der zu realisierenden E-Maintenance-Lösung in prozessualer, aggregierter Form (Prozesskosteneinsparung).
- Definition der Kooperationsform (z.B. durchgängige interdisziplinäre Zusammenarbeit im Praxisverbund).
- Darstellung der modularen Arbeitspaketstruktur, einschließlich Aufwands-, Zeit- und Budgetplanung pro Partner und Arbeitspaket.
- Festlegung der Arbeitpaketleiter sowie der Form der Koordination innerhalb der Work packages.
- Beschreibung der Kooperationspartner, insbesondere ihrer Präferenz- und Zielstruktur bezogen auf das Projekt – und damit in Konsequenz bezogen auf das Paradigma der Prozessgestaltung – sowie des Kompetenz- und Erfahrungsprofils.
- Festlegung der Koordination zwischen den Arbeitspaketen sowie der Gesamtkoordination, insbesondere bei länderübergreifenden Projekten. Beschreibung der interdisziplinären Zusammenarbeit, Ausgestaltung der E-Collaboration.
- Beschreibung der Projektorganisation, vor allem der koordinierenden Organe. Im Rahmen des generischen Prozessgestaltungssegments sind vor allem zwei Koordinationsformen zu präferieren: zum einen das PCC (Project Co-ordination Commity), das über Entscheidungsbefugnis verfügt und die Erreichung der Projektstrategie und –zielsetzungen sicherstellt, zum anderen das TAC (Technical Advisory Commity), das beratende Funktion ausübt und die informationstechnische sowie betriebswirtschaft-

liche Seite der Prozessgestaltung über alle Arbeitspakete hinweg in Einklang bringt.

- Regelung der Projektkommunikation, beispielsweise Turnus von Meetings, Kommunikation und Information via projekt-spezifisches Intranet.
- Fixierung des detaillierten Zeitplanes der primär generischen Geschäftsprozessgestaltung entlang der Tool-Entwicklungs- und Modellierungsphasen. Die Zeitplanung enthält Meilensteine, an denen eine Prämissen-, Strategie-, Ziel- sowie Fortschrittskontrolle durchzuführen ist.
- Regelung der Veröffentlichung sowie Verwertung von Projekt- und von Prozessgestaltungsergebnissen, unabhängig ob es sich um ein Forschungsprojekt oder um ein privatwirtschaftliches Entwicklungsprojekt handelt.
- Regelung der Rechte und Pflichten der Partner im Rahmen der ganzheitlichen Geschäftsprozessgestaltung sowie Definition von Sanktionsmechanismen bei Pflichtverletzung.
- Weitere rechtliche Regelungen wie z.B. Unterschriftenregelung, Stimmrechtsverhältnisse, internationale Rechtsvorschriften usw.

Der Kooperationsvertrag ist von allen Partnern zu unterzeichnen und bildet nicht nur expressis verbis das Kontext-konsensuale Kernstück der Prozessgestaltung, sondern gleichermaßen den Technisch-prozessualen Handlungsrahmen. Der Vertrag ist, insbesondere wenn es sich um internationale Verträge handelt juristisch zu überprüfen. Hinsichtlich des Konkretisierungs- und Detailliertheitsgrades des Vertrages aus der Perspektive des generischen Vorgehenssegmentes gilt es, eine angemessene Komplexität anzustreben. Ein Vertrag, den die Partner als in der Regel juristische Laien nicht verstehen, hilft für die koordinative Prozessgestaltung genauso wenig, wie eine dreißigseitige Einzelfallauflistung aller Eventualitäten.

Für die situationsspezifische Prozessgestaltung im Rahmen des ganzheitlichen Vorgehensmodells lassen sich ebenfalls Handlungsempfehlungen für den Step „Festlegung der Projekt- und Kooperationsstrategie sowie der Zielsetzungen“ ableiten.

5.4.2.2 Situationsspezifische Prozessgestaltung im Rahmen der Tool-Entwicklung

Die im situationsspezifischen Vorgehenssegment zu modellierenden Geschäftsprozesse weisen einen geringeren strategischen Bezug auf. Ursächlich hierfür ist nicht, dass die E-Lösung nur für einen begrenzten Zeitraum eingesetzt werden soll, sondern dass der Prozessgestaltungshorizont weniger komplex und kurzfristigerer Natur ist als bei der generischen Ablaufstrukturierung. Für die Festlegung der Projekt- und Kooperationsstrategie reicht es aus, ein kurzes Mission Statement in den zu schließenden Kooperationsvertrag aufzunehmen und die Kernfunktionalitäten der E-Maintenance-Lösung darin zu spezifizieren. Analog zur Vorgehensweise bei der generischen Geschäftsprozessgestaltung sollten auch in diesem Fall die informationstechnischen sowie die betriebswirtschaftlichen Zielsetzungen des Entwicklungsvorhabens prozessbezogen genau beschrieben werden. Zusätzlich gilt es, die Prozesspotenziale aus vergleichbaren Projekten abzuschätzen. Aus Sicht der beteiligten Projektpartner kann auf Basis der vereinbarten Zielsetzungen das Beitrags-Leistungs-Verhältnis anreiz- und präferenzorientiert ausgestaltet werden. Bei der situationsspezifischen Prozessmodellierung sind in der Regel das Einsatzfeld sowie die in die E-Lösung zu integrierenden Hauptprozesse bekannt und überschaubar. Die Nachhaltigkeit der Ablaufgestaltung wird über die Definition zusätzlicher Anwendungs- oder späterer Einsatzfelder des zu entwickelnden E-Maintenance-Tools gewährleistet. Ein weiterer Gegenstand dieses Planungsschrittes ist die Beschreibung der Inhalte sowie Aufgaben der Prozessgestaltung im Rahmen der Tool-Entwicklung. Für das situationsspezifische Vorgehenssegment ist es empfehlenswert, das Aufgabenbündel nicht in verschiedene Arbeitspakete aufzuspalten, sondern die Modellierungsaktivitäten in einem Phasenschema abzubilden. Innerhalb einer Phase sind die Aktivitäten sukzessive von den Partnern abzuwickeln. Neben der Aufgabensplittung pro Phase, sind die zugehörigen Aufwände und Kosten zu planen. Ein detaillierter Zeitplan ergänzt das Planungsspektrum.

Den Abschluss dieses Planungssteps bildet die Fixierung des Kooperationsvertrages mit folgenden Mindestinhalten:

- Formulierung des Mission Statements als strategischer Orientierungsrahmen.
- Fixierung der grundsätzlichen Prozessgestaltungsstrategie – situationsspezifische Ablaufmodellierung als Normstrategie.
- Festlegung der Kerninhalte sowie Zielsetzungen der Prozessgestaltung bei der Entwicklung der E-Maintenance-Lösung. In diesem Zusammenhang erfolgt die Fixierung der Hauptfunktionalitäten und damit die vorläufige Definition der wenigen in die E-Anwendung zu integrierenden Kernprozesse.
- Abschätzung der prozessbezogenen Potenziale (Prozesskosten), z.B. auf Basis von Referenzprojekten.
- Definition der Kooperationsform (z.B. zeitweise interdisziplinäre Zusammenarbeit im Praxisverbund).
- Darstellung des Phasenschemas der Aufgabenabarbeitung im Kooperationsverbund (modulare Struktur). Pro Phase ist eine Zeitplanung (ev. versehen mit Meilensteinen), eine Aufwands- und Kapazitätsplanung der einzelnen Projektpartner, auf Basis des vollzogenen Aufgabensplittings sowie eine Budgetplanung zu erstellen.
- Festlegung der Projektorganisation: Projektleiter, Steuerkreis als oberstes Entscheidungsgremium sowie Kernteam, das den Vorgang der ganzheitlichen, situationsspezifischen Prozessgestaltung bei der Entwicklung einer E-Maintenance-Lösung strategie- und zielorientiert begleitet. Der Vollzug der Ablaufmodellierung erfolgt im Rahmen von Workshops, die beim Praxispartner vor Ort im interdisziplinären Verbund durchgeführt werden.
- Kurze Beschreibung des Erfahrungs- und Kompetenzprofils der beteiligten Partner.
- Regelung der Projektkommunikation (z.B. via e-mail oder über eine projektbezogene Visualisierung).
- Regelung der Veröffentlichung sowie Verwertung von Projekt- und von Prozessgestaltungsergebnissen.
- Regelung der Rechte und Pflichten der Partner im Rahmen der ganzheitlichen Geschäftsprozessgestaltung sowie Definition von Sanktionsmechanismen bei Pflichtverletzung.

- Weitere rechtliche Regelungen wie z.B. Unterschriftenregelung, Stimmrechtsverhältnisse, ev. internationale Rechtsvorschriften usw.

Der von den beteiligten Partnern unterschriebene Kooperationsvertrag ist als Ausgangspunkt sowie Leitfaden für die Prozessgestalter zu verstehen. Im Rahmen des primär situationsspezifisch geprägten Vorgehenssegments ist der Kooperationsvertrag deutlich kürzer gehalten und deshalb weniger komplex, als im Falle der generischen Prozessgestaltung. Dennoch enthält er alle für die Zielerreichung erforderlichen Informationen und Regelungen.

Für die Ablaufmodellierung beim Einsatz von E-Maintenance-Tools ist ein etwas von der Entwicklungssituation modifizierter Kooperations- sowie Nutzungsvertrag zu formulieren.

5.4.2.3 Prozessgestaltung im Rahmen des Tool-Einsatzes

Für die Fixierung der Projekt- sowie Kooperationsstrategie und der projektbezogenen Zielsetzungen spielt es in diesem Fall keine Rolle, ob während der Entwicklungsphase eine generische oder situationsspezifische Prozessgestaltung vollzogen wurde. Die Zusammenarbeit zielt auf die Erschließung der prozessualen Potenziale durch den Einsatz der E-Lösungen beim Kunden ab. Deshalb sind in dem zu schließenden Kooperationsvertrag besonders zwei Aspekte in den Vordergrund zu stellen: zum einen die noch vorhandenen Prozessgestaltungs- und -optimierungspotenziale, zum anderen die möglichst schnelle Potenzialrealisierung.

Setzen die bisherigen Entwicklungspartner, beispielsweise aus der Industrie, die E-Lösung in den vor Projektstart identifizierten oder in neuen Anwendungsfeldern ein, so kann der bisherige Kooperationsvertrag modifiziert und in einen zielführenden Nutzungsvertrag transferiert werden. Aus der Prozessgestaltungsperspektive ist es für den Praxispartner entscheidend, welche Einsparpotenziale bezogen auf den Einsatz in innovativen Bereichen und damit in neuen Prozessstrukturen entstehen und welche Adaptionsmöglichkeiten für diese Geschäftsprozesse noch vorliegen.

Aus der Perspektive eines Neukunden wurden bereits im Rahmen der Projekt- und Kooperationsanbahnung die entscheidenden, zu beantwortenden Fragen formuliert. Die Festlegung der Kooperationsstrategie mündet in ein kurzes Mission Statement, das den Aspekt der ganzheitlichen Prozessgestaltung, unter besonderer Betrachtung der unternehmensspezifischen Geschäftsabläufe, die zukünftig via E-Lösung abzubilden sind, mit dem Ziel der umfassenden Erschließung von Prozesskostenreduktionen beschreibt. Das Mission Statement manifestiert die strategische Grundorientierung, die durch die hierarchische Ableitung und Spezifikation der Zielsetzungen (Ermittlung und Zusammensetzung der Potenziale) detailliert wird. Es ist durchgängig prozessual orientiert und sichert in Folge einen permanenten Anwendungs- und Geschäftsprozessbezug. Der Potenzialausweis kann zu diesem Zeitpunkt bereits genauer erfolgen, da Referenzwerte aus der Prozessgestaltung und –optimierung im Verlauf der Tool-Entwicklung bei den Praxispartnern vorliegen. Diese sind allerdings als vorläufige Vergleichswerte zu sehen, da die Erschließung der nutzerspezifischen, prozessualen Potenziale aus der Ablaufmodellierung beim Einsatz der E-Lösung noch durch geeignete Technisch-prozessuale Methoden im Kooperationsverlauf unterstützt werden muss.

In beiden Fällen ist im Kooperations- sowie Nutzungsvertrag das Preis- sowie Betreibermodell zu fixieren. Dieses kann unterschiedlich ausgestaltet sein, bei integrierten Plattformen sind z.B. Abrechnungsmodi nach dem Pay-per-click-Prinzip zu finden. In Abhängigkeit von den fixen und variablen Kostenbestandteilen des E-Lösungs-Einsatzes, in Kombination mit dem erforderlichen Aufwand für das Customizing sowie für die Adaptation der eigenen, vom Tool abgebildeten Geschäftsprozesse können vom Nutzer die prozessualen Nettoeinsparpotenziale ermittelt werden. Diese führen zur anreiz- und präferenzorientierten Auswahl der geeigneten Anbieter sowie der potenzialträchtigsten E-Maintenance-Lösung.

In den Kooperations- sowie Nutzungsvertrag sollten die folgenden Inhalte aufgenommen werden:

- Prozessuales Mission Statement mit den Aspekten der Prozessgestaltung sowie des potenzialerschließenden Tool-Einsatzes.
- Konkretisierung der Inhalte sowie der Zielsetzungen der Zusammenarbeit. Die Kooperation kann sich zum einen ausschließlich auf die Nutzung der E-Maintenance-Lösung beziehen, zum anderen darüber hinaus – dies spielt im Rahmen der vorliegenden Arbeit eine zentrale Rolle – die Gestaltung der unternehmensspezifischen Geschäftsprozesse in Verbindung mit der E-Applikation zum Gegenstand haben.
- Prozessbezogener Ausweis der Potenziale, möglichst in monetärer Form als Prozesskosteneinsparungen aus den Referenzanwendungen der Tool-Entwicklung. Der detaillierte unternehmensbezogene Ausweis der Potenziale erfolgt im Rahmen der fallspezifischen Prozessgestaltung.
- Auflistung der Hauptfunktionalitäten sowie der in die E-Maintenance-Lösung integrierten Hauptprozesse. Diese werden im weiteren Projektverlauf bis auf Teilprozess- oder bis auf Tätigkeitsebene hierarchisch detailliert. Die hierfür erforderlichen Erkenntnisse resultieren aus den Technisch-prozessualen Methoden des generischen oder des situationsspezifischen Vorgehenssegments während der Tool-Entwicklung.
- Festlegung der Projektorganisation: Projektleiter, Steuerkreis und Kernteam.
- Festlegung der Projektkoordination (z.B. durchgängige interdisziplinäre Zusammenarbeit im Praxisverbund) und -kommunikation.
- Fixierung der modularen Vorgehensweise hinsichtlich des Einsatzes der E-Maintenance-Lösung sowie bezogen auf die Geschäftsprozessgestaltung. Die Modularisierung wird in diesem Fall durch eine Phasengliederung realisiert. Pro Phase sind die Aufgaben und Aufwände der Partner aufzulisten. Zusätzlich ist die zeitliche und kostenspezifische Planung zu dokumentieren. Bei Bedarf können Meilensteine in die Projektplanung integriert werden.

- Darlegung des Preis- und Betreibermodells sowie entsprechender Abrechnungsmodalitäten.
- Regelung der Rechte und Pflichten der Partner im Rahmen der ganzheitlichen Geschäftsprozessgestaltung.
- Beschreibung der Nutzungsbedingungen für den Einsatz der E-Maintenance-Lösung auf prozessualer Basis (entlang der gesamten prozessualen Wertschöpfungskette, die durch die E-Anwendung abgebildet wird).
- Definition von Sanktionsmechanismen bei Pflichtverletzung.
- Weiterführende rechtliche Regularien.

Der Kooperations- und Nutzungsvertrag kann bei Bedarf im Laufe des Projektes angepasst werden, soweit infolge der Geschäftsprozessgestaltung Änderungen der Prozessstruktur eintreten.

5.4.3. Prozessidentifikation

Der Vorgang der Prozessidentifikation impliziert die Überführung der in den Kooperationsverträgen definierten Hauptfunktionalitäten sowie Inhalte in Haupt- und Kernprozesse der E-Maintenance. Die zu diesem Zweck einzusetzenden Technisch-prozessualen Methoden erweisen sich als rein sachlogisch, es wird noch keine Bewertung der Geschäftsprozesse durchgeführt. Eine neutrale Vorgehensweise ist zwingend erforderlich, da die Prozessidentifikation den möglichen Rahmen für die spätere Prozessgestaltung festlegt und noch nicht durch die Präferenzen sowie durch die individuellen Strategie-, Ziel- und Anreizstrukturen der Kooperationspartner geprägt ist. Das zu konstruierende Vorgehensmodell erweist sich an dieser Stelle als eine Art „Trichter". Zunächst wird auf Basis einer hierarchischen und systemischen Prozedur die Breite der potenziell integrierbaren Geschäftsprozesse im betrachteten Anwendungsfeld aufzeigt und erst im nächsten Schritt erfolgt im Rückgriff auf I&K-technische und/oder betriebswirtschaftliche Aspekte die Bewertung der Abläufe sowie die abschließende Auswahl der zu gestaltenden Prozesse. Zu differenzieren ist in diesem Fall wiederum zwischen den beiden Vorgehenssegmenten der generischen und situationsspezifischen Geschäftsprozessmodellierung sowie der Ablaufgestaltung beim Einsatz von E-Maintenance-Lösungen von Unternehmen.

5.4.3.1 Generische Prozessgestaltung im Rahmen der Tool-Entwicklung

Die Entwicklung von komplexen E-Anwendungen für den Instandhaltungsbereich manifestiert sich bereits vom Zeitpunkt der neutralen Prozessidentifikation an als schwieriges Vorhaben. Gerade bei Neuentwicklungen beispielsweise von integrierten Plattformen, wo noch keine direkten Vergleichswerte anderer Anbieter vorliegen, ist es erforderlich auf einem noch relativ aggregierten Prozessniveau zu verweilen. Aus den im Kooperationsvertrag beschriebenen Soll-Funktionalitäten lassen sich mit Hilfe der Fachexperten die Hauptprozesse, die via E-Maintenance-Lösung abzubilden sind, ableiten. Lautet das Mission Statement z.B. „Abwicklung der gesamten Instandhaltungsaufgaben“, so kann hieraus der Schluss gezogen werden, dass die E-Lösung die Budgetplanung und -kontrolle, die Datenverwaltung, die Objektverwaltung, die Schwachstellenanalyse und die Zustandsüberwachung als auftragsneutrale Geschäftsprozesse, die Auftragsinitiierung, Auftragssteuerung, Ersatzteilbewirtschaftung, Auftragsabwicklung und Durchführung der Instandhaltungsaufgaben sowie die Rückmeldung als auftragsspezifische Geschäftsprozesse, einschließlich der strategischen Geschäftsprozesse, die sich durch die Hauptprozesse Berichtswesen, Instandhaltungsstrategiefestlegung sowie durch die Organisationsentwicklung manifestieren, umfasst.

Zusätzlich zum Mission Statement gilt es, die Driving Strategy vor dem Hintergrund der wertfreien Deduktion von Geschäftsprozessen zu interpretieren. Wenn möglich, kann eine Konkurrenzproduktanalyse auf Basis der Auswertung von Produktbeschreibungen oder Imagebroschüren Hinweise auf die in die betrachtete E-Lösung zu integrierenden Geschäftsprozesse geben. Das „Produktbenchmarking“ zeigt allerdings lediglich bestehende prozessuale Integrationsgrade auf. Durch den Einsatz von Kreativitätstechniken und der Delphi-Methode im Sinne einer Expertenbefragung aus dem Kreis der Kooperationspartner lassen sich Potenziale für die Prozessinnovation und damit für das Prozessdesign identifizieren. Der Terminus Process Innovation bezieht sich zum einen auf die vollständige Neuschaffung eines bislang noch nicht vorhandenen (digitalen/nicht digitalen) Geschäftsprozesses, zum anderen auf das Erkennen von weiteren, innovativen Integrationspotenzialen in prozessualer Hinsicht.

Jeder Kooperationspartner führt eine individuelle, neutrale Prozessidentifikation, bezogen auf die potenziell in die E-Maintenance-Lösung integrierbaren Geschäftsprozesse durch. Im Vordergrund steht natürlich die Analyse durch die Praxispartner, die theoretischen Erkenntnisse der weiteren Partner aus Forschung und Lehre runden die Untersuchung ab. Zunächst sollte aufgrund der vorhandenen Prozess- und Tool-Komplexität die Prozessidentifikation auf Hauptprozessebene erfolgen. Im nächsten Schritt werden im Rahmen eines gemeinsamen, interdisziplinär besetzten Meetings die erfassten Hauptprozesse zusammengeführt, verglichen, einheitlich definiert und dokumentiert. In einem nächsten Schritt gilt es, aus den deduzierten Hauptprozessen hierarchisch die zugehörigen Teilprozesse zu identifizieren. Diese sind in Prozesslisten oder Prozesskataloge zu überführen, die die logisch stringente Struktur der Abläufe, einschließlich der übergelagerten Hauptprozesse aufzeigen. Hilfreich während der beiden Schritte der ganzheitlichen Prozessidentifikation ist die Befragung von Hauptprozessverantwortlichen aus der Praxis, die Durchführung von Aufgabenanalysen im Hinblick auf die aktuellen, schnittstellenübergreifenden sowie partiell durch E-Technologien unterstützten Prozesse („Wer macht was?") sowie die Auswertung von Prozessdokumentationen, wie sie beispielsweise in Qualitätsmanagementhandbüchern zu finden sind. Abschließend werden die Teilprozesskataloge abgeglichen, einheitlich definiert und dokumentiert. Sie bilden den möglichen Integrationsrahmen für die E-Maintenance-Lösung ab. Hierdurch wird ein gemeinsames und einheitliches Prozessverständnis erreicht, das Voraussetzung für die nachfolgende Bewertung der Prozesse, zum einen im Hinblick auf ihre Integrationsfähigkeit (aggregierte I&K-technische Sicht), zum anderen bezogen auf ihre Integrationszweckmäßigkeit (I&K-technische sowie betriebswirtschaftliche Sicht) ist. Eine weitergehende Detaillierung der Teilprozesse sowie die Erfassung von Prozessvarianten ist im Rahmen des generischen Vorgehenssegments nicht mehr vorzunehmen, da der hieraus resultierende Komplexitätsgrad kaum mehr zu handhaben sein dürfte.

5.4.3.2 Situationsspezifische Prozessgestaltung im Rahmen der Tool-Entwicklung

Das Mission Statement bildet auch innerhalb des situationsspezifischen Vorgehenssegments eine geeignete Ausgangsbasis für die Vornahme der Prozessidentifikation. Die Erfassung der potenziell in die E-Maintenance-Lösung zu integrierenden Geschäftsprozesse stellt sich in diesem Fall weitaus einfacher dar, da die E-Anwendungen durch eine gering bis mittel ausgeprägte Prozess- und Tool-Komplexität gekennzeichnet sind. Sie umfassen spezielle Abschnitte der Wertschöpfungskette, mehrere Hauptprozesse mit geringer Komplexität oder im Extremfall sogar lediglich einen Hauptprozess. Gleichermaßen können Referenzanalysen in verschiedenen Anwendungsfällen, Rückschlüsse auf die via E-Anwendung abgebildeten Haupt- sowie Teilprozesse liefern. Nachdem die Funktionalität und in Konsequenz die Hauptprozessstruktur bei der situationsspezifischen Geschäftsprozessgestaltung von E-Maintenance-Anwendungen sehr schnell transparent wird und der Schwerpunkt nicht auf einem hohen prozessualen Integrationsgrad liegt, bedarf es in diesem Fall keiner Expertenbefragung oder des weiterführenden Einsatzes von Kreativitätstechniken.

Die schrittweise Vorgehensweise bei der Prozessidentifikation ist analog dem Prozedere im generischen Vorgehenssegment vorzunehmen. In einem ersten Schritt werden die Hauptprozesse durch die Praxispartner aufgelistet und im nächsten Schritt, nach Konsolidierung innerhalb des in der Regel kleinen Partnerkreises, sukzessive in Teilprozesse aufgespalten. In die Untersuchung fließen vorhandene

Prozessdokumentationen jeglicher Art, schematische Aufgabenanalysen existenter prozessualer Kooperationsgefüge sowie Kenntnisse der unternehmensinternen Prozesseigner konstruktiv ein. Nach abschließender Prozesskonsolidierung werden die Haupt- einschließlich ihrer Teilprozesse in Form von Prozesskatalogen oder –listen dokumentiert.

Angesichts der geringeren prozessualen und tool-bezogenen Komplexität lassen sich an dieser Stelle bereits vorhandene Prozessvarianten bei den beteiligten Projektpartnern aufnehmen. Als Methodik steht dabei die morphologische Analyse zur Verfügung. Anhand einer definierten Anzahl von Kriterien und möglicher Ausprägungen derselben erfolgt die Charakterisierung der Teilprozesse. Spezifische Kriterien-Ausprägungskombinationen entlang der Kriterienkette bilden die Prozesstypen ab. Diese sind in den Teilprozesskatalogen zu erfassen und zeigen den Rahmen der Prozessunterstützung via E-Lösung auf. Bezieht man den Integrationsgrad auf die Ebene der Prozesstypen, so kann auch bei der situationsspezifischen Geschäftsprozessgestaltung von einem zunehmenden Komplexitätsgrad als Folge der Abbildung verschiedener Prozesstypen gesprochen werden.

5.4.3.3 Prozessgestaltung im Rahmen des Tool-Einsatzes

Der Kooperations- und Nutzungsvertrag als vertragliche Basis für den effizienten Tool-Einsatz, einschließlich der hierfür erforderlichen prozessgestaltenden Maßnahmen, zeigt die via E-Lösung integrierten und unterstützten Geschäftsprozesse (Hauptprozesse) bereits sehr deutlich auf. Dies spielt insbesondere für die aus dem generischen Vorgehensmodellsegment resultierenden E-Anwendungen eine besondere Rolle, da nicht auf den ersten Blick zu erkennen ist, welche Abschnitte der instandhaltungsspezifischen Wertschöpfungskette tool-bezogen integriert sind.

Für die Einsatzphase der E-Maintenance-Lösung spielt die Prozesslistung eine wichtige Rolle. Zum einen ist bei modularen E-Anwendungen zu überlegen, ob definitiv alle Funktionalitäten genutzt werden oder nur eine Auswahl der Softwaremodule erworben wird. Dieser Tatbestand ist beispielsweise bei E-Tools gegeben, die so genannte Basis- als auch Aufbaumodule umfassen. Allerdings müssen entsprechende Überlegungen bereits vor Abfassung des Kooperations- und Nutzungsvertrages vollzogen werden und zu den entsprechenden Entscheidungen führen. Zum anderen ist es erforderlich, die Prozessgestaltungspotenziale zu identifizieren. Dies ist am zielführendsten, wenn die Haupt- sowie zugehörigen Teilprozesse in einem systematischen Prozesskatalog aufgelistet sind. Sofern entsprechende Kataloge noch nicht während der Prozessidentifikation bei der generischen oder situationsspezifischen Entwicklung erarbeitet oder nach Abschluss der Entwicklungsphase erstellt wurden, ist dies umgehend zu Beginn der Kooperation zu tätigen. In beiden Fällen ist ein Abgleich der in den Prozesskatalogen beschriebenen Geschäftsprozesse und den beim Praxispartner vorhandenen Prozessdefinitionen sowie –abgrenzungen durchzuführen. Nach Konsolidierung der Haupt- und Teilprozesse gilt es, die Prozesskataloge entlang der prozessgestaltenden Maßnahmen zu aktualisieren und zu pflegen.

5.4.4. Anforderungsdefinition und –gewichtung sowie Prozessauswahl

Aus den bisher ermittelten Haupt- und Teilprozessen, die potenziell in eine E-Maintenance-Lösung integriert werden können, sind im nächsten Schritt diejenigen herauszufiltern, die den Kundenanforderungen am besten entsprechen und die höchsten Potenziale erwarten lassen. Es wird somit im Rahmen dieses Planungssteps die Neutralität der Prozessgestaltung verlassen und partnerspezifische Interessen, Präferenzen, Strategien und Zielsetzungen fließen als Einflussfaktoren in das Auswahlprozedere ein. Die bisherige Betrachtung war rein prozessbezogen, ihre Abbildung via E-Lösung spielte zunächst keine Rolle. Der Prozessintegration, vor allem im Segment der generischen

Prozessgestaltung könnten allerdings auch informationstechnische Aspekte widersprechen, wenn die zur Realisierung erforderlichen Informations- und Kommunikationstechnologien noch nicht vorhanden oder noch nicht für einen erfolgreichen Dauereinsatz ausgereift sind. Es stellt sich zudem die Frage, ob ein optimaler Integrationsgrad überhaupt existiert, zumal sich der betrachtete Planungsstep als überwiegend prozessstrategischer und qualitativer Natur erweist.

Je nach betrachtetem Vorgehensmodellsegment differieren vor allem die einzusetzenden Technisch-prozessualen Methoden, die die Auswahlentscheidung der letztendlich in die E-Maintenance-Lösung zu integrierenden Geschäftsprozesse vorbereiten.

5.4.4.1 Generische Prozessgestaltung im Rahmen der Tool-Entwicklung

Charakteristisch für das Situationsgefüge der generischen Prozessgestaltung ist die Tatsache, dass die Integration mehrerer und/oder komplexer Geschäftsprozesse im Zentrum der Modellierungsaktivitäten steht. Aus diesem Grund stellen sich vor allem die beiden folgenden Fragen:

- Was sollte aus strategischer Sicht in die E-Maintenance-Lösung integriert werden? – Frage nach der Integration beispielsweise erfolgskritischer Prozesse.
- Was ist aus E-Maintenance-/Informationstechnologischer Sicht heraus sinnvoll zu integrieren? – Frage nach den technischen Möglichkeiten und den durch „Digitalisierung" erzielbaren Potenzialen.

Der Unterschied im Vergleich zur klassischen Prozessgestaltung besteht in der Konzentration der Modellierung auf die Abbildung von Informationsflüssen, die entweder parallel oder zeitlich versetzt respektive gleichgerichtet oder entgegengesetzt zum korrespondierenden Materialfluss verlaufen. Die Erfassung sowie Formung von digitalisierten Wertketten repräsentieren komplexe Aufgaben, die am effizientesten im interdisziplinären Verbund gelöst werden können.

Der Planungsstep Anforderungsdefinition und –gewichtung sowie die Prozessauswahl im generischen Vorgehensmodellsegment sollten zunächst isoliert für die einzelnen Partner erfolgen. In einem nächsten Schritt sind die individuell erzielten Resultate via Einsatz einer koordinierenden Technisch-prozessualen Methode zusammen zu führen. Die endgültige Prozessauswahl erweist sich somit als kollektiver, konsensorientierter Entscheidungsprozess.

Jeder am Entwicklungsprojekt beteiligte Partner definiert zunächst die für ihn relevanten „Use Cases“, die die Piloteinsatzbereiche des E-Maintenance-Tools repräsentieren. Umfassen diese Überlegungen gleichermaßen strategische Aspekte oder ist der Bezug primär branchenorientiert, so sollten so genannte Business Cases beschrieben werden. Ausgehend von den konkretisierten Anwendungsfeldern lassen sich die unternehmensindividuellen Anforderungen besser definieren und anschließend vor dem Hintergrund der explizierten Einsatzbereiche gewichten.

Die Anforderungsdefinition hat folgende Aspekte zu berücksichtigen:

- Anforderungen der externen Kunden an die Abwicklung der Aufträge, an die Leistungserbringung, an den Service usw. und damit an die Form der Instandhaltungsprozesse,
- Anforderungen der internen Kunden an die Gestaltung der Geschäftsprozesse im Instandhaltungsbereich,
- Anforderungen der externen Kunden an den Einsatz von I&K-Technologien zur Prozessabwicklung in Bezug auf die vom externen Kunden wahrgenommene Applikation von E-Maintenance-Tools und
- Anforderungen der internen Kunden an den Einsatz von I&K-Technologien zur Effizienzsteigerung von Instandhaltungsabläufen entlang der Wertschöpfungskette.

Alle vier Kategorien erweisen sich als nicht vollständig überschneidungsfrei, ihre Berücksichtigung führt allerdings zu einer ganzheitlich orientierten Erfassung der Anforderungssituation.

Grundsätzlich bestehen in erster Linie zwei Vorgehensweisen zur Anforderungsdefinition: zum einen können die Anforderungen für bestehende Prozesse auf Basis einer sukzessiven Auswertung des Prozesskataloges (Haupt- und Teilprozesse) vorgenommen werden, zum anderen bietet sich im Falle des Prozessdesigns/der Prozessinnovation der Einsatz von Kreativitätstechniken, wie beispielsweise des Brainstormings an.

Empfehlenswert für die Anforderungsermittlung sowie zur Vorbereitung der in die E-Maintenance-Lösung zu integrierenden Geschäftsprozesse (Vorgang der Prozessauswahl) im Rahmen der generischen Prozessgestaltung ist die unternehmensindividuelle Durchführung von strategischen prä-prozessgestaltenden Analysen. Im Folgenden sollen für das betrachtete komplexe Vorgehensmodellsegment drei Technisch-prozessuale Methoden aufgezeigt und an das betrachtete Forschungsparadigma adaptiert werden:

1. Bestimmung der erfolgskritischen Geschäftsprozesse
2. Aufstellen des prozessualen E-Maintenance-Portfolios
3. Ableitung des Prozessintegrationsportfolios

Kennzeichnend für diese Methoden ist der überwiegend qualitative Analysecharakter, der den Komplexitätsgrad der generischen Vorgehensweise der ganzheitlichen Geschäftsprozessgestaltung widerspiegelt.

<u>Ad 1: Bestimmung der erfolgskritischen Geschäftsprozesse</u>
Der Terminus erfolgskritisch erfasst bereits den Inhalt dieser Methodik, da die betrieblichen und überbetrieblichen – sich im Wertschöpfungsverbund vollziehenden – Abläufe entsprechend ihrem Einfluss auf die Erfolgsgrößen der Instandhaltung bewertet werden. Zusätzlich bilden so genannte Prozessportfolios das Erfolgs- und Risikoprofil von Geschäftsprozessen für das betrachtete Unternehmen

ab. Für die generische Prozessgestaltung wird die Realisierung entsprechender Analyse- und Bewertungsmethoden vor allem für die im Prozesskatalog definierten Hauptprozessen zu vollziehen sein. Je nach Komplexitätsgrad besteht allerdings die Möglichkeit, neben den Hauptprozessen gleichermaßen Teilprozesse auf ihre Erfolgskritizität hin zu beurteilen. Abbildung 5-5 zeigt beispielhaft ein Prozessportfolio für die Einflussgrößen „Kundenbedeutung" sowie „Anzahl Prozessbeteiligte (intern/extern)" auf. Die Nummern in den Kreisen stehen für jeweils einen Hauptprozess, der potenziell in die E-Maintenance-Lösung integriert werden kann. Insbesondere bei den als kritisch identifizierten Abläufen sollte mit höchster Priorität die Prozessgestaltung bei der Tool-Entwicklung und somit die Abbildung via E-Anwendung erfolgen.

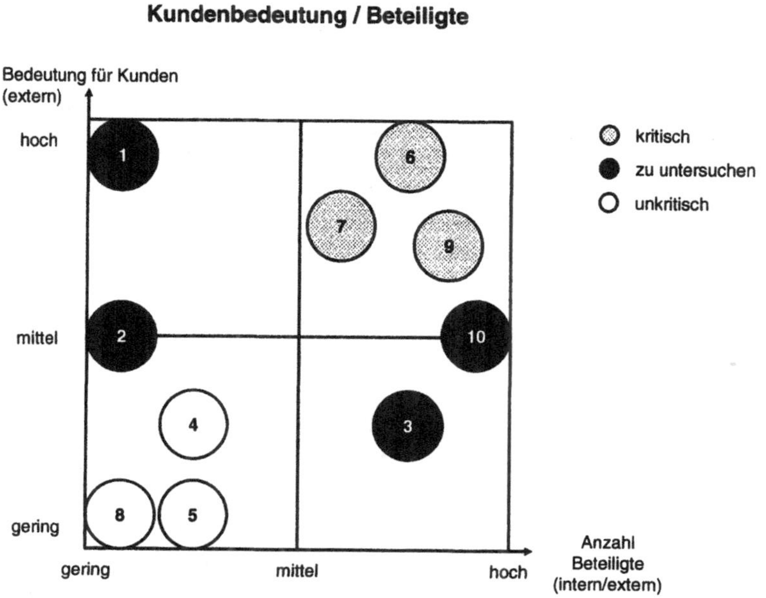

Abb. 5-5: Prozessportfolio (exemplarisch)

Prozessportfolios lassen sich für eine Vielzahl unterschiedlicher Einflussfaktoren-Kombinationen erstellen. Aus diesem Grund steht an erster Stelle die Auswahl der geeigneten Bezugsgrößen, auch die Erstellung mehrerer Portfolios und deren zusammenfassender Vergleich stellt eine praktikable Vorgehensweise zur Prozessauswahl dar.

Abbildung 5-6 zeigt für den Instandhaltungsbereich die eingeschätzten Wirkungen der Hauptprozesse auf die betrieblichen Erfolgsfaktoren exemplarisch auf.

Die vorgenommene Erfolgsbetrachtung lässt sich gleichermaßen für Teilprozesse durchführen, um eine hierarchisch strukturierte Prozessauswahl vorzubereiten.

		Erfolgsfaktoren					
Instandhaltungsprozesse		Instandh.-kosten	Ausfall-zeiten	Ersatzteil-bestände	Verfügbar-keit	Lebens-zyklus	Σ
1	Auftragsinitiierung	2	4	0	2	2	10
2	Arbeitsplanung	2	2	1	3	1	9
3	Auftragssteuerung	1	2	0	2	0	5
4	Ersatzteilbewirtschaftung	1	3	4	2	1	11
5	Auftragsabwicklung / Durchführung	3	4	0	4	3	14

Beeinflussung der Erfolgsfaktoren durch Hauptprozesse: 0 keine Beeinflussung, 1 geringe, 2 mittlere, 3 hohe, 4 sehr hohe Beeinflussung

Abb. 5-6: Prozessuale Erfolgsfaktorenbetrachtung (exemplarisch)

Ad 2: Aufstellen des prozessualen E-Business-Portfolios

Im Rahmen eines Meetings des IHK-Anwenderclubs E-Commerce in Münster wurde dem Teilnehmerkreis die Ableitung der E-Business-Strategie anhand des so genannten E-Business-Portfolios am Beispiel der Kerngeschäftsfelder eines Stadtwerkes vorgestellt.[700] Bei dieser Methodik erfolgt in einem ersten Schritt die Chancen- und Risiko-Beurteilung des Einsatzes von E-Business-Technologien aus Sicht des Marktes. Das Ergebnis der vorgenommenen Wirkungsanalyse führt zur Identifikation der E-Business-Attraktivität der aktuell vorhandenen Kerngeschäftsfelder des betrachteten Unternehmens. Im zweiten Schritt werden die Stärken und Schwächen hinsichtlich der E-Business-Technologie-Applikation pro Kerngeschäftsfeld (z.B. Vertrieb, Einkauf) evaluiert. Die Resultate dieses so genannten E-Business Checks zeigen das intern vorhandene Potenzial auf und führen zum Ausweis des E-Business Reifegrades. Beide Ergebnisprofile werden im E-Business-Portfolio zusammengeführt und visualisieren die wirtschaftlichen sowie technischen Handlungsmöglichkeiten zum effizienten E-Business-Einsatz in den einzelnen Kerngeschäftsfeldern. Im Rahmen der eingangs erwähnten Tagung wurde an einem Beispiel die toolgestützte Evaluierung aufgezeigt.[701]

Aus Sicht der generischen Geschäftsprozessgestaltung ist bezüglich der Anforderungsdefinition und Prozessauswahl ein modifiziertes Portfolio zu erstellen. So gilt es in diesem Fall nicht, die Kerngeschäftsfelder zu beurteilen, sondern ausgehend von der zu entwickelnden E-Maintenance-Lösung sind die identifizierten Hauptprozesse im Portfolio zu positionieren (vgl. Abb. 5-7). Das hieraus resultierende prozessuale E-Maintenance-Portfolio zeigt in Konsequenz Handlungsbedarfe, zum einen im Hinblick auf die potenziell zu integrierenden Geschäftsprozesse und zum anderen bezüglich der Anforderungen an die Geschäftsprozessgestaltung bei der Entwicklung der E-Applikation auf.

Bei Bedarf kann das Gesamtportfolio für einen ausgewählten Hauptprozess hierarchisch auf die ihm logisch inhärenten Teilprozesse herunter gebrochen werden. Allerdings ist in diesem Fall darauf hinzuweisen, dass sich bei zunehmender Prozessdetaillierung eine objektive Beurteilung der E-Maintenance Attraktivität und des E-Mainte-

[700] Vgl. IHK (2002), S. 23f.
[701] Vgl. ebd., S. 25

nance Reifegrades als äußerst schwierig erweist. Es gilt in Summe eine der generischen Natur der E-Lösungsentwicklung entsprechende portfoliobezogene Prozesssegmentierung und –beurteilung vorzunehmen.

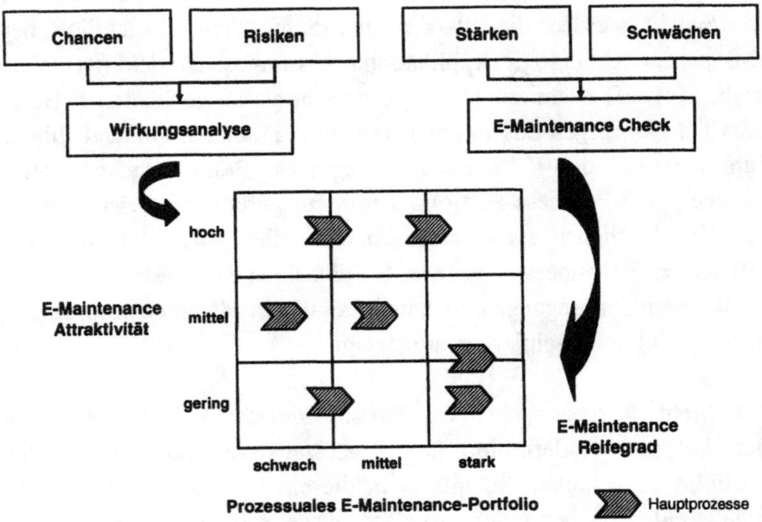

Abb. 5-7: Prozessuales E-Maintenance-Portfolio (schematisch)

Ad 3: Ableitung des Prozessintegrationsportfolios

Die Prozessauswahl sollte neben den technischen Realisierungsmöglichkeiten gleichermaßen wirtschaftliche Aspekte, wie z.B. das Einsparungspotenzial berücksichtigen. Das auf der IHK-Tagung vorgestellte Initiativenportfolio für den Bereich Vertrieb zeigt auf der einen Seite die Auswirkungen des Einsatzes verschiedener E-Business-Technologien auf, auf der anderen Seite die Komplexität der Realisierung derselben.[702]

[702] Vgl. IHK (2002), S. 26

Entsprechend den Charakteristika der Prozessauswahl im Rahmen des generischen Vorgehensmodellsegments bietet es sich an, das Initiativenportfolio auf das spezifische Forschungsparadigma der ganzheitlichen Prozessmodellierung bei der Entwicklung von E-Maintenance-Lösungen von Unternehmen zu adaptieren. Auf diesem Weg entsteht das so genannte Prozessintegrationsportfolio, das in Abbildung 5-8 schematisch dargestellt ist. Als Beurteilungsgrößen werden die „Auswirkung auf die Prozesskosten" sowie die „Komplexität der Realisierung" herangezogen. Mit steigender Realisierungskomplexität nehmen auch die Kosten der Umsetzung zu. Ein allgemeingültiger funktionaler Zusammenhang kann allerdings nicht spezifiziert werden.

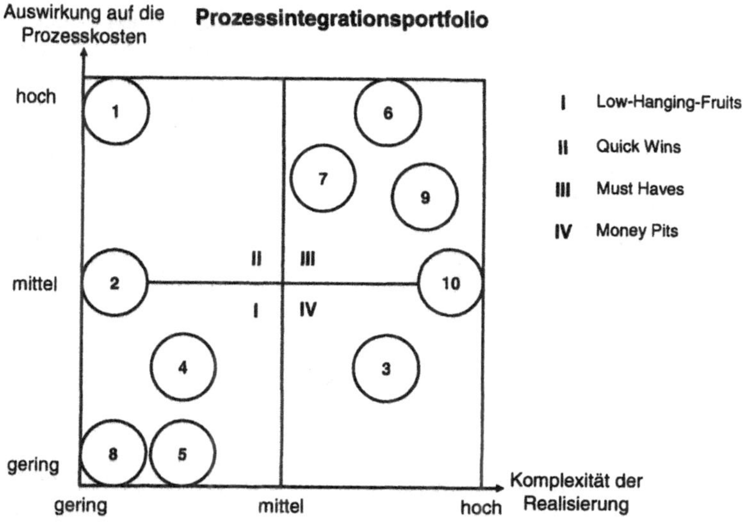

Abb. 5-8: Prozessintegrationsportfolio (schematisch)

Für die einzelnen Ergebnisfelder des Portfolios lassen sich folgende Normstrategien formulieren:

- Quadrant I:
  Prüfung der Prozessintegration, da sich die Komplexität der Realisierung als gering erweist und zumindest ein geringer Potenzialbeitrag zu erwarten ist. Im Einzelfall bedarf es der weiterführenden Kosten-/Nutzenanalyse, um die potenzialorientierte Prozessauswahl zu fundieren.

- Quadrant II:
  Integration aller Hauptprozesse des Quadranten II in die zu entwickelnde E-Maintenance-Lösung.

- Quadrant III:
  In diesem Fall ist eine Kosten-/Nutzenabwägung durchzuführen, da zwar zum einen die Prozesskosteneinsparungen als hoch bewertet werden, zum anderen aber gleichfalls die Komplexität der Realisierung als hoch eingestuft wird. Zusätzlich gilt es, die Ursachen für die ausgeprägte Realisierungskomplexität zu identifizieren und geeignete Ansatzpunkte zu definieren, um die Komplexität auf ein angemessenes Maß zu reduzieren. Ziel sollte es sein, durch die Vornahme der Komplexitätsreduktion die betrachteten Hauptprozesse in den Quadranten II zu „verschieben".

- Quadrant IV:
  Keine Integration der Hauptprozesse in die zu generierende E-Maintenance-Applikation.

Das Prozessintegrationsportfolio wird zunächst für die identifizierten Hauptprozesse entwickelt. Die Transformation dieser Technisch-prozessualen Methodik auf Teilprozessebene ist grundsätzlich möglich, wird allerdings durch die mangelnde Evaluierbarkeit der beiden Einflussgrößen (Auswirkungen auf die Prozesskosten; Komplexität der Realisierung) stark erschwert. Insbesondere bei sehr generischen Tools, wie sie beispielsweise eine E-Maintenance-Plattformen darstellt, sollte deshalb die Portfolioanalyse auf die Hauptprozesse beschränkt werden.

Aus Sicht des Prozessintegrationsportfolios sind so lange Geschäftsprozesse in die zu entwickelnde E-Applikation zu integrieren, so lange ein positiver Wertbeitrag vorliegt. Dieser ermittelt sich aus dem Vergleich von Einsparungen (Nutzen) und den für die Umsetzung erforderlichen Aufwendungen (Kosten). Die Portfoliobetrachtung erweist sich als qualitatives Instrumentarium, das die strategische Prozessauswahl auf aggregierter Ebene unterstützt. Folglich ist beispielsweise der Ausweis monetärer Einsparungen zu diesem frühen Zeitpunkt kaum möglich. Ein optimaler Integrationsgrad ist im generischen Vorgehensmodellsegment deshalb rechnerisch nicht zu ermitteln. Die Prozessauswahl erweist sich in Summe als Ergebnis eines auf einem ordinalen Bewertungsschema basierenden Entscheidungsvorganges.

Die Resultate aus der individuellen Anforderungsanalyse sowie aus der Durchführung der beschriebenen Prä-Analysen seitens der Projektpartner (Praxispartner) sind in einem nächsten Schritt zu harmonisieren und zu integrieren.

Zu diesem Zweck wird nachfolgend das House of E-Maintenance konzipiert, das sich an den Strukturen des bereits im Rahmen der Tagung des IHK-Anwenderclubs präsentierten House of E-Business[703] orientiert.

Das House of E-Maintenance als Ausprägungsform der Technisch-prozessualen Methoden basiert auf der Vorgehensweise des Quality Function Deployments (QFD) und bereitet die Auswahlentscheidung hinsichtlich der in die E-Applikation zu integrierenden Geschäftsprozesse vor.

Die Gestaltung des House of E-Maintenance vollzieht sich in folgenden sukzessiven Schritten:

---

703 Vgl. IHK (2002), S. 37ff.

1. Formulierung und Klassifizierung der Anforderungen an eine E-Maintenance-Lösung

An dieser Stelle sind die Anforderungen der externen wie internen Kunden festzuhalten und nach geeigneten Aspekten zu systematisieren. In der elektronisch gestützten Instandhaltung wären die „sofortige Verfügbarkeit von Anlagendaten zu jedem beliebigen Zeitpunkt“ oder die „Disposition von Ersatzteilen durch den Werker/ Instandhalter vor Ort“ ausgewählte Beispiele für mögliche Anforderungen. Die Klassifizierung der Ansprüche kann bereits nach späteren Funktionalitäten der E-Lösung, nach den zugehörigen Hauptprozessen oder nach den Erfolgsfaktoren der Instandhaltung wie z.B. Zeit, Kosten, Qualität, Flexibilität etc. durchgeführt werden. Die aus den partnerspezifischen Analysen resultierenden Anforderungsprofile sind in das Anforderungsschema bewertungsneutral zu überführen.

2. Priorisierung der Anforderungen

Die identifizierten Anforderungen sind im nächsten Schritt zu gewichten, da die begrenzten Entwicklungsressourcen den am meisten „werttreibenden“ Aspekten zuzuordnen sind. Eine Priorisierung sollte insbesondere im strategisch geprägten, generischen Vorgehensmodellsegment auf Basis eines paarweisen Vergleichs erfolgen. Jede einzelne Anforderung wird hinsichtlich ihrer Bedeutung in Relation zu allen anderen Forderungen beurteilt. Als Bewertungskategorien stehen die Aspekte „wichtiger – Wert 2“, „gleichwertig – Wert 1“ sowie „weniger wichtig – Wert 0“ zur Verfügung. Pro Anforderung wird der individuelle Summenwert bestimmt und die Aspekte lassen sich abschließend, entsprechend ihres Ranges einordnen. Abbildung 5-9 zeigt die Bewertungsmatrix am Beispiel der E-Maintenance im Überblick.

Der Priorisierungsvorgang dürfte sich als kollektiver und konfliktträchtiger Entscheidungsprozess zwischen den Partnern erweisen. Das Anforderungsprofil von Praxisvertretern unterschiedlicher Branchen kann beträchtlich voneinander abweichen, so dass jeder Beteiligte entsprechend seiner Ziel-, Präferenz- und Anreizstruktur den Entscheidungsprozess zu gestalten versucht. Es ist Aufgabe des Moderators, die Lösungsfindung anhand sachlicher Kriterien zu vollziehen und die partiell auftretende Emotionalität aus dem Entscheidungsvorgang zu nehmen.

Wichtigkeit im Vergleich zu ...

		Priorisierungsmatrix							
	Anforderungen	A	B	C	D	E	F	Σ	R
A	Support Operation Guidance		0	0	1	2	1	4	3
B	Dezentrale Ersatzteil-disposition	2		1	2	2	1	8	4
C	Support Vertrags-management	2	2		1	2	2	9	5
D	Schneller Zugriff auf Auftragsdaten	2	2	2		2	2	10	6
E	24 h Hotline	1	0	0	1		1	3	2
F	Zugriff auf Anlagen-historie	0	0	0	1	1		2	1

Paarweiser Vergleich

2 wichtiger
1 gleichwertig
0 weniger wichtig

Abb. 5-9: Priorisierungsmatrix (Ausschnitt)

3. Festlegung der Prozessstruktur und Bewertung des Beitrages der Prozesse zur Erfüllung der formulierten Anforderungen

Im nächsten Schritt werden die Geschäftsprozesse in Relation zu den identifizierten, systematisierten und priorisierten Anforderungen gesetzt. Aufbauend auf den Hauptprozesskatalogen der beteiligten Projektpartner erfolgt die Eintragung dieser Abläufe in eine Matrix. In Ausnahmefällen sind die Prozesse nochmals hierarchisch in Teilprozesse aufzuspalten und zu beurteilen. Für das Vorgehensmodellsegment der generischen Geschäftsprozessgestaltung liegt allerdings der Schwerpunkt auf den Kern- oder Hauptprozessen.

Die zu erstellende Matrix weist folgende Struktur auf:

- Zeilen: Anforderungen der externen sowie internen Kunden und Zuordnung des ermittelten Ranges
- Spalten: Hauptprozesse

Jeder Hauptprozess wird hinsichtlich seines Einflusses auf die Erfüllung der Kundenanforderungen beurteilt. Die Beiträge werden mittels der Kategorien „stark - Wert 9“, „mittel - Wert 5“ und „schwach – Wert 1“ bewertet.

Die Prozessbedeutung resultiert aus der Multiplikation des ermittelten Beitragswertes und des spezifischen Ranges der einzelnen Anforderung. Pro Hauptprozess ergibt sich infolge ein Summenwert, der im nächsten Schritt zusätzlich mit dem Prozessbeherrschungsgrad verknüpft wird.

4. Ermittlung des Prozessbeherrschungsgrades

Pro Hauptprozess erfolgt die Einschätzung der Qualität der Aufgabenerfüllung. Als Beurteilungskriterien können in diesem Fall Prozessgrößen wie z.B. Durchlaufzeiten, Bearbeitungszeiten, Standardisierungsgrad, Schnittstellendichte, Wertschöpfungsgrad, Prozesskosten etc. herangezogen werden. Zusätzlich besteht die Möglichkeit, die Prozessbeherrschung im relativen Wettbewerbsvergleich zu beurteilen, um auf diesem Wege Optimierungs- und Prozessgestaltungspotenziale aufzuzeigen. Die Beurteilungsskala reicht von „sehr gut – 1“ bis zu „mangelhaft – 5“.

Multipliziert man den in Schritt 3 ermittelten Wert der Prozessbedeutung mit dem Wert der Prozessbeherrschung, so resultiert hieraus die so genannte Managementpriorität der Prozesse. Diese ist Ausdruck der Optimierungs- oder Prozessgestaltungspriorität. Mit der Methodik des House of E-Maintenance wird somit zum einen die Prozessauswahl unterstützt, zum anderen können bereits prozessuale Ansatzpunkte für die Ablaufmodellierung auf aggregiertem Niveau identifiziert werden.

Abbildung 5-10 zeigt die bisherige Ergebnisstruktur am Beispiel des 1. House of E-Maintenance auf.

Kundenanforderungen / Prozesse	Rang	Auftragsinitiierung	Arbeitsplanung	Auftragssteuerung	Ersatzteilbewirtsch.	AAW/Durchführung	usw.			
Schneller Zugriff Auftragsdaten	6	1	5	9	1	9				
Support Vertragsmanagement	5	9	1	1	1	5				
Dezentrale Ersatzteildisposition	4	1	5	1	9	1				
Support Operation Guidance	3	1	1	1	1	9				
24 h Hotline	2	9	1	5	1	5				
Zugriff auf Anlagenhistorie	1	1	9	5	1	5				
usw.										
Prozessbedeutung	Punkte	77	69	81	53	125				
sehr gut	1									
	2									
Prozessbeherrschung Qualität der Aufgabenerfüllung	3	●	●	●	●	●	●	●	●	●
	4									
mangelhaft	5									
Managementpriorität Prozesse	Punkte	231	207	243	159	375				

stark (9) **mittel (5)** **schwach (1)**

Abb. 5-10: 1. House of E-Maintenance (Ausschnitt)

5. Erstellung des 2. House of E-Maintenance durch die Verknüpfung der Paradigmen Geschäftsprozesse und E-Applikation

Nach der Zusammenführung von Anforderungsprofilen mit den instandhaltungsspezifischen Geschäftsprozessen erfolgt im nächsten

Schritt die integrierte Bewertung der Abläufe einerseits und der zu entwickelnden E-Lösung andererseits. Ergebnis dieser Vorgehensweise ist die Ableitung des 2. House of E-Maintesnance.

Zunächst werden die Resultate des 1. House of E-Maintenance, ausgedrückt durch die schlussendlich ermittelte Managementpriorität der Geschäftsprozesse in eine zweite Bewertungsmatrix übertragen. Die Spalten umfassen die in der 1. Runde betrachteten Hauptprozesse, im Ausnahmefall die hierarchisch sowie systemisch weiter detaillierten Teilprozesse. Dagegen konstituieren sich die Zeilen der Matrix aus den E-Applikations-bezogenen Bewertungskriterien. Als Bewertungsraster werden die Kategorien „hoch – Wert 90", „mittel – Wert 50" sowie „gering – Wert 10" eingeführt.

Die zu entwickelnde E-Lösung ist für jeden einzelnen Hauptprozess hinsichtlich der folgenden Aspekte zu evaluieren:

- Technische Realisierungsmöglichkeit, im Sinne des Vorhandenseins geeigneter Informations- und Kommunikationstechnologien. Dieser Bewertungsaspekt zielt auf den Tatbestand, dass die Integration von Geschäftsprozessen zwar aus wirtschaftlicher Sicht äußerst positiv beurteilt werden kann, aber die technische Umsetzung nicht möglich ist. Es erfolgt somit der Einbezug eines Abbruchkriteriums, das die Integration eines Hauptprozesses vom technischen Standpunkt aus „untersagt".

- Vorhandenes, geschätztes Optimierungspotenzial der E-Applikation, beispielsweise durch die Reduzierung von Bearbeitungs- und Durchlaufzeiten (Beschleunigung infolge Automatisierung) oder durch die Erhöhung der Prozess- und Ergebnisqualität als Ausdruck des Nutzens der E-Lösung. Angesichts des prä-prozessgestaltenden Zeitpunktes ist eine genaue Quantifizierung der Einsparung, z.B. als Reduzierung der Prozesskosten noch nicht realisierbar. Die Potenzialeinschätzung kann somit nur ordinal, auf aggregierter Ebene vollzogen werden.

- Technischer Realisierungsaufwand als Ausdruck der Umsetzungskosten. Auch in diesem Fall lässt sich nur begrenzt eine monetäre Quantifizierung herbeiführen. Allerdings können durch die beteiligten Softwarepartner grobe Abschätzungen bezüglich der erforderlichen Manntage/Mannmonate für die Programmierung getätigt werden.

- Nutzen-/Aufwandverhältnis als Orientierungsgröße für die final vorzunehmende Prozessauswahl.

In Abbildung 5-11 ist das 2. House am Beispiel der E-Maintenance visualisiert.

CMMS-/ IPS-Tool \ Prozesse	Auftragsinitiierung	Arbeitsplanung	Auftragssteuerung	Ersatzteilbewirtsch.	AAW/Durchführung	usw.	
Technische Realisierungsmöglichkeit	90	90	90	●	50		
Vorhandenes Optimierungspotenzial	50	50	10		90		
Technischer Realisierungsaufwand *)	50	90	90		50		
Nutzen-/Aufwandverhältnis	50	90	50		90		
ev. noch weitere Bewertungskriterien							

*) reziproke Bewertung

E-Maintenance-Tool-Bewertung Punkte	240	320	240	0	280		
Managementpriorität Punkte	231	207	243	159	375		

hoch (90) mittel (50) gering (10) Nicht möglich ●

Abb. 5-11: 2. House of E-Maintenance (Ausschnitt)

Die Ergebnisse des 2. House of E-Maintenance bilden die Basis für die anschließend zu treffende Entscheidung, welche Hauptprozesse in die zu entwickelnde E-Lösung zu integrieren sind. Der optimale

Integrationsgrad erweist sich im generischen Vorgehensmodellsegment, wie bereits angesprochen als primär theoretische Größe. In praktischer Hinsicht muss deshalb die Auswahl mittels heuristischer Integrationsschranken erfolgen. Abbildung 5-12 stellt exemplarisch für das 2. House of E-Maintenance das zugehörige Prozessauswahlportfolio dar. Für die Tool-Bewertung wird eine Mindestschranke von 200 Punkten vorgegeben, gleichermaßen für die Managementpriorität. Alle Hauptprozesse, die sich unterhalb der beiden Schranken befinden, werden nicht in das zu entwickelnde CMMS-/IPS-System eingebunden. In diesem Fall erweist sich die Ersatzteilbewirtschaftung als nicht integrationsfähiger Ablauf, da in dem betrachteten Beispiel festgestellt wurde, dass die Prozessabbildung aus technischer Sicht nicht realisierbar ist.

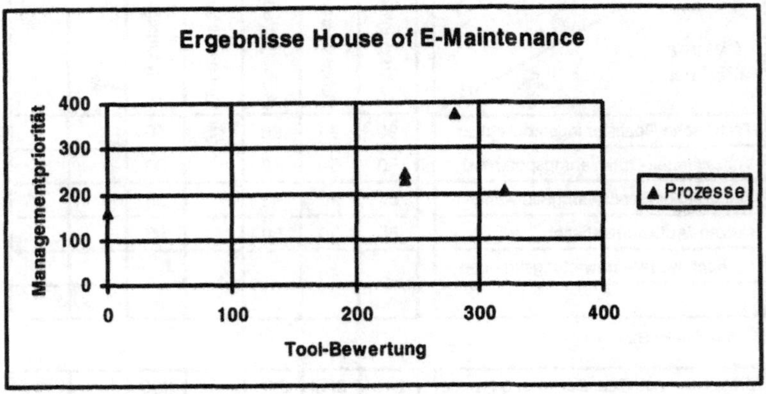

AI Auftragsinitiierung
AP Arbeitsplanung
AS Auftragssteuerung
EB Ersatzteilbewirtschaftung
AAW Auftragsabwicklung / Durchführung

Abb. 5-12: Prozessauswahlportfolio E-Maintenance (exemplarisch)

Die Festlegung der Integrationsschranken orientiert sich zum einen an den Ergebnissen des 1. House of E-Maintenance (resultierende Punktzahl für die Managementpriorität), zum anderen an den Resultaten der Tool-Bewertung mit primärer Betrachtung des Verhältnisses von Nutzen und Aufwand. Pro Beurteilungsschwerpunkt können die Schranken unterschiedlich gewählt werden, um die Präferenzen der beteiligten Partner angemessen zu berücksichtigen. In Anbetracht der aus den einzelnen Bewertungen resultierenden maximal möglichen Punktwerte, sollten die Integrationsgrenzen als Mindestprozentsatz derselben (z.B. 50% von 1200 zu erreichenden Punkten) definiert werden. Ergänzend zum Prozessauswahlportfolio sollte ein so genannter „Plausibilitätscheck" durchgeführt werden, da die Optimierungspotenziale der zu integrierenden Hauptprozesse prozesslogisch aneinander gekoppelt sein können, so dass die isolierte Abbildung lediglich eines Kernablaufes die vollständige Realisierung der Einsparungen nicht ohne die Integration weiterer Prozesse gestattet. Möglich wäre in diesem Fall die Aufstellung einer Verflechtungsmatrix, die die Interdependenzstruktur im relativen Prozessvergleich aufzeigt. Der genannte Schritt sollte aber nur bei Bedarf erfolgen, da ansonsten die Verfahrenskomplexität sowie der Abstimmungsaufwand für alle Beteiligten nur unnötig erhöht würden.

Der Moderator hat für die Konsensfähigkeit der endgültigen Prozessauswahl Sorge zu tragen, so dass der Kooperationsanreiz für die Partizipienten im weiteren Projektverlauf gewahrt bleibt. Die Managementpriorität erweist sich als gewichteter, durchschnittlicher Wert, resultierend aus der Motivations-, Präferenz- und Anreizstruktur der beteiligten Praxispartner. Der fachliche Beurteilungsschwerpunkt hinsichtlich der prozessualen Optimierungspotenziale sowie bezogen auf die Prozessbeherrschung liegt bei den Anwendern, das Know-how zur Evaluierung der technischen Realisierbarkeit und des technischen Realisierungsaufwandes liegt dagegen primär bei den Softwarespezialisten oder –providern.

Die Methodik des House of E-Maintenance erweist sich als integratives technisch-prozessuales Vorgehen, das aufbauend auf den präprozessgestaltenden sowie individuellen Analysen der Beteiligten logisch stringent ein konsensfähiges, strategie- und präferenzorientiertes Ergebnis ermöglicht.

5.4.4.2 Situationsspezifische Prozessgestaltung im Rahmen der Tool-Entwicklung

Der Vorgang der Anforderungsdefinition und –gewichtung sowie der Prozessauswahl vollzieht sich im situationsspezifischen Vorgehensmodellsegment im Vergleich zum generischen Prozessgestaltungsfeld nicht nur auf Haupt-, sondern gleichermaßen auf Teilprozessebene. Welche Geschäftsprozesse in die zu entwickelnde E-Maintenance-Lösung zu integrieren sind, liegt in den meisten Fällen auf der Hand.

Dennoch sind auch in diesem Fall die geplanten Einsatzfelder der E-Maintenance-Lösung in Form von „Use cases" zu definieren. Die Integration verschiedener Prozesstypen oder Teilprozesse in die zu gestaltende E-Applikation kann darüber hinaus die Notwendigkeit zur Beschreibung von umfangreicheren Business Cases, analog der generischen Vorgehensweise induzieren.

Die Anforderungsdefinition im situationsspezifischen Vorgehensmodellsegment sollte deduktiv auf Basis des erstellten Teilprozesskataloges sowie der definierten Prozesstypen erfolgen. Per Brainstorming lässt sich zusätzlich eine wertneutrale Aufnahme von externen wie internen Kundenanforderungen realisieren.

Zur Formulierung der Anforderungen sowie als Orientierungsmaßstab für die spätere Prozessauswahl und -integration dienen in diesem Fall folgende prä-prozessgestaltenden Analysen:

1. Erstellung und Auswertung des E-Maintenance-Strategie-Portfolios, das die potenziellen, zukünftig durch E-Technologien unterstützten Prozesstypen aufzeigt, einschließlich der zugehörigen Bewertungskategorien (vgl. Abb. 5-13).

2. Durchführung der prozessualen Erfolgsfaktorenbetrachtung im Instandhaltungsbereich, auf Ebene der Prozesstypen oder fakultativ auf Ebene der Teilprozesse eines hierarchisch übergeordneten Hauptprozesses (vgl. Abb. 5-6).
3. Erstellung des Prozessintegrationsportfolios auf Basis der Beurteilung der Größen „Auswirkung auf die Prozesskosten" sowie „Realisierungskomplexität" (vgl. Abb. 5-8). Analog der beiden vorausgehenden Analysen wird das Integrationsportfolio für Teilprozesse eines übergelagerten Hauptprozesses oder für die definierten Prozesstypen abgeleitet. Entsprechend der Positionierung der Abläufe sind die jeweils zugeordneten Normstrategien umzusetzen.

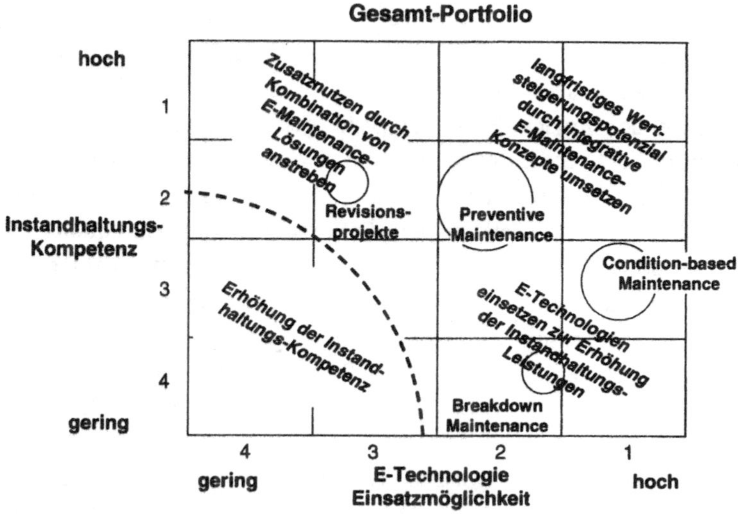

Abb. 5-13: E-Maintenance-Strategieportfolio (exemplarisch)

Die Ergebnisse der prä-prozessgestaltenden Analysen der Partner sind in einem nächsten Schritt zu harmonisieren. Angesichts der Tatsache, dass an der situationsspezifischen Geschäftsprozessgestaltung in der

Regel lediglich wenige Teilnehmer partizipieren, kann die Prozessauswahl auf Basis des dokumentierten Anforderungsprofils sowie beispielsweise unter Nutzung des E-Maintenance-Strategieportfolios vollzogen werden. Besteht dennoch Uneinigkeit der Partner, so lässt sich ein Konsens hinsichtlich der in die E-Lösung zu integrierenden Teilprozesse oder Prozesstypen über das bereits im vorhergehenden Teilkapitel explizierte House of E-Maintenance herbeiführen. Die Schritte werden analog dem generischen Vorgehensmodellsegment durchlaufen, allerdings mit Bezug auf die hierarchisch aus dem entsprechenden Hauptprozess deduzierten Teilprozesse. Alternativ bietet sich die Betrachtung von Prozesstypen an, die Ausdruck der aktuell vorhandenen Prozessvarianten sind. Voraussetzung hierfür ist die eindeutige Abgrenzbarkeit derselben sowie das Vorhandensein einer unterschiedlichen Erfolgskritizität der Ablauftypen.

Es gilt in diesem Fall abzuwägen, ob der erhöhte Aufwand für die Entwicklung des House of E-Maintenance, mit dem Ziel der Unterstützung der finalen Prozessauswahl gerechtfertigt erscheint. Klar strukturierte Entscheidungsprobleme, die auch im kollektiven Verbund sofort konsensorientiert gelöst werden können, dürfen nicht künstlich verkompliziert werden. Dies widerspricht den Grundsätzen der wirtschaftlichen sowie wertorientierten Geschäftsprozessgestaltung. Komplexität, die bereits in der Planungsphase in den Ablaufmodellierungsprozess „hineingetragen“ wird, führt zu einer Komplexitätspotenzierung im weiteren Projektverlauf, die eventuell nur noch sehr schwer oder überhaupt nicht mehr beherrscht werden kann.

Im Hinblick auf die vorgenommene normstrategische Zuordnung von E-Maintenance-Lösungen zu den beiden Segmenten „generisch“ und „situationsspezifisch“ liegen einige E-Applikationen inmitten des Kontinuums zwischen beiden Polen. An dieser Stelle bietet es sich an, das House of E-Maintenance je nach Konkretisierbarkeit für Hauptprozesse, Teilprozesse oder Prozesstypen zu entwickeln, um die tooladäquate und anforderungsgerechte Prozessauswahl zu ermöglichen.

Ein geschulter Moderator sollte den Bewertungs- und Harmonisierungsprozess begleiten, um die infolge unterschiedlicher Präferenz-

und Anreizstrukturen vorhandene Emotionalität auf ein sachliches Niveau zurück zu führen und um die Konsensfähigkeit der Problemlösung zu sichern.

5.4.4.3 Prozessgestaltung im Rahmen des Tool-Einsatzes

Der Vorgang der Prozessauswahl beim Einsatz einer E-Maintenance-Lösung entfällt in der Praxis zum größten Teil. Alle Partner, die bereits an der Applikationsentwicklung beteiligten waren, haben diesen Schritt zu Projektbeginn durchlaufen und nahmen in der Regel auch an der Prototyprealisierung teil.

Unternehmen, die sich bewusst für den Erwerb oder für die Nutzung einer E-Lösung entscheiden, sind nur dann mit dem Erfordernis der Prozessauswahl konfrontiert, wenn die Möglichkeit besteht, ...

- lediglich Teilprozesse über eine E-Maintenance-Lösung abzuwickeln oder

- einzelne Programmmodule isoliert zu erwerben.

Hilfreich sind in diesem Fall die im Rahmen des generischen sowie situationsspezifischen Vorgehenssegmentmodells vorgeschlagenen prä-prozessgestaltenden Analysen. Die Entscheidungsträger im Unternehmen sollten anhand ihrer individuellen E-Maintenance-Strategie sowie auf Basis eines erstellten prozessualen E-Maintenance-Portfolios strategische Pfade des „E-Lösungs-Einsatzes" definieren. Zusätzlich ist empfehlenswert, die Optimierungspotenziale in den vorhandenen erfolgskritischen Geschäftsprozessen zu identifizieren und den Potenzialbeitrag durch die Nutzung von E-Lösungen zu evaluieren. Dies kann zum einen durch die Ableitung des Prozessintegrationsportfolios erfolgen oder auf Basis detaillierter Analysen, die das Potenzial an Prozesskostenreduzierungen – in Abhängigkeit von der generisch oder situationsspezifisch geprägten E-Lösung - pro Hauptprozess, Teilprozess oder Prozesstyp aufzeigen.

Seitens des Anbieters der E-Maintenance-Lösung wirkt der frühe Ausweis prozessualer Einsparungen als Erfolgsfaktor, da sich die enge Verknüpfung der Potenzialrealisierung mit der Geschäftsprozessgestaltung im E-Applikations-Umfeld bereits in der prä-prozessmodellierenden Phase als kooperationsförderlich erweist. Orientierte sich das Einsparungsvolumen in der Projektanbahnungsphase noch an Referenzpotenzialen, so sind die Einsparungsziele nun fallbezogen zu ermitteln. Dies setzt die genaue Analyse der Geschäftsprozesse beim Anwender sowie den Abgleich derselben mit den während der Tool-Entwicklungsphase modellierten Abläufen voraus. Die Technisch-prozessuale Methodik zur Ermittlung von prozessbezogenen Potenzialen wird in den folgenden Teilkapiteln im Zusammenhang mit der Durchführungsphase des ganzheitlichen E-Geschäftsprozessmanagements erarbeitet.

Als erste Orientierungsbasis für die Prozessauswahl dienen neben den soeben angesprochenen prä-prozessgestaltenden Analysen, Anforderungsprofile, die die Ansprüche interner wie externer Kunden an die Nutzung einer E-Maintenance-Lösung aufzeigen. Beim Auftreten konfliktärer Situationen, beispielsweise hinsichtlich der Priorisierung von Anforderungen oder bezüglich der Beurteilung der E-Business-Fähigkeit von Instandhaltungsprozessen, besteht die Möglichkeit, im Rahmen eines Workshops das House of E-Maintenance zu erarbeiten. Auf diesem Wege kann ein für alle internen Parteien akzeptabler Kompromiss gefunden werden, der die Konsensfähigkeit der sich anschließenden Geschäftsprozessgestaltung gewährleistet. In welchem Detaillierungsgrad das House of E-Maintenance zu erstellen ist, bestimmt sich nach den Charakteristika der angestrebten Tool-Applikation. Ist diese generisch geprägt, so bietet sich die Bewertung von Hauptprozessen an, erweist sie sich als situationsspezifisch, so sollte die QFD-Methodik auf Teilprozess- oder Prozesstypenebene realisiert werden. Die Prozessauswahl beim Einsatz von E-Maintenance-Lösungen erfordert in Konsequenz die Ausrichtung der Methodik an den Spezifika der explizierten Vorgehensmodellsegmente.

Der optimale – angemessene – „Abbildungsgrad“ der Geschäftsprozesse in der einzusetzenden E-Lösung bestimmt sich in diesem Fall durch das Verhältnis von Einsparungen zu Kosten. Soweit der Quotient größer als eins ist, werden die zugehörigen Prozesse durch die E-Applikation abgebildet. Angesicht vorhandener entwicklungs- und softwarespezifischer Restriktionen ist eventuell in der Praxis nur die Abwicklung von Prozessbündeln möglich, so dass die finale Prozessauswahl im Stadium des Einsatzes der E-Maintenance-Lösung unter Berücksichtigung der gegebenen Rahmenbedingungen vorzunehmen ist.

5.5 Die Durchführungsphase im Rahmen des ganzheitlichen E-Geschäftsprozessmanagements

Auf dem ersten Blick liegen die Schwerpunkte der Durchführungsphase auf den Technisch-prozessualen Methoden. Die Vornahme der Prozessanalyse, das (Re-)Engineering von Abläufen sowie die Dokumentation derselben sind sicherlich abhängig von den eingesetzten Modellierungstechniken. Zusätzlich spielen jedoch gerade in dem interdisziplinär und konfliktär geprägten Umfeld der Geschäftsprozessgestaltung Kontext-konsensuale Methoden als so genannte Aufbaumethoden eine entscheidende Rolle. Techniken und Instrumente können noch so logisch stringent und zielführend ausgestaltet sein, sind die beteiligten Parteien beispielsweise nicht kooperationsfähig und –willig, so wird der Prozessgestaltungsvorgang nicht in dem Maße erfolgreich sein, wie geplant.

Die Geschäftsprozessgestaltung bei der Entwicklung und beim Einsatz von E-Maintenance-Lösungen orientiert sich an dem im Rahmen der vorliegenden Arbeit dual geprägten Begriffsverständnis des Prozessgestaltungsparadigmas:

- Innovationsbezug, „Verändern“: Prozessreengineering, Prozessoptimierung, Prozessengineering
- Methodischer Bezug, „Formen“: Prozessmodellierung, Prozessdokumentation, Prozessausführung

Die einzusetzenden Technisch-prozessualen Methoden differieren je nach betrachtetem Vorgehensmodellsegment und sind folglich sowohl für die generische als auch für die situationsspezifische Prozessmodellierung zu beschreiben.

Die Notwendigkeit von Kontext-konsensualen Methoden liegt in dem Tatbestand begründet, dass im Rahmen der Principal-Agent-Beziehungen zwischen den Projektpartnern Situationsgefüge der „hidden characteristics", der „hidden information" sowie der „hidden action" auftreten. Über die Berücksichtigung der Leitlinien der kooperativen, präferenz- und anreizorientierten sowie der kontext-verknüpfenden Prozessgestaltung lassen sich die Aktivitäten der Ablaufmodellierung im Kooperationsverbund „innerhalb gewisser Bahnen lenken".

Der Prozessgestaltungsvorgang setzt zunächst die Erfassung sowie Analyse der vorhandenen und in die zu entwickelnde E-Lösung zu integrierenden Geschäftsprozesse im Instandhaltungsbereich voraus.

5.5.1 Prozessanalyse und Spezifikation Prozessmodell

Im Rahmen der Prozessanalyse als Element der Durchführungsphase des ganzheitlichen E-Geschäftsprozessmanagements gilt es Antworten auf folgende Fragen zu finden:

- Wie lässt sich das Prozessanalyseschema für die Erfassung der Ist-Prozesse standardisieren, um zu einem späteren Zeitpunkt analog die Definition der Soll-Prozesse vornehmen zu können?
- Welche Informationsinhalte sollte die Prozessanalyse umfassen?
- Wie sollte die Informationsdichte der Prozessanalyse ausgeprägt sein?
- Wie können betriebswirtschaftliche und softwaretechnische Aspekte kontextverknüpfend in die Prozessanalyse eingebunden werden?
- Welche Prozesse sind zu analysieren?
- Wie detailliert sind die Geschäftsprozesse zu erfassen?

- Wie ist die Visualisierung der Prozesse zu gestalten?
- Wie sind die Ergebnisse der Prozessanalyse in das ganzheitliche Prozessmodell zu überführen?
- Wie sollte die Dokumentation der Abläufe erfolgen?

In den nachfolgenden Teilkapiteln werden die Methoden sowie Vorgehensweisen zur Beantwortung der explizierten Fragen für das generische und situationsspezifische Vorgehensmodellsegment sowie für die Einsatzphase von E-Maintenance-Lösungen beschrieben. Ausgangspunkt für die Prozessanalyse sind die identifizierten und gewichteten Anforderungen sowie die für die Tool-Integration ausgewählten Instandhaltungsprozesse.

5.5.1.1 Generische Prozessgestaltung im Rahmen der Tool-Entwicklung

Die Komplexität der generischen Prozessgestaltung spiegelt sich bereits in der Schwierigkeit der Prozessauswahl und –definition wider. Für die Durchführung der Prozessanalyse ist es deshalb zunächst erforderlich, die Gesamtprozessstruktur zu erfassen und die Vernetzung der Abläufe entlang der Wertschöpfungskette aufzuzeigen. Hilfreich sind an dieser Stelle Schemazeichnungen, die einen ersten Einblick in die Einfluss- und Gestaltungsfaktoren der Hauptprozesse vermitteln.

Im nächsten Schritt sind die geeigneten Prozesssegmentierungskriterien abzuleiten, die die grundlegenden Varianten der Haupt- sowie der Teilprozesse bedingen und eine an den jeweiligen Prozessspezifika orientierte Ablaufgestaltung ermöglichen. Als zielführend erweist sich an dieser Stelle die Definition einer so genannten Analysehierarchie. Ausgehend von den ausgewählten, in die E-Applikation zu integrierenden Hauptprozessen werden die primären Einflussfaktoren auf die Ablaufstruktur identifiziert. Im E-Maintenance-Bereich wirken vor allem die betrachtete Instandhaltungsstrategie oder die mit einem externen Instandhaltungsdienstleister ausgehandelten Vertragsbedingungen auf die Prozesssegmentierung ein.

Nach erfolgter Hauptprozesssegmentierung stehen die Definition so genannter generischer Prozesse sowie die logische Spezifikation der Prozesshierarchie im Vordergrund des betrachteten Vorgehensmodellsegments. An dieser Stelle wird die modulare und systemische Perspektive der Prozessgestaltung ersichtlich und bereits die Voraussetzungen für die Standardisierung der Prozessanalyse einerseits und der via E-Lösung abzubildenden Geschäftsprozesse andererseits geschaffen. In Abbildung 5-14 ist beispielhaft die Prozesshierarchie für die Prozessgestaltung bei der Entwicklung einer E-Maintenance-Plattform dargestellt.

Das angeführte Beispiel zeigt, dass die Ablaufgestaltung einen interaktiven Lernprozess darstellt, da beispielsweise die Ersatzteillogistik zum Zeitpunkt der Prozessauswahl noch als Hautprozess definiert wurde. Erst im Rahmen der Segmentierung und Hierarchisierung manifestierte sich dieser Ablauf als Sub- oder Teilprozess der gesamten Auftragsabwicklung, da sich aus chronologischer Sicht die Prozesse größtenteils parallel vollziehen.

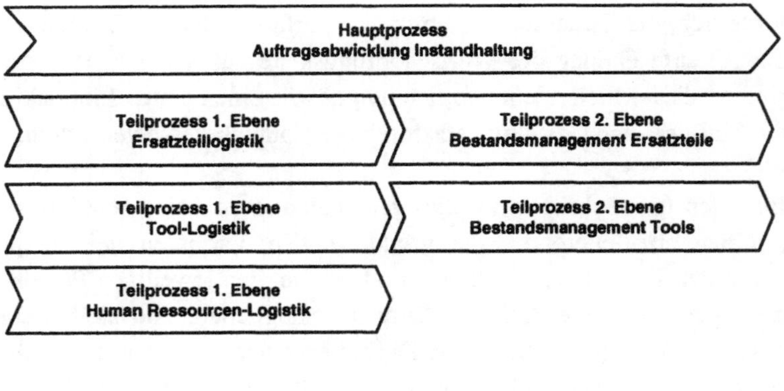

Abb. 5-14: E-Maintenance-Plattform: Prozesshierarchie (Beispiel)

Generische Prozessstrukturen bereiten die Prozessanalyse auf aggregierter Ebene vor und führen dann schrittweise zu einer nach einheitlichen Prinzipien erstellten, detaillierten Analyse der Ist-Prozesse. Die Spezifikation der generischen Prozessstruktur wird anhand der Kriterien „Ereignis“ sowie „Aktion“ in chronologischer Reihenfolge vorgenommen. Das Ereignis t bildet den ersten Prozessschritt der Aktion t, das Ereignis t+1 dagegen den letzten Prozessschritt der zu analysierenden Aktion t ab. Vorhandene Schnittstellen zu anderen Haupt- oder Teilprozessen sind entlang der generisch dargestellten Wertschöpfungskette zu vermerken. Aus der Ereignis- sowie Aktionsstruktur resultiert eine standardisierte Hierarchisierung der betrachteten Instandhaltungsprozesse. Innerhalb einer Aktion können die Prozessschritte der am Projekt beteiligten Praxispartner unterschiedlich ausgeprägt sein. Ist beispielsweise eine spezielle Aktion seitens eines Prozessbeteiligten nicht erforderlich, so wird dieser Teil des generischen Ablaufes „übersprungen“. Mittels des generischen „Prozessskeletts“ lassen sich alle denkbaren Ablaufvarianten hierarchisch und systemisch strukturiert erfassen. Die Abwicklung eines Instandhaltungsauftrages seitens eines externen Instandhaltungsdienstleisters kann ebenso wie diejenige eines Eigeninstandhalters über das Ereignis-Aktions-Schema abgebildet werden.

Die Identifikation entsprechender Strukturen ist konsensorientiert im Team vorzunehmen und zu dokumentieren. Ausgehend von dem erstellten Strukturmodell kann im nächsten Schritt die detaillierte und ebenfalls standardisierte Analyse der zukünftig via E-Maintenance-Lösung abzubildenden Abläufe erfolgen.

Abbildung 5-15 zeigt am Beispiel der Ersatzteillogistik die generische Geschäftsprozessstruktur nochmals im Überblick auf.

Die detaillierte Prozessaufnahme sollte im generischen Vorgehensmodellsegment anhand einer Analyseschablone durchgeführt werden, die folgende Merkmale aufweist:

- Unmittelbare Verzahnung von betriebswirtschaftlichen und informationstechnischen Informationen,
- Getrennte Spezifikation von personellen und systemtechnischen Akteuren (Beteiligte Stellen),

- Klare Definition der beteiligten personellen Akteure (Rollenmodell),
- Exakte Definition der zu betrachtenden Umsysteme als systemtechnische Akteure,
- Transfer der generischen Prozessstruktur in das Analyseschema (Ereignisse/Aktionen),
- Detaillierung der Prozessschritte innerhalb der Aktionen, entsprechend des tatsächlichen Ablaufs in der Praxis,
- Erfassung von Eingabe- und Ausgabedaten, Datenformat, Eingangsart der Daten (sporadisch, systematisch), Antwort verhalten (sofort, regelmäßig) sowie Eingabe- und Ausgabeterminal oder -schnittstelle pro Prozessschritt,
- Zuordnung von Bearbeitungs- sowie Durchlaufzeiten pro Prozessschritt (innerhalb der Aktionen) und
- Erfassung der Prozesskosten pro Ablaufschritt auf Basis einer Prozesskostenrechnung. Die Prozesskostenrechnung wird als „Hintergrundberechnung“ installiert und aus Komplexitätsgründen nicht sichtbar in das Ablaufanalyseschema integriert.

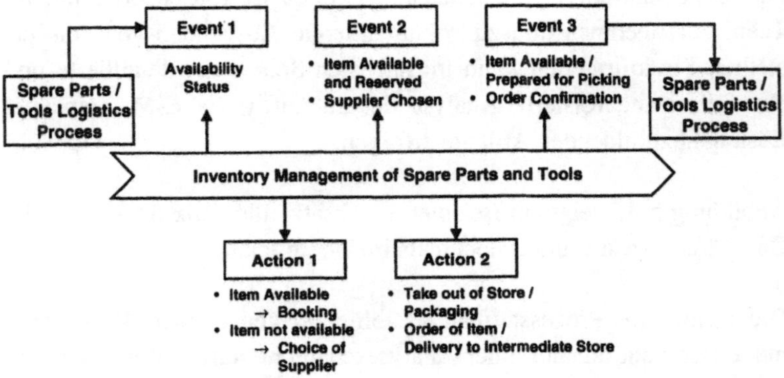

Abb. 5-15: Generische Prozessstruktur E-Maintenance (Beispiel)

Das standardisierte Prozessanalyseschema sollte auf Excel-Basis erstellt werden und alle Haupt- sowie Teilprozesse entsprechend ihrer hierarchisch-systemischen Struktur in einem Arbeitsblatt visualisieren. Über Buttons lassen sich die Teil- oder Nebenprozesse mit ihrer detaillierten Beschreibung relativ einfach „aufklappen" (vgl. Abb. 5-16). Dem aktuellen Informationsbedarf des Prozessgestalters kann somit immer anforderungsgerecht entsprochen werden. Der Einsatz von Farben zur Unterscheidung von Ereignissen (gelb) und Aktionen (grün) erleichtert die Orientierung innerhalb der Prozessanalyse.

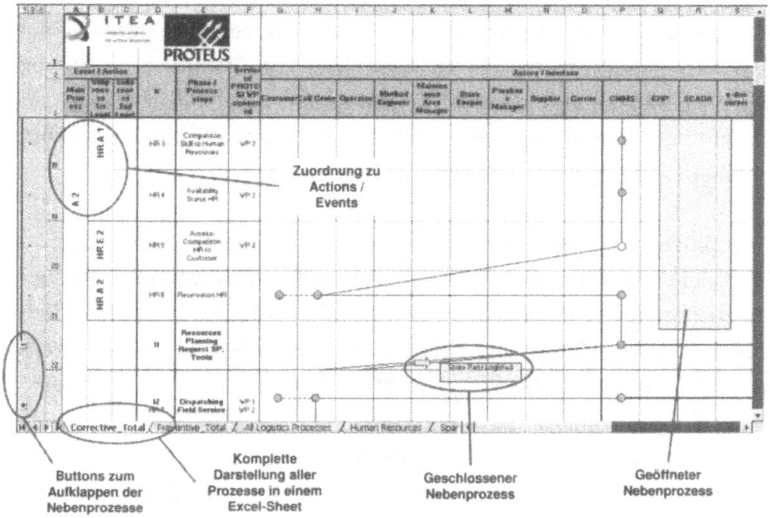

Abb. 5-16: Standardisiertes Prozessanalyseschema (Ausschnitt)[704]

Die Komplexität dieser Analyse resultiert aus dem sehr hohen Anteil abzubildender Informationsflüsse sowie aus dem zu erfassenden personellen/organisatorischen und informationstechnologischen Schnittstellenprofil. Es ist erforderlich, beide „Rollenmodelle" entlang der Prozessstruktur parallel zu betrachten und die zu entwickelnde

704 Quelle: Cegelec (2003), S. 35

E-Maintenance-Lösung als eigenen Akteur bereits im Rahmen der Ist-Analyse vorzusehen, auch wenn aktuell noch keine Prozessschritte über sie abgewickelt werden.

Das aus der Analyse resultierende Prozessprofil (Phänotyp) sollte grundsätzlich dem Genotyp – im Sinne von schriftlich dokumentierten Soll-Prozessen – entsprechen.

In der Praxis sind allerdings Abweichungen zwischen den beiden Profilen aufgrund von Umwelt- oder Systemeinflüssen zu identifizieren. Bevor mit der Prozessoptimierung und –neugestaltung begonnen werden kann, sind die bestehenden Abweichungen zu eliminieren. Der Phänotyp von Instandhaltungsabläufen kann entweder zur „Remodellierung" des Genotyps führen oder selbst an den Genotyp angepasst werden. Hierdurch wird im Gegensatz zur klassischen Evolutionstheorie eine additionale Wirkungsbeziehung geschaffen (Phänotyp verändert Genotyp).

Die prozessbezogene Aufnahme des Datenmodells entspricht der Doppelhelixstruktur des geschäftsprozessualen Erbmaterials. Das personelle sowie informationstechnische Schnittstellenprofil, einschließlich der Verknüpfungslogik der sequenziellen oder parallelen Prozessschritte repräsentiert das Stützkorsett der Erbinformation (Proteine).

Neben der reinen Ablaufanalyse der zukünftig via E-Maintenance-Lösung abzubildenden Geschäftsprozesse sind weitere ergänzende Analysen für die Komplettierung und fallbezogene Spezifikation des Prozessmodells erforderlich. Das hierfür geeignete Analyseraster wird durch das im Rahmen der vorliegenden Habilitationsschrift entwickelte ganzheitliche prozessuale Nervensystem repräsentiert (vgl. Abb. 5-17).

Entsprechend der modularen Gliederung des Nervensystems lassen sich den einzelnen Bereichen im generischen Prozessgestaltungssegment folgende Analysen zuordnen:

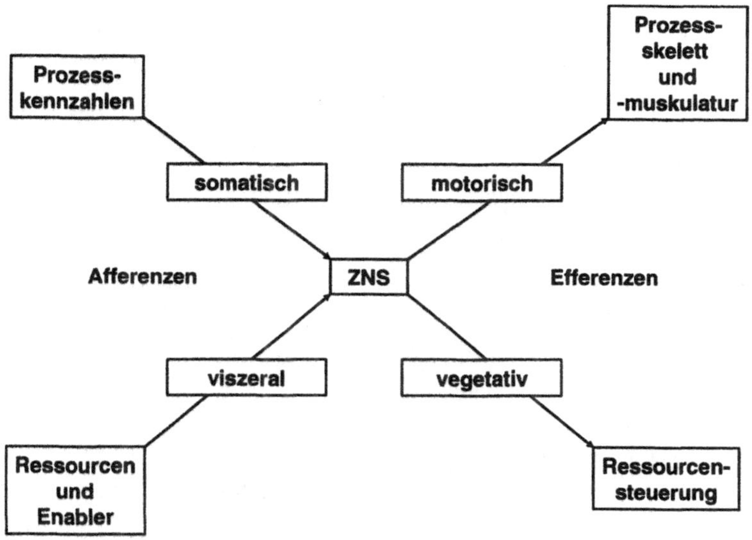

Abb. 5-17: Prozessuales Nervensystem als Analysebasis

- Prozessuales Zentralnervensystem:
  - Erfassung der Unternehmens-/Bereichsstrategie,
  - Erfassung der E-Business-, insbesondere der E-Maintenance-Strategie und
  - Identifikation vorhandener Referenzgeschäftsmodelle.

- Prozessuales somatisches Nervensystem:
  - Erhebung weiterer Leistungs- und Strukturkennzahlen wie beispielsweise des Wertschöpfungs- und Standardisierungsgrades oder der Prozessqualität.

- Prozessuales motorisches Nervensystem:
  - Dokumentation der Prozesshierarchie und –segmentierung,
  - Durchführung der bereits geschilderten kontextübergreifenden Prozessablaufanalyse,

- Implementierung einer Informationsflussanalyse in Ergänzung zur Ablaufanalyse,
- Beschreibung der Transformationsregeln (Business Logic) und
- Exakte Abgrenzung und Spezifikation des Rollenmodells.

- Prozessuales viszerales Nervensystem:
  - Erfassung der vorhandenen IT-Struktur,
  - Analyse der vorhandenen E-Business-Struktur,
  - Darstellung der Systemstruktur im Hinblick auf bereits existente sowie insbesondere bezogen auf die zu entwickelnde E-Maintenance-Lösung,
  - Analyse der Systemarchitektur pro IT-/E-Lösung,
  - Skizzierung der Datenhierarchie,
  - Schematische Darstellung der erfassten Supply Chain Struktur (Netzwerkstrukturen),
  - Analyse des Führungssystems und
  - Beschreibung der Personal- und Qualifikationsstruktur.

- Prozessuales vegetatives Nervensystem:
  - Analyse von Anreizsystemen,
  - Erfassung der Nutzenverteilungsmodelle zwischen den Wertschöpfungspartnern,
  - Spezifikation des Führungsstils,
  - Analyse der Principle-Agent-Strukturen und
  - Spezifikation der Enabler-Wirkung der zu entwickelnden E-Maintenance-Lösung.

Die Spezifikation des Prozessmodells orientiert sich zunächst an den ausgewählten Hauptprozessen. Erst in einem zweiten Schritt erfolgt die detaillierte Analyse der Teilprozesse durch die beteiligten Praxispartner.

Im Rahmen des generischen Vorgehensmodellsegments zielen die beschriebenen Analysen neben der informatorischen Ergänzung der Prozessablaufanalyse insbesondere auf die Identifikation von Ansatzpunkten zur Ausgestaltung der Kontext-konsensualen Methoden der ganzheitlichen Geschäftsprozessgestaltung. Die individuell pro

Praxispartner durchgeführten Analysen müssen, auch wenn die Instandhaltungsprozesse in einem standardisierten generischen Schema dokumentiert sind, harmonisiert und integriert werden. Aus dem Principal-Agent-theoretischen Zusammenhang heraus, treten an dieser Stelle insbesondere Ausprägungsformen der hidden information sowie der hidden action auf. Generische Geschäftsprozessgestaltung vollzieht sich in einem Netzwerk aus unterschiedlichen Wertschöpfungspartnern, Softwareprovidern und gegebenenfalls aus öffentlichen Funding Authorities, soweit die Entwicklung der betrachteten E-Lösung im Rahmen eines Forschungsprojektes erfolgt. Als „kritische Personenkreise" lassen sich bei der Prozessanalyse die Praxispartner bezeichnen, deren Abläufe über eine E-Mainenance-Lösung abgebildet werden sollen. Zu diesem Zeitpunkt ist die Auswahl der Projektteilnehmer bereits erfolgt und lässt sich kaum mehr revidieren. Legen die beteiligten Praxisvertreter ihre Ist-Prozessstrukturen nicht oder nur begrenzt offen, so kann dies unter Umständen bedeutende Konsequenzen haben:

- Die Geschäftsprozesse können nachfolgend nur suboptimal via E-Lösung abgebildet werden.
- Die den Abläufen inhärenten Optimierungspotenziale lassen sich nur bedingt erschließen.
- Das generische Prozessschema erfasst unter Umständen die in der Realität vorherrschende Prozessstruktur nur ungenau.
- Die erforderliche Angleichung von prozessbezogenem Phänotyp und Genotyp erfolgt nicht oder nur ungenügend.

Es gilt an dieser Stelle zu konstatieren, dass die auftretenden Informationsasymmetrien nicht ausschließlich vorsätzlich herbeigeführt werden, sondern ebenfalls ungewollt, infolge der vorhandenen Kontextdifferenzen auftreten können.

Fungiert der Forschungsträger (Funding Authority) als Principal, so besteht aufgrund der vorhandenen „Eingriffsdistanz" die Gefahr, dass die originären Processowner (Wertschöpfungspartner) nur bedingt ihre Prozessabläufe für alle Projektpartner offen legen. Es erscheint deshalb in diesem Fall zielführend, dezentral wirkende Koordinatoren

(Sub-Principals) zu ernennen, die die Koordination der Partneraktivitäten herbeiführen, die über die erforderlichen Eingriffsrechte verfügen und die aufgrund ihrer fachlichen Funktion als neutraler Intermediär wirken. Als geeignet erscheinen in diesem Fall vor allem Universitäten oder Forschungseinrichtungen zu sein, die nicht unmittelbar zum Kreis der Prozesseigner gehören. Mitunter können auch Softwareprovider der Gruppe der Sub-Principals oder Gatekeeper angehören.

Wirkt einer der Praxispartner und damit ein unmittelbarer Prozesseigner als Principal, so obliegt ihm die Steuerungs- und Koordinationsfunktion hinsichtlich des Verhaltens der am Projekt beteiligten Agents. Die Eingriffsdistanz ist in diesem Fall deutlich geringer ausgeprägt als bei der ersten Variante und der Principal verfügt über das erforderliche Detailwissen hinsichtlich der zu gestaltenden und zu analysierenden Instandhaltungsprozesse. Allerdings besteht die Gefahr, dass der Principal einen zu dominierenden Einfluss auf die Gestaltung des standardisierten Prozessanalyseschemas nimmt und die Kooperationsbereitschaft der Agents dadurch sinkt oder sich einzelne gleichgesinnte Partner zusammenschließen, um einen „argumentativen Gegenpol“ zum Principal zu bilden.

Auftretende Informationsasymmetrien sowie die hieraus resultierenden Situationsgefüge der hidden information und der hidden action lassen sich zum einen durch die Fixierung von Regelwerken überwinden, zum anderen spielen Anreizsysteme eine wichtige Rolle. Für den Principal können folgende Handlungsfelder identifiziert werden:

- Schaffung materieller Anreize zur Offenlegung der Ist-Prozessstrukturen:
  - Aufzeigen der via E-Maintenance-Lösung zu realisierenden Prozessoptimierungspotenziale im Sinne der Einsparung von Prozesskosten.
  - Aufzeigen negativer monetärer Wirkungen bei auftretender hidden information (reziproke Argumentationskette).

  - Entwicklung eines Nutzenverteilungsmodells, das das geschätzte Gesamtpotenzial, unter Berücksichtigung von Risikoaspekten auf den Principal und die Agents aufspaltet.

- Schaffung immaterieller Anreize zur Offenlegung der Ist-Prozessstrukturen:
  - Aufzeigen der privilegierten Stellung der beteiligten Projektpartner („Innovatoren“).
  - Betonung der Vorgehensweise bei der Prozessanalyse:
1. Schritt: Individuelle Analyse durch die Praxispartner
2. Schritt: Gemeinsame Integration und Harmonisierung der Ergebnisse
  - Herausstellen der Fachkompetenz und des Prozessmanagement-Know-hows der Praxispartner.
  - Öffentliche Hervorhebung der Kooperationsbereitschaft und der sozialen Kompetenz der Agents.

- Definition von Sanktionsmechanismen bei zutage tretender hidden information oder hidden action.

- Festlegung von Kommunikationsregeln, einschließlich der relevanten Kommunikationsinhalte im Kooperationsvertrag.

- Fixierung von Verhaltensregeln im Kooperationsvertrag oder zu Beginn der interdisziplinären Projektarbeit.

- Spezifikation vertraulicher Informationen, die nur mit Zustimmung aller Projektpartner publiziert oder an Dritte weitergegeben werden dürfen (Gegenstand des Kooperationsvertrages).

- Übernahme der Moderation von gemeinsamen Projektsitzungen durch einen (weitestgehend) neutralen und diesbezüglich qualifizierten Partner.

Informationsasymmetrien, die im Rahmen der Prozessanalyse auftreten und nicht beabsichtigter Natur sind, können durch Maßnahmen zur Reduzierung der vorhandenen Kontextdistanz partiell oder vollständig überwunden werden. Betriebswirtschaftler und Prozessmanager müssen sich in die Denkweise von Informatikern (E-Lösungs-Entwickler) hineinversetzen können, gleichermaßen muss ein IT-Spezialist die Prinzipien des Prozess(re)engineerings verstehen. Das kontextverknüpfende Prozessanalyseschema stellt einen ersten Meilenstein zur „verstehenden Interdisziplinarität" dar. Ferner erweisen sich in der Praxis gemeinsame Abend- oder Sozialveranstaltungen als geeigneter Ansatz, um eine Annäherung der Partner sowohl in personeller, fachlicher als auch interkultureller Hinsicht zu fördern.

5.5.1.2 Situationsspezifische Prozessgestaltung im Rahmen der Tool-Entwicklung

Das situationsspezifische Vorgehensmodellsegment lässt sich bezogen auf die Analyse der zukünftig via E-Maintenance-Lösung abzubildenden Geschäftsprozesse als weniger aggregiert und komplex beschreiben. Zum einen ist eine geringere Anzahl von Haupt- und/oder Teilprozessen zu analysieren, zum anderen sind in der Regel nur wenige Partner an dem Entwicklungsprojekt beteiligt.

Grundsätzlich kann die im generischen Gestaltungssegment explizierte Analyselogik auf das situationsspezifische Vorgehensmodell übertragen werden. Es wird empfohlen, auch in diesem Fall auf ein standardisiertes Prozessanalyseschema zurück zu greifen, um die Zusammenführung der Ergebnisse bei einer verteilten Analyse (ab zwei teilnehmenden Partnern oder im Falle des Einbezugs verschiedener Standorte) zu erleichtern. Die Schaffung generischer Prozessstrukturen ist angesichts der zu berücksichtigenden Tool- und Geschäftsprozesskomplexität sowie im Hinblick auf den geringen Hauptprozessintegrationsgrad nicht erforderlich. Der verbleibende generische Charakter der Prozessanalyse im situationsspezifischen Vorgehenssegment wird durch die Anwendbarkeit des standardisierten Schemas auf weitere zukünftig via E-Lösungen abzubildende Geschäftsprozesse im Instandhaltungsbereich konstituiert. Es besteht generell die Möglichkeit, bei Bedarf das Analyseschema um Events und Actions zu erweitern, also nachträglich die generische Prozessstruktur zu entwickeln.

Schwerpunkte der Geschäftsprozessanalyse entlang der instandhaltungsbezogenen Wertschöpfungskette sind die identifizierten Haupt- sowie Teilprozesse oder alternativ die gebildeten Teilprozesstypen. Der Detaillierungsgrad der Ablaufanalyse ist allerdings von Anfang an weitaus höher ausgeprägt als im generischen Anwendungsfall. Vor Beginn der Ist-Prozessaufnahme ist es erforderlich, die Tool-bezogene Analysehierarchie zu durchlaufen. Untersucht werden Aspekte wie Verbrauchsstetigkeit oder Prognostizierbarkeit des Bedarfs. Über die Bestimmung der Prozessinhalte können Prozesstypen oder –varianten abgeleitet und die Ablaufanalyse prä-strukturiert werden.

Das Prozessanalyseschema sollte analog dem generischen Vorgehensmodellsegment von Anfang an betriebswirtschaftliche und IT-relevante Aspekte verknüpfen. Die standardisierte Analyseschablone umfasst folgende Elemente (vgl. Abb. 5-18):

- Auflistung der beteiligten personellen sowie systemtechnischen Schnittstellen,

- Spezifikation des Rollenmodells,

- Exakte Definition der zu berücksichtigenden Umsysteme,

- Detaillierung der Prozessschritte zur Abbildung der Ist-Material- und -Informationsflüsse,

- Erfassung von Eingabe- und Ausgabedaten sowie der zugehörigen Formate,

- Auflistung von Bearbeitungs- und Durchlaufzeiten pro Prozessschritt sowie Ermittlung der Abwicklungshäufigkeiten,

- Erfassung der Prozesskosten pro Ablaufschritt auf Basis einer Prozesskostenrechnung und

- Vorhalten einer Rubrik für Bemerkungen, beispielsweise zur Erfassung von Kernproblemen.

In diesem Fall sind Prozesskosten leichter ermittelbar, da für die einzelnen Teilschritte die Bearbeitungszeiten pro Prozessschritt durch die Mitarbeiter einfacher abzuschätzen sind als im Vergleich zu den aggregierten und generischen Hauptprozessen. Für die Dokumentation der Prozessanalyse bietet sich der Einsatz eines Grafikprogramms wie beispielsweise PowerPoint an oder die Erfassung der Prozessinformationen per Tabellenkalkulation (z.B. in Excel). Die zweite Alternative hat den Vorteil, dass Prozesskostenberechnungen mit den Daten der Ablaufanalyse unmittelbar formeltechnisch verknüpft werden können.

lfd. Nummer	Prozessschritt	Beteiligte Stellen					BAZ	DLZ	Hfkt.	Prozess-kosten	Eingabe-daten	Ausgabe-daten	Bemerkungen
		Abt. 1	Abt. 2	Abt. 3	System 1	System 2							
1		●	●	●									
2				●									
3				●									
4				●	●								
5				●									
5a				●									
5b				●									
6				●									
7					●	●							

Abb. 5-18: Standardisiertes Prozessanalyseschema (situationsspezifisch)

Auch im situationsspezifischen Vorgehensmodellsegment reicht die Implementierung einer einfachen Prozessablaufanalyse nicht aus, um alle für die ganzheitliche Geschäftsprozessgestaltung bei der Entwicklung einer E-Maintenance-Lösung erforderlichen Informationen zu erfassen. Insbesondere ist elementare Berücksichtigung der Enablerfunktion von IT-Systemen oder E-Technologien notwendig. Bereits in der Ist-Analyse darf dieser Aspekt nicht vergessen werden, da hierdurch der Handlungsrahmen für die nachfolgende Geschäftsprozessmodellierung im E-Business-Umfeld skizziert wird. Die Spezifikation des analysebezogenen Prozessmodells auf Basis des konzipierten prozessualen Nervensystems führt zu folgendem Untersuchungsdesign:

- Prozessuales Zentralnervensystem:
  - Erfassung der Unternehmens-/Bereichsstrategie,
  - Erfassung der E-Maintenance-Strategie,
  - Identifikation vorhandener Referenzgeschäftsmodelle und
  - Überprüfung der vorhandenen Kenntnisse zu den Leitlinien der ganzheitlichen Geschäftsprozessgestaltung im E-Business-/ E-Maintenance-Umfeld sowie Erfassung der Methodenkenntnis im Bereich des Prozessmanagements.

- Prozessuales somatisches Nervensystem:
  - Detaillierte Erhebung von Leistungs- und Strukturkennzahlen durch Einsatz von Prozessdatenblättern (vgl. Abb. 5-19) wie z.B. Prozesszeiten und -kosten (siehe Ablaufanalyse), Wertschöpfungsgrad, Standardisierungsgrad, Anzahl involvierter Schnittstellen, Leistungstiefe, Grad der Prozessunterstützung durch E-Technologien, Grad der Systemkompatibilität und –harmonisierung, Lebenszyklusphase Geschäftsprozesse und IT-Lösungen, Prozessqualität, Prozessfähigkeit, Wert- und Kostentreiber, Zielerreichungsgrade, Prozessergebnisse usw.

- Prozessuales motorisches Nervensystem:
  - Dokumentation der Prozesshierarchie,
  - Durchführung der bereits geschilderten kontextübergreifenden Prozessablaufanalyse,

- Exakte Abgrenzung und Spezifikation des Rollenmodells und
- Beschreibung der prozessrelationalen Datenstruktur.

Prozessdatenblatt (Schema)	
Hauptprozessname: ______ Teilprozessname: ______	
Leistungskennzahlen: ☐ Prozessmenge ☐ Cost Driver ☐ Durchlaufzeit (netto/ brutto) ☐ MAK ☐ Ressourcenverbrauch ☐ Kennzahlen bezüglich Qualität, Effizienz und Effektivität	**Strukturkennzahlen:** **Klassifikation von z.B.** ☐ Anlagenstruktur ☐ Instandhaltungstiefe ☐ Instandhaltungsorganisation ☐ Instandhaltungsleistungen ☐ ... Ggfs. in Form von Checklisten
Kennzahlen der Teilprozesse:	
Bemerkungen:	

Abb. 5-19: Prozessdatenblatt (schematisch)

- Prozessuales viszerales Nervensystem:
  - Erfassung der vorhandenen IT-Struktur,
  - Darstellung der Systemstruktur im Hinblick auf bereits existente sowie insbesondere bezogen auf die zu entwickelnde E-Maintenance-Lösung,
  - Skizzierung der Datenhierarchie,
  - Erfassung der geschäftsprozessleitenden aufbauorganisatorischen Strukturen,
  - Identifikation der in die Prozessgestaltung eingebundenen Zielgruppen (hierarchieübergreifend sowie u.U. unternehmensübergreifend) und
  - Dokumentation der eingesetzten Arbeits- und Arbeitshilfsmittel.

- Prozessuales vegetatives Nervensystem:
  - Analyse von Anreizsystemen,
  - Analyse der Principle-Agent-Strukturen,
  - Spezifikation der Enabler-Wirkung der zu entwickelnden E-Maintenance-Lösung und
  - Erfassung der Präferenzstrukturen der an der Prozessgestaltung und Tool-Entwicklung beteiligten Projektpartner.

Es besteht im situationsspezifischen Vorgehensmodellsegment aufgrund der im Vergleich zur generischen Gestaltungssituation geringeren Prozess- und Tool-Komplexität die Möglichkeit, Analyseergebnisse hinsichtlich der Prozessabläufe, zugehöriger Datenstruktur sowie eingebundener Organisationseinheiten abschließend in Prozessdokumentationstafeln zu überführen und zu visualisieren (vgl. Abb. 5-20). In diesem Fall sollten die Prozessanalysen gemeinsam durch alle Projektpartner beispielsweise im Rahmen eines moderierten Workshops durchgeführt werden.

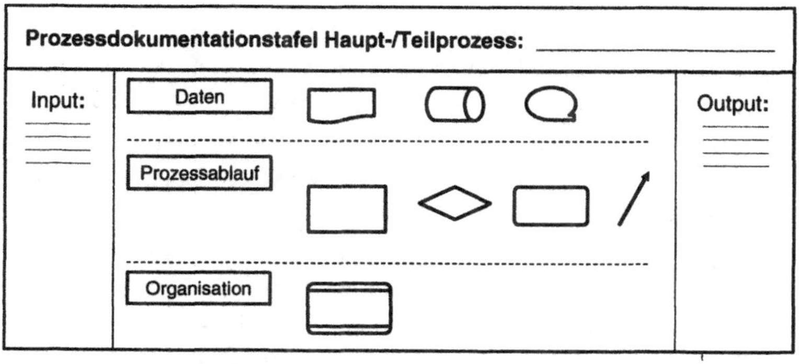

Abb. 5-20: Prozessdokumentationstafel (schematisch)

Analog der Prozessgestaltungssituation im generischen Vorgehenssegment treten auch im situationsspezifischen Anwendungsfall Informationsasymmetrien im kleinen Kreis der beteiligten Parteien zutage.

Zu differenzieren ist zwischen der hidden information sowie der hidden action unternehmensinterner Stellen oder Abteilungen auf der einen Seite und im Rahmen der Interaktionsbeziehung von Wertschöpfungspartnern (Unternehmen) sowie Softwareprovider oder einem weiteren Wertschöpfungspartner (z.B. Ersatzteillieferant) auf der anderen Seite.

Aufgrund der geringen Anzahl an Projektpartnern fallen die Tatbestände der hidden information sowie der hidden action relativ schnell auf. Zusätzlich ist die Eingriffsdistanz seitens des Principals als sehr gering zu betrachten, so dass die Gefahr der negativen Ergebnisbeeinflussung im Rahmen der ganzheitlichen Geschäftsprozessgestaltung bei der Entwicklung von E-Maintenance-Lösungen durch den Einsatz geeigneter Instrumente gut beherrscht werden kann. Bereits während der Kooperationsanbahnungsphase war es angesichts des weniger komplexen Untersuchungsbereiches möglich, die Eigenschaften der potenziellen Agents genauer zu prüfen als im generisch geprägten Anwendungsfall.

Infolge der starken Abhängigkeit des Projekterfolges von der unbedingten Kooperationsbereitschaft und somit von der Selbstverpflichtung, Prozessstrukturen offen zu legen, ist bei Auseinanderbrechen der Allianz das gesamte Projekt in Gefahr. Tritt ein Wertschöpfungspartner als Principal auf und wirkt der Softwareprovider als Agent, so liegt das Risiko der mangelnden Prozessoffenlegung in der Regel bei Null. Im gegenteiligen Fall, wenn der Softwareprovider die Rolle des Principals einnimmt und der Referenzkunde als alleiniger Agent fungiert, wird dieser gleichfalls dazu bereit sein, Prozesstransparenz zu schaffen, um die maximale Potenzialerschließung zu ermöglichen. Bei Auftreten von mehr als einem Agenten sind unterschiedliche Risikokonstellationen denkbar. Zur Überwindung der Informationsasymmetrien werden im Rahmen des situationsspezifischen Vorgehensmodellsegments folgende Ansatzpunkte definiert:

- Schaffung materieller Anreize zur Offenlegung der Ist-Prozessstrukturen:

- Aufzeigen der via E-Maintenance-Lösung zu realisierenden Prozessoptimierungspotenziale im Sinne der Einsparung von Prozesskosten.
- Aufzeigen negativer monetärer Wirkungen bei auftretender hidden information (reziproke Argumentationskette).

- Schaffung immaterieller Anreize zur Offenlegung der Ist-Prozessstrukturen:
  - Aufzeigen der privilegierten Stellung der beteiligten Projektpartner („Referenzkunde“).
  - Herausstellen der IT-Kompetenz und des Prozessmanagement-Know-hows der Praxispartner.

- Definition von Sanktionsmechanismen bei zu Tage tretender hidden information oder hidden action bis hin zum Kündigungsrecht von Kooperationsverträgen sowie der Zahlung von Konventionalstrafen bei deutlichem Fehlverhalten.

- Spezifikation vertraulicher Informationen, die nur mit Zustimmung aller Projektpartner publiziert oder an Dritte weitergegeben werden dürfen (Gegenstand des Kooperationsvertrages).

Die Schaffung eines materiellen Anreizsystems im Sinne einer durchgängigen Potenzialorientierung dürfte neben der bindenden Festlegung von Sanktionsmechanismen bei der situationsspezifischen Geschäftsprozessgestaltung am zielführendsten sein.

5.5.1.3 Prozessgestaltung im Rahmen des Tool-Einsatzes

Ausgehend von den standardisierten Geschäftsprozessanalysen im Instandhaltungsbereich, die je nach Ablauf- und Tool-Komplexität dem generischen oder situationsspezifischen Vorgehensmodellsegment inhärent waren, erfolgt die Erfassung der Ist-Prozesse beim zukünftigen Anwender der E-Maintenance-Lösung.

Während dieser Vorgang im situationsspezifischen Fall kaum Probleme bereitet, bedarf es bei der generischen Variante eines zusätzlichen vorbereitenden Handlungsschrittes, da das Schema der generischen Prozessstruktur den Verantwortlichen im Unternehmen erläutert werden muss. Des Weiteren ist es erforderlich, die ausgewählten Haupt- und Teilprozesse, die mittels E-Lösung abgebildet werden sollen, an die generische Nomenklatur anzupassen und entsprechend dem vorliegenden Modell zu hierarchisieren und zu segmentieren. Die Vorlagen sind aus den während des Entwicklungsprojektes erarbeiteten Schemata zu entnehmen. Diese enthalten zu dem genannten Zeitpunkt bereits die optimierten Soll-Prozesse in standardisierter, generischer oder situationsspezifisch-individueller Natur. Die Betrachtung der einzelnen Steps im Rahmen des Lebenszyklusstadiums des Tool-Einsatzes zeigt somit eine „chronologische Versetztheit“ der Prozessgestaltungsphasen.

Entsprechend den bereits ausführlich dargestellten Technisch-prozessualen Methoden im Bereich der beiden Vorgehensmodellsegmente ist auch im Stadium der Ist-Prozessanalyse zum Tool-Einsatz zu verfahren. Als erfolgversprechend, dies beweisen die zahlreichen Erfahrungen aus der Prozessgestaltungspraxis im E-Umfeld, erweist sich die Begleitung der Ablaufanalyse durch einen kompetenten Prozessgestalter und Moderator mit fundiertem IT-Basiswissen. In die Erfassung der Geschäftsprozesse sind neben den beiden Projektpartnern „Anwender/Kunde“ sowie „Softwareprovider oder Tool-Betreiber“ die in der Wertschöpfungskette vor- und nachgeschalteten Wertschöpfungspartner zu involvieren, da somit alle relevanten personellen und systemtechnischen Schnittstellen erfasst, Prozessoptimierungspotenziale erschlossen und der Einsatz der E-Maintenance-Lösung nutzenorientiert für alle Beteiligten erfolgen kann.

Die Spezifikation des Prozessmodells vollzieht sich analog dem entwickelten prozessualen Nervensystem sowie in Abhängigkeit des relevanten Vorgehensmodellsegments. Prozessgestaltung im Rahmen des Tool-Einsatzes bedingt die Darstellung der tatsächlich gelebten Prozessabläufe und konsequenterweise den Abgleich von prozessbezogenem Phänotyp und Genotyp. Die Prozessanalyse schließt mit der

Gegenüberstellung der visualisierten Ist-Abläufe beim zukünftigen Tool-Anwender und der in der E-Maintenance-Lösung abgebildeten Standardprozesse.

Fungiert der zukünftige Anwender als Auftraggeber und somit als Principal, dann besteht hinsichtlich der nicht umfassenden, bedarfsbezogenen Offenlegung der eigenen Prozessstrukturen nur eine geringe Gefahr. Durch die Vereinbarung von „Verschwiegenheitsklauseln“ behält sich der Principal vor, bei Pflichtverletzung gegen den Agent vorgehen zu können. Allerdings wirken die potenziell an der Prozessanalyse teilnehmenden weiteren Wertschöpfungspartner gleichermaßen als Agenten, die unter Umständen Vorbehalte bezüglich der Schaffung einer „gläsernen Wertschöpfungskette“ haben könnten. Sie lassen sich nur in Richtung der vollständigen Offenlegung von Abläufen motivieren, wenn sie den Nutzen z.B. in Form der Reduzierung von Transaktions- oder Prozesskosten und in Konsequenz ihren Einfluss auf den Erfolg des Tool-Einsatzes erkennen. Auch in diesem Fall werden sich die Wertschöpfungspartner Sanktionen bei einem nicht sachgemäßen Umgang mit Prozess- sowie Unternehmensdaten ausbedingen und die Aufnahme einer entsprechenden Klausel in den Kooperationsvertrag einfordern.

Übernimmt das Softwarehaus oder der Softwareprovider die Rolle des Principals, da er für eine individuell oder im Projektverbund entwickelte E-Maintenance-Lösung Referenzkunden sucht, und zusätzlich eine Art Monopolstellung einnimmt, dann schafft die durchgängige Potenzialorientierung für den zukünftigen Anwender die erforderliche Motivationsgrundlage, um vollständige Prozesstransparenz sicherzustellen.

Grundsätzlich entscheidet in allen Principal-Agent-Konstellationen der Processowner darüber, welche Abläufe er bis zu welchem Detaillierungsgrad offen legt. Aus diesem Grund ist es aus Sicht der Kontext-konsensualen Methoden ratsam, die Prozessanalyse im Rahmen eines gemeinsamen Workshops mit Unterstützung eines geschulten Moderators durchzuführen. Die Besetzung des Workshops umfasst Mitarbeiter aus den zu untersuchenden Bereichen (Processowner), ITinsbesondere E-Maintenance-Spezialisten (intern/extern), Entscheidungsträger sowie situativ Controller, die für eine konsequente Potenzialorientierung Sorge tragen. Es bietet sich in allen Fällen an, eine Art Nutzenverteilungsmodell zu erstellen, das sowohl den E-Lösungs-Anwender als auch die beteiligten vor- oder nachgelagerten Wertschöpfungspartner und den Softwareprovider/das Softwarehaus vor dem Hintergrund der Anreiz-Beitrags-Theorie berücksichtigt. Die aus dem Einsatz der E-Maintenance-Lösung resultierenden Prozesskosteneinsparungen für die einzelnen Akteure müssen die einmaligen und laufenden Kosten aus dem Tool-Einsatz respektive aus dem Erwerb sowie der Wartung der Software überkompensieren.

5.5.2 Problemsammlung und Identifikation von Optimierungspotenzialen

Im Mittelpunkt des Steps „Problemsammlung und Identifikation von Optimierungspotenzialen“ steht expressis verbis die Ermittlung von Handlungsfeldern zur Geschäftsprozessgestaltung im Sinne des Veränderns und Formens sowie der Optimierung der Abläufe. Ausgangsbasis für die Auswahl von adäquaten Technisch-prozessualen Methoden sind die dokumentierten Ist-Prozesse, entsprechend den im generischen als auch im situationsspezifischen Vorgehensmodellsegment eingesetzten Schemata.

5.5.2.1 Generische Prozessgestaltung im Rahmen der Tool-Entwicklung

Die zu identifizierenden Optimierungspotenziale resultieren zum einen aus dem Beitrag der zu entwickelnden E-Maintenance-Lösung zur Reduzierung von Prozesskosten infolge der Automatisierung und Beschleunigung einzelner Prozessschritte, zum anderen aus der Ausrichtung der Abläufe an den heutigen sowie zukünftigen Anforderungen des Wettbewerbs und der internen/externen Kunden. Beide

Aspekte sind im Rahmen des ganzheitlichen Vorgehensmodells zu berücksichtigen, da nur die integrative Betrachtung schlussendlich zur optimalen Geschäftsprozessgestaltung und zur Erschließung der für alle Parteien aus ihrer individuellen Präferenzstruktur heraus optimalen (angemessenen) Einsparungen führt.

Die im generischen Vorgehenssegment vorliegende hohe Prozess- und Tool-Komplexität erschwert die parallele Betrachtung beider Potenzialquellen erheblich. Aus diesem Grund wird im Folgenden ein Sequenzmodell entwickelt, das beide Aspekte zunächst gleichgewichtig betrachtet und erst im zweiten Schritt eine situative sowie anwendungsbezogene Priorisierung vornimmt (vgl. Abb. 5-21).

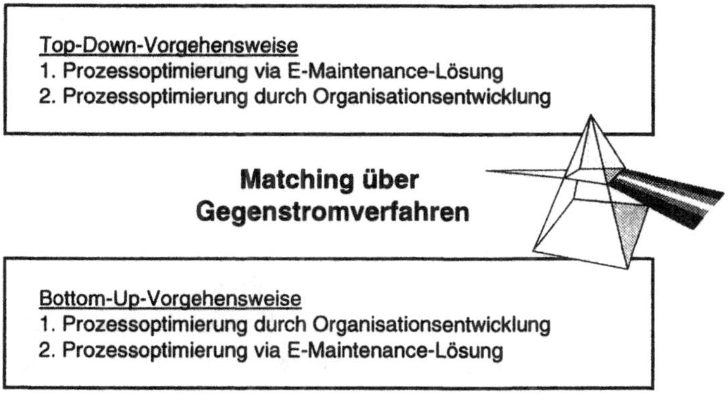

Abb. 5-21: Generische Vorgehensweise bei der Erschließung von Optimierungspotenzialen

Die *Top-Down-Vorgehensweise* orientiert sich zunächst an dem IT-Schwerpunkt der Prozessgestaltung bei der Entwicklung von E-Maintenance-Lösungen. In den vorausgehenden Abschnitten wurden im Rahmen des generischen Vorgehensmodellsegments Technisch-prozessuale Methoden für die Anforderungsdefinition/–gewichtung sowie für die Prozessauswahl entwickelt und beschrieben. Die Bestimmung der relevanten Geschäftsprozesse im Instandhaltungsbereich vollzieht sich primär vor dem Hintergrund ihrer späteren Integration in die zu gestaltende E-Anwendung. Ausgehend von diesem Prozessportfolio werden zunächst die Automatisierungs- und Beschleunigungspotenziale sowie die Auswirkungen der E-Anwendung auf die prozessuale Grundstruktur betrachtet. E-Lösungen verändern die Prozessbasis nachhaltig und wirken als prä-determinierender Faktor hinsichtlich der vorzunehmenden Ablaufmodellierung. Im Zentrum der ersten Analyse steht folglich die Identifikation entsprechender „Veränderungsmöglichkeiten des prozessualen Erbgutes", ohne bereits eine Bewertung derselben hinsichtlich technischem Realisierungsaufwand oder bezüglich des vorhandenen Potenzials zur Reduzierung von Prozess- und Transaktionskosten vorzunehmen. Die Analyse startet auf dem aggregierten Niveau der (generischen) Hauptprozesse und wird sukzessive bis auf die Subprozesse oder einzelne Teilprozesstypen ausgedehnt. Als Referenzmodell fungieren die mittels eines standardisierten Schemas analysierten und dokumentierten Ist-Abläufe. Die Top-Down-Vorgehensweise löst sich zunächst von den vorhandenen Problemen bei der Abwicklung der Instandhaltungsprozesse und kommt erst im zweiten Schritt zur Identifikation der existenten Prozessdefizite aus aufbau- und ablauforganisatorischer Sicht.[705] Nach Prüfung der automatisierbaren Ablaufsequenzen werden die verbleibenden Prozessfolgen aus der traditionellen Reengineering-Perspektive betrachtet. Folgende Indikatoren deuten auf vorhandene Probleme sowie Optimierungspotenziale hin:

- hohe personelle Schnittstellendichte (verschiedene Abteilungen, Stellen),
- hohe systemtechnische Schnittstellendichte (geringer Harmonisierungsgrad der bisher eingesetzten IT- oder E-Business-Systeme),

705 Die bisher geringe Nutzung von Automatisierungspotenzialen durch die zu entwickelnde E-Maintenance-Lösung zeigt Schwachstellen und Probleme in den Prozessen auf. Streng genommen, aus dem Implikationszusammenhang eines Problemlösungsprozesses heraus, kann dieser erste Schritt bereits als Identifikation von Lösungsansätzen definiert werden. Der Problemcharakter tritt aus Sicht der Verfasserin jedoch hier in den Vordergrund.

- vorhandene Doppelarbeiten,
- geringer Parallelisierungsgrad von Aktivitäten,
- lange Durchlaufzeiten,
- gering ausgeprägte Prozesssicherheit,
- niedriger Wertschöpfungsgrad sowie
- weitere Probleme, die von Mitarbeiterseite (Prozesseigner) genannt werden.

Die Problemidentifikation vollzieht sich zum einen auf Basis einer visuellen Kontrolle der Ist-Prozessstruktur (siehe Schemata), zum anderen auf der Grundlage einer Analyse des spezifizierten Prozessmodells, insbesondere der ermittelten Kennzahlen. Zur Problemabfrage bietet sich der Einsatz von Moderationstechniken, wie beispielsweise der Kartenabfrage, des Brainstormings oder der Erstellung eines Problem-Analyse-Schemas an.[706] Referenzprozessmodelle und Kreativitätstechniken[707] bilden dagegen den Methodenkanon zur Ableitung von Prozessgestaltungsoptionen mit dem Ziel der Prozessoptimierung. Mit Ausnahme der technischen Realisierbarkeit – diese wurde bereits bei der Erstellung des House of E-Maintenance berücksichtigt - erfolgt die Spezifikation der Handlungsoptionen im Sinne des „Grüne-Wiese-Ansatzes“ und damit zunächst losgelöst von einer detaillierten Potenzialbetrachtung.

Aufgrund der Vielzahl an beteiligten Partnern im generischen Vorgehensmodellsegment und der vorhandenen Prozess- und Tool-Komplexität sollte die Problemsammlung und die erste Ermittlung von Optimierungspotenzialen pro Partner zunächst individuell durchgeführt werden.

Zur Identifikation von Gestaltungsfeldern sowie zur sukzessiven Entwicklung der Ziel-Prozesse bietet sich die Diskussion der unterschiedlichen Formen der prozessualen Chromosomen- und Genommutationen an. In diesem Zusammenhang sind folgende Ansatzpunkte zu unterscheiden:

---

706 Vgl. hierzu Seifert, J.W. (1997), S. 106ff.

707 Vgl. Nöllke, M. (2002)

- Prozessuale Chromosomenmutationen:
  - Deletion sowie „Negative Deletion“:
    - Eliminierung nicht notwendiger Prozessschritte
    - Hinzufügen fehlender Prozessschritte (neue Prozessschritte)
  - Duplikation:
    - Einfügen von Prozesssequenzwiederholungen
  - Inversion und „Reziproke Inversion“:
    - Vertauschen der Reihenfolge von Prozessschritten und –sequenzen
    - Parallelisierung und Beschleunigung von Abläufen
    - Einführung von kurzen Feedback-Schleifen
    - Integration von Prozessschritten in eine Sequenz (bereits im Ist-Stadium vorhandene Prozessschritte)
  - Translokation:
    - Automatisierung von Prozessschritten
- Prozessuale Genommutationen
  - Numerische als auch strukturelle Hauptprozessmutationen

Die *Bottom-Up-Vorgehensweise* ist durch den reziproken Ablauf der Problemsammlung und Identifikation von Lösungsansätzen gekennzeichnet. Es werden alle im generischen Schema erfassten Ist-Prozesse der Problemanalyse unterzogen. Neben der Auswertung der bereits geschilderten Indikatoren sowie der visuellen Beurteilung der Abläufe ist der Einbezug von aktuellen und zukünftigen Wettbewerbs- und Kundenanforderungen für die Prozessbeurteilung unabdingbar. Zusätzlich finden Referenzprozessmodelle sowie das Prozessbenchmarking Eingang in die Beurteilungsphase. Mittels Moderationstechniken erfolgt die Aufnahme und Dokumentation der Hauptprobleme, eine detaillierte Ursachenanalyse bei komplexen Problemfeldern schließt sich an. Zur Ableitung von Lösungsansätzen im Sinne der Reduzierung von Prozesskosten sowie von Durchlaufzeiten finden die bereits erwähnten Kreativitätstechniken Anwendung. Der Schwerpunkt der Bottom-Up-Vorgehensweise liegt in der grundsätzlichen Infragestellung der gesamten Prozessstruktur, unabhängig von der Automatisierbarkeit einzelner Prozesssequenzen via der zu entwickelnden E-Maintenance-Lösung. Nach erfolgter Spezifikation der aus dem Implikationszusammenhang des Process Reengineerings wettbewerbsfähigen Ablaufstruktur werden im zweiten Schritt die Optimierungspotenziale durch die E-Lösung prozessgestaltend berücksichtigt. Die technische Realisierbarkeit ist während des gesamten Vorgangs permanent zu überprüfen, da in den Integrationsprozess des Gegenstromverfahrens nur die beiden aus der Top-Down- und Bottom-Up-Sequenz resultierenden Alternativen einbezogen werden. Ist eine Option technisch nicht durchführbar, so müsste der der Entscheidungsfindung zugrunde liegende Prozess nochmals durchlaufen werden. Dies widerspricht offenkundig der Leitlinie der wirtschaftlichen Geschäftsprozessgestaltung bei der Entwicklung von E-Business-/E-Maintenance-Lösungen. Pro Praxispartner werden im Rahmen des Bottom-Up-Verfahrens die Problemsammlung sowie die Identifikation von Optimierungspotenzialen individuell vorgenommen.

Die Zusammensetzung der Workshopteams sollte interdisziplinär (Interne Prozesseigner, IT-/E-Business-Fachleute, Wertschöpfungspartner, Softwarehouse oder alternativ Softwareprovider) geprägt sein. Zu empfehlen ist weiterhin, dass die Teamsitzungen zur Top-Down- und Bottom-Up-Vorgehensweise nicht kurzfristig nacheinander, sondern im Abstand von mindestens zwei Wochen durchgeführt werden, um losgelöst von dem Primat der E-Technologie des ersten Workshops die Identifikation von Optimierungspotenzialen aus der Reengineering-Perspektive weitgehend objektiv vornehmen zu können. Gefördert wird dies beispielsweise durch eine partiell unterschiedliche Teambesetzung für die beiden Veranstaltungen.

Inhalt des *Gegenstromverfahrens* ist es nun, die Ergebnisse beider vorausgehender Problemlösungsprozesse – immer noch individuell pro Partner – abzugleichen und eine vertiefende Potenzialbetrachtung durchzuführen. Je nach vorhandener „optischer" Distanz der beiden, mittels eines standardisierten Schemas dokumentierten Alternativen bieten sich zwei grundsätzliche Handlungsoptionen an:

1. Vergleich der generischen Gesamtstruktur der Ziel-Prozesse bei sehr starkem Abweichen beider Prozessergebnisse. Ausweis der Einsparungen an Prozesskosten für jede der einzelnen Variante und

Wahl der Alternative mit dem höchsten Einsparungspotenzial. Neben den Prozesskosten ist zur Bestimmung dieses Potenzials zusätzlich der Realisierungsaufwand für die Abbildung der Instandhaltungsprozesse via E-Maintenance-Lösung zu berücksichtigen, um dem Aspekt der Wirtschaftlichkeit Rechnung zu tragen (*Holistisches Prozessmatching*).

2. Paarweiser Vergleich einzelner inhaltlich logisch strukturierter Prozesssequenzen bei geringfügigen Abweichungen zwischen beiden Geschäftsprozessoptionen. Bestimmung der Prozesskosten sowie des Realisierungsaufwandes und Ermittlung der „abschnittsweisen" Einsparungspotenziale. Wahl der wirtschaftlichsten Sequenzalternative (*Sequenzielles Prozessmatching*).

Die Durchführung des Gegenstromverfahrens setzt das Vorhandensein oder die Erarbeitung eines Prozesskostenrechnungsschemas voraus.[708] Grundsätzlich ist es vorstellbar, dass die beiden Realisierungsalternativen hinsichtlich ihrer Auswirkungen mit Hilfe der Simulationsmethodik verglichen werden. Allerdings erweist sich die Realisierung einer Simulationsstudie als zeitintensives und in den meisten Fällen gleichermaßen als teures Unterfangen.

Alternativ besteht die Möglichkeit, den Abgleich der Ziel-Prozesse mittels einer mehrdimensionalen und stärker qualitativ orientierten Methodik, wie sie beispielsweise die Nutzwertanalyse darstellt, durchzuführen.[709] Die Wirkungen der einzelnen Prozessgestaltungsoptionen lassen sich über Kriterien wie z.B. Steigerung der Prozessqualität, Reduzierung von Bearbeitungs- und Durchlaufzeiten, Reduzierung von Schnittstellen und Medienbrüchen, Steigerung des Integrationsgrades durch die zu entwickelnde E-Maintenance-Lösung bewerten. Zusätzlich kann jedes einzelne Kriterium nochmals im Verhältnis zu den anderen gewichtet werden. Die Ordinalskala (z.B. Ausprägung von sehr gering bis sehr hoch) ist mit einem kardinalen Wert zu

708 Zur Prozesskostenrechnung vgl. z.B. Schweitzer, M./Küpper, H.-U. (1995), S. 321ff.

709 Vgl. zur Nutzwertanalyse beispielsweise Hoffmeister, W. (2000)

verknüpfen (z.B. sehr hoch = 5). Pro Zielkriterium ist jede der beiden Prozessvarianten oder einzelne Sequenzen daraus zu bewerten. Die Multiplikation des Zielerfüllungsgrades mit der individuellen Gewichtung führt zum Nutzwert pro Kriterium und Alternative. Je Option sind schlussendlich alle Nutzwerte zu addieren, um einen Alternativenvergleich realisieren zu können.

Die Zusammenführung der Ziel-Prozesse der einzelnen Praxispartner im Rahmen des generischen Vorgehensmodellsegments ist Gegenstand des nächsten Steps der ganzheitlichen Geschäftsprozessgestaltung bei der Entwicklung von E-Maintenance-Lösungen von Unternehmen.

Aus der Principal-Agent-Theorie heraus können analog der Prozessanalysephase Informationsasymmetrien im Sinne der hidden information sowie der hidden action auftreten. Das Risiko ist allerdings in diesem Stadium eher gering ausgeprägt und auf den primär unternehmensinternen Kreis der Teilnehmer begrenzt. Die Workshopmitglieder aus den unterschiedlichen Funktionsbereichen bringen entsprechend ihrem Fach- und Erfahrungswissen sowie ihren persönlichen Präferenzen Vorschläge zur Prozessgestaltung ein und versuchen Optimierungspotenziale in ihrem zu verantwortenden Bereich zu realisieren.

Für die sachliche Argumentation sowie für einen möglichst objektiven Weg der Lösungsfindung ist der Moderator verantwortlich, ebenso für die Konsensfähigkeit des Ergebnisses. Technisch-prozessuale Verfahren wie beispielsweise die Prozesskostenrechnung, die Simulation oder die Nutzwertanalyse wirken in diesem Fall gleichzeitig Kontext-konsensual, da individuelles Erfahrungswissen und persönliche Präferenzen zielorientiert in ein ordinales oder kardinales Messkonzept im Sinne der gemeinsamen Entscheidungsfindung überführt werden.

5.5.2.2 Situationsspezifische Prozessgestaltung im Rahmen der Tool-Entwicklung

Die Aufspaltung der Vorgehensweise zur Problemsammlung und Identifizierung von Optimierungspotenzialen im Bereich des situationsspezifischen Prozessgestaltungssegments in eine Top-Down- und Bottom-Up-Vorgehensweise mit abschließendem Matching per Gegenstromverfahren erweist sich als nicht wirtschaftlich sowie als nicht zielführend. Ursächlich für diese Feststellung ist die Tatsache, dass die Komplexität der zu modellierenden Instandhaltungsprozesse auf der einen Seite und die geplante Tool-Komplexität auf der anderen Seite geringer ausgeprägt sind und deshalb eine parallele Betrachtung der Optimierungsquellen „E-Lösung" und „Prozessreengineering" geboten erscheint. Zeitlich versetzte Workshoprunden mit partiell unterschiedlicher Teamzusammensetzung wie im generischen Fall, erscheinen angesichts der Situationscharakteristika eher kontraproduktiv zu sein.

Das Vorgehensmodell umfasst die folgenden vier Stufen (vgl. Abb. 5-22):

1. Visualisierung der Prozessanalyseergebnisse

Die dokumentierten Ergebnisse der Prozessanalyse im Instandhaltungsbereich sind nochmals für die Workshopteilnehmer (Prozesseigner aus den unterschiedlichen Fachbereichen, ev. externe Wertschöpfungspartner, Softwarehaus oder Softwareprovider) durch Einsatz geeigneter Medien zu visualisieren. Für die umfangreichen Ablaufanalysen bieten sich A0-Plots an, die von den Projektpartnern im Rahmen der nachfolgenden Problemsammlung jederzeit vom Platz aus eingesehen werden können. Analog kann mit den Prozessdatenblättern und –dokumentationstafeln verfahren werden. An jeden Teilnehmer sind die Ergebnisse zusätzlich in Papierform zu verteilen, um den nachfolgenden Kreativitätsprozess zu effektivieren. Der Moderator fasst die wesentlichen Erkenntnisse aus der Prozessanalyse für die Teilnehmer nochmals zusammen und führt methodisch durch die weiteren Prozessgestaltungsschritte. Aufgabe des Moderators ist es gleichermaßen, die Partner in die von einem geschulten Prozessmanager eingesetzten Methoden zur Problemidentifikation einzuführen.

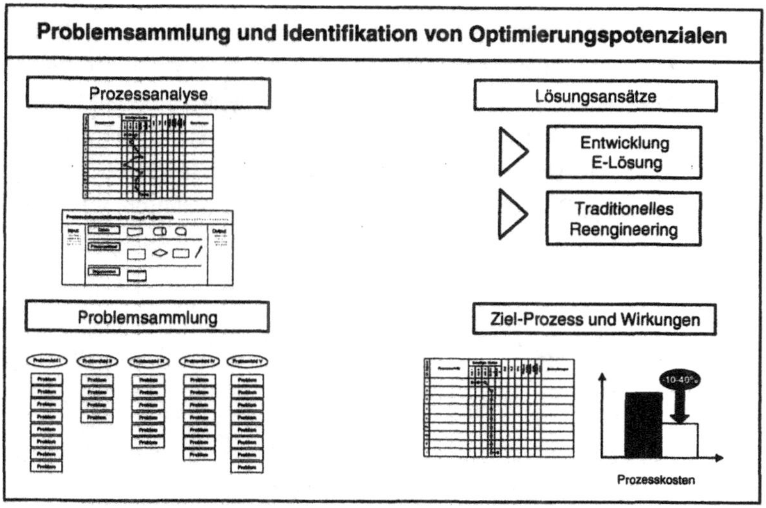

Abb. 5-22: Situationsspezifische Vorgehensweise bei der Erschließung von Optimierungspotenzialen

2. Durchführung der Problemsammlung und der Ursachenanalyse

Zur Aufnahme der aktuell vorhandenen Prozessprobleme bietet sich beispielsweise der Einsatz der Kartenabfrage oder des Brainstormings an. Die Problemsammlung auf Basis der ersten Methodik ermöglicht die weitgehend anonyme Aufschreibung der Probleme sowie die nachfolgende Clusterung derselben in unterschiedliche Problemkategorien. Defizitbereiche, die beispielsweise mit der Bezeichnung „IT“ oder „EDV“ überschrieben sind, wirken als Indikatoren für die Optimierungspotenziale durch die Entwicklung und den Einsatz der E-Maintenance-Lösung. Dagegen sprechen Kategorien mit der Überschrift „Organisation“ oder „Information“ primär für eine Prozessgestaltung im Sinne des traditionellen Reengineerings. Untersuchungsbereich für die Problemsammlung sind die Haupt- und Teilprozesse oder alternativ die prä-prozessgestaltend definierten Prozesstypen.

Zur Ursachenanalyse bei komplexeren Problemen können Techniken wie das Ishikawa-Diagramm, das Mind-Mapping oder das Problem-Analyse-Schema eingesetzt werden. Erst die genaue Kenntnis der Problemursache sichert eine dauerhafte Defizitbeseitigung, unabhängig davon, ob sie durch einen mangelnden Einsatz moderner E-Lösungen oder z.B. durch die nicht eindeutige Definition von Verantwortlichkeiten in der Aufbauorganisation verursacht sind.

3. Identifikation von Optimierungspotenzialen/Entwicklung von Lösungsansätzen

Schrittweise, ausgehend von den Hauptprozessen über die Teilprozesse (oder Prozesstypen) werden Lösungsansätze für die Prozessoptimierung entwickelt. Die bisherige Vorgehensweise während dieses Prozessgestaltungssteps erweist sich als nicht spezifisch auf die Entwicklung von E-Maintenance-Lösungen zugeschnitten. So besteht die Möglichkeit, beide Ansatzpunkte, die E-Applikations-Entwicklung und deren späteren Einsatz auf der einen Seite und die Markt- sowie Kundenanforderungen auf der anderen Seite gleichermaßen prozessverbessernd zu berücksichtigen.

Neben dem Einsatz Technisch-prozessualer Methoden, wie dem bereits erwähnten Brainstorming oder dem Mind-Mapping als Ausprägungsformen der Kreativitätstechniken, kann die Identifikation von Optimierungspotenzialen in diesem Fall auch „checklistenbasiert" erfolgen. Die Checklistenstruktur orientiert sich an den beiden Kategorien der „Prozessualen Chromosomenmutation", mit den Mutagenen „Deletion und negative Deletion", „Duplikation", „Inversion und reziproke Inversion" sowie „Translokation" und an der „Prozessualen Genommutation".

4. Identifikation von Optimierungspotenzialen/Entwicklung von Lösungsansätzen

Ergebnis des interdisziplinären und hierarchieübergreifend besetzten Workshops ist ein individuell erarbeiteter Ziel-Prozess-Vorschlag pro beteiligten Industriepartner. Auch im situationsspezifischen Vorgehensmodellsegment vollzieht sich dieser Prozessgestaltungsschritt entsprechend der Präferenzordnung der Teilnehmer. Die Bewertung der Handlungsoptionen erfolgt auf Basis der instandhaltungsbezogenen Prozesskostenrechnung. Bestehen zwischen den Workshopteilnehmern Differenzen hinsichtlich der Priorisierung der Prozessoptimierungspfade „Organisationsentwicklung" einerseits und „E-Lösungs-Entwicklung" andererseits oder fehlt die für eine detaillierte Prozesskostenrechnung erforderliche Datenbasis, so bietet sich beispielsweise der Einsatz von Argumentenbilanzen oder der Nutzwertanalyse als mehrdimensionale Technisch-prozessuale Methodik an. Aufgabe des Moderators ist es, eine aus wirtschaftlicher und E-technologischer Sicht optimale Skizzierung der Ziel-Geschäftsprozesse zu unterstützen, die sowohl konsensfähig als auch technisch realisierbar ist. Erst unter diesen Voraussetzungen können die Abläufe in der zu entwickelnden E-Maintenance-Lösung optimal abgebildet werden.

Kontext-konsensuale Instrumente finden insbesondere dann Anwendung, wenn die Bereichsegoismen der Workshopteilnehmer zu deutlich in der Diskussion zutage treten und die Argumentationskette sukzessive an Objektivität verliert. Selbst unternehmensintern lassen sich Nutzenverteilungsmodelle entwickeln, die sich an den Bereichsstrategien sowie an den zugehörigen Zielen orientieren. Aus diesem Grund ist es empfehlenswert, den Workshop durch einen geschulten Moderator begleiten zu lassen, der nicht aktiv in die Thematik involviert ist. Angesichts der Tatsache, dass sowohl Haupt- als auch Teilprozesse (alternativ: Prozesstypen) in einem hohen Detaillierungsgrad betrachtet werden, bedarf es eines großen Geschickes des Moderators, die unterschiedlichen Perspektiven zielorientiert zusammen zu führen.

5.5.2.3 Prozessgestaltung im Rahmen des Tool-Einsatzes

Die Problemsammlung und Identifikation von Optimierungspotenzialen im Situationsgefüge des Tool-Einsatzes weist einen anderen Schwerpunkt auf als im bisher betrachteten Entwicklungsstadium. Instandhaltungsprozesse werden bereits über die betrachtete E-Maintenance-Lösung abgebildet und erweisen sich somit als modelliert. Im Mittelpunkt der Überlegungen stehen folglich die Neuausrichtung oder die Optimierung der unternehmensspezifischen Geschäftsprozesse aller am Projekt beteiligten Partner.

Ausgangspunkt für die nachfolgenden Gestaltungsaktivitäten sind die bisherigen Ergebnisse der Prozessanalyse. Diese umfassen entweder die mittels standardisiertem Schema erfassten generischen Haupt- und Subprozesse, mit der typischen Zweiteilung des Rollenmodells (Personelle Akteure, Systemakteure) und der charakteristischen Ereignis- und Aktionsstrukturiertheit der Prozessfolgen oder die ebenfalls via standardisiertem Schema dokumentierten Ist-Prozesse (Haupt- und Teilprozesse oder alternativ Prozesstypen) aus dem situationsspezifischen Vorgehensmodellsegment. In Abhängigkeit von dem geplanten Tool-Einsatz erfolgte bereits die Ausrichtung der Prozessanalyse, so dass aufbauend auf diesem Strukturgefüge die Problemsammlung und die Entwicklung von Lösungsvorschlägen vorgenommen werden können. In Konsequenz ergeben sich die folgenden beiden Handlungssequenzen:

1. Generischer Schwerpunkt der E-Geschäftsprozessgestaltung

Die via E-Maintenance abgebildeten Prozesse erweisen sich generischer Natur, so dass die Ablaufstruktur innerhalb des standardisierten Ereignis-Aktions-Schematas – dies betrifft insbesondere die Gestaltung der Detailprozesse – bis zu einer gewissen Grenze adaptierbar bleibt.[710] Das die E-Lösung einsetzende Unternehmen

---

[710] Die Grenze manifestiert sich in diesem Fall durch die via E-Maintenance-Lösung vorgegebenen Schnittstellen und Adapter. Werden im Zuge der Prozessoptimierung Lösungen vorgeschlagen, die nicht mit der systemtech-

kann folglich, in Abhängigkeit von ihren individuellen, präferenzorientierten Zielsetzungen ihren eigenen Weg innerhalb der generischen Struktur bestimmen. Die Problemsammlung vollzieht sich unter Einsatz der bereits geschilderten Techniken, wie z.B. Kartenabfrage, Problem-Analyse-Schema oder Brainstorming. Nach erfolgter Erfassung der Problemfelder wird der Kreativitätsprozess zur Identifikation von Optimierungspotenzialen angestoßen. In einem Arbeitsgang sind beide Optimierungsquellen „E-Maintenance-Lösungs-Einsatz" und „Traditionelles Reegineering" prozessgestaltend zu verknüpfen. Die in die E-Anwendung zu integrierenden Instandhaltungsprozesse bilden das erforderliche „Matching-Objekt". Um die Verbesserungspotenziale durch die E-Lösung vollständig erschließen zu können, werden die entsprechenden Prozessstrukturierungsprinzipien aus dem generischen Referenzprozess des E-Maintenance-Tools abgelesen und auf den Ist-Prozess des Unternehmens transferiert. Nachfolgend sind die traditionellen Reengineering-Kriterien stufenweise für den entstandenen Ziel-Prozess 1. Ordnung im Hinblick auf weitere Optimierungspotenziale zu überprüfen. Entscheidend ist dabei grundsätzlich die technische Realisierbarkeit auf der einen Seite und die Vermeidung der Programmierung aufwendiger, extrem teurer Schnittstellen auf der anderen Seite. Zu berücksichtigen gilt es hierbei die unterschiedlichen Mutagene im Rahmen der prozessualen Chromosomenmutation sowie die prozessuale Genommutation. Der „Grüne Wiese"-Ansatz erweist sich an dieser Stelle nur begrenzt zielführend, da sich die Identifikation von Optimierungspotenzialen unmittelbar am generischen Referenzprozess orientiert. Wettbewerbs- und Kundenanforderungen, Bereichsstrategien und –ziele, einschließlich der den E-Lösungs-Einsatz motivierenden E-Maintenance-Strategie wirken als Orientierungsmuster für die Prozessgestaltung beim Einsatz von entsprechenden Tools. Die erarbeiteten unterschiedlichen

---

nischen Plattform der E-Anwendung realisierbar sind, so muss dieser Aspekt mit höchster Priorität bei der Prozessgestaltung berücksichtigt werden. Auch wenn die E-Lösung generischer Natur ist, lassen sich nicht alle Anforderungen prozessualer Natur der zukünftigen Nutzer während der Einsatzphase des Tools erfüllen. Die informationstechnischen Möglichkeiten auf der einen Seite und der technische Realisierungsaufwand auf der anderen Seite wirken als „natürliche und/oder betriebswirtschaftlich-technische Hemmschwelle".

Alternativen bedürfen einer Bewertung auf Basis der Prozesskostenrechnung, um die wirtschaftliche, strategische sowie wertorientierte Prozessgestaltung zu ermöglichen. Bei Nichtexistenz eines adäquaten Prozesskostenrechnungsmodells kann alternativ oder bis zur Fertigstellung desselben die Nutzwertanalyse als Technisch-prozessuale Methodik gewählt werden. Der resultierende Ziel-Prozess ist zu visualisieren und einschließlich der ermittelten Ergebniswirkungen zu dokumentieren. Um für das Unternehmen eine optimale oder zumindest eine aus ökonomischen und I&K-technischen Aspekten heraus satisfizierende Lösung zu entwickeln, sind in das Workshopteam Fachvertreter der betroffenen Bereiche, IT-Fachleute, mindestens ein Vertreter des die E-Mainenance-Lösung bereitstellenden Unternehmens, Vertreter der vom Einsatz unmittelbar betroffenen Wertschöpfungspartner sowie innerbetriebliche Entscheidungsträger zu integrieren.

2. *Situationsspezifischer Schwerpunkt der E-Geschäftsprozessgestaltung*

Die mittels eines standardisierten und an das E-Paradigma adaptierten Analyseschemas erfassten Ist-Prozesse bilden den Ausgangspunkt für die Identifikation von Optimierungspotenzialen im weniger komplexen E-Umfeld. Neben der interdisziplinären Besetzung der Problemlösungsgruppen, wie bereits im generischen Einsatzfeld beschrieben, vollzieht sich auch die Problemsammlung aus methodischer Sicht analog dem vorhergehenden Anwendungsfall. Die Prozessoptimierung allerdings folgt anderen Gesetzmäßigkeiten. Es findet in diesem Fall ein umfangreicher Bargaining-Prozess zwischen den beteiligten Parteien statt, da die Unternehmensverantwortlichen bestrebt sind, ihre optimierten Geschäftsprozesse in der E-Lösung abzubilden, auch wenn das Prozessgerüst bereits in der Entwicklungsphase festgelegt wurde und zum anderen der Softwareprovider nachträgliche, insbesondere tief greifende Änderungen nur gegen Aufgeld akzeptieren wird. Die mittels E-Maintenance-Lösung abgebildeten Haupt- und Teilprozesse oder alternativ Prozesstypen fungieren als Referenzmodell und regen den Kreativitätsprozess der beteiligten Parteien an. Brainstorming oder Kartenabfrage beispielsweise unterstützen den Prozess der Problemsammlung, Problemanalysetechniken werden ergänzend bei intransparenten Ursachenprofilen eingesetzt. Unter Berücksichtigung der technischen Realisierbarkeit entwickeln die Teilnehmer im ersten Schritt eine optimierte Prozessstruktur, die sich durch den E-Applikations-Einsatz erzielen lässt. Im zweiten Schritt, zur Förderung der vollständigen Erschließung vorhandener Prozessoptimierungspotenziale erfolgt die Konstruktion der Ziel-Abläufe aus dem Implikationszusammenhang des traditionellen Reengineerings heraus. Prozessuale Chromosomen- und Genommutationen erleichtern die Navigation im komplexen Umfeld des situationsspezifisch geprägten E-Geschäftsprozessmanagements. Die resultierenden Soll- oder Zielprozesse entsprechen der individuellen Präferenz- und Zielstruktur der E-Lösungs-Anwender und wirken auf die via E-Maintenance-Tool bereits abgebildeten Vorgänge zurück. Welche Ablaufstruktur abschließend gestaltet und somit die prozessuale Basis der einzusetzenden E-Applikation bildet, ist von folgenden Aspekten abhängig:

- Wirkungen der erarbeiteten Geschäftsprozessalternativen auf die Prozesskosten. Prinzipiell Wahl der Option mit den höchsten Einsparungen für den E-Lösungs-Anwender. Alternativ kann auch in diesem Fall eine Nutzwertanalyse bei fehlenden Prozesskostendaten eingesetzt werden.

- Technischer Realisierungsaufwand für den Tool-Provider, der, soweit er vollständig auf den Kunden abgewälzt werden kann, die Wirtschaftlichkeit des Einsatzes der E-Maintenance-Lösung, unter Berücksichtigung des ersten Bewertungskriteriums beeinflusst.

- Verteilung der Verhandlungsmacht unter den beteiligten Parteien, insbesondere wenn der Tool-Provider nicht alle zusätzlichen Anpassungskosten für die E-Lösung auf den Kunden abwälzen kann.

Der zuletztgenannte Aspekt wird primär durch die vorherrschende Principal-Agent-Konstellation beeinflusst. Fungiert das die E-Lösung einsetzende Unternehmen als Principal, – dies dürfte der häufigste in der Praxis eintretende Fall sein – so stehen die Chancen für den Tool-Provider im Hinblick auf die Durchsetzung seines Präferenzmodells relativ schlecht, falls er im Rahmen der Kooperationsanbahnungsphase nicht diesbezüglich vertragliche Vorkehrungen getroffen hat. Nimmt der Softwareprovider die Rolle des Principals ein, so wird er etwaige geschäftsprozessbezogene Customizing-Aufwände nur gegen „nutzenstiftendes Entgelt" akzeptieren.

Aus dem Blickwinkel der Kontext-konsensualen Methoden wirkt ein offenes Modell, das über die Nutzenverteilung zwischen den Partnern - im Sinne der Einsparung von Prozesskosten auf der Unternehmensseite und der Erzielung von Gewinn seitens des Tool-Providers - einen Konsens herbeiführt, als zielorientiertes Anreizsystem. Die Frage, ob dieses Verteilungsmodell über einen funktionalen Zusammenhang formeltechnisch abgebildet werden kann, bleibt an dieser Stelle unbeantwortet und zeigt weiteren Forschungsbedarf auf.

5.5.3 Realisierung der Handlungsoptionen zur Geschäftsprozessoptimierung und –gestaltung

Step 4 der Durchführungsphase des ganzheitlichen E-Geschäftsprozessmanagements umfasst die partnerübergreifende Umsetzung der Handlungsoptionen zur Geschäftsprozessoptimierung und –gestaltung im E-Maintenance-Umfeld. Zum einen sind die bislang isolierten Ergebnisse aus Step 3 zusammen zu führen und zu harmonisieren (Prozessreengineering, Prozessoptimierung). Zum anderen bedarf es der Dokumentation aller prozessrelevanten Informationen als Voraussetzung zur effizienten programmiertechnischen Umsetzung der Geschäftsprozesse in der zu entwickelnden E-Lösung (Prozessmodellierung, Prozessdokumentation). Bislang noch nicht behandelt wurde der Aspekt des Prozessengineerings zur Konzeption von innovativen Instandhaltungsdienstleistungen, deren zugrunde liegende Geschäftsprozesse zukünftig durch die E-Applikation abzubilden sind. Der Baustein „Prozessinnovation" im Rahmen des Vorgehensmodells schließt sowohl den Aspekt des Technisch-prozessualen, kreativen Engineerings mit ein als auch die abschließende Visualisierung und Dokumentation der Ablaufstruktur und der sie charakterisierenden Informationen. In Kontext-konsensualer Hinsicht besteht infolge des iterativen und interdisziplinären Abstimmungsprozesses ein erhöhter Koordinationsbedarf zur Erreichung der Prozessgestaltungsziele im betrachteten E-Maintenance-Anwendungsfeld.

5.5.3.1 Generische Prozessgestaltung im Rahmen der Tool-Entwicklung

Die Komplexität der Geschäftsprozessgestaltung im generischen Vorgehensmodellsegment resultierte in einem dreistufigen Ablaufschema zur Bestimmung der partnerspezifischen Optimierungsansätze sowie Ziel-Prozesse. Diese sind nachfolgend für alle Prozesseigner (Wertschöpfungspartner) darzustellen und in eine einheitliche Vorgangsstruktur zu überführen. Es gilt in diesem Zusammenhang abzuwägen, inwieweit jede individuelle Prozessspezifität durch die zu entwickelnde E-Maintenance-Lösung abgebildet werden kann, oder ob durch die Vornahme einer Prozessstandardisierung auf generischer sowie auf Ebene der aggregierten Haupt-/Subprozesse eine angemessene tool-bezogene Komplexitätsreduzierung, die sich in den Aufwendungen für die Programmierung positiv niederschlägt, erreichbar ist. Die Problemstellung erweist sich in Konsequenz sowohl Technisch-prozessualer als auch Kontext- konsensualer Natur (vgl. Abb. 5-23).

Je mehr Praxispartner an dem E-Maintenance-Projekt beteiligt sind, desto schwieriger erweist sich diese Aufgabe. In einem ersten Schritt sind die pro Teilnehmer individuell ermittelten Optimierungsansätze zu dokumentieren sowie die zugehörigen Ziel-Prozesse zu visualisieren. Empfehlenswert ist die Präsentation der Ergebnisse des Steps 3 durch jeden einzelnen Partner im Rahmen eines zu diesem Zweck organisierten, interdisziplinär besetzten Workshops. So werden Beweggründe für das bisher vorgenommene Prä-Reengineering ersichtlich, insbesondere wenn die mittels Prozesskostenrechnung oder Nutzwertanalyse ermittelten Einsparpotenziale aufgezeigt werden.

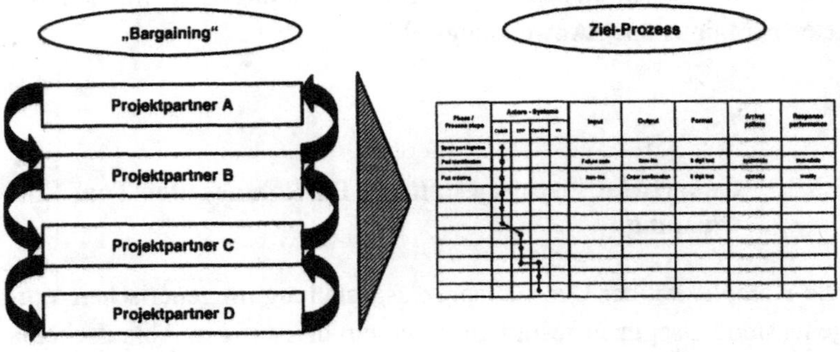

Abb. 5-23: Ablauf des partnerübergreifenden Matching-Prozesses

Nachfolgend startet der für die Realisierung der Prozessgestaltungsoptionen erforderliche partnerintegrierende Matching-Prozess. Im Sinne des Gegenstromverfahrens erfolgt zunächst ein Vergleich der generischen Ablaufstrukturen sowie der Haupt- und/oder aggregierten Sub-Prozessgefüge. Abweichungen lassen sich am besten erkennen, wenn für die Visualisierung der Abläufe beispielsweise A0-Plots verwendet werden. Eine weitere Detaillierung des Strukturvergleichs bis auf die mittlere oder unterste Teilprozessebene dürfte im generischen Vorgehensmodellsegment ohne IT-Unterstützung kaum realisierbar sein. Grundlegende Strukturdifferenzen sind potenzialorientiert zu diskutieren. Voraussetzung hierfür ist die Verfügbarkeit einer Prozesskostenrechnung pro Praxispartner, die einen strukturgleichen Aufbau aufweist. Jede Gestaltungsalternative kann folglich hinsichtlich ihrer Konsequenzen für den individuellen Teilnehmer beurteilt werden. Durch die Vorgabe einer Mindesteinsparung (Mindestnutzen) pro Partner lässt sich weitgehend objektiv eine konsensfähige Lösung erzielen. Neben den Prozesskosteneinsparungen sind die für die

Realisierung erforderlichen Programmieraufwendungen zu ermitteln und dem Potenzial gegenüber zu stellen. Die wirtschaftlich günstigste Option wird nachfolgend für die Umsetzung vorgesehen. Liegt kein adäquates Prozesskostenrechnungssystem vor, so kann der abschließende Problemlösungsprozess mittels Einsatz der bereits erwähnten Nutzwertanalyse oder auf Basis der stärker qualitativ orientierten Argumentenbilanz vollzogen werden.

Aus Kontext-konsensualer Perspektive handelt es sich in diesem Fall um einen so genannten Bargaining-Prozess. Jeder Partner versucht entsprechend seiner Präferenz- und Zielstruktur seine Vorschläge zur Prozessoptimierung durchzusetzen. Insbesondere wenn objektive Zahlen für das Einsparpotenzial nicht vorliegen, entscheidet häufig das rhetorische Geschick oder die Verhandlungsmacht über die endgültige Wahl der Ziel-Prozessstruktur. Diese Kompetenzen sind nicht zwangsweise mit der Funktion des Principals oder Agents verknüpft. Die Sanktionsgewalt des Principals – in den meisten Fällen im Kooperationsvertrag kodifiziert – schafft jedoch ein nicht zu unterschätzendes Maß an Durchsetzungsmacht. Typischerweise treten im Laufe der Prozessgestaltung unterschiedlichste Konfliktsituationen auf, die das Mitwirken eines neutralen Moderators mit hoher methodischer und sozialer Kompetenz erfordern. Es lassen sich drei Basisstrategien der Konflikthandhabung unterscheiden: die Konfliktunterdrückung, die Konfliktlösung sowie die Konfliktakzeptanz (vgl. Abb. 5-24). Für den weiteren erfolgreichen Projektverlauf erscheint es dringend geboten, eine dauerhafte Konfliktlösung anzustreben, um die Gefahr der hidden information sowie der hidden action beherrschbar zu machen. Eskaliert ein Konflikt und können die Parteien sich nicht mehr auf einen Konsens einigen, so droht ein Scheitern des Entwicklungsprojektes im E-Maintenance-Umfeld mit hohem Reputations- und vor allem finanziellem Verlust.

Es lassen sich folgende Ansätze zur Deeskalation in Konfliktsituationen unterscheiden:[711]

[711] Zum Konfliktmanagement vgl. z.B. Kellner, H. (2000), S. 89f.

- Forcierung des Strategischen Denkens, da das zukünftige Verhältnis zum Konfliktpartner – in der Regel Wertschöpfungspartner – auf dem Spiel steht.
- Vermeidung der Verletzung der Gefühle des Konfliktpartners.
- Bewusstes Überhören von persönlichen Angriffen seitens des Konfliktpartners.
- Primat der sachlichen Argumentation zur klaren Darlegung des eigenen Standpunktes.
- Die Kompromissfindung steht an erster Stelle, es geht nicht um „Sieg oder Niederlage".

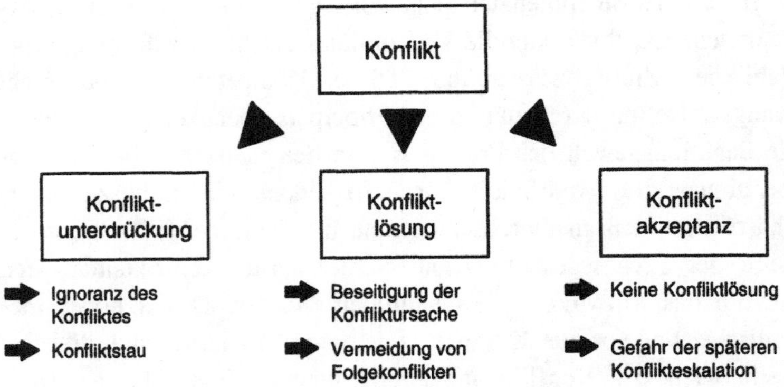

Abb. 5-24: Basisstrategien der Konflikthandhabung

Als Koordinations- und Anreizinstrument zur Erzielung der Konsensfähigkeit fungiert vor allem der prozessbezogene Potenzialausweis, da hierdurch eine dauerhafte Ausrichtung der Aktivitäten an der partnerspezifischen Präferenz- und Nutzenstruktur ermöglicht wird. Für den Softwareprovider und E-Maintenance-Spezialisten, der die technische Realisierbarkeit des im Rahmen eines interdisziplinär besetzten Workshops erarbeiteten Ziel-Gesamtprozesses sicherstellt, wirkt die Berücksichtigung eines für ihn wirtschaftlich vertretbaren Realisierungsaufwandes als Motivator in Richtung Konsensfähigkeit.

Das Engineering von innovativen Instandhaltungsdienstleistungen sowie den ihnen zugrunde liegenden Geschäftsprozessen, die zukünftig über eine E-Maintenance-Lösung abgewickelt werden sollen, manifestiert sich als kreativer, interdisziplinärer Vorgang. Bislang wurden lediglich die bestehenden Abläufe einer spezifischen Betrachtung aus dem Blickwinkel des E-Business sowie aus dem Reengineering-Implikationszusammenhang unterzogen.

Als Ausgangspunkt für die Initiierung des prozessbezogenen Innovationsprozesses dienen die bereits in der Phase der Anforderungsdefinition und Prozessauswahl gewonnenen Analyseergebnisse, wie sie die E-Maintenance-Strategie, das House of E-Maintenance sowie die ermittelten Wettbewerbs- und Kundenanforderungen darstellen. Es besteht durchaus die Möglichkeit, dass bereits zum Zeitpunkt der Prozessidentifikation und –auswahl neuartige Dienstleistungen, die durch eine E-Maintenance-Lösung effizient unterstützt werden können, konzeptionell in die Prozessgestaltung einflossen.

Die Geschäftsprozessinnovation im weiteren Sinne besteht zum einen in der Ergänzung vorhandener Ablaufstrukturen um weitere Funktionen (z.B. Lagermanagement via CMMS-Tool: zusätzlich zur Abwicklung der Lagerverwaltung wird auch die Bestimmung optimaler Bevorratungsstrategien für Ersatzteile unterstützt), zum anderen umfasst sie im engeren Sinne neuartige Dienste, wie beispielsweise die Integration des Vertragsmanagements oder der Operation Guidance in eine E-Maintenance-Plattform.[712] Im Rahmen eines interdisziplinär besetzten Workshops (Vertreter der Praxispartner, Fachvertreter aus den Bereichen Betriebswirtschaftslehre und Prozessmanagement sowie E-Maintenance oder IT) sind mittels Einsatz von Kreativitätstechniken (z.B. Brainstorming, Methode 635, Mind-Mapping), unter Mitwirkung eines geschulten Moderators, E-Prozessinnovationen im Anwendungsfeld der Instandhaltung zu entwickeln. Speziell im generischen Vorgehensmodellsegment spielt die Unterstützung neuartiger Geschäftsprozesse durch die zu entwickelnde E-Lösung eine nicht zu

[712] Vgl. hierzu die Inhalte des Forschungsprojektes PROTEUS

unterschätzende Rolle, da sie den prozessualen Integrationsgrad erhöht und somit zur Schaffung zusätzlicher Potenzialquellen beiträgt.

Die Trennung des Vorganges des Prozessreengineerings vom Prozessengineering dürfte sich als vorteilhaft erweisen, da ersterer primär problemlösungsorientiert gestaltet ist, letzterer jedoch vor allem auf Kreativität basiert. Beide Schwerpunkte der Prozessgestaltung im E-Business-Umfeld erfordern unterschiedliche Vorgehensweisen sowie einen spezifischen Mix aus Technisch-prozessualen und Kontextkonsensualen Methoden. Für die Realisierung innovativer Dienste liegen in der Regel keine vergleichbaren Potenzialausweise vor, außer Konkurrenzlösungen bieten diese spezielle Prozessunterstützung bereits an. Streng genommen, handelt es sich hierbei dann jedoch nicht mehr um eine Prozessinnovation im E-Maintenance-Anwendungsfeld. Um den interdisziplinären Kreativitätsprozess präferenzorientiert und anforderungsgerecht zu lenken, ist es erforderlich, Markterschließungspotenziale oder Einsparungsmöglichkeiten beispielsweise im Hinblick auf Transaktionskosten der beteiligten Wertschöpfungspartner zu qualifizieren oder wenn möglich, zu quantifizieren.

IT- und/oder E-Business-Spezialisten sind für die Gewährleistung der technischen Realisierbarkeit unter Berücksichtigung des Wirtschaftlichkeitsaspektes verantwortlich und von Anfang an in den kreativen Ablauf eingebunden. Die aus dem Reengineering im E-Maintenance-Kontext resultierenden Ziel-Prozessstrukturen müssen um die Soll-Prozesse der Prozessinnovationen ergänzt und mit ihnen harmonisiert werden.

Bestandteil der Prozessgestaltung nach erfolgtem Prozessreengineering sowie Engineering ist abschließend die Vornahme der Geschäftsprozessstandardisierung. Der Terminus Standardisierung bezieht sich auf zwei Komponenten, die in diesem Zusammenhang zu erörtern sind:

1. Standardisierung aus informationstechnischer Sicht
2. Standardisierung aus betriebswirtschaftlicher Sicht

Ad1:
Unter der Standardisierung aus informationstechnischer Sicht werden alle Maßnahmen subsumiert, die die Vereinheitlichung von Datenaustauschformaten sowie die einheitliche Klassifizierung von Produkten/Objekten zum Gegenstand haben. Insbesondere im Betrachtungsfeld von B2B-Transaktionen, wie sie Gegenstand von zukünftigen E-Maintenance-Anwendungen sind, spielen standardisierte Abläufe und Formate eine erfolgskritische Rolle. Die beiden genannten Schwerpunkte der technischen Standardisierung resultieren aus dem bereits stärker professionalisierten Anwendungsbereich des E-Procurements.[713]

Zum ersten Typus zählen Standards und Standardisierungsinitiativen, die für den Transfer einheitlicher elektronischer Dokumente Rahmenwerke zur Verfügung stellen. Im Zusammenhang mit dem Austausch von Daten über Internet-Technologien, wie sie Bestandteil des E-Business und damit der E-Maintenance sind, basieren die meisten dieser Standards heute auf Extensible Markup Language (XML). Zu erwähnen sind in diesem Zusammenhang insbesondere Initiativen wie EDI, EDIFACT, XML/EDI, ebXML und WebEDI, die Templates für einen standardisierten Datenaustausch, einschließlich einheitlicher Prozessschritte und -informationen anbieten. Allerdings sind diese bislang zumeist branchenspezifisch ausgerichtet.[714]

Zu den Klassifizierungen von Produkten und Objekten sind beispielsweise BMEcat, eCl@ss, UN/SPSC und RosettaNet zu zählen, die basierend auf der Vereinheitlichung von Katalogdaten oder von Produktinformationen ebenfalls XML-basierte Regeln definieren.[715]

Datenaustauschformate und Klassifizierungen sind wichtige Aspekte für die angestrebte Standardisierung im Rahmen der Geschäftsprozessgestaltung bei der Entwicklung sowie beim späteren Einsatz von E-Maintenance-Lösungen von Unternehmen. Insbesondere im Zuge

[713] Vgl. Wannenwetsch, H. (2002), S. 123
[714] Vgl. Preißner, A. (2002), S. 180ff.
[715] Vgl. hierzu ebd., S. 203ff.; Schubert, P. (2002), S. 14ff.

der fortschreitenden Globalisierung ist die Harmonisierung von Standardisierungsbemühungen beim E-Business im internationalen Kontext dringend geboten. Ein Beispiel für Bestrebungen, E-Business-Aktivitäten im B2B-Bereich weltweit einen gewissen Standard zu verleihen, ist UDDI (Universal Description, Discovery and Integration),[716] eine Initiative von Ariba, IBM, Microsoft und etlichen weiteren Unternehmen. UDDI ist zum einen als eine Art Directory – ähnlich den Gelben Seiten – konzipiert, mit dessen Hilfe Unternehmen anhand von Spezifikationen weltweit für B2B-Transaktionen Kontakte knüpfen können. Zum anderen soll mittels UDDI ein plattform-unabhängiges, offenes, flexibles Rahmenwerk für die Integration von unterschiedlichen Unternehmen und ihren Geschäftsprozessen geschaffen werden. UDDI beruht auf Standards wie Extensible Markup Language (XML) und Simple Object Access Protocol (SOAP), befindet sich allerdings entwicklungstechnisch noch in den Anfängen.

Ad2:
Aus dem betriebswirtschaftlichen Kontext heraus umfasst die Standardisierung von E-Geschäftsprozessen im generischen Vorgehensmodellsegment die Skalier- und Erweiterbarkeit der zu entwickelnden E-Maintenance-Lösung in prozessbezogener Hinsicht auf eine nahezu unbegrenzte Anzahl von Unternehmen unterschiedlichster Branchen. Geschäftsprozessstandardisierung im E-Business-Umfeld impliziert die Vereinheitlichung von Instandhaltungsabläufen bis zu einem aus Sicht der Projektpartner wirtschaftlich akzeptablen Maß. Aufgrund der ausgeprägten Prozess- und Tool-Komplexität ist eine Standardisierung nur auf einem hohen Aggregationsniveau realisierbar. Dieses konstituiert sich aus dem generischen Prozessschema, einschließlich der Prozessstrukturierung in Ereignisse und Aktionen sowie aus dem relativ gering ausgeprägten Detaillierungsgrad der ermittelten Haupt- und Subprozesse. Die Ziel-Prozesse aus dem Reengineering und Engineering im E-Kontext integrieren die wichtigsten, aus Sicht der zukünftigen Anwender erforderlichen Prozessvarianten. So wird beispielsweise ein Instandhaltungsauftrag dann ausgelöst, wenn der Kunde einen Instandhaltungsbedarf bei Ausfall einer Komponente

---

[716] Vgl. URL: http://www.uddi.org/about.html

mitteilt, wenn ein SCADA- oder Condition Monitoring System Abweichungen von Soll-Werten anzeigt oder wenn regelmäßige, vorbeugende Wartungsmaßnahmen durchzuführen sind. Das zu Beginn des Projektes definierte Rollenmodell, bestehend aus personellen sowie systemtechnischen Akteuren, sichert die parallele und generische Berücksichtigung unterschiedlicher aufbau- und folglich auch ablauforganisatorischer Strukturen. Die Aufnahme eines Instandhaltungsbedarfes durch ein Call Center oder durch einen Instandhaltungsmitarbeiter lässt sich im generischen Prozessschema einer E-Maintenance-Lösung integrativ berücksichtigen.

Der Standardisierungsvorgang manifestiert sich entsprechend der Leitlinie der pädagogischen Geschäftsprozessgestaltung als interaktives Lernen, so dass ein Ergebnis entsprechender Aktivitäten durchaus sei kann, dass ein ursprüngliches Prozesssegmentierungskriterium für den weiteren Ablaufmodellierungsvorgang (z.B. Instandhaltungsstrategie) nicht mehr relevant ist. Standardisierung aus dem Blickwinkel des generischen Vorgehensmodellsegments ist nicht als die maximale Reduktion von Prozessvarianten zu interpretieren, sondern hat die Realisierung des Integrationsgedankens bei Abbildung einer angemessenen generischen Variantenanzahl zum Gegenstand („Generische Harmonisierung").

Die Standardisierung aus betriebswirtschaftlicher Sicht kann sich in der Praxis zur konfliktträchtigen Situation entwickeln. Eine schrittweise Vereinheitlichung der Prozessstruktur auf aggregrierter Ebene wird unter Umständen von den beteiligten Projektpartnern als Angriff auf das eigene „Geschäftsprozessbestimmungsrecht" interpretiert. Das Aufzeigen der Nutzenpotenziale eines entsprechenden Vorgehens dürfte primär als Motivator auf die Prozessgestalter wirken. Es kann unterstellt werden, dass der Principal auf Seiten der Praxispartner versuchen wird, das zu standardisierende Prozessmodell vor allem nach seinen Vorstellungen zu prägen. Für den Softwareprovider bedeutet die Standardisierung in der Regel eine leichtere programmiertechnische Umsetzung und Abbildung der Abläufe in der zu entwickelnden E-Maintenance-Anwendung. Ein geschulter, neutraler Moderator sollte diesen Prozess aktiv begleiten und für eine konsensfähige Lösung der am Projekt Beteiligten Sorge tragen. Das gemeinsame und in der Regel im Kooperationsvertrag schriftlich fixierte Zielprofil der involvierten Partner wirkt als immaterieller Motivationsfaktor.

Die Realisierung der Handlungsoptionen zur Geschäftsprozessoptimierung und –gestaltung umfasst neben der Veränderungskomponente (Prozessreengineering, Prozessengineering) gleichermaßen die abschließende Modellierung (Formung) sowie Dokumentation der zukünftig via E-Maintenance-Lösung abzubildenden und der zu integrierenden Geschäftsprozessstruktur. Der Dokumentationsvorgang erweist sich im generischen Prozessgestaltungssegment als arbeitsintensive Aufgabenstellung, da alle Ablaufmodellierungsaktivitäten, einschließlich der sie charakterisierenden Informationen sowohl für die Vorbereitung der programmiertechnischen Umsetzung als auch für die spätere Steuerung des Prozess- und Tool-Lebenszyklus dringend erforderlich sind.

Dokumentationsinhalte stellen die analysierten Ist-Prozesse („Prozessquelle"), die Schritte der Geschäftsprozessgestaltung und –optimierung („Prozessmutationen") sowie die Ziel- oder Soll-Prozesse („Prozesssenke") dar. Neben den rein ablauftechnischen Informationen ist es erforderlich, gleichermaßen das Datenmodell, die Architektur der E-Applikation sowie weitere relevante IT-Strukturinformationen zu erfassen. Das gesamte Projektteam erstellt eine gemeinsame Dokumentation nach einem standardisierten Schema, das pro Partner bei Bedarf individuell detailliert und erweitert werden kann.
Für die abschließende Modellierung und Dokumentation der Ergebnisse aller bisherigen Phasen des E-Geschäftsprozessmanagements wird im Rahmen des generischen Vorgehensmodellssegments das ***Generic and Detailed Process Script (GDPS)*** entwickelt. Diese standardisierte Dokumentationsschablone weist folgende Gliederungsstruktur auf:

1. Ist-Prozessstruktur
2. Prozessgestaltung im E-Kontext
3. Soll-Prozessstruktur

4. IT-Struktur
5. Prozessrelationales Daten- und Objektmodell

Das Generic and Detailed Process Script dient im weiteren Verlauf der Geschäftsprozessgestaltung bei der Entwicklung von E-Maintenance-Lösungen von Unternehmen als E-Prozessuales Pflichtenheft. Die Inhalte dokumentieren die im Projektverbund erzielten konsensfähigen Ergebnisse, zeigen die modulare Vorgehensweise bei der Ablaufgestaltung auf, spiegeln den Problemlösungs- und Lernprozess der am Projekt partizipierenden Principals und Agents wider und basieren auf dem im Rahmen der vorliegenden Arbeit entwickelten Metaprozessmodell (Prozessuales Nervensystem).

Ad 1:
Die Ist-Prozessstruktur konstituiert sich aus allen im Rahmen des Step 1 durchgeführten Analysen sowie Untersuchungsergebnissen. Sie liefert einen Einblick in die Ausgangssituation und visualisiert die „Prozessquelle" für alle nachfolgenden Modellierungsaktivitäten im E-Umfeld. Folgende textuelle und visuelle Elemente sollten unter Gliederungspunkt 1 in das GDPS einfließen:

- Dokumentation der generisch geprägten Prozesshierarchie (Haupt- und Subprozesse).[717]
- Bei Bedarf: Visualisierung und Beschreibung von Prozesstypen auf Haupt- oder Subprozessebene.
- Explikation und Visualisierung der generischen Prozessstruktur im Bereich der E-Maintenance (einschließlich der Ereignis-Aktions-Struktur).
- Integration der nach standardisiertem Schema vorgenommenen Ablaufanalyse aller zukünftig via E-Applikation abzubildenden Geschäftsprozesse, unter Beachtung der charakteristischen prozes-

[717] Bei sehr hohem angestrebten Prozessintegrationsgrad besteht die Möglichkeit, zusätzlich zur stark aggregierten Prozesshierarchie, die Ablaufstruktur mittels Einsatz der Prozessspinne dem generischen Paradigma angemessen zu detaillieren.

sualen Verknüpfung von betriebswirtschaftlichen und I&K-technischen Informationen.[718]

- Beschreibung des Rollenmodells in personeller sowie systemtechnischer Hinsicht.
- Strukturierung und Dokumentation aller weiteren Analyseergebnisse nach ihrer Zugehörigkeit zum prozessualen Zentralnervensystem, zum prozessualen somatischen, motorischen, viszeralen sowie vegetativen Nervensystem (z.B. Informationsflussanalyse, Kennzahlenanalyse).
- Explikation und Visualisierung von identifizierten Differenzen zwischen prozessualem Genotyp und Phänotyp.

Ad 2:

Die Prozessgestaltung im E-Kontext umfasst die Dokumentation der Vorgehensschritte Problemsammlung, Identifikation von Optimierungspotenzialen sowie Realisierung der Handlungsoptionen zur Geschäftsprozessoptimierung und –gestaltung. Folgende Aspekte sollten in das GDPS aufgenommen werden:

- Problemsammlung und Identifikation von Optimierungspotenzialen:
  - Dokumentation der eingesetzten Methoden sowie der Ergebnisse der Top-Down-Vorgehensweise zur Prozessoptimierung im E-Umfeld pro Partner.
  - Dokumentation der eingesetzten Methoden sowie der Ergebnisse der Bottom-Up-Vorgehensweise zur Prozessoptimierung im E-Umfeld pro Partner.
  - Beschreibung der Struktur der eingesetzten Prozesskostenrechnung.

718 Soweit das Generic and Detailed Process Script in elektronischer Form erstellt wird, kann die Prozessanalyse als Power-Point- oder Excel-Datei der Beschreibung beigefügt werden. Ist dies nicht der Fall, so erscheint es ratsam, die Papierversion der zumeist sehr umfassenden Ablaufanalyse nicht in den Anhang auszulagern, sondern unmittelbar dem zugehörigen Gliederungspunkt zuzuordnen.

- Dokumentation der eingesetzten Methoden sowie der Ergebnisse des Gegenstromverfahrens.
- Auflistung der zur Ermittlung von Optimierungspotenzialen eingesetzten Mutationsformen (Arten der prozessualen Chromosomenmutationen; prozessuale Genommutationen).
- Ausweis der realisierbaren Potenziale (Basis: Prozesskostenrechnung oder Nutzwertanalyse).
- Beschreibung der Ergebnisse einer bei Bedarf durchgeführten Simulationsstudie.
- Explikation der in den Problemlösungsprozess einbezogenen Referenzprozessmodelle.

- Realisierung der Handlungsoptionen zur Geschäftsprozessoptimierung und -gestaltung:
  - Dokumentation des partnerübergreifenden Matching-Prozesses als Ausprägungsform des Gegenstromverfahrens.
  - Fixierung der möglichen Prozesskosteneinsparungen oder alternativ der realisierbaren quantitativen sowie qualitativen Potenziale als Ergebnis der Nutzwertanalyse.
  - Explikation der partnerübergreifend in den Problemlösungsprozess einbezogenen Referenzprozessmodelle.
  - Dokumentation des Prozessengineering-Vorgangs sowie der zu diesem Zweck eingesetzten Kreativitätstechniken.
  - Abschließende Dokumentation der zur Bestimmung der integrativen Ziel-Prozesse eingesetzten Formen der Prozessmutation („Prozesslogbuch").
  - Dokumentation der erfolgten Standardisierung aus informationstechnischer Sicht.
  - Dokumentation der realisierten Standardisierung aus betriebswirtschaftlicher Sicht.

<u>Ad 3:</u>
Die Dokumentation der Soll-Prozessstruktur im Generic and Detailed Process Script fasst die Ergebnisse der vorausgehenden Schritte visuell zusammen. Durch Einsatz des generischen Prozessanalyseschemas erfolgt analog zu den Ist-Prozessen die Darstellung der Ziel- oder

Soll-Prozesse („Prozesssenke"). Diese sind Ausgangspunkt für die finale Abbildung der Instandhaltungsprozesse in der E-Maintenance-Lösung.[719] Zusätzlich werden das prozessuale Zentralnervensystem, das prozessuale somatische, motorische, viszerale sowie vegetative Nervensystem mit ihrer jeweiligen Ziel-Struktur im Überblick dargestellt.

Ad 4:

Das Generic and Detailed Process Script enthält neben den rein geschäftsprozessualen Aspekten zusätzliche Informationen, die die IT- und die E-Business-Tool-Struktur betreffen:

- Systemarchitektur der zu gestaltenden E-Maintenance-Applikation.[720]
- Dokumentation des zur Abbildung der Geschäftsprozesse in einer E-Lösung erforderlichen Datenmodells (z.B. in Form von Schemazeichnungen).
- Beschreibung der Datenhierarchie sowie von möglichen Rechercheebenen.
- Übersetzung des Rollenmodells in definierte Zugriffsrechte.
- Beschreibung der Schnittstellen zu weiteren E-Business-Applikationen, um eine integrierte Informationssystemarchitektur sicherzustellen.
- Dokumentation der Maskenstruktur, die auf Basis der Soll-/Ziel-Prozessbeschreibungen entwickelt wird.
- Fixierung des prozessualen Mengenmodells, das zukünftig von der E-Maintenance-Lösung zu bewältigen ist.

---

719 Die Ziel- oder Soll-Prozesse können analog den Ist-Abläufen dem digitalen GDPS in elektronischer Form beigefügt oder in Papierform dem entsprechenden Unterkapitel zugeordnet werden.

720 Für die Dokumentation der Systemarchitektur bietet sich der Einsatz von Schemazeichnungen an, die die Tool-Komplexität im generischen Vorgehensmodellsegment auf ein handhabbares Maß reduzieren.

Ad 5:
Das prozessrelationale Daten- und Objektmodell manifestiert sich im generischen Prozessgestaltungssegment beispielsweise in Form von UML-Klassendiagrammen, die die modellierten und optimierten E-Geschäftsprozesse in einen programmiertechnischen „Prä-Code" übersetzen.[721]

Das relativ umfangreiche Generic and Detailed Process Script schließt den Kernprozess der Ablaufgestaltung bei der Entwicklung von E-Maintenance-Applikationen ab und leitet im generischen Implikationszusammenhang über zur programmiertechnischen Umsetzung der Prozessstruktur.

5.5.3.2 Situationsspezifische Prozessgestaltung im Rahmen der Tool-Entwicklung

Die Realisierung der Handlungsoptionen zur Ablaufoptimierung und –gestaltung im Rahmen des situationsspezifischen Segments differiert aufgrund der geringer ausgeprägten Prozess- und Tool-Komplexität deutlich vom generischenVorgehensmodell.

In einem ersten Schritt sind die Ergebnisse aus dem vorhergehenden Schritt „Problemsammlung und Identifikation von Optimierungspotenzialen" der einzelnen Partner zu harmonisieren. Unter Einsatz des Gegenstromverfahrens werden konsensfähige Ziel-Prozesse konzipiert, die Ansätze aus der E-Lösungs-Applikation sowie dem traditionellen Reengineering potenzialorientiert vereinen. Manifestiert sich die Entwicklungsumgebung als direkte Principal-Agent-Beziehung (ein Softwareprovider, ein Praxispartner) so entfällt dieser zusätzliche

[721] Die Umsetzung des Prozess- sowie des prozessrelationalen Daten- und Objektmodells ist Gegenstand des Step 5 der Durchführungsphase und wird im Teilkapitel 5.5.4.1 detaillierter behandelt. Aufgrund der Tatsache, dass die Ergebnisse dieser Aufgabenstellung im GDPS zu dokumentieren sind, wird das Instrumentarium der UML-Klassendiagramme bereits an dieser Stelle erwähnt.

Matching-Prozess, da die Soll-Prozesse bereits im Rahmen des letzten Steps definiert wurden. Partizipieren mehr als zwei Parteien an dem Projekt, so bedarf es der schrittweisen Integration der Lösungsansätze. Dieses Vorgehen orientiert sich beispielsweise an logisch zusammengehörigen Prozesssequenzen oder an ausgewählten, ex ante definierten Prozesstypen. Die im Rahmen des situationsspezifischen Prozessgestaltungssegments gewählte Prozessdarstellung ist infolge des geringeren Prozessintegrationsgrades deutlich weniger komplex als im generischen Vergleichsfall. Der Konsensfindungsprozess kann deshalb bei Bedarf durch einen geschulten Moderator unterstützt werden, insbesondere wenn das Konfliktpotenzial der Parteien sehr hoch ausgeprägt ist. In der Regel dürfte allerdings dieser Fall selten auftreten, da bereits im Stadium der Projektanbahnung das Augenmerk auf den „Fit" der zukünftigen Partner Wert gelegt wurde. Die abschließende Ziel-Prozess-Definition erfolgt potenzialorientiert, unter Einbezug der Präferenzstruktur der Beteiligten. Im situationsspezifischen Anwendungsfall ist die Ermittlung von Prozesskosteneinsparungen sowie der Nachweis zusätzlicher Einsparpotenziale, wie beispielsweise die Reduzierung von Durchlaufzeiten oder die Erhöhung der Produktivität deutlich einfacher zu vollziehen, da zum einen weniger Instandhaltungsprozesse Gegenstand des E-Prozessmanagements sind und zum anderen die Komplexität der Abläufe geringer ausgeprägt ist. Je besser die Potenziale aus dem E-Applikations-Einsatz quantifiziert werden können, desto schneller vollzieht sich der Lösungsfindungsprozess. Liegt keine adäquate Prozesskostenrechnung vor, so muss der Matching-Vorgang mittels Einsatz der Nutzwertanalyse herbeigeführt werden. Während der zukünftige Anwender der E-Maintenance-Lösung primär die Effizienzsteigerung der inner- sowie überbetrieblichen Wertschöpfungskette betrachtet, stellt der Softwareprovider vor allem den technischen Realisierungsaufwand in den Mittelpunkt seiner Lösungsbewertung. Beiden Aspekten ist in diesem Fall angemessen Rechnung zu tragen. Die technische Realisierbarkeit der angestrebten Workflow-Struktur wurde bereits in der vorhergehenden Prozessgestaltungssequenz als notwendige Bedingung berücksichtigt. Dennoch sollte der Softwareprovider während des Matching-Prozesses diesen Aspekt nicht aus den Augen verlieren, da ansonsten das Risiko besteht, Ablaufvarianten im Anwendungsfeld der E-Maintenance zu entwickeln, die technisch nicht oder nur unter unverhältnismäßig hohem Aufwand zu realisieren sind. Für die Visualisierung der Ziel-Prozesse ist das standardisierte Analyseschema (vgl. Abb. 5-18) einzusetzen, das betriebswirtschaftliche und wesentliche informationstechnische Elemente E-prozessgestaltend verknüpft.

Neben der Ablaufmodellierung bestehender und zukünftig über die E-Maintenance-Lösung abzubildender Geschäftsprozesse, besteht auch in diesem Fall grundsätzlich die Möglichkeit zur Prozessinnovation. Aufgrund der Tatsache, dass die situationsspezifische Prozessgestaltung stärker die Automatisierung und Beschleunigung von Abläufen in den Mittelpunkt der Aktivitäten rückt als die Prozessintegration, spielt der Vorgang der Innovation von Instandhaltungsprozessen im E-Business-Kontext kaum eine Rolle. Sollte dennoch Bedarf für die E-Unterstützung beispielsweise neuer Dienstleistungen bestehen, so können die im generischen Vorgehensmodellsegment beschriebenen Kreativitätstechniken eingesetzt werden.

Gegenstand der Prozessgestaltung nach dem explizierten Harmonisierungsvorgang ist die Vornahme der Prozessstandardisierung. Diese bezieht sich zum einen, analog dem generischen Anwendungsfall, auf die ...

1. Standardisierung aus informationstechnischer Sicht sowie auf die
2. Standardisierung aus betriebswirtschaftlicher Sicht

<u>Ad1:</u>

Im Zentrum der Standardisierung aus informationstechnischer Sicht stehen die Vereinheitlichung von Datenaustauschformaten sowie die verbesserte Integration bereits vorhandener E-Business- und IT-Systeme und der zu entwickelnden E-Maintenance-Lösung. Der Integrationsgedanke erstreckt sich sowohl auf die horizontale Integration (aller inner- und überbetrieblichen Stufen der logistischen Kette) als auch auf die vertikale Integration (aller in die Prozessabläufe involvierten Unternehmensebenen).

Ad2:
Gegenstand der Standardisierung aus betriebswirtschaftlicher Sicht ist im Gegensatz zum generischen Vorgehensmodellsegment die nachhaltige Reduktion von Ablaufvarianten. Vereinheitlichte und optimierte Instandhaltungsprozesse, die nachfolgend durch eine E-Lösung unterstützt werden, lassen sich programmiertechnisch wirtschaftlicher realisieren, weisen ein höheres Beschleunigungspotenzial auf, tragen zu einer zusätzlichen Reduktion von Schnittstellen bei, erhöhen die Prozessfähigkeit sowie die Prozessqualität.

Aufgrund der Tatsache, dass in das situationsspezifische Prozessgestaltungssegment nur wenige Partner eingebunden sind oder gar eine unternehmensinterne Tool-Entwicklung vollzogen wird, ist das Konfliktpotenzial zur Realisierung von Standardisierungsvorschlägen tendenziell gering ausgeprägt. Entscheidend für den Erfolg der Vereinheitlichung von Abläufen im Rahmen des E-Geschäftsprozessmanagements ist der Nachweis von Potenzialen, die durch die Standardisierung erzielt werden können. Die Prozesskostenrechnung erweist sich auch in diesem Fall als zielführendes Instrument. Zusätzlich lassen sich weitere Methoden, wie die bereits erwähnte Nutzwertanalyse, Argumentenbilanzen, Kennzahlenvergleiche oder das Prozessbenchmarking zielführend einsetzen. Standardisierte Abläufe werden abschließend mittels des bereits vorhandenen standardisierten Prozessschemas visualisiert.

Die primär situationsspezifisch geprägte Prozessgestaltung bei der Entwicklung von E-Maintenance-Lösungen schließt mit der Dokumentation der Resultate aller absolvierten Phasen. Zu diesem Zweck wird das ***Case Based Process Script (CBPS)*** konzipiert, das analog dem GDPS folgende Struktur aufweist:

1. Ist-Prozessstruktur
2. Prozessgestaltung im E-Kontext
3. Soll-Prozessstruktur
4. IT-Struktur
5. Prozessrelationales Daten- und Objektmodell

Die Inhalte des Case Based Process Scripts sind entsprechend der Charakteristika des situationsspezifischen Geschäftsprozessgestaltungssegments zu konkretisieren.

Ad 1:

Mit Hilfe eines standardisierten Prozessschemas wurden in Step 1 die relevanten Haupt- und Teilprozesse oder Prozesstypen erfasst. Die Dokumentation der Abläufe konstituiert neben allen weiteren im Rahmen der Analyse erzielten Ergebnissen den ersten Abschnitt des Case Based Process Scripts (CBPS). Durch den Ausweis der Prozessquelle gelingt eine lückenlose Nachvollziehbarkeit der Geschäftsprozessgestaltung im E-Maintenance-Kontext vom Zeitpunkt der finalen Prozessauswahl an. Folgende Elemente sollten neben der Ablaufanalyse in das CBPS aufgenommen werden:

- Darstellung der Prozesshierarchie, bestehend aus Haupt- und Teilprozessen oder alternativ der definierten Prozesstypen (Prozessbaumstruktur).
- Aufzeigen von Vorgänger-Nachfolger-Strukturen für erfolgskritische Prozesse.
- Integration der mittels Einsatz des standardisierten Schemas erfassten Detailprozesse im betrachteten Instandhaltungsbereich (vgl. Abb. 5-18).
- Einbindung vorhandener Prozessdokumentationstafeln (vgl. Abb. 5-20).
- Dokumentation aller ermittelten Analyseergebnisse nach ihrer Zugehörigkeit zum prozessualen Zentralnervensystem, zum prozessualen somatischen (z.B. Prozessdatenblätter), motorischen, viszeralen sowie vegetativen Nervensystem.
- Darstellung von vorhandenen Unterschieden zwischen prozessualem Genotyp und Phänotyp.

Ad2:

Unter dem Gliederungspunkt „Prozessgestaltung im E-Kontext“ werden alle Ergebnisse subsumiert, die während der Schritte Problemsammlung, Identifikation von Optimierungspotenzialen sowie Realisierung der Handlungsoptionen erzielt wurden. In das Case Based Process Script sind deshalb die folgenden Inhalte aufzunehmen:

- Problemsammlung und Identifikation von Optimierungspotenzialen:
  - Dokumentation der Problemsammlung.
  - Beschreibung der eingesetzten Methoden sowie der Ergebnisse des Problemlösungsprozesses (Lösungsansätze durch Entwicklung (späteren Einsatz) der E-Lösung sowie durch traditionelles Reengineering).
  - Dokumentation der erzielbaren Prozesskosteneinsparungen (Basis: Prozesskostenrechnung) sowie der zusätzlich oder alternativ durchgeführten Nutzwertanalysen.
  - Skizzierung der zur Prozessoptimierung eingesetzten Mutationsformen (Varianten der prozessualen Chromosomenmutationen; prozessuale Genommutation).
  - Beschreibung der für die Prozessgestaltung eingesetzten Referenzprozessmodelle.

- Realisierung der Handlungsoptionen zur Geschäftsprozessoptimierung und –gestaltung:
  - Dokumentation des partnerübergreifenden Matching-Prozesses.
  - Dokumentation der Standardisierung aus informationstechnischer sowie betriebswirtschaftlicher Sicht.
  - Beschreibung der realisierbaren Potenziale (z.B. Prozesskosteneinsparungen, Nutzwertanalyse, Argumentenbilanz).
  - Fixierung der prozessualen „Eckdaten“, beispielsweise von Instandhaltungszyklen im Rahmen einer präventiven Instandhaltungsstrategie.
  - Dokumentation der zur Entwicklung der Ziel-Prozesse eingesetzten Formen der Prozessmutationen („Prozesslogbuch“).

Ad 3:

Das Teilkapitel Soll-Prozessstruktur dient dem gesonderten Ausweis der optimierten Ziel-Abläufe, die zukünftig in die zu entwickelnde

E-Maintenance-Lösung integriert werden (Prozesssenke). Die Dokumentation orientiert sich an der Darstellung der Ist-Prozesse mittels des standardisierten Ablaufschemas. Ergänzend zur Workflow-Visualisierung erfolgt die Skizzierung der wesentlichen Ziel-Strukturen des prozessualen Zentralnervensystems sowie des prozessualen somatischen, motorischen, viszeralen und vegetativen Nervensystems.

Ad 4:

Die für die Geschäftsprozessgestaltung im Bereich der E-Maintenance wichtigste Ressourcenkomponente, die IT-Struktur, ist in einem gesonderten Unterkapitel des Case Based Process Scripts zu dokumentieren. Folgende Inhalte sollten deshalb in das CBPS einfließen:

- Schemazeichnungen zur Visualisierung der tool-spezifischen Systemarchitektur.
- Dokumentation des an den Ziel-Prozessen orientierten Datenmodells.
- Beschreibung des zukünftig durch die E-Maintenance-Applikation zu bewältigenden Datenvolumens (Mengenmodell).
- Dokumentation der systemtechnischen Schnittstellenstruktur zur Realisierung einer integrierten Informationssystemarchitektur.
- Fixierung weiterer IT-relevanter Informationen bei Bedarf, beispielsweise der Maskenstruktur, vorhandener Zugriffsrechte sowie definierter Recherche- oder Auswertungsebenen.

Ad 5:

Im situationsspezifischen Vorgehensmodellsegment stellt die Prozessdokumentation (Inhalte der Kapitel 3 und 4) die Basis für die Programmierung der E-Maintenance-Lösung dar.[722]

---

[722] Die ausführliche Behandlung dieses Aspektes ist Gegenstand des Kapitels 5.5.4.2. Aus Gründen der Vollständigkeit wird die programmiertechnische Umsetzung bereits im Stadium der Erstellung des CBPS erwähnt.

Das Case Based Process Script (CBPS) dient als E-prozessuales Pflichtenheft und weist im Vergleich zum generischen Anwendungsfall eine weniger komplexe Struktur auf. Die Erstellung des CBPS sollte ebenfalls in digitaler Form erfolgen und als Papierversion an die beteiligten Parteien für die weiteren Arbeiten verteilt werden. Anhand des CBPS lässt sich die Berücksichtigung der Leitlinien der Geschäftsprozessgestaltung bei der Entwicklung von E-Business-/ E-Maintenance-Lösungen von Unternehmen nochmals auf aggregierter Ebene überprüfen.

5.5.3.3 Prozessgestaltung im Rahmen des Tool-Einsatzes

Die Vorgehensweise im Bereich des Tool-Einsatzes orientiert sich primär an dem der Tool-Entwicklung zugrunde gelegten Prozessgestaltungsmodell (Generisch vs. Situationsspezifisch). Aufgrund der Tatsache, dass sich der potenzialorientierte Matching-Prozess bereits im Stadium der Identifikation von Optimierungsansätzen zwischen den beiden Parteien – eventuell unter Einbezug weiterer Wertschöpfungspartner - vollzogen hat, bedarf es grundsätzlich keines weiteren gesonderten Lösungsfindungsprozesses. Gegenstand dieses Steps ist somit die abschließende Fixierung der konsensfähigen Ziel-Geschäftsprozessstruktur. In Abhängigkeit von den bei der Optimierung berücksichtigten Einflussfaktoren lassen sich folgende Ergebnisfälle unterscheiden:

1. Die einzusetzende E-Maintenance-Lösung wirkt als alleiniger Enabler für die Geschäftsprozessoptimierung. Es kann deshalb von einem so genannten „*One-way-Gestaltungsloop*“ gesprochen werden.
2. Das Geschäftsprozessoptimierungspotenzial setzt sich sowohl aus den positiven Wirkungen des E-Lösungs-Einsatzes zusammen als auch aus den Potenzialquellen des traditionellen Reengineerings. Es handelt sich in diesem Fall um einem so genannten „*Feedback-Gestaltungsloop*“.

Erfolgt der Einsatz einer generisch geprägten E-Maintenance-Applikation, so besteht grundsätzlich die Möglichkeit, neue Instandhaltungsleistungen zu entwickeln, die nachfolgend in eine entsprechende E-Lösung prozessual zu integrieren sind. Hinsichtlich der Vorgehensweise, unter Einsatz von Technisch-prozessualen sowie Kontextkonsensensualen Methoden kann auf das entsprechende Prozedere im Rahmen des generischen Prozessgestaltungssegments verwiesen werden.[723]

Die Vornahme der Prozessstandardisierung aus betriebswirtschaftlicher Sicht ist abhängig von der generischen oder situationsspezifischen Prägung der E-Applikation. Bei Vorliegen der generischen Strukturversion besteht in der Regel kein Bedarf nach einer weiterführenden Standardisierung (im definierten weiteren Sinne), da sich die Prozessgestaltung innerhalb der standardisierten, expressis verbis generischen Struktur bewegt. Im situationsspezifischen Anwendungsfall muss über weiterführende Prozessvereinheitlichungen (Standardisierung im engeren Sinne) nachgedacht werden. Ausschlaggebend für die Fixierung des endgültigen Soll-Prozessgefüges sind die durch eine Standardisierung erzielbaren Potenzialwirkungen aus Sicht aller beteiligten Parteien (Tool-applizierendes Unternehmen, Softwareprovider, ev. weitere Wertschöpfungspartner). Bezüglich des Standardisierungsprozederes sei auf die entsprechenden Ausführungen im Abschnitt zur situationsspezifischen Geschäftsprozessgestaltung verwiesen.[724] Die Standardisierung aus informationstechnischer Sicht ist im generischen Fall bereits erfolgt, im Bereich der situationsspezifischen Prozessgestaltung kann sie bei Bedarf vorgenommen werden.

Für die Dokumentation der Geschäftsprozessgestaltung im Rahmen des geplanten Einsatzes einer E-Maintenance-Lösung wird das *Application Based Process Script (ABPS)* entwickelt. Es empfiehlt sich in diesem Zusammenhang die bereits in den vorausgehenden Vorgehensmodellsegmenten eingesetzte Gliederungsstruktur beizubehalten:

---

723 Vgl. hierzu Abschnitt 5.5.3.1

724 Vgl. Kapitel 5.5.3.2

1. Ist-Prozessstruktur
2. Prozessgestaltung im E-Kontext
3. Soll-Prozessstruktur
4. IT-Struktur
5. Prozessrelationales Daten- und Objektmodell

Ad1:

Die Dokumentation der Ist-Abläufe vollzieht sich auf Basis des jeweils während der Tool-Entwicklung eingesetzten Analyseschematas. Folgende Elemente fließen inhaltlich in das ABPS ein:

- Dokumentation der generischen oder situationsspezifischen Geschäftsprozessstruktur der einzusetzenden E-Maintenance-Lösung, einschließlich der detaillierten Abläufe.
- Erläuterung des generischen Schemas sowie der situationsspezifischen Strukturiertheit der Analyse.
- Dokumentation der Ist-Prozesse des tool-applizierenden Unternehmens (fallbezogen generisches oder situationsspezifisches Schema).
- Spezifikation des Ist-Prozessmodells entsprechend der Struktur des prozessualen Nervensystems aus Sicht des einsetzenden Unternehmens.
- Ausweis vorhandener Abweichungen zwischen prozessbezogenem Phäno- und Genotyp.

Ad2:

Der Abschnitt Prozessgestaltung im E-Kontext umfasst alle Aktivitäten zur Optimierung von Instandhaltungsprozessen, die durch den Einsatz der E-Lösung sowie durch Maßnahmen des Reengineerings erzielt werden können. In das Application Based Process Script sind deshalb folgende Aspekte aufzunehmen:

- Problemsammlung und Identifikation von Optimierungspotenzialen:
  - Dokumentation durchgeführter Problemsammlungen.

- Beschreibung des Matching-Prozesses zur Neuausrichtung der generischen oder situationsspezifischen Abläufe, die mittels E-Lösung unterstützt werden. Aus der Dokumentation muss die Besonderheit der Prozessmodellierung als One-way-Gestaltungsloop oder als Feedback-Gestaltungsloop hervorgehen.
- Spezifikation der realisierten prozessbezogenen Mutationsstruktur („Prozesslogbuch").
- Ausweis der pro Partner realisierbaren Prozesskosteneinsparungen (alternativ: der erzielbaren Nutzwerte) sowie weiterer Potenzialquellen.

- Realisierung der Handlungsoptionen zur Geschäftsprozessoptimierung und –gestaltung:
  - Bei Bedarf: Dokumentation des partnerübergreifenden Matching-Prozesses sowie der hierdurch erzielbaren Potenziale.
  - Fallspezifisch: Dokumentation des Prozessengineering-Vorganges.
  - Dokumentation der Prozessstandardisierung aus betriebswirtschaftlicher oder informationstechnischer Sicht.

Ad 3:
Elementarer Bestandteil des Application Based Process Scripts (ABPS) ist die Visualisierung der Ziel-Prozessstruktur, unter Einsatz des tool-adäquaten und standardisierten Schematas. Ergänzend wird das prozessuale Nervensystem mit den wesentlichen Eckpfeilern im Soll-Zustand beschrieben.

Ad 4:
Die Fixierung der für die effiziente Prozessabwicklung via E-Maintenance-Lösung erforderlichen IT-Struktur ist ein wichtiger Bestandteil des ABPS. Folgende Aspekte sind in diesem Zusammenhang aufzuführen:

- Fixierung erforderlicher Änderungen der Systemarchitektur durch den Einsatz der E-Applikation bei einem neuen Unternehmen.

- Explikation des geschäftsprozessualen Datenmodells.
- Dokumentation von unternehmensspezifischen Eingriffsparametern (z.B. Meldebestand).
- Fixierung des Mengenmodells.
- Beschreibung der Schnittstellen zu weiteren E-Business-Anwendungen sowie zu (über-)betrieblichen IT-Systemen, um eine möglichst integrierte Informationssystemarchitektur sicherzustellen.

Ad 5:
Im Rahmen der Geschäftsprozessgestaltung beim Einsatz einer E-Maintenance-Lösung erweist sich das Application Based Process Script als Basis für die Programmierung (E-prozessuales Pflichtenheft).[725]

Das ABPS kann als Leitlinie für die juristische Ausgestaltung des Nutzungsvertrages eingesetzt werden, da sich entlang der in die E-Lösung integrierten Prozessketten die unterschiedlichen Rechte und Pflichten der Parteien deduzieren lassen.

5.5.4 Umsetzung Prozess- sowie prozessrelationales Daten- und Objektmodell

Der Step Umsetzung des Prozess- sowie des prozessrelationalen Daten- und Objektmodells im Rahmen der Programmierung erweist sich aus dem Implikationszusammenhang der vorliegenden Arbeit als postprozessgestaltendes Paradigma. Im weiteren Sinne kann die sukzessive Überführung der modellierten Instandhaltungsprozesse in einen Quell- und Programmiercode ebenfalls als prozessualer Gestaltungsvorgang interpretiert werden, der die adäquate Abbildung der Ablaufstruktur in der zu entwickelnden oder situativ einzusetzenden E-Maintenance-Lösung sicherstellt. Die Strukturierung dieses E-

725 Die Umsetzung des Prozess- sowie des prozessrelationalen Daten- und Objektmodells wird im nachfolgenden Step genauer betrachtet.

Geschäftsprozessmanagement-Schrittes ist abhängig von der Komplexität der zu integrierenden Abläufe sowie von der Tool-Komplexität und deshalb für die einzelnen Vorgehensmodellsegmente gesondert zu spezifizieren.

5.5.4.1 Generische Prozessgestaltung im Rahmen der Tool-Entwicklung

Ausgangspunkt für die programmiertechnische Realisierung der Prozessgestaltungsergebnisse im Zuge der Entwicklung einer E-Maintenance-Lösung ist das erstellte Generic and Detailed Process Script, das alle wesentlichen Ergebnisse des Modellierungsvorganges aufzeigt. Insbesondere sind die im Script enthaltenen Geschäftsprozessdokumentationen sowie die Darstellung der zukünftigen E-Lösungsarchitektur für das weitere Vorgehen relevant. Diese sind allerdings für die Generierung eines Programmcodes nicht ausreichend, sondern müssen in eine paradigmenspezifische Ontologie sowie einheitliche Beschreibungssprache überführt werden, da der Prozesskontext trotz Verknüpfung betriebswirtschaftlicher sowie ausgewählter informationstechnischer Aspekte primär prozessgestaltender und weniger programmiertechnischer Natur ist. Speziell im generischen Vorgehensmodellsegment erweist sich die modellierte Geschäftsprozessstruktur als zu stark aggregiert, um unmittelbar, ohne zusätzliche Detaillierungsaktivitäten in einen geeigneten Quellcode überführt zu werden.

Für ausgewählte Formen der Prozessbeschreibung, die in der Praxis zum Einsatz kommen, z.B. die Prozessmodellierung auf Basis von ARIS oder VISIO, bieten einige Softwareprovider spezielle Transkriptoren an, die die Überführung der Abläufe in eine geeignete Programmierumgebung unterstützen. Bei einigen Produkten vollzieht sich die Erstellung eines so genannten Prozessportals[726] automatisch, ohne dass komplexe manuelle Übersetzungsmaßnahmen erforderlich sind.

---

726 Vgl. hierzu beispielsweise das abaXX Prozessportal; URL: http://www.abaxx.de

Das im Rahmen der vorliegenden Arbeit entwickelte und dargestellte standardisierte Analyse- und Erfassungsschemata mit dem spezifisch generischen Aufbau kann derzeit noch nicht mit einem intelligenten Transkriptor automatisch, beispielsweise in eine UML-Klassenstruktur[727] überführt werden. Ursächlich hierfür ist der Innovationsgrad des Strukturdiagramms sowie der ausgeprägte Komplexitäts- und Aggregationsgrad der Prozessgestaltung, so dass weitere Zwischenschritte erforderlich werden.

Aufbauend auf den bisher geschilderten Voraussetzungen wird für die Umsetzung des Prozess- sowie des prozessrelationalen Daten- und Objektmodells im generischen Prozessgestaltungssegment folgende Vorgehensweise empfohlen:

- Bereitstellung der im Generic and Detailed Process Script dokumentierten Prozessspezifikationen. Diese sind Basis für die primär zu deduzierenden Use Case-Beschreibungen, Use Case-Szenarien sowie Sequenzdiagramme aus Sicht der (Wirtschafts-)Informatik.[728]

- Ausgangspunkt für eine spätere objektorientierte Programmierung ist die Spezifikation der paradigmenspezifischen Ontologie, die die für die Programmierung relevanten Klassen und Attribute beschreibt. Jede einzelne Klasse kann wiederum hierarchisch in Unterklassen sowie zugehörige Attribute detailliert werden. „Der Geschäftsprozess modelliert eine Anzahl von Klassen, die jeweils die Anforderungen an das System implementieren. Jede Klasse enthält eine geschlossene Kollektion von Dateneinheiten und darauf bezogenen Prozessen."[729]

---

727 Die Abkürzung UML steht für Unified Modeling Language.

728 Vgl. hierzu Daum, B./Scheller, M. (2000), S. 411. Die im Rahmen der vorliegenden Arbeit entwickelte Terminologie ist Ergebnis der den Prozessgestaltungsvorgang bei der Entwicklung und beim Einsatz von E-Maintenance-Lösungen umfassenden Kontextverknüpfung betriebswirtschaftlicher und informationstechnischer Aspekte. Diese unterscheidet sich deshalb deutlich von der rein informationstechnologisch geprägten Begriffsspezifikation. Beide Bedeutungshöfe können jedoch logisch stringent ineinander übergeführt werden.

729 Ebd., S. 411

- Die Logik der generischen Ziel-Prozessdokumentation muss in die Logik von UML-Sequenzdiagrammmen überführt werden. Zu diesem Zweck ist es erforderlich, dass die Prozessmanagement-Spezialisten auf der einen Seite und die E-Applikations-Experten auf der anderen Seite im Rahmen von Projektmeetings die erforderlichen Übersetzungsarbeiten durchführen. Für den Erfolg ist in diesem Zusammenhang entscheidend, dass die Teilnehmer der Workshops in den bisherigen Prozessgestaltungsvorgang unmittelbar eingebunden waren und somit umfassende Kenntnisse der Abläufe aufweisen. Zur Erreichung der Arbeitsziele bedarf es der detaillierten Betrachtung der in die E-Maintenance-Lösung zu integrierenden Geschäftsprozesse, um die Bedingungsgefüge (Ereignisse, Aktionen), ausgehend von der Hauptprozess- über die Teilprozess- bis hin zur Aktivitätsebene in Klassendiagrammen (UML) informationstechnisch abzubilden.

- Abschließend ist eine Plausibilitätsprüfung hinsichtlich der Vollständigkeit und Richtigkeit der Geschäftsprozessmodellierung in der E-Lösungs-Konzeption durchzuführen, bevor die Programmierung startet.

- Nach erfolgter Programmierung ist neben der informationstechnischen gleichermaßen eine prozessuale Testphase zu implementieren, die die Identifikation erforderlicher Anpassungsmaßnahmen ermöglicht.

Im Gegensatz zum kapazitativ nicht zu unterschätzenden Step der Umsetzung des prozessrelationalen Daten- und Objektmodells im generischen Vorgehensmodellsegment erweist sich dieser Schritt im situationsspezifischen Prozessgestaltungsgefüge als deutlich weniger komplex.

5.5.4.2 Situationsspezifische Prozessgestaltung im Rahmen der Tool-Entwicklung

Angesichts des geringer ausgeprägten Prozessintegrationsgrades und der einfacheren Systemarchitektur im situationsspezifischen Prozessgestaltungsfeld ist die Entwicklung einer paradigmenbezogenen Ontologie, die Definition von Klassen und Attributen sowie die Erstellung von UML-Sequenzdiagrammen nicht in jedem Anwendungsfall obligatorisch.

Als Ausgangspunkt für die programmiertechnische Umsetzung der prozessualen Basis bei der Entwicklung einer E-Maintenance-Lösung dient in diesem Fall die Prozessdokumentation, die elementarer Bestandteil des Case Based Process Scripts ist. Aufgrund der Tatsache, dass die Abläufe im situationsspezifischen Vorgehensmodell bereits sehr detailliert aufgenommen wurden, bedarf es keiner zusätzlichen Maßnahmen, um den Aggregationsgrad der Prozesse weiter zu reduzieren.

Die Umsetzung des Prozessmodells in der E-Applikation sollte sich an folgendem Vorgehenspfad orientieren:

- Bereitstellung der standardisierten Ablaufdokumentation (Ziel-Prozesse) aus dem Case Based Process Script.
- Zur Verfügungstellung weiterer Inhalte des Scripts wie beispielsweise der Systemarchitektur, des Datenmodells und des Datenvolumens.
- Schrittweise Überführung der Prozessstruktur in die Programmierlogik.
- Durchführung einer geschäftsprozessualen Plausibilitätsprüfung.
- Sukzessive Entwicklung des Quellcodes.
- Implementierung von Prozesstests nach programmiertechnischer Fertigstellung der E-Maintenance-Lösung.

Im Rahmen des situationsspezifischen Vorgehensmodellsegments wirken Vertreter der Betriebswirtschaftslehre, Prozessmanager sowie E-Business- oder IT-Experten kontextverknüpfend an der erfolgreichen post-prozessgestaltenden Tool-Realisierung mit. Infolge der expressis verbis ausgeprägten Situationsbezogenheit erscheint eine Automatisierung der programmiertechnischen Transkriptionskette nicht grundsätzlich als wirtschaftlich.

5.5.4.3 Prozessgestaltung im Rahmen des Tool-Einsatzes

Der Einsatz von E-Maintenance-Lösungen konstituiert eine im engeren Sinne post-prozessgestaltende Situation, die durch die Existenz eines Quellcodes, der die Ablaufstrukturen bereits vollständig abbildet, gekennzeichnet ist. Die informationstechnische Umsetzung der Prozessinformationen in der E-Applikation ist nur dann erforderlich, wenn elementare Eingriffe in die Ablaufstruktur (Prozessmutationen) vorgenommen wurden und im Application Based Process Script dokumentiert sind. Analog ist im Falle von Prozessinnovationen zu verfahren, die Änderungen in der Programmstruktur hervorrufen oder die Bereitstellung weiterer, bisher nicht vorhandener Adapter erfordern.

In Abhängigkeit von der Art des einzusetzenden Tools – Ergebnis der generischen oder der situationsspezifischen Geschäftsprozessgestaltung – ist die weitere Vorgehensweise zur Umsetzung des Prozess- sowie des prozessrelationalen Daten- und Objektmodells zu wählen. Ausgangspunkt für die programmiertechnische Realisierung der Prozessänderungen und folglich des entsprechenden Quellcodes sind die Dokumentationen im Application Based Process Script.

Analog den beiden vorausgehenden Fällen vollzieht sich dieser Step im interdisziplinären Kontext des betriebswirtschaftlichen und E-Maintenance-bezogenen Prozessmanagements. Die Automatisierung der erforderlichen Übersetzungsaktivitäten ist aufgrund des ausgeprägten Anwendungsbezugs nur bedingt möglich und zielführend.

5.6 Die Steuerungs- und Kontrollphase im Rahmen des ganzheitlichen E-Geschäftsprozessmanagements

Die Steuerungs- und Kontrollphase manifestiert sich als ein die Prozessgestaltung bei der Entwicklung und beim Einsatz von E-Maintenance-Lösungen begleitender Vorgang. Sie umfasst zum einen die Gewährleistung der permanenten Ziel- und Potenzialausrichtung der Ablaufmodellierung als Baustein der wirtschaftlichen sowie wertorientierten Prozessgestaltung, zum anderen steht die Sicherung der Nachhaltigkeit entsprechender Aktivitäten nach vollendeter Abbildung der Geschäftsprozesse in der E-Lösung im Mittelpunkt dieses E-Geschäftsprozessmanagement-Abschnittes.

Während die Planungs- und Durchführungsphase die paradigmenspezifische Kombination Technisch-prozessualer und Kontext-konsensualer Methoden für die einzelnen Vorgehensmodellsegmente aufzeigt, bilden so genannte Professionalisierungs- oder Rahmenmethoden das Handlungsfundament der Steuerung und Kontrolle prozessgestaltender Aktivitäten im E-Maintenance-Umfeld von Unternehmen. Sie widmen sich weniger der Kontextverknüpfung oder der anreiz- und präferenzorientierten Prozessgestaltung, sondern verstärkt der Handlungskoordination verteilter Ablaufmodellierungsarbeiten sowie der zügigen Erschließung von Erfolgspotenzialen. In Abhängigkeit von der Komplexität des Prozessgestaltungsgegenstandes sind die adäquaten Professionalisierungsmethoden auszuwählen und inhaltlich zu spezifizieren.

Die besondere Berücksichtigung der Steuerung und Kontrolle im Rahmen der vorliegenden Arbeit ist Ausdruck eines spezifischen Controllingverständnisses, das auf der koordinationsorientierten Controllingkonzeption basiert.[730] Angesichts der Pluralität der zu berücksichtigenden Instandhaltungsprozesse, der informationstechnischen Aspekte, der entlang der Wertschöpfungskette beteiligten Partner sowie der verschiedenen partizipierenden Kontexte und Abteilungen, kommt

730 Vgl. Küpper, H.-U. (1995), S. 12ff.

der zielorientierten Koordination eine entscheidende Bedeutung für das erfolgreiche E-Geschäftsprozessmanagement zu.

5.6.1 Phasen- und Stepübergreifendes Prozessgestaltungscontrolling im E-Kontext

Parallel zur Planungs- und Durchführungsphase der Ablaufmodellierung bei der Entwicklung sowie dem Einsatz von E-Maintenance-Lösungen von Unternehmen vollzieht sich das so genannte Prozessgestaltungscontrolling im E-Kontext. Controllingobjekt ist in diesem Fall der gesamte Modellierungsvorgang einschließlich seiner Input-, Throughput- sowie Output-Faktoren. In Abhängigkeit von dem generischen, situationsspezifischen oder bereits einsatzbezogenen Schwerpunkt der Prozessgestaltung, differiert die Methodenkomplexität des phasen- und stepübergreifenden Controllings.

5.6.1.1 Generische Prozessgestaltung im Rahmen der Tool-Entwicklung

Angesichts der starken prozessualen sowie informationstechnischen Vernetztheit der Einflussgrößen auf die Geschäftsprozessgestaltung im E-Maintenance-Umfeld sollte im generischen Vorgehenssegment ein komplexitäts- sowie risikoentsprechendes Controllingmodell konzipiert werden. Das sowohl die Planungs- als auch die Durchführungsphase umfassende Controlling lässt sich in zwei Inhaltskategorien aufspalten:

1. Prozessgestaltungscontrolling bezogen auf die Objekte Prämissen, Vorgänge sowie Ergebnisse.
2. Prozessgestaltungscontrolling bezogen auf die Objekte Zeit, Kosten, Potenziale sowie Qualität.

Ad1:
Das Prämissencontrolling betrachtet speziell die während des Prozessgestaltungs- und Tool-Entwicklungsvorganges eintretenden Veränderungen in der Mikro- und Makroumwelt. Diese können beispielsweise Auswirkungen auf die Steps Prozessidentifikation sowie -auswahl haben. Ein sich kurzfristig vollziehender und nicht antizipierter Wandel von Kundenanforderungen (intern/extern) induziert möglicherweise die Anpassung einzelner Inhalte des House of E-Maintenance. Es gilt abzuwägen, bis zu welchem Prozessgestaltungsstatus eine Revidierung vollzogener Modellierungsaktivitäten noch wirtschaftlich vertretbar ist. Die resultierenden Änderungskosten sind den aufgrund der geringeren Kundenanforderungserfüllung verminderten Prozesskosteneinsparungen gegenüber zu stellen. Allerdings lässt sich diese Abwägung nicht immer auf monetärer Basis vollziehen, da entsprechende Informationen beispielsweise in einem frühen Prozessgestaltungsstadium noch nicht vorhanden sind. Mittels Argumentenbilanz oder durch den Einsatz der Nutzwertanalyse kann eine Entscheidungsfindung im Projektteam unterstützt werden.

Gegenstand des Vorgangscontrollings ist die Gewährleistung der Erfüllung grundlegender Prozessgestaltungsleitlinien, wie sie beispielsweise die wirtschaftliche, wertorientierte, strategische sowie die kontextverknüpfende Ablaufmodellierung repräsentieren. Unterstützt wird dieser Controllingschwerpunkt durch eine permanente, prozessgestaltungsbegleitende Dokumentation von Prä-Analysen und Ergebnissen in Berichten sowie im Generic and Detailed Process Script. Als Controllingleitlinie dient die bislang im Rahmen des generischen Vorgehensmodellsegments konzipierte Handlungssequenz aus Technisch-prozessualen sowie Kontext-konsensualen Methoden. Auf diesem Weg kann frühzeitig erkannt werden, ob sich der E-Geschäftsprozessgestaltungsvorgang entsprechend der geplanten Parameter (z.B. Zeit, Kosten, Potenziale, Qualität) vollzieht. Als zielführend erweist sich im generischen Vorgehensmodellsegment die Durchführung einer E-prozessgestaltungstoplogischen Fehler-Möglichkeits- und -Einfluss-Analyse (E-Prozessgestaltungs-FMEA). Hierdurch lassen sich frühzeitig Risikofaktoren identifizieren und durch geeignete Maßnahmen

Risiken reduzieren oder zumindest beherrschbar machen. Die E-Prozessgestaltungs-FMEA umfasst folgende Elemente:[731]

- Risikoanalyse (Beschreibung möglicher Fehler während des Prozessgestaltungsvorganges, Aufzeigen der potenziellen Fehlerfolgen sowie Darstellung der Fehlerursachen),
- Risikobewertung (Evaluierung des derzeitigen Zustandes anhand der Wahrscheinlichkeit des Fehlerauftretens, Einschätzung der Bedeutung für das Geschäftsprozessgestaltungsergebnis im E-Maintenance-Umfeld → die Multiplikation beider Größen führt zur Ermittlung einer so genannten Risikoprioritätszahl) und
- Risikooptimierung und –management (Maßnahmenkatalog mit Verantwortlichen, Aufzeigen der Controllinggrößen für die Verbesserungsmaßnahmen sowie Einschätzung der Faktoren „Auftretenswahrscheinlichkeit" sowie „Bedeutung für das Geschäftsprozessgestaltungsergebnis" nach Realisierung der Maßnahmen → Ermittlung der Ziel-Prioritätszahl).

Die Risikobewertung sowie die Beurteilung der Ergebnisse des Risikomanagements werden auf Basis ordinaler Werte vorgenommen, da selten monetäre Größen zur Verfügung stehen oder den einzelnen Fehlerquellen sowie Aktivitäten nicht direkt zugerechnet werden können. Entscheidend für den Erfolg der Vorgangskontrolle ist das regelmäßige Fortschreiben der E-Prozessgestaltungs-FMEA, um bedarfsadäquat die erforderlichen Gegensteuerungsaktivitäten initiieren zu können. Durch den ausgeprägten prozessbezogenen Integrationsgrad sowie durch die hohe Ablauf- und Tool-Komplexität bedarf es eines generischen Controllinginstrumentes, das an die Charakteristika des Gestaltungsumfeldes der E-Maintenance flexibel adaptierbar ist.

Das Ergebniscontrolling widmet sich expressis verbis dem Nachhalten der Prozessgestaltungsresultate bei der Entwicklung von E-Applikationen. Der Steuerungsaspekt resultiert in diesem Zusammenhang aus der Institutionalisierung kleiner Regelkreise im Sinne von kurzen Prüfzyklen, so dass Abweichungen von den angestrebten Zielgrößen

---

[731] Zu den allgemeinen FMEA-Bausteinen vgl. z.B. Witt, F.-J. (1997), S. 135ff.

möglichst frühzeitig erkannt und durch geeignete Gegenmaßnahmen beseitigt werden können. Als Gegenstand der Ergebniskontrolle sind neben den bekannten Erfolgsfaktoren grundsätzlich alle Größen geeignet, die Hinweise auf den Erfüllungsgrad der Leitlinien der wirtschaftlichen, wertorientierten, präferenz- und anreizorientierten, strategischen sowie nachhaltigen Geschäftsprozessgestaltung geben. Aus Sicht der Partner sind diejenigen Key Performance Indicators (KPIs) auszuwählen, die operationalisierbar sind und einen weitgehend objektiven Einblick in das aktuelle Ergebnisprofil der Ablaufmodellierung ermöglichen. Beispielsweise zeigen die pro Praxispartner nach dem aktuellen Stand realisierten Prozesskosteneinsparungen nicht nur die Zielerreichung in wirtschaftlicher und wertorientierter Sicht auf, sondern sind Spiegelbild der Präferenz- sowie Anreizorientierung (im Sinne der Verteilung von Produzenten- und Konsumentenrenten an die beteiligten Parteien). Der Terminus Ergebniscontrolling bezieht sich sowohl auf Teilergebnisse, wie sie beispielsweise an den Meilensteinen der Geschäftsprozessgestaltung bei der Entwicklung von E-Maintenance-Lösungen erzielt werden, als auch auf die erzielten Endergebnisse.

Ad 2:

Die zweite Inhaltsdimension des Prozessgestaltungscontrollings im Rahmen des generischen Vorgehensmodellsegments bezieht sich vor allem auf die zu steuernden Einzelgrößen, wie sie exemplarisch durch die Zielgrößen Zeit, Kosten, Potenziale und Qualität repräsentiert werden. Für ein effizientes Controlling sind diese Faktoren weiter zu detaillieren und in geeignete Messgrößen zu transferieren. Der Zeitaspekt unterteilt sich beispielsweise in die Größe „Prozessgestaltungs- und Entwicklungszeit im E-Kontext“ sowie in die Ergebnisgrößen „Bearbeitungs- und Durchlaufzeit vor und nach der Prozessgestaltung sowie –integration in die E-Lösung“. Unter Kosten werden zum einen die Tool-Entwicklungs- und Ablaufmodellierungskosten subsumiert, zum anderen die infolge der Prozessintegration in eine E-Maintenance-Lösung erzielbaren Prozesskosteneinsparungen verstanden. Potenziale spiegeln die relevanten Ergebnisgrößen der Geschäftsprozessgestaltung im E-Business-Umfeld wider. Neben den bereits erwähnten Prozesskostenreduktionen sowie Zeiteinsparungen können sie weitere quantifizierbare oder fallweise auch nicht quantifizierbare Potenziale umfassen (z.B. Prozessautomatisierungsgrad). Die Größe Qualität bildet gleichermaßen einen möglichen Potenzialgegenstand ab, sie kann sich sowohl auf die Prozessqualität vor und nach erfolgter Prozessintegration in eine E-Maintenance-Lösung beziehen, als auch auf die Qualität der Geschäftsprozessgestaltung an sich. Dieses Controllingobjekt erweist sich allerdings als schwer quantifizierbarer Aspekt.

Die Ablaufmodellierung bei der Entwicklung von E-Applikationen im Anwendungsfeld der Instandhaltung weist einen klassischen Projektcharakter auf. In Konsequenz eignen sich diverse Projektmanagementinstrumente für den Einsatz im E-Prozessgestaltungsumfeld, soweit sie der im generischen Vorgehensmodellsegment vorherrschenden Projektkomplexität entsprechen.

„Projektmanagement als Methode einer effizienten Projektführung umfasst alle Aktivitäten, die für eine

- sachgerechte,
- termingerechte und
- kostengerechte

Abwicklung von Projekten erforderlich sind.“[732]

Für das primär generisch geprägte E-Geschäftsprozessmanagement werden zu Zwecken des Controllings folgende Projektmanagementmethoden empfohlen:[733]

- E-prozessgestaltungstoplogische Fehler-Möglichkeits- und -Einfluss-Analyse (E-Prozessgestaltungs-FMEA) zur Identifikation, Reduzierung sowie Handhabung von Projekt- und von Prozessgestaltungsrisiken im E-Kontext.

---

[732] Burghardt, M. (2002), S. 14

[733] Die vorgenommene Aufzählung erhebt keinen Anspruch auf Vollständigkeit, sondern umfasst einen Vorschlag für den Einsatz erfolgreicher Controlling- und Projektmanagementmethoden im E-Prozessgestaltungskontext.

- Einsatz von Quality-Gates zur Sicherung einer an den expliziterten Leitlinien der ganzheitlichen Geschäftsprozessgestaltung orientierten Modellierung.[734]
- Zeitcontrolling beispielsweise mittels MS-Project, inklusive Meilensteinplanung und –verfolgung.
- Target Costing zur Planung sowie Überprüfung der Einhaltung von Projektkosten (Geschäftsprozessgestaltung, Tool-Entwicklung).[735]
- Prozesskostenrechnung zum projektübergreifenden Ausweis von Einsparpotenzialen sowie zum Potenzialcontrolling.[736]
- Durchführung von Soll-Ist-Vergleichen hinsichtlich der zur Prozessgestaltung bei der Entwicklung von E-Maintenance-Lösungen eingesetzten Kapazitäten.
- Controlling der konsistenten Umsetzung der Zielprozesse in der zu entwickelnden E-Maintenance-Lösung (Durchführung von „Abbildungs- und Integrationstests" sowie von abschließenden „Tool-Tests"). Basis hierfür ist das erstellte Generic and Detailed Process Script (GDPS) sowie die im Verlauf der Programmierung anzufertigenden Dokumentationen.

Das Controlling ist bezogen auf das Paradigma der Geschäftsprozessmodellierung im E-Kontext als Funktion aufzufassen, die zunächst losgelöst von ihrer organisatorischen Ausgestaltung zu betrachten ist. Es bedarf zur Realisierung des Prozessgestaltungscontrollings keiner eigenen Controllingstelle, sondern jeder in das Projekt involvierte Partner übernimmt individuelle Controllingaufgaben, die sich auf die eigenen Ablaufmodellierungsergebnisse im E-Kontext beziehen. Zusätzlich sollten in regelmäßigen Abständen Koordinationstreffen oder Konferenzen durchgeführt werden, die das Gesamtcontrolling der Prozessgestaltungsaktivitäten zum Ziel haben.

Der Ausgewogene Berichtsbogen, auch bekannt unter dem Konzept der Balanced Scorecard (BSC) erweist sich in der Praxis als äußerst effizientes Controllingkonzept, da sowohl finanzielle als auch nicht

---

[734] Zur Methodik der Quality Gates vgl. z.B. Wildemann, H. (2004d), S. 335ff.

[735] Zum Target Costing vgl. Küpper, H.-U. (1995), S. 206ff.

[736] Zur Prozesskostenrechnung vgl. z.B. Schweitzer, M./Küpper, H.-U. (1995), S. 321ff.

finanzielle Kenngrößen in den Regelkreis der Steuerung und Kontrolle einbezogen werden.[737] Vor dem Implikationszusammenhang der ganzheitlichen Geschäftsprozessgestaltung bei der Entwicklung von E-Maintenance-Lösungen von Unternehmen spielen insbesondere im generischen Vorgehensmodellsegment vielfältige Einflussfaktoren eine Rolle, die es im Projektverlauf zu verfolgen gilt. Diese erweisen sich sowohl quantitativer als auch qualitativer Natur. Kern des Balanced Scorecard Konzeptes ist die Ausgestaltung von verschiedenen Perspektiven, die die pro Controllingschwerpunkt relevanten Kennzahlen und Messgrößen zusammenführen. Für das Controllingobjekt „Ablaufmodellierung im E-Kontext" lassen sich die folgenden Perspektiven abgrenzen:

1. Prozessgestaltungsperspektive:
Sie umfasst alle Kennzahlen sowie Auswertungen, die den Prozessgestaltungsvorgang vom Zeitpunkt der Prozessidentifikation und –auswahl an, bis hin zur Vorbereitung der programmiertechnischen Realisierung charakterisieren. Informationen zu dieser Rubrik können teilweise aus dem Generic and Detailed Process Script (GDPS) gewonnen werden, wie beispielsweise das House of E-Maintenance. Die E-Prozessgestaltungs-FMEA bildet ebenso einen konstitutiven Bestandteil der genannten Perspektive wie die Prozessanalysen oder Soll-Prozesskonzeptionen. Der Schwerpunkt liegt bei der Visualisierung nicht finanzieller Aspekte, die den aktuellen Stand der Ablaufmodellierung wiedergeben und strategische Grundorientierungen, Prozessstrukturziele sowie den der Prozessgestaltung zugrunde liegenden Problemlösungsprozess aufzeigen.

2. Potenzialperspektive:
Gegenstand dieser Perspektive sind die angestrebten sowie die bereits zum aktuellen Geschäftsprozessgestaltungsstatus erschlossenen Einsparungen, beispielsweise im Hinblick auf Prozesskosten, Bearbeitungs- und Durchlaufzeiten, Prozessintegrationsgrad, Prozesslebenszyklus oder Steigerung der Prozessqualität und –sicherheit. Der

---

737 Zum Konzept der Balanced Scorecard vgl. z.B. Steinacher, A. (2002); Greischel, P. (2003); Morganski, B. (2003)

regelmäßige Abgleich von geplanten und bisher erreichten Potenzialen ermöglicht bei Untererreichung der Zielsetzungen die frühzeitige Initiierung von potenzialförderlichen Prozessgestaltungsaktivitäten. Die Potenzialperspektive integriert sowohl monetäre als auch nicht monetäre Größen.

3. Projektperspektive:
In die Projektperspektive fließen Ergebnisse der Kosten-, Zeit-, Ressourcen- sowie der Meilensteinplanung und ihrer Kontrolle ein. Anhand von Key Performance Indicators (KPIs) werden die Projektkoordinaten verfolgt, die für eine wirtschaftliche Geschäftsprozessgestaltung bei der Entwicklung von E-Maintenance-Lösungen elementar zu berücksichtigen sind. Parallel zur Erzielung von Ablaufmodellierungserfolgen steht die Einhaltung der vorgegebenen und vereinbarten Budgetgrenzen im Mittelpunkt der Partneraktivitäten.

4. Partnerperspektive:
Die Projektkoordination sowie die Kooperation der beteiligten Partner im Sinne des Principal-Agent-Ansatzes konstituieren die vierte Perspektive im Rahmen des Prozessgestaltungscontrollings. Entwickelte Nutzenverteilungsmodelle, definierte Kommunikations- oder Verhaltensregeln der Kooperationspartner, eingesetzte Anreizkonzepte sowie die aktuelle Zufriedenheit der Projektbeteiligten mit dem Prozessgestaltungsverlauf repräsentieren Beispiele für mögliche Inhalte dieser Perspektive. Zusätzlich, als Bestandteil des erfahrungsorientierten Lernens der Partner sollten Lessons Learned in das Controlling einfließen, da sie Spiegelbild des pädagogischen sowie interkulturellen Aspekts der Prozessgestaltung sind.

Aus den vier explizierten Perspektiven generiert sich die so genannte Prozessgestaltungs-Balanced Scorecard. Dieser Ausgewogene Berichtsbogen kann speziell im Anwendungsfeld der E-Maintenance eingesetzt werden und ist an die jeweiligen Prozessgestaltungsspezifika zu adaptieren. Angesichts des E-geprägten Umfeldes der Ablaufmodellierung sollte die Balanced Scorecard ebenfalls elektronisch erstellt und aktualisiert werden. Die lokal verteilten Projektpartner können somit ihre Zuarbeiten an den Projektkoordinator soweit als möglich per e-mail leisten. Pro Perspektive sind die für die jeweilige Zielgruppe (z.B. Praxispartner, Projektkoordinator) relevanten Informationen auszuwählen und in ein so genanntes Cockpit Chart als Controlling- und Visualisierungsinstrument zu überführen. Abbildung 5-25 zeigt beispielhaft die Struktur eines E-Prozessgestaltungs-Cockpit Charts auf.

Der Steuerungs- und Controllingerfolg im generischen Geschäftsprozessgestaltungssegment ist abhängig von der Aktualität der Daten und ihrer regelmäßigen Auswertung sowie von der Bereitschaft der kooperierenden Parteien, gemeinsam Defizite aufzuarbeiten und auftretende Probleme konfliktlösend zu beseitigen.

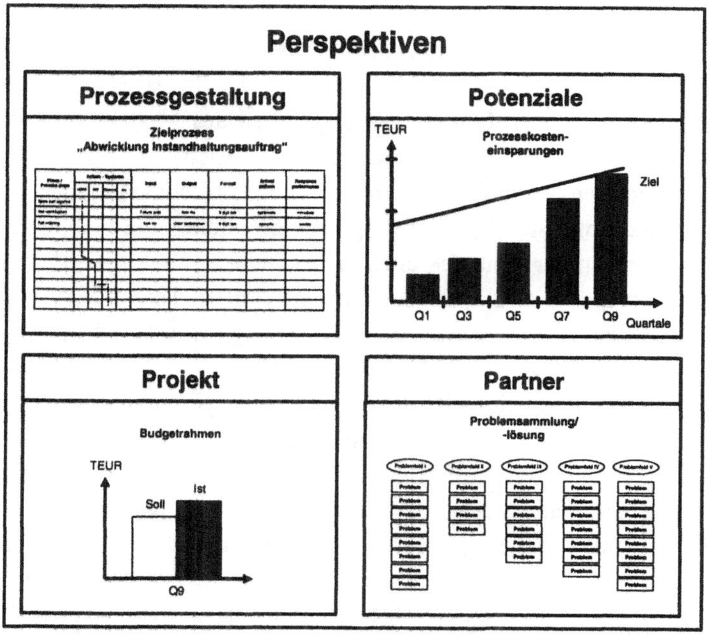

Abb. 5-25: E-Prozessgestaltungs-Cockpit Chart (Beispiel)

5.6.1.2 Situationsspezifische Prozessgestaltung im Rahmen der Tool-Entwicklung

Die geringer ausgeprägte Komplexität der Ablaufmodellierung im situationsspezifischen Gestaltungssegment führt nicht zu einem Wegfall von Steuerungs- und Kontrollaktivitäten, sondern lediglich zu einer Reduktion der Strukturkomplexität von Controllingmaßnahmen. Neben der Erreichung der vereinbarten Prozessgestaltungsziele steht die Einhaltung von Kostenbudgets und Terminen im Vordergrund des Controllings. E-Maintenance-Lösungen mit stark situationsspezifischem Charakter weisen einen geringeren Prozessintegrationsgrad sowie eine kürzere Projektlaufzeit auf. Diese Tatbestände führen zur Notwendigkeit, die Controlling- und Feedback-Zyklen äußerst kurz zu wählen (max. ein Monat).

Objekte des Prozessgestaltungscontrollings sind wie im vorhergehenden Anwendungsfall die zu Beginn des Projektes definierten Prämissen, der Verlauf sowie die Ergebnisse des Modellierungsvorganges. Zusätzlich repräsentieren Zeit-, Kosten-, Potenzial- und Qualitätsgrößen wichtige Steuerungs- und Kontrollparadigmen. Die situationsspezifische E-Geschäftsprozessgestaltung ist durch den Einbezug weniger Entwicklungspartner, einen niedrigen Prozessintegrationsgrad und durch eine geringe Ablauf- sowie Tool-Komplexität gekennzeichnet. Im Gegensatz zum generischen Vorgehensmodellsegment bedarf es aus diesen Gründen keiner hierarchisch aufgebauten und durch multiple Perspektiven gekennzeichneten (elektronischen) Prozessgestaltungs-Balanced Scorecard. Die modellierungsbegleitende Visualisierung erfolgt über eine Art Controlling-Tableau, das quantitative (z.B. Kennzahlensystem) sowie qualitative (z.B. Portfolio-Analysen) Informationen enthält. In der Controllingpraxis werden Systeme, die unterschiedliche betriebliche Entscheidungsfelder beispielsweise anhand von fallspezifisch ausgewählten Analyseergebnissen sowie Kennzahlen charakterisieren, auch als „Unternehmensblutbild" bezeichnet.[738] Für das E-Prozessgestaltungscontrolling wird ein entsprechend adaptiertes Schema, das so genannte

738 Vgl. Witt, F.-J. (1997), S. 205/208; vgl. Eiselmayer, K. (1996)

E-Prozessgestaltungs-Blutbild konzipiert, das die folgenden drei Controllingfenster umfasst:

1. Fenster der strategischen Gestaltung:
Ausgangspunkt für die Detaillierung des ersten Controllingfensters ist das durch die Projektpartner erstellte Case Based Process Script. Dieses beinhaltet beispielsweise die Ergebnisse der Prozessidentifikation und –auswahl sowie weiterer strategischer Analysen. Das Instandhaltungs-Strategieportfolio für die gebildeten Prozesstypen, einschließlich der zugrunde liegenden Teilportfolios konstituiert den Kerninhalt des strategischen Fensters. Grundlegende Veränderungen der Mikro- und Makroumwelt, die zu einer Repositionierung der Geschäftsprozesse im Portfolio führen (Prämissen), prägen unter Umständen den weiteren Prozessgestaltungsvorgang und erfordern entsprechende Anpassungsmaßnahmen.

2. Fenster der operativen Gestaltung:
Im operativen Ablaufmodellierungsfeld bilden die zur Prozessgestaltung eingesetzten Methoden sowie Ergebnisse das Zentrum der Controllingaktivitäten. Prozessdokumentationen im Ist- und/oder Soll-Zustand, vorgenommene Prozessmutationen sowie der Ablauf der Ziel-Prozessableitung stellen beispielhaft den Gegenstand des operativen Controllingfensters dar. Neben der Identifikation potenzieller Problemstellungen in prozessualer oder interpersoneller Hinsicht, ist die Visualisierung des Modellierungsablaufes Ausdruck des Steuerungsgedankens.

3. Projekt- und Potenzialfenster:
Das Projekt- und Potenzialfenster bildet den Kern des Prozessgestaltungscontrollings, da es die entscheidenden Erfolgsgrößen wie beispielsweise Prozesskosteneinsparungen, Bearbeitungs- und Durchlaufzeitreduktionen, Budgeteinhaltung, termingerechte Absolvierung der Meilensteine (Quality Gates) oder die Erhöhung der Prozessqualität in ihrer Ziel- sowie aktuellen Ausprägung visualisiert. Sowohl monetäre als auch nicht monetäre Aspekte werden zu Zwecken des Geschäftsprozessgestaltungscontrollings herangezogen.

Abbildung 5-26 zeigt das E-Prozessgestaltungs-Blutbild nochmals im Überblick auf.

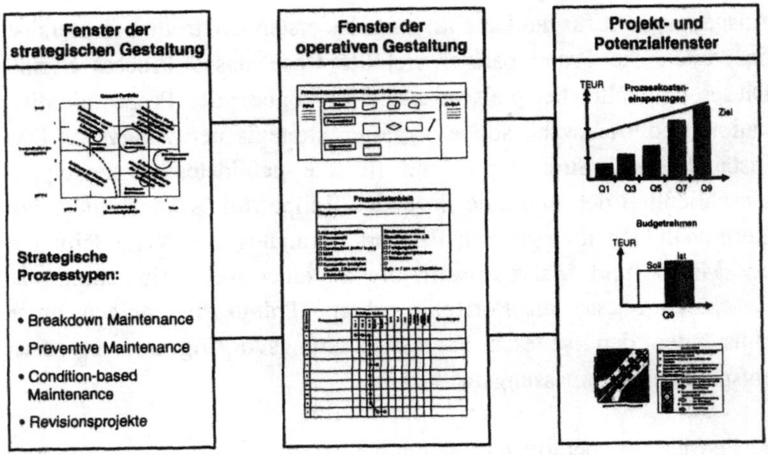

Abb. 5-26: E-Prozessgestaltungs-Blutbild (Beispiel)

Die Controllingaufgaben sind auch in diesem Fall losgelöst von der organisatorischen Ausgestaltung zu sehen. Der fallspezifische Principal sollte die Steuerung und Kontrolle der Modellierungsvorgänge übernehmen, den Agents die zur Zielerreichung erforderlichen Informationen zur Verfügung stellen und den Zugang zu diesem Datenmaterial gewähren. In der Verantwortung des Principals liegt folglich gleichermaßen die Aktualisierung des E-Prozessgestaltungs-Blutbildes sowie die Durchführung von hierzu notwendigen Erhebungen.

5.6.1.3 Prozessgestaltung im Rahmen des Tool-Einsatzes

Das Geschäftsprozessgestaltungscontrolling während des Einsatzes der E-Maintenance-Lösung bezieht sich auf zwei große Inhaltsbereiche. Zum einen bilden die prozessbezogenen Anpassungsmaßnahmen ein wichtiges Aktivitätsfeld der Steuerungs- und Kontrollmaßnahmen, zum anderen sind die aus einem erhöhten Prozessintegrationsgrad oder aus der Automatisierung von Abläufen resultierenden Potenziale Gegenstand des Controllings. In Abhängigkeit von der Tool-Entwicklung – generisch oder situationsspezifisch – variieren die Steuerungs- und Kontrollinhalte. Entsprechend der Informationsbedürfnisse der am Projekt beteiligten Personenkreise sind die Controllingkenngrößen und –aspekte zu bestimmen.

Ausgangspunkt für die Konzeption des Controllingmodells ist in diesem Fall das Application Based Process Script. Die Controllingkomplexität kann sich zu Beginn der Einsatzphase im Vergleich zu den bislang betrachteten Entwicklungssequenzen unterschiedlich verhalten. Ursächlich hierfür ist der Tatbestand, dass die konzipierte generische Prozessstruktur die Integration mehrerer Prozessvarianten zulässt, während das situationsspezifische Schema entweder sehr stark kundenbezogen ausgestaltet ist und deshalb eine umfassende Prozessadaption erfordert oder eine hochgradig standardisierte Anwendungssoftware im Instandhaltungsbereich darstellt, die kaum weiterer Anpassungen bedarf.

Für das E-Geschäftsprozessgestaltungscontrolling resultieren folgende Steuerungs- und Kontrollsegmente, die das so genannte E-Geschäftsprozessanpassungs- und Potenzial-Cockpit bilden:

1. Prozessbezogene Anpassungsmaßnahmen:
Je nach entwicklungsspezifischem Vorgehensmodellsegment werden in diesem Bereich Methoden, Anpassungsbedarfe, Problemlösungsaktivitäten, Ist- und Zielprozesse sowie Maßnahmenpläne dargestellt. Die beteiligten Partner sollen in kürzester Zeit einen Einblick in das aktuelle Geschäftsprozessgestaltungsstadium erhalten, um bei Bedarf Gegensteuerungsaktivitäten schnell und flexibel initiieren zu können.

2. Potenziale:
Für das die E-Applikation einsetzende Unternehmen steht die Realisierung nachhaltiger Einsparpotenziale im Mittelpunkt aller Projekt-

aktivitäten. Deshalb ist diesem Aspekt ein eigener Controllingschwerpunkt zu widmen. Potenziale können sowohl monetärer (z.B. Prozesskosteneinsparungen) als auch qualitativer Natur (z.B. Reduktion von Durchlaufzeiten) sein. Nicht zu vergessen sind allerdings die aus den Prozessgestaltungsanforderungen resultierenden Anpassungskosten, die mit den Potenzialen „verrechnet" werden müssen, um die Wirtschaftlichkeit der Geschäftsprozessgestaltung beim Einsatz von E-Maintenance-Lösungen sicherzustellen.

Abbildung 5-27 zeigt das einsatzbezogene Controllingkonzept nochmals im Überblick.

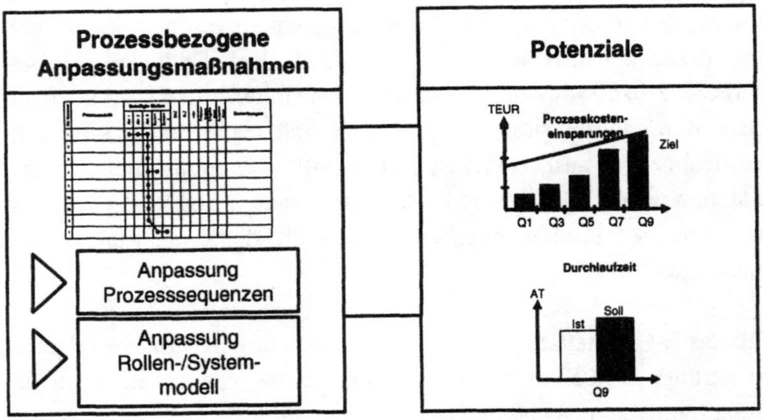

Abb. 5-27: E-Geschäftsprozessanpassungs- und Potenzial-Cockpit (Beispiel)

Durchführungsverantwortlicher für die Steuerungs- und Kontrollaktivitäten ist entsprechend der Projektausgestaltung der Principal. Dieser übernimmt die Konkretisierung des Controllingmodells für das dem Tool zugrunde liegende Geschäftsprozessgestaltungssegment, fordert die relevanten Daten und Informationen bei den Partnern ein, führt die regelmäßige Aktualisierung der Controllinginhalte durch und initiiert die situativ erforderlichen Gegensteuerungsmaßnahmen.

Angesichts des zeitlich begrenzten Projektrahmens bis zum definitiven Einsatz der E-Applikation, sollten die Controllingzyklen so kurz als möglich (maximal 2 Wochen) gewählt werden.

5.6.2 Post-prozessgestaltendes Controlling im E-Kontext

Die Gründe für das Erfordernis eines post-prozessgestaltenden Controllings im E-Kontext sind plural ausgeprägt und lassen sich wie folgt konkretisieren:

- Durch die regelmäßige Aktualisierung der Geschäftsprozessbasis und –struktur in der entwickelten sowie nachfolgend eingesetzten E-Maintenance-Lösung können nachhaltig Potenziale aus der Geschäftsprozessoptimierung erschlossen werden.
- Das post-prozessgestaltende Controlling unterstützt die Qualitätsüberwachung der in die E-Applikation integrierten Abläufe auf Basis von Key Performance Indicators.
- Geschäftsprozesse durchlaufen analog der E-Applikation einen Lebenszyklus, der von unterschiedlichen Faktoren wie beispielsweise den Kundenanforderungen und deren Konstanz, organisatorischen Entwicklungen im Unternehmen, neuen Wertschöpfungspartnerschaften entlang der Wertschöpfungskette sowie von der I&K-technologischen Veränderung und Innovation der nächsten Jahre abhängig ist. Beide Lebenszyklen sind in ihrer Grundstruktur zu identifizieren, in Form von Szenarien fortzuschreiben sowie zu harmonisieren. Erst unter diesen Voraussetzungen kann Nachhaltigkeit in der Prozessgestaltung sowie in der Potenzialerschließung erzielt werden.
- Ergebnis eines konsequenten post-prozessgestaltenden Controllings kann die Erschließung neuer Anwendungsfelder der betrachteten E-Maintenance-Lösung sein, die sich beispielsweise sowohl auf Aspekte der Prozessinnovation, der „Prozessverlängerung" aus Integrationssicht oder auf den Einbezug weiterer, bereits bestehender Prozesstypen beziehen kann.

- Änderungen der Geschäftsprozesse, die via E-Applikation im Instandhaltungsbereich abgebildet werden, sind zu dokumentieren und hinsichtlich ihrer Prozessgestaltungsstati sowie bezogen auf ihre Einsparpotenziale hin zu überwachen.
- Zusätzlich ist eine E-ablaufbezogene Kontinuierliche Prozessverbesserung zu initiieren, in die hierarchie- und funktionsübergreifend alle Betroffenen einzubeziehen sind.

Das post-prozessgestaltende Controlling ist entsprechend dem zugrunde liegenden Vorgehensmodellsegment zu differenzieren.

5.6.2.1 Generische Prozessgestaltung im Rahmen der Tool-Entwicklung

Die Einsparpotenziale im generischen Gestaltungsfeld sind positiv mit dem Prozessintegrationsgrad korreliert. Aus diesem Grund sollte das nach Abschluss der ersten Ablaufmodellierungssequenzen erzielte Ergebnis zum einen potenzialbezogen nachgehalten werden, zum anderen überwacht das Controlling die mögliche Erweiterbarkeit der Prozessabbildung via der betrachteten E-Maintenance-Lösung. Das Paradigma der Erweiterbarkeit bezieht sich auf neue Anwendungsfelder, wie beispielsweise weitere Branchen, neue Instandhaltungsobjekte oder zusätzlich zu berücksichtigende Instandhaltungsstrategien und –konzepte (z.B. TPM). Aus den im Rahmen des postprozessgestaltenden Controllings erzielten Erkenntnissen lassen sich Ideen für die Initiierung von Fortsetzungsprojekten gewinnen, unabhängig ob es sich dabei um Forschungsvorhaben oder um privatwirtschaftliche Projektkooperationen handelt. Parallel zur Identifikation innovativer Applikationsbereiche lässt sich der Prozessengineeringvorgang vorantreiben.

Unterstützt wird die zukunftsorientierte sowie nachhaltige Geschäftsprozessgestaltung durch den Einsatz der Szenario-Technik, die an die Spezifika der Ablaufmodellierung im E-Umfeld anzupassen ist. Unterschiedliche Prozessszenarien sind auf veränderte Umweltbedingungen sowie gewandelte Kundenanforderungen zurück zu führen. Zusätzlich können verschiedene Lebenszyklusverläufe bezogen auf die Prozesse als auch im Hinblick auf die E-Maintenance-Lösung unterstellt werden, die gleichermaßen zu differenzierten Geschäftsprozessszenarien beitragen.

Alle Änderungen, die im Rahmen des post-prozessgestaltenden Controllings an den basalen Ablaufstrukturen vorgenommen werden, sind in einem so genannten Prozesslogbuch zu dokumentieren. Dieses Logbuch ist Teil des Generic and Detailed Process Scripts und wird durch die zur Vornahme von Änderungen befugten Personen erstellt sowie gepflegt. Mit entsprechenden Rechten sind beispielsweise der Softwareprovider (führt die post-prozessgestaltenden Maßnahmen in programmiertechnischer Hinsicht durch), der Auftraggeber der generischen E-Lösung (früherer Principal) oder die aktuell das Tool einsetzenden Unternehmen (frühere Projektpartner) ausgestattet.[739] Das Logbuch verzeichnet die durchgeführten Änderungen in ihrer Ausprägungsform als geschäftsprozessuale Mutationen, beschreibt diese hinsichtlich ihrer Inhaltsdimension und stellt sie schematisch dar.

Gegenstand des post-prozessgestaltenden Controllings ist ferner das Nachhalten der Potenzialrealisierung sowie die Überwachung der Leistungsfähigkeit der via E-Maintenance-Lösung abgebildeten Geschäftsprozesse. Key Performance Indicators, die beispielsweise in Kennzahlensysteme überführt werden, bilden die Kosten-, Zeit- sowie Qualitätscharakteristika der E-Geschäftsprozesse ab. Es besteht die Möglichkeit, dass generisch geprägte E-Applikationen für den Instandhaltungsbereich automatisch Prozessgrößen erfassen, auswerten und in zielgruppenadäquate Berichte überführen. Realisierbar im Zusammenhang mit dem post-prozessgestaltenden Controlling ist gleichermaßen der Einsatz des (E-) Balanced Scorecard Konzeptes, das die Prozessperspektive, die Potenzialperspektive, die Kunden- und Mitarbeiterperspektive sowie die Innovationsperspektive umfasst. Die

739 Für Nichtprojektpartner, die die entwickelte E-Maintenance-Lösung einsetzen, ist auf das entsprechende Teilkapitel „Prozessgestaltung im Rahmen des Tool-Einsatzes“ zu verweisen.

Überwachung der Prozessgrößen hat durch die Prozesseigner zu erfolgen.

5.6.2.2 Situationsspezifische Prozessgestaltung im Rahmen der Tool-Entwicklung

Im Mittelpunkt des situationsspezifischen post-prozessgestaltenden Controllings steht zum einen das Nachhalten der durch die optimale Ablaufmodellierung bei der Entwicklung der E-Maintenance-Lösung ausgewiesenen Potenziale. Zum anderen umfassen die Controllingaktivitäten die pro-aktive Steuerung und Kontrolle wichtiger Prozess-kenngrößen, die entscheidende Werttreiber im Rahmen des E-Geschäftsprozessmanagements darstellen. Analog zum generischen Vorgehensmodellsegment handelt es sich in diesem Fall primär um Kosten-, Zeit- und Qualitätsaspekte. Das Controlling wird durch eine prozessbezogene Visualisierung unterstützt und ist Aufgabe der Prozesseigner.

Der prozessuale Lebenszyklus unterliegt in der Regel nicht den schwerwiegenden Veränderungen der Mikro- und Makroumwelt wie im generischen Segment, insbesondere ist der prozessbezogene Integrationsgrad deutlich niedriger ausgeprägt. Es sollte jedoch regelmäßig eine Überprüfung der aktuellen Relevanz des Strategieportfolios durchgeführt und gegebenenfalls Anpassungen realisiert werden.

Weitere Potenzialquellen lassen sich unter Umständen dann erschließen, wenn während des post-prozessgestaltenden Controllings die zielführende Erweiterbarkeit der E-Applikation beispielsweise auf andere Prozesstypen erkannt und prozessmodellierend vorbereitet wird.

Alle Änderungen der Ablaufstruktur sind in einem Logbuch, das dem Case Based Process Script beigefügt wird, durch den Projektinitiator zu dokumentieren. Wie im generischen Vorgehensmodellsegment hat auch hier der Ausweis der vorgenommenen prozessbezogenen Mutationen zu erfolgen.

Durch die Prozesseigner bei den Praxispartnern sollte ein interdisziplinärer Kontinuierlicher Prozessoptimierungsvorgang initiiert werden, um die wertorientierte Prozessgestaltung dauerhaft zu gewährleisten.

5.6.2.3 Prozessgestaltung im Rahmen des Tool-Einsatzes

Das post-prozessgestaltende Controlling hat während der Einsatzphase der E-Maintenance-Lösung zwei Grundfunktionen zu erfüllen. Einerseits ist die vollständige Realisierung der Potenziale zu überwachen, andererseits steht die Sicherung der Geschäftsprozesseffizienz im Vordergrund der Steuerung und Kontrolle. Die Controllingaktivitäten werden seitens des Tool-einsetzenden Unternehmens durchgeführt und sollten in die Hände von Prozessspezialisten gegeben werden.

Kosten-, Zeit- und Qualitätsgrößen spiegeln den Wertschöpfungs- und folglich den Effizienzgrad der generischen oder situationsspezifischen E-Applikation wider. Visualisierungsinstrumente erleichtern das zyklische post-prozessgestaltende Controlling im Kooperationsverbund.

Durch eine Professionalisierung des Tool-Einsatzes sowohl in I&K-technischer als auch in prozessbezogener Hinsicht lassen sich im Rahmen einer Kontinuierlichen Verbesserung zusätzliche Einsparpotenziale erschließen. Jede Prozessmodifikation ist im Application Based Process Script mit der zugrunde liegenden Mutationsform zu dokumentieren.

In Abhängigkeit von der Komplexität der E-Lösung (generisch – situationsspezifisch) gilt es auch während des Tool-Einsatzes beispielsweise mit Hilfe der Szenario-Technik oder der Sensitivitätsanalyse Umweltveränderungen zu antizipieren, aufzunehmen sowie hinsichtlich ihrer Wirkung auf das E-Geschäftsprozessmanagement durch geschulte Prozessexperten beurteilen zu lassen.

Durch das post-prozessmodellierende Controlling bei der Entwicklung und beim Einsatz von E-Maintenance-Lösungen von Unternehmen schließt sich der Geschäftsprozessgestaltungszyklus. Planungs-, Steuerungs- und Kontrollphasen gehen ziel- sowie wertorientiert ineinander über.

6 Zusammenfassung und Ausblick

Die vorliegende Habilitationsschrift zeigt Wege und Methoden der ganzheitlich orientierten Geschäftsprozessgestaltung bei der Entwicklung und dem Einsatz von E-Maintenance-Lösungen von Unternehmen auf. Der Handlungsrahmen wird durch die Teilzielsetzungen Spezifikation des Ganzheitlichkeitsparadigmas vor dem Hintergrund der Ablaufmodellierung, Ableitung von Gestaltungsleitlinien sowie Konstruktion eines paradigmenspezifischen Prozess- sowie Vorgehensmodells konkretisiert und detailliert.

Zur Erreichung der anspruchsvollen Zielsetzungen wurde eine mehrstufige Vorgehensweise gewählt, die der wissenschaftlichen sowie praktischen Komplexität der behandelten Themenstellung adäquat ist.

Die Aktualität des E-Business nach dem Hype liegt vor allem in dem Tatbestand begründet, dass entsprechend eingesetzte Lösungen noch nicht zur vollständigen Erschließung der erhofften Potenziale beigetragen haben. Als ursächlich hierfür kann vor allem das Verkennen der Auswirkungen von E-Lösungen auf die Tool-relevante Meta- als auch Detailgeschäftsprozessstruktur gezeichnet werden. Das in der Praxis vorherrschende Defizit der mangelnden Berücksichtung der Geschäftsprozessgestaltung sowohl bei der Entwicklung als auch beim Einsatz von E-Applikationen im Allgemeinen und von E-Maintenance-Lösungen im Speziellen, spiegelt sich gleichermaßen im Ergebnis der Literaturauswertung wider. Weder Publikationen zur Geschäftsprozessgestaltung und -optimierung, zur Ablaufmodellierung aus der Perspektive verschiedener Wissenschaftsdisziplinen und spezifischer Anwendungsfelder, noch Veröffentlichungen zum Themenfeld E-Business, insbesondere zur E-Maintenance geben Hilfestellung zur optimalen Herangehensweise an ein entsprechendes Projekt. Lediglich vereinzelt bieten beispielsweise Beratungen im Internet, Unterstützung beim E-Geschäftsprozessmanagement an. Es besteht somit gleichermaßen aus theoretischer wie auch aus praktischer Sicht ein erhöhter Bedarf an paradigmenspezifischen Konzepten sowie Methoden, die ausgehend von einem ganzheitlichen Prozessverständnis die effiziente

Geschäftsprozessgestaltung bei der Entwicklung und beim Einsatz von E-Maintenance-Lösungen von Unternehmen ermöglichen.

Der bislang noch sehr allgemein gefasste E-Business-Applikationsradius wurde zum Zweck der weiterführenden Analyse auf das spezifische Anwendungsfeld der E-Maintenance eingegrenzt. Angesichts der nicht exakten Spezifikation des Terminus E-Maintenance erfolgte gleichermaßen die inhaltliche Fundierung dieses Paradigmas. So resultierte folgende Definition: „E-Maintenance umfasst die Planung, Steuerung und Überwachung aller Wartungs-, Instandsetzungs-/Reparatur- und Instandhaltungsaufgaben i.e.S. sowie die Unterstützung des kontinuierlichen Verbesserungsprozesses in ihrer Ausgestaltung als E-Business-Lösung/-System (E-Maintenance als Anwendungsfeld des E-Business).“ Ergänzt wurde die Basisdefinition um eine erweiterte terminologische Charakterisierung, die speziell den Einsatz moderner Informations- und Kommunikationstechnologien hervorhebt, sowohl die interne als auch externe Erstellung der Leistungen vorsieht und die Inhaltsdimension des E-Anwendungsfeldes skizziert.

Die wissenschaftliche wie praktische Relevanz des bearbeiteten Themas resultiert nicht nur aus den identifizierten Defiziten, sondern zusätzlich aus der Besonderheit der Geschäftsprozessgestaltung im E-Maintenance-Bereich. Kern der Ablaufmodellierung ist die Integration der Prozesse in eine E-Applikation, die durch Parallelisierung und Automatisierung von Ablaufsequenzen zu einer Effizienzsteigerung derselben nachhaltig beiträgt. Das Prozessengineering als Ausdruck der Innovation neuartiger Dienstleistungen, die das zukünftige Leistungsprofil der E-Maintenance-Lösung mitprägen, bildet einen weiteren Bestandteil der Geschäftsprozessgestaltung im E-Umfeld. Ablaufmodellierung unter extrem schwierigen Bedingungen, in diesem Zusammenhang sei exemplarisch auf die hohe Schnittstellendichte, die größere Anzahl involvierter Partner entlang der Wertschöpfungskette sowie auf den Umfang der in die E-Applikation zu integrierenden Geschäftsprozesse verwiesen, manifestiert sich im Vergleich zur traditionellen Prozessoptimierung als hochgradig komplex. Neben den üblicherweise in entsprechende Projekte eingebundenen Personenkreisen, erfordert die Ablaufmodellierung im

E-Business-Bereich die unmittelbare Verzahnung betriebswirtschaftlich-prozessualen, informationstechnischen sowie E-Maintenance-bezogenen Know-hows von Anfang an. Die Komplexität der E-Geschäftsprozessgestaltung wird durch Aspekte wie Vernetztheit von Organisations- und IT-Entwicklung, differenzierten Lebenszyklen der Instandhaltungsabläufe sowie dem Bedarf zur permanenten Berücksichtigung von Systemspezifika (z.B. Schnittstellen, Adapter, Datenformate) im Vergleich zum allgemeinen Verständnis des Geschäftsprozessmanagements deutlich erhöht. E-Business-Projekte verändern die basale Struktur der Abläufe und erfordern deshalb die grundsätzliche Neuausrichtung derselben zur Erzielung nachhaltiger Wettbewerbsvorteile sowie zur vollständigen Erschließung der mit dem E-Applikations-Einsatz angestrebten Potenziale.

Die Modellierung von Abläufen in und zwischen Unternehmen setzt ein einheitliches Verständnis der dem Thema grundlegenden Termini voraus. So bedurfte es der problemadäquaten Definition des Geschäftsprozesses, die angesichts der Komplexität des betrachteten Paradigmas eine sehr detaillierte und erweiterte Auffassung zur Folge hatte:

„Geschäftsprozesse repräsentieren eine strategie- und zielbasierte logische, hierarchische sowie wiederholbare Abfolge von schnittstellenübergreifenden und messbaren Aktivitäten mit definiertem Prozessbeginn und Prozessende, die durch die effiziente Kombination von Inputfaktoren und Nutzung von Potenzialfaktoren einen kundennutzenstiftenden Output erzeugen. Dabei repräsentieren Menschen, Material, Einrichtungen und Anlagen, Technologie, Methodologie, Wissen, Kapital, I&K-Systeme, wie beispielsweise Workflow-Systeme und E-Business-Applikationen mögliche Input- sowie Potenzialfaktoren. Die die Geschäftsprozesse konstituierenden materiellen wie informationellen Elemente basieren auf adäquaten Daten- und Anwendungssystemmodellen sowie –beschreibungen und umfassen notwendige Prozesssteuerungsinformationen. Den Geschäftsprozessen können eindeutige Prozessverantwortliche zugeordnet werden, sie vollziehen sich innerhalb von definierten internen wie externen Kunden-Lieferanten-Verhältnissen entlang der gesamten elektronisch sowie nicht elektronisch unterstützten Wertschöpfungskette, weisen einen spezifischen Automatisierungsgrad auf und sind informationstechnisch modelliert respektive dokumentiert."

Ergänzend zum Prozessverständnis erfolgte die Spezifikation des Paradigmas der Geschäftsprozessgestaltung zur Fundierung des weiteren Vorgehens. Dieses umfasst zum einen das innovative Element im Sinne der Veränderung, zum anderen impliziert es den methodischen Schwerpunkt entsprechender Aktivitäten als Ausdruck des Formens. Dem erstgenannten Aspekt werden Gestaltungsfelder wie das Prozessreengineering, die Prozessoptimierung sowie das Prozessengineering zugeordnet. Gegenstand der zweiten Inhaltsdimension sind die Prozessmodellierung und -dokumentation sowie die Prozessausführung.

Die Konzeption einer an Ganzheitlichkeit orientierten Geschäftsprozessgestaltung integriert aus Sicht der Verfasserin die folgenden drei Dimensionen: Erstens, die horizontale Dimension, die sich dem Einbezug aller involvierten Zielgruppen sowie der Personen-, Sach- und Situationsbezogenheit der Ablaufmodellierung widmet. Zweitens, die vertikale Dimension, deren Gegenstand die Erfassung aller prozessrelevanten Unternehmensebenen, die Berücksichtigung der erforderlichen Prozesshierarchie sowie die Gewährleistung der Deckungsgleichheit von Prozessmodell und Daten- sowie Objektmodell ist. Drittens, die diagonale/pyramidale Dimension, die sich speziell der lebenszyklusübergreifenden Betrachtung der Geschäftsprozesse auf der einen und der E-Maintenance-Lösung auf der anderen Seite widmet.

Die explizierten Charakteristika der Geschäftsprozessgestaltung im E-Maintenance-Bereich induzieren die Notwendigkeit zur Konzeption eines paradigmenspezifischen, ganzheitlich orientierten Ansatzes zum E-Geschäftsprozessmanagement. Dieses Konzept wird generisch fundiert, um die unterschiedlichen Ablaufmodellierungssituationen durch ein einziges Rahmenkonzept interpretativ erfassen zu können. Die Planungs-, Durchführungs-, Steuerungs- und Kontrollphase (Controlling) umfassen die zur erfolgreichen Geschäftsprozessgestaltung erforderlichen Handlungsschritte (so genannte Steps) und transferieren die dem Ganzheitlichkeitsparadigma entsprechenden Faktoren in phasenbezogene Leitlinien, Methoden sowie Handlungsempfehlungen. Es handelt sich bei der E-Geschäftsprozessmanagement-Konzeption um einen offenen Ansatz, der die aktive Beteiligung aller betroffenen Mitarbeiter sowie Führungskräfte vorsieht und Umweltveränderungen proaktiv in den Modellierungsvorgang einbezieht.

Zur inhaltlichen Konkretisierung der konzeptionellen Basis der vorliegenden Arbeit erfolgte die Formulierung von Leitlinien in Hypothesenform, unter Rückgriff auf dem Paradigma adäquate Theorien und deren Kontexte. Diese wurden zu einem späteren Zeitpunkt der empirischen Überprüfung unterzogen und mündeten in die Definition von Methoden und Vorgehensweisen zur Geschäftsprozessgestaltung bei der Entwicklung und beim Einsatz von E-Maintenance-Lösungen von Unternehmen. Die Leitlinien sind entsprechend ihrem Objektbezug entweder der Sachdimension (Fachliche Aspekte), der Personendimension (Soziale, Interaktivitätsbezogene Aspekte) oder der Situationsdimension (Zeit-, Orts-, Raumbezogene Aspekte) ganzheitlicher Geschäftsprozessgestaltung zugeordnet. Die erste Dimension umfasst die Leitlinien der wirtschaftlichen, wertorientierten, modularen, systemischen, integrativen, kreativen, generischen sowie der visuellen Prozessgestaltung. Gegenstand der zweiten Dimension sind die Leitlinien der kooperativen, der präferenzorientierten, der anreizorientierten, der kontextverknüpfenden sowie der pädagogischen Prozessgestaltung. Im Mittelpunkt der dritten Dimension stehen die strategische, die nachhaltige, die anwendungsorientierte sowie die interkulturelle Prozessgestaltung. Als Theoriefundamente werden beispielsweise die Transaktionskosten- sowie die Principl-Agent-Theorie, das Lean Development, das Konzept der Modularen Organisation, die Systemtheorie, die Wertorientierte Unternehmensführung, verschiedene Ansätze des Business Process Reengineerings oder Redesigns, Theorien der Kooperation und Koordination, die Nutzentheorie, Anreiz- und Lerntheorien sowie die Strategische Investitionsplanung herangezogen.

Ganzheitlich orientierte Geschäftsprozessgestaltung bei der Entwicklung und beim Einsatz von E-Lösungen erfordert die Konzeption (theoretische Basis: Konstruktivismus) eines paradigmenspezifischen Metageschäftsprozessmodells und dessen Konkretisierung für das betrachtete Anwendungsfeld der E-Maintenance. In einem ersten Schritt wurde eine entsprechende Basiskonzeption für das Prozessschema entwickelt, die in folgender Definition resultierte: „Unter einem ganzheitlichen Geschäftsprozessmodell wird das Ergebnis der ganzheitlichen Beschreibung von intra- sowie interorganisationalen Abläufen auf einem situationsspezifisch gewählten Abstraktionsniveau verstanden. Ziel und Zweck der Beschreibung ist die Integration sowie die ganzheitliche Gestaltung von Geschäftsprozessen bei der Entwicklung und beim Einsatz von E-Maintenance-Lösungen von Unternehmen.“ Neben der Vornahme einer erweiterten terminologischen Fundierung, die die ganzheitliche Orientierung, die Perspektivenpluralität, die Nutzung von Modellierungstechniken, den konstruktivistischen Rahmen sowie die Interdisziplinarität des Geschäftsprozessmodells skizziert, erfolgte die Spezifikation grundlegender Strukturierungsprinzipien des Paradigmas. Die Inhaltsdimension eines nach ganzheitlichen Kriterien ausgestalteten Geschäftsprozessmodells konstituiert sich primär durch ein so genanntes Metamodell, das die Kernfragmente der Prozesskonzeption, einschließlich dessen Interaktionsgefüge fixiert. Für die holistische sowie generische Geschäftsprozessschau existiert rein theoretisch eine unendlich große Anzahl an Deskriptionsmerkmalen, die untereinander kombiniert werden können. Jedes zusätzliche Merkmal, das zur möglichst vollständigen Beschreibung der Abläufe herangezogen wird, trägt zur überproportionalen Steigerung der Modellkomplexität bei. Aus diesem Grund bildet das im weiteren Verlauf der Arbeit konstruierte Geschäftsprozessmodell alle drei explizierten Dimensionen der Ganzheitlichkeit durch die hierfür erforderlichen Deskriptionsmerkmale bei angemessener Komplexität ab. Als weiterführende wegweisende Strukturierungsprinzipien wurden die modellbasale Verknüpfung betriebswirtschaftlicher, informationstechnischer und bei Bedarf zusätzlicher wissenschaftsdisziplinärer Inhalte, die strukturgleiche Gliederung des Ist- und Soll-Prozessmodells, die klare Fixierung des Modellierungsziels, des –typs, der –methode, der –sprache sowie der Objekttypen, Objekte und Objektausprägungen, die Konkretisierung der relevanten Teilmodelle sowie der Geschäftsprozessmodellfragmente, die Berücksichtigung der generischen Basis des zu konstruierenden Schemas, die Forcierung der integrierten Prozessdarstellung, die Vornahme einer Klassifizierung/Segmentierung der Geschäftsprozesse, die Festlegung des Hierarchisierungsprinzips sowie die Vornahme einer Klassifizierung/Systematisierung von E-Business-Lösungen identifiziert.

Unter Berücksichtigung der genannten Prinzipien wurde schrittweise ein dem Paradigma adäquates Geschäftsprozessmodell entwickelt. Zur Fixierung der Inhaltsdimension erfolgte zunächst die Überprüfung verschiedener existierender Prozessschemata, die sich bereits aus dem traditionellen Prozessmanagement-Verständnis heraus als relativ ganzheitlich erweisen, inwieweit sie als konzeptionelle Referenzbasis für das Geschäftsprozessmodell im E-Kontext zumindest partiell geeignet sind. Das Metamodell wurde mittels Analogiebildung zur Anatomie des menschlichen Nervensystems geschäftsprozessbezogen fundiert. Zentrales und Peripheres Nervensystem fungieren als konzeptioneller Rahmen, der durch fünf Modellelemente inhaltlich konkretisiert ist. Das prozessuale Zentralnervensystem spiegelt die ablaufbezogene Wissens-, Erfahrungs- und Wertzentrale, die den gesamten Geschäftsprozessgestaltungsvorgang bei der Entwicklung und beim Einsatz von E-Maintenance-Lösungen handlungsleitend steuert, wider. Primärer Gegenstand des prozessualen somatischen Nervensystems sind Leistungs- und Strukturkennzahlen, die den aktuellen Prozessstatus identifizieren, ihn an das prozessuale Zentralnervensystem weiterleiten und dort die erforderlichen weiterverarbeitenden Vorgänge initiieren. Das prozessuale motorische Nervensystem setzt Impulse aus dem Zentralnervensystem in die situationsspezifisch erforderlichen Prozessaktivitäten um. Die Motorik der Abläufe wird durch die pluralen Beschreibungsmerkmale (z.B. Prozessschritte, involvierte Schnittstellen) derselben konstituiert und kann infolge der generischen Prägung der Metamodellkomponenten beliebig erweitert werden. Im Zentrum des viszeralen Nervensystems stehen die Ressourcen (Organe) der Geschäftsprozesse einschließlich deren Gestaltung. Den E-Maintenance-Lösungen kommt in diesem Zusammenhang die entscheidende Enabler-Funktion zu. Deshalb wurde der inhaltlichen Konkretisierung der Organfunktionen im weiteren Verlauf der vorliegenden Arbeit besonderes Augenmerk zuteil. Das prozessuale vegetative Nervensystem sorgt für die optimale und effiziente Steuerung der Organfunktionen. Anreizsysteme wirken gleichermaßen wie die Berücksichtigung der Leitlinien ganzheitlicher Geschäftsprozessgestaltung erfolgswirksam auf die Erfüllung der mit der Ablaufmodellierung im E-Umfeld verbundenen Zielsetzungen. Zur Konkretisierung weiterführender strukturbeeinflussender Elemente des Geschäftsprozessmodells wurden nachfolgend allgemeine Richtlinien zur Prozesssegmentierung und –hierarchisierung formuliert, eine quantitative sowie qualitative Typologisierung des E-Business vorgenommen, die technischen Charakteristika von E-Business-Lösungen spezifiziert und die Lebenszyklen sowohl einer E-Business-Applikation als auch eines Geschäftsprozesses in ihrer Grundstruktur aufgezeigt. Durch die strukturelle Verknüpfung der Deskriptionsmerkmale auf Basis des prozessualen Nervenssystems wurde ein ganzheitliches Metageschäftsprozessmodell geschaffen, das die horizontale, vertikale sowie diagonale/pyramidale Dimension der ganzheitlichen Ablaufmodellierung inhärent berücksichtigt und einen basalen generischen Charakter bei angemessener Komplexität aufweist.

Ausgehend von dem konstruierten Metageschäftsprozessmodell konnte im nächsten Schritt die Konkretisierung des ganzheitlichen Geschäftsprozessmodells für das Anwendungsfeld der E-Maintenance vorgenommen werden. Als Argumentationsbasis wurde in diesem Fall das Konzept der Total Productive Maintenance (TPM) herangezogen, das moderne Instandhaltungsstrategien sowie eine durchgängige Mitarbeiterorientierung unterstützt. Das prozessuale Zentralnervensystem integriert Strategien und Ziele der (E-)Instandhaltung, deren Vernetzung zu den Unternehmenszielen sowie potenzielle Referenzgeschäftsmodelle aus dem Instandhaltungs- oder E-Maintenance-Umfeld. In diesem Zusammenhang wurden innovative Strategien vorgestellt und das Instandhaltungsmanagement einer terminologischen Fundierung unterzogen. Das prozessuale somatische Nervensystem konstituiert sich durch (E-)instandhaltungsbezogene Kennzahlen sowie durch direkte und indirekte Prozessergebnisse für die E-Maintenance. Grundlegende Prozessarten im Bereich der Instandhaltung, die per E-Lösungen abgebildet werden können, bilden den Kern des prozessualen motorischen Nervensystems. Die Klassifikation erfolgte nach dem Auftragsbezug sowie der Zuordenbarkeit der Abläufe zu strategischen und operativen Prozessschwerpunkten. Gegenstand des viszeralen Nervensystems sind E-Maintenance-Applikationen aus der Praxis, identifizierbare Prozessnetzwerke, vorfindbare aufbauorganisatorische Strukturen sowie die potenzielle Zielgruppenstruktur der Prozessgestalter in der E-Instandhaltung. Expliziert wurden in Summe die folgende E-Lösungen: CMMS-/IPS-Systeme, Instandhaltungsportale, Instandhaltungsplattformen, SCADA-Systeme, Condition-Monitoring Systeme, Teleservice- und Ferndiagnose-/Fernwartungs-Systeme sowie mobile Einsatzgeräte. Vorhandene instandhaltungsspezifische Kooperations- und Koordinationsstrukturen konstituieren das vegetative Nervensystem. Die Spezifikation der prozessualen Dimension von E-Maintenance-Lösungen schließt die Konkretisierung des Metageschäftsprozessmodells ab. Der TPM-Supply Chain mit den Sequenzen Auftragsneutrale Geschäftsprozesse, Auftragsspezifische Geschäftsprozesse sowie Strategische Geschäftsprozesse wurden Hauptprozesse zugeordnet. Je nach ablaufbezogenem Integrationsgrad unterscheidet sich der Prozessbezug der betrachteten E-Maintenance-Lösungen.

Zusätzlich zur Konstruktion des paradigmenspezifischen Metageschäftsprozessmodells erfordert die ganzheitliche Ablaufkonzeption bei der Entwicklung und beim Einsatz von E-Maintenance-Lösungen von Unternehmen die empirische Überprüfung der formulierten Leitlinien (Hypothesen). Die Empirie stützt sich auf Fallstudien, die sich unterschiedlichen Analyseklassen zuordnen lassen. So wurden Fallbeispiele aus dem Anwendungsfeld der E-Maintenance (Forschungsprojekt PROTEUS), aus dem der E-Instandhaltung strukturähnlichen Referenzfeld der E-Logistics (Arbeitskreis E-Logistics, Arbeitskreise Virtuelle Märkte und E-Sourcing, Fallstudie zur automatisierten Konsignationslagersteuerung, Fallstudien zur E-Kanban-Einführung und Fallstudie zum Einsatz einer E-Logistik-Plattform) sowie Referenzfallstudien, deren prozessgestaltende Elemente in modifizierter Weise gleichermaßen für das E-Geschäftsprozessmanagement geeignet erscheinen (Arbeitskreis Prozessklinik, Fallstudie zur Entwicklung und zum Einsatz eines elektronisch basierten Projektmanagement-Tools), untersucht.

Die Hypothesen der ganzheitlich orientierten Geschäftsprozessgestaltung konnten durch die Ergebnisse der empirischen Analyse nicht falsifiziert, sondern hinsichtlich ihrer Relevanz bekräftigt werden. Diese Aussage gilt sowohl für die Leitlinien der Sach-, Personen- als auch der Situationsdimension. Speziell zur Fundierung der sozialen Indikatoren war es erforderlich, die Empirie um eine phänomenologisch-hermeneutische Analyse zu ergänzen. Gesamthaft betrachtet, zeigte sich insbesondere, dass den interaktiven Elementen neben dem fachlichen Aspekt eine bedeutende Rolle für den abschließenden Erfolg der Ablaufmodellierung im E-Umfeld zukommt. In Abhängigkeit von der Komplexität der zu entwickelnden oder einzusetzenden E-Lösung konnten unterschiedliche Vorgehensweisen und Methoden zur Prozessgestaltung identifiziert werden. Je höher der Prozessintegrationsgrad beispielsweise, desto häufiger erfolgte der Einsatz von Schemazeichnungen mit betriebswirtschaftlichen und/oder informationstechnischen Inhalten, desto stärker zeigte sich die strategische Fundierung der Vorgehensweise und desto komplexer wurden Instrumente der Prozessanalyse und –dokumentation. Deutlich zutage trat ebenfalls, dass jede Fallstudie isoliert betrachtet, einen spezifischen Beitrag für die Konstruktion eines ganzheitlichen Vorgehensmodells zur Geschäftsprozessgestaltung bei der Entwicklung und beim Einsatz von E-Maintenance-Lösungen leistet. Obwohl sich die Prozessformung im E-Anwendungsfeld grundsätzlich vom traditionellen Geschäftsprozessmanagement unterscheidet, zeigen sich Transferpotenziale für bereits existierende und praxiserprobte Methoden, unter der Voraussetzung, dass sie inhaltlich an das spezifische Paradigma adaptiert werden. Identifizierbar war weiterhin die herausragende Bedeutung, Organisations- und IT-Entwicklung nicht losgelöst voneinander zu betrachten und betriebswirtschaftliches, prozessgestaltendes sowie E-Business- und IT-spezifisches Know-how von Projektbeginn an unmittelbar zu verzahnen. Über einen möglichst frühen Potenzialausweis der Prozessgestaltungsaktivitäten sowohl bei der Entwicklung als auch beim Einsatz von E-Lösungen lassen sich die für den weiteren erfolgreichen Verlauf des Projektes notwendigen Kooperations- und Koordinationsanreize generieren.

Die Erkenntnisse aus der Fallstudienanalyse wurden nachfolgend in ein adäquates Vorgehensmodell überführt, das Methoden sowie Handlungsempfehlungen für die Ablaufgestaltung, unter Berücksichtigung des kooperativen Kontextes umfasst. Die Modellkonstruktion berücksichtigt die drei Dimensionen der Ganzheitlichkeit, basiert auf dem Argumentationsmuster des (Meta-)geschäftsprozessmodells und dem Phasen-/Stepschema des E-Geschäftsprozessmanagementansatzes, betrachtet die Entwicklung und den Einsatz von E-Maintenance-Lösungen und ermöglicht die durchgängige Kontextverknüpfung. Die empirische Untersuchung hat bereits gezeigt, dass unterschiedliche Methoden sowie Vorgehensweisen in Abhängigkeit von der Prozessgestaltungssituation erforderlich sind. Deshalb wurde zunächst eine prä-prozessgestaltende Segmentierung des zu konstruierenden Vorgehensmodells auf Basis des E-Prozessgestaltungs-Portfolios vorgenommen. Dieses Portfolio orientiert sich an den beiden Haupteinflussfaktoren des Strukturgefüges der Ablaufmodellierung im E-Business-Bereich, der Prozess-Komplexität auf der einen Seite und der Tool-Komplexität auf der anderen Seite. Erstere bemisst sich nach der Anzahl, der in eine E-Lösung zu integrierenden Geschäftsprozesse, nach der Anzahl der Prozessschritte entlang der hierarchischen Prozessstruktur, nach Anzahl der in die Geschäftsprozesse involvierten personellen Schnittstellen sowie nach dem Standardisierungsgrad der Prozesse.[740] Letztere konstituiert sich aus der Anzahl vorhandener Tool-Schnittstellen zu betrieblichen Umsystemen, durch die Anzahl potenzieller Anwendungsfelder der E-Maintenance-Lösung(en) und durch die Anzahl vorhandener Systemschnittstellen entlang der zu integrierenden E-Wertschöpfungskette. Die Bewertung vollzieht sich angesichts des strategischen Schwerpunktes der vorzunehmenden Metasegmentierung mittels der Ausprägungen gering (1), mittel (2) und hoch (3). Entscheidend ist dabei nicht die Einschätzung eines einzelnen Kriteriums oder eines singulären Prozesses/Prozessabschnitts, sondern die gesamthafte Betrachtung des im E-Kontext zu gestaltenden Prozessbündels. Das Bewertungsschema ist generischer Natur, lässt sich in Konsequenz durch weitere Aspekte ergänzen und

[740] Je niedriger der Standardisierungsgrad ausgeprägt ist, desto mehr Prozessvarianten existieren und desto höher ist die Geschäftsprozesskomplexität.

ermöglicht die differenzierte Gewichtung der relevanten Faktoren. Im Portfolio werden die zu entwickelnden und einzusetzenden E-Maintenance-Lösungen entsprechend ihrer Tool-Komplexität sowie der durch sie abgebildeten Prozessbündel-Komplexität positioniert. In Abhängigkeit von der Position im Portfolio konnten drei Normstrategien abgeleitet werden. Erstens, diejenigen E-Lösungen, die sich durch hohe oder mittlere Tool- und Prozess-Komplexität auszeichnen: diese bilden die Strategie der generischen Prozessgestaltung ab. Zweitens, E-Applikationen, die eine geringe bis mittlere Tool- und Ablauf-Komplexität aufweisen: diese bilden die Strategie der situationsspezifischen Prozessgestaltung ab. Drittens, alle E-Maintenance-Lösungen, die zwischen beiden „Extremen" liegen und deshalb die Strategie der selektiven Prozessgestaltung konstituieren. Basierend auf den genannten Normstrategien wurde eine duale Segmentierung des Vorgehensmodells in die Bereiche der generischen sowie der situationsspezifischen Geschäftsprozessgestaltung vorgenommen. Zusätzlich erfolgte eine graduelle Zuordnung von E-Maintenance-Applikationen zu den drei explizierten Normstrategien auf Basis von Erfahrungswerten der Verfasserin. Im primär generisch geprägten Segment finden sich folgende Anwendungen wieder: Instandhaltungsplattformen, CMMS-/IPS-Tools, Teleservice/Telewartung und Instandhaltungsportal, SCADA-Systeme sowie Condition Monitoring Systeme erweisen sich als situationsspezifisch und Mobile Einsatzgeräte sind Gegenstand der selektiven Strategie. Für die praktische Wahl des adäquaten Vorgehensmodellsegments im Falle der selektiven Prozessgestaltung ist es erforderlich, eine gesamthafte Einschätzung der Projektsituation durchzuführen und abschließend eine eindeutige Zuordnung zu einem der beiden Segmente – generisch oder situationsspezifisch – vorzunehmen. Zusätzlich zur Entwicklung ist der Einsatz entsprechender Tools als separates Vorgehenssegment zu betrachten, das von der zeitlich vorausgehenden Entwicklungsspezifikation prä-determiniert wird.

Das dual geprägte Vorgehensmodell hinsichtlich der Tool-Entwicklung wurde im nächsten Schritt um weiterführende Rahmenkonzepte ergänzt. Zum einen bilden die Genetik sowie die Evolutionstheorie das interpretative Fundament für die „Prozessgestaltungseingriffe".

Maßnahmen der Ablaufmodellierung verändern die prozessuale Erbsubstanz, wirken als Mutagene und lassen sich entsprechend ihres Wirkungsschwerpunktes metaphorisch auf das Prozessgestaltungsparadigma transferieren. So genannte replikationsbezogene Abschnittsmutationen führen bei wiederholter Ausführung des Prozesses zu Abweichungen von Geno- und Phänotyp und in Konsequenz zu einer Dissonanz von Prozess- und Daten-/Systeminformation. Deshalb liegen diese Eingriffe in die prozessuale Erbsubstanz nicht im Interesse des Prozessgestalters. Anders verhält es sich mit so genannten Teilprozessmutationen (beispielsweise Weglassen von nicht wertschöpfenden Prozessschritten, Verändern der Reihenfolge von Ablaufsequenzen, Automatisierung von Prozessschritten) sowie mit so genannten Hauptprozessmutationen (beispielsweise Geschäftsprozessinnovationen). Anhand dieser Systematisierung lassen sich im Rahmen beider Vorgehensmodellsegmente die Prozessgestaltungsaktivitäten einheitlich definieren und dokumentieren. Die prozessbezogenen Mutagene ergänzen das prozessuale Nervensystem, das als Metageschäftsprozessmodell der vorliegenden Arbeit dient. Zum anderen wurde eine Methodentriade konzipiert, die Instrumente entsprechend ihrem Schwerpunkt in Technisch-prozessuale (Basismethoden), Kontext-konsensuale (Aufbaumethoden) sowie Professionalisierungsmethoden (Rahmenmethoden) differenziert. Während bei den erstgenannten Aktivitäten expressis verbis die Techniken zur Prozessgestaltung im Mittelpunkt stehen, umfassen die zweitgenannten den kooperativen, sozialen Aspekt der Ablaufmodellierung. Gegenstand der Professionalisierungsmethoden sind primär Instrumente, die ein effizienteres Projektmanagement erlauben und die Nachhaltigkeit der Geschäftsprozessgestaltung bei der Entwicklung und beim Einsatz von E-Maintenance-Lösungen von Unternehmen fördern. Jedes einzelne Element dieser Methodentriade integriert je nach Schwerpunktsetzung unterschiedliche Leitlinien der ganzheitlich orientierten Ablaufmodellierung.

Die Planungsphase des Vorgehensmodells beginnt mit dem Step der Projekt- und Kooperationsanbahnung, in dessen Rahmen das Projekt initiiert wird und die Anwerbung der Projektpartner erfolgt. Gegenstand der generischen Modellierung ist eine erste Identifikation von

Hauptprozessen, die in der neu zu entwickelnden E-Lösung abzubilden sind (Grobkonzeption). Diese Maßnahme ist erforderlich, um einerseits die Wahl des Prozessgestaltungssegments (generisch oder situationsspezifisch) auf ihre Richtigkeit hin zu überprüfen und um andererseits die für die erfolgreiche Projektdurchführung erforderlichen Partnerkompetenzen zu identifizieren. Generisch geprägte Projekte sollten öffentlich ausgeschrieben werden, wogegen im situationsspezifischen Segment vor allem Projektakquisegespräche bei potenziell geeigneten Bewerbern stattfinden sollten. In beiden Fällen legt ein Kooperationsvertrag die Projekt- und Kooperationsstrategie, die Ziele und Inhalte sowie die grundlegenden Rechte und Pflichten der partizipierenden Parteien fest. Angesichts der im generischen Vorgehensmodellsegment vorliegenden erhöhten Komplexität ist der zu schließende Vertrag deutlich umfangreicher als im vergleichbaren situationsspezifischen Gestaltungsfeld. Die Einsatzphase hat primär die Erschließung von Einsparungspotenzialen durch die E-Lösung zum Gegenstand, umfasst weniger Partner und führt beispielsweise zur Festlegung von Preis- sowie von Betreibermodellen im Kooperationsvertrag.

Gegenstand des nachfolgenden Planungssteps ist die Vornahme der Prozessidentifikation im Sinne der Auswahl potenziell in die E-Maintenance-Lösung integrierbarer Abläufe. Dieser Vorgang vollzieht sich zunächst rein sachlogisch und mündet erst im nächsten Schritt, der Anforderungsgewichtung und Prozessauswahl in eine präferenzorientierte Betrachtung des E-Geschäftsprozessgestaltungsparadigmas. Technisch-prozessuale Methoden im generischen Anwendungsfall repräsentieren z.B. die Interpretation des durch die Projektpartner fixierten Mission Statements und der Driving Strategy, die Implementierung einer Konkurrenzproduktanalyse (falls vorhanden), der Einsatz von Kreativitätstechniken im Hinblick auf eine zielführende Prozessinnovation oder die Durchführung von Expertenbefragungen. Die individuellen Prozessidentifikationen sind auf Partnerebene zusammen zu führen und münden in eindeutig abgegrenzte sowie dokumentierte Hauptprozesse, welche in die zu entwickelnde E-Applikation rein sachlogisch integriert werden könnten. Für das situationsspezifische Segment wird ein analoges Vorgehen vorgeschlagen, allerdings bezieht sich die Prozessidentifikation sowohl auf Hauptprozesse als auch auf Teilprozesse oder alternativ auf Prozesstypen. Infolge der geringeren Ablauf- und Tool-Komplexität liegt der methodische Schwerpunkt stärker bei Referenz- sowie bei morphologischen Analysen als beispielsweise bei Expertenbefragungen. Die Geschäftsprozessgestaltung während des Tool-Einsatzes widmet sich in diesem Zusammenhang insbesondere der Frage, ob alle in die E-Applikation integrierten Abläufe in Anspruch genommen werden sollten sowie der Aufgabe der Harmonisierung von Prozessdefinitionen und –abgrenzungen.

Der Step Anforderungsdefinition und –gewichtung sowie Prozessauswahl schließt die Planungsphase des ganzheitlichen E-Geschäftsprozessmanagements ab. Zu diesem Zweck wurden für das generische Vorgehensmodellsegment verschiedene Technisch-prozessuale Methoden konzipiert. In den Auswahlvorgang fließen zum einen die Anforderungen der internen sowie externen Kunden an die Leistungserbringung und zum anderen an den Einsatz von I&K-Technologien zur Abwicklung und Effizienzsteigerung von Instandhaltungsprozessen ein. Die Sequenz zur Anforderungsermittlung umfasst die Bestimmung der erfolgskritischen Geschäftsprozesse, die Aufstellung des prozessualen E-Maintenance-Portfolios sowie die Ableitung des Prozessintegrationsportfolios. Letzteres ermöglicht die Identifikation von Normstrategien zur Vornahme der Prozessauswahl. Die bis zu diesem Zeitpunkt individuell von den einzelnen Partnern vorzunehmenden Analysen werden mittels der Methodik des House of E-Maintenance partnerübergreifend zusammengeführt und harmonisiert. Das Deduktionsschema umfasst die Schritte „Formulierung und Klassifizierung der Anforderungen an eine E-Maintenance-Lösung“, „Priorisierung der Anforderungen“, „Festlegung der Prozessstruktur und Bewertung des Beitrages der Prozesse zur Erfüllung der formulierten Anforderungen“, „Ermittlung des Prozessbeherrschungsgrades“ sowie „Erstellung des 2. House of E-Maintenance durch die Verknüpfung der Paradigmen Geschäftsprozesse und E-Applikation“. Während sich die Prozessauswahl im generischen Gestaltungsfeld primär auf die Hauptprozesse bezieht, stehen im situationsspezifischen Segment Haupt- und Teilprozesse (alternativ Prozesstypen) im Mittelpunkt der

Betrachtung. Kundenanforderungen werden im Rahmen eines interaktiven Brainstormings identifiziert, für die Durchführung der Prozessauswahl sind prä-prozessgestaltende Analysen wie beispielsweise die Erstellung und Auswertung des E-Maintenance-Strategie-Portfolios oder eine prozessuale Erfolgsfaktorenbetrachtung erforderlich. Während des Tool-Einsatzes spielt die Prozessauswahl nur dann eine Rolle, wenn lediglich Teilprozesse über die E-Applikation abgewickelt werden oder einzelne Programmmodule isoliert erworben werden können. In diesen Fällen bieten die prä-prozessgestaltenden Analysen, die Ableitung und Auswertung des Prozessintegrationsportfolios oder die Bestimmung des House of E-Maintenance Unterstützung bei der Anforderungsidentifikation sowie bei der finalen Prozessbestimmung an.

Die Prozessanalyse sowie die Spezifikation des Prozessmodells repräsentieren Step eins der Durchführungsphase der Ablaufmodellierung bei der Entwicklung und beim Einsatz von E-Maintenance-Lösungen von Unternehmen. Für die generische Prozesserfassung und -gestaltung wird ein standardisiertes Analyseschema, basierend auf einer generischen Definition von hierarchisch strukturierten Haupt- und Teilprozessen vorgeschlagen. Dieses Schema integriert informatorische Elemente der betriebswirtschaftlichen als auch I&K-technologischen Ablaufbetrachtung über die gesamte Instandhaltungswertkette hinweg. Neben der Vornahme einer paradigmenspezifischen Prozesssegmentierung und –hierarchisierung sowie der standardisierten, Excel-basierten Aufnahme des prozessualen Geno- und Phänotyps (Ablaufanalyse) erfolgte die Spezifikation des generisch geprägten Prozessmodells auf Basis des konstruierten, ganzheitlich orientierten prozessualen Nervensystems. Zusätzlich wurden Handlungsempfehlungen für die Kontext-konsensuale Gestaltung des Kooperationsprozesses formuliert, die helfen sollen, auftretende hidden information sowie hidden action Vorfälle gewinnbringend für alle Partner zu beseitigen. Für das situationsspezifische Vorgehensmodellsegment wurde ebenfalls ein standardisiertes Prozessanalyseschema definiert, das beide relevanten Kontexte – Informatik und Betriebswirtschaft – prozessual verknüpft, jedoch weniger komplex im Aufbau ist und bereits weiterführende Kennzahlen der Abläufe protokolliert. Die Konkretisierung des Prozessmodells erfolgte analog mittels der Struktur des prozessualen Nervensystems. Dieses umschließt in dem speziellen Fall beispielsweise Methoden wie das Prozessdatenblatt oder die Prozessdokumentationstafel. Die Explikation geeigneter Ansatzpunkte zur zielorientierten Koordination der Projektpartner ist ebenfalls Gegenstand des situationsspezifisch geprägten Vorgehensmodells. In Abhängigkeit von der Entwicklungsbasis – generisch oder situationsspezifisch - manifestiert sich die Prozessanalyse im Rahmen des Tool-Einsatzes. Insbesondere bei Vorliegen der ersten Alternative, ist die Übersetzung der bisherigen Prozessabläufe in die generische Nomenklatur erforderlich. Je nach Entwicklungsschwerpunkt sind die jeweiligen Technisch-prozessualen sowie Kontext-konsensualen Methoden anzuwenden.

Die Problemsammlung und Identifikation von Optimierungspotenzialen bildet ein Kernelement der ganzheitlich orientierten Geschäftsprozessgestaltung im E-Kontext. Für das generisch geprägte Anwendungsfeld wurde eine Vorgehensweise konzipiert, die die Komplexität dieses Vorgehensmodellsegments angemessen berücksichtigt. In einem ersten Schritt erfolgt die Umsetzung der Top-Down-Vorgehensweise, im zweiten Schritt wird mittels Bottom-Up-Verfahren vorgegangen. Top-down impliziert, dass Prozessoptimierungspotenziale aus der Entwicklung der E-Lösung identifiziert und nachfolgend durch Verbesserungspotenziale, die aus der traditionellen Organisationsentwicklung heraus resultieren, prozessgestaltend ergänzt werden. Bottom-Up dagegen, beinhaltet die reziproke Vorgehensweise. Aufbauend auf einer visuellen Prozesskontrolle lassen sich vorhandene Ansatzpunkte identifizieren. Hilfreich ist in diesem Zusammenhang die Diskussion der unterschiedlichen Formen der prozessualen Chromosomen- und Genommutationen. Im Rahmen des Gegenstromverfahrens erfolgt die Integration sowie Harmonisierung der beiden vorausgehenden Problemlösungsprozesse individuell auf Partnerebene. Mittels holistischem oder sequenziellem Prozessmatching gelingt die erfolgreiche prozessuale Lösungsfindung. Durch den Einsatz der Prozesskostenrechnung sowohl im generischen als auch situationsspezifischen Vorgehensmodellsegment wird die weitgehend objektive und schnelle Ermittlung der Optimierungsfelder möglich. Die geringere Prozess- und Tool-Komplexität im situativ geprägten Anwendungsfall führte zur Spezifikation einer Vorgehensweise nach folgendem Stufenschema „Visualisierung der Prozessanalyseergebnisse“, „Durchführung der Problemsammlung und der Ursachenanalyse“, „Identifikation von Optimierungspotenzialen/Entwicklung von Lösungsansätzen“ und „Visualisierung der Ziel-Prozesse/Aufzeigen der Optimierungsresultate“. Die Prozessgestaltung in der Phase des Tool-Einsatzes lässt sich nach dem entwicklungsbezogenen, generischen oder situationsspezifischen Schwerpunkt differenzieren. Im erstgenannten Fall sind klassische Problemlösungstechniken wie z.B. das Problem-Analyse-Schema zu applizieren. Die mittels E-Lösung abgebildeten Prozesse bilden das erforderliche Matching-Objekt. Infolge der generischen Struktur weisen diese einen begrenzten Adaptionsradius auf, ohne schwerwiegende Eingriffe in die Programmstruktur vornehmen zu müssen. Im zweitgenannten Fall erfolgt zunächst die Deduktion einer optimierten Prozessstruktur, die sich infolge der E-Lösung erreichen lässt, um dann im nächsten Schritt aus dem Implikationszusammenhang des traditionellen Reengineerings heraus, weitere Einsparungspotenziale zu identifizieren.

Die Realisierung der Handlungsoptionen zur Geschäftsprozessoptimierung und –gestaltung manifestiert sich als nächster Step des ganzheitlich orientierten E-Geschäftsprozessmanagements. Im Mittelpunkt der Aktivitäten stehen die partnerübergreifende Umsetzung der identifizierten Handlungsoptionen der Geschäftsprozessgestaltung, die Vornahme der Prozessstandardisierung sowie die Durchführung des Prozessengineerings. Der partnerbezogene Matching-Vorgang manifestiert sich im generisch geprägten Segment als Gegenstromverfahren, das durch den Einsatz Technisch-prozessualer Methoden die Konsensfindung über die zu erschließenden Potenziale unterstützt. Aus Kontext-konsensualer Sicht handelt es sich in diesem Fall um einen gruppendynamischen Vorgang, der durch die Präferenz- und Zielstrukturen sowie durch die Verhandlungsmacht der beteiligten Parteien geprägt ist. Aktive Konfliktlösungsstrategien beschleunigen den Konsensfindungsprozess und sichern über den Potenzialbezug eine weitgehende Objektivität der Ziel-Prozessstruktur. Kreativitätstechniken finden darüber hinaus Anwendung, um innovative Instandhaltungsprozesse zu identifizieren, die zusätzlich über die geplante E-Lösung abgebildet werden können. Element der Geschäftsprozessgestaltung im generischen Implikationszusammenhang ist die Standardisierung sowohl aus informationstechnischer als auch aus betriebswirtschaftlicher Sicht. Erstere betrachtet vor allem die Vereinheitlichung von Datenaustauschformaten, letztere primär die prozessbezogene Skalier- und Erweiterbarkeit der E-Applikation auf zusätzliche Anwendungsfelder. Die generisch geprägte Ablaufmodellierung schließt mit der Erstellung des Generic and Detailed Process Scripts, das die Funktion eines E-prozessgestaltenden Pflichtenheftes erfüllt. Diese standardisierte Dokumentationsschablone weist folgende Gliederungsstruktur auf: „Ist-Prozessstruktur", „Prozessgestaltung im E-Kontext", „Soll-Prozessstruktur", „IT-Struktur" sowie „Prozessrelationales Daten- und Objektmodell". Im Rahmen des situationsspezifischen Vorgehensmodellsegments vollzieht sich der Konsensfindungsprozess weitgehend einfacher, da der Schwerpunkt nicht auf der Integration von Geschäftsprozessen liegt. Die Harmonisierung voneinander abweichender Ziel-Prozesse basiert auf den situativ realisierbaren Prozesskosteneinsparungen, der Vorgang der betriebswirtschaftlichen Standardisierung impliziert die dauerhafte Reduktion von Haupt- und/oder Teilprozessvarianten. Analog zur generischen Geschäftsprozessgestaltung erfolgt die informationstechnische Standardisierung. Die Ergebnisse der situationsspezifischen Modellierung konstituieren das Case Based Process Script. Während der Phase des Tool-Einsatzes wird die endgültige Verabschiedung der adaptierten Abläufe vorgenommen. Fungiert die E-Lösung als alleinige Potenzialquelle so wird von einem One-way-Gestaltungsloop gesprochen, kommen additional Einsparungen aus dem traditionellen Reengineering hinzu, so handelt es sich um einen so genannten Feedback-Gestaltungsloop. Weiterführende Standardisierungsbemühungen sind in der Regel nur dann erforderlich, wenn eine entwicklungstechnisch situationsspezifisch geprägte E-Maintenance-Lösung vorliegt. In allen anderen Fällen deckt das generische Schema einen angemessenen Standardisierungsgrad ab. Die Ergebnisse der E-Geschäftsprozessgestaltung fließen in das Application Based Process Script ein.

Die Durchführungsphase schließt mit dem Step der Umsetzung des Prozess- sowie des prozessrelationalen Daten- und Objektmodells im Rahmen der Programmierung. Ausgangspunkt für diese Aktivitäten bilden die jeweils pro Vorgehenssegment erstellten Skripte. Speziell für die generische Geschäftsprozessgestaltung ist die Entwicklung einer paradigmenspezifischen Ontologie sowie die Übersetzung der standardisierten, generischen Ziel-Prozesssequenzen in UML-Klassendiagramme erforderlich, bevor mit den weiterführenden Schritten zur Vorbereitung der Programmierung begonnen werden kann. Entsprechende Arbeiten sind aus dem Blickwinkel der ganzheitlich orientierten Geschäftsprozessgestaltung in den Skripten zu dokumentieren.

Die Steuerungs- und Kontrollphase erweist sich als ein die Ablaufmodellierung begleitender Vorgang. Sie unterstützt die permanente Ziel- und Potenzialorientierung der Aktivitäten zur Erfüllung beispielsweise der Leitlinie der wirtschaftlichen sowie der wertorientierten Ablaufmodellierung. Zu differenzieren gilt es in diesem Zusammenhang zwischen dem phasen- und stepübergreifenden Prozessgestaltungscontrolling im E-Kontext einerseits und dem post-prozessgestaltenden Controlling im E-Kontext andererseits. Das generische Vorgehensmodellsegment erfordert ein Controlling, das die Objekte Prämissen, Vorgänge und Ergebnisse sowie die Größen Zeit, Kosten, Potenziale sowie Qualität inhärent über den gesamten Prozessgestaltungslebenszyklus hinweg berücksichtigt. In diesem Zusammenhang wird auf Professionalisierungsmethoden wie beispielsweise die Meilensteinplanung und –kontrolle, die Durchführung von Soll-/Ist-Vergleichen oder den Einsatz von Kennzahlensystemen verwiesen. Zusätzlich wird das Konzept einer E-Prozessgestaltungs-FMEA zur proaktiven Steuerung entworfen sowie der Balanced Scorecard Ansatz paradigmenspezifisch weiterentwickelt. Mittels des E-Prozessgestaltungs-Cockpit Charts, werden die Prozessgestaltungs-, die Potenzial-, die Projekt- sowie die Partnerperspektive zielführend integriert. Im situationsspezifischen Vorgehensmodellsegment erstreckt sich das Prozessgestaltungscontrolling auf dieselben Objekte wie im generischen Anwendungsfall. Angesichts der geringer ausgeprägten Ablaufmodellierungskomplexität erfolgt die Konzeption eines modifizierten Controllingschemas, des so genannten E-Prozessgestaltungs-Blutbildes. Dieses visualisiert strategische, operative sowie projekt- und potenzialorientierte Aspekte des ganzheitlichen E-Geschäftsprozessmanagements. Das Controlling im Rahmen der Tool-Einsatz-spezifischen Prozessgestaltung betrachtet zwei Kerninhalte: Zum einen die erforderlichen prozessbezogenen Anpassungsmaßnahmen, zum anderen die angestrebten Potenziale. Beide Perspektiven werden im so genannten E-Geschäftsprozessanpassungs- und Potenzial-Cockpit zusammengeführt.

Das post-prozessgestaltende Controlling im E-Kontext widmet sich der Potenzialsicherung aus der entwicklungs- und einsatzbezogenen Ablaufmodellierung und initiiert sowie steuert eine kontinuierliche Prozessverbesserung zur Gewährleistung eines nachhaltigen E-Geschäftsprozessmanagements. Professionalisierungsmethoden wie beispielsweise die Szenario-Technik oder die Key Performance Indikatoren-Betrachtung etablieren im generischen Vorgehensmodellsegment eine Art Frühwarnsystem, das dauerhafte Veränderungen im Anforderungsprofil der Kunden aufzeigt und zum Ergreifen adäquater prozessgestaltender Aktivitäten führt. Alle vorgenommenen Änderungen am prozessualen Erbgut sowohl durch das Prozessreengineering als auch durch das Prozessengineering sind im Logbuch zu dokumentieren. Dieses ist Bestandteil des Generic and Detailed Process Scripts, des Case Based Process Scripts sowie des Application Based Process Scripts. Schwerpunkt des post-prozessgestaltenden Controllings im situationsspezifischen Vorgehensmodellsegment ist vor allem die proaktive Steuerung und Kontrolle erfolgskritischer Prozesskenngrößen und deren Visualisierung. Zusätzlich gilt es, Umweltveränderungen, die zu Veränderungen im Strategieportfolio führen, zu identifizieren und in adäquate Handlungsempfehlungen zu transferieren. Im Rahmen des Tool-Einsatzes steht zum einen das Potenzialcontrolling im Vordergrund, zum anderen ist die permanente Geschäftsprozesseffizienz sowohl gegenwarts- als auch zukunftsbezogen zu überwachen.

Die vorliegende Habilitationsschrift integriert konzeptionell und praxisorientiert die expliziterten drei Dimensionen der Ganzheitlichkeit, die Leitlinien der ganzheitlichen Geschäftsprozessgestaltung sowie die Triade der Methodenfundamente im ganzheitlich orientierten E-Geschäftsprozessmanagement-Ansatz. Hierdurch konnte ein innovativer, paradigmenspezifischer Interpretations- und Handlungsrahmen geschaffen werden, der sowohl Technisch-prozessuale, Kontext-konsensuale als auch Professionalisierungsmethoden in Abhängigkeit von den Kriterien „Vorgehensmodellsegment" auf der einen Seite und „Lebenszyklusphase" auf der anderen Seite zielführend vereint. Die bewusst gewählte medizinisch-biologische referenztheoretische Basis ermöglicht einen völlig neuen Einblick in das Konstrukt der Geschäftsprozessgestaltung bei der Entwicklung und beim Einsatz von E-Maintenance-Lösungen von Unternehmen. Sie entspricht dem Bild des digitalen Nervensystems sowohl aus prozess- als auch aus E-Business-bezogener Sicht und lässt die Enabler-Funktion moderner Informations- und Kommunikationstechnologien deutlich zutage treten. Angesichts der ausgeprägten Komplexität des betrachteten Paradigmas sowie der aktuell noch begrenzt vorhandenen empirischen Ergebnisse zur behandelten Problemstellung können weiterführende Forschungsbedarfe auf diesem Gebiet identifiziert werden.

Aufgrund der Dynamik des E-Business-Marktes bedarf es der permanenten Pflege des Tool-Bestandes im Anwendungsfeld der E-Maintenance. Innovative Lösungen sind in das E-Prozessgestaltungs-Portfolio aufzunehmen und entsprechend den ihnen inhärenten Tool- und Prozess-Komplexitäten den einzelnen Quadranten zuzuordnen. Es besteht die Möglichkeit, die Bewertung der E-Applikationen mittels weiterer Größen durchzuführen und die Positionierung der einzelnen Tools im Portfolio der empirischen Validierung zu unterziehen. Insbesondere sollten die E-Lösungen der selektiven Normstrategie im Mittelpunkt einer entsprechenden Analyse stehen. Ein möglicher Realisierungspfad in diesem Zusammenhang wäre beispielsweise die Aufnahme von geschäftsprozessgestaltungsbezogenen Kriterien in die Bewertung von Instandhaltungsplanungs- und –steuerungssystemen, wie sie regelmäßig von einigen Instituten durchgeführt wird.

Die Erarbeitung von E-Prozessgestaltungsreferenzmodellen stellt eine wichtige Aufgabe für die zukünftige Forschung sowohl im Bereich des Prozessmanagements als auch im Bereich der E-Business-Entwicklung dar. Je mehr Fallbeispiele sowohl für das generische und situationsspezifische Vorgehensmodellsegment als auch für den Tool-Einsatz vorliegen, desto besser gelingt die weiterführende Konkretisierung und Professionalisierung insbesondere der Technisch-prozessualen Methoden. Dem Praktiker wird durch vorhandene Vergleichsmodelle die Umsetzung der ganzheitlich orientierten Ablaufgestaltung von der Planung, über die Durchführung bis hin zur Steuerung und Kontrolle erleichtert. Zusätzlich kann mittel- bis langfristig die Festlegung von Vorgehensstandards erfolgen.

Das konstruierte (Meta-)Geschäftsprozessmodell sowie das den Leitlinien der ganzheitlichen Geschäftsprozessgestaltung entsprechende Vorgehensmodell weisen einen generischen Charakter auf. Gegenstand der weiterführenden theoretischen wie empirischen Forschung auf diesem Gebiet könnte die Ergänzung der Modelle durch zusätzliche paradigmenspezifische Deskriptionsmerkmale sowie durch innovative Methoden sein oder die Optimierung und Professionalisierung von bereits im Rahmen der vorliegenden Arbeit konzipierten Instrumenten zum Ziel haben.

Für die erfolgreiche Geschäftsprozessgestaltung bei der Entwicklung und beim Einsatz von E-Maintenance-Lösungen von Unternehmen spielen, wie bereits mehrfach betont, neben den Technisch-prozessualen gleichermaßen die Kontext-konsensualen Methoden eine entscheidende Rolle. Diese konnten im Verlauf des Vorgehensmodells lediglich auf aggregierter Ebene konzipiert und expliziert werden. Es besteht deshalb Forschungsbedarf im Hinblick auf die detaillierte Ausgestaltung beispielsweise von Nutzenverteilungsmodellen der beteiligten Projektpartner zur beschleunigten Konsensfindung sowie von Anreizsystemen, die entsprechend der situativ vorliegenden Principal-Agent-Konstellationen ausgestaltet sind. Die dezidierte Betrachtung der partnerspezifischen Risikopräferenzen und deren Einbezug in den interdisziplinären Prozessgestaltungsprozess stellt gleichermaßen ein interessantes und innovatives Forschungsparadigma dar. Das

Forschungsziel erscheint in diesem Fall dual ausgeprägt, da zum einen die theoriegeleitete Untersuchung sowie Entwicklung von Konzepten und Modellen Gegenstand weiterführender Aktivitäten sein kann. Zum anderen steht der Praxisaspekt entsprechender Forschungstätigkeiten im Vordergrund, der die Ausgestaltung schnell und mit angemessenem Aufwand umsetzbarer Methoden, beispielsweise von Anreiz- und Zielvereinbarungskonzepten zum Inhalt hat.

Im Zentrum weiterführender wissenschaftlicher Untersuchungen steht m.E. ebenfalls die Automatisierung von Geschäftsprozessgestaltungsvorgängen im E-Kontext. Möglichkeiten bestehen beispielsweise im Rahmen der Erstellung des E-Prozessgestaltungs-Portfolios oder des House of E-Maintenance. Kleine, Excel-basierte Anwendungen würden einzelne Ablaufmodellierungsschritte erleichtern und dürften den Durchdringungsgrad sowie die Akzeptanz der Methoden in der Instandhaltungspraxis deutlich erhöhen. Zusätzlich könnte die Entwicklung eines IT-Tools zur Überführung der nach einem standardisierten Schema dokumentierten Prozesssequenzen in UML-Anwendungsfall- sowie Klassendiagramme, die Konzeption eines Tools zum phasen- und stepübergreifenden Prozessgestaltungscontrolling sowie zum post-prozessgestaltenden Controlling im E-Applikationsfeld angedacht werden. Die erfolgreiche Umsetzung entsprechender Vorhaben setzt die intensive und permanente Kooperation von Fachvertretern aus den Bereichen (E-)Prozessgestaltung, (E-)Instandhaltung sowie (Wirtschafts-)Informatik sowohl entlang der Tool-Entwicklungsschritte als auch während der Einsatzphase voraus.

Ziel zukünftiger Forschung im Bereich des E-Geschäftsprozessmangements sollte es sein, den konzeptionellen sowie methodischen Modelltransfer auf weitere Anwendungsfelder des E-Business zu leisten. Handlungsalternativen könnten in diesem Zusammenhang die phasen- und stepübergreifende Generalisierung des Vorgehensmodells für alle E-Business-Schwerpunkte (z.B. E-Procurement, E-Production, E-Logistics, E-Distribution, E-Sales) oder die bedarfsgerechte Modifikation ausgewählter Sequenzen desselben (z.B. bei einzelnen Methoden) repräsentieren. Die im Rahmen der vorliegenden Arbeit zunächst auf einem relativ aggregierten und allgemein E-Business-bezogenen

Abstraktionsniveau durchgeführten Konzept- und Modellkonstruktionen, beispielsweise des ganzheitlich orientierten E-Geschäftsprozessmanagementansatzes, des Metageschäftsprozessmodells sowie des generisch geprägten Vorgehensmodells, bereiten diesen Transferprozess vor und erleichtern somit die transferbezogene Deduktions- und Induktionskette. Die Bewertung und Auswahl der Übertragungsoptionen erfordert weiterführende theoretische wie empirische Untersuchungen. So gilt es beispielsweise E-Business-Anwendungsfelder zu identifizieren, die eine der E-Maintenance vergleichbare Strukturadäquanz, z.B. im Hinblick auf den komplexen, schnittstellenübergreifende Prozess- und Vernetzungscharakter der Instandhaltung aufweisen. Anhand der empirischen Studien der Habilitationsschrift konnte bereits erkannt werden, dass die Logistik diese Anforderungen erfüllt und deshalb, in einem ersten Schritt der Konzept- und Modelltransfer auf das Applikationsfeld der E-Logistics erfolgen und die Konkretisierung der Modelle sowie der Geschäftsprozessgestaltungselemente für diesen Bereich erfolgen sollte. Aus dem aktuellen Kenntnis- und Erfahrungsstand heraus, erscheinen grundsätzlich alle zu Beginn der vorliegenden Arbeit abgegrenzten E-Business-Schwerpunkte als potenzielle Transferprozessfelder geeignet.

Zu guter Letzt, bildet die vertiefte Erforschung der auf die ganzheitliche Geschäftsprozessgestaltung in ausgewählten E-Business-Anwendungsschwerpunkten wirkenden modellierungsprägenden Einflussfaktoren auf der einen Seite sowie der den fallspezifischen Methodeneinsatz gestaltungs- und handlungsleitenden Erfolgsfaktoren auf der anderen Seite, interessante weiterführende Forschungsparadigmen ab. Zwar wurden im Verlauf der vorliegenden Arbeit basale Rahmenfaktoren identifiziert sowie konzeptfundierend berücksichtigt, allerdings konnten infolge der existenten paradigmatischen Komplexität nicht alle Größen in einem ersten Schritt berücksichtigt werden. Die generische Modellkonzeption sieht die nachträgliche Integration weiterer zu berücksichtigender Faktoren bereits konzeptinhärent vor. Analog besteht die Möglichkeit, zusätzliche erfolgkritische Aspekte prozessgestaltend und modellergänzend aufzunehmen. In diesem Zusammenhang bedarf es den für die vorliegende Arbeit gewählten interdisziplinären Forschungsansatz zu detaillieren und innovativ weiter zu führen.

Es bleibt festzuhalten, dass die Geschäftsprozessgestaltung bei der Entwicklung und beim Einsatz von E-Maintenance-Lösungen von Unternehmen ein Vorgang ist, der unterschiedlichste Kontexte und Zielsetzungen sowie modernste Technik mit mannigfachen Unternehmenskulturprofilen kooperativ vereint. Die Modellierung von Prozessen entlang der inner- und überbetrieblichen Wertschöpfungskette erfordert fachliches, methodisches und soziales Geschick der Verantwortlichen. Der bewusste und intelligente Umgang mit dem Einsatz innovativer Informations- und Kommunikationstechnologien auf der einen Seite sowie mit dem Paradigma der Geschäftsprozessoptimierung auf der anderen Seite, wird zum Erfolgsfaktor zukunftsfähigen und sozialverträglichen E-Business. Dies gilt nicht nur für die E-Maintenance, sondern umfassend für alle entsprechenden Vorhaben im E-Gestaltungsumfeld. Um es wie zu Beginn der vorliegenden Arbeit mit einem Zitat von Albert Einstein auszudrücken: „Schämen sollen sich die Menschen, die sich gedankenlos der Wunder der Wissenschaft und Technik bedienen und nicht mehr davon geistig erfasst haben als die Kuh von der Botanik der Pflanzen, die sie mit Wohlbehagen frisst.“[741]

---

[741] Fichtl, G. (2001), S. 165

7 Literaturverzeichnis

Aebli, H. (1980): Denken das Ordnen des Tuns. Band I: Kognitive Aspekte der Handlungstheorie, 1. Auflage, Stuttgart 1980

Ace, C. (2002): Effective promotional planning for e-business, Oxford u.a. 2002

Action Inc. (1993): Action Workflow Analyst User's Guide, Version 1.0, Alamanda/CA 1993

Action Inc. (1994): Introduction to Action Workflow Analysis, o.O. 1994

Albrecht, H./Meyer, D./Uecker, F. (o.J.): ACPLT – Komponenten für die Prozeßleittechnik, URL: http://www.plt.rwth-aachen.de/ov/downloads/eka-99p.pdf [Stand: 04.06.2004]

Alcalde, R.A. (2000): Erfolgspotenzial Instandhaltung. Theoretische Untersuchung und Entwurf eines ganzheitlichen Instandhaltungsmanagements, Berlin 2000

Alderfer, C.P. (1969): An empirical test of a new theory of human needs, in: Org. Beh. Hum. Perf. 4, 1969

Altenburg, T. (2002): E-Business und KMU, Bonn 2002

Arens, Th. (2002): Neuere Entwicklungen – Mobile Business und Breitband, in: Biethahn, J./Nokikos, M. (Hrsg.): Ganzheitliches E-Business: Technologien, Strategien und Anwendungen unter besonderer Berücksichtigung der Anforderungen von kleinen und mittelständischen Unternehmen, München/Wien/Oldenburg 2002, S. 93 – 114

Backerra, H. (2002): Kreativitätstechniken: kreative Prozesse anstoßen, Innovationen fördern, die K7, 2. Auflage, München/Wien 2002

Baumgardt, J. (1986): Anthropologische Betrachtung des Wirtschaftens im Hinblick auf eine personelle, kulturelle und existentielle Integration des Wirtschaftens, in: Boll, G.M./Penners, L. (Hrsg.): Integration. Herausforderung an eine Kultur des Dritten Jahrtausends. Interdisziplinäres Symposium aus Anlass des 100. Geburtstages Pater Joseph Kentenichs, 25. – 29.09.1985, Vallendar-Schönstatt 1986, S. 361 - 379

Baumgarten, H. (2000): E-Business braucht (E)-Logistics. Logistik Heute 1-2/2000

Baumgarten, H. (2001): Logistik im E-Zeitalter – Die Welt der globalen Logistiknetzwerke, Frankfurter Allgemeine Zeitung Verlagsbereich Buch, Frankfurt a. M. 2001

BCG (1993): Bonston Consulting Group, Reengineering – Die Managementperspektive, Düsseldorf u.a. 1993

Becker, H. (1999): Produktivitätssteigerungen durch Workflow-Management. Kombination organisatorischer und technischer Maßnahmen zur Prozessgestaltung, Dissertation Universität Köln, Lohmar 1999

Benesch, H. (1997): Grundlagen der Psychologie. Studienausgabe, Augsburg 1997

Berres, A. (2002): E-Business – Handbuch für Entscheider, Berlin u.a. 2002

Biedermann, H. (1985): Erfolgsorientierte Instandhaltung durch Kennzahlen. Führungsinstrument für die Instandhaltung, Köln 1985

Biedermann, H. (1991): Instandhaltungscontrolling durch Kennzahlen und Kennzahlensysteme, in: Kalaitzis, D. (Hrsg.): Instandhaltungs-Controlling. Führungs- und Steuerungssystem erfolgreicher Instandhaltung, 2. Auflage, Köln 1991, S. 213 - 238

Biethahn, J./Nokikos, M. (2002): Ganzheitliches E-Business: Technologien, Strategien und Anwendungen unter besonderer Berücksichtigung der Anforderungen von kleinen und mittelständischen Unternehmen, München/Wien/Oldenburg 2002

Bissel, D. (1996): Beitrag zur prozessorientierten Planung dynamischer Fabriksysteme, Dissertation Universität Dortmund, Dortmund 1996

Blischke, W.R./Murthy, D.N.P. (2000): Reliability - Modeling, Predicition, and Optimization, New York et al. 2000

Blunk, Ch. (2002): E-Business, Stuttgart 2002

Böhner, T. (2000): Inhalts- und Prozeßtheorien der Motivation, URL: http://www.phil.uni-erlangen.de/economics/bwl/lehrbuch/gst_kap4/mottheo/mottheo.htm, [Stand: 11.06.2004]

Bösenberg, D. (1995): Lean Management: Vorsprung durch schlanke Konzepte, 5. Auflage, Landsberg/Lech 1995

Bogaschewsky, R./Rollberg, R. (1998): Prozessorientiertes Management, Berlin u.a. 1998

Borri, A. (2000): URL: http://www.infogista.com/eng/articles.php?nom=definition, Juni 2000, [Stand: 08.06.2004]

Brandstetter, C. (2002): E-Business im Vertrieb, München/Wien 2002

Bretzke, W.-R. (2001): E-Logistik – Innovationen für die Haushalteversorgung brauchen Zeit; URL: http://www.mylogistics.net/de/news/themen.jsp?typ=search&key=news14175&typ=search&suchfeld=Bretzke, [Stand: 11.06.2004]

Brock, A. (2002): E-business, Oxford 2002

Broy, M./Wildemann, H. (2000): Arbeitskreis Virtuelle Märkte – Einkauf von Commodities. Projektleitfaden zur Entwicklung einer „Auktionssoftware“, Januar 2000

Broy, M./Wildemann, H. (2000a): Arbeitskreis Virtuelle Märkte – Einkauf von Commodities. Online-Auktions-Leitfaden, Februar 2000

Brumberg, C. (2002): Flexible Personalstrukturen, variable Arbeits- und Organisationsstrukturen im e-Business, München 2002

Buchholz, T. (2003): RFID-Gate fürs Warehouse, in: LOGISTIK inside, 11/2003, S. 42

Burghardt, M. (2002): Projektmanagement. Leitfaden für die Planung, Überwachung und Steuerung von Entwicklungsprojekten, 6., wesentlich überarbeitete und erweiterte Auflage, Erlangen 2002

BUSINESS GATEWAY (2000): Einfache Plug and Play-Integration komplexer Geschäftsprozesse im E-Business, URL: http://www.bg-ag.com, Starnberg 10.11.2000, [Stand: 12.06.2004]

BUSINESS GATEWAY (2000a): Kommunikationsplattform BUSINESS GATEWAY ohne Investitionsrisiken. Electronic Commerce steht vor einem Boom, URL: http://www.bg-ag.com, Starnberg, 01.12.2000, [Stand: 12.06.2004]

BUSINESS GATEWAY (2000b): BUSINESS GATEWAY löst neue Reorganisationswelle aus. Die erfolgreiche Form der Business Process Integration. Auszug aus der Zeitschrift CONSULT!, URL: http://bg-ag.com, Starnberg, 28.08.2000, [Stand: 12.06.2004]

BUSINESS GATEWAY (2001): Presseinformation. e-Plattform von Häring optimiert die Logistikprozesse, URL: http://www.bg-ag.com, Starnberg, 18.05.2001, [Stand: 11.06.2004]

BUSINESS GATEWAY (2001a): Geschäftsprozess-Integration ohne Investitionen. Schneller Weg zu geringeren Logistikkosten, URL: http://www.bg-ag.com, Starnberg, 10.05.2001, [Stand: 12.06.2004]

BUSINESS GATEWAY (2001b): BUSINESS GATEWAY bewährt sich in der Praxis: eLogistik-Plattform der Häring Service Company, URL: http://www.bg-ag.com, Starnberg 21.05.2001, [Stand: 12.06.2004]

Bußler, Ch. (2002): Web services, E-Business, and the Semantic Web, CaiSE <14, 2002, Toronto>, Berlin u.a. 2002

Cato, W.W./Mobley, R.K. (1998): CMMS in Process Plants, Houston 1998

Cegelec (2003): Unveröffentlichte Arbeitsunterlage des Projektstudiums zur Analyse der Instandhaltungs- und Serviceprozesse bei Cegelec AT, Oktober 2003

Chaffey, D. (2002): E-business and e-commerce management, Harlow u.a. 2002

Chaudhury, A. (2002): E-business and e-commerce infrastructure, Boston, Mass. u.a. 2002

Cvjetkovic, D. (2002): Sicherheitstechnologien, in: Biethahn, J./ Nokikos, M. (Hrsg.): Ganzheitliches E-Business: Technologien, Strategien und Anwendungen unter besonderer Berücksichtigung der Anforderungen von kleinen und mittelständischen Unternehmen, München/Wien/Oldenburg 2002, S. 71 - 91

Dangelmaier, W./Emmrich, A./Kaschula, D. (Hrsg.): Modelle im E-Business, 1. Auflage, Paderborn 2002

Dangelmaier, W. (2002): E-Business – Chance oder Beliebigkeit, in: Dangelmaier, W./Emmrich, A./Kaschula, D. (Hrsg.): Modelle im E-Business, 1. Auflage, Paderborn 2002, S. 9 – 17

Daum, B./Scheller, M. (2000): Electronic Business. Methoden, Werkzeuge, Techniken und Systeme für den Unternehmenserfolg im Internet, München 2000

Davenport, Th. (1993): Process Innovation. Reengineering work through Information Technology, Harvard Business School Press, Boston/Massachusetts 1993

Davenport, Th./Short, J.E. (1990): The Industrial Engineering: Information Technology and Business Process Redesign, in: Sloan Management Review, Summer 1990, S. 11- 27

Dechange, A. (1998): Management multimedialer Informationsprozesse mit Methoden der Logistik, zugl. Dissertation Universität Dortmund, Verlag Praxiswissen, Hrsg. Kuhn, Dortmund 1998

Decker, F./Maier, R. (1976): Betriebliche Mitarbeiterbildung. Einführung in die Berufspädagogik und –didaktik, Wiesbaden 1976

Deiters, W. (1997): Prozessmodelle als Grundlage für ein systematisches Management von Geschäftsprozessen, in: Informatik, Forschung und Entwicklung, Bd. 12 (1997), S. 52 - 60

Delfmann, W. (1997): Analyse und Gestaltung integrierter Logistiksysteme auf der Basis von Prozessmodellierung und Simulation, in: Wildemann, H. (Hrsg.): Geschäftsprozessorganisation, Tagungsband zur Sitzung der Wissenschaftlichen Kommission Produktionswirtschaft am 12./19. September 1996 in München, München 1997, S. 79 – 101

Delfmann, W./Neumann, C.-St./Schwegmann, V. (2003): Erfolgreiche Logistikstrategien mithilfe von IT, TCW-report Nr. 35, Wildemann, H. (Hrsg.), München 2003

Dernbach, W. (1994): Geschäftsprozessoptimierung (GPO) – Ein Ansatz zur Implementierung einer marktorientierten Unternehmensorganisation, Eschborn 1994

Desjardins, Ch. (2002): Handlungsorientierte Prozessgestaltung: ein arbeitspsychologischer Ansatz zur Optimierung von Serviceprozessen, Dissertation, Frankfurt 2002

Diebold (1993): Diebold Deutschland GmbH: Diebold-Methodik Geschäftsprozessoptimierung (GPO) - Überblick über ein Konzept, Anwendungsmöglichkeiten und Nutzen für den Klienten, Version 2.3, Eschborn 1993

Diebold (1993a): Diebold Deutschland GmbH: Geschäftsprozesse im Zentrum der modernen Unternehmensführung, Eschborn 1993

Dittler, U. (2002): E-Learning: Erfolgsfaktoren und Einsatzkonzepte mit interaktiven Medien, München/Wien/Oldenburg 2002

DIN 31051 (1985): Deutsches Institut für Normung e.V.: Instandhaltung – Begriffe und Maßnahmen; Berlin/Köln 1985

DIN 31051 (2001): Deutsches Institut für Normung e.V.: Grundlagen der Instandhaltung – Entwurf; Berlin/Köln, Oktober 2001

Dollak, M. (2001): Fallstudie 2: Auftragsabwicklung im Internet. Nutzung von E-Technologien bei der Auftragsverfolgung am Beispiel der Wella AG, Vortragsunterlage zum Fachseminar Electronic Logistics, Veranstalter TCW, Juni 2001, München 2003, S. 115 – 129

Dohmann, H. (2002): Die Praxis des E-Business, Braunschweig u.a. 2002

Droste, P.M. (2000): Produktentwicklung und Distribution mit „Internet Speed“, Compaq Computer Deutschland GmbH, in: Wildemann, H. (Hrsg.): Kernkompetenzen und E-Technologien managen, Tagungsband Münchner Management Kolloquium, 11. und 12. April 2000 in München, S. 219-244

Drumm, H.J. (1983): Koordination. Regensburger Diskussionsbeiträge zur Wirtschaftswissenschaft, Koordination, Nr. 170, Universität Regensburg, Fakultät für Wirtschaftswissenschaft, Regensburg 1983

Ebeling, W./Feistel, R. (1994): Chaos und Kosmos – Prinzipien der Evolution, Heidelberg u.a. 1994

ecommerce-trends (2001): Warum IT-Projekte scheitern, Marktstudie TimeKontor AG, www.ecommerce-trends.de/0127_02.htm, [Stand: 22.11.2001]

Eiselmayer, K. (1996): Das „Unternehmens-Blutbild", in: Controller-Magazin 1996, S. 68-70

Esser, M. (2002): Informationsmanagement im E-Business, Köln 2002

Etzioni, A. (1975): Die aktive Gesellschaft, Opladen 1975

Faller, A./Schünke, M./Schünke, G. (1999): Der Körper des Menschen. Einführung in Bau und Funktion, 13. komplett überarbeitete und neu gestaltete Auflage, unter Mitarbeit von Schünke, G., Stuttgart/New York 1999

Felcht, U. (2000): Evolution of Corporate R&D Strategies in a Globally Active Company, in: Wildemann, H. (Hrsg.): Kernkompetenzen und E-Technologien managen, Tagungsband Münchner Management Kolloquium, 11. und 12. April 2000 in München, S. 90 – 122

Felderer, B./Homburg, S. (1994): Makroökonomik und neue Makroökonomik, 6., verbesserte Auflage, Berlin u.a. 1994

Feridun, M. (2002): Management technologies for E-Commerce and E-Business applications; International Workshop on Distributed Systems: Operations and Management <13, 2002, Montréal>, Berlin u.a. 2002

Ferstl, O.K./Sinz, E.J. (1993): Modellierung betrieblicher Transaktionen im Semantischen Objektmodell, Bamberger Beiträge zur Wirtschaftsinformatik, Nr. 18, Bamberg 1993

Ferstl, O.K./Sinz, E.J. (1994): From Business Process Modelling to the Specification of Distributed Business Application Systems – An Object Oriented Approach, Bamberger Beiträge zur Wirtschaftsinformatik, Nr. 20, Bamberg 1994

Fichtl, G. (2001): Zitate für Beruf und Karriere, STS-TaschenGuide, Bd. 50, Planegg 2001

Figge, C. (1999): Das Nervensystem, Anatomische und Funktionelle Einteilungen, aktualisiert: 12. November 1999, URL: http://neurologie.onlinehome.de/, [Stand: 12.06.2004]

Fischer, P./Krämer, Th. (1999): Daten- und Prozessmodell, Anforderungskatalog für den Geschäftsbereich OP-Planung, OP-Dokumentation, Mannheim 1999

Fleige, J.-H. (2001): Vortrag auf der Abschlusssitzung des Arbeitskreises E-Logistics am 28.03.2001 in München

Forrester Research (2001): Studie „E-Logistik erobert Kunden“, Frankfurt a. M. 2001

Frese, E. (1975): Koordination, in: Handwörterbuch der Betriebswirtschaft, 4., völlig neu gestaltete Auflage, hrsg. von Grochla, E. und Wittmann, W., Stuttgart 1975, Sp. 2263 – 2273

Friese, J. (2002): Offene Standards – Technologische Basis des Internet, in: Biethahn, J./Nokikos, M. (Hrsg.): Ganzheitliches

E-Business: Technologien, Strategien und Anwendungen unter besonderer Berücksichtigung der Anforderungen von kleinen und mittelständischen Unternehmen, München/Wien/Oldenburg 2002, S. 25 - 44

Fuchs, Th./Scholz, M. (2002): Wirtschaftlichkeit im E-Business, in: Dangelmaier, W./Emmrich, A./Kaschula, D. (Hrsg.): Modelle im E-Business, 1. Auflage, Paderborn 2002, S. 625 – 639

Funke, Th. (1996): Prozessmodell für teamorientierte Unternehmen, Dissertation RWTH Aachen, Aachen 1996

Gates, P. (2000): Digitales Business. Wettbewerb im Informationszeitalter, München 2000

Geigant, F./Sobotka, D./Westphal, H.M. (1983): Lexikon der Volkswirtschaft, 4., überarbeitete Auflage, Landsberg/Lech 1983

Gmelch, A. (1987): Erfahrungs- und handlungsorientiertes Lernen. Ein Beitrag zu einer berufsorientierten Didaktik der Hauptschule. Europäische Hochschulschriften: Reihe 11, Pädagogik; Bd. 337, Frankfurt am Main 1987

Graf, N. (2003): eBusiness, München 2003

Graupner, T.-D. (o.J.): e-Industrial Services. Internetbasierte Mehrwertdienste für Produktion und Logistik, Fraunhofer-Institut für Produktionstechnik und Automatisierung (IPA), Stuttgart; URL: http://www.e-industrial-services.de/service/folien/e-Industrial-Services-Dateien/v3_document.htm, [Stand: 12.06.2004]

Greischel, P. (2003): Balanced Scorecard: Erfolgsfaktoren und Praxisberichte, München 2003

Griephan, K. (2000): Fakten-Lexikon Medizin. Medizinische Begriffe und Zusammenhänge einfach erklärt. Symptome · Diagnosen · Behandlungsmethoden, Weyarn 2000

Gronau, N. (2003): IT-Architekturen. Informationssystemeinsatz bei organisatorischem Wandel, TCW-report Nr. 46, Wildemann, H. (Hrsg.), 1. Auflage, München 2003

Häring (2003): Zeitschrift Blue World der Häring Service Company. Sonderausgabe 3, Januar 2003, URL: http://www.haering.de, [Stand: 19.08.2003]

Hagel, J. (1993): Keeping CPR on track, in: The McKinsey Quarterly, Jg. 30, 1993, Nr. 1, S. 59 – 72

Hammer, M. (1993): Reengineering: The Implementation Perspective, Unterlagen zum Seminar am 14.-16. Dezember 1993, Center for Reengineering Leadership, Boston 1993

Hammer, M./Champy, J. (1993): Reengineering the Corporation. A Manifesto for Business Revolution, Harper Business, New York 1993

Harendza, H.B./Charton-Brockmann, J. (1992): Geschäftsprozesse planen und optimieren. Einsatz von Methoden und Werkzeugen, in: ZwF 87 (1992) 10, S. 563 - 566

Harrington, H.J. (1991): Business Process Improvement, McGraw-Hill, New York u.a. 1991

Hausladen, I. (2001): Instrumente zur Implementierung des Kulturellen Wandels von Unternehmen, Dissertation Technische Universität München, München 2001

Hax, H. (1965): Die Koordination von Entscheidungen, Köln u.a. 1965

Hecker, R.: (2000): Online-Business und Elektronische Märkte erfordern spezifische Geschäftsmodelle, Loewe AG, in: Wildemann, H. (Hrsg.): Kernkompetenzen und E-Technologien managen, Tagungsband Münchner Management Kolloquium, 11. und 12. April 2000 in München, S. 213-218

Henkel, S. (1996): Gestaltung elektronischer Datenkommunikationssysteme in Logistiknetzen, Frankfurt a. M. u.a. 1996

Henze, J. (1991): Personalwirtschaftslehre 2, 5., überarbeitete und ergänzte Auflage, Bern/Stuttgart 1991

Hess, Th./Brecht, L. (1995): State of the art des Business process redesign: Darstellung und Vergleich bestehender Methoden, Wiesbaden 1995

Heusler, F. (2001): „E-Commerce, E-Logistics, E-Confusion?“, Impulsreferat vor dem Anwenderclub E-Logistik der IHK Duisburg am 05. September 2001, Lehrstuhl für Betriebswirtschaftslehre mit Schwerpunkt Logistik und Verkehrsbetriebslehre, Gerhard-Mercator-Universität Duisburg

Hirschmann, P. (1998): Kooperative Gestaltung unternehmensübergreifender Geschäftsprozesse, Dissertation Universität Saarbrücken, Wiesbaden 1998

Hoeck, H. et al. (2002): Marktspiegel Business Software – Instandhaltungsmanagement 2000, Forschungsinstitut für Rationalisierung e.V. (FIR), hrsg. von Luczak , H./Stich, V., Aachen 2002

Hoffmann, H. (1980): Kreativitätstechniken für Manager, München 1980

Hoffmeister, W. (2000): Investitionsrechnung und Nutzwertanalyse: eine entscheidungsorientierte Darstellung mit vielen Beispielen und Übungen, Stuttgart u.a. 2000

Hohenauer, F. (2003): Strukturierung eines globalen e-business – Internationalisierung und Lokalisierung von web-Auftritten unter besonderer Berücksichtigung des US-amerikanischen Marktes, Dipl.-Arbeit, Universität Passau 2002/2003

Holler, M.J./Illing, G. (1991): Einführung in die Spieltheorie, Berlin/ Heidelberg 1991

Holst, J. (1995): Lean Development. Kostengünstige Prozessgestaltung: Praxis in deutschen Unternehmen, Berlin u.a. 1995

Holzapfel, G. (1982): Erfahrungsorientiertes Lernen mit Erwachsenen. Didaktisches Handeln am Beispiel Bildungsurlaub, erschienen in der Reihe: Erwachsenenbildung und Gesellschaft, hrsg. von Geißler, K.A., München/Wien/Baltimore 1982

IFAK (2003): Driving Strategy, Präsentation beim Koordinationsmeeting in Paris, unveröffentlichtes Arbeitspapier, Januar 2003

IHK (2002): Die erfolgreiche E-Business Strategie; Workshop E-Business, Münster (IHK-Anwenderclub E-Commerce), 2002, URL: http://www.ec-ruhr.de/pdf/020226-items-ebusiness.pdf [Stand: 12.06.2004]

IKB (2003): Märkte im Fokus. Elektronische Marktplätze, URL: http://www.ikb.de, [01_IKB_Elektr._Marktplaetze.pdf vom 11.12.2003], [Stand: 12.06.2004]

Imai, M. (2001): Kaizen, München 2001

Isermann, H. (1997): Internet und seine Einsatzpotenziale für die Produktion von Logistik-Dienstleistungen, in: Pfohl, H.-Ch. (Hrsg.): Informationsfluss in der Logistikkette: EDI – Prozessgestaltung – Vernetzung, Berlin 1997, S. 47 – 61

ITEA (2003): ITEA Project Co-Ordination Agreement (PCA), März 2003

Jackson, P. (2002): eBusiness and workplace redesign, London u.a. 2002

Johansson, H.J. et al. (1993): Johansson, H.J./McHugh, P./Pendlebury, A.J./Wheeler, W.A. III: Business Process Reengineering – Break Point Strategies for Market Dominance, John Wiley & Sons, Chichester u.a. 1993

Kaluza, B./Rösner, J./Mellenthin, B. (1994): Just-in-Time-Instandhaltung – Entwurf eines modernen Instandhaltungsmanagement für Industrieunternehmen, Diskussionsbeiträge des Fachbereiches Wirtschaftswissenschaft der Gerhard-Mercator-Universität, Gesamthochschule Duisburg, Nr. 200, Duisburg im Mai 1994

Kansky, D. (2000): Profitables Wachstum im Visier – Von der Supply Chain zu E-Business Trading Networks, in: Lawrenz, O./ Hildebrand, K./Nenninger, M. (Hrsg.): Supply Chain Management: Strategien, Konzepte und Erfahrungen auf dem Weg zu E-Business Networks, Wiesbaden 2000, S. 179 - 196

Kastner, M. (1998): Verhaltensorientierte Prozessoptimierung, Tagungsband zum 4. Dortmunder Personalforum, Dortmund 1998

Kastner, M. (1998): Der Prozess der Prozessoptimierung, in: Kastner, M. (Hrsg.): Verhaltensorientierte Prozessoptimierung, Tagungsband zum 4. Dortmunder Personalforum, Dortmund 1998, S. 173 – 194

Katzmair, H. (1999): Der Modellbegriff in den Sozialwissenschaften. Zum Programm einer kritischen Sozio-Logik, Working Paper Nr. 64, Juni 1999, Institut für Volkswirtschaftstheorie – und politik III, Wirtschaftsuniversität Wien, URL: http://epub.wu-wien.ac.at/dyn/virlib/wp/mediate/epub-wu-01_15a.pdf?ID=epub-wu-01_15a, [Stand: 11.06.04]

Keller, G./Nüttges, M./Scheer, A.-W. (1992): Semantische Prozessmodellierung auf der Grundlage „Ereignisgesteuerter Prozessketten (EPK)", Arbeitsbericht Nr. 89 des Instituts für Wirtschaftsinformatik der Universität des Saarlandes, Saarbrücken 1992

Kellner, H. (2000): Konflikte verstehen, verhindern, lösen. Konfliktmanagement für Führungskräfte, München/Wien 2000

Kersten, W. (2002): Vielfaltsmanagement. Integrative Lösungsansätze zur Optimierung und Beherrschung der Produkt- und Teilevielfalt, TCW-report Nr. 31, Wildemann, H. (Hrsg.), München 2002

Kersten, W. (2003): E-Collaboration: Prozessoptimierung in der Wertschöpfungskette, 1. Auflage, Wiesbaden 2003

Keuper, F. (2002): E-Business, M-Business und T-Business, Wiesbaden 2002

Kirn, A. (2002): E-Business im Mittelstand, Freiburg i. Breisgau 2002

Kirsch, W. (1971): Die Koordination von Entscheidungen im Unternehmen, in: ZfbF, 23. Jg., 1971, S. 61 - 82

Kirsch, W. (1993): Betriebswirtschaftslehre. Eine Annäherung aus der Perspektive der Unternehmensführung, München 1993

Kirsch, W. (1994): Die Handhabung von Entscheidungsproblemen. Einführung in die Theorie der Entscheidungsprozesse, 4. völlig überarbeitete und erweiterte Auflage, München 1994

Klimecki, R.G./Probst, G. (1992): Interkulturelles Lernen, Nr. 4 (1992), Diskussionsbeitrag Juli 1992, Management Forschung und Praxis, Universität Konstanz, hrsg. von Klimecki, R.G., URL: http://www.ub.uni-konstanz.de/kops/volltexte/1999/276/, [Stand: 12.06.04]

Koch, K. (2004): Einführung in die Didaktik bei Lernbehinderung, Skript Allgemeine Didaktik, SS2004, URL: http://www.uni-wuerzburg.de/sopaed1/koch/didaktik/didaktik.pdf, [Stand: 12.06. 2004,]

Koch, J./Selka, R. (1991): Leittexte – ein Weg zu selbständigem Lernen. Teilnehmer-Unterlagen; Hrsg.: Bundesinstitut für Berufsbildung. Der Generalsekretär, Berlin/Bonn 1991

Koschate, J. (2002): Internet-Ökonomie und neue Geschäftsmodelle, in: Biethahn, J./Nomikos, M. (Hrsg.): Ganzheitliches E-Business. Technologien, Strategien und Anwendungen unter besonderer Berücksichtigung der Anforderungen von kleinen und mittelständischen Unternehmen, München/Wien/Oldenburg 2002, S. 119 - 144

KPMG/BDA (2000): KPMG Consulting GmbH/Bundesvereinigung der Deutschen Arbeitgeberverbände (BDA) (Hrsg.): E-Business in der deutschen Wirtschaft – Status quo und Perspektiven 2000

Krallmann, H./Albayrak, S. (2002): Holonic Manufacturing. Agentenorientierte Techniken zur Umsetzung von holonischen Strukturen, TCW-report Nr. 29, Wildemann, H. (Hrsg.), München 2002

Krcmar, H./Schwarzer, B. (1994): Prozessorientierte Unternehmensmodellierung – Gründe, Anforderungen an Werkzeuge und Folgen für die Organisation, in: Scheer, A.-W. (Hrsg.): Prozessorientierte Unternehmensmodellierung, Schriften zur Unternehmensführung, Bd. 53, Wiesbaden 1994, S. 13 - 34

Krüger, H.-G. (1995): Anlagenmanagement: Technik, Betriebswirtschaft und Organisation, Berlin/Heidelberg/Budapest 1995

Küpper, H.-U. (1995): Controlling: Konzeption, Aufgaben und Instrumente, Stuttgart 1995

Küpper, H.-U./Helber, St. (1995): Ablauforganisation in Produktion und Logistik, 2. Auflage, Stuttgart 1995

Küpper, H.-U. (1997): Prozessorientierung bei der Analyse und Gestaltung von Studium und Lehre in Universitäten, in: Wildemann, H. (Hrsg.): Geschäftsprozessorganisation, Tagungsband zur Sitzung der Wissenschaftlichen Kommission Produktionswirtschaft am 12./19. September 1996 in München, S. 43 - 66

Kuhlmann, C. (2002): E-Business in der Versicherungswirtschaft, Karlsruhe 2002

Kuhn, A. (1995): Prozessketten in der Logistik – Entwicklungstrends und Umsetzungsstrategien, Dortmund 1995

Kuhn, A. (1999): Prozesskettenmanagement – Erfolgsbeispiele aus der Praxis, Dortmund 1999

Kuhn, A./Kaesler, J. (1996): Geschäftsprozeßmodellierung – Werkzeuge für die ganzheitliche Gestaltung der Logistik, in: Pfohl, H.-Ch. (Hrsg.): Integrative Instrumente der Logistik. Informationsverknüpfung – Prozeßgestaltung – Leistungsmessung – Synchronisation, 11. Fachtagung der Dt. Ges. für Logistik e.V., 09. Mai 1996, Darmstadt 1996, S.99 – 132

Kuhn, A./Winz, G. (1996): Veränderungspotenziale in den Planungs- und Betriebsprozessen der Logistik – Herausforderung für die Arbeitswissenschaft, in: Zeitschrift für Arbeitswissenschaft, 50 (22NF), 1996/4

Kuhn, L. (2003): STICHWORT Neuroeconomics, in: Harvard Business Manager 8/2003, URL: www.manager-magazin.de/harvard [Stand: 22.07.2003]

Kurz, G. (2003): E-Technologien in der Logistik. Geschäftsprozessintegration in heterogenen Systemlandschaften, in: Wildemann,

H. (Hrsg.): Electronic Logistics, Tagungsband, München 2003, S. 255 - 294

Kurz, G./Busch U.F. (2000): Erfolg im E-Business ist vor allem eine Frage der Kommunikation. Auszug aus der Pressemappe der BUSINESS GATEWAY AG, URL: http://www.bg-ag.com, Starnberg 17.11.2000, [Stand 12.06.2004]

Lee, J. (1999): Computer-Aided Maintenance. Methologies and Practices, Boston 1999

Lee, J. (o.J.): E-Maintenance and E-Business, University of Wisconsin, IMS Institute

Lee, J. (o.J.): E-Intelligence Strategies for Product and Manufacturing Innovation, URL: http://www.uwm.edu/CEAS/ims/pdffiles/EIntelligenceStrategies.PDF, [Stand: 08.06.2004]

Lenzen, D. (1989): Pädagogische Grundbegriffe, Band 1, Stuttgart 1989

Lenzen, D. (1989): Pädagogische Grundbegriffe, Band 2, Stuttgart 1989

Liebstückel, K. (2001): Neue Informationstechnologien für ein effektives Instandhaltungsmangement, Fachtagung Instandhaltung 2001, Frankfurt, 10. Mai 2001

Liebstückel, K. (2002): Instandhaltungsmanagement im Wandel, 7. MySAP Instandhaltungs- und Servicemanagement-Kongress, Potsdam, 24. – 27.09.2002

Löffeler, Th. (2000): Vom Geschäftsprozessmodell zum Workflow, Workshop „Einsatz von Workflow-Management-Systemen“ am 19. Dezember 2000, Dortmund 2000, URL: http://www.lfv.mb.uni-dortmund.de/Workshop191200/Tagungsprogramm-Dateien/Vortrag2.pdf, [Stand 11.06.2004]

Loos, P. (2002): E-Business – Integration industrieller ERP-Architekturen, Göttingen 2002

Lorenzen, P. (2000): Lehrbuch der konstruktiven Wissenschaftstheorie, Stuttgart u.a. 2000

Luhmann, N. (1984): Soziale Systeme, Frankfurt a. M. 1984

Malone, Th.W. et al. (1993): Malone, Th.W./Crowston, K./Lee, J./ Pentland, B.: Tools for inventing organizations: Toward a handbook of organizational processes, Working Paper des Center for Coordination Science, Massachusetts Institute of Technology, Cambridge 1993

Marktspiegel (2003): Marktspiegel IPS-Systeme, in: Instandhaltungs-Markt 2003, S. 46 - 49

Maslow, A.H. (1970): Motivation and personality, New York 1970

Matyas, K. (1999): Taschenbuch der Instandhaltungslogistik – Qualität und Produktivität steigern, München; Wien 1999

Maurer, Th./ Esslinger, A./Sydow, Th. (2003): Vom Prozessmodell zur lauffähigen Anwendung, www.objektspektrum.de, 1/2003, S. 58 – 61, URL: http://www.sigs.de/publications/os/2003/01/esslinger_OS_01_03.pdf, [Stand: 12.06.04]

Merz, M. (2002): E-commerce und E-business, Heidelberg 2002

Metro-Group (2003): Die technischen Konzepte im Extra Future Store, elektronisch veröffentlicht: URL: http://www.future-store.org/servlet/PB/show/1000673/presse-info-technik_d.pdf, [Stand 24.06.2003]

Miller, G. (1967): The Magical Number Seven, Plus or Minus Two: Some Limits on Our Capacity for Processing Information, in:

Alexis, M./Wilson, C. (Hrsg.): Organizational Decision Making, Englewood Cliffs (N.J.), S. 107ff.

Mocker, H. (2002): E-Nutzen, Frechen-Königsdorf 2002

Morganski, B. (2003): Balanced scorecard: auf dem Weg zum Klassiker, 2., überarbeitete Auflage, München 2003

Koc, M./Lee, J. (o.J.): A System Framework for Next-Generation E-Maintenance Systems, 2002, URL: http://www.uwm.edu/CEAS/ims/pdffiles/E-Maintenance.PDF, [Stand: 12.06.04]

Mündemann, S.-O. (2000): Ein Konzept für die Prozessgestaltung des Änderungsmanagements von PKW-Plattformen unter dem Einsatz von Telekooperationstechniken, Dissertation Technische Universität Clausthal 2000

Nenninger, M./Hillek, T. (2000): eSupply Chain Management, in: Lawrenz, O./Hildebrand, K./Nenninger, M. (Hrsg.): Supply Chain Management: Strategien, Konzepte und Erfahrungen auf dem Weg zu E-Business Networks, Braunschweig/Wiesbaden, S. 1 – 14

Niegemann, H.M. (2004): Kompendium E-Learning, Berlin u.a. 2004

Niggl, M. (2002): E-Business, Stuttgart 2002

Nilsson, A.G./Tolis, C./Nellborn, C. (1999): Perspectives on Business Modelling, Berlin u.a. 1999

Nippa, M./Picot, A. (1995): Prozessmanagement und Reengineering. Die Praxis im deutschsprachigen Raum, Frankfurt/New York 1995

Nisi, H.J. (2001): Vortrag auf der Abschlusssitzung des Arbeitskreises E-Logistics am 28.03.2001 in München

Nöllke, C. (2000): Präsentieren, Planegg 2000

Nöllke, M. (2002): Kreativitätstechniken, 3., überarbeitete. Auflage, Planegg 2002

Norris, G. (2002): E-Business und ERP: transforming the enterprise, New York u.a. 2000

Österle, H. (1995): Business Engineering – Prozess- und Systementwicklung, Bd. 1: Entwurfstechniken, Heidelberg 1995

o.V. (1993): Lean Production: Schlanke Auftragsabwicklung durch Prozessanalyse und –gestaltung, St. Gallen, Arbeitsbericht des Instituts für Technologiemanagement der Hochschule St. Gallen, St. Gallen April 1993

o.V. (1994): PROPLAN: Vorstellung der zukünftigen Entwicklung des Systems „PROPLAN", Arbeitsbericht des Instituts für Technologiemanagement der Hochschule St. Gallen und des Laboratoriums für Werkzeugmaschinen und Betriebslehre an der RWTH Aachen, St. Gallen/Aachen 1994

o.V. (2002): Kompetenz-Training E-Business für die Produktion, Seminarprospekt 2002; Ort der Veranstaltungen: Produktionstechnisches Anwenderzentrum Augsburg der Technischen Universität München; Förderprogramm des Europäischen Sozialfonds und des Bayerischen Staatsministeriums für Wissenschaft, Forschung und Kunst

o.V. (2003): Marktübersicht: IPS-Systeme, in: Instandhaltung-Markt 2003, S. 45 - 49

Pätzold, G. (1992): Handlungsorientierung in der beruflichen Bildung, Frankfurt a. M. 1992

Parsons, T. (1968): The Social Systems, 1. Free Press paperback ed., 4. Print, New York 1968

Perridon, L./Steiner, M. (1995): Finanzwirtschaft der Unternehmung, 8., überarbeitete Auflage, München 1995

Peters, S. (1991): Erfahrungslernen – ein Modebegriff für die Verknüpfung von neuen Methoden und Zielen in der beruflichen Weiterbildung, in: Dehnbostel,P./Peters, S. (Hrsg.): Dezentrales und erfahrungsorientiertes Lernen im Betrieb. Ergebnisse der Hochschultage Berufliche Bildung '90. Hochschule & Berufliche Bildung, Bd. 22, Biermann, H., u.a. (Hrsg.), Alsbach/Bergstr. 1991, S. 21 - 34

Petry, M./Mandelartz, J. (2000): Wertorientiertes Instandhaltungsmanagement, in: Maintenance Ideas: von der technischen Diagnose zur betriebswirtschaftlichen Prognose, VDI/VDE-Forum Instandhaltung & AKIDA 2000, Tagung Aachen, 16. - 17. Mai 2000, VDI Gesellschaft Produktionstechnik, Düsseldorf 2000, S. 627 - 647

Pfitzer, N. (2002): Praktikerbuch E-Business, Düsseldorf 2002

Pfohl, H.-Chr. (1996): Integrative Instrumente der Logistik. Informationsverknüpfung – Prozeßgestaltung – Leistungsmessung – Synchronisation, 11. Fachtagung der Dt. Ges. für Logistik e.V., 09. Mai 1996, Darmstadt 1996

Phillips, P. (2002): E-Business strategy, London 2002

Piaget, H. (1984): Probleme der Entwicklungspsychologie. Kleine Schriften. Aus dem Französischen von Georgia d'Inlau-Merkens, Frankfurt am Main 1984

Picot, A. (2002): Web Services – Bausteine für das e-Business, Münchner Kreis, Heidelberg 2002

Picot, A./Reichwald, R./Wigand, R.T. (1998): Die grenzenlose Unternehmung. Information, Organisation und Management, 3., überarbeitete Auflage, Wiesbaden 1998

Picot, A./Reichwald, R./Wigand, R.T. (2003): Die grenzenlose Unternehmung. Information, Organisation und Management, 5., aktualisierte Auflage, Wiesbaden 2003

Pielok, Th. (1995): Prozesskettenmodulation: Management von Prozessketten mittels Logistic Function Deployment, Dissertation Universität Dortmund, 1995

Ploenzke AG (1994): Geschäftsprozessanalyse (GPA), Version 1.0, Wiesbaden 1994

Polzin, D./Lindemann, M. (1999): Evolution elektronischer Märkte in Güterverkehr und Logistik, in: Wirtschaftsinformatik 41 (1999), Heft 6, S. 526 – 537

Porter, M.E. (1999): Wettbewerbsvorteile: Spitzenleistungen erreichen und behaupten, 5. Auflage, Frankfurt a. M./New York 1999

Preißner, A. (2002): Electronic Procurement in der Praxis – Die neue Beschaffung: Systeme, Prozesse, Organisation, München/Wien 2002

Prenn, C. (2002): Projektkompass eLogistik, Braunschweig u.a. 2002

PROTEUS (2002): PROTEUS – Generische e-Maintenance Plattform, AZK 6: Vorhabensbeschreibung, unveröffentlichter Projektantrag, Oktober 2002

PROTEUS D-11: PROTEUS – A generic platform for e-maintenance, WP 1.1: State of the art in multiple format data handling, unveröffentlichtes Deliverable

PROTEUS D-51: PROTEUS – A generic platform for e-maintenance, WP 5.1: Definition of Requirements and Functionalities of ICT-supported Maintenance Logistics, unveröffentlichtes Deliverable

PROTEUS D-52: PROTEUS – A generic platform for e-maintenance, WP 5.2: Analysis of organisational processes in Maintenance Logistics, unveröffentlichtes Deliverable

PROTEUS D-621: PROTEUS – A generic platform for e-maintenance, PROTEUS-D-621-CEF-030408, Cegelec, S. 24, V1.1, 04.08.2003, unveröffentlichtes Arbeitspapier

PROTEUS D-62: PROTEUS – A generic platform for e-maintenance, WP 6.2: Requirements specification for an integrated maintenance platform, unveröffentlichtes Deliverable

PROTEUS (2003): Proposal for the creation of a Technical Advisory Committee, Mai 2003

Purba, S. (2002): Architectures for e-business systems, Boca Raton, Fla. 2002

Range, M. (2002): Aufbau und Funktionsweise von Internet-Informationssystemen, in: Biethahn, J./Nokikos, M. (Hrsg.): Ganzheitliches E-Business: Technologien, Strategien und Anwendungen unter besonderer Berücksichtigung der Anforderungen von kleinen und mittelständischen Unternehmen, München/ Wien/Oldenburg 2002, S. 47 – 69

Reck, M. (2001): Logistik-Referenzprozessketten für die Materialwirtschaft von Energieversorgungsunternehmen, Dissertation Universität Dortmund , Dortmund 2001

Reinhart, G. (2000): Virtuelle Fabrik. Neue Wege für kleine und mittelständische Unternehmen, TCW-report Nr. 21, Wildemann, H. (Hrsg.), München 2000

Reuter, B. (1997): Prozessmodellierung mit Petri-Netzen – Analyse, Gestaltung und Steuerung von Geschäftsprozessen, in: Wildemann, H. (Hrsg.): Tagungsband zur Sitzung der Wissenschaftlichen Kommission Produktionswirtschaft am 12./19. September 1996 in München, München 1997, S. 127 - 143

Richard, O. (2001): Fallstudie 3: Electronic Logistics im Handel. Anforderungen von E-Business an die Logistik am Beispiel der Deutschen Post AG, Vortragsunterlage zum Fachseminar Electronic Logistics, Veranstalter TCW, Juni 2001, München 2003, S. 131 - 175

Richard, O. (2001a): Vortrag auf der Abschlusssitzung des Arbeitskreises E-Logistics am 28.03.2001 in München

Römer, H. (1992): Privatrecht: Intensivkurs, München/Wien/Oldenburg 1992

Roggatz, A. (1998): Entscheidungsunterstützung für die frühen Phasen der integrierten Produkt- und Prozessgestaltung, Dissertation RWTH Aachen, Aachen 1998

Rogulic, B. (1999): Ein gesamthaftes Prozessmodell zur Identifikation von Kernkompetenzen, Dissertation Universität St. Gallen, Bamberg 1999

Rosemann, M. (1996): Komplexitätsmanagement in Prozessmodellen. Methodenspezifische Gestaltungsempfehlung für die Informationsmodellierung, Wiesbaden 1996

Rowley, J.E. (2002): E-business, Basingstoke 2002

Rudnick, H.-J. (2000): Business Growth with Disruptive Technology, in: Wildemann, H. (Hrsg.): Kernkompetenzen und E-Technologien managen, Tagungsband Münchner Management Kolloquium, 11. und 12. April 2000 in München, S. 471 – 488

Seamon, M.P./Levitt, E.J. (2001): Web-based learning: a practical guide, Worthington, Ohio 2001

Scheer, A.-W./Galler, J. (1994): Die Integration von Werkzeugen für das Management von Geschäftsprozessen, in: Scheer, A.-W. (Hrsg.): Prozessorientierte Unternehmensmodellierung, Schriften zur Unternehmensführung, Bd. 53, Wiesbaden 1994, S. 101 - 118

Scheer, A.-W. (1998): ARIS - Modellierungsmethoden, Metamodelle, Anwendungen, 3. völlig neu bearbeitete und erweiterte Auflage, Berlin 1998

Scheer, A.-W. (1990): Modellierung betriebswirtschaftlicher Informationssysteme (Teil 1: Logisches Informationsmodell), Arbeitsbericht Nr. 67 des Instituts für Wirtschaftsinformatik der Universität des Saarlandes, Saarbrücken 1990

Scheer, A.-W. (1994): Wirtschaftsinformatik: Referenzmodelle für industrielle Geschäftsprozesse, 4. Auflage, Heidelberg 1994

Scheer, A.-W./Jost, W. (2002): ARIS in der Praxis. Gestaltung, Implementierung und Optimierung von Geschäftsprozessen, Berlin/Heidelberg/New York 2002

Scheer, Ch./Loos, P. (2002): Internetbasierte Geschäftsmodelle. Neue Möglichkeiten der Wertschöpfungsorganisation in der Internet-Ökonomie, in: Dangelmaier, W./Emmrich, A./Kaschula, D. (Hrsg.): Modelle im E-Business, 1. Auflage, Paderborn 2002, S. 27 – 38

Schiemenz, B. (1997): Die Komplexität von Geschäftsprozessen und Möglichkeiten zu deren Handhabung, in: Wildemann, H. (Hrsg.): Geschäftsprozessorganisation. Konzepte und Fallstudien, Kommission Produktionswirtschaft, Tagungsband zur Sitzung der Wissenschaftlichen Kommission Produktionswirtschaft am 12./19. September 1996 in München, München 1997, S. 103 – 126

Schönsleben, P. (2001): Integrales Informationsmanagement. Informationssysteme für Geschäftsprozesse – Management, Modellierung, Lebenszyklus und Technologie, Berlin u.a. 2001

Schögel, M. (2002): Roadm@p to E-Business, St. Gallen 2002

Schönheit, M. (1996): Wirtschaftliche Prozessgestaltung: Entwicklung, Fertigung, Auftragsabwicklung, Berlin u.a. 1996

Schubert, P. (2002): Procurement im E-Business, München/Wien 2002

Schweitzer, M./Küpper, H.-U. (1995): Systeme der Kosten- und Erlösrechnung, 6., vollständig überarbeitete und erweiterte Auflage, München 1995

Seifert, J.W. (1997): Visualisieren – Präsentieren – Moderieren, 10. Auflage, Offenbach 1997

Seiffert, H. (1985): Einführung in die Wissenschaftstheorie, Bd. 3, Handlungstheorie – Modallogik – Ethik - Systemtheorie, München 1985

Seiffert, H. (1991): Einführung in die Wissenschaftstheorie, Bd. 1, Sprachanalyse – Deduktion – Induktion in Natur- und Sozialwissenschaften, 11. Auflage, München 1991

Seiffert, H. (1991a): Einführung in die Wissenschaftstheorie, Bd. 2, Geisteswissenschaftliche: Phänomenologie – Hermeneutik u. histor. Methode – Dialektik, 9. Auflage, München 1991

Servatius, H.G. (1994): Reengineering – Programme umsetzen. – Von erstarrten Strukturen zu fließenden Prozessen, Stuttgart 1994

Shields, M.G. (2002): ERP-Systeme und E-Business schnell und erfolgreich einführen, Weinheim u.a. 2002

Sieber, P. (2002): Die Organisation des E-Business, Bern/Stuttgart/ Wien 2002

Sihn, W. (1999): Instandhaltung im turbulenten Unternehmensumfeld, in: Westkämper, E./Sihn, W./Stender, S. (Hrsg.): Instandhaltungsmanagement in neuen Organisationsformen, Berlin u.a. 1999, S. 1 – 10

Simmet-Süß, M. (2001): Vortrag auf der Abschlusssitzung des Arbeitskreises E-Logistics am 28.03.2001 in München

Simon, H.A./Smithburg, D.W./Thompson, V.A. (1950): Public Administration, New York 1950

Slotta, G. (2001): Vom Speditionsunternehmen zum E-Logistiker. Wie E-Commerce die Logistikbranche verändert, in: Baumgarten, H. (Hrsg.): Logistik im E-Zeitalter, Frankfurt a. M. 2001, S. 228 – 235

Söltenfuß, G. (1983): Grundlagen handlungsorientierten Lernens. Dargestellt an einer didaktischen Konzeption des Lernens im Simulationsbüro, Bad Heilbrunn 1983

Spangenberg, E. (2001): Verstand & Humor im NLP. Metaprogramme, Paderborn 2001, S. 98

Simon, H.A. (1962): The Architecture of Complexity, in: Proceedings of the American Philosophical Society, Vol. 106, No. 6, December, 1962, S. 467 - 482

Sinz, E.J. (1995): Kann das Geschäftsprozessmodell der Unternehmung das unternehmensweite Datenschema ablösen?, Bamberger Beiträge zur Wirtschaftsinformatik, Nr. 33, September 1995, erschienen in Computerwoche 15. September 1995

Specht, D. (2000): Virtuelle Organisation. Wege zur Gestaltung und Anwendung virtueller Kooperation, TCW-report Nr. 25, Wildemann, H. (Hrsg.), München 2000

Stachowiak, H. (1973): Allgemeine Modelltheorie, Wien 1973

Stähler, P. (2001): Business Model Innovation. Geschäftsmodelle in der digitalen Ökonomie: Merkmale, Strategie und Auswirkungen, Köln-Lohmar 2001; URL: http://www.business-model-innovation.com/definitionen/ebusiness.html, [Stand: 07.06.04]

Stahuber, A. (2000): Die eBusiness Chance: Tradematrix – mit intelligenter Nutzung elektronischer Marktplätze zu effizienten Geschäftsprozessen und dauerhafter Kundenbindung, i2-Technologies GmbH, in: Wildemann, H. (Hrsg.): Kernkompetenzen und E-Technologien managen, Tagungsband Münchner Management Kolloquium, 11. und 12. April 2000 in München, S. 489-520

Staudt, E./Kriegesmann, B./Behrendt, S. (1996): Kooperationen, zwischenbetriebliche, in: Kern, W./Schröder, H.-H./Weber, J. (Hrsg.): Handwörterbuch der Produktionswirtschaft, Band 7, 2., völlig neu gestaltete Auflage, Stuttgart 1996, Sp. 922 – 935

Steinacher, A. (2002): Balanced Scorecard: das innovative Controlling-Instrument, Düsseldorf 2002

Stoehr, Th. (2002): Managing e-business projects, Berlin u.a. 2002

Stoll, V. (1999): Technologische Trends für die Überwachung und Diagnose komplexer Systeme, in: Westkämper, E./Sihn, W./ Stender, S. (Hrsg.): Instandhaltungsmanagement in neuen Organisationsformen, Berlin u.a. 1999, S. 121 – 141

Stoller-Schai, D. (2003): E-Collaboration: die Gestaltung internetgestützter kollaborativer Handlungsfelder, Diss., Sankt Gallen 2003

Straube, F. (2001): E-Business braucht E-Logistics, in: Baumgarten, H. (Hrsg.): Logistik im E-Zeitalter, Frankfurt a. M. 2001, S. 177 – 198

Thommen, D. (2002): E-Business in der Praxis, Kilchberg 2002

Tschanz, N.-N. (2002): The design of strategic e-business models; a holistic approach with special attention to the service industry, Dissertation Universität St. Gallen, St. Gallen 2002

TUM (2002): Technische Universität München, Lehrstuhl für BWL mit Schwerpunkt Logistik, Univ.-Prof. Dr. Horst Wildemann: Teilvorhabensbeschreibung zum Verbundprojekt PROTEUS – Generische e-Maintenance Plattform, unveröffentlichter Projektantrag, München 2002

Ulfig, A. (1993): Lexikon der philosophischen Begriffe, Eltville am Rhein 1993

URL: http://www.at-mix.de/generisch.htm, [Stand: 04.06.2004]

URL: http://hmc-cp.de/def/def_ecommerce.htm, [Stand: 08.06.2004]

URL: http://hmc-cp.de/def/def_ebus.htm, [Stand: 08.06.2004]

URL: http://www.proteus-iteaproject.com [Stand: 08.06.2004]

URL: http://www.iwaysoftware.com/ebusiness-e-business.html [Stand: 08.06.04]

URL: http://www0.transportlogistic.de/presse/cp_service_ presseinformation_08.html, [Stand: 15.05.2003]

URL: http://www.software-kompetenz.de, [Stand: 11.06.2004]

URL: http://www.software-kompetenz.de [Verfahren. Projekt nach dem E-Business-Prozessmodell. Durchzuführende Aktivität], [Stand: 11.06.2004]

URL: http://www.software-kompetenz.de [Verfahren. Beschreibung des E-Business-Prozessmodells. Zweck], [Stand: 11.06.2004]

Vgl. URL: http://www.software-kompetenz.de [Verfahren. Beschreibung des E-Business-Prozessmodells (Forts. 1/5). Anwendung], [Stand: 11.06.2004]

URL: http://swt.cs.tu-berlin.de/~pirol/glossar/Prozessmodell.html, [Stand: 11.06.2004]

URL: http://www.gsk-training.de/gsk/proze.htm, [Stand: 11.06.2004]

URL: http://userpage.fu-berlin.de/~ahahn/brahms/2_4.html, [Stand: 11.06.2004]

URL: http://www.deming.de/efqm/modell2000-1.html, [Stand 07.06. 2004]

URL: http://www.neuro.psychologie.uni-oldenburg.de/lehre/WS 2001 /BioPsychologie/autonom.pdf [Stand: 12.06.2004]

URL: http://help.sap.com/saphelp_glossary/de/index.htm, [generische Eigenschaft], [Stand: 12.06.2004]

URL: http://www.lifescience.de/multilinks/genet.code.html, [Stand: 14.06.2004]

URL: http://ntbiouser.unibe.ch/trachsel/teaching/MB%20Atelier/Replikation.pdf, [Stand: 14.06.2004]

URL: http://help.sap.com/saphelp_glossary/de/0a/6dc24feb6ad411b1360060b03c6bfb/content.htm, [Generic Business Tools], [Stand: 12.06.2004]

URL: http://www.transporeon.com, [Stand: 12.06.2004]

URL: http://www.cybernarium.de/cybernariumdays/index.html, [Stand: 23.01.2003]

URL: http://www.uddi.org/about.html, [Stand: 07.06.2004]

URL: http://www.abaxx.de, [Stand: 07.06.2004]

Varian, H.R. (1995): Grundzüge der Mikroökonomik. Aus dem Amerikanischen von Reiner Buchegger, 3., überarbeitete und erweiterte Auflage, München 1995

van Slyke, C. (2003): E-business technologies, Hoboken, NJ 2003

von Böventer (1986): Einführung in die Mikroökonomie, 4., überarbeitete und erweiterte Auflage, München/Wien/Oldenburg 1986

Vogt, J./Kastner, M. (1998): Mens sana in corpore sano. Prozessoptimierung durch Gesundheitsverhalten, in: Kastner, M. (Hrsg.): Verhaltensorientierte Prozessoptimierung, Tagungsband zum 4. Dortmunder Personalforum, Dortmund 1998, S. 211 – 227

Wachter, M. (2003): Fallstudie 5: E-Business im Service. E-Business durch Konnektivität: die Vorteile für die Logistik, in: Wildemann, H. (Hrsg.): Electronic Logistics, Tagungsband, München 2003, S. 379 - 414

Wagner-Koch, M. (1998): Akupunktur. Eine praktische Einführung, München 1998

Wannenwetsch, H. (2002): E-Logistik und E-Business, Stuttgart 2002

Wannenwetsch, H.H./Nicolai, S. (2002): E-Supply-Chain-Management. Grundlagen – Strategien – Praxisanwendungen, 1. Auflage, Wiesbaden 2002

Warnecke, H.J. (1992): Die fraktale Fabrik: Revolution der Unternehmenskultur, Berlin u.a. 1992

Watt, D. (2002): E-business implementation, Oxford u.a. 2002

Waurzyniak, P. (2001): Moving Toward the e-Factory, in: Manufacturing Engineering, Vol. 127, No. 5, November 2001, S. 42 – 60

Weidl, P. (2002): Neue Geschäftspotentiale und Wertschöpfungsketten durch E-Business, in: Dangelmaier, W./Emmrich, A./ Kaschula, D. (Hrsg.): Modelle im E-Business, 1. Auflage, Paderborn 2002, S. 115 – 121

Wenderoth, A. (2000): Ein Beitrag zur organisationsübergreifenden Modellierung logistischer Prozesse; offenes, UML-basiertes Modellkonzept, Dissertation Universität Dortmund, Verlag Praxiswissen, Hrsg. Kuhn , A., Dortmund 2000

Wieland, J. (1999): Dezentrale Anlagen- und Prozessverantwortung in der Praxis, in: Westkämper, E./Sihn, W./Stender, S. (Hrsg.): Instandhaltungsmanagement in neuen Organisationsformen, Berlin u.a. 1999, S. 143 - 180

Wiethoff, H. (1997): Der Gestaltungsfaktor „Internet" im Rahmen eines Business (Re)Engineering, in: Wildemann, H. (Hrsg.): Geschäftsprozessorganisation. Konzepte und Fallstudien, Kommission Produktionswirtschaft, Tagungsband zur Sitzung der Wissenschaftlichen Kommission Produktionswirtschaft am 12./19. September 1996 in München, München 1997, S. 167 - 185

Wildemann, H. (1987): Strategische Investitionsplanung, Wiesbaden 1987

Wildemann, H. (1996): Lean Management. Methoden, Vorgehensweisen und Wirkungsanalysen, 3. überarbeitete Auflage, München 1996

Wildemann, H. (1997): Wildemann, H. (Hrsg.): Geschäftsprozessorganisation. Konzepte und Fallstudien, Kommission Produktionswirtschaft, München 1997

Wildemann, H. (1997a): Produktivitätsmanagement. Handbuch zur Einführung eines kurzfristigen Produktivitätssteigerungsprogramms mit GENESIS, 3., überarbeitete Auflage, München 1997

Wildemann, H. (1998): Die modulare Fabrik: Kundennahe Produktion durch Fertigungssegmentierung, 5., überarbeitete und ergänzte Auflage, München 1998

Wildemann, H. (1999): Produktklinik. Wertgestaltung von Produkten und Prozessen – Methoden und Fallbeispiele, München 1999

Wildemann, H. (1999a): Auftragsabwicklungssegmente. Kundenorientierung und Teambildung in der Auftragsabwicklung, TCW-report Nr. 11, Wildemann, H. (Hrsg.), München 1999

Wildemann, H. (1999b): Globalisierung. Unternehmensführung und –steuerung in globalen Märkten, München 1999

Wildemann, H. (1999c): Arbeitskreis. Virtuelle Märkte – Einkauf von Commodities, 1999

Wildemann, H. (1999d): Organisationsleitfaden AK. Arbeitskreis Virtuelle Märkte – Einkauf von Commodities, 1999

Wildemann, H. (1999e): Vorgehensweise Unternehmensaudit. Arbeitskreis Virtuelle Märkte – Einkauf von Commodities, 1999

Wildemann, H. (1999f): Arbeitskreis Virtuelle Märkte – Einkauf von Commodities, 2. Arbeitskreissitzung, 10.11.1999

Wildemann, H. (2000): Kernkompetenz-Management: Mit intelligenten Technologien Kunden binden, in: Wildemann, H. (Hrsg.): Kernkompetenzen und E-Technologien managen, Tagungsband Münchner Management Kolloquium, 11. und 12. April 2000 in München, S. 15-59

Wildemann, H. (2000a): Vorgehensweise U-Audit. Arbeitskreis Electronic Sourcing, Mai 2000

Wildemann, H. (2001): Logistik Prozess-Management, 2., überarbeitete Auflage, München 2001

Wildemann, H. (2001a): Vorgehensweise U-Audit. Arbeitskreis Elektronische Marktplätze und Advanced Purchasing, Februar 2001

Wildemann, H. (2001b): Abschlusssitzung. Arbeitskreis Elektronische Marktplätze und Advanced Purchasing, Oktober 2001

Wildemann, H./debis Systemhaus (2001): Arbeitskreis Electronic Logistics. Optimierung der Logistik mit E-Technologien, Akquisepapier, 2001

Wildemann, H./debis Systemhaus (2001a): Arbeitskreis electronic-logistics, Organisationsleitfaden AK, 2001

Wildemann, H./debis Systemhaus (2001b): Analyseleitfaden Electronic Logistics, Zusammenfassung, 2001

Wildemann, H./debis Systemhaus (2001c): Analyseleitfaden Electronic Logistics, 2001

Wildemann, H./debis Systemhaus (2001d): Arbeitsunterlage Ladungsträgerverfolgung im Rahmen des Arbeitskreises Electronic Logistics, 09. Januar 2001

Wildemann, H. (2002a): Produktklinik und Produktordnungssysteme, München 2002

Wildemann, H. (2002b): Unternehmensentwicklung. Methoden für eine nachhaltige profitable Unternehmensführung, Tagungsband Münchner Management Kolloquium, 09. und 10. April 2002, München 2002

Wildemann, H. (2002c): Projektleitstand, Sachstandsbericht, unveröffentlichtes Arbeitspapier, April 2002

Wildemann, H. (2002d): Erfolgreiche Logistikstrategien. Ansätze in der Logistik zur nachhaltigen Wertsteigerung von Unternehmen, Vortrag bei der Fa. Loxxess, Aurach, 26. Juni 2002

Wildemann, H. (2002/2003): Vorlesungsskript Logistik-Prozessmanagement WS 2002/2003, Technische Universität München

Wildemann, H. (2003): Arbeitskreis Prozessklinik, 1. Arbeitskreissitzung am 10.04.03, Prozessmodell, unveröffentlichtes Arbeitspapier, München 2003

Wildemann, H. (2003a): Arbeitskreis Prozessklinik, 1. Arbeitskreissitzung am 10.04.03, Entwicklung eines Prozessmodells zur Optimierung von Geschäftsprozessen, unveröffentlichtes Arbeitspapier, München 2003

Wildemann, H. (2003b): Arbeitskreis Prozessklinik, 1. Arbeitskreissitzung am 10.04.03, Zielsetzung und Vorgehensweise, unveröffentlichtes Arbeitspapier, München 2003

Wildemann, H. (2003c): Arbeitskreis Prozessklinik, 1. Arbeitskreissitzung am 10.04.03, Benchmarkmethodik, unveröffentlichtes Arbeitspapier, München 2003

Wildemann, H. (2003d): Prozessklinik. Entwicklung eines Prozessmodells zur Optimierung von Geschäftsprozesse, Akquisepapier, München 2003

Wildemann, H. (2003e): Arbeitsunterlage E-Kanban und Konsignationslagersteuerung, Stand: 09.01.2003

Wildemann, H. (2003f): Optimierung der Logistik mittels E-Technologien. Wertsteigerung in der Logistik, in: Wildemann, H. (Hrsg): Electronic Logistics, Tagungsband, München 2003, S. 1 - 102

Wildemann, H. (2004): E-Commerce. Leitfaden zum Einsatz von E-Technologien in der Wertschöpfungskette, 4. Auflage, München 2004

Wildemann, H. (2004a): Electronic Sourcing. Leitfaden zur Nutzung von IT-Technologien für die Beschaffung, 6. Auflage, München 2004

Wildemann, H. (2004b): E-Technologien. Leitfaden zum Einsatz von E-Technologien in der Wertschöpfungskette, 5. Auflage, München 2004

Wildemann, H. (2004c): Supply Chain Management. Optimierung unternehmensübergreifender Schnittstellen, 5. Auflage, München 2004

Wildemann, H. (2004d): Total Quality Management. Leitfaden zur Konzeption und Einführung einer ganzheitlichen Unternehmensqualität, 8. Auflage, München 2004

Wildemann, H. (2004e): Six Sigma. Leitfaden zur kontinuierlichen Verbesserung der Qualität in Prozessen und Produkten, 11. Auflage, München 2004

Wildemann, H. (2004f): Prozessklinik. Leitfaden zur Wertgestaltung und zum Benchmarking von Geschäftsprozessen, 4. Auflage, München 2004

Wildemann, H. (2004g): Prozess-Benchmarking. Leitfaden zur Erreichung von Quantensprüngen in Geschäftsprozessen, 10. Auflage, München 2004

Wildemann, H. (2004h): Produktivitätsverbesserung. Leitfaden zur kurzfristigen Produktivitätssteigerung in kleinen und mittleren Unternehmen, 5. Auflage, München 2004

Wildemann, H. (2004i): Schnell lernende Unternehmen. Leitfaden zur Initiierung von Lernprozessen auf allen Ebenen im Unternehmen, 5. Auflage, München 2004

Wildemann, H. (2004j): Prozessgestaltung in der Softwareentwicklung. Leitfaden und Tools zur effizienten Entwicklungsprozessgestaltung in der Softwareentwicklung, 5. Auflage, München 2004

Wildemann, H. (2004k): Controlling. Leitfaden zum Controlling von Unternehmensstrukturen, Geschäftsprozessen und als Frühwarnsystem, 11. Auflage, München 2004

Wildemann, H. (2004l): Kostenmanagement Software. Leitfaden zur Unterstützung einer marktorientierten Produkt- und Prozessgestaltung, 5. Auflage, München 2004

Wildemann, H. (2004m): Lean Management. Leitfaden zur Einführung schlanker Unternehmensstrukturen und Geschäftsprozesse, 11. Auflage, München 2004

Wildemann, H. (2004n): Unternehmenswertsteigerung: Leitfaden zur methodengestützten Wertsteigerung von Unternehmen, 4. Auflage, München 2004

Wildemann, H. (2004o): Visualisierung & Auditierung. Leitfaden zum Selbstcontrolling von Geschäftsprozessen, 11. Auflage, München 2004

Wildemann, H. (2004p): Betreibermodelle. Leitfaden zur Berechnung, Konzeption und Einführung von Betreibermodellen und Pay on Production Konzepten, 3. Auflage, München 2004

Wildemann, H. (2004q): Total Productive Maintenance. Leitfaden für ein integriertes Instandhaltungsmanagement, 8. Auflage, München 2004

Wildemann, H. (2004r): Kanban-Produktionssteuerung. Leitfaden zur Einführung des Hol-Prinzips in Unternehmen und Zulieferung, 12. Auflage, München 2004

Wildemann, H. (2004s): Projektmanagement. Leitfaden zur Koordination und Controlling von funktionsübergreifenden Projekten, Auflage, München 2004

Willke, H. (1991): Systemtheorie. Eine Einführung in die Grundprobleme der Theorie sozialer Systeme, 3. überarbeitete Auflage, Stuttgart/New York 1991

Winz, G./Quint, M. (1997): Prozesskettenmanagement – Leitfaden für die Praxis; Kuhn, A. (Hrsg.): Reihe Spektrum 2000, Dortmund 1997

Wireman, T. (1986): Computerized maintenance management systems, New York 1986

Wiswede, G. (1980): Motivation und Arbeitsverhalten. Organisationspsychologische und industriesoziologische Aspekte der Arbeitswelt, München/Basel 1980

Witt, F.-J. (1997): Lexikon des Controlling. Von ABC-Analyse bis ZVEI-Kennzahlensystem. Beck-Wirtschaftsberater im dtv, Nördlingen 1997

Wyssusek, B. (2001): Geschäftsprozessmodell, Geschäftsprozessmodellierung, URL: http://user.cs.tu-berlin.de/~wyssusek/Publi

cations/Wyssusek_Gesch%E4ftsproze%DFmodell-Gesch%E4fts proze%DFmodellierung_2001.pdf, [11.04.04]

Zantow, D. (1999): Prozessorientierte Bewertung von Produktionsstandorten in Produktionsnetzwerken, Dissertation Universität Dortmund, Dortmund 2000

Zapp, W. (2002): Prozessgestaltung im Krankenhaus, hrsg. von Winfried Zapp, Autoren: Aleff, G. et al., Heidelberg 2002

Zapp, W./Dorenkamp, A. (2002): Anwendungsorientierte Prozessgestaltung im Krankenhaus – Bericht über ein Forschungsprojekt, in: Prozessgestaltung im Krankenhaus, hrsg. von Winfried Zapp, Autoren: Aleff, G. et al., Heidelberg 2002, S. 4 - 136

Zhao, J.J. (2003): Web design and development for e-business, Upper Saddle River, NJ 2003

Kolibri 360 GmbH
Ferdinand-Jühlke-Straße 7
99095 Erfurt, Deutschland
produktsicherheit@kolibri360.de

Druck:
CPI Druckdienstleistungen GmbH
im Auftrag der
Kolibri 360 GmbH
Ferdinand-Jühlke-Str. 7
99095 Erfurt